和泉市の歴史 7

和泉市の近世

和泉市史編さん委員会◆編

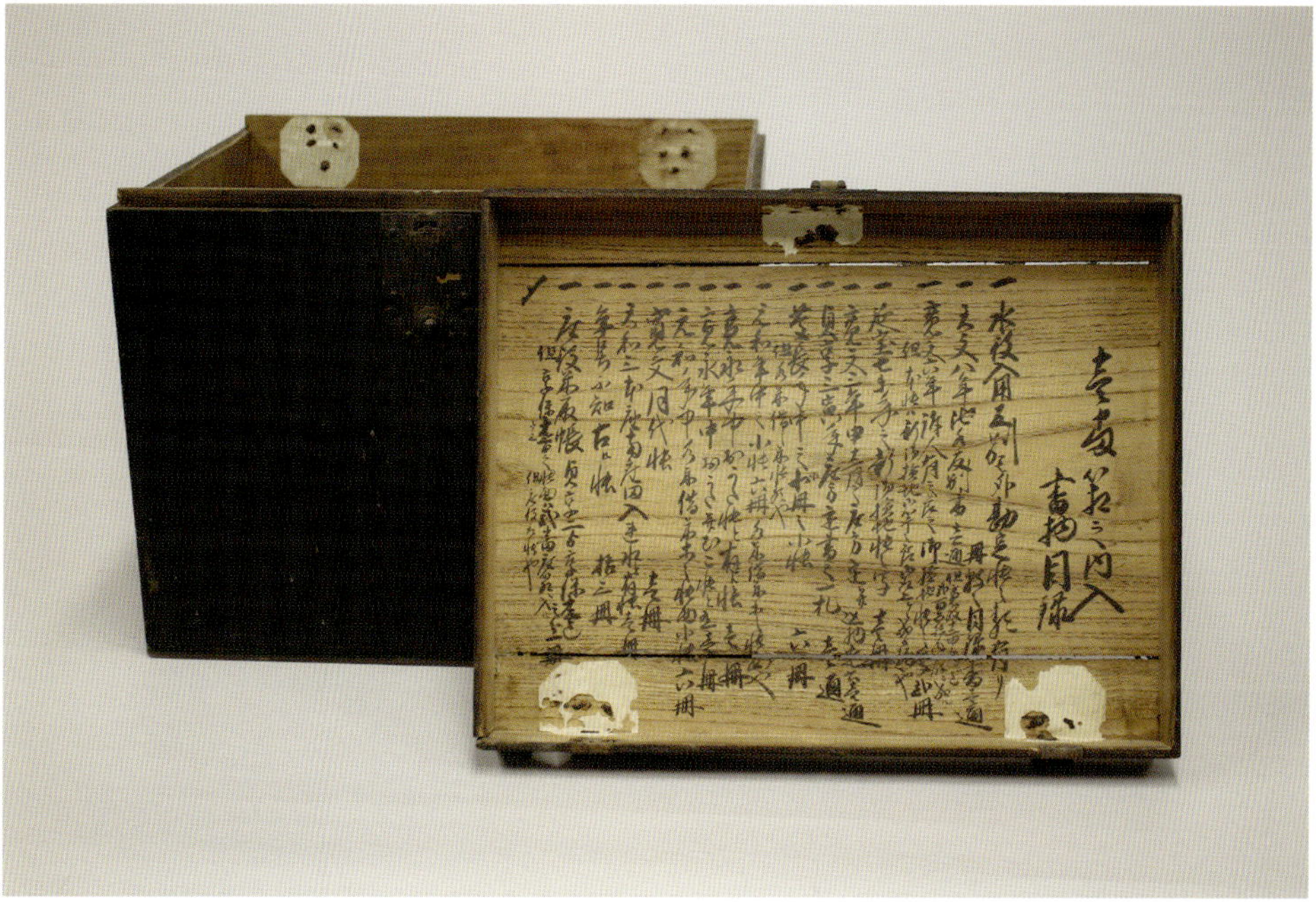

万町坐箱壱番　寛政12（1800）年　万町座所有史料

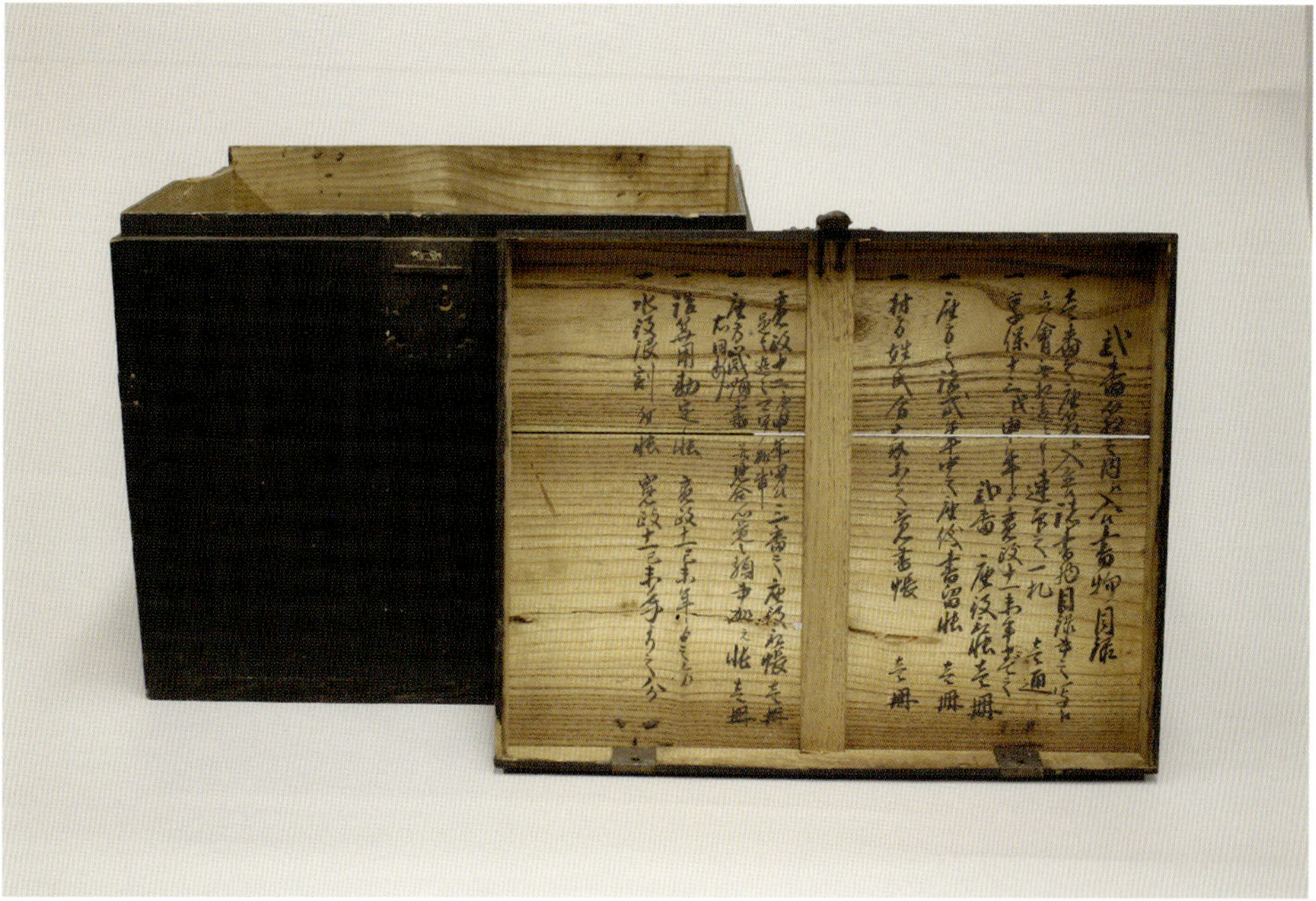

万町坐箱弐番　寛政12（1800）年　万町座所有史料

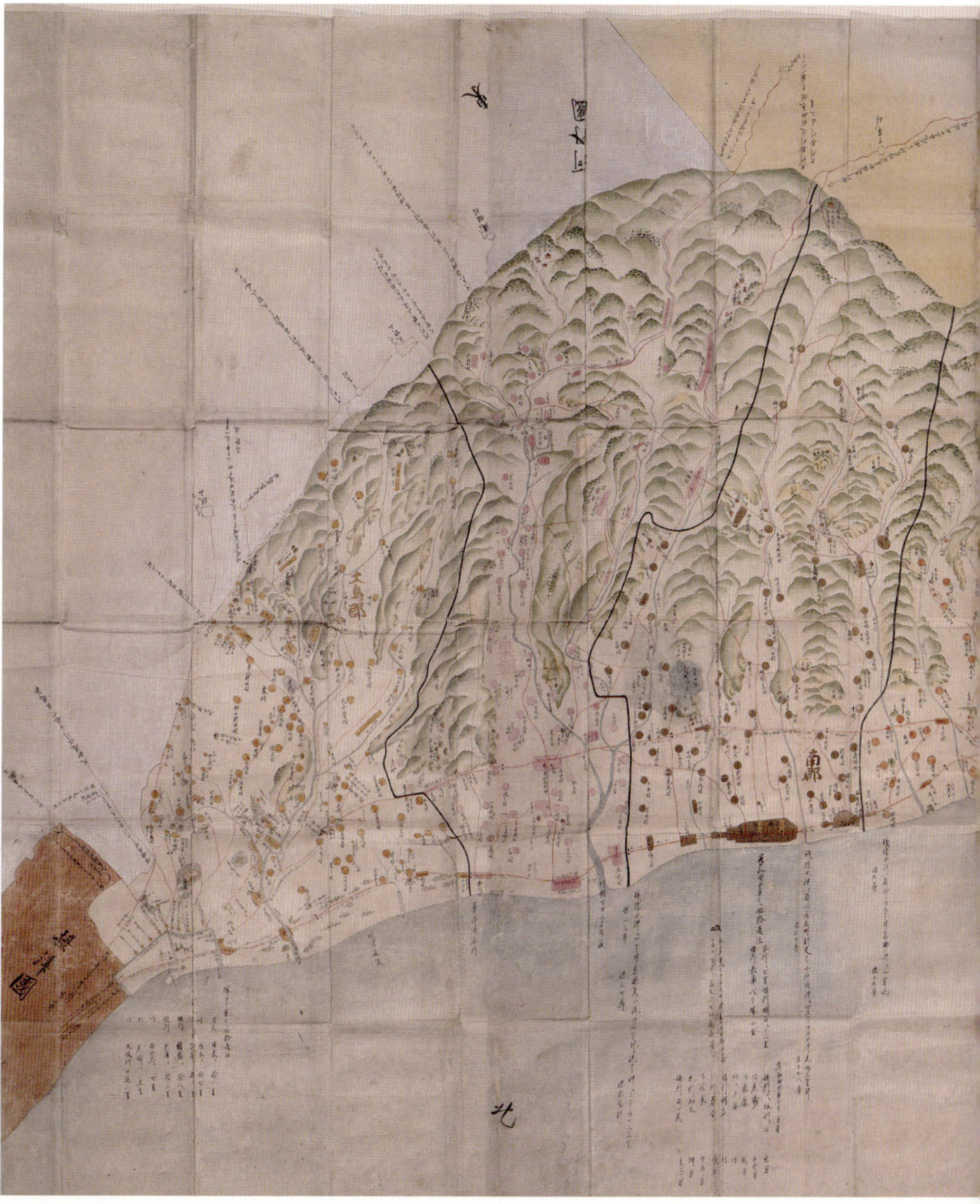

和泉国分間絵図　元禄９（1696）年　和田家文書（堺市美木多地域歴史資料調査会より写真提供）

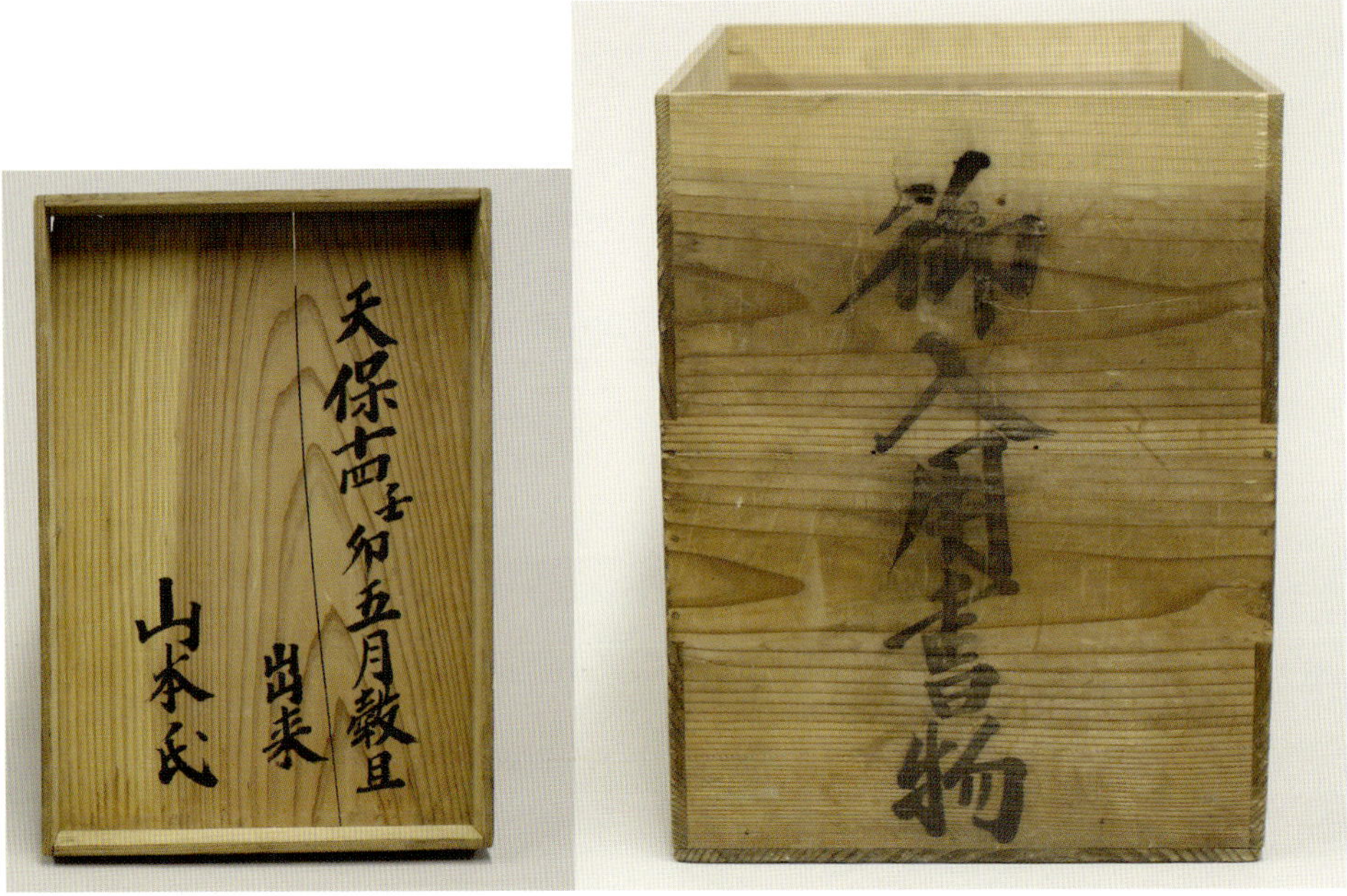

御入用書物収納箱　天保14（1843）年　春木川山本彦左衛門家所蔵史料

伯太藩渡辺家幟　杉浦家文書

刊行にあたって

このたび、『和泉市の歴史』7として、テーマ叙述編Ⅱ『和泉市の近世』を刊行する運びとなりました。『和泉市の歴史』全九巻のうち、六回目の配本で、テーマ叙述編としては二冊目にあたります。

江戸時代の和泉市域には、六〇あまりの「村」がありました。これらの村むらは、明治維新以後も、近代行政村の「大字」として、また、和泉市合併以後は、「町会」として、今日まで存続しています。この一例からも分かるように、現在の地域社会の基本的なすがたは江戸時代に形作られ、明治以降も存続してきたものといえるでしょう。

しかし、本市では、一九八〇年代以降のトリヴェール和泉の開発、また近年には府中駅前の再開発などが行われたことにより、人口は急増し、自然景観は大きな変貌をとげました。それにともない地域社会も大きく変化してきています。大きな歴史の転換点に立つわれわれ和泉市民にとって、江戸時代の歴史、とくに地域社会の歴史を明らかにすることの意義は、たいへん大きいのではないでしょうか。

江戸時代の和泉市の歴史を学ぶことを通して、和泉市および市民生活の現在を深く理解し、よりよい未来を展望する書として本書が活用されることを願うものです。

結びになりましたが、本書の刊行に多大なご協力をいただいた、史料所蔵者、諸機関・諸団体、また本書の調査執筆にあたられた市史編さん委員をはじめとする関係各位に深く感謝の意を表します。

二〇一八（平成三〇）年九月

和泉市長　辻　宏康

目次

凡例

・表記は原則として常用漢字、現代仮名づかいに準拠した。ただし、地名、人名などの固有名詞、専門用語などについては、その限りではない。
・引用史料については、原則として読み下し文とし、本文中に出典を記した。
・使用した史料群名を本文中に記したが、略称を用いたものもある。詳しくは巻末の一覧を参照いただきたい。
・年号表記は、和暦で示し（　）内に西暦を付したが、一八七三（明治六）年太陽暦施行以降は西暦（和暦）とした。暦年が頻出する場合は、（　）を省略した。
・氏名は、原則として敬称を略した。
・本文の写真・図・表については、1部2部は部ごと、3部4部は章ごとにそれぞれ通し番号を付した。
・本巻で扱う歴史的事象や引用した資料のなかには、人権問題にかかわる記載もみられるが、学術的観点から、本書ではそのまま掲載した。その趣旨を理解され、利用にあたっては適切な配慮をいただきたい。

序　村と家を基盤とする時代

文書箪笥の引出に収納された史料（池田下・高橋昭雄氏所蔵史料）

村と家を基盤とする時代

一

本書は、『和泉市の歴史』のテーマ叙述編の二冊目となる近世（江戸時代）を対象とするものである。『和泉市の歴史』は、和泉市域を自然的地理的条件や歴史的経緯から五つの地域に分け、それぞれの地域の特徴を明らかにする地域叙述編五巻、こうした地域区分に収まらない諸問題を、時代の流れを意識しつつ叙述するテーマ叙述編三巻、そして地域叙述編を経《たていと》、テーマ叙述編を緯《よこいと》としつつ、市域全体の歴史展開をコンパクトにまとめた通史編一巻という構成である。

これまで、地域叙述編五冊のうち、横山谷《よこやまだに》を対象とした『横山と槇尾山の歴史』、松尾谷《まつおだに》を対象とした『松尾谷の歴史と松尾寺』、池田谷《いけだだに》を対象とした『池田谷の歴史と開発』、信太山《しのだやま》とその周辺を対象とした『信太山地域の歴史と生活』の四冊を刊行し、府中周辺の地域を対象とした一冊を残している。

テーマ叙述編三冊は、これまでに中世以前を対象とした『和泉市の考古・古代・中世』一冊を刊行したが、それに続く本書の近世編一冊、そして近現代編一冊を予定している。このように、テーマ叙述編は、ほぼ時代を追った巻構成になっており、本書はそのうち近世を対象とするものである。しかし、これは通史をめざしているわけではない。コンパクトな通史に向けて、市域の近世の実態と特徴を考えるために、また近世から現在を見通すために、さまざまなテーマを取り上げて叙述しようとするものである。こうした目的のためには、各時代の特徴を浮き彫りにするような編集方法が求められると考えられる。そのため、テーマ叙述編三冊はそれぞれ異なるやり方でのテーマ設定と叙述を行うことが適切と判断し、近世を対象とする本書では、四つのレベルに分けてテーマを設定することとした。

第一のレベルでは、一つの村に即して、絵図や文書《もんじょ》の史料を読み解く形で〈村〉の様相を紹介する。これは、以下の叙述の前提でもある。第二のレベルでは、市域の村、領主支配、寺や神社、用水や道などの諸要素を概観する。第三のレベルでは、これまでの和泉地域に関する研究の蓄積を踏まえて、市域の近世を理解するうえで重要ないくつかの問題に絞って掘り下げて論じたり、五つの地域区分に収まらない問題を論ずる。第四のレベルでは、これまでの市史の調査のいくつかを紹介し、そこから見えてくる地域の姿を浮かび上がらせたい。このことは、近世と現代のつながりを見定めることにもなるであろう。

以下では、このような構成をとる本書、近世編のねらいを簡潔に述べておこう。

写真１　『和泉市の歴史』既刊

二

近世は、江戸幕府の全国的な支配のもとで、大名（藩）や旗本《はたもと》などがそれぞれの領地を支配する時代であり、その支配のあり方は幕藩体制《ばくはんたいせい》と呼ばれる。近世とは、こうした支配体制の基本が確定した織田・豊臣期から明治維新と廃藩置県まで、もしくは荘園制を最終的に廃棄した太閤検地から近代的な土地所有制を確立した地租改正までを指

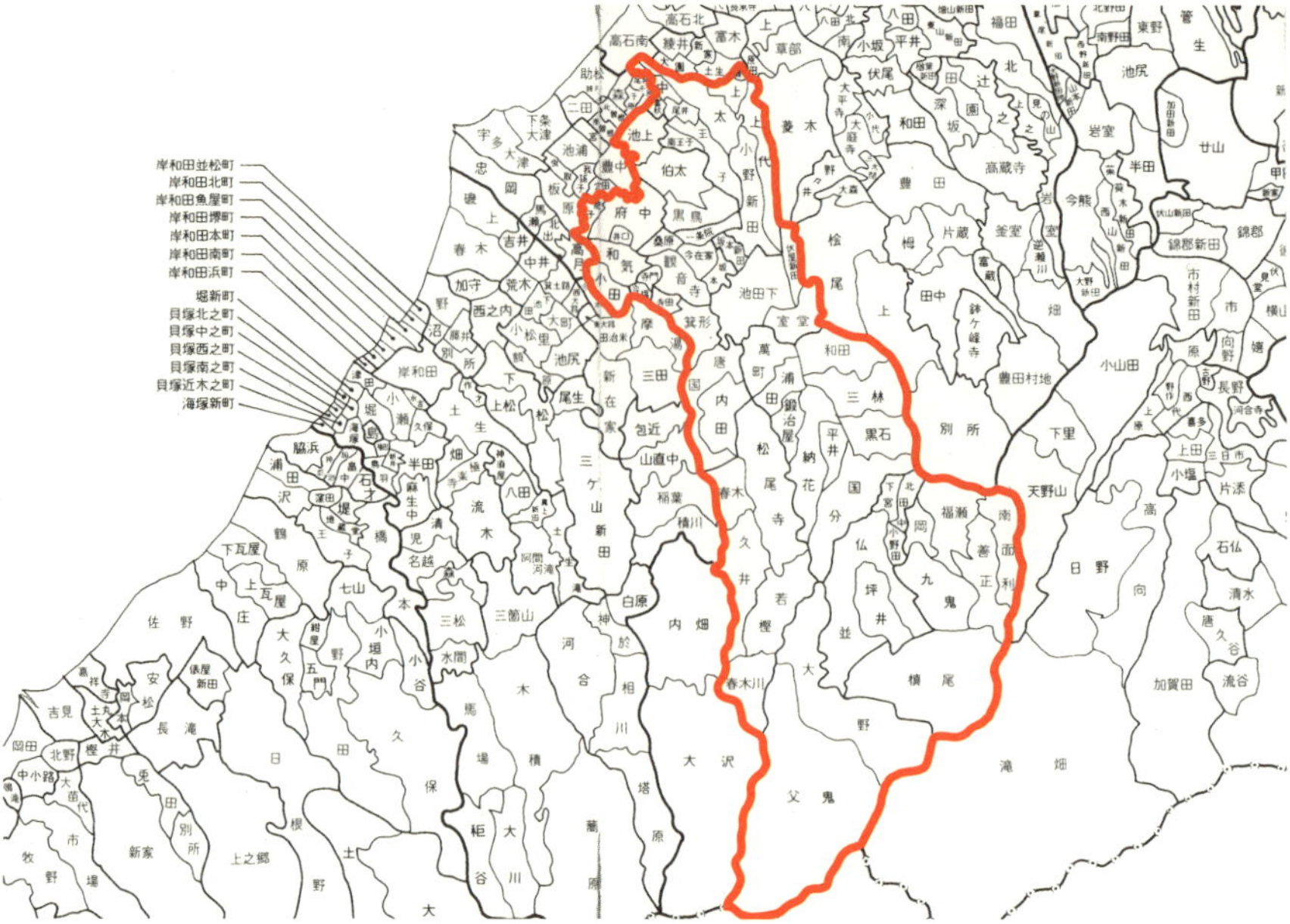

図1　和泉市域の村むら　『大阪府史』第五巻付図を加工。

す言葉として用いられ、ほぼ江戸時代と言われている時期に当たる。この近世の社会を考えると、〈村〉と〈家〉が基礎にある時代と言えよう。

日本列島上の地域社会は多様なあり方を呈していたが、幕藩体制の成立に向けた兵農分離と太閤検地によって、全国的に百姓身分の〈村〉が成立する方向が与えられた。近世には全国で六万近い村があったと言われており、村のあり方は地域によって大きな差異があったものの、村請制《むらうけせい》によって〈村〉は全国的な支配の基礎に位置づけられていた。その意味で、近世という時代と社会を理解するには、〈村〉のあり方を理解することが不可欠である。

＊都市において、在方《ざいかた》（農村地域）の〈村〉に相当するのが、〈町〉である。

〈村〉のあり方は、全国的に多様だと述べたが、ここ和泉地域の内部においても一様ではない。百姓が居住する集落の周辺に耕地や山などの村領の空間が広がるというあり方が和泉の〈村〉の基本形ということができるが（第1部で取り上げる今在《いまざい》家《け》村が相当）、内部に小集落を含んでいる村も多い。例えば、池《いけ》田下《だしも》村は中村《なかむら》・泉財《せんざい》・願成《がんじょう》・久保《くぼ》・山深《やまぶけ》の五つの集落から成っていた。池上《いけがみ》村は、一七世紀には大村《おおむら》とかいと村の二集落に分かれていた。また、仏並《ぶつなみ》村には中心集落から離れた山間に小川《こがわ》の集落があり、尾井《おのい》村にも信太山内の山ノ谷《やまのたに》の集落が属していた。黒鳥《くろとり》村は、内部の郷《ごう》境上に近接して三つの住民結合（辻村・上《かみ》村・坊《ぼう》村）を形成していたが、これとややずれる形で領主が異なる三つの村請制の〈村〉が存在した。

さらに、坂本《さかもと》村領内に作られた坂本新田《しんでん》や池田下村領内に作られた伏屋《ふせや》新田など、近世になって生み出された〈村〉もある。伯太《はかた》村は村領内に伯太陣屋《じんや》が置かれたため、村内部に新田町《しんでんちょう》が形成されたが、このような都市的様相を内部に含む村もあった。かわた身分の村である南王子《みなみおうじ》村も、一九世紀には都市的様相を呈していたと考えられる。総じて山間の村と平野部の村では、生産や生業のあり方に差異があった。

しかし、そうした固有性をもちつつも、〈村〉は村請制の単位として、いわば行政のレベルで公的に位置づけられたため、幕藩制支配の基本単位として普遍化していた。そのため、市域に限らず、近世という時代と社会を理解するためには、〈村〉の様相を把握することが根幹をなすと言えよう。こうした立場から、本書では、まず第一のレベルとして、〈村〉の様相を絵図や古文書などの史料から読み解いていくこととする。

ここで史料を読み解く形をとる意味を述べておこう。日本近世の村方文書《むらかたもんじょ》・町方文書《まちかたもんじょ》が豊富に残されていることは、世界各地の歴史家から驚きをもって見られている。これは、先に近世社会の基礎組織として〈村〉と〈町〉が位置づいていると述べたことと深く関わっている。江戸時代には、支配との関係で、検地帳《けんちちょう》や宗門人別帳《しゅうもんにんべつちょう》などの基本帳簿、年貢《ねんぐ》の賦課・徴収・受取などの多様な史料が村単位で作成され、また村から届出書、願書が提出されるとともに、村中での取決めなどの文書も作成された。江戸時代の村は豊富な史料を生み出していたのである。

＊都市においては、こうした多様な文書は〈町〉を単位に作成された。

江戸時代の村で作成された豊富な史料が時を重ねて残されたのは、村の制度と関わっている。〈村〉の運営の中心には、庄屋《しょうや》や年寄《としより》などの村役人《むらやくにん》が位置していた。行政の役場・役所が設けられた近代とは異なり、江戸時代には村政と村役人個人の家とが分離しておらず、先に記した多様な文書は、庄屋の家に家文書《いえもんじょ》と一緒に所蔵された。しかし、村政の運営に必要な帳面・文書や前例となる史料は、個人的な史料とは区別された村方文書として管理されていくようになる。特に庄屋の交代に際しては、先役から後任への文書の引継ぎが行われ、それによって村方文書の一群が意識化されてくる。もっとも、それはシステマティックに行われるとは限らない。庄屋交代が何らかの村内対立と結びついている場合、文書の引継ぎをめぐっても、後の責任追及などに備えて写しを作成するなど緊張関係が存在したのである。その際に文書の引継ぎ目録が作成されることもあった。

たとえば黒鳥村の浅井家では「御大切書類　黒鳥村」と書かれた文書箪笥で管理されていた史料が残されていた（第4部第1章）。ここに見られるように、村方文書は庄屋の家に残された史料群の中にあっても、村政に関わるものとして意識化されていたことがわかる。近代に入ると、村方史料は庄屋を中心とする旧村役人家に残されていくことが一般的である。しかし、明治以降に戸長《こちょう》となった家に引き継がれて残ったり、各大字《おおあざ》の区有文書《くゆうもんじょ》に引き継がれ、現在の町会《ちょうかい》所有の文書となっていることもある。後者の例として、久井《ひさい》町や北田中《きただなか》町があげられるが、ここに示されているのは、近世の村から近代行政村の下での大字につながり、さらにそこからつながって現在の町会に至る場合も多いことである。

村政レベルの村方史料が庄屋の家などに豊富に残されていることは以上に述べたとおりであるが、それ以外にも〈村〉の生活や信仰に関わる史料は多様に作成されている。それらは、庄屋をはじめとする個人の家文書の中にも含まれているが、寺院や座《ざ》などの所有文書としても残されている。和泉市教育委員会と大阪市立大学日本史研究室の共同の取組みとして、毎年ほぼ一つの町会を対象に、史料調査、聞取り、現地踏査など、総合的な調査を実施してきた（第4部第4章）。こうした総合的な調査をめざしたからこそ、個人所蔵史料の調査にとどまらず、座の所有文書なども常に確認・調査を行うことになったのである。こうして、村の複合性は、毎年一つの町会を対象として行う総合的な調査（合同調査）を通してより自覚化されてきたといえよう。

合同調査では、水利組合の所蔵史料が見出されることも多いが、用水の権利関係は近世から引き継がれることが普通である。ただし、江戸時代の村で水利組合が村政から自立して存立していたのかどうか、史料の作成・所有のあり方から、今後追及していく必要があると思われる。

第一のレベル（第1部）では、個別の村に即しながら、〈村〉とは何かを理解してもらうことをめざすが、第二のレベル（第2部）では、市域の村むらとそれを取り巻く諸要素を概観することを試みる。概観することで、一つひとつの村がそれぞれ固有の存在形態をもつことが浮かび上がるであろう。もちろん、一つひとつの村について、深く掘り下げることはできないが、市域の村むらで生活を構築してきた人びとの営みの豊富さを想像することは可能であろう。

三

近世は、〈村〉と〈家〉が社会の基礎にある時代であると言ったが、〈村〉と〈家〉が社会的に意味をもつ時代というふうに考えると、二〇世紀後半の高度成長期まで視野に入れる必要がある。近世において、都市社会の基礎には〈町〉が存在していたが、在地の伝統社会においては〈村〉が普遍的に存在していた。農山漁村においても商品生産が進み、在地社会も流通に深く組み込まれたが、〈家〉と〈村〉に基礎づけられた伝統社会はそれにともなう変容をとげながらも確固として存続した。明治維新の大きな政治的変化や近代化による社会的変貌、産業革命による製造業（第二次産業）の発展、都市化の大規模な進展などと併存しつつ、〈村〉と〈家〉が息づく伝統社会は意味をもっていたのである。

しかし、高度成長期はそれにともなう日本社会の人口流動化と生活様式の現代化によって、伝統社会の持続がもはや困難な状況へと向かう転回点をなしていたと言えよう。

＊この時期まで、人と大地の関係の歴史は、人が土地（自然）に働きかけて、農業の生産を増やす営々とした努力の積み重ねであった。しかし、高度成長の頃を転機として、農村部でさえ土地に対する関心が、農業生産力の発展をめざす方向（それによる豊かさの追求）から、工業用地・宅地（ニュータウン開発）などへの土地の売却益の追求に徐々にシフトすることが指摘されている（後者は、一時の収入と引き換えに土地を喪失することを意味する）。これが、伝統社会の解体の基底をなしていた。

市域においても、近世後期には、横山谷や松尾谷の山間の村落で燃料・果樹・山菜などをさきがけに蜜柑の生産・移出が広がっていった。近代に入れば、市域全体で織物工場を中心にさまざまな産業が発展してくる。市域の村から大阪や堺などの都市に通勤する人びとが増えたが、居住する村においては彼らは〈座〉のメンバーであり、伝統社会の中で生きていたのである。近代日本において、社会的・空間的にも、伝統社会と近代社会が併存していたが、一人の人間の中にも両者は併存していたのである。

しかし、合同調査に即して後述するが、市域においても高度成長期以後の地域社会は、座の存続が困難になっていくことに象徴されるように、伝統社会の解体に向かっていると思われる。

以上のような意味で、〈家〉と〈村〉が社会的に意味ある時代〔＝伝統社会〕として、戦国時代末期（一六世紀末）から高度成長期（二〇世紀後半）までを大きな時間幅で捉えることができる（伝統社会の形成・展開・解体までの大波動）。このような時間幅の中で、市域の地域社会の歴史展開を見ていく必要があろう。以下、簡潔に見通してみよう。

一七世紀は、**伝統社会の形成過程**である。戦国末期～近世初頭に、江戸時代の市域の村のあり方が一気に形成されたわけではない。和泉地域の平野部においては、太閤検地は郷切《ごうぎ》りで行われたが、そこで形成された多数の「出作《しゅっさく》」が、一七世紀を通じて切分《きりわ》け（もしくは統合）され、村むらの形が確定してくる。それは、村の形だけでなく、村の内実の形成過程でもあった（『信太編』）。

黒鳥辻村では、中世末以来の有力者である庄屋太郎右衛門家と一〇軒余の年寄衆が対峙《たいじ》する状況が見られたが、一七世紀末からの村方騒動を経て、新たな有力者（黒川）武右衛門家の台頭に帰結した。池上村では、一七世紀には大村とかいと村それぞれを捌《さば》く庄屋家が存在したが、一八世紀には両者が統合され、新たな庄屋家として南家が定着する。上代《うえだい》村でも、一七世紀初めに初期の有力者らによる山間の開発が進められ、一八世紀には赤井家の台頭が見られる。総じて、一七世紀の初期の村方有力者家の退転が見られるが、それは村内の構造の変容と表裏であり、一八世紀以降の村落構造が形成される過程であった。一村立のかわた村である南王子村の確立過程も、〈村〉の形成過程の一環であろう。

こうした村の内実の確立過程は、国分《こくぶ》村に見られるように、村内の寺院の定着・確立の過程でもあった。それは、宗門改《しゅうもんあらた》め制度を実施するために寺請《てらうけ》寺院が必要だったことや、小《こ》百姓層においても〈家〉の形成が進んだこととも関連しているかもしれない。それを確定したのが、堺奉行《さかいぶぎょう》が実施した寺社改《じしゃあらた》めであった。また、延宝検地《えんぽうけんち》を通して、各〈村〉の、あるいは各〈村むら〉の山も確定されていく。

市域の村むらは、一七世紀初頭には幕府代官が支配する幕府直轄領（「御料《ごりょう》」）がほとんどであり、一部に片桐《かたぎり》家領（大和国《やまとのくに》小泉《こいずみ》藩）などが分布したにすぎないが、一七世紀を通して、徐々に大坂の城代《じょうだい》・定番《じょうばん》らの役知《やくち》に渡されるなど、大名の支配する藩領（「私領《しりょう》」）が増加していった。その中で、大坂定番就任に当ってこの地域に役知を与えられた渡辺家《わたなべ》（のちの伯太藩《はかた》）は、大坂で新たに浪人を抱えるなどして家臣団（家中《かちゅう》）を構築していった。こうして、市域の特徴的な領主配置が形成されていくが、これは領主の家中の確立過程と表裏のことでもあった。

こうして、一**八世紀**には**近世的な地域社会が定着**し、幕末まで〈村〉は村請制の下で公的な位置づけを与えられ続けた。先述したような村における村政の文書の作成は、もちろん一七世紀から行われていたが、この時期以降に村方文書が豊富に残るようになるのもこうしたことと表裏の関係にあろう。

一八世紀末から一**九世紀**に入るころには、**村落秩序の動揺**が広く見られる。その反映が、当時倹約を標榜し、村方取締りを強化しようとする村内申合せ・村掟《むらおきて》の取決めがしばしば行われるようになったことである。その際、村内の若者《わかもの》が他村の若者と一緒に博奕《ばくち》に携わったり、祭礼や盆踊りなどで華美な服装・行動に及ぶこと、さらには喧嘩《けんか》・口論などへの警戒が示されることが広く見られた。

こうした警戒は、村内の年季奉公人《ねんきほうこうにん》に向けられることもあった。その一方で、倹約の規定として奉公人の賃銭規定が設けられることも多く、奉公人の賃銭の高騰が百姓の経営を脅《おびや》かす状況も見られたのである。

近世後期には、諸産業の展開とも相まって、経済的な発展を遂げる百姓もいる一方で、土地を失い、零細な百姓や無高層《むだかそう》が増加していき、村内の階層分化が進展していく状況が見られた。その結果、凶作・飢きんの際や米価の高騰時には、村内、さらには領主からの救済が必要となったのである。

明治元（一八六八）年に江戸幕府が倒れ、明治四（一八七一）年に廃藩置県が断行される。明治政府の支配が確立すると、村請制も廃止され、〈村〉の政治的位置づけは大きく変化する。こうした大きな政治的変革が行われたにもかかわらず、地域社会の生活世界レベルでは、営々とした〈村〉の営みが持続した。そのことは、諸村における座の記録では、明治維新を挟む時期にも、座入りの名前帳が書き続けられていることにうかがわれる。また、小田《おだ》町の座所有文書には、文化・文政期から明治期にかけて「座儀規定書《ざぎきていしょ》」が何種類も残されている。これによって、一九世紀初期から、さらに明治期に入っても、倹約のための「座儀規定」の改定が見られたことがわかるが、その間、倹約は標榜されているものの、座儀の枠組み自体は変わらなかった。

ここには、政治的な変革にもかかわらず、〈村〉の生活レベルでは伝統社会が持続していること、さらに言えば一九世紀の倹約を求められる状況（村落秩序の動揺）が持続していることが示されている。

こうした状況は、二〇世紀初頭には、日清・日露戦争をへて戦前日本が帝国主義化し、国内の軍国主義的な国家体制が確立することによって再編される。それは、一方では都市を中心とした産業革命の進展と社会の近代化と表裏であった。和泉地域の座に即して見ても、二〇世紀初頭には、春木川《はるきがわ》村において座株会《ざかぶかい》が組織され、宮座《みやざ》との二重構成になったり、伯太村のうち神社合祀《ごうし》によって無くなった菅原神社の宮座が天神団《てんじんだん》に編成替えされたことなどにうかがわれる。

＊明治政府は、この時期、各大字の神社を行政村に一つ程度に合併させようとする神社合併政策を推進していた。こうした座の変容は、各村（大字）に神社がなくなることとも関連していた。

二〇世紀には、〈村〉の**伝統社会は再編**されながらも、社会の近代化と併存しながら持続していった。そして、先述したように一九六〇年代以降の高度成長期以降の日本社会の流動化と生活様式の現代化によって、一七世紀以来、日本の地域社会のあり方を特質づけ続けてきた伝統社会は解体に向かうのである。

写真２　和気町六日座の儀式の様子

四

ここまで、すでに刊行した地域叙述編四冊の内容も念頭に置きながら、本書のテーマである和泉地域の近世を考えるうえで重要と考えるいくつかの点に触れてきた。近代以降の伝統社会の見通しについては、テーマ叙述編・近現代編において具体的に論じられるべき課題である。しかし、近世からの展開と地域の調査から見通せる限りでの展望を試みてみた。こうした展望の基礎として本書には、第四レベルのテーマとして、市史として取り組んだ地域調査の紹介と、そこから得られる見通しを盛り込んでいる。第三レベルでは、これまで述べてきた近世の和泉地域の特質を掘り下げることにつながる諸問題を取り上げている。しかし、網羅的なテーマ設定を意図しているわけではない（果たして「網羅的な」テーマ設定がありうるかは疑問であるが）。あくまで研究蓄積のある問題（テーマ）について、九冊目の通史編の前提として取り上げていることを断っておきたい。

以上、近世（江戸時代）という時代と本書のねらいについて述べてきた。最後に、再度本書のテーマ設定の四つのレベルについて確認しておきたい。

第一レベル：一つの村に即して、絵図や文書の史料を読み解く形で〈村〉の様相を紹介する。史料、翻刻、読み下し、語句説明、現代語訳、解説からなる「史料研究ノート」方式をとる。これによって、近世という社会の普遍的な特質（社会の手触り）をつかみたい。同時にそれは、以下の叙述の前提でもある。

第二レベル：市域の村、領主支配、寺や神社、用水や道などの諸要素を概観する。ここでは、近世の和泉市域の全体的な相貌を理解するとともに、それぞれの村むらは固有のあり方をとり、それらが縦横に結びつきながら地域社会を構成していることを示したい。

第三レベル：これまでの和泉地域に関する研究の蓄積を踏まえて、市域の近世を理解する上で重要ないくつかの問題に絞って掘り下げて論じたり、五つの地域区分に収まらない問題を論ずる。その際に、市域の歴史展開を念頭に置き、市域外にも広がる関係や外から見られる和泉地域像などにも留意する。

第四レベル：和泉市史として取り組んだ調査と、そこから見えてくる地域の姿。これは、近世という時代から近代を見通し、近世と現代のつながりを見定めることにもなろう。また、伝統社会についての見通しは、中央の政治史的な時代区分に地域社会の歴史を従属させるのではない歴史認識の試みでもある。

本書が、和泉地域の近世（江戸時代）について興味をもっていただく契機となれば幸いである。

市史編さん委員　塚田　孝

第1部

近世社会の仕組み―基礎単位としての村―

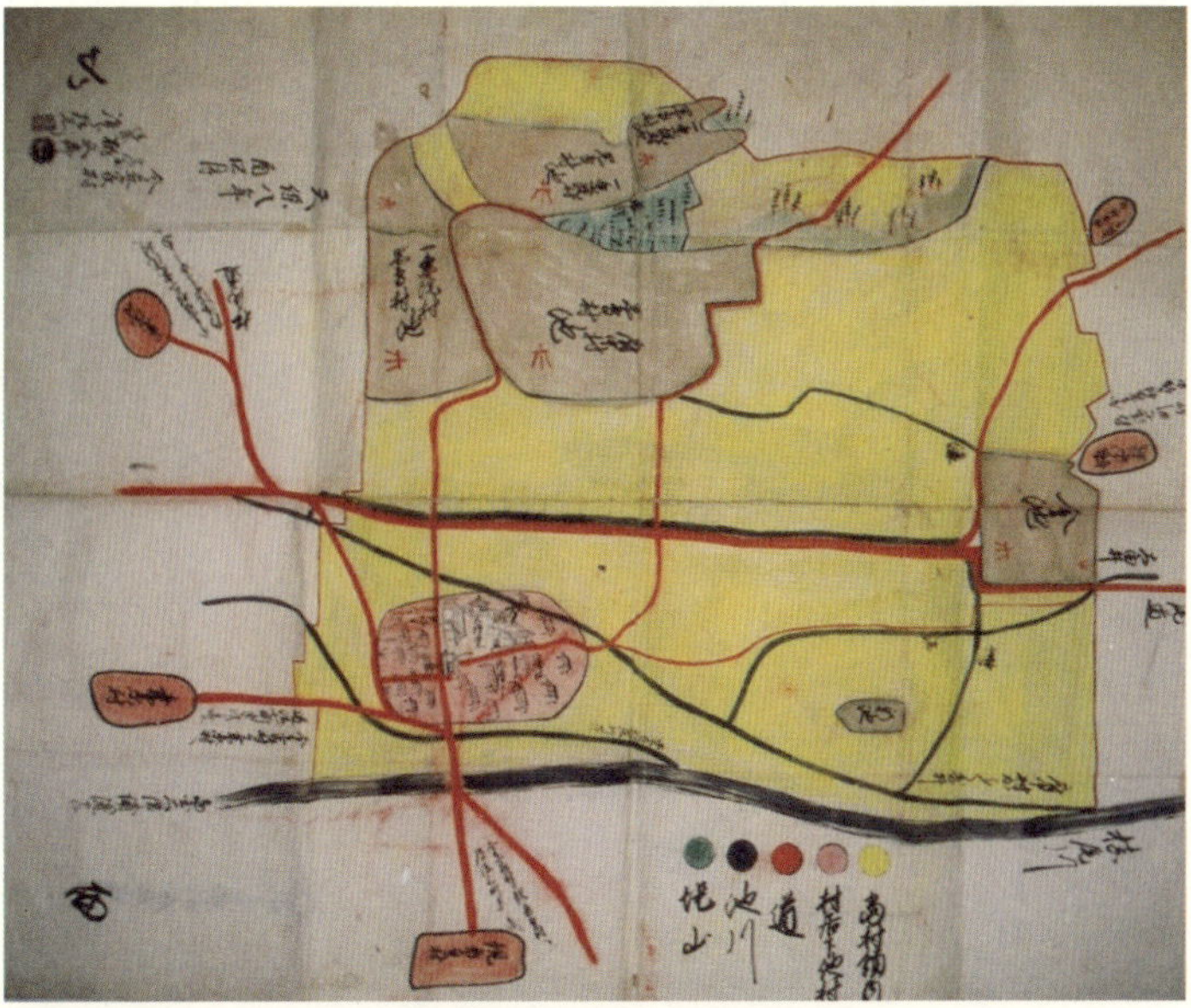

天保８（1837）年　今在家村絵図（芦部・前田家文書）

序説でも述べたように、近世社会の基礎には〈村〉と〈家〉が存在していた。近世とはどういう時代かを理解するには、〈村〉とそこで生きる人たちの姿を実感することが大切である。そのためには、村で生きた人びと自身が書き残したものを読むことがもっとも有効である。もちろん、どの〈村〉もそれぞれ固有のあり方をしているが、近世の時代を反映した共通の特徴を有することは言うまでもないであろう。そこで、第1部では、市域の〈村〉の一例として、今在家村（芦部町）を取り上げて見ていくことにしよう。

その際、今在家村の庄屋家に残された絵図や文書の史料を読み解く形で〈村〉の様相を紹介する。具体的には、史料の写真、その翻刻と読み下し、現代語訳、語句説明を行ったうえで、そこから引き出せる論点を解説する「史料研究ノート」方式をとることにした。近世の〈村〉は大量の史料を残したところに、世界史的にも稀な特質を見出すことができるが、この方式によって、その特質も実感できるであろう。また、古文書を読むためのテキストとしても利用できることを意図している。

前半では、村絵図を用いて、今在家村の空間の構成を見たうえで、年貢免状や人別改めに関する史料によって、村全体の土地（高）と人のあり方を把握する。あわせて、今在家村を領知する一橋家の支配と村請制の仕組みをうかがう。また、村全体の申合せから、自律的な運営を行う村の性格を見ることにしよう。

後半では、一九世紀に今在家村で起こったいくつかの事件に関わる史料を取り上げて、今在家村を考えるうえで興味深い諸局面を見ていく。そこで取り上げるのは、若者が勝手に地車を買い求めた件、奉公人の働き方（働かせ方）に関する件、墓所の立ち木の伐採の件、非人番が博奕に手を染めた件、である。ここからは、この地域の一九世紀の社会状況をうかがうことができるであろう。

近世社会の仕組み―基礎単位としての村―

塚田　孝

近世（江戸時代）の歴史的位置

日本列島にどれくらいの人が暮らしていたか？　やや唐突だが、そこから近世（江戸時代）という時代の歴史的な位置を考えてみよう。

日本列島上の人口は、縄文《じょうもん》時代には約一〇万人から約二六万人、弥生《やよい》時代には約六〇万人、さらに奈良時代には約四五〇万人、平安時代前期（九〇〇年ごろ）には約五五〇万人、そして鎌倉幕府成立ごろには七〇〇万弱と推計されている。その後、近世成立期（一六〇〇年ごろ）には約一二二〇万人であったが、一七世紀に人口が急増し、一八世紀初めには三一〇〇万人余に達したが、明治にはいる時期には三三〇〇万人台であり、近世中後期には人口は停滞していた。周知のように、その後日本の人口は激増し、一九一二（明治四五）年には、五〇〇〇万人を超え、一九六七（昭和四二）年に一億人を超えた。そして、日本の人口は一九八五（昭和六〇）年の国勢調査で一億二〇〇〇万人台に達したが、二〇一〇（平成二二）年調査での一億二八〇五万余人をピークとして、二〇一五（平成二七）年調査で初めて減少し、以後も減少が予想されている。

以上のような人口動向を大づかみに言えば、弥生時代から古代にかけて一〇〇〇年以上かけて約一〇倍となるものの、中世においては緩やかな増加（数百年で二倍）にとどまり、中世末の一六世紀から一七世紀にかけて一〇〇〇万人から三〇〇〇万人へと三倍となり、以後、近世には停滞する。

人口が三倍となる一六世紀から一七世紀にかけては、耕地も三倍に拡大したと推計されている。全国の

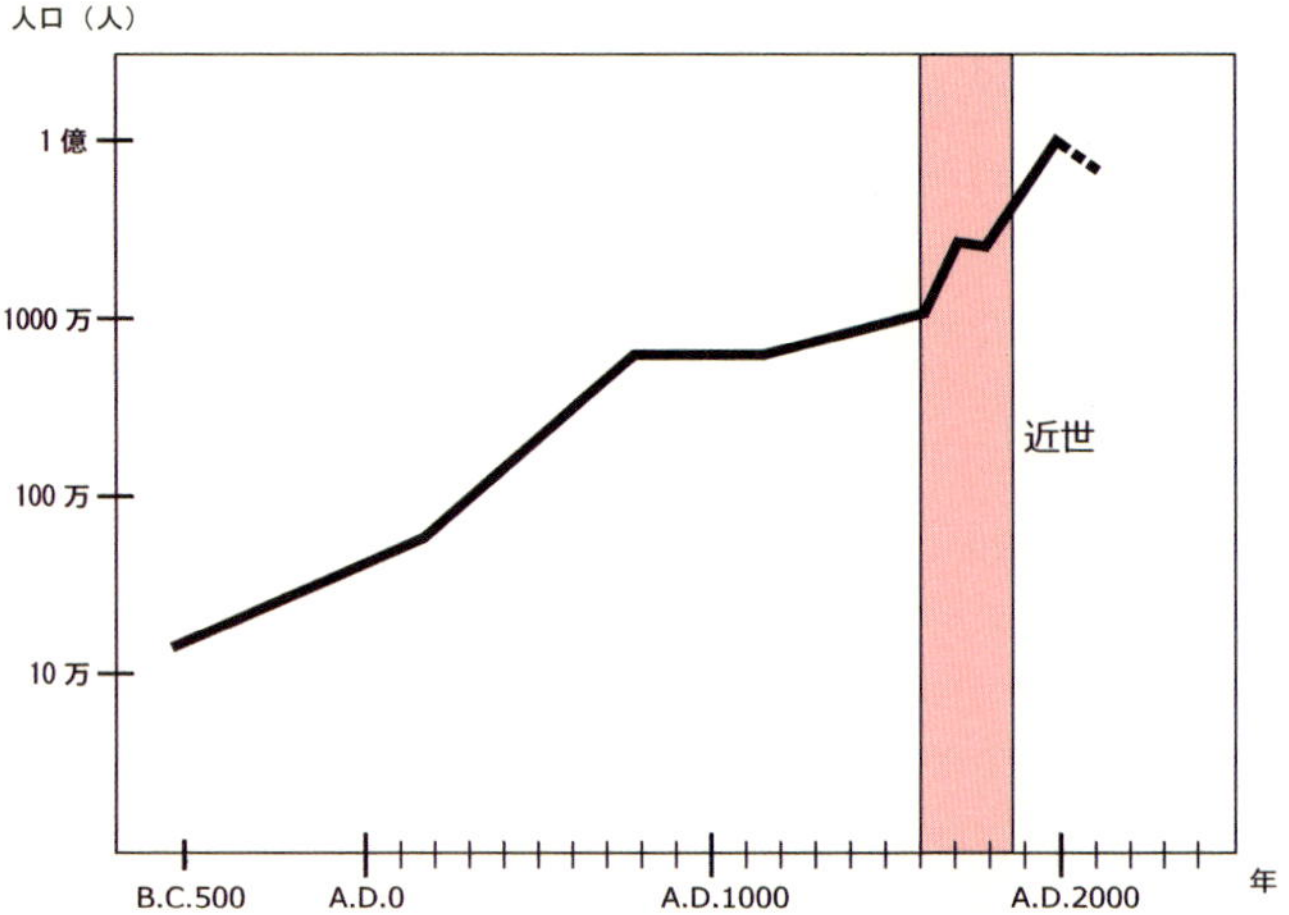

図１　人口推移　鬼頭宏『人口から読む日本の歴史』より。

耕地面積は、一〇世紀には八六万二〇〇〇町歩（町の広さは時代によって違いがあるが、江戸時代にはほぼ一ヘクタール）、一四世紀には九四万六〇〇〇町歩、一六世紀末には一五〇万町歩、一八世紀初頭には二九七万町歩になったという。中世においても農業の集約化が進められ、二毛作《にもうさく》が行われるなど生産力の上昇が見られたが、一六世紀から耕地面積が拡大し、幕藩制《ばくはんせい》社会の成立によってさらなる大規模な新田開発が可能となり、一七世紀末までに、一四世紀の三倍となったのである。

　このような一六世紀末から一七世紀の期間に、家と村を基盤とする江戸時代の社会が確立したのである。* 一九世紀には、全国で六万三千余の「村」、一万余の「町《ちょう》」が存在していたが、当初から同じ姿だったわけでなく、一七世紀はその形成過程であった。もちろん、この六万三千余の村はそれぞれに固有の存在形態をもっていたが、幕藩制支配の下での基本的な仕組みである村請制《むらうけせい》に位置づいていた点においては同質であった。そのため、検地帳や人別帳、年貢関係文書や御用留など多様な史料が、ほぼすべての村ごとに作成され、その多くは現在まで豊富に残されてきた。

＊江戸時代の社会の基礎には、在方《ざいかた》（農村地域）においては村が、都市においては町が存在した。村は百姓身分の、町は町屋敷所持

者らの共同組織である。なお、近世の人口は三〇〇〇万人余で推移したが、明治以降、急速に増加していく。しかし、その増加は都市における第二次産業や第三次産業におけるもので、農村における、あるいは第一次産業によって支えられた人口は、一九六〇年代の高度成長による日本社会の構造的変化の時期まで、ほぼ三〇〇〇万人余であった。近世初期に成立した家と村に基礎を置く伝統社会は、近代行政村の下での大字《おおあざ》に、和泉市成立後は町会に引き継がれ、産業都市と資本主義の発展と併存しつつ、高度成長期まで粘着力をもって持続したのである。

市域でも、江戸時代には六十余の村が存在していたが、村のあり方を理解することが近世社会のあり方と仕組みを皮膚感覚で理解することにつながる。そこでまず、村で作られた史料から、村の基本的なあり方を見ていくことにしたい。その際、一つの村に即して、史料を一緒に読み解くことにしよう。市域には多くの豊富な史料群が残っているが、以下では今在家《いまざいけ》村（現芦部町）の庄屋役を歴任した前田家文書を用いることとする。

Ⅰ　村の形と運営

1　村絵図　—空間と諸要素—

まず、江戸時代の村の空間とそこに含まれる諸要素を村絵図から見ておこう。村絵図は、さまざまな目的で作成されるので、その目的に応じたところに焦点が合わされる。ここで紹介する村絵図には村の概容が描かれている。この絵図から、江戸時代後期の今在家村の様相を確認しておこう（第1部扉写真参照）。

絵図の北側の隅の記載から、この絵図は天保八（一八三七）年四月に作成されたものであること、また今

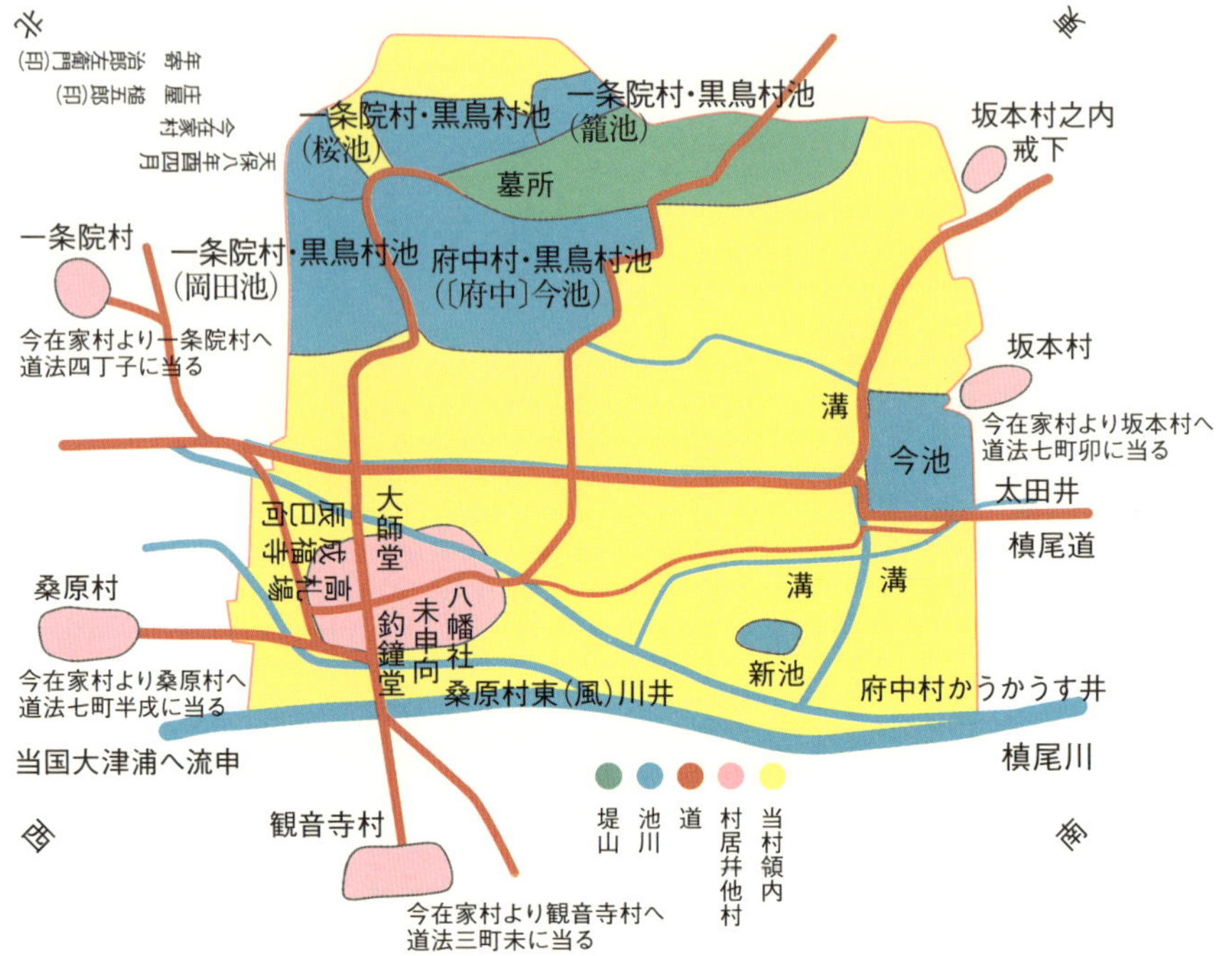

図2　天保8（1837）年今在家村絵図（芦部・前田家文書）　絵図をトレースし、一部加工して作成。

在家村庄屋《しょうや》槌五郎《つちごろう》と年寄《としより》治郎左衛門が署名・押印しているので、村として正式に作られたものであることがわかる。絵図の南西側には、黄色は「当村（今在家村）領内」、桃色は「村《むら》居《い》弁《ならびに》他村」、赤は「道」、黒（図2では水色）は「池・川」、緑は「堤・山」を表しているという凡例《はんれい》が記されている。

絵図の西側の楕円形のなかに屋根が密集して描かれた一画（図2では桃色の円形）が集落部分である。集落内に道が交差しているところに辰巳（南東）の方角に向く成福寺《じょうふくじ》があり、境内には大《だい》師堂《しどう》、釣鐘堂《つりがねどう》があり、さらに境内内部を土塀で区切って未申（南西）の方角を向く八幡社《はちまんしゃ》がある。村の中心には、幕府・領主から下された高札を掲げる高札場が描かれている。村内の集落はこの寺社の周囲に密集する一ヶ所であり、その周辺の北・東・南に広がる黄色の「当村領内」とされている部分は耕地である。今在家村は田が一三町歩余、畑が三町歩弱なので（畑のうち一町三反は慶

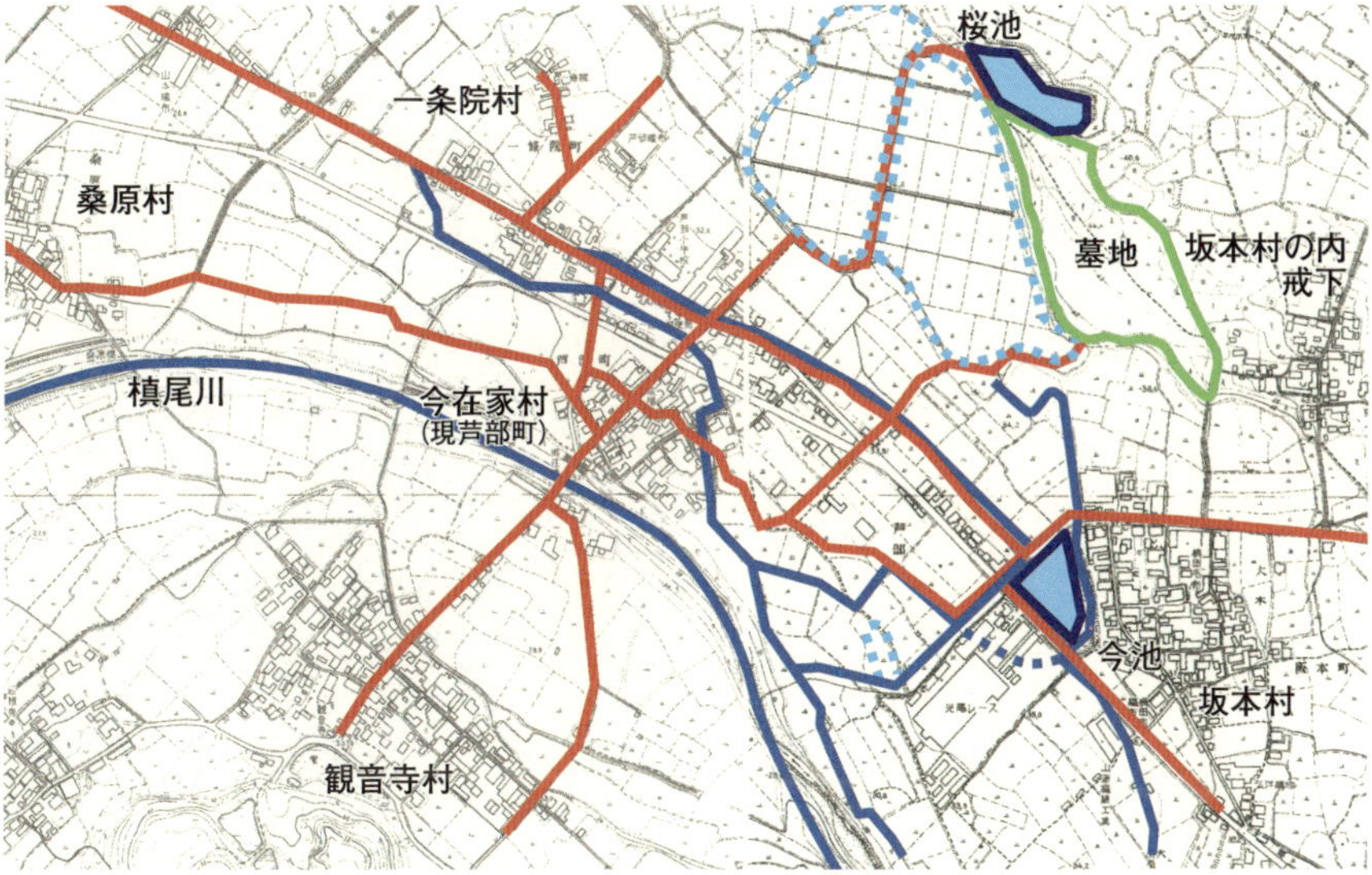

図3　今在家村絵図に描かれた道・池・水路　1961年地形図に、天保8（1837）年今在家村絵図に描かれた情報を図示した。点線は現在失われた池・水路。芦部町の町名は、小学校が元々所在した一条院村の字名「芦部」に由来する。

長検地以降の新開）、北東部の山側以外は田が広がっている。

これらの田を灌漑《かんがい》する用水は、南東側から流れ込む太田井《おおたい》である。太田井は、槙尾川のやや上流部（池田下村領）から取水する、坂本村との立会い用水で、今在家村領では一旦今池（今在家村）に貯水し、そこから三つの溝に分かれて周辺の田を潤している。

今池と新池は池名だけが記されるが、それ以外に「府中村・黒鳥村池」と書かれた大きな溜池（〔府中〕今池）と「一条院村・黒鳥村池」と書かれた連続する三つの溜池（籠《かご》池・桜池・岡田池）が描かれている。これらの池は今在家村の領域に囲まれるように位置しているが、府中村や黒鳥村、一条院村の耕地に用水を供給するもので、今在家村の耕地には水は入らない。これらの池の底地に関する権利は、これら用水を利用する村むらのものであり、現在は埋め立てられて田となっている。〔府中〕今池や岡田池跡の地籍は府中町や一条院町となっている。

また、絵図の南西側に観音寺村との境界をなす槙尾川が北流している。そこから国府河頭井《こうこうず》（図2ではかうかうす井）と東風《こち》川《がわ》井を引水する用水路が今在家村内を流れているが、国府河頭井は府中村と黒鳥村の耕地を灌漑し、東風川井は桑原村の耕地を養う用水であり、今在家村の耕地には水を供給しない（2部5水利）。

写真１　成福寺本堂からみた釣鐘堂と庄屋前田家の長屋門　釣鐘堂の落慶を祝い2016年に大般若経転読法要が行われた。長屋門との間にみえる道が、村の中心を通っている。

今在家村の領内に存在している溜池や用水溝も周辺村むらとの関係の中で存在していたのである。

北東の溜池の間に挟まるように「山」があるが、ここには墓所があった。ここから東に連続する黄色の部分に樹木が描かれている。

この村絵図は今在家村の領域を赤い細線（と槙尾川）で囲んでいるが、その外側に村名を記した桃色の俵型が見える。槙尾川の対岸に観音寺村があり、今池（今在家村）のすぐ東南に坂本村がある。その坂本村の東側に坂本村の内部集落である戒下《かいげ》が位置する。さらに、今在家村の北側に一条院村が、西側に桑原村が見える。これらの村むらも村領をもち、今在家村と隣接していたが、集落の位置だけを表現している（2部2村と集落）。各集落の脇には今在家村集落からの「道法《みちのり》」（距離）が書かれている。

そして、それらの村と今在家村をつなぐ道が描かれ、さらに外へと続いている。太田井の中央の流れと沿うように今在家村内を槙尾道が通っている。これは北の府中村から続いて南へ向かい、横山谷の槙尾山施福寺に至る道である。一条院村の方から松尾道が通っているが、これは槙尾道と交差して、今在家村の集落脇を通って槙尾川を渡り、観音寺村から松尾寺に向かう道である。その他、坂本新田から伏屋新田に向かう道や信太山丘陵へと向かう道などがあり、村内にも縦横に道が通っている（2部3道）。今在家村の集落内でも道が交差しており、ここが集落の中心と言っていいだろう。

このように、今在家村は一つにまとまった集落があり、その周辺に耕地を中心とする村領が取り巻き、外縁部に墓所や山林がある。村領内には溜池があり、用水路や道が通っている。今在家村の村絵図は、今在家村の村としてのまとまりを示すとともに、周辺村むらとの関係の中に存立していることを示している。村内に複数の集落が存在する村もあれば、もっと山間の村であれば、村領が山に抱え込まれている村もある。ここには、固有の存在形態をもった今在家村のあり方が示されているのである。

2 「寅年免定之事」―今在家村の土地（高）と年貢―

江戸時代の村は、人びとの生活の場であるとともに、村請制の単位として幕府や藩の政治的な支配の下に位置づいていた。いわば、村請制という仕組みは、人びとの生活世界と政治的社会との接点であった。そこで、村請制の仕組みを見るために、年貢免定を取り上げて見てみよう。

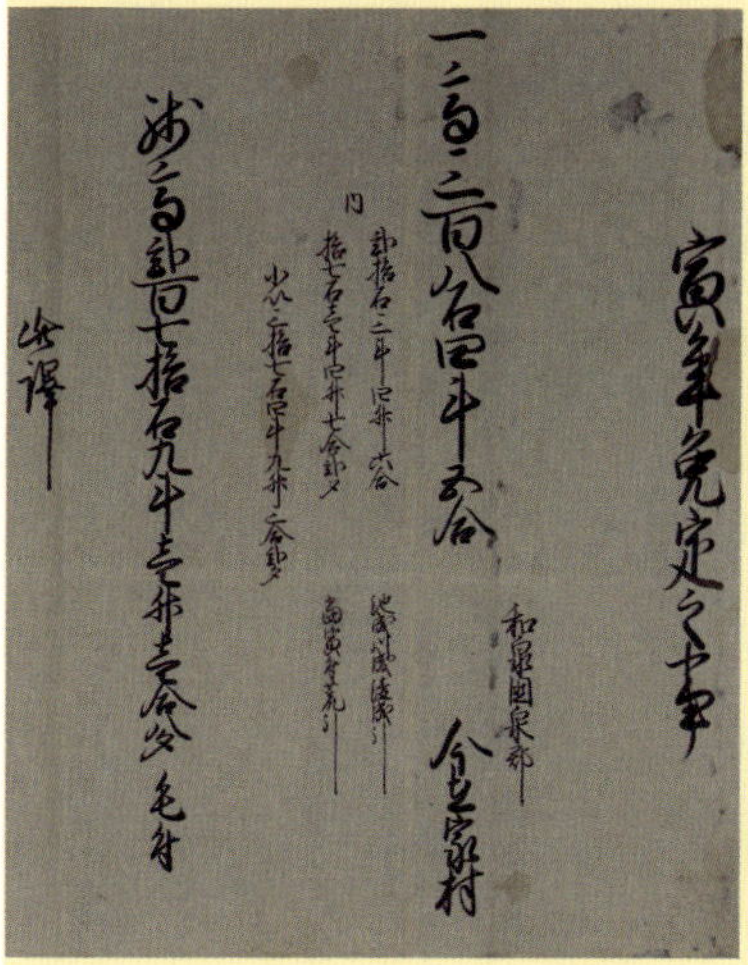

寅年免定之事《とらどしめんじょう》

　　　　　　　　　　　　和泉国泉郡
　　　　　　　　　　　　　今在家村 (A)

一高三百八石四斗五合

　内

　　弐拾石三斗四升六合　　池成川成溝成引《いけなりかわなりみぞなりひき》
　　拾七石壱斗四升七合弐勺　当寅付荒引《とうとらあれひき》
　　小以《こい》　三拾七石四斗九升三合弐勺

残高弐百七拾石九斗壱升壱合八勺　　毛付《けつけ》

此訳《このわけ》

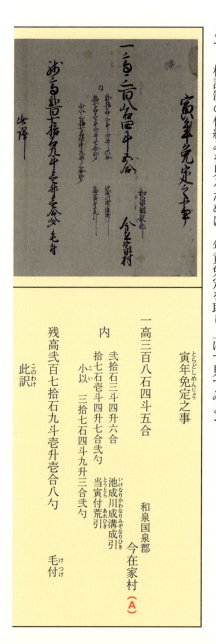

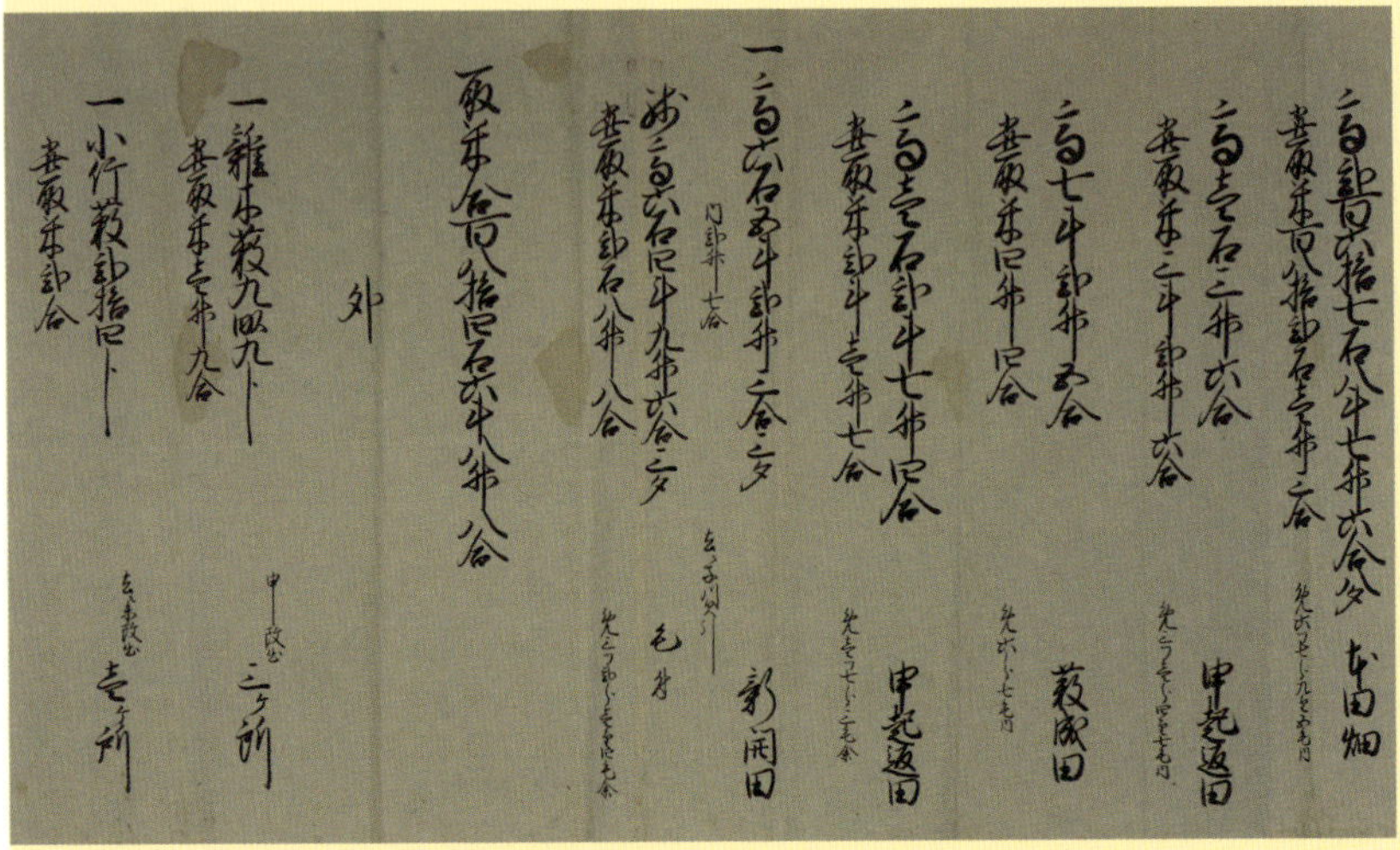

高弐百六拾七石八斗七升六合八勺　本田畑《ほんでんぱた》
此取米《とりまい》百八拾弐石壱升三合　免《めん》六ツ七分九厘五毛内
高壱石三升六合　申起返《さるおこしかえし》田①
此取米三斗弐升六合　免三ツ壱分四厘七毛内
高七斗弐升五合　藪成《やぶなり》田
此取米四升四合　免六分七毛内
高壱石弐斗七升四合　申起返田②
此取米弐斗壱升七合　免壱ツ七分三毛余
一高六石五斗弐升三合三勺　新開田《しんかいた》
内　弐升七合　去ル子《ね》川欠《かわかけ》引　毛付
残高六石四斗九升六合三勺
此取米弐石八升八合　免三ツ弐分壱厘四毛余
取米合百八拾四石六斗八升八合

外

一雑木藪《ぞうきやぶ》九畝九歩　申改出《さるあらためだし》
此取米壱升九合　三ケ所　(B)
一小竹藪《こたけやぶ》弐拾四歩　去ル未改出
此取米弐合　壱ケ所

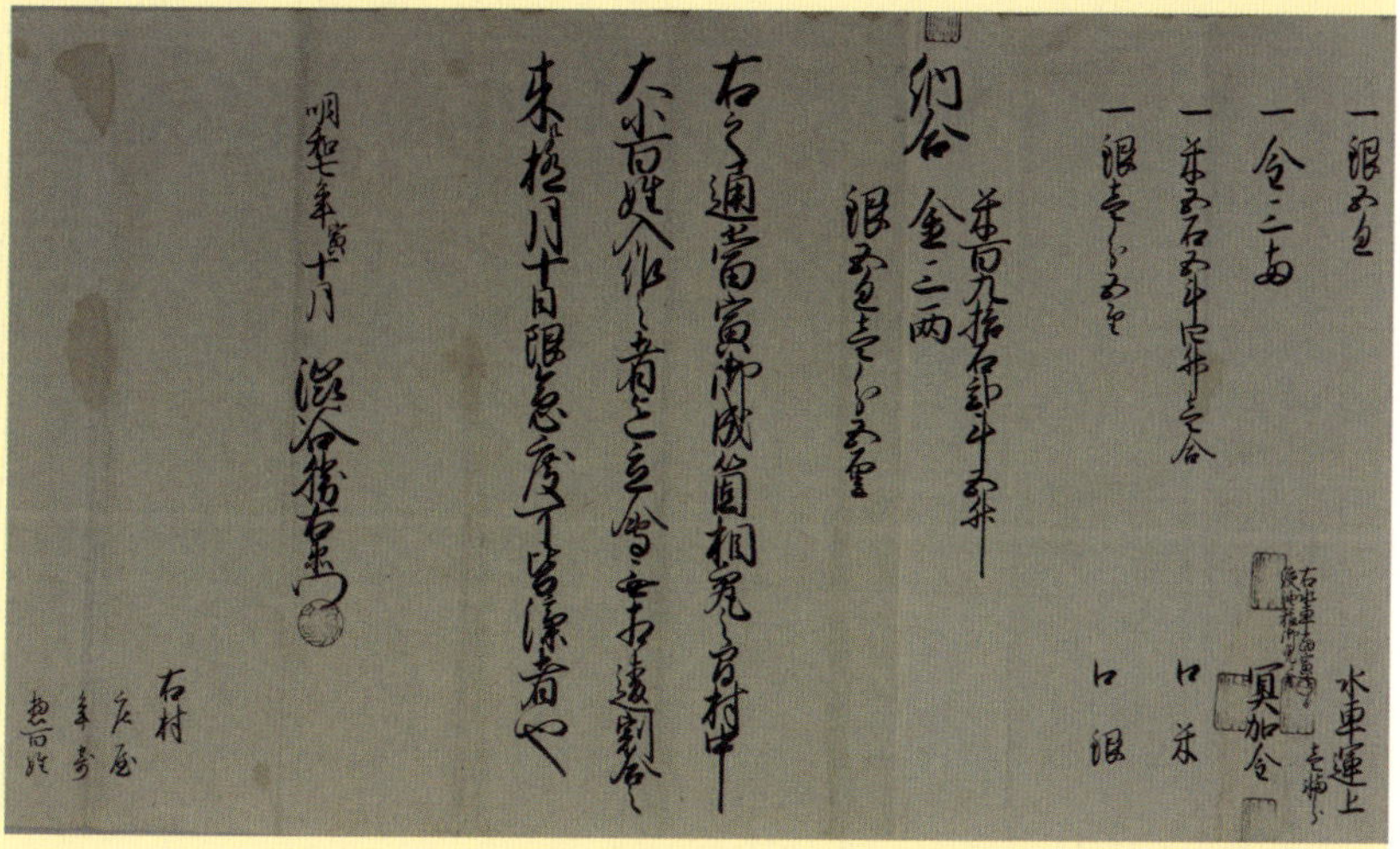

一銀五匁　水車運上
右水車当寅年ゟ　壱輛分
絞油稼御免ニ付
一金三両　冥加金
一米五石五斗四升壱合　口米《くちまい》
一銀壱分五厘　口銀《くちぎん》

納合　米百九拾石弐斗五升
　　　金三両
　　　銀五匁壱分五厘

(C)

右之通当寅御成《おなり》箇《か》相究《あいきめる》之間、村中
大小百姓入作《いりさく》之者迄立会、無相違《そういなく》割合之、
来ル極月《ごくげつ》十日限、急度《きっと》可皆済者也《かいさいすべきものなり》

明和七年寅十月　渋谷勝右衛門㊞

右村
　庄屋
　年寄
　惣百姓

（前田家文書）

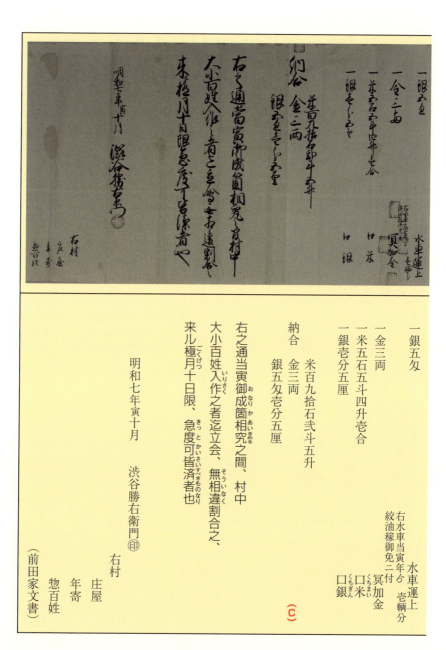

【読み下し：太字部分のみ】

右の通り当寅《とうとら》御成箇《おなりか》相究《あいきめ》る間《あいだ》、村中大小《むらじゅうだいしょう》百姓入作《いりさく》の者迄立ち会い、相違無く割り合い、来る極月《ごくげつ》十日限り、きっと皆済《かいさい》すべき者也《ものなり》

【現代語訳：太字部分のみ】

右の通り、今年の年貢額を決めたので、村中の（有力者から零細なものまで）すべての百姓、さらに他村から入作している者までが立ち会い、間違いのないように割り合って、来る十二月十日までに必ずすべてを納入せよ。

【語句説明】 免定《めんじょう》（免状）：その年の年貢《ねんぐ》を決定すること。また、それを通知する文書。免《めん》は年貢率のこと。高：数量や額。ここでは検地によって決められたその村の法定生産量。一村全体の高を合わせたものが村高《むらだか》。石《こく》・斗《と》・升《しょう》・合《ごう》・勺《しゃく》：容積の単位。一石＝一〇斗、一斗＝一〇升、一升＝一〇合、一合＝一〇勺。 池成《いけなり》・川《かわ》成《なり》・溝成引《みぞなりひき》：高に結ばれていた土地が、池や川、溝に変更されたため年貢賦課対象から除外すること。 荒引：同じく荒れ地となり年貢賦課対象から除外すること。 小以：小計。 毛付《けつけ》：植え付けを行うこと。 取米《とりまい》：年貢米。 此訳《このわけ》：内わけ。 内・余：概数を表す。内はその数字に少し足りず、余は少し上回ること。 起返《おこしかえし》田：荒れ地となった田を再開発したもの。 運上《うんじょう》：商・工・漁業などに課される雑税。 冥加金《みょうがきん》：冥加はありがたいと思う気持ち。諸営業を認められたことに対する雑税。運上と異なり、口金《くちがね》が付加されていないことに注意。 口米《くちまい》・口銀《くちぎん》：本来の年貢や運上に三パーセント上乗せされる付加税。 （町《ちょう》・反《たん》）畝《せ》・歩《ぶ》：面積の単位。一町＝一〇反、一反＝一〇畝、一畝＝三〇歩（但し、和泉の古検《こけん》では二五歩）。 御成箇《おなりか》：年貢のこと。大小百姓《だいしょうひゃくしょう》：大高持の百姓と小高持の百姓。ここではそれらを合わせた村内の全ての百姓。 入作《いりさく》：今在家村の田畑を所持・耕作している他村の百姓。 極月《ごくげつ》：一二月。 急度《きっと》：必ず。 皆済《かいさい》：年貢をすべて納入し、完済すること。 庄屋《しょうや》：村の運営の中心に位置する村役人。 年寄《としより》：庄屋を補佐する村役人。

A)	村高　308石405		
	引き高　37石4932（＝20石346＋17石1472）		
	残高　270石9118（毛付）		
	本田畑　267石8768	取米　182石013（率67.95％）	(ア)
	申起返田①　1石036	取米　0石326（率31.47％）	(ア)
	藪成田　0石725	取米　0石044（率6.07％）	(ア)
	申起返田②　1石274	取米　0石217（率17.03％）	(ア)
	新開田（村高の外）　6石5233		
	内川欠け引き　0石027		
	残高　6石4963（毛付）	取米　2石088（率32.14％）	(イ)
	合計　(ア)＋(イ)	取米　184石688	
B)	雑木藪　9畝9歩（高は無い）	取米　0石019（申改出し）	(ウ)
	小竹藪　24歩	取米　0石002（未改出し）	(エ)
	水車運上（1輛分）	銀5匁	
	絞油稼ぎ冥加金	金3両	
	口米	5石541（米の3％）	
	口銀	銀0匁15（銀の3％）	
C)	合計	米190石25、金3両、銀5匁15	

表1　「寅年免定之事」の構成

この史料は、明和《めいわ》七（一七七〇）年一〇月に、一橋家の家臣である渋谷勝右衛門が今在家村の「庄屋・年寄・惣百姓」、すなわち村全体に宛てて、同年分の年貢を一二月一〇日までに納めるように命じた文書である。領主である一橋家から、個々の百姓ではなく、今在家村に対して一村全体として年貢の完済を命じられているのであり、これが村請制と言われる所以《ゆえん》である。

今在家村は、近世初頭以来、幕府領であったが、寛《かん》文《ぶん》二（一六六二）年に大坂城代《じょうだい》に就任した青山因幡守《いなばのかみ》宗俊の所領になる。これは城代の役職を務めるために畿内《きない》近辺に与えられた領地（役知《やくち》）であった（第2部1村むらの領主）。続いて、延宝《えんぽう》六（一六七八）年に大坂城代の太田摂津守《せっつのかみ》資次の所領となり、貞享《じょうきょう》元（一六八四）年に城代となった土屋相模守《さがみのかみ》政直の所領となる。この後は、土屋政直の京都所司代《しょしだい》への転任後も土浦藩土屋家の所領の時期が続いたが、延享四（一七四七）年に至り、御三卿の一人一橋家の領知となり、そのまま明治維新を迎える。この年貢免定が出された明和七年は、一橋家の領知となって二三年たった時期のものである。

江戸時代には、村ごとに検地が行われ、そこで田畑・屋敷の面積をはかり、上中下のランク付けを行って一ヶ所（一筆）ごとの法定生産高（石高）を決め、村高（一村全体の石高）が確定された（2部4耕地）。各年の年貢量は、その年の生産状況（豊凶）を調べて（検見）年貢率を策定し、村高に年貢率を掛けて算出された。

この年貢免定は、大きく三つの部分に分かれる（表1参照）。第一は、村高三〇八石四斗五合のところから取米計一八四石六斗八升八合までの部分（A）、第二は「外」としてまとめられる口銀までの部分（B）、第三は（A）と（B）の合計を示す「納合」部分（C）である。

（A）部分は、まず村高三〇八・四〇五石が示され、そこから二項目の引き高（耕作されない高）三七・四九三二石を除いた二七〇・九一一八石が今年度植え付けされた（「毛付」）田畑の高として提示される。このうち、「本田畑」・「申起返田」①・「藪成田」・「申起返田」②に対して四つの異なる年貢率で「取米」（年貢量）が課された。本田畑は二六七・八七六八石に対して、取米一八二・〇一三石なので、年貢率は六七・九五パーセント弱（「免六ツ七分九厘五毛内」）である。ここには、畑や屋敷地についても米の生産高に換算された石高が含まれている。また、元は本田畑に含まれた耕地が、荒れ地となって再開発された「起返田」や藪となった土地は年貢率が低く設定されたため、別記載となったのである。

今在家村では、慶長一六（一六一一）年に片桐且元による検地が行われ、ここで設定された村高がその後まで今在家村の村高として固定した。この検地で高付けされた土地は「本田畑」と呼ばれる。しかし、この検地で高に結ばれなかった土地がその後開発されて、新たに検地を受けた場合に新開田として登録された。これは新田検地と呼ばれ、青山家による延宝三（一六七五）年、太田家による延宝六（一六七八）年、土屋家による元禄一五（一七〇二）年、宝永五（一七〇八）年、享保七（一七二二）年の五回にわたって行われ、新開田は合計六・五二三三石となる。これについても、川欠け引き（川による損地部分の年貢免除）がされて、残高に年貢（取米）が課された。

これらの取米の合計が、一八四・六八八石となる。こうして（A）部分は、検地を受け高に結ばれた土地のうち、この年に作付けされた土地に課された年貢高である。

次に（B）部分であるが、雑木藪・小竹藪の二項目は、広さ（面積）が示され、直接取米が書かれている。この年貢額は固定である。続いて、水車運上一輌分として、銀五匁と、この年から絞油稼ぎが認められたことに対する冥加金三両が課されている。水車運上は、この地域の村むらが一橋領知となったときに、それ以前から用水路に設置されていた水車の稼働を認めることに対して一輌当たり毎年銀五匁が課されるようになったものである（『池田編』参照）。今在家村の水車は国府河頭井の水路に寛延元（一七四八）年に設置されたもので、この水車運上の上納によって水車の稼働が一橋家から公認されることを意味した。注意しておきたいのは、これも村の年貢の一部として請求されていることである。

江戸幕府は、大坂市中以外の絞油屋が原料を購入して絞油稼ぎをすることを禁止する措置をとっていた。しかし、明和七（一七七〇）年に、大坂町奉行所は摂河泉州の人力・水車の絞油株を公認することに方針を転換した。絞油株を公認された者たちは、大坂町奉行所に冥加金を納めることが求められた（『池田編』）。ただし、一橋領知の村むらは、それ以前から一橋家によって水車の稼働を認められていたため、この冥加金を大坂町奉行所に納めることを免じられ、その代わりに一橋家に納めることとされたのである。金三両はこの冥加金である。なお、この年は絞油株免許に対する御礼の意味があって三両であったが、その後は水車増運上として毎年金二分を一橋家に納め続けることとなる。

これらに加えて、米で納める年貢高の三パーセントに当たる口米五・五四一石と、銀で納める額の三パーセントに当たる口銀〇・一五匁が付加されている。口米は、（A）の高に結ばれた土地に課された年貢（ア）+（イ）と（B）に含まれる藪に定量で課される年貢（ウ）+（エ）を合わせた、総米納年貢高の三パーセントである。なお冥加金には口金は課されておらず、運上と冥加には、差異があることが注目される。
（C）部分では、米一九〇・二五石、金三両、銀五・一五匁という今年の年貢の総計が記されている。これを、村中で立ち会って割り合い、期限までに納入することが求められている。この後、村内では、庄屋・年寄が中心となって百姓各人の持高に応じて、負担額の割り付けが行われる。各人はその負担額に応じて村役人に年貢を納め、村役人から一橋家に納められる。村全体の年貢が完済されると、一橋家役人から今在家村（庄屋・年寄・惣百姓）宛てに「皆済目録」と呼ばれる受取証が発行されて、年貢の納入手続きが完了するのである。
検地で高に結ばれた田畑や屋敷地は、前節で見た村絵図で黄色の「領内」とされた部分（の大半）と桃色の「村居」の部分である。領内でも、樹木の描かれた部分は、山林や藪《やぶ》などと思われるが、新開されれば、高に結ばれる。また、検地後に溜池や用水路（溝）を築いたところは、引き高とされ、年貢が免除される。一方、屋敷地でも成福寺や八幡宮の境内は、年貢の課されない除地であった。また、墓地の営まれた土地も除地であった。

村絵図の描かれた天保八（一八三七）年の段階では、今在家村には二輌の水車があった。一輌は、明和七年の免定にも記載されていたものであるが、もう一輌は文政一一（一八二八）年に池田下村から権利を譲り受けたものである。水車がどこに設置されたかは村絵図には書かれていないが、槙尾川から取水する国府河頭井などに設置されていた。

なお、天明七（一七八七）年に小田村の次助から今在家村の善六が酒造株（造高二五〇石）を譲り受け、酒造を始める（前田家文書）。これにともない、今在家村は一橋家に冥加銀四一匁二分五厘を上納することになる。善六家が行う酒造だが、これも年貢免定に盛り込まれ、村として上納に責任をもつことが求められたのである。

以上、生活共同体としての村と、幕藩制の政治支配との接点をなす村請制のあり方を通して、近世社会の仕組みを理解していただけたのではなかろうか。

3　「差上申子春宗門人別改証文之事」―今在家村の人別―

江戸時代の村では、キリシタンの取り締まりを目的として始められた宗門人別《しゅうもんにんべつ》改めが毎年行われた。宗門人別帳は村の住民構成を知るための基本史料である。残念ながら今在家村には宗門人別帳は残されていない。しかし、人別改めの結果を一橋家に届け出た史料が残されている。これによって、今在家村を構成する人びとのあり方を見ておこう。

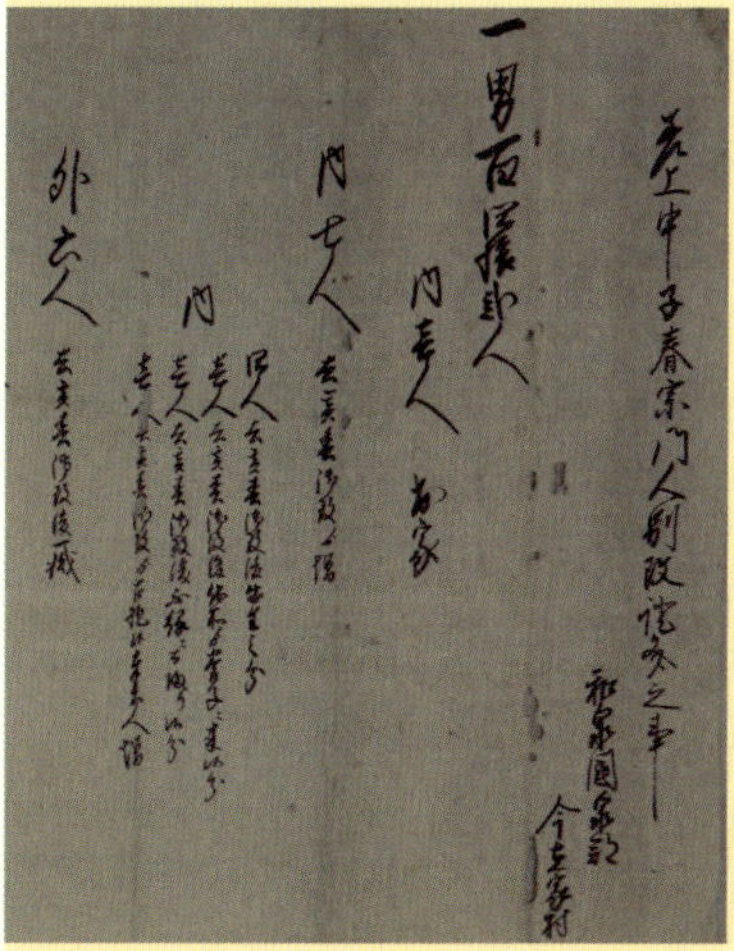

差上申《さしあげもうす》子《ね》春《はる》宗門人別改《しゅうもんにんべつあらため》証文之事

和泉国泉郡
今在家村

一男百四拾弐人
　内　壱人　出家
内　七人　去《さる》亥春御改《おあらため》ゟ《より》増
　四人　去亥春御改後《おあらためご》出生之分
　壱人　去亥春御改後他所ゟ養子ニ来《きたり》候分
　内
　壱人　去亥春御改後不縁《ふえん》ニ而《にて》帰り候分
　壱人　去亥春御改ゟ召抱《めしかかえ》候奉公人増
外　六人　去亥春御改後減

(A)

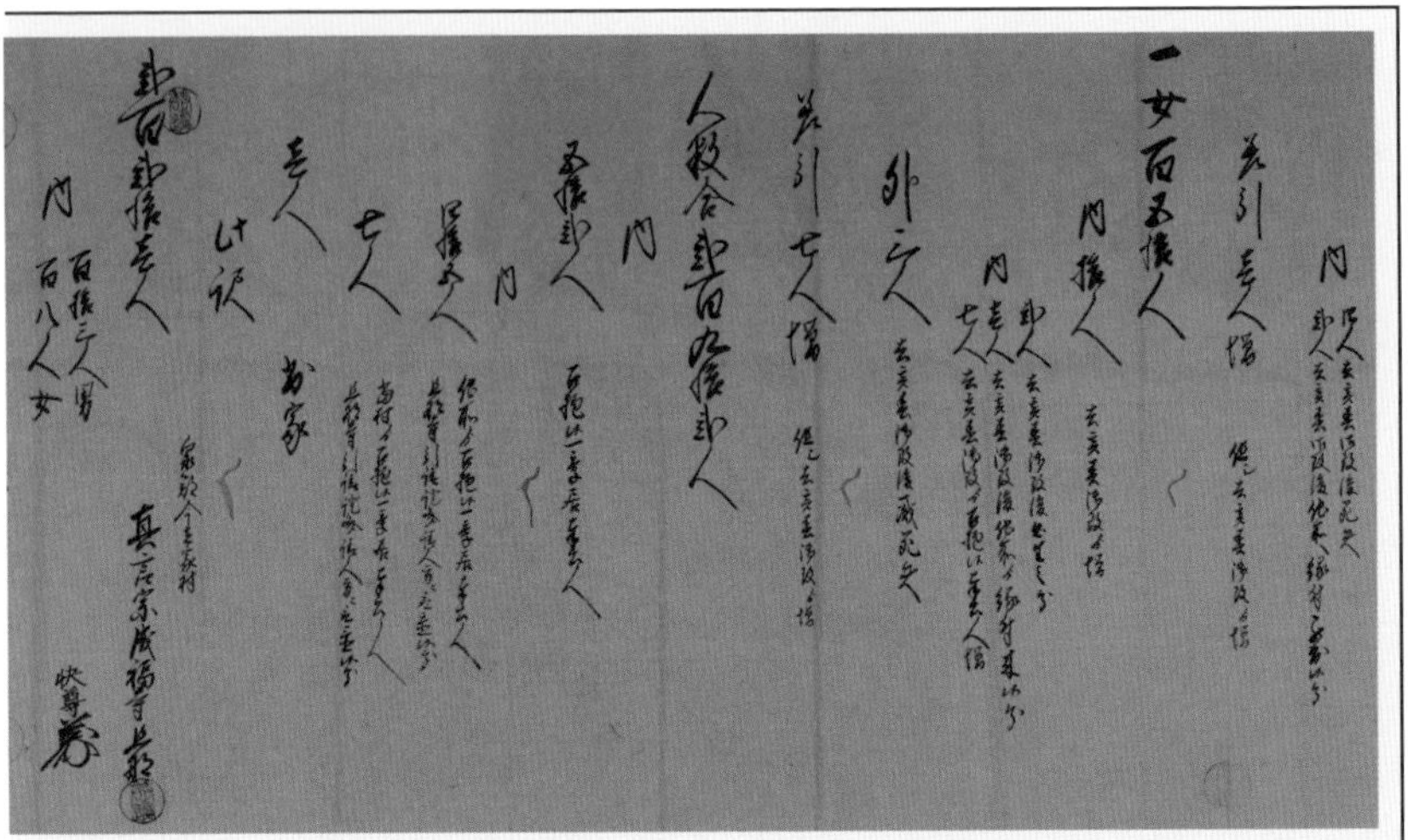

内　四人　去亥春御改後死失
弐人　去亥春御改後他所へ縁付罷出候分
差引　壱人増　但し去亥春御改ゟ増
一女百五拾人
内　拾人　去亥春御改ゟ増
内　弐人　去亥春御改後出生之分
壱人　去亥春御改後他所ゟ縁付来候分
七人　去亥春御改ゟ召抱候奉公人増
外　三人　去亥春御改後減死失
差引　七人増　但し去亥春御改ゟ増
人数合弐百九拾弐人
内
五拾弐人　召抱候一季居奉公人
内
四拾五人　他所ゟ召抱候一季居奉公人
旦那寺引請証文請人方ニ取置候分
七人　当村ゟ召抱候一季居奉公人
旦那寺引請証文請人方ニ取置候分
壱人　出家
此訳
弐百弐拾壱人
内　百拾三人男
百八人　女
泉郡今在家村
真言宗成福寺旦那㊞
快尊（花押）

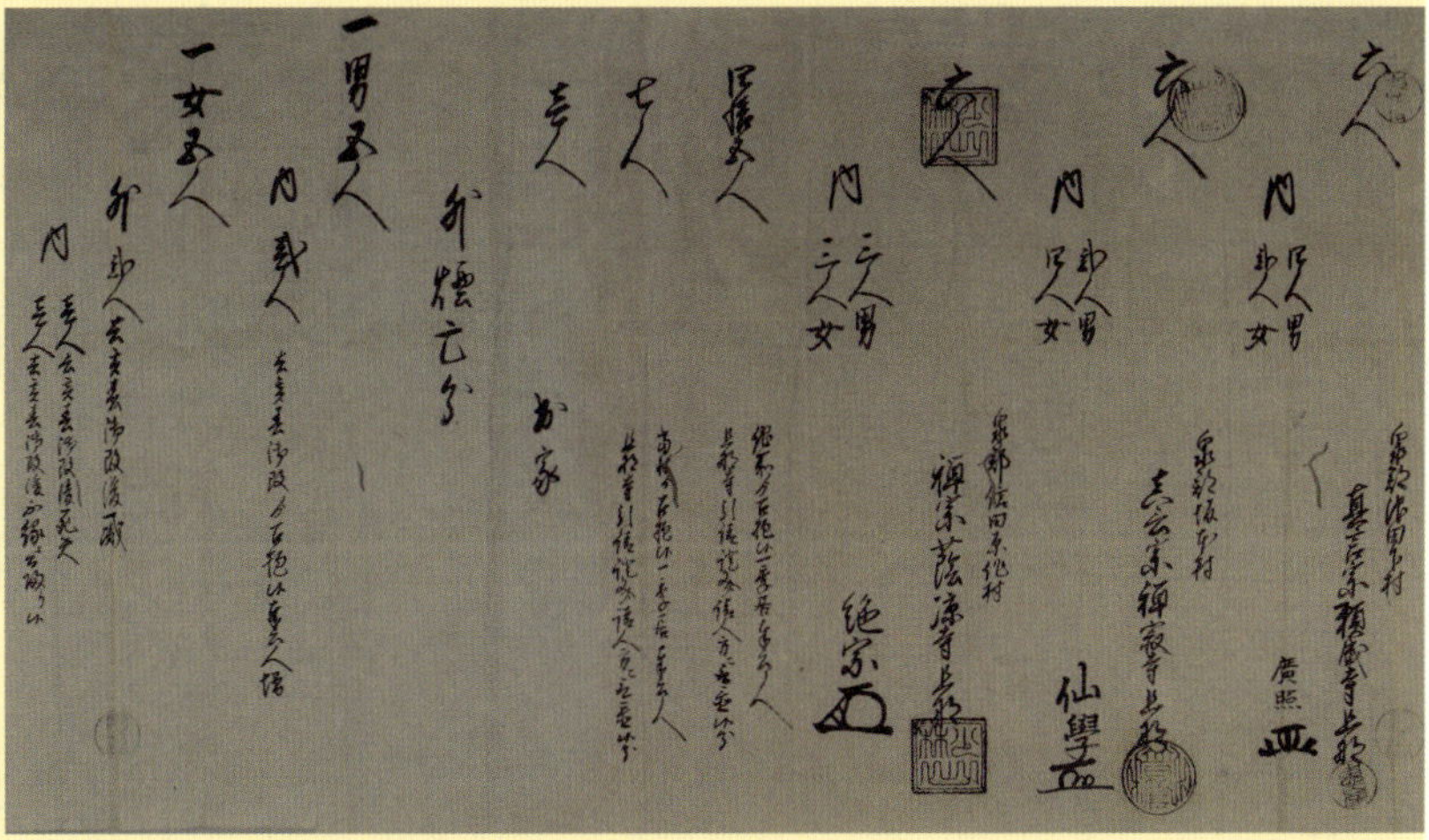

六人
内　四人　男
　　弐人　女
泉郡池田下村
真言宗願成寺旦那㊞
広照（花押）

六人
内　弐人　男
　　四人　女
泉郡坂本村
真言宗禅寂寺旦那㊞
仙学（花押）

六人
内　三人　男
　　三人　女
泉郡信田（太）原作村
禅宗蔭凉寺旦那㊞
絶宗（花押）

四拾五人
他所ゟ召抱候一季居奉公人
旦那寺引請証文請人方ニ取置候分

七人
当村ゟ召抱候一季居奉公人
旦那寺引請証文請人方ニ取置候分

壱人
出家

外煙亡分

(B)

一男五人
内　弐人　去亥春御改ゟ召抱候奉公人増

一女五人
外　弐人　去亥春御改後減
内　壱人　去亥春御改後死失
　　壱人　去亥春御改後不縁ニ而帰り候

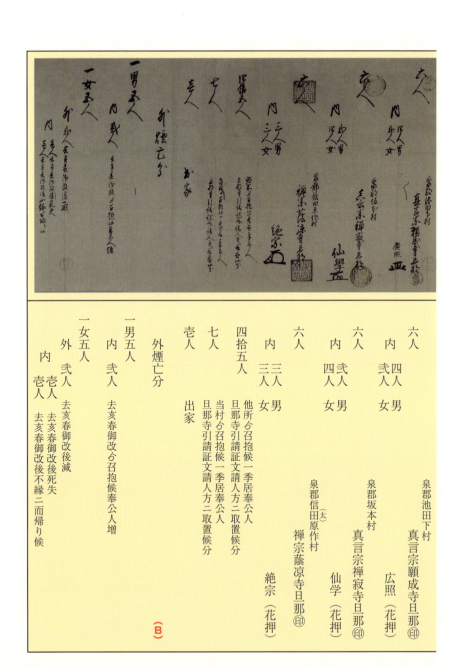

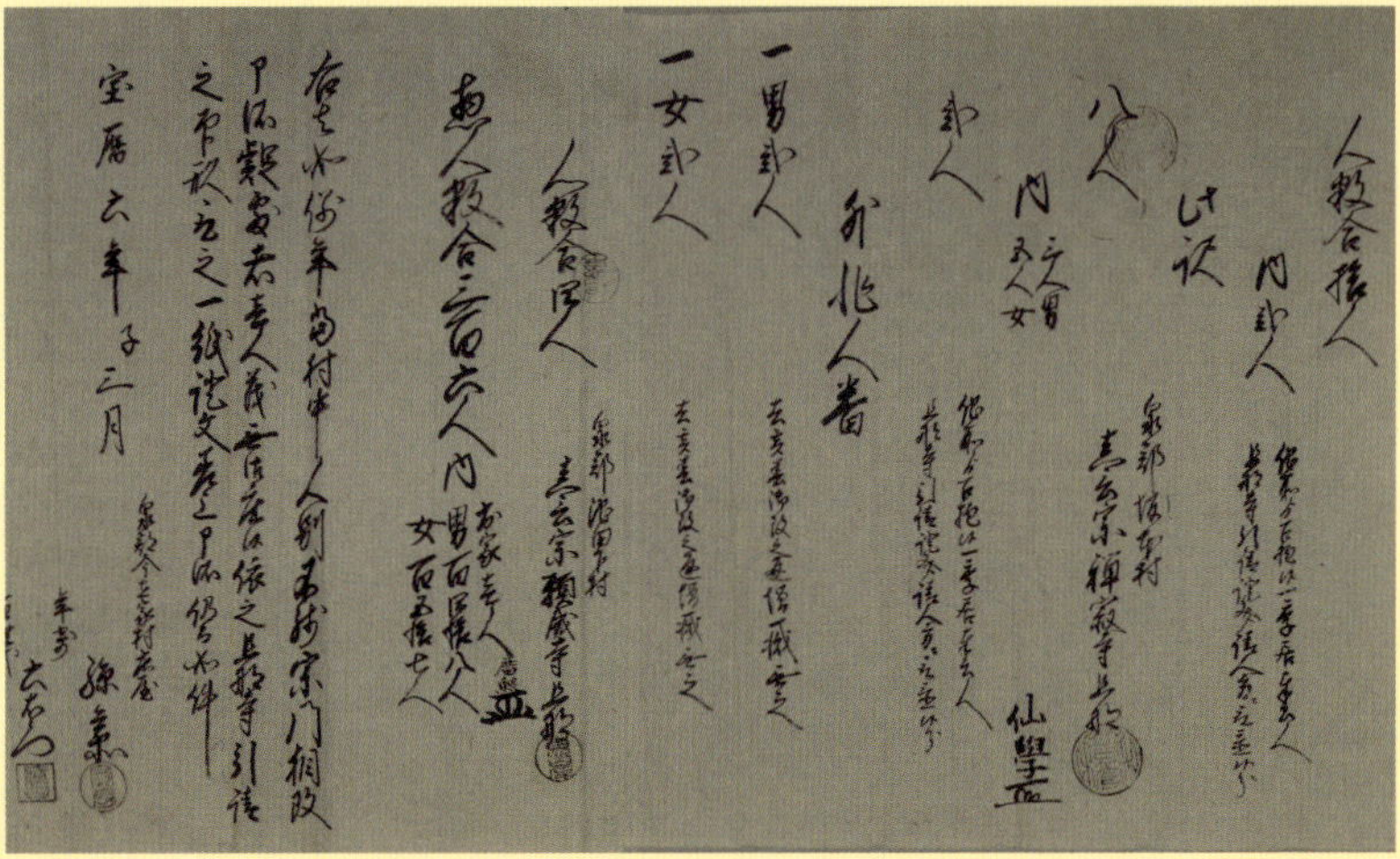

人数合拾人

内弐人　他所ゟ召抱候一季居奉公人
旦那寺引請証文請人方ニ取置候分

此訳

泉郡坂本村
真言宗禅寂寺旦那㊞

八人

内　三人　男
五人　女

仙学（花押）

弐人　他所ゟ召抱候一季居奉公人
旦那寺引請証文請人方ニ取置候分

(C)

外非人番

一男弐人　去亥春御改之通増減無之

一女弐人　去亥春御改之通増減無之

人数合四人

泉郡池田下村
真言宗願成寺旦那㊞
広照（花押）

(D)

惣人数合三百六人　内　出家　壱人
男　百四拾八人
女　百五拾七人

右は如例年、当村中人別不残、宗門相改
申所、疑敷者壱人も無御座候、依之旦那寺引請
之印形取之、一紙証文差上申所、仍而如件、

宝暦六年子三月

泉郡今在家村庄屋
孫兵衛㊞
年寄
六右衛門㊞

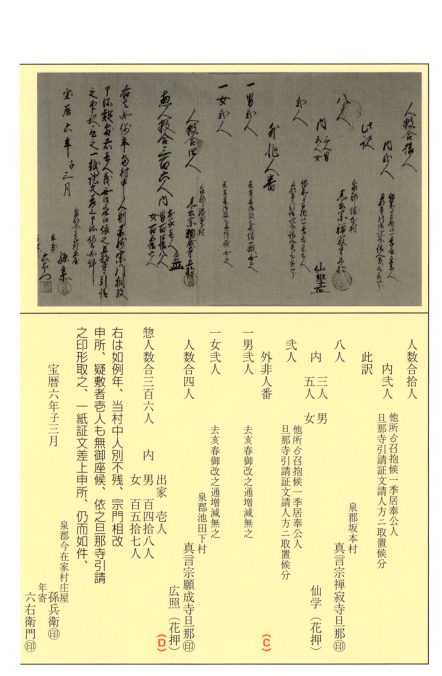

府中
御役所

百姓代
弥右衛門㊞

（前田家文書）

【読み下し：太字部分】

一男百四拾弐《じゅうに》人

　内　壱人　出家

内　七人　去亥春《さるいのはる》御《お》改《あらた》めより増《ぞう》

　　四人　去亥春御改め後、出生の分

　　壱人　去亥春御改め後、他所より養子に来《きた》り候分《そうろうぶん》

　内　壱人　去亥春御改め後、不縁《ふえん》にて帰り候分

　　壱人　去亥春御改めより召し抱《かか》え候奉公人《ほうこうにん》増

外《ほか》　六人　去亥春御改め後、減

　　四人　去亥春御改め後、死失

　内　弐人　去亥春御改め後、他所へ縁付き罷り出候分

差引　壱人増　但し去亥春御改めより増

（中略）

右は例年の如《ごと》く、当村中人別《にんべつ》残らず宗門相改《あいあらた》め申す所《ところ》、疑わしき者壱人も御座無く候、これに依《よ》り、旦那寺引請《ひきうけ》の印形《いんぎょう》を取り、一紙《いっし》証文差し上げ申す所、仍《よ》って件《くだん》の如し、

【現代語訳：太字部分】

一男百四拾弐人

内　壱人　出家

内　七人　去る亥年春の御改めより増えた人数

四人　去る亥年春の御改め後に、出生の人数

壱人　去る亥年春の御改め後に、他所より養子に来た人数

内　壱人　去る亥年春の御改め後に、不縁によって帰ってきた人数

壱人　去る亥年春の御改め以後に、召し抱えた奉公人の増加人数

外　六人　去る亥年春の御改め以後に減った人数

内　四人　去る亥年春の御改め以後に、死亡

弐人　去る亥年春の御改め以後に、他所へ縁付いて行った人数

差し引き　一人増員　但し去る亥年春の御改め以後の増加人数

（中略）

右は例年の通りに、今在家村の全員の宗門を調べましたが、疑わしい者は一人もいませんでした。そのため、旦那寺から保証の印判をとって、一紙証文を提出いたします。以上、間違いありません。

【語句説明】不縁《ふえん》：夫婦・養子などの縁組が解消されること。離縁。一季居奉公人《いっきおりほうこうにん》：一年季で抱えられる奉公人。旦那寺引請証文《たんなじひきうけしょうもん》：その人が檀家であることを保証した旦那寺の証文。請人《うけにん》：身元保証人。ここでは奉公人の身元を保証している。煙亡《おんぼう》：墓所の管理などを行う人。非人番《ひにんばん》：村に抱えられた非人身分の番人。人別《にんべつ》：人間ひとりのこと、人員。ここでは村の者一人ごとに、という意味。宗門《しゅうもん》：仏教の宗派。印形《いんぎょう》：印判。

一紙証文《いっし》：一紙に取りまとめた証文。　仍而如件《よってくだんのごとし》：「以上の通りである」という意味で、文書の締め括りに用いられる文言。　百姓代《ひゃくしょうだい》：庄屋・年寄に次ぐ村役人で、百姓らを代表した監査役に近いことが多い。　府中《ふちゅう》御《お》役所《やくしょ》：一橋家の泉州の領知を支配するための役所で、府中村に置かれた。天明五（一七八五）年に、泉州・播州を支配する役所が大坂川口に設置され、廃止された。

この史料は、宝暦六（一七五六）年三月の「宗門人別改め」の結果をまとめて、今在家村の庄屋孫兵衛・年寄六右衛門・百姓代弥右衛門から一橋家の府中役所に提出したものである。宗門人別改めは毎年三月に行われた。村役人は、一村全体の人別改めを行い、領主役所へ報告する立場にあった。

この証文は、（A）今在家村の百姓の分、（B）「煙亡」の分、（C）「非人番」の分とに書き分けられ、最後に（D）総集計されている。これが当時の今在家村住民の人的構成である。以下、その内容を確認していこう（表2参照）。

（A）では、今在家村の百姓が男女に分けて集計されている。男一四二人、女一五〇人、合わせて二九二人であるが、男の中には出家（成福寺住職）一人が含まれる。また一季居《いっきおり》奉公人（一年季の奉公人）五二人も含まれ、その多さが注目される。各人の旦那寺が怪しき宗派の者ではないことを請け合っているが、それによると、二二一人（男一一三人・女一〇八人）が今在家村の成福寺（真言宗）を旦那寺としており、池田下村の願成寺（真言宗）、坂本村の禅寂寺（真言宗）、原作村（尾井村のうち原作）の蔭凉寺（禅宗）を旦那寺とする者が各六人である。これら三ヶ寺のそれぞれの檀家はせいぜい一～二軒と思われ、大半は村内の成福寺の檀家であった。

なお、この各寺の旦那の人数の中には奉公人は含まれていない。彼らの旦那寺の引請証文は、奉公に際しての請人（保証人）のところに取り置いているという。五二人の奉公人のうち七人は今在家村の生まれの

A）男142人　内　出家１人…前年よりの変化を記載
　　女150人　　　　　　　…前年よりの変化を記載
　　計292人　内　一季居奉公人　52人（45人他所より／７人村内より）
　　　　　＊奉公人は奉公先の人別に入る（村内奉公人も）
　　　　　　　　　出家１人
　　　旦那寺　成福寺（今在家村）　221人（男113人／女108人）…大半が村内の成福寺
　　　　　　　願成寺（池田下村）　　６人（男４人／女２人）
　　　　　　　禅寂寺（坂本村）　　　６人（男２人／女４人）
　　　　　　　蔭凉寺（信田原作村）　６人（男３人／女３人）
　　　一季居奉公人の旦那寺引請証文（52人分〔19人／33人〕）は請人方に取り置く
　　　出家１人（成福寺の住職）
B）煙亡の分
　　男５人…前年よりの変化を記載
　　女５人…前年よりの変化を記載
　　計10人　内　他所よりの一季居奉公人　２人（男）
　　　旦那寺　禅寂寺（坂本村）　８人（男３人／女５人）
C）非人番（池田下村の非人番とつながる者たちか）
　　男２人…前年よりの変化を記載
　　女２人…前年よりの変化を記載
　　計４人　旦那寺　願成寺（池田下村）
D）惣人数306人　出家１人　男148人（出家を除く）　女157人

表２「差上申子春宗門人別改証文之事」の構成

者であるが、彼らの分も請人方に取り置いているのである。それゆえ、五二人全体がどこの寺の檀家なのかはこの史料からはわからない。一方、彼らも村内百姓男女の人数の中には含まれている。ここからは、奉公人は奉公先の家の人別に加えられるが、旦那寺は別扱いとされたことがわかる。なお、人数を計算すると、奉公人五二人は男一九人、女三三人であることがわかる。また、請人には、奉公先を世話する役割もあったと思われる。

今在家村にはこの年、煙亡が一〇人（男五人・女五人）いる（B）。彼らのうち八人は坂本村禅寂寺の旦那であった。そのほか、煙亡にも男二人の一季居奉公人がおり、彼らは昨年の宗門人別改め後に奉公を始めている。彼らの旦那寺の引請証文も請人方に取り置かれているのである。彼らが、どこから奉公に来たのか知りたいが、残念ながらこの史料には記されない。

また非人番《ひにんばん》四人がおり、池田下村の願成寺の旦那であった（C）。非人番は堺の四ケ所長吏《しかしょちょうり》たちから派遣されて、各村の番人に抱えられる存在であった（第3部第7章参照）。池田下村には、一定数の非人番が抱えられていたので、その関係者が今在家村に抱えられることになったのかもしれない。

年.月(西暦)	元禄9.7 (1696)	正徳4.8 (1714)	延享4.5 (1747)	宝暦4.4 (1754)	天保2 (1831)
家数(軒)	48	53	52	54	57
高持	36	(在家)39	-	-	-
高無	12	(柄在家) 8	-	-	-
墓守	-	6	-	-	-
人数(人)	268 [123・142]	308 [146・162]	311 [143・168]	300 [143・157]	245 [114・131]
僧	1	-	1	-	-
煙亡	-	-	-	-	11 [7・4]
番非人	-	-	-	-	3 [1・2]
牛(疋)	-	12	13	14	13

表3　近世今在家村の家数・人数　数値は史料に拠った。[　　] 内は、男・女の人数。

以上を総計した「惣人数」は合わせて三〇六人で、内訳は男一四八人、女一五七人、出家一人である（D）。ここには、一季居奉公人や煙亡、非人番も含まれている。この史料からは今在家村の軒数はわからないが、百姓の家内の人数は二四〇人なのに対し、奉公人数が五二人と五分の一以上の多数に及んでいたことも注目される。また、煙亡がいるのも、複数ヶ村の共同墓所が存在している今在家村に固有のことである。

今在家村の宗門人別改証文は、このほかに宝暦一二（一七六二）年・同一四年・明和五（一七六八）年のものが残されている。宝暦六（一七五六）年には総人数三〇六人（うち奉公人五二人）であったが、宝暦一二年は二九三人（うち奉公人四九人）、同一四年は二七九人（うち奉公人三九人）、明和五年は三一八人（うち奉公人四二人）と推移している。一二年間に一年季の奉公人数が約四〇～五〇人前後で変動しているが、総人数はさらに大きく変動している。しかし、増加・減少の一方的な変化ではなく、近世中期の今在家村は奉公人や煙亡・非人番も入れておおむね三〇〇人の村であった。その中で、奉公人が五～六分の一の多数を占めるという特徴をもっていた。

煙亡は一〇人余が居住していたが、宝暦一四（一七六四）年以外は一季居奉公人が二人ずつ見られたことも注目される。彼らは、他村の煙亡から奉公に来ているのであろうか。また、非人番は宝暦期には四～六人であったが、明和五年に一一人に増えている。それまで非人番の旦那寺は池田下村の願成寺だったのが、この年成福寺に変わっている。これは、非人番の家族が丸ごと入れ替わった可能性がある。そうだとすると、堺の長吏から派遣される非人番の性格が表れていると言えよう。

今在家村の家数や人数が書かれた史料から、表3をまとめた。宝暦四年の家数・人数と先の宝暦六年のそれを比べると、五四軒・三〇〇人の中には、奉公人や煙亡・非人番も含んでいると考えるのが妥当であろう。延享四（一七四七）年の家数・人数も同様である。天保二（一八三一）年の場合、煙亡と非人番の人数は人数二四五人の外数で数えられている。この時期は人数減少が見られるように思われるが、奉公人数が不明のため確かなことは言えない。元禄九（一六九六）年から一八世紀初めにかけて増加し、正徳四（一七一四）年には五三軒・三〇八人となり、一八世紀半ばと近い数値になっている。ただし、墓守（＝煙亡）が六軒というのは、その後の一〇人余より多かったと思われることに注意しておきたい。

4　「村中掟連判」—今在家村の村掟—

江戸時代の村では、村全体の百姓たちが寄合・相談のうえで、村運営のための自律的な村法を取り決めることが広く行われた。それは村掟《むらおきて》や村中申合《もうしあわ》せなどと呼ばれた。以下では、宝暦八（一七五八）年の今在家村の「村中掟連判《れんぱん》」を取り上げる。

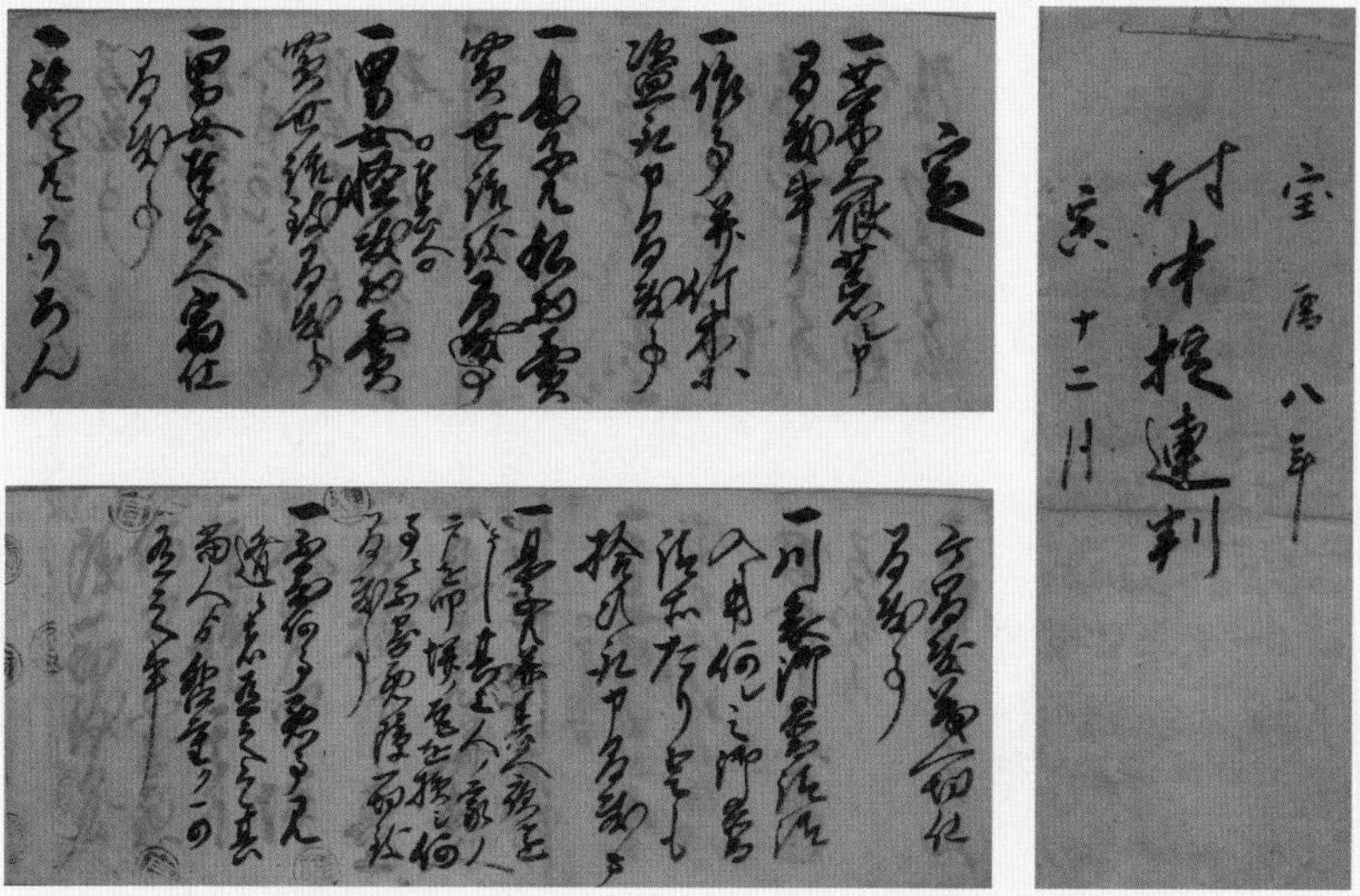

（横帳）

宝暦八年
村中掟連判
寅十二月

定

一菜大根荒し申間敷事、

一作事幷竹木等盗取申間敷事、

一息子共私物売買世話致間敷事、

一男女奉公人怪敷物売買世話致間敷事、

一男女奉公人宿仕間敷事、

一銘々共うろんヶ間敷義、一切仕間敷事、

一川表御普請御入用、何レ之御普請所たりとも拾ひ取申間敷事、

一息子共幷奉公人夜遊いたし、其上人ノ家ノ戸を叩、塀ノ瓦を損し、何事ニ不寄悪障一切致間敷事、

一不寄何事、悪事見遁候者有之候ハヽ、其当人ゟ咎重ク可有之事、

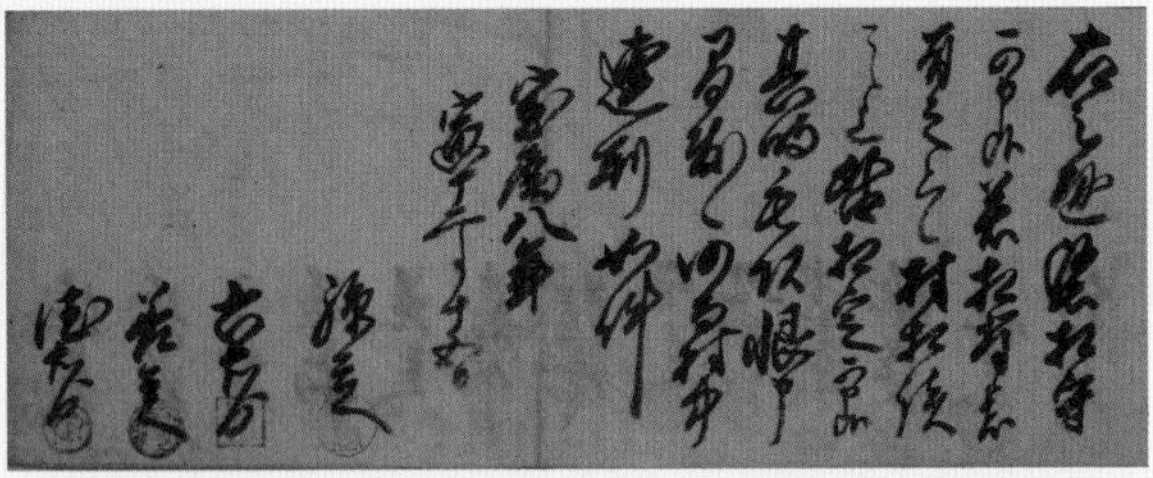

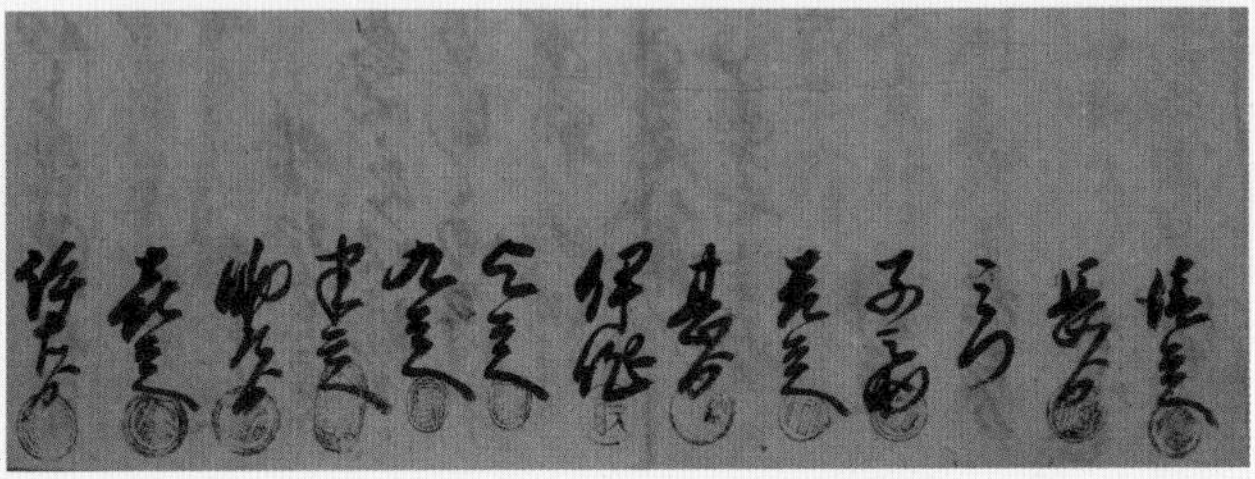

（後略）

右之通堅相守可申候、若相背候者有之候八ヽ、村相談
之上、咎相定可申候、其時毛頭恨申間敷候、仍而村中
連判如件、

宝暦八年寅十二月十五日　　孫兵衛㊞

（以下、六右衛門・善兵衛・徳右衛門・清兵衛・長右衛門・ミつ・子之助・吉兵衛・甚右衛門・伊作・与兵衛・九兵衛・半兵衛・助左衛門・喜兵衛・伊右衛門・半右衛門後家・佐五兵衛・上ノ七兵衛・文治郎・藤兵衛・安兵衛・与左衛門・慈門・与二兵衛・角右衛門・六兵衛・八左衛門・貞照・恵正・伊兵衛・惣右衛門・与八・利兵衛後家・甚左衛門・好節・嘉兵衛・智山・半七・七兵衛・治左衛門・忠右衛門・素心・八兵衛・庄八・彦三郎・伝六・権右衛門・喜右衛門・宇兵衛・新兵衛・吉郎兵衛・長兵衛・覚心・利右衛門・庄兵衛・惣兵衛・弥右衛門・喜太夫連印）

（前田家文書）

【読み下し：太字部分】

一菜大根荒し申すまじき事、
一作事《さくじ》幷《ならび》に竹木《ちくぼく》等盗み取り申すまじき事、
一息子共私物売買世話致すまじき事、
一男女奉公人怪しき物売買世話致すまじき事、
一男女奉公人宿仕《やどつかまつ》るまじき事、
一銘々共《めいめいども》うろんがましき義一切仕るまじき事、
一川表《かわおもて》御普請《ごふしん》御入用《ごにゅうよう》、何れの御普請所《ごふしんじょ》たりとも拾《ひろ》ひ取り申すまじき事、
一息子共幷に奉公人夜遊びいたし、その上《うえ》人の家の戸を叩き、塀の瓦を損し、何事に寄らず、悪障《あくしょう》一切
　致すまじき事、
一何事に寄らず、悪事見遁《のが》し候者《もの》これ有り候わば、その当人《とうにん》より咎《とが》重くこれ有るべき事、

右の通り、堅く相《あい》守り申すべく候、若《も》し相背《そむ》き候者これ有り候わば、村相談の上、咎相定め申すべく候、
その時毛頭《もうとう》恨《うら》み申すまじく候、仍《よ》って村中連判《れんぱん》、件《くだん》の如《ごと》し、

【現代語訳：太字部分】

一菜・大根などの畑作物を盗まないこと。
一建築場からものを盗んだり、竹木など盗んだりしないこと。
一若い者たちが勝手に物を売買することの世話をしないこと。
一男女の奉公人が怪しい物を売買することの世話をしないこと。
一男女の奉公人の宿をしないこと。

一自分たち自身が怪しいことは一切しないこと。

一川表の御普請の御入用については、どこの御普請所であっても物を拾い取るようなことはしないこと。

一若い者や奉公人たちが夜遊びをし、その上で人の家の戸を叩いたり、塀の瓦を損壊するなど、何事によらず、悪いことは決してしないこと（させないことか）。

一何事によらず、悪事を見逃したならば、悪事を行ったその当人よりも重く罰すること。

右の通り、堅く守ります。もし背《そむ》く者がいたら、村として相談の上で、処罰を決定します。その時、少しも恨むことはありません。仍《よ》って村中で連判することは以上の通りです。

【語句説明】 申間敷《もうすまじく》：「申」は語調を調えるもので、ここでは「言う」という意味はない。「間敷」（＝「まじく」）は否定の意味。 作事《さくじ》：家を建てること。 息子共：村の若者たちの意味か（本文で詳述）。 奉公人宿《ほうこうにんやど》：奉公人らが集まる場所か（本文で詳述）。 うろんがましい：怪しいこと。 川表御普請：槙尾川の領主負担の土木工事。 悪障：不善なこと。悪事。 毛頭：少しも。決して。

この史料は、宝暦八（一七五八）年一二月一五日に今在家村の百姓たちが九ヶ条にわたって取り決めた掟書である。末尾に、孫兵衛以下六〇人がこの掟の遵守を誓約して連印している。この時期、今在家村の庄屋は孫兵衛、年寄は六右衛門である。この両人は、連名の一番目と二番目に名前があり、村役人としての肩書はないが、両人がこの掟作成の中心にいたことは間違いない。百姓代弥右衛門は後ろから二人目にあり、百姓代は百姓たちの中の一員ということがうかがえる。

また、この連判には、後家《ごけ》や隠居したと思われる法名《ほうみょう》の者も見られるので、一軒に複数名が押印していることも考えられるが、ほぼこの時期における今在家村の全戸が連印しているものと考えられよう（表3も参照）。

次に、村中掟全九ヶ条の内容を見てみよう。一条目は畑作物の盗み（野荒し）、二条目は建築用材や竹木の盗み、七条目は槙尾川の公用普請場からの資材の持ち帰り（要は盗み）など、盗みの取締りの箇条の多いことが注目される。三条目の息子たちが（親の知らないところで）勝手に行う売買や四条目の奉公人が行う怪しい物の売買の世話（仲介・手助け）を禁じているのも盗みにつながることを懸念しているのではなかろうか。

この掟で、息子たちや男女の奉公人の行動を規制しようとする箇条が四ヶ条も見られることも注目される。息子とあるのは村の若者層を指していると思われ、特に男子に問題を起こす可能性を想定していることから採られた表現であろう。一方の奉公人については、〝男女の〟とあり、女性の奉公人も含めて警戒感がもたれていることも注意しておきたい。

八条目では、若者たちや男女の奉公人が夜遊びして、夜中に他人の家の戸を叩いたり、塀の瓦を壊すなどの悪戯では済まされないような行為に及ぶのを禁じている。これは連印している各家の当主が家内の者を監視することを規定していると思われる。この若者への規制と男女の奉公人への規制が同一内容であることからは、奉公人たちも若者世代が大半を占め、一緒に遊び、こうした行為に及ぶことが見られたと考えられる。

五条目で男女の奉公人の「宿」をすることを禁じているが、多くの場合、奉公人は雇用先である主人の屋敷地に居住する。したがって、この「宿」は滞在先を意味するのではなく、夜遊びなどの場を提供することを意味しているのではないか。こう考えると、八条目とも整合的に理解できる。江戸や大坂のような都市において、奉公人の口入《くちいれ》（仲介）を行う「人宿《ひとやど》」は、奉公人の請人（身元保証人）にもなることが広く見られたことを念頭に置くと、この場合、「宿」を提供するのは奉公人の請人の可能性が大きいのではなかろうか。また、夜遊びと、それに付随する悪戯・悪行を禁じる点に関しては若者と奉公人が一緒に禁じられているのに対し、「宿」については奉公人だけが禁じられているのは、若者たちが集まること自体は認められているからであろう。

六条目では「連判者自身（「銘々」）が疑われるようなことをしない」と規定しているが、これは若者や奉公人に対して統制する立場にある者自身の襟《えり》を正す意味があろう。「悪事を見逃せば、悪事を犯した本人より重く処罰する」という九条目での規定も、連判者（＝家の当主）の村秩序維持の責任を示すものと言えよう。家を基礎においた村落秩序が存立しているのである。

以上、宝暦八年一二月の今在家村の村掟の内容を見てきた。一八世紀中後期には、盗み行為や盗品売買などが問題となり、若者や奉公人の夜遊びや悪戯が村落秩序を乱すものとして問題となっていた。それは、この時期の今在家村には、人口の二割ほどの奉公人がいたこととも関連していよう。

しかし、一九世紀の村法では、こうした秩序統制の問題と倹約（華美な儀礼や贅沢《ぜいたく》の禁止）や仕事への精勤《せいきん》が表裏の関係で規定されるようになっていく。今在家村では、文化一一（一八一四）年に「三ヶ年倹約之事」、文政五（一八二二）年に「五ヶ年申合之事《もうしあわせ》」、さらに文政一二（一八二九）年に「増稼《ましかせ》キ倹約規定書」を取り決めている。そこでは、秩序統制の眼目に若者が位置することは宝暦の掟と共通しているが、他村の者たちとの関係や博奕などへの警戒なども広く見られ、様々な問題が、社会秩序を脅かすとみなされるようになっている。それは他面では、問題の一層の深刻化を示すものと言えよう。

Ⅱ　村の諸要素と一九世紀の社会状況

ここまで、今在家村の存在形態と運営のあり方をうかがってきた。今在家村では農業を中心としながら、絞油業や酒造業なども行われていた。江戸時代の村を理解する上で、生産や流通の問題を考えることは不可欠であるが、ここでは、一九世紀の社会状況を考えるために、いくつかの史料を見ておくことにしよう。

5　若者と地車

まず、最初に村掟で統制の主要な対象として上げられていた若者に関する史料を見よう。

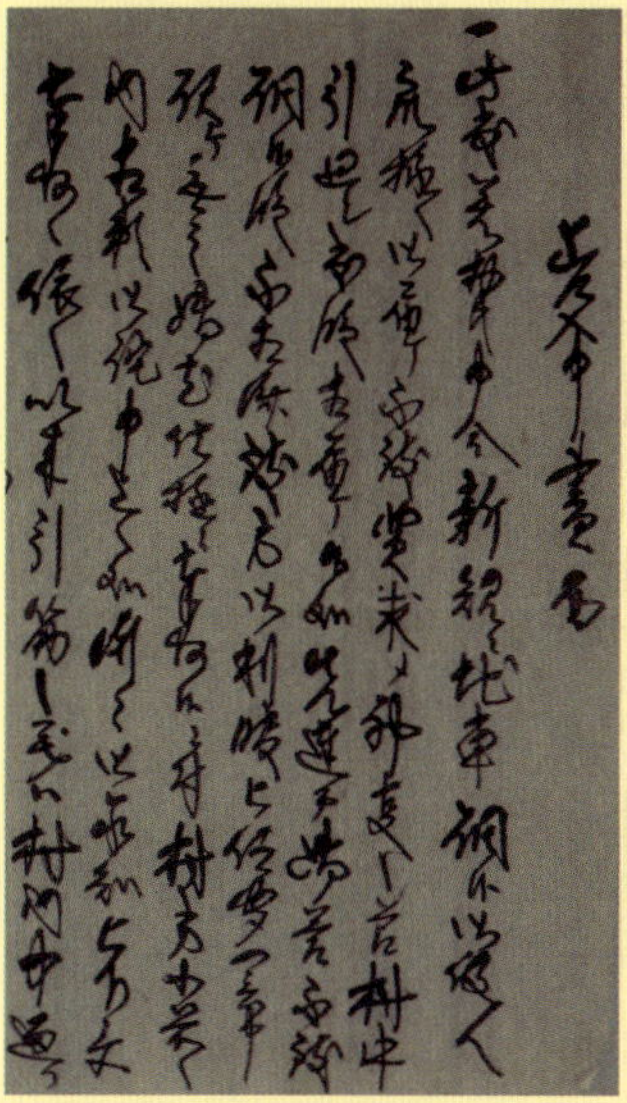

差入申書面

一此度若物共申合、新規ニ地車調候、御役人衆様へ御届ケ不致買求メ、神事之節、村中引廻シ度段相届ケ候処、先達而御答（断カ）不致調候段、不相済致方御利服（解カ）被仰聞、一言申訳ケ無之、御尤仕極ニ奉存候ニ付、村方小前之内相頼、御詫申上候処、漸々御承知被下、忝奉存候、依之、以来引筋之義ハ村内中通り

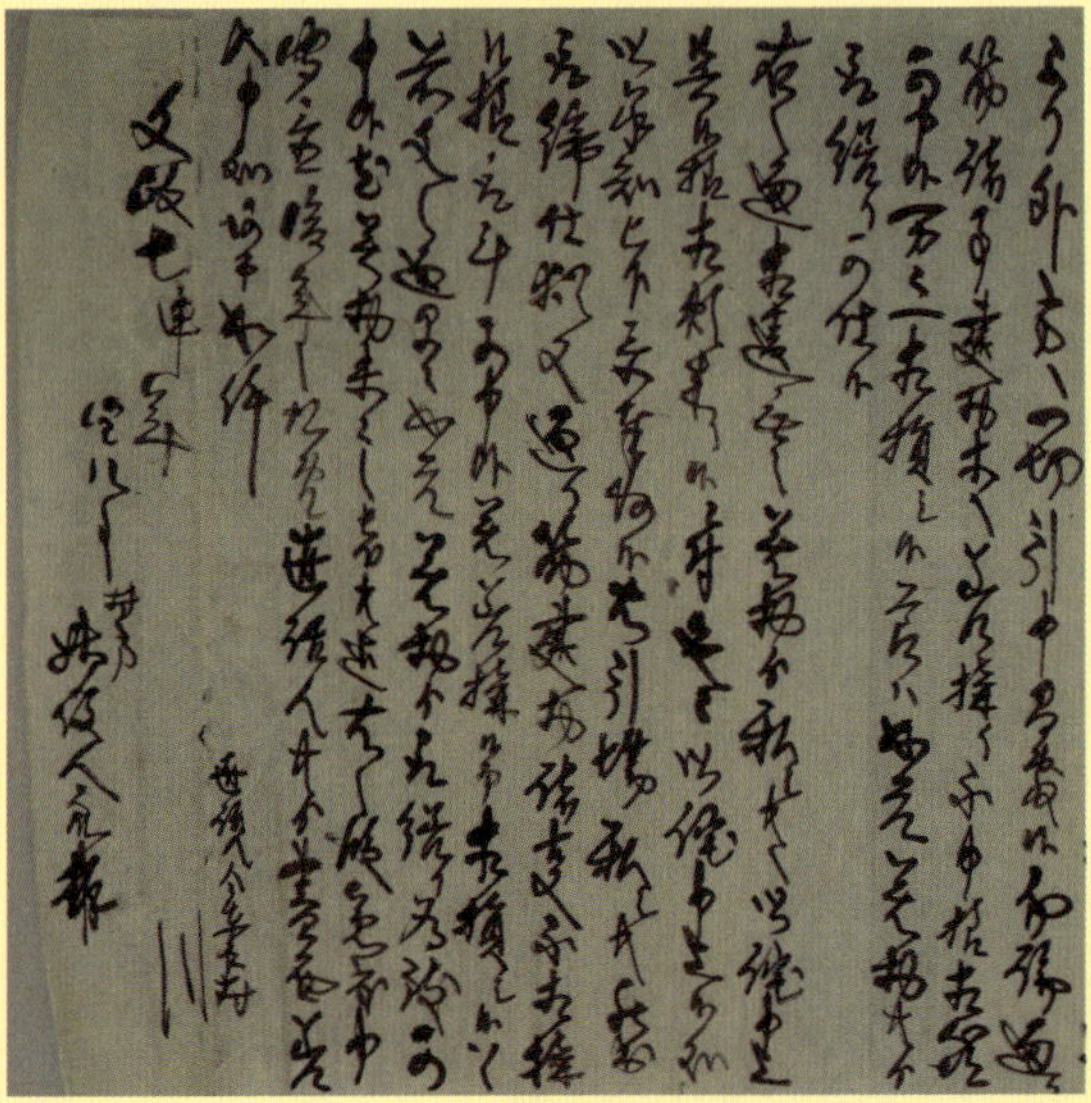

より外方へ一切引申間敷候、勿論通り
筋諸事建物等へ差構イ不申様相心得
可申候、万々一相損シ候節ハ、如元若物共ゟ
取繕イ可仕候、
右之通相違無之、若物ゟ私シ共へ、御詫申上
呉候様相頼来り候ニ付、色々御詫申上候処、
御承知被下、忝奉存候、右引場私シ共罷出、
取締仕、猶又通り筋建物諸事不相構
候様取斗可申候、若差構候而相損シ候ハヽ、
前文之通、早々如元若物ゟ取繕イ為致可
申候、尤若物末々之者共迄、右之段急度申
聞置、後年之ため世話人共ゟ書面差
入申処、仍而如件、

文政七申年
閏八月
世話人　今在家村
――
――
――
村方
御役人衆様

（前田家文書）

【読み下し：太字部分】

差し入れ申す書面

一この度《たび》若物共《わかものども》申し合わせ、新規《しんき》に地車《だんじり》調《ととの》え候、御役人衆《おやくにんしゅう》様へ御届《おとど》け致《いた》さず買い求め、神事《しんじ》の節、村中《むらじゅう》引き廻したき段《だん》相届け候処《ところ》、先達《せんだ》って御答《ことわ》（御断り）致さず調《ととの》え候段《だん》、相済《あいす》まざる致し方御利服（御《ご》利解《りかい》）仰《おお》せ聞《き》けられ、一言《ひとこと》の申《もう》し訳《わ》けこれ無く、御尤《ごもっとも》仕極《しごく》に存《ぞん》じ奉《たてまつ》り候に付き、村方小前《むらかたこまえ》の内相頼《うちあいたの》み、

御詫《おわび》申し上げ候処、ようよう御承知下され、忝《かたじけ》なく存じ奉り候、これに依《よ》り、以来引き筋《すじ》の義は、村内中通《どお》りより外方《ほかかた》へ一切引き申すまじく候、勿論通り筋諸事建物等へ差し構《かま》い申さざる様相心得申すべく候、万々一《まんまんいち》相損《そん》じ候節は、元の如《ごと》く若物共より取り繕《つくろ》い仕るべく候、

右の通り相違これ無く、若物より私《わたく》し共へ、御詫申し上げ呉《く》れ候様相頼み来り候に付き、色々御詫申し上げ候処、御承知下され、忝なく存じ奉り候、右引き場、私し共罷《まか》り出《い》で取り締り仕り、猶又《なおまた》通り筋建物諸事相構わず候様取り計い申すべく候、若《も》し差し構い候て相損じ候わば、前文の通り、早々《そうそう》元の如く若物より取り繕い致させ申すべく候、尤も若物末々《すえずえ》の者共迄《まで》、右の段急度《きっと》申し聞け置き、後年のため世話人共より書面差し入れ申す処、仍《よ》って件《くだん》の如し、

【現代語訳：太字部分】

書面を差し上げます。

一この度、若者共が相談して、新規に地車を調達しました。村役人衆へ事前に届けずに買い求め、神事に際して、村中を引き廻したいと届け出たところ、村役人衆から「事前に許可を得ずに調達したことは、容認できないやり方だ」とお叱りを受け、ひと言の申し分もなく、御もっともなことと思います。それで村内のお百姓の中から人を頼んで、村役人衆に御詫を申し上げたところ、ようやく御了承いただき、有り難く思っています。それで、地車の引き筋についてですが、今後は村内の中通りより外へは決して引きません。勿論、地車の通り筋の建物等への支障が生じないよう注意します。万一破損させたときは、元の通りに若者共から修繕します。

右の通り、間違いないということで、若者たちから私たちへ、村役人衆に御詫してくれるように頼んできたので、あれこれと御詫申し上げたところ、御承知いただき、有り難く思います。地車の引

き場には私たちが出向いて取締りを行い、なお通り筋の建物に支障が生じないように取り計います。もしぶつかって破損させたら、前文の通り、すぐに若者たちに元の通りに修復させます。若者たちの末端まで、以上のことを厳しく申し聞かせます。後年のため世話人共から書面を差し入れることは、以上の通りです。

【語句説明】若物：若い者。地車：だんじり。祭礼の曳《ひ》き物。神事：祭礼。御答：御断りの意味か。事前に届けて許可を得ること。御利服：御利解の誤りか。利解と書いて理解と同じ意味で用いる。言い聞かせて諭すこと。小前：小百姓。一般の百姓。忝い：有り難くおもうこと。差構い：支障。申聞：「申し聞け」。（ものを）言う。急度：厳しく。必ず。

この史料は、文政七（一八二四）年閏《うるう》八月のもので、一九世紀前半の今在家村の様子をうかがうことができる。下書きのため差出人のところが棒線になっており、作成者が誰であるかは特定できないが、若者たちからとりなしを頼まれた小前百姓が、世話人という肩書で村役人に宛てて提出した書面（若者たちの謝罪を前提としたとりなし状）である。発端は、今在家村の若者たちが勝手に地車を購入し、祭礼でそれを引く段階で村役人に伝えたことにあった。村役人たちは、購入する前に許可を得なかったことを問題視した。これに対し、若者たちは小前の世話人に間に入ってもらって謝罪して、ようやく承認を得たのである。その際、地車を引く場所は村内の「中通り」に限定すること、建物を破損するようなことはしないこと、もし破損した場合は若者たちの責任で修繕することを約束している。ここで「中通り」というのは、建物が損壊しかねない場所と考えると、八幡宮の周辺の集落内の道を指しているのではないか。

ここからは、以前の今在家村は地車を備えていなかったが、若者たちの主導で購入するに至ったことがうかがえる。こうした祭礼などの担い手の中心は若者たちだったが、一方で庄屋をはじめとする村役人らは、祭礼を村役人の下での村落秩序の枠内に収めようとした。おそらく近隣他村などで、地車を引く際には往々にして建物を破損するようなことが見られたものと思われる。若者層は祭礼などの担い手であり、村落生活にとって不可欠な存在であるとともに、秩序の撹乱《かくらん》要因でもあったのである。

若者たちは小前百姓の中の何人かを頼んで、村役人に詫びを入れている。彼らは世話人と呼ばれており、百姓の当主の立場にあるものと想定できる。地車を引く現場にも出て、若者たちを監督し、修復も責任をもってやらせることを確約しており、八幡宮ないし祭礼の世話人であろうか。彼らは、村役人を中心とする村落秩序と若者層をつなぐ存在であった。

若者層の二つの面、すなわち村落生活における諸行事の担い手としての側面と、村落秩序を撹乱しかねない側面を示すものとして、文久元（一八六一）年七月の出来事があげられる。七月一四日の夜に「村方若イ者」たちが盆踊り（「精霊祭」の踊り）を催した際に、夜半から隣村の若い者が入り込み、そのうちに黒鳥辻村の与平次倅善蔵と今在家村の若者たちとが口論となったのである。これを黒鳥辻村から堺奉行所に出訴し、今在家村の若者常吉が入牢、嘉右衛門他七人が「郷宿《ごうやど》預け」（のち村預け）となっている。ここでの「郷宿」とは、奉行所に用向きの者を休泊させ、諸手続きなどの世話を行う施設を指し、「預け」とは刑罰の一つで、一定期間身柄を特定の場所に拘留することを指す。盆踊りのような村行事が若者たちによって主導されており、そうした場では、隣村の若者たちとの「交流」も見られ、往々にして喧嘩口論なども起きかねない空間だった。

なお、今在家村の若者のうち、嘉右衛門は「百姓」と肩書されており、若年であるものの家の名前人（当主）になっているが、ほかの七人はいずれも「与七倅佐市」のように某倅と肩書されている。先に見た「村中掟」で、若者層が「息子共」と表現されていたことと通じている。このうち二人（熊次郎・常吉）は借家人の倅であった。若者は、高持と無高、もしくは家持と借家といった階層を越えた年齢集団だったのである。

6　奉公人と農業

今在家村において、一八世紀後半には居住人数の二割近い一季居《いっきおり》奉公人が抱えられており、彼らは若者と同様の行動パターンが懸念されていた。ここからは、奉公人に若い世代の者が多かったことが想定されよう。一九世紀には、奉公人の賃銀を規定するような村法も見られるようになり、奉公人をめぐる取締りにおいてその労働や賃銀の側面が重要であったことは言うまでもない。しかし、奉公人がどのような労働に従事しているのか、酒造業や絞油業も奉公人を雇用していたであろうが、実態は不詳である。ここでは、農業に従事している様子がうかがわれる史料を紹介しておきたい。

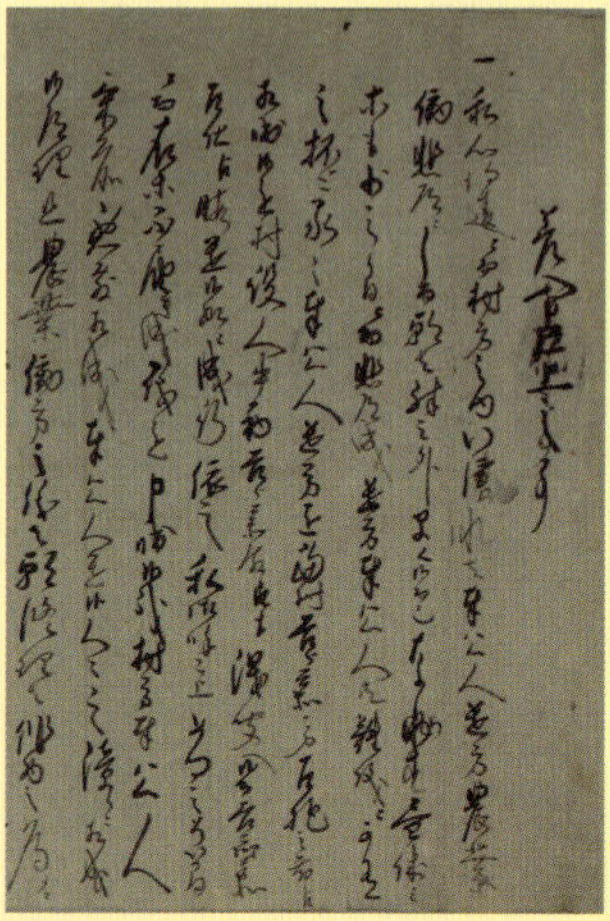

差入申口上之事
一私心得違ニ而、村方之内いつれは、奉公人遣方農業
働悲道ニし而、朝は殊之外早く候而已ならす、昼休ミ
等も少之間ニ而、悲道成遣方、奉公人共難儀ニ可有
之抔と承之、奉公人遣方を、当村吉郎兵衛方召抱之者え
相咄候を村役人中初吉郎兵衛殿えも洩聞へ候而、吉郎兵衛
召仕え、暇遣候様ニ成行、依之私御呼之上、如何之了簡
ニ而、右等不届キ成儀を申咄候哉、村方奉公人
気前悪敷相成、奉公人遣候人々之障りニ相成
候道理、且農業働方之儀は、朝修理は作物之為メニ

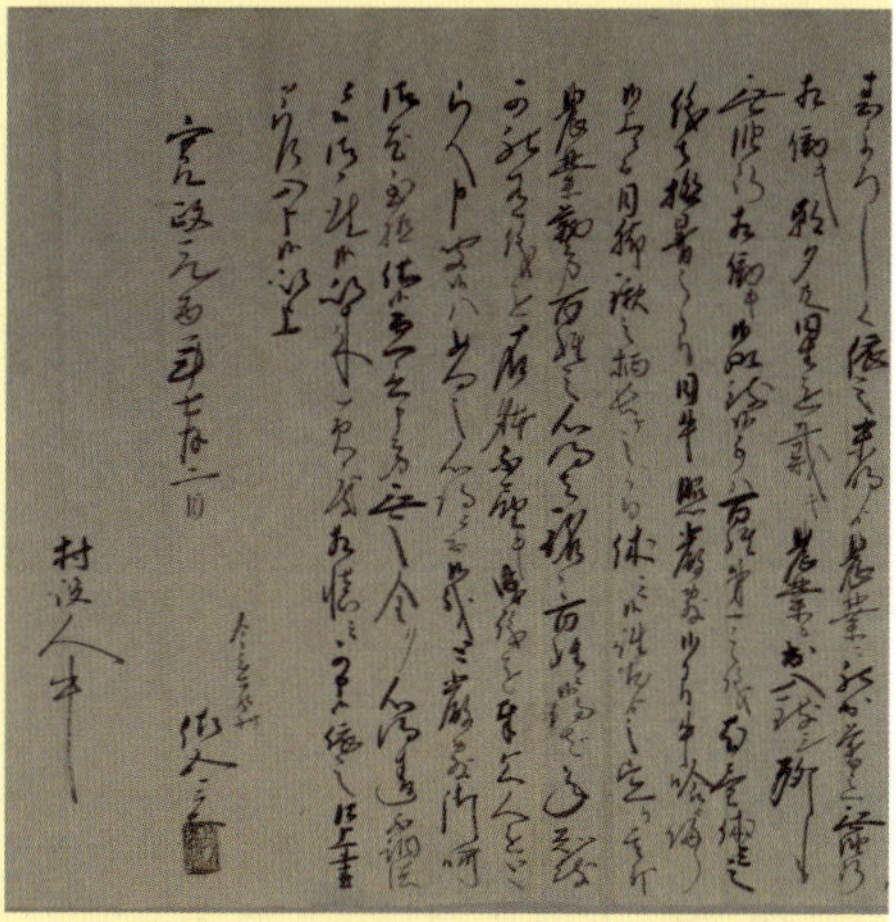

甚よろしく、依之未明ゟ農業ニ罷出、暮迄無油断
相働キ、朝夕共星を戴キ農業ニ出入致し、聊も
無油断相働キ候様致候事ハ百姓第一之儀、尤昼休ミ之
儀は、極暑之間日中照厳敷候間、中喰ニ帰り
候上ニ而、日脚鍬之柄長ケ之間休ミ候往古ゟ之定り、其外
農業勤方百姓之心得は、銘々百姓ニ候得ば、承知致
可罷有儀を、右体不届キ成儀を、奉公人をと
らへ申聞候ハ、如何之心得ニ而候哉と厳敷御呵
御尤至極仕候而、一言申方無之、全ク心得違不調法
ニ而御座候、以来急度相慎ミ可申候、依之口上書
差入申候、以上

寛政元酉年七月二日

今在家村　佐五兵衛㊞

村役人中

（前田家文書）

【読み下し：太字部分】

差し入れ申す口上の事

一私心得違《こころえちが》いにて、村方の内いつれは、奉公人遣《つか》い方農業働き悲道《ひどう》にして、朝は殊《こと》の外《ほか》早く候《そうろう》のみならず、昼休み等も少しの間にて、悲道成《な》る遣い方、奉公人共難儀《なんぎ》にこれ有るべく抔《など》と承《うけたまわ》り、奉公人遣い方を、当村吉郎兵衛方召抱《めしかか》えの者え相咄《あいはな》し候を、村役人中《むらやくにんちゅう》初め、吉郎兵衛殿えも洩《も》れ聞《きこ》へ候て、吉郎兵衛召仕《めしつか》いえ、暇遣《いとまつかわ》し候様《よう》に成り行き、これに依《よ》り私御呼びの上、如何《いかが》の了簡《りょうけん》にて、右等《みぎなど》不届《ふとど》き成る儀を申し咄し候哉《や》、村方奉公人気前悪《きまえあ》しく相成り、奉公人遣い候人びとの障《さわ》りに相成り候道理、且《か》つ農業働き方の儀は、朝修理は作物の為《た》めに甚《はなは》だよろしく、これに依り未明より農業に罷《まか》り出《い》で、

暮迄《くれまで》油断無く相働き、朝夕共星を戴《いただ》き農業に出入致し、聊《いささか》も油断無く相働き候様致《いた》し候事は百姓第一の儀、尤《もっと》も昼休みの儀は、極暑《ごくしょ》の間日中照厳《にっちゅうてりきび》しく候間、中喰《ちゅうしょく》に帰り候上にて、日脚鍬《ひあしくわ》の柄《え》長《た》けの間休み候往古よりの定《さだま》り、その外《ほか》農業勤め方百姓の心得は、銘々百姓に候得《そうらえ》ば、承知致し罷り有るべき儀を、右体《みぎてい》不届き成る儀を、奉公人をとらへ申《もう》し聞《き》け候は、如何《いかが》の心得にて候哉と厳しく御叱《おしか》り御尤《ごもっと》も至極仕《しごくつかまつ》り候て、一言申方《ひとこともうしかた》これ無く、全く心得違い不調法《ぶちょうほう》にてござ候、以来急度《きっと》相慎《つつし》み申すべく候、これに依り口上書《こうじょうしょ》差し入れ申し候、以上

【現代語訳：太字部分】

口上（書）を差しあげます。

一私は心得違いをして、「村内の誰それは、奉公人に対する農業の働かせ方が過酷であり、朝がとても早いだけでなく、昼休み等も短くて、過酷な働かせ方に奉公人たちが苦しんでいる」などと聞いて、奉公人の働かせ方について、当村の吉郎兵衛方で奉公している者に話しました。それが、村役人を初め、吉郎兵衛殿にも洩れ聞え、その結果、吉郎兵衛の奉公人に暇が出されることになってしまいました。このため、私をお呼びになり（次のように厳しくお叱りになられました）。「どういう考えで、こんな不届きなことを話したのか。（これによって）村内の奉公人の心持ち・考え方が悪くなり、奉公人を遣っている人たちの差し障りにな（ってしまった）。また、農業の働き方については、朝の手入れは作物のために極めてよいことである。だから未明から農作業に出て、日暮れまで油断無く働き、朝夕とも星を仰いで農作業に出かけ、また帰るというように、少しも油断無く働くことは百姓にとって第一に大切なことである。もっとも昼休みは、夏の酷暑の間は日中の照が厳しいので、昼食に（家へ）帰って、自分の影が鍬の柄の長さになるまでは休むというのが昔から決まりである（そのように休みを取っ

てきた)。そのほか農業を精勤すべしという百姓の心得は、みんなそれぞれに百姓なので、承知しているべきことにもかかわらず、右のような不届きなことを、奉公人をつかまえて話しをするとは、どういう考えなのだ」と。厳しいお叱りはご尤《もっと》もであって、一言の申分もありません。全く心得違いの過ちでした。今後は必ず言動を慎みます。そのため口上書を提出いたします。以上。

【語句説明】遣方:使い方。ここでは仕事のさせ方。悲道:非道の意味。過酷なこと。召仕:奉公人のこと。暇遣:暇を出す。首にすること。如何之了簡:どういう考えか、の意味。気前:心持ち。悪敷:悪いこと。朝修理:朝に作物の手入れすること。中喰:昼食。日脚鍬之柄長ケ之間:日脚は人が立ち上がった時の日影のことか。それが鍬の柄の長さまでの時間、の意味か。つまり、太陽が傾き、影が延びるまでの酷暑の時間。往古:昔。不調法:考え違い。あやまち。

この史料は、寛政元(一七八九)年七月に今在家村百姓佐五兵衛から村役人に宛てた詫び状である。(おそらく吉郎兵衛方で)奉公人に過酷な働かせ方をしていると聞いた佐五兵衛は、それを吉郎兵衛方で働く奉公人に話したところ、それが村役人や吉郎兵衛の耳に入り、その奉公人が暇を出される結果となった。おそらく、実際を確かめようとして話を聞いたところ、その奉公人がそのとおりだと言った、というような状況が想像される。

これに対して、村役人はこうしたことが伝われば、奉公人の気受けにかかわると考えて、佐五兵衛を詰問したのである。佐五兵衛の謝罪の文言の中では、〝朝早くから夜遅くまで精勤するのは百姓としてあるべき姿(「百姓第一之儀」)〟だということはそのとおりであり、考え違いであった〟としている。ここからは、奉公人に日の出前から日暮れ過ぎまで働かせたこと自体は事実だと考えられる。ただし、奉公人を抱える百姓たち自身もそうした労働にいそしむのである。

ここからは、今在家村の一季居奉公人の一定部分は、農業労働に従事した者たちであったことが想定される。先に、今在家村では男よりも女の奉公人数が多かったことを指摘した。彼女らの場合は、家事の補助労働も含んでいたと思われるが、農業労働にも従事したであろう。また、奉公人だけでなく、百姓自身も含めて農本主義的な勤勉の価値観が浸透していたこともわかる。また、夏季の昼休みの取り方の村内慣行が存在していることも興味深い。

そのうえで、佐五兵衛と吉郎兵衛の対照的な立場が生まれていることも注目される。佐五兵衛家は一八世紀前半に、一方の吉郎兵衛家は一八世紀の後半に、村の年寄役を務めるような家である。寛政元年ごろには、ともに年寄ではなくなっており、百姓代ないし組頭として名前が見える。吉郎兵衛は幕末期には絞油株をもっていた時期もあったようである。佐五兵衛と吉郎兵衛は村内では同じような階層の有力百姓と見ることができそうである。そうした両人であるが、一方が奉公人を勤勉の論理で働かせ、他方はそれを「悲《（非）》道」な使い方であると同情するような存在も生まれていたのである。ただし、佐五兵衛が（本心はわからないが）農本主義的な勤勉の論理には抗しえなかったこともこの時代の反映であろう。

7　墓所と土地支配

今在家村には、周辺村むらが一緒に利用する墓所があり、そこを管理する煙亡も居住していた。その土地に生えている植物は誰のものかをめぐる争論が、嘉永二（一八四九）年に起きている。ここから、今在家村における墓所の位置づけと近隣村との関係がうかがえる。以下、その関連史料を見ていこう。

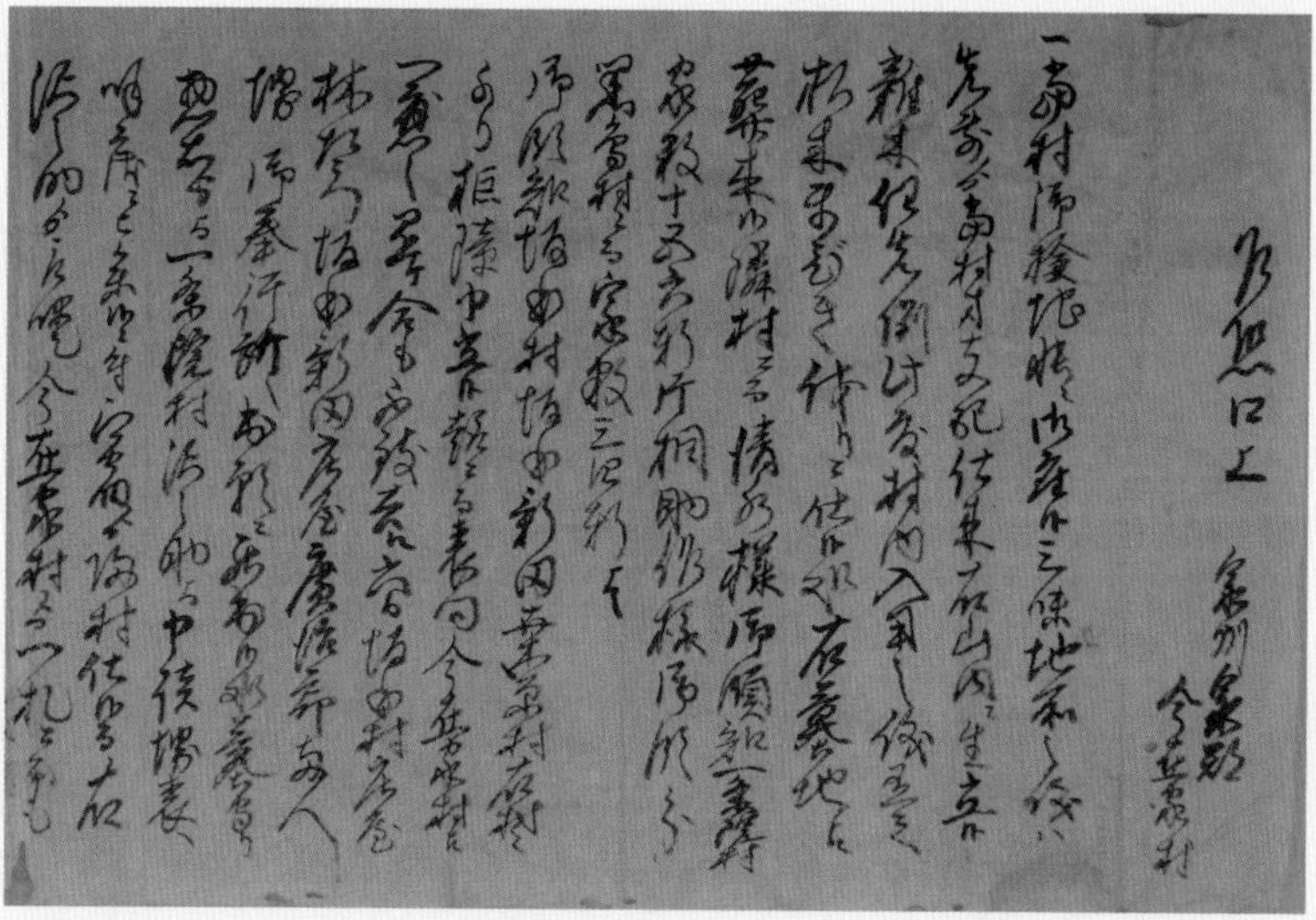

乍恐口上

泉州泉郡
今在家村

一当村御検地帳ニ御座候三昧地所之儀八、
先前ゟ当村方支配仕来、右山内ニ生立候
雑木、任先例、此度村内入用之儀有之、
松木まびき伐りニ仕候処、右墓地え
葬来候隣村ニ而、清水様御領知一条院村
家数十五六軒、片桐助作様御領分
黒鳥村ニ而家数三四軒と
御領知坂本村・坂本新田・桑原村、右村々
より拒障申立候趣ニ而、表向今在家村え
一応之懸ヶ合も不致、去ル六日坂本村庄屋
林左衛門・坂本新田庄屋広治郎両人、
堺　御奉行所へ出願ニ罷出候処、墓守り
惣右衛門と一条院村沢之助と申談、堺表へ
呼戻ニ被参候ニ付、郷宿ゟ帰村仕候而、右
沢之助ゟ取曖、今在家村ゟ一札ニ而も

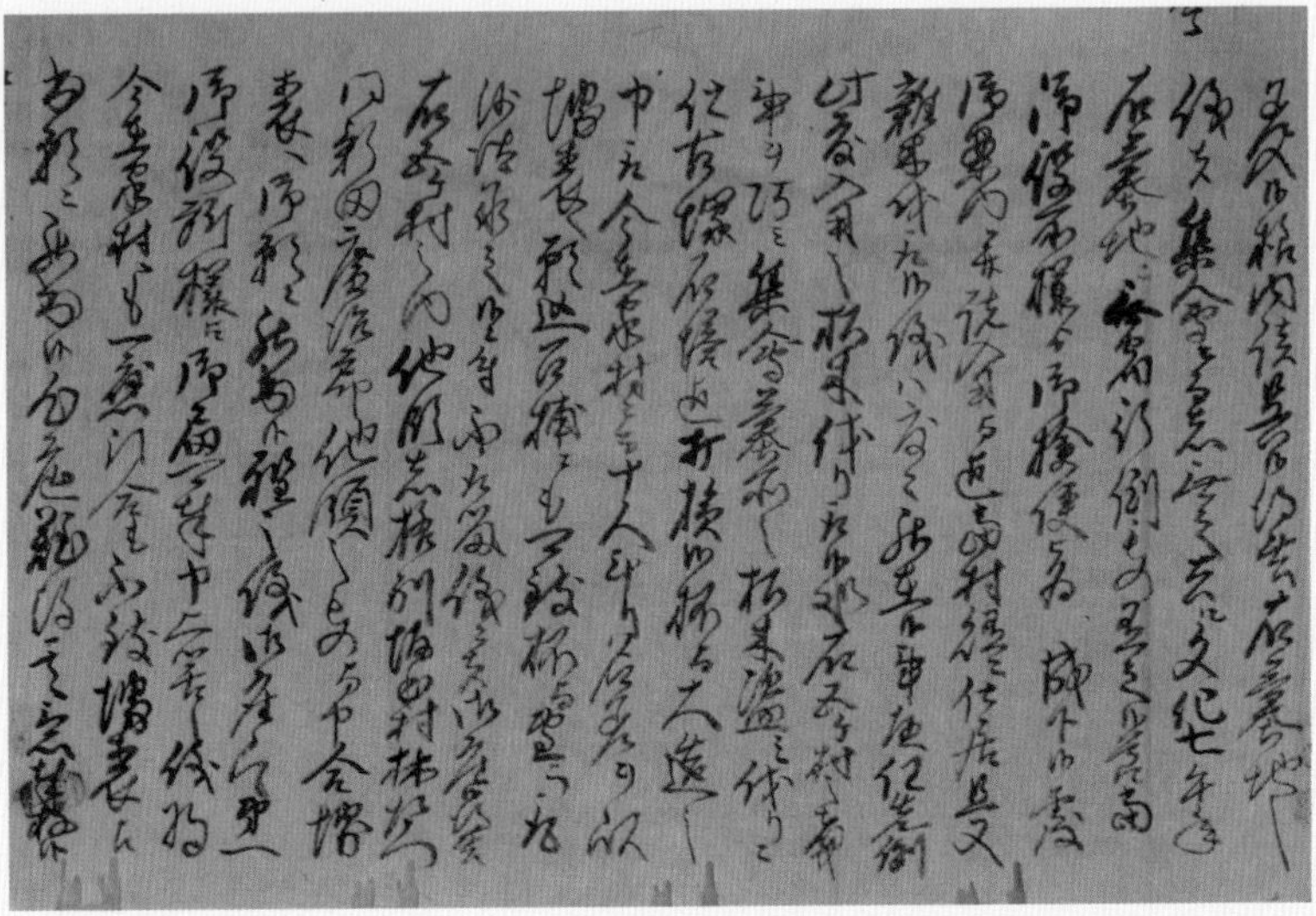

差入候様内談呉候得共、右墓地之
儀は集会ニ而は無之、去ル文化七午年
右墓地ニ無宿行倒もの有之候節、当
御役所様ゟ御検使被為　成下候処、
御案内并諸入用と迄（ママ）、当村賄ニ仕居、且又
雑木伐取候儀ハ、度々罷在候事故、任先例
此度入用之松木伐り取候処、右五ヶ村之者共、
事ヲ巧ミ、集会墓所之松木盗ミ伐りニ
仕、古塚石塔迄打損候抔と大造之
申取、今在家村ニ而十人斗り名差ヲ以、
堺表へ願込、召捕ニも可致抔と専ら取
沙汰承之候ニ付、不取留儀ニは御座候得共、
右五ヶ村之内、他領は格別、坂本村林左衛門・
同新田広治郎他領之ものと申合、堺
表へ御願ニ罷出候程之儀御座候ハヽ、第一
御役所様え御届可奉申上筈之儀、将
今在家村へも一応引合も不致、堺表え
出願ニ罷出候心底難得其意奉存候

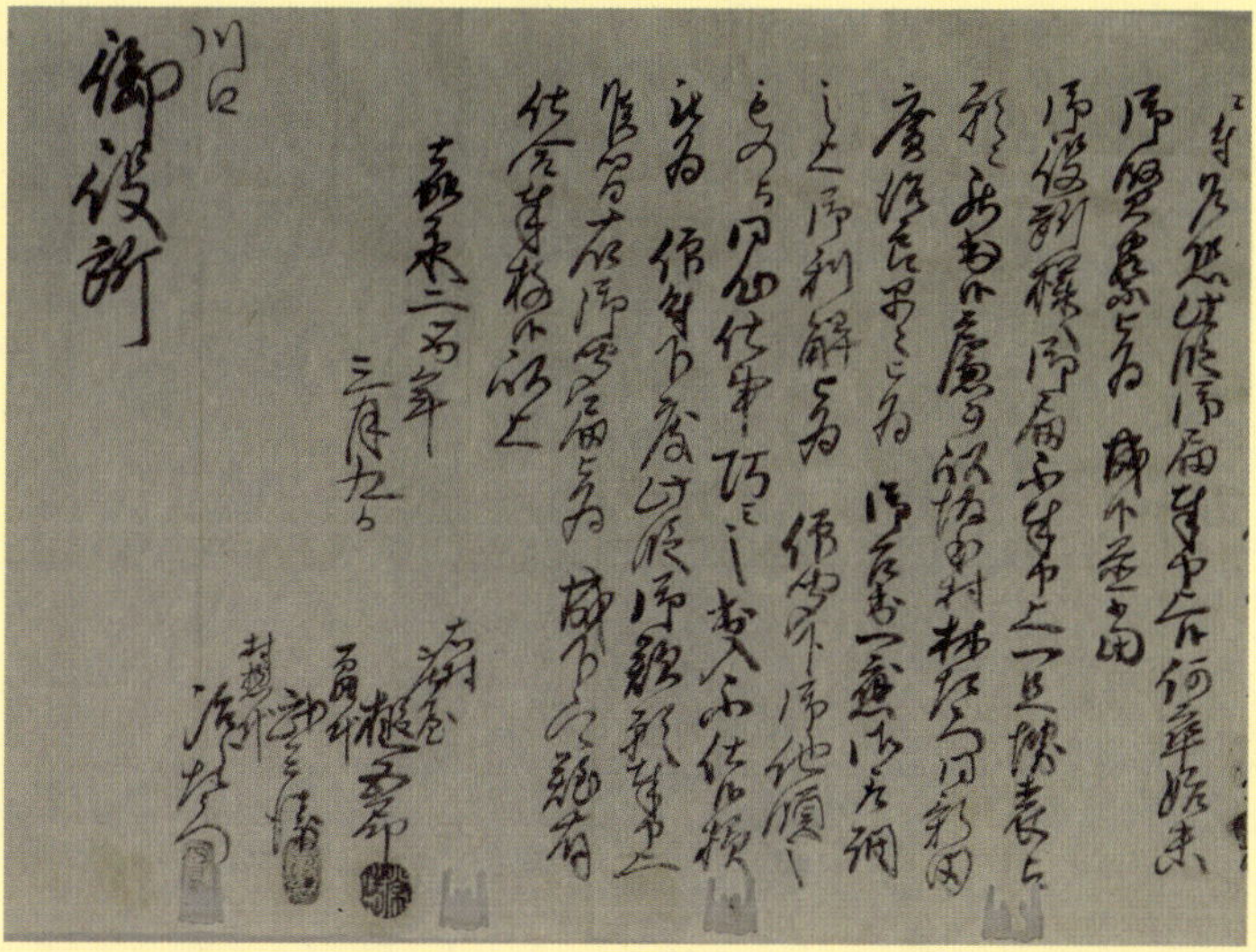

ニ付、乍恐此段御届奉申上候、何卒始末
御賢察被為　成下置、当
御役所様へ御届不奉申上、一旦堺表え
願ニ罷出候廉ヲ以、坂本村林左衛門・同新田
広治郎早々被為　御召出、一応御取調
之上、御利解被為　仰聞下、御他領之
ものと同心仕、事巧ミ之出入不仕候様
被為　仰付下度、此段御歎願奉申上
候間、右御聞届被為　成下候ハヽ、難有
仕合奉存候、以上

嘉永二酉年
三月九日

右村庄屋
槌五郎㊞
百姓代
武兵衛㊞
村惣代
治郎左衛門印

川口
御役所

（前田家文書）

【読み下し：太字部分】

一当村《とうそん》御検地帳《ごけんちちょう》にござ候三昧地所《さんまいじしょ》の儀は、先前《せんぜん》より当村方《むらかた》支配仕《つかまつ》り来《きた》り、右山内《みぎさんない》に生《お》い立ち候雑木《ぞうき》、

先例に任《まか》せ、この度《たび》村内入用《いりよう》の儀これ有り、松木まびき伐《き》りニ仕り候処《ところ》、右墓地え葬《ほうむ》り来り候隣村《りんそん》にて、清水様御領知一条院村家数十五六軒、片桐助作様御領分黒鳥村にて家数三四軒と御領知坂本村・坂本新田・桑原村、右村々より拒障《こしょう》申し立て候趣《おもむき》にて、表向き今在家村え一応の懸け合も致さず、去る六日坂本村庄屋林左衛門・坂本新田庄屋広治郎両人、堺　御奉行所へ出願に罷《まか》り出《い》で候処、墓守《はかもり》惣右衛門と一条院村沢之助と申し談じ、堺表へ呼び戻しに参《まい》られ候に付き、郷《ごう》宿《やど》より帰村《きそん》仕り候て、右沢之助より取り噯《あつか》い、今在家村より一札《いっさつ》にても差し入れ候様、内談《ないだん》呉《く》れ候《そうら》得共《えども》、右墓地の儀は集会にてはこれ無く、去る文化七午《うま》年、右墓地に無宿行倒《むしゅくゆきだお》れものこれ有り候節《せつ》、当御役所様より御検使《ごけんし》成《な》し下《くだ》させられ候処、御案内幷《ならび》に諸入用と迄《ママ》、当村賄いに仕り居り、且つ又雑木伐り取り候儀は、度たび罷り在り候事故、先例に任せ、この度入用の松木伐り取り候処、（後略）

【現代語訳：太字部分】

一当村（今在家村）の御検地帳に記載されている墓所の土地については、以前より当村が支配してきています。そこに生えている雑木を、今回村内でお金が必要になったので、先例を踏まえて、松木をまびき切りにし（てその支出に充て）ました。ところが、この墓地へ埋葬している村のうちで、清水様御領知である一条院村の家数一五～六軒、片桐助作様御領分である黒鳥村のうち家数三～四軒、および当家（一橋家）の領知である坂本村・坂本新田・桑原村から異議を申し立てるということで、正式に今在家村に対して一度の交渉もせず、去る六日に坂本村の庄屋林左衛門と坂本新田の庄屋広治郎が堺奉行所へ訴え出るために堺へ出発しました。そこで墓守りの惣右衛門と一条院村の沢之助が相談して、堺表へ両人を呼び戻しに行き郷宿から両人は帰村しました。（そのうえで）沢之助が仲裁して、今在家村から（謝りの）一札などを差し入れることでどうか、という内々の相談を取りまとめてくれました。しかし、この墓地は立会いの管理ではありません。去る文化七年に墓地に無宿の行倒れ者があった際にも、一橋家の御役所から検使していただき、その案内や諸入用に至るまで当村で費用負担をしました。また雑木の切り取りは何度も行ってきました。それゆえ、先例に従って、この度も（今在家村として）必要となった松木を切り取ったのですが、（後略）

【語句説明】　三昧：墓地　清水様：一橋家・田安家と並ぶ御三卿の一つ。　片桐助作様：大和小泉藩主。この時期の黒鳥村は、伯太藩領の黒鳥辻村、一橋領知の黒鳥上村と大和小泉藩領の黒鳥坊村の三給の村であった。拒障：故障。差障り。ここでは異議。　墓守り：煙亡のこと。　郷宿：奉行所で用向きの者を休泊させ、諸手続きなどの世話を行う施設。　集会二而は無之：立会い（共同管理）ではない。　無宿：人別帳《にんべつちょう》から除かれた者。宿無し。　検使：現場検証。　古塚石塔：墓所にあった古い塚と石塔。　賢察：推察すること。相手を敬って「賢」という文字を用いている。　同心仕り：同意する。

この史料は、嘉永二（一八四九）年三月九日に、今在家村の庄屋槌五郎《つちごろう》らが一橋家の（大坂）川口役所に提出した願書である。現代語訳を省略した部分も含めて概要をまとめておこう。今在家村が、墓地周辺の山林から松木を伐採したことに対して、その墓所に埋葬している近隣村むらから「松木の盗伐である」として、堺奉行所に訴え出る動きが見られた。これに対して、今在家村は、一橋領知の村むらが堺奉行所に出訴する場合は、領主役所である川口役所に事前に届けることが必要であるという手続き上の不備を指摘すると同時に、万一訴える際には、他領の者と一緒になって事を企むことのないよう川口役所から命じてほしい、と願っているのである。この一件は、最後には池田下村の森内弥右衛門が仲裁人となって、今在家村から法塔代などの名目で出銀することで落着することになった。

ここでは争論の全体については触れず、今在家村に所在した墓所について、二、三の点について触れて

写真2　墓所と連なる山林　槙尾川近くの低位～中位段丘に所在する今在家村にとって、竹木、薪、肥料などを採取できる数少ない場であった。なお、手前に広がる耕地は、府中村今池跡。

おきたい。ここで問題となっているのは、今在家村の村絵図に見えていた墓所の山林である（写真2）。この墓所には、今在家村だけでなく、一条院村・黒鳥（坊）村・坂本村・坂本新田・桑原村から埋葬していた（2部9墓所）。一条院村には一五～六軒、黒鳥（坊）村から三、四軒とあるのは、埋葬する全戸なのか、この問題で異議を申し立てている軒数なのか確定できないが、少なくとも黒鳥村には黒鳥村の共同墓地があるので、今在家村の墓地へ埋葬しているものは黒鳥村のうちの一部である。とはいえ、今在家村の墓所は近隣村むらとの共同墓地であった。そこを利用するのは、一橋領知の村だけでなく、清水領知や大和小泉藩領の村も含まれていた。在地の村と村の間の関係は、こうした生活上の関係で多様に形成されていた。

一方で、今在家村は「墓所の土地は自村の支配するもの」という主張であり、その根拠に検地帳への記載があったことに注目しておきたい。一般に検地帳に記載されることは、自らの権利の主張の最も強い論拠となったのである。おそらく仲裁の条件から判断して、土地の権利、その上に生い立った樹木（ここでは松木）の所有権も、それ自体としては今在家村の主張が認められたものと思われる。そのため近隣村むらは、松木自体の伐取りを問題にしえず、法塔を破損したことなどを告発するということに軌道修正したものと考えられる。その結果が、法塔料などの名目での出銀になったのであろう。

また、江戸時代とは前例がものを言う社会だったことも注意しておきたい。文化七（一八一〇）年に墓所で無宿の行倒れがあった際の措置と費用負担を今在家村が行ったこと、またこれまでに雑木の伐採を行ってきたことも前例として上げている。ただし、これまでの前例では雑木の伐取りと表現しているのに対し、今回は「松木」の「まびき伐り」と表現しており、微妙に食い違っている。近隣村むらは、雑木ではなく、松木を伐り取ったことを問題視したのかもしれない。山の用益という問題を考えると、土地の所有と不可分に結びついているのが松木など立木の伐採権であった。立木に関わらない、下草採りやキノコ・山菜などの採取とは二重化しうるのである。近隣村むらからすると、雑木はそうしたものとして容認してきたにすぎないということであり、松木はそうはいかないということだったのではないか。しかし、検地帳の効力は大きかったのであり、またここで松木を伐り取ったことは今後に前例として意味を持つことになるであろう。

また、最初の時点で、今在家村の墓守り（煙亡）の惣右衛門と一条院村の沢之助が仲裁しようとしたことも注目される。沢之助について詳細は不明だが、惣右衛門は墓所の日常的な管理に当たる者であり、そうした立場の者が村落間の仲介をすることがあったのである。しかし、彼らの仲裁では解決できず、池田下村の年寄で泉財集落の大高持である森内弥右衛門に取扱いを任せなければならなかったのではあるが・・・。

ともあれ、墓所利用の実態とそれをめぐる村落間の関係は、以上のとおりであった。

8　非人番と村方

今在家村の宗門人別改めの史料には、非人番が数人含まれていた。この地域には、堺の四ケ所長吏から派遣された非人番を置く村が多い（第3部7章参照）。次に、その位置づけをうかがえる史料を見ておきたい。

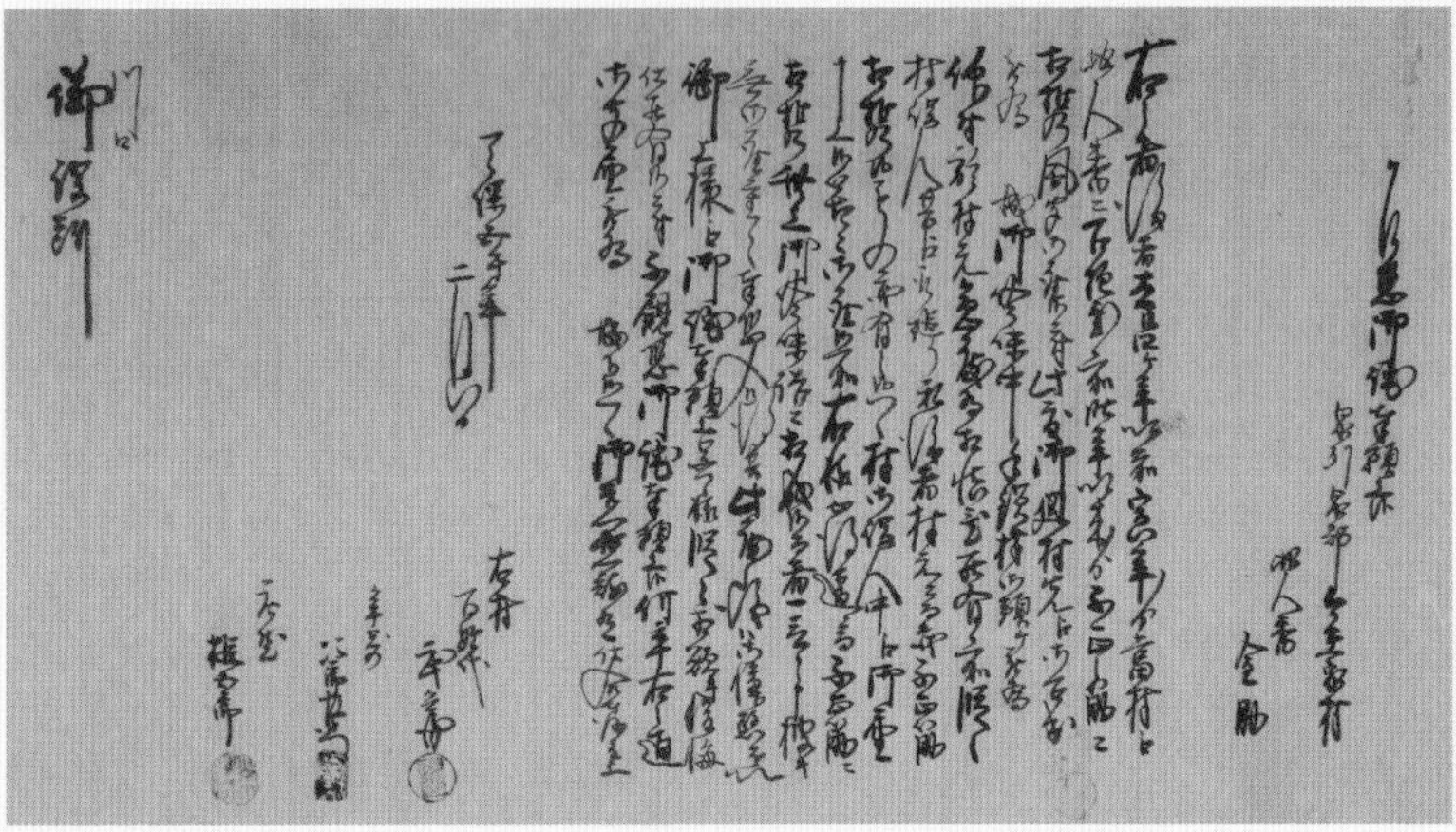

乍恐御詫奉願上候

泉州泉郡今在家村

非人番

金助

右之者儀は、去ル四ヶ年以前寅年ゟ当村え
非人番ニ召抱置候所、昨年以来ゟ不正之筋ニ
相携風聞御座候ニ付、此度御廻村先え御召出
被為成、御吟味中手鎖村御預ヶ被為
仰付、於村元、急度為相慎置罷有候所、段々
村役人共え取縋り、私儀は、村元ニ而も不正筋
相携候ものも有之候ハヽ、村御役人中え御届
申上候筈ニ御座候所、右様心得違ニ而、不正筋ニ
相携、此上御吟味詰ニ相成候而は、一言之申披キ
無御座、重々奉恐入候得共、此度之儀ハ御憐愍を以、
御上様え御詫奉願上呉候様、段々相歎キ、後悔
仕罷有候ニ付、不顧恐御詫奉願上候、何卒右之通
御聞届被為　成下候ハヽ、御慈悲難有仕合奉存候、已上

天保五午年

二月八日

右村

百姓代　武兵衛　㊞

年寄　次郎左衛門㊞

庄屋　槌五郎　㊞

川口御役所

（前田家文書）

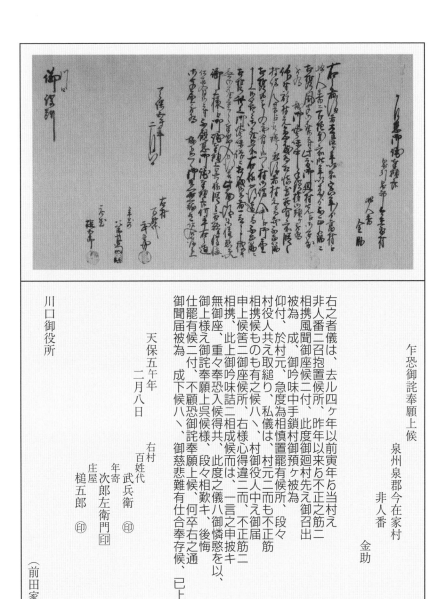

【読み下し：太字部分】

右の者儀《ものぎ》は、去《さ》る四ヶ年以前寅年《とらどし》より当村《とうそん》え非人番《ひにんばん》に召し抱え置き候所《そうろうところ》、昨年以来より不正の筋《すじ》に相《あい》携《たずさわ》る風聞《ふうぶん》ござ候に付き、この度御廻村先《たびごかいそんさき》え御召し出し　成《な》させられ、御吟味中手鎖村御預《てじょうむらおあず》け　仰《おお》せ付《つ》けさせられ、村元《むらもと》に於《お》て、急度相慎《きっとあいつつし》ませ置き罷《まか》り有《あ》り候所、段々《だんだん》村役人共え取り縋《すが》り、私儀は、村元にても不正筋相携り候ものもこれ有り候はば、村御役人中え御届け申し上げ候筈にござ候所、右様心得違いにて、不正筋に相携り、この上御吟味詰《おぎんみづめ》に相成り候ては、一言の申抜《もうしひら》きござ無く、重々《じゅうじゅう》恐れ入り奉《たてまつ》り候得共、この度の儀は御憐愍《ごれんびん》を以て、御上様え御詫《おわび》願い上げ奉り呉《く》れ候様、段々《だんだん》相歎《なげ》き、後悔仕《つかまつ》り罷り有り候に付き、恐れを顧《かえり》みず御詫願い上げ奉り候、何卒《なにとぞ》右の通り御聞届け　成し下させられ候はば、御慈悲有り難き仕合せに存じ奉り候、已上《いじょう》

【現代語訳：太字部分】

右の者（金助）は、四年前の寅年（天保元年）から当村に非人番として抱えました。しかし、昨年から不正なこと（博奕）に関わっているとの噂があったので、今回、見廻りの一橋家お役人に呼び出され、取調べの間、手鎖をかけて村に預けることをお命じになられました。それゆえ村で厳しく謹慎させていましたが、繰り返し村役人の私たちに頼み込み、「私は、村内で不正なことに関わる者がいたら、村役人にお届けする立場であるにも拘わらず、右のような心得違いをして、不正に関わってしまいました。この後取調べが終わり判決ということになれば、弁明の余地は（なく、処罰されることは間違い）ありません。恐れ入りますが、この件について哀れとお思いになって、ご領主さまにお詫びをしてください」と願ってきました。このように本人は後悔していますので、恐縮ですが（本人に代わって）お詫びを願い上げます。どうか、これを聞届けていただければ有り難く存じます。以上。

【語句説明】 四ヶ年以前：江戸時代以前の年の数え方だと、天保五年の四年前は天保二年になるが、ここでは寅年とあるので、天保元年に当たる。問題が発覚した天保四年が基点になったためか。 不正之筋：犯罪に当たること。ここでは博奕。 廻村：一橋家の役人による村むらの見廻り。御廻村先とは、巡見のために役人が宿泊・滞在した村。 吟味：取調べ。 手鎖：手鎖によって拘束すること。 村御預け：身柄を村で預ること。村で行う未決拘留。 吟味詰：取調べを終えて判決に及ぶこと。 憐愍：憐憫と同じ。哀れみ。 御詫：謝罪して許しを請うこと。

この史料は、天保五（一八三四）年二月八日に、庄屋槌五郎ら今在家村の村役人から一橋家の川口役所に宛てて、博奕に関わり取り調べを受けている同村の非人番金助が反省しているとして、取り成しを願い出たものである。

天保五年初頭に一橋家の役人が廻村した際に、博奕が広がっていることが発覚し、大規模な博奕の摘発が行われた。一橋領知の村むらを中心に三〇〇名を超える者たちがリストアップされ、取調べを受けている（第3部第7章）。今在家村でも若者を中心に一〇人余が取調べを受けた。ここには、一九世紀に若者が地域秩序を攪乱・動揺させている様子の一端が表れている。そこに非人番が中心的に関わっていたのである。この時村役人たちは、非人番以外の博奕関係者についても赦しを願う取り成しを行っているが、非人番にも同様の対応を行ったのである。

この一件からうかがえる非人番について確認しておこう。今在家村の非人番金助は天保元（一八三〇）年に雇用されたという。一八世紀中期から今在家村の人別には非人番の家族を含めて数人が登録されていた。しかし、非人番は家として世代的に再生産するには不安定であった。基本的に堺の四ヶ所長吏（非人）から派遣される存在であった。

堺の長吏たちは、堺奉行所の下で犯罪捜査や情報収集などの御用を担う存在であった。和泉の村むらに置かれた非人番は、この長吏の支配下の者が派遣されたのである。御用を務める長吏集団の末端に位置し、長吏らの情報収集や怪しい者の探索をサポートしたのである。一方で、村役人の差配下で「村元にても不正筋相携り候もの」がいたら、村役人に届け出る立場、つまり村の治安維持の担い手という立場にあった。言い換えれば、長吏下の御用集団と村方の接点に位置していたのである。

こうした立場にある非人番が、自ら博奕に関わっていたのであり、一九世紀の地域秩序の維持はなかなかに困難だったのである。

おわりに

以上に見てきたように、近世社会の仕組みの基底には「村」があった。本書を読み進めていくうえでの前提として今在家村を事例に、史料を読み解く形で村のあり方を紹介してきた。これを通して史料から近世の村に生きた人々の生活を復元することの重要性と楽しさをいくらかでも伝えることができていればと思う。同時に地域で生きた人びとの視座から歴史を見ていくことの重要性を!

ここまでは、市域の一つの村〔今在家村〕を紹介してきた。そこに近世の「村」の仕組みの普遍的な性格を見ることができる一方で、それぞれの「村」は一つひとつ個性的な形をとっていた。次に、市域の村むらを概観することで、その存在形態の固有性を浮かび上がらせることにしよう。

第2部　和泉市域をみわたす

和泉市鳥瞰

第1部では、和泉市域の村の一例として今在家村を取り上げた。しかし、村の姿は一様ではない。

第2部では、市域の村むらの姿を概観しておきたい。もちろん江戸時代には市域が行政的なまとまりをなしていたわけではないので、市域を範囲としてまとまったデータが作成されたわけではない。しかし、市域を含む和泉国や、その下の泉郡といった郡の範囲で、あるいは領主支配ごとの村むらのあり方をまとめた史料は多様に作成された。

たとえば、幕府が数度にわたって一国単位で作成させた国絵図や郷帳、堺奉行が和泉国全体について領主ごとに提出させた寺社改めなどがある。また、領主の交替に際しては村ごとの村明細帳が作成されることが一般的だが、一橋家のように領知全体の村の明細帳を作成することもあった。江戸時代の市域を概観するために、こうした史料のうち村明細帳や寺社改帳を市史紀要として刊行してきた（『和泉市史紀要第20集　和泉の村の明細帳Ⅰ』『和泉市史紀要第24集　和泉の寺社改帳Ⅰ』）。

以下では、こうした史料を軸にして、市域に残った様々な史料も参照しながら、市域の領主所領の配置、市域を通る道、村むらのあり方（村高と人口）、耕地と水利、山、寺院と神社、墓所について、広く見わたしていく。それによって、市民のみなさんに、江戸時代の市域の村むらが全体としてどのような地域だったのか、という具体的なイメージを描いてもらうとともに、市域のそれぞれの村むらが、互いに接していても固有のあり方をとり、縦横に結びつきながら地域社会を構成していることを理解してもらえればと思う。

1　村むらの領主

近世初頭の和泉市域は、片桐且元《かつもと》領の上条郷《じょうじょうごう》の村むら、槙尾山朱印地六石、松尾寺朱印地一七石を除いて、ほとんどは幕府領（幕領）であった。幕領には代官がおかれ、代官の支配は一七世紀中ごろまで継続するが、一七世紀半ば以降、徐々にさまざまな領主の所領に変わり、一部は譜代大名の藩領として定着する。しかし多くの村むらはめまぐるしい領主変遷を経て、いったん幕領に戻るなどしながら、やがて一八世紀半ば以降に成立する御三卿《ごさんきょう》（一橋《ひとつばし》・田安《たやす》・清水《しみず》家）領知に編成されるという過程をたどった。

摂津・河内を視野に入れた和泉国における所領配置の特質や、より詳しい動向については第3部第1章で述べるが、ここでは市域の村むらとその周辺の領主変遷を追いつつ、所領配置を概観しておこう。

片桐且元領から小泉藩領へ

豊臣家臣片桐且元は、天正一四（一五八六）年から和泉国上条郷において一〇七〇石の支配を行ったが、元和元（一六一五）年、豊臣氏滅亡とともに且元も死去した。且元の弟貞隆は徳川氏に仕え、慶長五（一六〇〇）年から大和国小泉を拠点に知行《ちぎょう》を与えられていたが、且元の死後、兄の領地を引き継いだ。これによって、泉州では肥子・池上（本郷）・黒鳥坊村と豊中村（泉大津市）約一一三〇石が片桐氏小泉藩領となり、以降定着した。

＊のち、明和期になり北出村（忠岡町）と下条大津村（泉大津市）の一部が小泉藩領に加えられる。

	寛文4年（1664）青山宗俊知行目録		貞享元年（1684）土屋政直知行目録	
和泉国泉郡	桑原村・今在家村・坂本村・辻村新田高入・池浦村新田高入・宮村新田高入・穴田村・長井村新田高入・虫取村	2213.651	桑原村・今在家村・坂本村・辻村・池浦村・宮村・穴田村・長井村・虫取村	2213.651
和泉国大鳥郡	土師村・深井村・家原寺村・草部村	3721.066	土師村・深井村・家原寺村・草部村	3721.066
和泉国日根郡	貝掛村・舞村・箱作村・淡輪村・深日村・孝子村・東畑村・西畑村・谷川村・小島村	8064.890	貝掛村・舞村・箱作村・淡輪村・深日村・孝子村・東畑村・西畑村・谷川村・小島村	8064.890
河内国若江郡	17ヶ村	11312.060	17ヶ村	11312.060
河内国茨田郡	3ヶ村	2032.980	3ヶ村	2032.980
河内国河内郡	6ヶ村	2522.866	6ヶ村	2522.866
河内国讃良郡	2ヶ村	620.144	2ヶ村	620.144
摂津国住吉郡	12ヶ村	6487.493	12ヶ村	6016.923
摂津国嶋下郡	太田領3ヶ村	322.276	2ヶ村	278.521
摂津国芥川郡	（1ヶ村）	555.185		
摂津国嶋上郡			2ヶ村	598.940
摂津国河辺郡	8ヶ村	2147.389	8ヶ村	2147.389
摂津国東生郡			2ヶ村	470.570
遠江国	20ヶ村新田高入	5000.000		
相模国	6ヶ村	2995.319		
武蔵国	5ヶ村	2004.771		
近江国			26ヶ村	10275.431
常陸国			14ヶ村	11047.133
上総国			5ヶ村	3677.436
合計		5万石		6.5万石

表1　大坂城代役知領　『泉大津市史』第2巻史料編Ⅰより。記載は史料に従った。

大坂城代役知として

寛文二（一六六二）年、大坂城代《じょうだい》に青山宗俊が就任した。寛文四年の朱印状で河内・和泉・摂津・遠江・相模・武蔵国に合計五万石が青山氏の所領として認められている。青山氏は信濃国小諸《こもろ》藩三万石の藩主であったが、城代役知《やくち》（役俸）として二万石を加増された。このとき、市域で青山氏所領となったのは幕領の今在家・桑原・坂本村であった。のちに、青山氏の主導で坂本村内に新田が開発され、延宝五（一六七七）年に坂本新田村として成立、これも同領となった。なお、市域三ヶ村のほか、泉郡では辻・池浦・宮・穴田・長井・虫取村が青山氏領となった（表1）。

延宝六年、太田資次が大坂城代

に就任し、前任の青山は太田と入れ替わりに遠江国浜松藩に封《ほう》（領地を与えること）じられた。太田が貞享元（一六八四）年四月に没、寺社奉行水野忠春が大坂城代を兼任したが短期間で終わり、同年七月にはあらたに駿河国田中藩主土屋政直が城代に就任した。同年、土屋政直に大坂城代役知二万石が与えられ、就任以前の四万五〇〇〇石と合わせて六万五〇〇〇石となった。貞享元年の土屋政直の所領と寛文四年の青山宗俊の所領とを並べてみると、和泉国と河内国で重複していることが明らかである（表1）。城代の代替わりがあっても、河・泉国内の城代役知領が引き継がれていったことがわかる。

しかしこのような城代役知の引継ぎは土屋の退任で途切れる。貞享二年、土屋が短期間で城代を退任し京都所司代《しょしだい》に着任したが、和泉国内の役知村むらはそのまま土屋氏領として残され、次の大坂城代松平信興に引き継がれることはなかった。

その直後の貞享四年、土屋は老中に就任、同時に田中藩から常陸国土浦藩へ移封となる。享保三（一七一八）年の退任までの間、元禄七（一六九四）年に和泉国内に一万石を加増、正徳元（一七一一）年にも和泉国内に一万石を加増された。元禄七年の加増の際、幕領であった浦田・万町・池田下・寺門・今福・箕形・寺田村も土浦藩領に組み入れられた（寺田は旗本稲垣氏との相給《あいきゅう》*）。宝永七（一七一〇）年に池田下村領を切り開いて成立した伏屋新田も土浦藩領となる。土屋氏土浦藩の和泉国領地は、延享三（一七四六）年幕府に収公され、延享四（一七四七）年御三卿一橋家領知として編成された。

＊一村を複数の領主が分割支配すること。

大坂定番渡辺氏と伯太藩

大坂城代役知を領地として得た土屋氏のように、大坂定番《じょうばん》に就任したのをきっかけに、和泉に領地を得て定着したのが渡辺氏である。

渡辺氏は、武蔵国比企《ひき》郡野本村（埼玉県東松山市）を拠点に三五〇〇石の知行を与えられた旗本であったが、寛文元（一六六一）年、当主渡辺吉綱が大坂城を警護する玉造口定番に任じられた。寛文四年の朱印状によると、武蔵国比企郡五ヶ村三五〇〇石、河内国八ヶ村三八八〇石・和泉国一六ヶ村六一二〇石、合計約一万三五〇〇石の所領が認められていることから、定番の役知として河内・和泉の一万石が加増されたことがわかる。このとき所領となった市域の村は伯太・黒鳥辻村と池上上泉出作である。

吉綱が寛文八年に定番を退任して後も河内・和泉の所領は維持され、元禄一一（一六九八）年には武蔵国から和泉国大鳥郡大庭寺《おばでら》村に拠点を移したとされる。これと同時に武蔵国内三五〇〇石の知行は近江国内に移されている。

吉綱の後、渡辺氏はもう一度定番に就任する。元禄一四年渡辺基綱のときである。このとき市域の池上出作（信太）と春木川村が、河内国内で上知された村の替地として与えられ、以降、所領は固定した。

さらに、享保一二（一七二七）年には拠点を伯太村に移し、陣屋の建築を開始した。このような状況下で基綱が享保一三年に死去、渡辺氏と家中は大坂城から退去を余儀なくされ伯太へ入ったため、伯太陣屋が急速に整えられていくことになった（第3部第2章参照）。

側用人牧野備後守と関宿藩

次に見るのは、将軍側近に仕えた幕府要職が和泉国内に領知を与えられ、定着する事例である。

牧野成貞は、天和元（一六八一）年から元禄八（一六九五）年まで五代将軍徳川綱吉に仕えた側用人《そばようにん》である。綱吉が上野国館林《たてばやし》藩主であった時代には家老として仕えていたが、綱吉の将軍就任後、側用人に取り立てられ、天和二、三年に五万三〇〇〇石を与えられて下総国関宿《せきやど》藩の大名となった。その後元禄元年に二万石を加増された際、市域の九鬼・小野田・下宮・国分・黒石・三林・和田・室堂・平井・納花・鍛冶屋・松尾寺・内田・唐国・久井・春木村が所領に加えられた（三林村は幕領との相給）。宝永二（一七〇五）年に若年寄であった三河国吉田藩久世氏と牧野氏との領知相対替《あいたいが》えがあり、久世氏関宿藩領となる。以後幕末まで固定し、明治維新を迎えた。

その他の側用人領

同じく将軍綱吉に側用人として仕えた松平（藤井）忠周は、貞享二（一六八五）年側用人に任じられるや、翌年一万石を加増され丹波国亀山から武蔵国岩槻へ移った。このとき市域の府中・府中上泉・小田・一条院・黒鳥上・井口・和気・王子・南王子のほか、周辺の村むらが松平氏岩槻藩領となった。忠周は元禄二（一六八九）年に側用人を辞任、元禄一〇年に但馬国出石《いずし》に移る。代わって岩槻に入ったのが小笠原長重である。小笠原は同年老中に就任（宝永二［一七〇五］年退任）しており、三河国吉田から岩槻に入って五万石を得た。和泉国内の岩槻藩領もそのまま小笠原氏支配となるが、宝永七年には幕府に収公され、翌正徳元（一七一一）年岩槻藩主となった永井氏には引き継がれなかった（小笠原氏は遠江掛川藩へ）。当該領村のうち、和気・井口村は天明四（一七八四）年山城国淀藩稲葉氏領に、それを除く村むらは延享四（一七四七）年一橋家領知となる。

元禄元（一六八八）年から宝永六（一七〇九）年まで将軍徳川綱吉に側用人として仕えた柳沢吉保は、市域の上代・舞・上・太・尾井・中・富秋のいわゆる信太郷七ヶ村のほか、泉州の村むらを領した。元禄七年七万二〇〇〇石で武蔵国川越藩の大名となった際には、和泉国内で二五ヶ村約九〇〇〇石を支配していた。柳沢氏の支配は宝永元（一七〇四）年まで続き、いったん幕領となる。市域七ヶ村のうち上代・舞・上・太の四ヶ村は、宝永四年に側用人間部詮房《まなべあきふさ》（就任宝永三～正徳六年）領となるが、享保二年までにはすべて幕領に還る。その後、七ヶ村はすべて延享四年に一橋領となる（ただし、尾井村は相給）。

堺奉行稲垣重氏

天和元（一六八一）年堺奉行となった稲垣重氏は、大鳥郡村むらのほか、寺田村と観音寺村を与えられた。寺田村は元禄七（一六九四）年より土浦藩領と相給、観音寺村は元文五（一七四〇）年より幕領と相給となるが、稲垣氏の支配は相給のまま幕末まで続いた。

以上のように、一七世紀半ば以降、和泉国の幕領村むらが譜代大名や旗本に宛てがわれていった。契機となったのは、彼らが大坂城代や大坂定番、側用人や老中などの幕府要職に就任する際の知行（役知）加増であるが、役職を退任した後も、渡辺氏のように和泉に定着する大名、また飛び地として支配を続ける関東の大名もあった。一方、市域南部の横山谷地域や大鳥郡の海岸部および南部地域などでは幕領支配が継続した。その結果、一八世紀初頭の元禄末期には、幕領と譜代大名領とが隣り合い、部分的には入組んで散在する配置となった（図1）。

幕領への復帰と御三卿領知の成立

しかし、こうした状況は長く続かず、宝永期以降大きく変化していく。

まず、側用人柳沢吉保領が宝永元（一七〇四）年幕領に復し、小笠原氏岩槻藩領も宝永七年に幕領となった。

側用人間部詮房領も享保二（一七一七）年までにはすべて幕領となった。以上の幕領に復帰した村むらのほとんどは延享四（一七四七）年に御三卿一橋家の領知として再編された。領有が続くかと思われた土浦藩領も、すべての村がいったん幕領に復したのち、延享四年に一橋家領となった。もと岩槻藩領であった和気・井口の二ヶ村は天明期に山城国淀藩領となっている。

一方、一七世紀以来継続して幕領であった横山谷の村むら（関宿藩領の九鬼・下宮村を除く）と若樫村にも変化がおとずれた。宝暦一二（一七六二）年、これらの村むらは、幕領であった三林村（関宿藩との相給）・一条院村とともに御三卿清水家の領知となった。しかし、清水家は相続がたびたび途絶えるなどして不安定であった。そのため、寛政七（一七九五）年幕府収公、文政七（一八二四）年清水家への再配分、安政二（一八五五）年ふたたび幕府収公を経て、万延元（一八六〇）年から岡・北田中・三林村が関宿藩預りとなったのちに幕府へ収公、文久元（一八六一）年から南面利・善正・福瀬（関宿藩との相給）・坪井・仏並・父鬼・大野・若樫は近江国三上藩遠藤氏領に、一条院は岸和田藩預りとなった。

なお、一橋・清水と並んで御三卿と称された田安家の領知は大鳥郡北部にあり、市域には存在しない。

右のほか、尾井村は柳沢吉保領から幕府に収公されたのち分給され、最終的に一橋家・施薬院・林大学頭・熊本藩家老長岡家の相給となった。

小泉藩・伯太藩領は固定して変化はなく、関宿藩も幕末に福瀬村の一部が藩領となった以外は、市域においては大きな変動なく明治維新を迎えた。

＊関宿藩主久世氏は、幕末期に日根郡で加増されるが、のち外国御用と老中を罷免になり、上知された。

こうして天保期ころには、一橋家、清水家、関宿藩久世氏領というまとまった領知のなかに伯太藩領・小泉藩領・淀藩領の村むらが散在する配置となった（図2）。

	(1)型村		(2)型村					(3)型村			そのほか			
	南面利・善正・福瀬・坪井・仏並・父鬼・大野・若樫	岡・北田中・三林(相)	今在家・桑原・坂本・坂本新田(延宝5〜)・万町・浦田・池田下・寺門・今福・箕形・寺田(相)・伏屋新田(宝永7〜)	府中・府中上泉・小田・一条院・黒鳥上・王子・南王子	上代・舞・上・太・	中・富秋	尾井(相)	肥子・池上・黒鳥坊	九鬼・小野田・下宮・国分・黒石・和田・三林(相)・室堂・平井・納花・鍛冶屋・松尾寺・内田・唐国・久井・春木	伯太・黒鳥辻・池上上泉・池上信太・春木川	和気・井口	観音寺(相)・寺田(相)	軽部出作	槇尾山・松尾寺
二代秀忠(1605〜23) 三代家光(1623〜51) 四代家綱(1651〜80)	幕領	幕領	幕領 寛文2(1662)年今在家・桑原・坂本村が大坂城代青山宗俊領に	幕領	幕領	幕領	幕領	天正期〜片桐且元領 元和元(1615)年片桐氏小泉藩領	幕領	幕領 寛文元(1661)年伯太・黒鳥辻・池上上泉出作が大坂城定番渡辺吉綱領に	幕領	幕領	幕領	文禄3(1594)年槇尾山朱印地6石 松尾寺朱印地17石
五代綱吉(1680〜1709)			延宝5(1677)年坂本新田が加入 延宝6(1678)年大坂城代太田資次領 貞享元(1684)年大坂城代土屋政直領 貞享3(1686)年土屋政直京都所司代に 貞享4(1687)年土屋政直老中に、同年土浦藩主になる 元禄7(1694)年浦田・万町・池田下・寺門・今福・箕形・寺田(相)村が土屋氏領に加入	貞享3(1686)年側用人松平忠周(岩槻藩)領 元禄10(1697)年老中小笠原長重(岩槻藩)領	元禄7(1694)年側用人柳沢吉保領 宝永2(1705)年幕府収公 宝永4(1707)年側用人間部詮房領	元禄7(1694)年側用人柳沢吉保領 宝永2(1705)年幕府収公 幕領	元禄7(1694)年側用人柳沢吉保領 宝永2(1705)年幕府収公 幕領と施薬院領林大学頭領の相給に		元禄元(1688)年側用人牧野成貞関宿藩領 宝永2(1705)年久世氏関宿藩領	元禄14(1701)年池上信太・春木川村が大坂定番渡辺基綱領に加入	貞享3(1686)年側用人松平忠周(岩槻藩)領 元禄10(1697)年老中小笠原長重(岩槻藩)領	天和元(1681)年観音寺・寺田が堺奉行稲垣重氏領に 元禄7(1694)年寺田土浦藩との相給に		

六代家宣 (1709～12) 七代家継 (1713～16)			宝永7(1710)年 伏屋新田が加入	宝永7(1710)年 幕府へ収公			宝永7(1710)年 幕領尾井の一部熊本藩家老長岡家領に				宝永7(1710)年 幕府へ収公			
八代吉宗 (1716～45)					享保元～2 (1716～17)年 幕府へ収公		幕領尾井の一部は継続			享保13(1728)年 渡辺氏伯太藩領				
九代家重 (1745～60)			延享3(1746)年 幕府へ収公 延享4(1747)年 一橋家領知	延享4(1747)年 一橋家領知(但し一条院除く)	延享4(1747)年 一橋家領知	延享4(1747)年 一橋家領知	延享4(1747)年 幕領尾井の一部のみ一橋家領知に					元文5(1740)年 観音寺幕領との相給に 延享4(1747)年 上浦藩領寺田・幕領観音寺、一橋家領知へ加入	延享4(1747)年 一橋領知	
一〇代家治 (1760～86)	宝暦13(1763)年 清水家領知	宝暦13(1763)年 清水家領知		宝暦13(1763)年 一条院のみ清水家領知に							天明4(1784)年 稲葉氏淀藩領	稲垣氏領観音寺・寺田は継続		
一一代家斉 (1787～1837)	寛政7(1795)年 幕府収公 文政7(1824)年 清水家領知	寛政7(1795)年 幕府収公 文政7(1824)年 清水家領知												
一二代家慶 (1837～53) 一三代家定 (1853～58)	安政2(1855)年 幕府収公	安政2(1855)年 幕府収公												
一四代家茂 (1858～66)	文久元(1861)年 福瀬以外遠藤氏三上藩領 福瀬のみ三上藩と関宿藩相給	万延元(1860)年 岡・北田中・三林(相) 関宿藩預り 一条院岸和田藩預り 文久2(1862)年 岡・北田中・三林(相)幕領												
一五代慶喜 (1866～67)														

表2　市域村むらの領主変遷　肥子出作と井口村については不明な部分が多い。

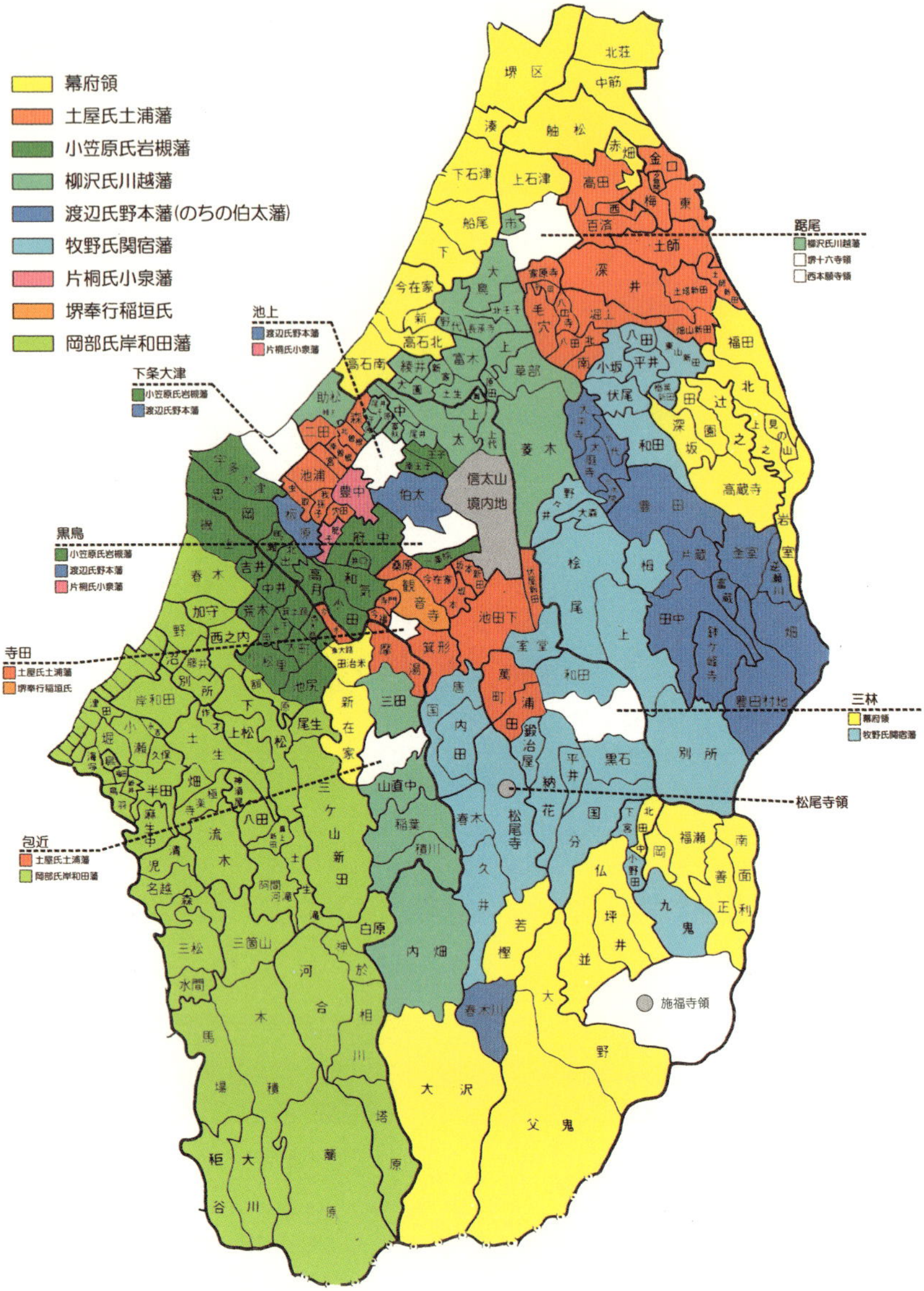

図1　所領配置図　〈17世紀末～18世紀初頭〉

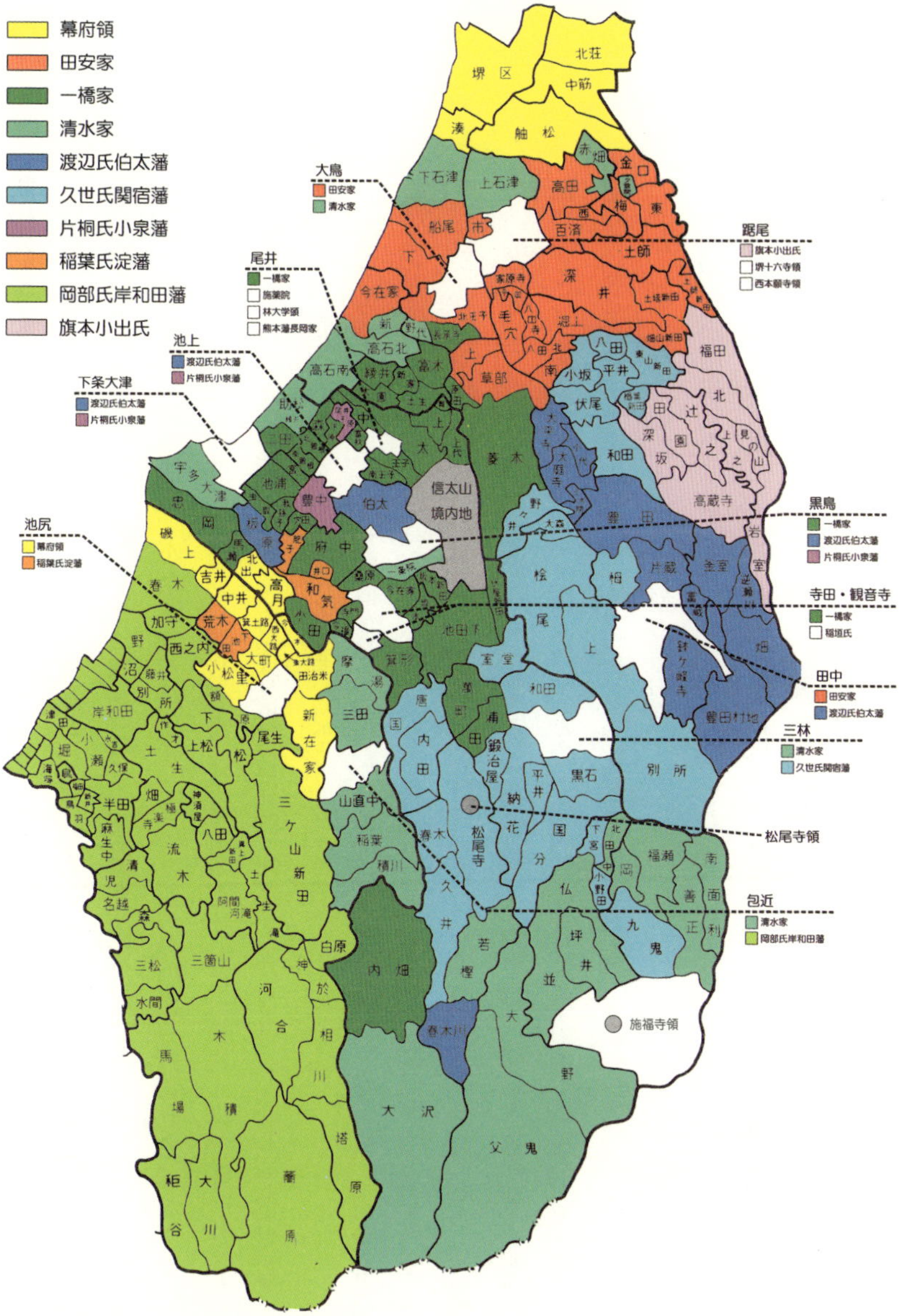

図2　所領配置図〈19世紀中頃〉

和泉の領主変遷と所領配置

以上をまとめると、市域の領主変遷はおおむね、（1）型の幕府領→御三卿清水家領→幕府領→三上藩領、（2）型の幕府領→譜代大名領（役知加増による）→幕府領→御三卿一橋家領、（3）型の個別の私領支配が継続した伯太藩領、関宿藩領、小泉藩領、淀藩領、という三つの型に分けられる。

視点を変えて所領配置の地域的な特徴をあえて考えるとすれば、横山・南池田・松尾地域はややまとまった所領がおかれ、北池田・信太・府中地域は散在的といえるだろう。しかし、おおよそ市域においては地域的・歴史的な村むらのまとまりを分断する形で所領が配置されている。

ここでみた領主変遷と所領配置を幕府の政策との関係から見直してみると、譜代大名領が次つぎに誕生した一七世紀後半の背景が見えてくる。戦乱の緊張が尾を引く一七世紀前半の和泉国では、軍事的な意図をもって幕領や譜代大名の配置がなされたが、市域の泉郡のほとんどは幕領であった（第3部第1章参照）。政治的に安定した寛文～延宝期には、幕府の政治組織が整備され、譜代大名が幕府要職に就任する際の役知加増として幕領が与えられていった。その際、地理的な条件や歴史的・地域的なまとまりを分断して、一定の役知と合致する適当な石高をもつ村むらが組み合わされた。

こうして元禄末期には、（1）型の横山谷を除くほとんどの村むらが私領となり、他領入り組みの散在的な所領配置が出現した。この後、（2）型をたどった村むらでは、元禄末をピークに徐々に私領は減り始め、八代将軍吉宗の享保期になると、土浦藩領以外の村むらはすべて幕領に復帰している。吉宗は側用人を廃し、将軍主導の政治改革を行ったため、かつて譜代大名に分け与えた村むらが幕領に復帰したのである。さらに、将軍家血統の維持のため、田安家（享保一六［一七三一］年成立、吉宗第二子）・一橋家（元文五［一七四〇］年成立、吉宗第四子）・清水家（宝暦八［一七五八］年成立、九代将軍家重第二子）が設置されるに及んで、それぞれへ与えられた賄料《まかないりょう》一〇万石のうちに、土浦藩領や、いったん幕領に復帰した元譜代大名領、そして近世初頭以来の幕領が組み入れられていった。これも将軍主導の政治を安定化する政策の一環といえよう。

2 村と集落

人びとは親子・親族などの血族関係に基づく「家」を形成し、「家」は他の「家」と寄り添い、協力し合い、ときには衝突し合いながら、「村」という社会集団を形成する。日本の伝統社会は、こうした「家」と「村」を基本としていた。

市域では、中世の史料にいくつかの「村」を確認することができる。以下に例を挙げる。正中二(一三二五)年に登場する「黒鳥村」は(黒鳥・立石家文書)、康暦二(一三八〇)年には黒鳥村の内部集落である「上村」の名前が確認でき、慶長検地では、坊村・上村・下村の三つの村として把握される。松尾谷の春日神社の冬堂《ふゆどう》宗福寺に掛かっていた文永二(一二六五)年の鐘には、「春木庄冬堂村鐘」と刻まれていた。槇尾川左岸中流域の梨本池で灌漑される地域には永仁二(一二九四)年に「池田庄箕田村」が登場し(松尾寺文書)、天正年間には万町・浦田・鍛治屋の三ヶ村として記される(『俗邑録』・『池田編』)。天正一四(一五八六)年には、「松尾谷内若かし村」において検地が行われている(永運院文書)。天正一五(一五八七)年には「池田谷上村八村」として室堂村・松室村・井戸村・和田村・三林村・「市ハ」・上林村・「かちや」・さぬき田村・浦田村を確認することができ(和田・荒木家文書)、このうち「村」と記されない「かちや」が近世には「鍛治屋村」となる一方、村内集落としての位置づけとなる松室・井戸・上林・讃岐田も、「村」名をもって記されている。

村名（集落）	慶長	正保	元禄（分）	元禄	天保
助松村	すけ松	○	○	○	○
下條大津村	(下条分)	大津	○	○	○
宇多大津村	(宇多庄分)		○	○	○
大津出作	×		×	○	○
森村	森村	森	○	○	○
				○	○
千原村	千原村	○	○	○	○
二田村	ふ津田村	(○)	○	○	○
虫取村	むし取村	○	○	○	○
北曽根村	そね村	(○)	○	○	○
南曽根村			○	○	○
池浦村	×	○	○	○	○
宮村	×	(○)		○	○
	×			○	○
辻村	我孫子村	(○)	○	○	○
長井村	×	○	○	○	○
豊中村	×	○	○	○	○
穴田村	×	○	○	○	○
板原村	板原村	○	○	○	○
忠岡村	忠岡村	○	○	○	○
下馬瀬村	ませ村	両馬瀬	○	○	○
上馬瀬村			○	○	○
北出村	×	北中井	○	○	○
高月村	高つき村	○	○	○	○
綾井村	×	×	×	○	○
	はぶ村	綾井土生	土生	×	×
?	水原村	×	×	×	×
中村	中村	中村	○	○	○
尾井村	×	尾井	○	○	○
原作	×	×	原作	×	×
冨秋村	×	冨秋	○	○	○
舞村	まい村	○	○	○	○
上村	上村	○	○	○	○
	×	×	東村	×	×
太村	田井村	太	○	○	○
王子村	[信太]	王子	○	○	○
南王子村	かハた村	×	皮多	○	○
?	北ノ江	×		×	×
上代村	上代村	○	○	○	○
伯太村	はかた村	伯太	○	○	○
池上村	池上村	○	○	○	○
池上出作	×	×	×	○	○
池上出作	×	×	×	×	×
肥子村	ひこ村	肥子	○	○	○
肥子出作	×	×	×	○	○
府中村	府中村	○	○	○	○
府中上泉	×	×	×	○	○
軽部出作	×	×	×	○	○
井之口村	井江	井口	○	○	○
和気村	わけ村	和気	○	○	○
和気郷庄	×	×	×	○	○
小田村	大田村	小田村	○	○	○
黒鳥村	○	○	—	○	○
上	×	×	上村	×	×
辻	×	×	下村	×	×
坊	×	×	坊村	×	×
一條院村	○	○	○	○	○
桑原村	○	○	○	○	○
今在家村	△	○	○	○	○
坂本村	○	○	○	○	○
戒下	×	×	戒下	×	×
大木	おきて村	×	×	×	×
神田	かう田村	×	神田	×	×
坂本新田	—	—	新田村	坂本新田	○

村名（集落）	慶長	正保	元禄（分）	元禄	天保
今福村	今福村	○	○	○	○
寺門村	×	○	○	○	○
観音寺村	観音寺村	○	○	○	○
寺田村	寺田	○	○	○	○
箕形村	ミかた村	箕形	○	○	○
		×	下箕形	×	×
池田下村		下村	池田下	○	○
山深村	山ふけ村	×	×	○	○
久保村	窪村	×	×	×	×
泉財	×	×	×	×	×
中村	中村	×	×	×	×
願成	くわん所	×	×	×	×
伏屋新田	—	—	—	—	○
室堂村	むろど村	室堂	○	○	○
松室	松室村	×	×	×	×
和田村	和田村	○	○	○	○
井戸	いと村	×	×	×	×
三林村	三林村	○	○	○	○
川中	×	×	川中	×	×
上林	上村	×	×	×	×
万町村	万町村	○	○	○	○
浦田村	うらだ村	○	○	○	○
	×	×	枝村	×	×
鍛冶屋村	かち村	○	○	○	○
讃岐田	さぬき田村	×	×	×	×
納花村	のけ村	納花村	○	○	○
黒石村	黒石村	○	○	○	○
平井村	平井村	○	○	○	○
国分村	国分村	○	○	○	○
唐国村	×	○	○	○	○
内田村	内田村	○	○	○	○
松尾寺村	松尾寺	松尾寺村	○	○	○
春木村	はる木村	春木	○	○	○
久井村	ひさい村	久井村	○	○	○
若樫村	はかかし村	○	○	○	○
春木川村	春木川村	○	○	○	○
内畑村	×	○	○	○	○
沢峯	×	×	×	×	×
山口	×	×	×	×	×
西堂	×	×	×	×	×
大沢村	牛瀧寺	○	○	○	○
父鬼村	父鬼村	○	○	○	○
大野村	×	○	○	○	○
側川	×	×	側川	×	×
仏並村	仏阿弥陀	仏並村	○	○	○
大畑村	×	×	大畑	○	○
小川	×	×	小川	×	×
坪井村	仏阿弥陀	○	○	○	○
下宮村	下宮村	○	○	○	○
	×	×	出屋敷	×	×
岡村	×	○	○	○	○
小野田村	小野田	○	○	○	○
九鬼村	くき村×2	×	九鬼村	○	○
北田中村	北田村	北田中	○	○	○
	中村				
福瀬村	ふくせ村	○	○	○	○
善正村	せはた村	○	○	○	○
南面利村	×	○	○	○	○
上村	上村	×	×	×	×
との村	との村	×	×	×	×
とうわき村	とうわき村	×	×	×	×
栗村	栗村	×	×	×	×
てこい村	てこい村	×	×	×	×
白くさ村	白くさ村	×	×	×	×
下村	下村	×	×	×	×

表3　和泉国絵図にみえる村名一覧　典拠：慶長…東京大学総合図書館南葵文庫「和泉国絵図」、正保…国立国会図書館「和泉国絵図」、元禄(分)…美木多上村和田家文書「和泉国分間絵図」、元禄…国立公文書館蔵「和泉国絵図」、天保…国立公文書館蔵「和泉国絵図」。

中世以来、こうした「村」名が見られたが、実態は不詳であり、近世的な村と同様な存在かどうかは不明である。

慶長国絵図に描かれる「村」

一六世紀末から一七世紀にかけて、近世的な村が徐々に形成される。和泉を支配下に入れた豊臣政権は、文禄三（一五九四）年に検地を実施する（文禄検地）。また慶長一六（一六一一）年には、豊臣家蔵入地《くらいりち》代官を兼ねる片桐且元（市正）が検地を実施する（慶長検地）。これが、近世的な村の形成の出発点となった。

統一権力によって把握された「村」の姿について考える一つの材料として「国絵図」がある。慶長・正保・元禄・天保と、計四回にわたって全国的に作成が命じられている。現存する和泉国の国絵図に描かれている村名を比較すると、正保以降の国絵図は多少の差異があるもののほぼ同じである（表3）。それに対して、慶長国絵図（東京大学総合図書館南葵文庫）は後年の絵図とは描き方が大きく異なり、また明らかな誤りも散見される。たとえば横山谷に「仏阿弥陀」と記された村が二つあるが、これはおそらく「ぶつなみ村」の誤りであろう。このように、現存する慶長国絵図は正確さを欠くところもあり、この情報を鵜呑みにすることは避けるべきである。坂本村の「神田」や、鍛冶屋村の「さぬき田」、和田村の「いと（井戸）」、室堂村の「松室」など、のちの国絵図では描かれなくなり、また村請制村としては把握されないような集落も描いている。慶長の国絵図に描かれる「村」の基準は必ずしも統一的なものではなく、また後年に引き継がれないものも数多くあった。

以下では、正保以降の国絵図に表現された村むらの様相を見ていくことにしよう。

地域	村名	古検高	正保郷帳	新検高	天保郷帳
横山	南面利	144.9240	144.7920	128.3960	128.9340
	善正	126.4720	126.4720	135.8400	137.2500
	福瀬	297.5240	285.4100	307.4610	314.9020
	岡	94.8430	94.8430	92.8950	93.2210
	北田中	188.8120	188.3720	204.9060	206.0820
	下宮	167.6980	167.6980	193.3280	199.5790
	九鬼	184.4330	（小野田に含）	171.8540	187.7860
	小野田	341.3190	526.9300	339.1300	344.0090
	仏並	372.8300	368.6170	410.6330	413.6380
	坪井	221.8030	223.8030	230.3010	238.7370
	大野	189.9210	189.9210	202.2820	205.0360
	父鬼	138.5420	138.5420	132.8590	135.8950
松尾	若樫	343.8560	343.8560	323.5670	334.4350
	春木川	103.4720	103.4740	99.2300	99.6570
	久井	401.7200	399.0000	372.9950	401.7200
	春木	473.4960	473.4960	436.8880	473.4960
	松尾寺	302.3780	302.0000	315.4320	341.2330
	内田	533.8800	533.8800	529.3990	557.2070
	唐国	458.8160	458.6160	472.3650	494.4210
	寺田	263.0960	263.0960	261.8830	263.1163
	箕形	412.1600	412.0160	467.0950	470.4713
池田	国分	480.9210	480.9210	548.7580	565.1670
	平井	334.9540	331.9110	370.2183	381.3153
	黒石	250.4060	245.3760	339.2960	353.2170
	納花	162.6000	152.6000	156.5870	165.2130
	鍛冶屋	234.0990	208.7700	235.7750	244.3410
	浦田	360.5000	344.7300	411.4140	418.1130
	万町	592.1140	455.3480	601.7140	617.4370
	三林	293.3640	473.6600	290.6684	483.2491
		182.0830		169.2170	
	和田	279.5830	279.5830	269.9393	295.4553
	室堂	501.2140	501.2170	470.3697	540.1530
	池田下	1297.3040	1292.2570	1317.8376	1359.6125
	伏屋新田	—	—	—	66.2100

地域	村名	古検高	正保郷帳	新検高	天保郷帳
信太	冨秋	207.954	317.9580	194.8160	195.3500
	中	408.942	294.6220	409.1712	410.1952
	尾井	465.565	463.5000	500.1620	520.0140
	舞	30.112	（上村に含）	31.6750	31.8550
	上代	331.226	341.8180	331.9440	334.1170
	上	349.822	379.9380	330.1600	332.1180
	綾井出作	95.135	（太村に含）	93.3760	93.3760
	太	455.920	557.0350	424.2120	424.2120
	王子	275.972	275.9730	315.8020	323.7108
	南王子	146.280	146.2800	142.4700	143.1330
府中	伯太	503.111	503.1110	—	563.2774
	池上	330.352	324.9000	—	653.7830
	池上出作	114.470	114.4700	—	
	池上出作	184.961	184.9000	208.4610	
	黒鳥上	249.220	241.2330	306.1500	786.3970
	黒鳥坊	115.416	115.4100	—	
	黒鳥下	364.430	364.4300	—	
	府中	1185.440	1185.4400	1321.4916	1327.0586
	上泉出作	56.395	56.3950	52.5670	52.5670
	軽部出作	99.467	99.4670	94.8118	94.8118
	肥子	78.322	72.7200	—	72.7220
	肥子出作	68.161	68.1610	59.1330	59.5732
	井口	83.029	83.0290	70.4368	71.8231
	和気	249.360	249.3600	328.7300	348.6796
	郷庄出作	247.920	247.9200	240.5000	244.5000
	小田	621.120	621.9460	706.5969	715.1424
	坂本	462.8760	462.8160	—	494.4125
	坂本新田	—	—	—	47.0650
	今在家	308.4050	308.4050	—	314.9283
	観音寺	448.2690	445.3170	437.3520	438.0380
	寺門	117.6860	117.6860	111.0030	111.9700
	今福	126.2050	121.0250	129.6420	129.6420
	桑原	114.5020	114.0540	—	136.2260
	一条院	212.8930	198.9050	217.5060	231.0780

表4　村高の変遷　典拠：和泉市史紀要第27集179頁参照。

村高

検地は村を単位に行われることを基本とし（文禄検地では横山「谷」を単位とするなど例外もあった）、屋敷や耕地一筆ずつに石高が設定され、年貢を納めるべき「名請人」が検地帳面に登録された。田畑の石高は、想定される生産性の違いによって上・中・下などの位付けがなされ、その位に応じて設定された。屋敷は「上畑」相当の高が設定されることが多かった。田・畑・屋敷のすべてが石高で統一的に表記されることになった。

＊山には山年貢を、河や海には海上石などが設定される場合もあり、これを「小物《こもの》成《なり》」と称していた。なお市域では山年貢のみが確認できる（6山）。

それぞれの村について、こうした土地一筆ずつの高を合計したものが

「村高」である。村は、この村高に基づいて年貢納入に責任を負う主体となった（年貢の村請）。市域では、多くの地域で文禄検地・慶長検地・延宝検地が実施されている。ただし、文禄検地は全域で実施されたが、慶長検地は行われなかった地域もあった。また開発の進展にともなって、村内部の新開地の検地が行われることもあった。坂本新田や伏屋新田のように、新開発地が独立した新田村として検地が行われることもあった。

一七世紀後半に幕府領全体で検地が行われたが（延宝検地）、これ以降は、文禄・慶長検地のことを「古検」、延宝検地を「新検」と呼ぶようになる。延宝検地の段階で大名領だったところでは、「古検」・「新検」の区別はない。

表4は、市域の「古検高」「新検高」および正保・天保郷帳の村高を示したものである。約六〇ヶ村を数える市域の村高は、平均すると一ヶ村当たり三四〇石余であるが、各村は大小さまざまであった。最も大きいのは池田下村（一二〇〇石弱）である。続く府中村は一一八五石余である。ただし、上泉郷や軽部郷に広がる土地は府中上泉（五六石余）、軽部出作（九九石余）という別の「村請制村」として把握されており、それを合わせると一三四〇石余となる。この両村は、市域のなかでは飛び抜けて大きく、池上村の村高のほぼ二倍に相当する。池田下村と府中村はともに面積も大きく、村内に複数の小集落が存在していたが、それらを含めて一つの「村」としての地域的枠組みが存在していたのである（『池田編』・『テーマ編Ⅰ』）。全体を通じてみると、概して府中近辺や池田谷に大きな高を持つ村が多い。

もっとも村高が少ない舞村（三〇石余）は、泉郡と大鳥郡の境界にある集落で、暦を頒布する陰陽師《おんみょうじ》および舞太夫《まいだゆう》が存在した村として知られている。こうした村も、耕地・集落に石高が設定された村請制の村である。次いで少ないのは肥子村（七八石余）、井口村（八三石余）である。このうち肥子村については、府中村と同じように、村領が上條郷から軽部《かるべ》郷にまたがっており、軽部郷部分は「村請制村」肥子出作（六八石余）として別に把握されたため、実質的には合計一四〇石余が村高として想定できるが、それでも市域の村のなかでは平均よりも少ない。横山谷の多くの村は、村高が二〇〇石以下である。山間であるため耕地が十分に広がる条件がなく、村高の小さな村が多かったのであろう。それゆえ、おそらく山の恵みによって生活を支える度合いが他地域よりも大きかったと思われる。また平野部に近い場所であっても二〇〇石以下の村も多い。たとえば今福・寺門・桑原は、府中に近い平野部に位置するが、一〇〇石を超える程度である。これは近隣に多くの集落があるので、村の総面積が狭くならざるを得ないためである。幕府によって同じく村請制の「村」として把握されることになったが、それぞれの村の姿は、それまで歩んできた歴史と検地の方法によって多様であった。

屋敷地・集落

和泉の村の集落は「かいと」と呼ばれ、小字にその呼び名を残している。陸軍測量部が作成した明治の地図には、近世における集落の様子をうかがうことができる。ただし、二六〇年にも及ぶ近世の間に、集落のあり方に変化がないわけではない。たとえば池上村は、一七世紀初頭には「かいと村」と「大村」という二つの集落に分かれていたが、一八世紀にかけて集落の一体化が進むとともに、地縁的な六組（上・東・西・かいと・小寺・西）に再編されていく。黒鳥上村は中世から存在したと考えられる村であるが、検地によって村領が坂本郷と上泉郷で分断されたため、坂本郷部分だけが単独の集落（黒鳥郷庄）になっていく。このように、近世を通じて集落のありようが変容する場合もあったが、ひとまずここでは、元禄九年の「和泉国分間絵図」や明治の地形図も参考にしつつ、一七世紀末の様子を概観していくことにしよう。

南部（山間）の村むら

南北に長い市域のうち、中南部は槙尾川と松尾川によって刻まれた谷状地形に拘束されるようにして集落が点在している点が特徴である。とりわけ、父鬼・大野・側川・小川・春木川などの集落は、山間を縫うようにして流れる河川に沿って走る道の傍らに、わずかに広がる平らな土地に沿いながら崖状の地形を整地して敷地を確保し、家屋を並べ、集落を形成している。それゆえに、集落は線上に連なる形状を呈する。松尾谷は松尾川が作り出す谷状地形のなかに、川に沿うようにして南北に走る道沿いに集落が展開する。松尾川の支流東松尾川をさかのぼった先に一山寺院松尾寺とその門前たる松尾寺村が存在した。このように南部の村むらは、隣の集落までかなり離れている場合が多く、とりわけ側川や小川はさらに山の内部に入り込んだ小谷沿いに小集落を形成している。ただし、比較的開けた横山谷の中央付近では、仏並・坪井、福瀬・北田中・岡・小野田・下宮、南面利・善正などの集落が、川や山を挟みつつも面的に展開している。また若樫村は、河内国から横山谷を抜けて岸和田へいたる往還（道）筋に集落が形成されている。

池田谷は松尾谷・横山谷と比べて谷幅が広く、多くの集落が形成された。一つの村に複数の集落が含まれる場合もしばしばみられた。池田谷の最奥にある国分村は、横山谷から流れていく槙尾川と、和泉中央丘陵側から槙尾川へ流れ込む羽床川によって、起伏に富んだ地形をなしている。両川に挟まれた尾根上地形のうえに池田谷から横山へ向かう道が通っており、その道沿いに中心となる峠や殿原という集落が展開した。これとは別に、両川と東西の丘陵に挟ま

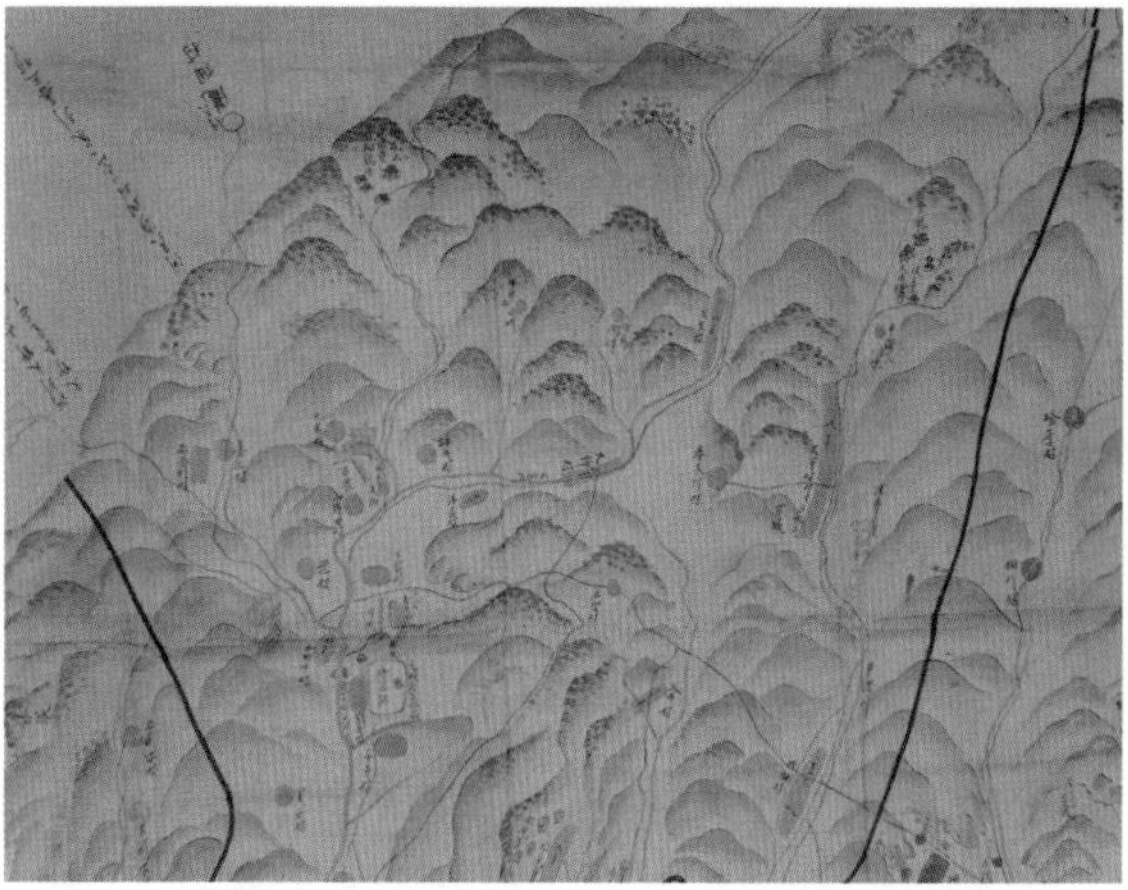
写真１　「和泉国分間絵図」（部分）　美木多地域歴史資料調査会。

れたふもとに栗林（東側）、蔵ノ上（西側）が所在した。村請制村である国分村の内部に小集落が複数含まれていたのである。同じように、三林村（上林・川中）、和田（井戸）、室堂（松室）、鍛冶屋（讃岐田）、浦田（山原・分郷）、池田下（中村・泉財・久保・願成・山深）、坂本（戒下・神田・大木）なども、槇尾川の両岸に広がる河岸段丘上に複数の集落が存在していた。池田谷の村むらの村高が大きいのは、近世以前から一体性をもつ複数の集落がそのまま一つの「村」として把握されたことも一因であろう。

北部（平野部）の村むら

一方、平野部に目を移すと、条里地割《じょうりちわり》の耕地が広がるなかに、多くの集落が散在している様子が見て取れる（図3）。

堺から和歌山へ向かう熊野街道は、小栗判官《おぐりはんがん》と照手姫《てるてひめ》の物語にちなんで小栗街道とも呼ばれている（3道参照）。この街道沿いに信太郷の上村・太村・尾井村・王子村や南王子村・伯太村が断続的に展開する。伯太村は一八世紀前半に譜代大名渡辺家が陣屋を構えることによって、陣屋元村として都市的要素を含む複合的な展開を遂げていく（第3部第2章および『信太編』参照）。小栗街道は、信太山丘陵から平野部へと移っていく緩やかな傾斜の境界域に通っており、見方を変えると、これらの村むらはこの境界域に立地していたと言える。

小栗街道をさらに南下すると府中村・井口村の集落に出る。府中村は、中央に五社惣社《ごしゃそうしゃ》神社が立地し、中世には、和泉国の役所である国衙《こくが》の所在地として政治的中心であったとともに、街道沿いに市《いち》が開かれ、都市的な発展を遂げていたものと考えられている。一九世紀に記された伝承では、中世の府中には七つの村があったとされ、そのうち五つ（東・南・市之辺《いちのべ》・馬場・小社《うぐす》）が一九世紀時点で町名として連続しているという。この五つの町は、祭礼において五つのダンジリを出す単位として存在しており、「町」として地縁的な共同組織を形作るようになる（府中・佐野家文書）。ただし、「行政」的な枠組みとしてはあくまでも「府中村」であった。神社の門前として、また街道沿いに都市的に展開し、内部に複数の「町」を含んでいた「府中村」も、一つの村請制の「村」だったのである。

平野部の村と集落の存在形態に強く影響を与えたものとして、条里地割とそれに基づく検地の問題がある。和泉の平野部における太閤検地は、条里地割に基づく方形区画からなる「郷」を前提に実施された。それによって、郷域を越えた村領は、その郷内の他村の庄屋が捌《さば》く「出作《しゅっさく》」村として位置づけられていった。「出作」村の特徴は、そこに住民がいない、すなわち集落のない「村」であるという点にあった。これらの「出作」村は一七世紀中ごろに、捌き庄屋の村に編入されるか、「出作」元村に属するかが確定していった。但し、その際にも「出作」分がそのまま年貢村請の単位として存続することが広く見られた。南王子村の成立にも、上泉郷に広がった（伯太村庄屋が捌く）王子村の「出作」が、その条件として重要な意味を持ったのである（『信太編』）。

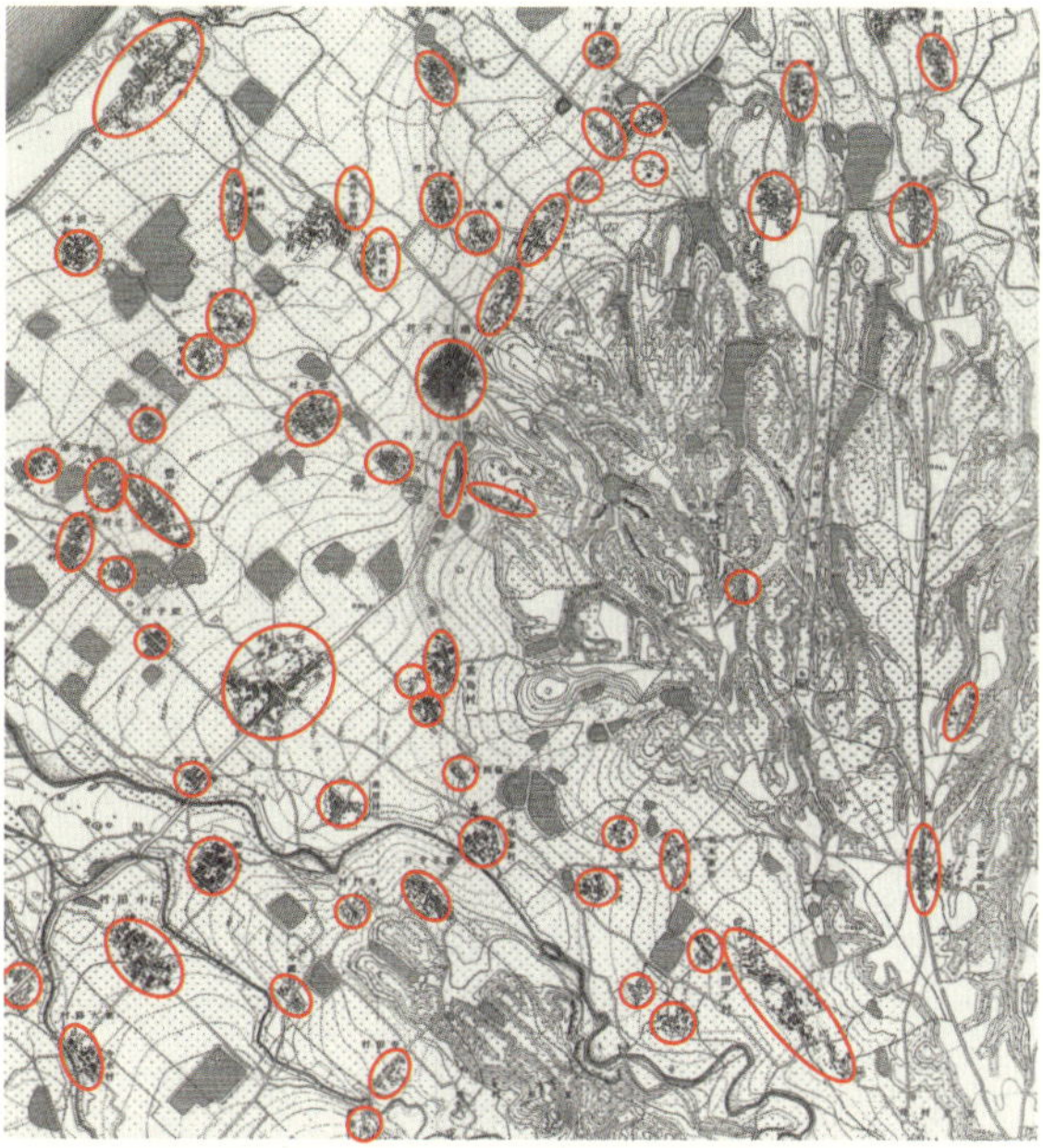

図３　平野部の集落　柏書房『明治前期　関西地誌図集成』を加工。

このように村の姿は、自然地形に影響を受け、また歴史的背景によって、多様な様相を呈していたのである。

家数・人口

ここまで、市域の村と集落について概観してきた。では、ここに暮らす人びとの家数・人口はどれくらいだったのだろうか。実は、この問題に答えることは、和泉の場合とても難しい。というのも、幕府領・旗本領・大名領などが錯綜する和泉では、同じ時期のすべての村むらの家数・人口がわかる史料はみつかっていない。元禄九（一六九六）年に堺奉行が廃止され、大坂町奉行所管轄となった際に、国絵図作成とともに村の明細帳の作成が指示された。その際、村むらから家数・人口などに関する報告が行われたが、残念ながらわずかな村の史料しか残っていない。さらに家数・人口は増減するが、その近世を通じた変化を捉えることのできる村方史料も存在していない。以下では、限られた史料から、家数・人口について垣間見ることにしよう。

市域の村むらは、村高に大きな違いがあるが、その大小は村の人口規模とも対応しており、家数・人口も村ごとに大きく異なっていた。

天保二（一八三一）年の一橋領知の村むらの状況を書き上げた「村々様子大概書」によって、一橋領知の村むらについては家数・人口を知ることができる。また、断片的ではあるが、村明細帳などの史料に基づいて家数・人口を表5にした。以下では、表5を参照しながら一橋領知の村むらを中心に見ていこう。

市域で最も大きな高を有し、都市化が進み、内部に五つの「町」を内包した府中村は、天保二年に二七二軒、一〇六一人、その一軒当たりの人数は三・九人である。寛政二（一七九〇）年は家数二一七軒、人数九三二人であるから、四一年間で五五軒、五八人の増加がみられたことになる。村高がほぼ同じ池田下村は、天保二年に家数二四一軒、人数一一一九人、一軒あたり四・六人である。池田下村の場合、元禄九（一六九六）年は家数二〇一軒、人数九五九人、享保四（一七一九）年は家数二一二軒、人口一一七七人であった。家数

村名	和暦	家・人口・牛馬など
岡	延享元	26軒131人（僧1）牛5
	文久元	23軒104人牛8
北田中	延享元	46軒223人（僧3）牛12
福瀬	文政9	45軒177人（僧3）＋非人番1牛22
九鬼	宝永3	38軒171人（出家・禰宜1・木挽1）馬3牛9
	明治2	35軒160人（出家4・禰宜1）牛20
若樫	寛政4	74軒322人（僧3）（＋非人番1）牛23
	文政7	75軒347人（＋神主1大工1非人番1）牛20
	慶応4	85軒422人（僧1）牛20
春木川	天保14	60軒260人牛19
久井	享保11	66軒346人（出家1、医師1）牛25
松尾寺	天保5、8	52軒門前240人、寺13軒出家12道心2
内田	明治2	95軒419人（＋出家3）牛60
箕形	延宝5か	59軒
	元禄9	49軒302人（僧1）
	元文2	58軒
	天保2	53軒224人（＋番非人1）牛25
寺田	元禄9	（土屋領）22軒125人（僧1）
		（稲垣領）5軒32人
	元文2	（土屋領）25軒
	天保2	（一橋領）34軒146人牛10
国分	宝永3	110軒564人牛28
	享保11	125軒638人
	明治2	116軒575人（出家1）牛47
平井	享保元	56軒294人牛13
黒石	明治6	47軒212人（僧1）
納花	明治6	54軒237人（僧1）
鍛冶屋	明治6	22軒94人
浦田	元禄9	114軒533人（僧1）
	元文2	106軒
	天保2	102軒367人（＋番非人6）牛31
万町	延宝5	82軒
	元禄9	78軒418人、僧1
	元文2	85軒
	天保2	83軒331人（＋煙亡9）牛25
三林	明治6	78軒347人（僧1）
和田	宝永3	51軒235人牛12
室堂	明治6	75軒343人（僧1）
池田下	元禄9	201軒（寺庵11）、959人（役大工3）牛60馬2
	享保4	212軒（非人番1）1177人（非人番5）牛69
	元文2	207軒
	宝暦4	207軒1108人牛70
	天保2	241軒1119人（番非人1）牛95
伏屋新田	元文2	29軒
	天保2	73軒302人牛18

村名	和暦	家・人口・牛馬など
冨秋	天保2	26軒107人牛5
中	天保2	30軒129人牛9
尾井	天保2	（一橋領）25軒137人牛7
舞	天保2	20軒75人（＋陰陽師・舞太夫）牛1
上代	天保2	60軒243人牛15
上	天保2	45軒208人（＋煙亡10）牛5
太	天保2	51軒250人（＋番非人3）牛13
王子	天保2	33軒167人牛9
南王子	天保2	305軒1710人牛15
伯太	明和4	551人
池上	明和4	62軒305人
黒鳥上	元禄9	40軒240人（僧1）
	天保2	36軒167人牛8
黒鳥坊	元禄9	26軒144人（僧4尼2）
黒鳥辻	元禄9	83軒482人（僧1尼1）
府中	寛政2	217軒（＋番非人1）932人（出家5医師3大工2神子1）
	天保2	272軒1061人牛59馬1
小田	天保2	96軒400人牛23
坂本	元禄9	62軒320人（僧3）
	元文2	76軒
	寛政2	79軒（＋番非人1軒）378人（＋出家2医師1番非人1）
	天保2	77軒346人（＋番非人4）牛21
坂本新田	貞享元	3軒（柄在家1）19人（柄在家4）牛1
	元文2	19軒
	延享4	19軒98人牛5
	寛政2	22軒89人牛6
	天保2	25軒117人牛6
今在家	元禄9	48軒268人（僧1）
	元文2	55軒
	延享4	52軒311人（＋僧1）牛13
	宝暦4	54軒300人牛14
	天保2	57軒245人（＋煙亡11番非人3）牛13
観音寺	元禄9	52軒338人（僧3）
	天保2	（一橋領）43軒176人（＋煙亡5）牛11
		稲垣家領不明
	天保3	（一橋領）41軒170人（＋煙亡5、番非人留守居1）
寺門	元禄9	21軒107人（僧2）
	元文2	21軒
	天保2	29軒142人牛10
今福	元禄9	15軒71人
	元文2	17軒
	天保2	20軒85人（＋煙亡21人）牛5
桑原	元文2	28軒
	天保2	31軒138人牛8

表5　村々様子大概書・村明細帳等による村高・家数・人口・牛馬　典拠：和泉市史紀要第27集191頁参照。

は緩やかに増加し、人口は享保期までは増加したが、以後、天保期までは停滞・減少している。

家数が最も少ない村は舞村二〇軒・七五人、今福村二〇軒・八五人である。舞村は市域で最も村高が小さい村として紹介したが、今福村の高も一二〇石程度で小さい村である。元禄九年に一五軒、七一人なので、一四〇年で五軒・一四人の微増でほぼ変化はない。しかし天保一〇（一八三九）年には再び軒数が一四軒まで減少している。

伯太藩領で山間の春木川村には、一八世紀後半以降の人別帳関係史料が残されている（春木川・山本家文書）。文化五（一八〇八）年二五三人から天保六（一八三五）年三〇四人へと、二七年間に五一人も増加する。家数も、文化一五年から天保七年までに一〇軒増加する。ところが天保九（一八三八）年には人口が二九人減少したのち、幕末まで減少を続け、慶応四（一八六八）年には二四八人になっている。天保期の減少は他村でも見られ、たとえば平野部の黒鳥下村（伯太藩領）では天保七（一八三六）年に二六七人だった人口が、天保九年には二二九人にまで落ち込んでいる。しかしながらその後持ち直し、幕末には二六一人まで回復している（黒鳥・浅井家文書）。これらは天保飢きんの影響かもしれない。

一般に近世中期以降、畿内農村の家数・人口数は停滞する傾向にあり、和泉の場合も同様の傾向が見られたが、人口が増加していく地域もあった。

伏屋新田（一橋領）は、一八世紀初頭に池田下村内の信太山丘陵部分を開発した新田村で、すべて畑として把握され、村高は少ない。しかし、のちに父鬼街道と呼ばれる道沿いに集落が展開し、旅籠屋《はたごや》が営業するなど町場化が見られ、一九世紀中ごろには家数は七三軒、人口三〇二人を数えている。対照的に、同じ新田村で畑作農業を基盤とする坂本新田の家数は二五軒前後で推移している。このように街道沿いにある村では、町場として発展し、家数・人口が大きく増加する可能性を孕《はら》んでいた。史料が残っていないために確証は得られないが、譜代大名渡辺家が陣屋を置いた伯太村では、陣屋周辺に渡辺家家中が屋敷を構え、その家族や奉公人が陣屋周辺に居住することによって人口が激増する。また、小栗街道沿いも陣屋の門前町屋として発展しており、伯太村の人口が一八世紀以降増大したことはほぼ確実である。

さらに家数・人口が激増したのが、南王子村である。天保二年の「村々様子大概書」では、家数三〇五軒、人口一七一〇人を数え、一軒当たり五・六人である。南王子村の家数は、一七世紀後半に六〇軒前後だったが、一八世紀中ごろまでに一〇〇軒を超え、一八世紀末には二〇〇軒と急速に家数が増加する。人口も同様に、人口は一八世紀初頭の正徳三年には四〇〇人を超えるくらいだったが、一八世紀末には九〇〇人を超え、一九世紀中ごろには二〇〇〇人に近づいている。村高一四三石程度の土地のなかに、家数・人口が密集し、「都市」的な様相を呈していたと言えよう（『信太編』）。

こうした家数・人口が増減する要因は、それぞれの村内規制や領主の政策、都市的展開の差異をはじめとするさまざまな複合的な条件が絡み合う問題であり、特定の理由だけに求めることはできない。村ごとに固有の理由があり、一つひとつ解き明かさなければならない問題である。

3　道

市域でもっとも著名な道は、大坂・堺方面と紀州方面を結ぶ小栗《おぐり》街道である。小栗街道は市域北部の平野を縦貫しており、それと並行するように海岸沿いにはしる紀州街道とともに、泉州の大動脈であった。この二本の街道から分岐するかたちで、市域南部の各地にいたる道が、松尾川と槙尾川の谷に沿って通っていた。

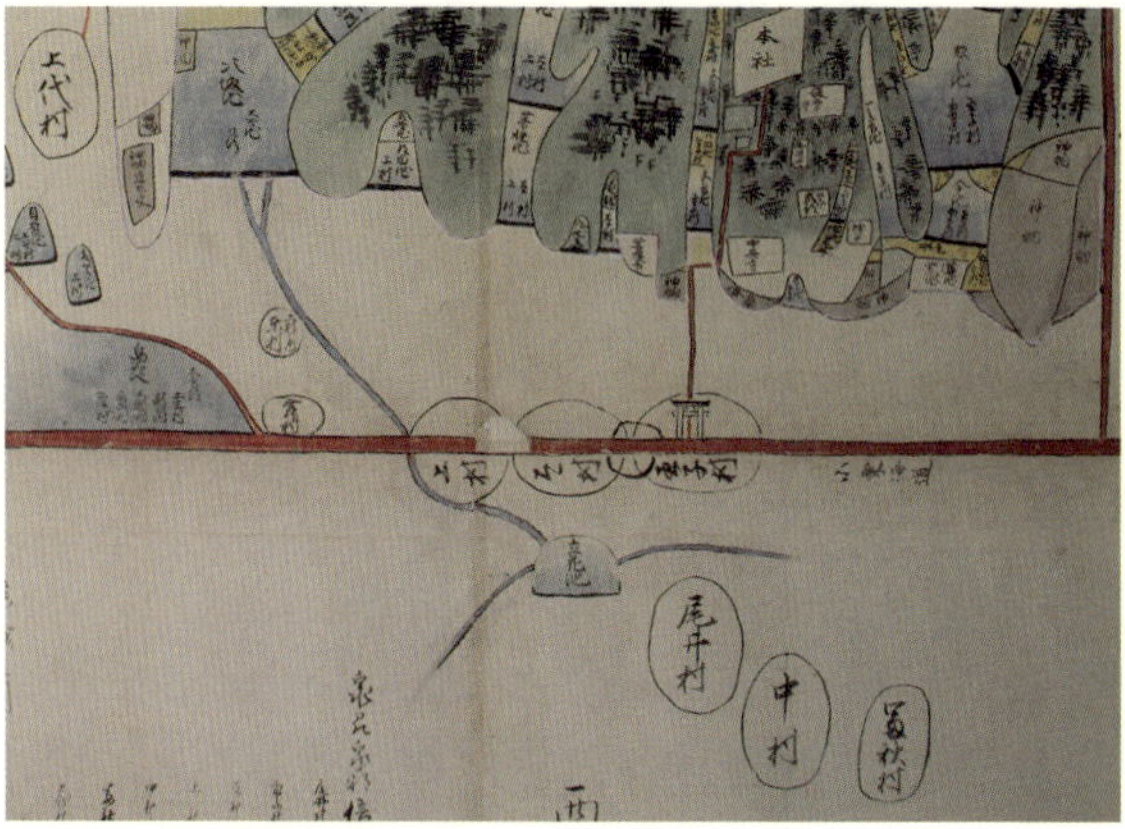

写真２　信太山絵図に描かれる小栗街道

小栗街道は、将軍代替わりに派遣される巡見使《じゅんけんし》や堺奉行の巡見使が通る道筋でもあった（コラムI）。この道は古代に設定された南海道《なんかいどう》を踏襲し、中世には紀州熊野三山《くまのさんざん》へ参詣する人びとが盛んに往来した熊野街道と重なる。瀕死の小栗判官《はんがん》が照手姫《てるてひめ》に引かれて熊野へ向かった説話が中世後期に説教節《せっきょうぶし》として流行し、それにちなんで小栗街道と呼ばれるようになった。厳密にいうと、熊野街道と小栗街道は起着点が異なるようであるが、市域では完全に一致する。大坂・堺より南下してきた道は舞村から市域に入り、上・太・尾井・王子の信太郷村むら、そして南王子・伯太・府中・井口村を通過したあと、小田村を最後に市域を出て岸和田・紀州方面へ向かう。途中にある信太明神《しのだみょうじん》（王子町聖神社）、葛葉稲荷神社《くずのはいなり》（葛の葉町）、蔭涼寺《いんりょうじ》（尾井町）、国府清水（泉井上神社）・和泉五社惣社（府中町）、伯太神社（伯太町）、妙泉寺（和気町）などは、『和泉名所図会』（寛政八〔一七九六〕年刊行、全四巻）にも掲載される名所旧跡で、小栗街道を往来する人びとも盛んに立ち寄ったであろう。

一方の紀州街道は、大坂・堺から大津・岸和田・貝塚・佐野を通り、やがて小栗街道に合流する。岸和田城下や貝塚の寺内町、佐野浦など、近世以降発展した泉南地域の町場《まちば》と大坂を結ぶ交易ルートとして重要視された。

次に、市域を横断する南北の道をみてみよう。まず、池田谷に沿ってはしる槙尾道である。府中の五社惣社鳥居で小栗街道と直角に交わる大津道・槙尾道がある。大津の港を起点とする大津道は、穴師《あなし》神社を経て府中に入り、五社惣社付近で小栗街道と交差する。府中を出て池田谷を通過し、横山・槙尾山へ至る道は槇尾道と呼ばれた。大津道・槇尾道は巡見使が使用する道筋であったが、補修の費用などは各村負担であった。これらの道の場合、正式な名称はなく、人びとの生活のなかではさまざまな通称が用いられた。概して居村を起点にして向かう方面を冠した名がつけられたようである。

　槇尾道の途中、池田谷最奥の国分峠をこえ横山谷に入ってすぐの下宮村は、諸方面に向かう道の起点となっていた。槇尾道は下宮村から南下して九鬼村あるいは仏並村を経て槇尾山施福寺へ到達するが、東へ向かうと、南面利村から河内国天野山《あまのさん》金剛寺（河内長野市）へ至る「天野道」や、南面利村から分岐する河内国滝畑（同）方向への道がある。また、西南へ向かうと、大野・父鬼村を経て鍋谷《なべたに》峠を越え紀伊国へ入り、さらに高野山をめざす「高野道」となる。

写真３　街道の接点となる府中（辻村家蔵府中村絵図部分）
小栗街道、牛滝街道、槇尾道、大津道が五社惣社の鳥居で交差する。

　市域西部の松尾谷では、松尾川に沿った「松尾道」が集落間を結んでいる。和気村を起点とし、寺田・箕形・唐国を経て内田に至る。内田で松尾寺に至る道に分岐しているが、本線は春木から松尾谷のさらに奥へ進み、若樫で横山から西進してきた道と交差し、春木川に至る。松尾谷各所から南郡の山直谷《やまだい》（岸和田市東部）に通じる道は「岸和田道」と呼ばれた。岸和田道は、岸和田城下と牛滝山大威徳寺とを結ぶ牛滝街道に通じていた。

　一方、市域東部の池田谷では、大鳥郡との交通が盛んであった。池田谷の村むらの絵図には「堺道」や「妙見道」が

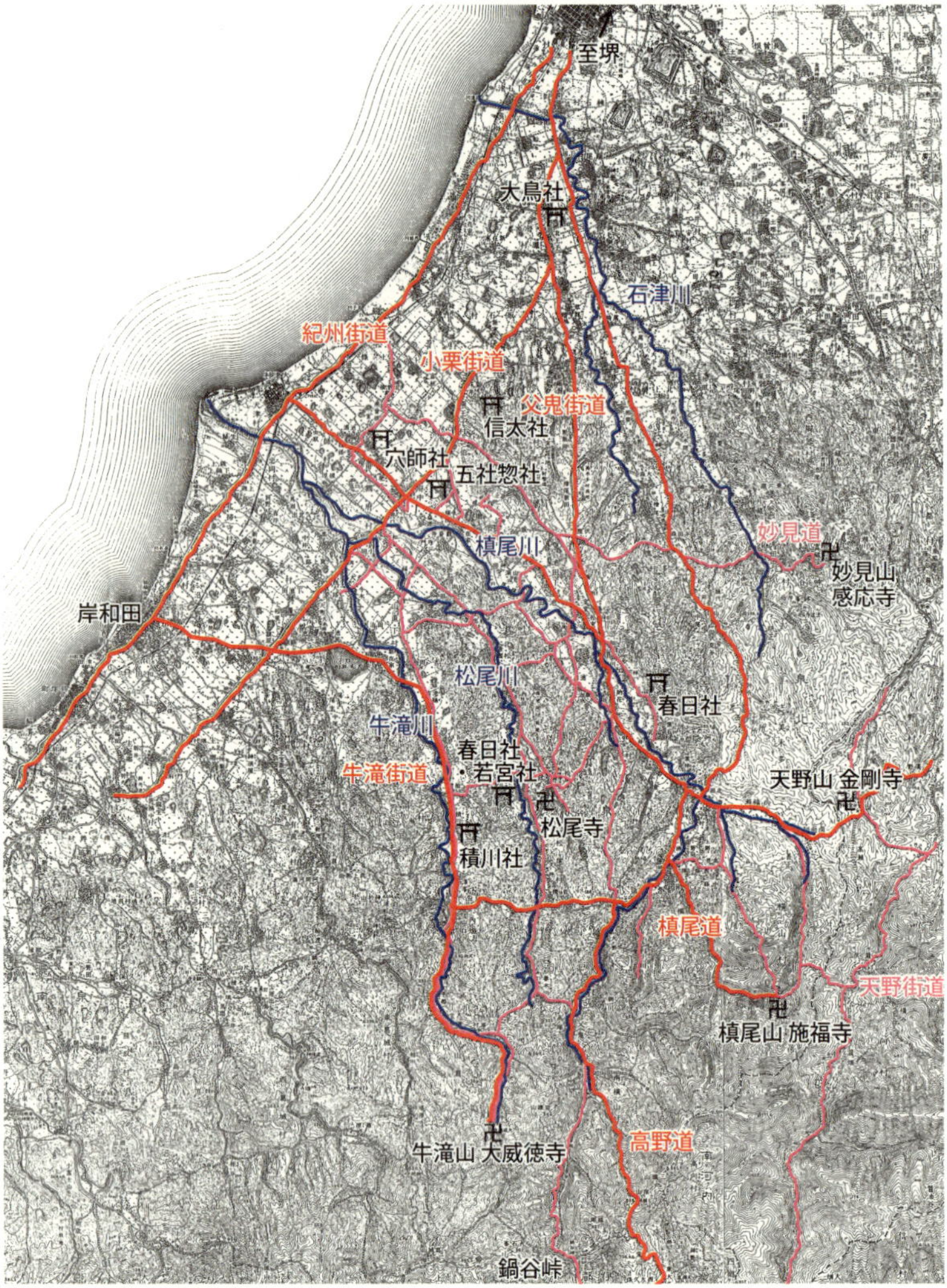

図４　市域の主要な道　明治41年測量図を加工。

みえる。堺道は、「横山道」と言われることもあり、明治以降は父鬼街道と名付けられた。小栗街道の途中、長承寺（堺市）で分岐し、鶴田池の東を通って信太山丘陵の東裾を抜け、伏屋新田村（伏屋町）で池田谷に入る。そして槙尾川の右岸をさかのぼり、やがて横山に達する。一方、妙見道は、大鳥郡上神谷《にわだに》の富蔵村（堺市）にあった日蓮宗妙見山感応寺《みょうけんさんかんのうじ》へ至る道である。手前の鉢峰《はちがみね》寺《じ》村真言宗長福寺（鉢峰寺町法道寺）とともに多くの参詣者を集めた寺院である。

さて、多くの道の目的地が寺社であることからもわかるように、寺社への参詣者や巡礼者が多数道を往来した。巡礼者のように遠方から来て宿を必要とする旅人を相手に、宿貸しを行う街道沿いの村もあった。たとえば、池田谷の伏屋新田村は、一八世紀初頭に開発された新しい村であるが、堺道沿いに位置し、伊勢、熊野、高野山、西国札所などへの巡礼者の求めに応じて宿を提供した。次第に実質的な宿屋経営となっていったようで、文政一〇（一八二七）年には、宿屋二軒の営業を堺奉行所へ願い出て公認された。村は紀州と大坂・堺間の荷継場となって、商人も宿泊するようになり、繁栄した（『池田編』）。

これまで市域の主な道をみてきたが、概観すると、大坂と紀州間の都市を直線でつなぐ小栗街道と、そこから分岐して池田谷、松尾谷、横山谷に沿ってそれぞれの集落間をつなぐ谷の道とに分けられる。これらの道は交易道であり、人びとの生活道でもあった。それとともに、寺社への参詣者や巡礼者を運ぶ旅の道でもあった。河川舟運のない市域において、外との人的・物的交流は道によって支えられたのである。

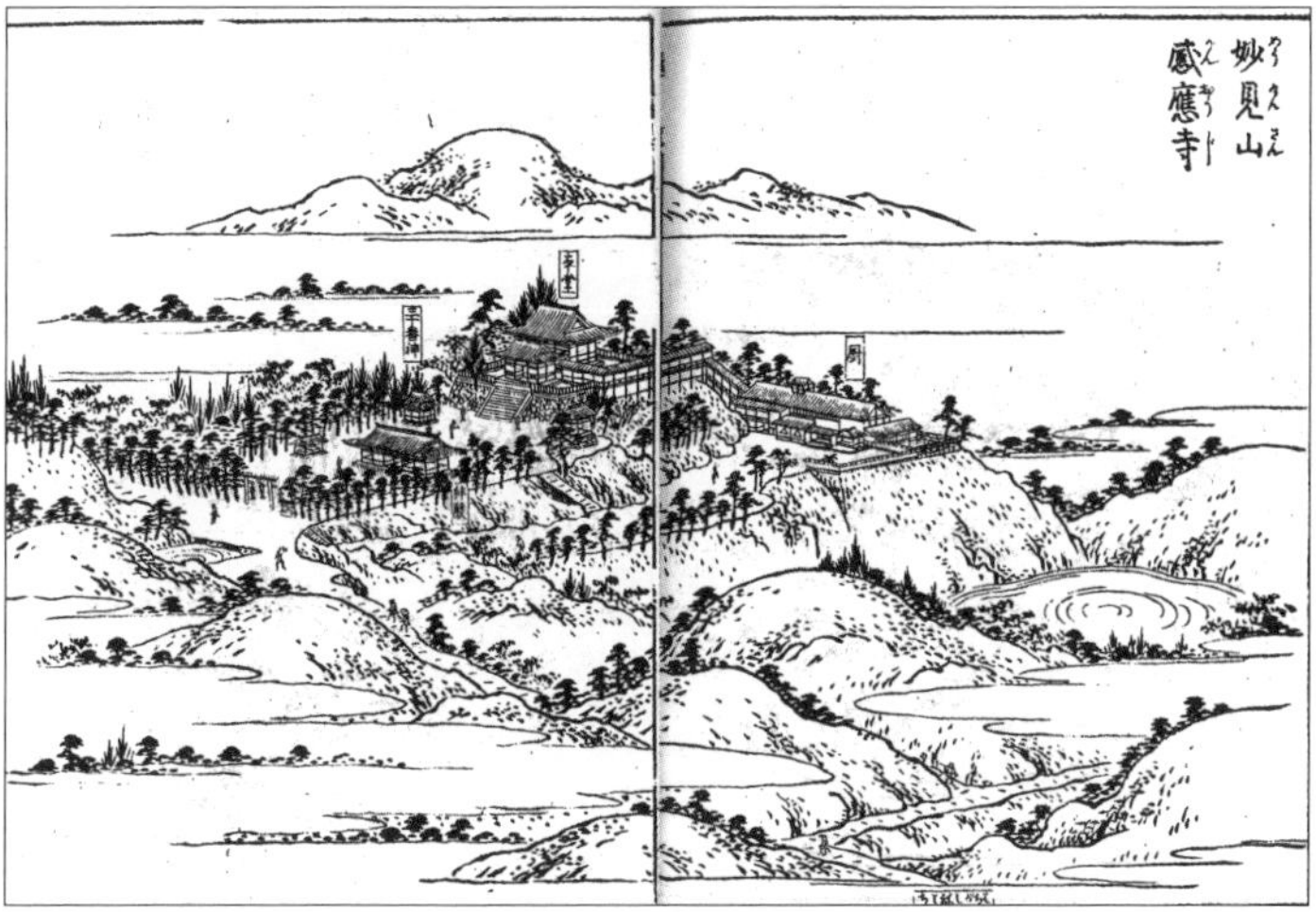

写真４　『和泉名所図会』に描かれた妙見山感応寺

４　耕地

田畑比率

南北に長く、山間から平野部まで起伏に富んだ地形を有する市域ではあるが、耕地利用に注目すると、その圧倒的大部分は「田地」であった。一七世紀末に行われた延宝検地帳をみると、どの村も「畑」よりも「田」

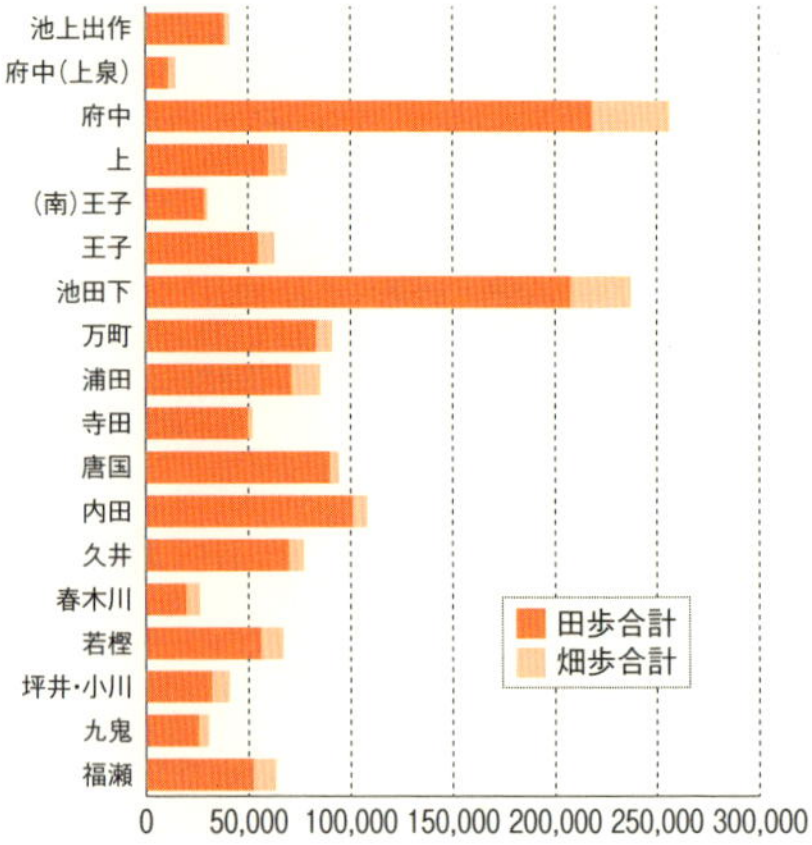

図５　延宝検地時の田畑内訳

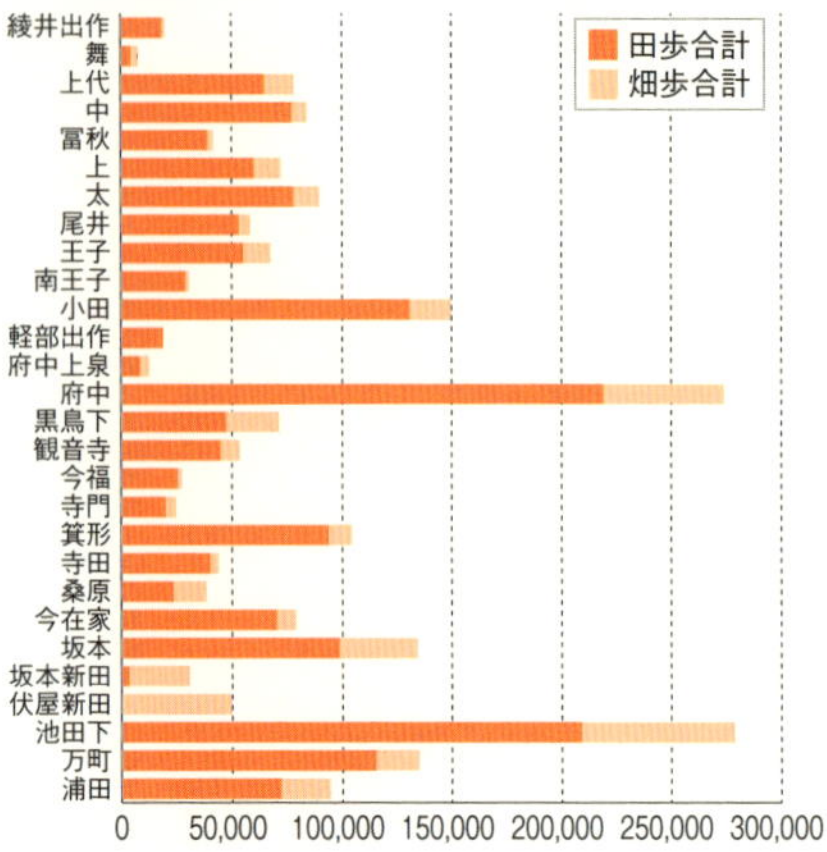

図６　天保期一橋領田畑内訳

が多く、しかも田地の割合が八〇パーセントを超える。山間に畑を切り開いた春木川村や坪井村・(仏並村)小川であっても、八〇パーセントをわずかに切る程度である。比較的平坦な土地があれば、用水を確保し、田地として利用していた。これは一九世紀に作成された一橋領「村々様子大概書」でも確認でき、ほとんどの村は約七〇パーセントが田地である。

ところで一九世紀になると、田地が耕地の七〇パーセントを下まわる村も散見されるようになる。その理由は丘陵部の開発の展開にある。一七世紀中ごろに開発された坂本新田、一八世紀初頭に開発された伏屋新田は、槙尾川右岸の中位段丘から上位段丘、および信太山丘陵の上部を切り拓いて開発された。水の確保や開発が容易な土地は早くから耕地へと開かれていったが、そうでない場所は耕地開発の手が及びにくく、たとえいったん切り拓かれた土地であっても、放棄され、荒地となる場合も多かった。坂本新田・伏屋新田が開発された地域周辺の丘陵部は、以前から坂本村や池田下村の百姓らをはじめ、周辺に住む人びとが蚕食《さんしょく》的に小規模に開発を進めていた。一方で、こうした空間の大規模な開発を、外部から出願する都市の町人も見られたが、村むらの反対にあい、実現しなかった。このような状況のなかで、この地域を領有する幕藩領主が、財政収入を増加させるため、都市商人や農村の有力百姓らを請負人にして新田開発を実施したのである。しかし、いずれも用水確保が困難な場所だったため、坂本新田は耕地の九〇パーセント、伏屋新田の場合はすべての耕地が畑地として開発された。ほかの村むらの耕地がほぼ水田であるのと比べると、この両村の畑地の多さは開発の特徴を表している。

一七世紀中ごろに成立した坂本新田では、その後も持続して村内の開発が進められ、畑地はさらに拡大していく。また、伏屋新田が成立して村領から切り離された後の池田下村でも、村内の開発がさらに展開する。一九世紀の耕地面積の約一割は新たに切り開かれた耕地であり、その多くが畑地であった。市域において、村内全耕地に占める新開畑が最も多いのが桑原村である。新開畑三町六反六畝は村内耕地面積の三割にも及び、かつすべて畑地であった。平野部にある桑原村において、大規模な畑地が開発された事情は、詳かではない。

このように、一八世紀以降における和泉の人びとの生活安定と向上を求めた大地への働きかけは、畑地の拡大として現れた。これは、土木技術の制約から田地化しうる土地がほぼ開発しつくされつつあった当時の状況を示唆している。これらの耕地は新開検地が行われ、村高に組み込まれていった。

耕地と耕作

検地帳や土地台帳などで「田地」「畑地」とされていても、実際の土地利用のあり方はそれとは異なる場合があった。たとえば、南王子村の寛政一一（一七九九）年の農作物の作付け状況を記した史料によれば、「田地」の一四パーセント、「畑地」の三パーセントは屋敷に変わっている（『奥田家文書』）。このような「田」「畑」として登録された土地に家屋敷を建てた場合でも、その土地は「田」「畑」としての年貢を納めることになっていた。

また、田や畑であっても、時期によって耕作の内容は多様で変化に富んでいる。和泉の田地では基本的に、

村名	田（面積）	両方毛作	率	村名	田（面積）	両方毛作	率
浦田	23.6.0.27	全両毛	100.0	府中	72.6.3.08	72.6.3.08	99.0
万町	37.6.6.06	34町	87.8	府中上泉	2.6.6.24	全両毛	100.0
池田下	69.3.1.03	61.8.3.00	88.6	軽部出作	6.0.3.04	全両毛	100.0
伏屋新田	—			小田	43.1.9.08	全両毛	100.0
坂本新田	0.9.8.25	0.8.2.04	83.1	南王子	9.3.8.08	全両毛	100.0
坂本	32.5.9.00	29.7.8.00	91.0	王子	18.1.6.10	15.7.4.05	85.5
今在家	23.1.5.12	全両毛	100.0	尾井	15.7.2.24	11町歩	56.3
桑原	7.5.2.20	全両毛	100.0	太	25.8.4.24	22町歩	85.1
寺田	13.1.9.10	全両毛	100.0	上	19.8.6.14	全両毛	100.0
箕形	31.0.9.08	28.0.7.00	90.3	冨秋	12.8.0.08	9.0.7.28	70.8
寺門	6.3.8.25	全両毛	100.0	中	25.6.0.19	18町歩	70.3
今福	8.2.0.24	全両毛	100.0	上代	21.0.7.19	18町歩	82.6
観音寺	14.7.7.15.5	14.3.6.00	97.2	舞	1.3.6.27	全両毛	100.0
黒鳥下	15.5.9.22	14町５反	93.0	綾井出作	5.9.4.29	2.3.7.29	40.0

表６　天保期一橋領村むらの二毛作状況　面積：町、反、畝、歩

春～秋と、秋～春に作付けをする「両作」（二毛作）が広く展開していた。天保期の一橋領「村々様子大概書」によれば、市域の二八ヶ村（含出作村）のうち二二ヶ村が全田地で「両作」を、残りの村むらの多くでも八割を超える田地で「両作」を行っている。もちろん、すべての耕地が「両作」だったわけではなく、たとえば水はけの悪い土地の場合は、冬場に耕作ができなかった。こうした土地は、「両作」に対して「片作」と呼ばれている。たとえば、尾井村は五六パーセント、綾井出作は四〇パーセントの「両作」にとどまっている。尾井村の場合は、信太山丘陵内の山ノ谷（原作）が村領に含まれており、そこに谷田耕地が多く存在することが一因と考えられる。綾井出作は、周辺の冨秋村や中村の「両作」が七割程度に留まっている点とあわせて考えると、このあたり一帯が水はけの悪い土地であったことに起因するのであろう。

「両作」のうち春～秋季には稲か木綿を、秋～春季には麦か菜種のいずれかを栽培する場合が多かった。春～秋季における稲作・綿作の比率は近世を通じて大きな変化が見られた。寛政一一（一七九九）年の南王子村では、「田」のうち屋敷地となっているのが一五パーセントで、残り六二パーセントに稲を、二三パーセントに木綿を植え付けていた。ところが天保中ごろから木綿作が激減して二〇

分類	産物
穀類	早稲（ぼうずわせ・のいねわせ・北国わせ・こわせ）
	中稲（毛いか・坊主いか・徳右衛門こぼせ）・晩稲（めつたこぼせ）
	餅稲（わせはりま・犬のはら・中稲・ばんと）
	粟（もちあわ・白あわ）・稗（くろひへ）・黍（なんはとうきび・たうきび）
	小麦（ほらず小麦・も小麦）・大麦（ほらず大麦・も大麦）
	麦安（やはづ・白やつこ・赤やつこ・粉川やつこ・ねじ）
	蕎麦（角そば・もちそば）
	大豆（夏大豆・八月大豆・秋大豆・はさ大豆・秋六寸大豆・ふくぞ大豆）
	黒大豆（夏くろ大豆・くらかけ大豆・秋黒大豆）
	青大豆（青大豆・青大豆こんりんざい）・赤大豆（だいなごん・小なごん）
	そら大豆・えんどう・ゐんげん大豆・なた大豆
	ささげ（赤ささげ・黒ささげ・白ささげ・十八ささげ・いかりささげ・小豆ささげ）
菜類	菜（三月菜・五月菜・からしな・かぶらな・水な・ちさな・三月まな・とうちさ・ひゆな・ほうれんさう）
	大根（上り大根・ほり大根・夏大根・春大根）
	牛蒡・山のいも・田いも・唐いも・け子・しそ・ねぶか・わけぎ・あさつき・せうか・みつば・ふき・なすび・めうが・あかざ
瓜類	かもうり・きうり

表7　享保20（1735）年内田村における農作物　「泉州泉郡内田村物産帳」『和泉史料叢書　本草編』（和泉文化研究会、1969年）より作成。

パーセントを割り込み、明治二（一八六九）年には、「田方稲作」が八二パーセントに激増し、「田方木綿作」はわずか四パーセントに減っている。池田谷の再奥に位置する国分村においても、文政八（一八二五）年には「田方木綿作」六町一反余、「田方稲作」一〇町余だったのが、慶応四（一八六八）年には、「田方木綿作」三町九反余、「田方稲作」一八町余となっており、木綿作が減少し、稲作が著増している（三浦家文書）。村によって状況は異なるが、全体としてみれば、一九世紀中頃から木綿作の面積は大きく減少していく傾向にある。

さらに、ひと口に稲作といっても、早稲・中稲・晩稲や餅稲などが並行して植えられていた。一軒の家（経営）でも、これらの稲種のうち、複数の品種を小分けにして植え付けている様子が見られる（池上・南清彦家文書）。多様な品種を栽培することで、農作業の時期をずらして、労働力の分散をはかるとともに、台風や日照りなどの天候不順や虫害による全滅を防ぐねらいがあったと考えられる。

畑地の耕作

畑では、木綿や野菜類をはじめとしたさまざまな農作物が栽培された。幕府は、享保期に丹羽正伯に「庶物類纂《しょぶつるいさん》」の増補を命じ、村むらの産物を調査している。このときの調査報告書である「泉州泉郡内田村物産帳」（『和泉史料叢書　本草編』〔表7〕）には、穀類では、稲・粟《あわ》・稗《ひえ》・麦類・蕎麦《そば》・大豆類が書き上げられ、また菜類や瓜類として菜や大根、牛蒡《ごぼう》などが書き上げられている。ここには、各作物の品種まで記されており、近世の百姓経営にはすでに農業の知識と技術が蓄積されていたことがわかる。

幕府は飢きんに備え、「下畑・下々畑」のような地質の芳しくないところでも良く育つ薩摩芋の作付けを奨励し、享保一八（一七三三）年に薩摩芋の作付け状況の調査を行い、種芋がないところに対しては給付する策を採った。平野部の南王子村ではこのときまで薩摩芋は植えていなかったようで、大坂天満（の青物市場）へ問い合わせて、植え付けの旬が春の彼岸ごろであるとの情報をもとに、種芋を天満で調達し、翌年春から植えることにした、と報告している。ただし、実験的に「中畑」一畝歩に限って植え付ける計画であった。また、あわせてこれまでの芋作付け状況についても回答しており、田畑の端に少しずつ植えても土地に合わなかったのか、収穫が十分に見合わなかったために植え付けを継続せず、また「夫食《ぶじき》」（食糧）にもしていない、と述べている（『奥田家文書』）。実際に、これより少し前に南王子村が代官へ提出した村の明細帳（正徳三［一七一三］年・『奥田家文書』）では、田地には稲か木綿を栽培し、畑地には「大豆・ささけ・菜・大根等」の作付けするとあり、これまでは薩摩芋は作っていなかった。またこの計画書提出後の宝暦三（一七五三）年の「明細帳」でも「雑作品々」として「蕎麦・大角豆《ささげ》・小豆」を上げ、「冬作」として、「菜・大こん（大根）」を作っていると述べているだけであり、薩摩芋は定着しなかったのである。

ほかの村の例をみてみよう。松尾谷の内田村では享保二〇（一七三五）年には「唐いも」（薩摩芋）を作付けしている。さらに、他の村の「明細帳」で芋類の生産を追いかけると、もっとも早い時期で、宝暦三（一七五三）年に池田下村で芋、坂本新田で芋・琉球芋を見出すことができる。坂本新田の琉球芋は寛政二（一七九〇）年の明細帳面では薩摩芋と記される。市域を見渡したとき、薩摩芋の栽培は一八世紀中ごろ以降に普及していくようである。

商品作物の展開

木綿や菜種といった商品作物栽培は、絞油業や木綿関連の産業（生産、加工、流通、運輸）の発展と連動していた。

享和元（一八〇一）年、一橋家は領知の村むらに対して、蝋燭《ろうそく》の原料となる櫨木《はぜのき》の作付け状況および植え付け可能な土地の調査を行っている。これに対し坂本新田は、土地は小石交じりの赤土のため地味が薄いので、木綿や雑穀を植え付けていること、また山原や川辺の土地も同様に小石が多く、芝根も深いため、小松の類のほかは栽培が難しいと答えている。嘉永六（一八五三）年、一橋領知で甘蔗《かんしゃ》（サトウキビ）栽培の実態調査が行われた際には、坂本新田では反別三反三畝余歩の土地に作付けしていることを報告している。その土地は、山際で日陰の新開畑や、諸木が生い茂っている谷間にある新開畑、あるいは屋敷地面のうちのため用水は雨水しかないような土地であり、「雑作」をするほかはないと説明している（東阪本・赤松家文書）。この史料のなかで、坂本新田では三〇年前から甘蔗を栽培してきたと述べているから、文政年間にはすでに栽培が行われていたことになる。実際に、文政一二（一八二九）年に泉州一橋領の五組惣代が一橋家川口役所へ提出した願書「甘蔗作一件」（池田下・高橋家文書）によれば、畑地や「水軽《みずかる》の悪田《あくでん》」で甘蔗を栽培していたことを、検見役人に見咎められている。本田では甘蔗栽培が禁じられているため、「端々、もの蔭、あるいは荒地」に、他の作物に差し支えないように植え付けるので、「木綿・造作《(雑)》」同様の扱いとするよう要望している。

文政期には夏場の作物として甘蔗の栽培が畑地や「悪田」で広まりつつあった。綿作の作付けの減少、稲作の増加とともに、新たな「商品」作物として甘蔗が注目され始めていた。

このほか、山間地では商品作物として果樹栽培などが行われるようになるが、これについては後述する（6山）。

5　水利

池と川―和泉における二大水源

瀬戸内気候に属する市域は、日本列島のなかでは降水量の乏しい地域である。そのためこの地域で生活を営んできた人びとは、古くから灌漑《かんがい》のためにさまざまな工夫を凝らしてきた。大鳥郡に出自を持つ行基《ぎょうき》が築いた鶴田池は、信太山丘陵に降った雨が流れる小谷の川を塞《せ》き止めて貯水し、平野部で行う農業へ水を供給する役割を果たした（『信太編』・『テーマ編Ⅰ』）。鎌倉時代に東大寺再建に尽力した重源《ちょうげん》が築造したという伝承をもつ谷山《たにやま》池は、実際の築造年代は不明であるが、その西隣に並ぶ一三世紀に築造された梨本《なしもと》池と同じく、和泉中央丘陵南部の谷を塞き止めて築造されたものである（『池田編』）。こうした構造をもつ池は、谷状地形に築造されることから「谷池」と呼ばれる。谷の両側に広がる山林に降った雨水や伏流水を集めるため、後背に広がる山の規模や植生によって貯水量が大きく左右される。とくに、木々の伐採や開発は、山の保水能力を低下させるだけでなく、表土が流入して池底に土砂が溜まり、池の貯水能力を低下させて

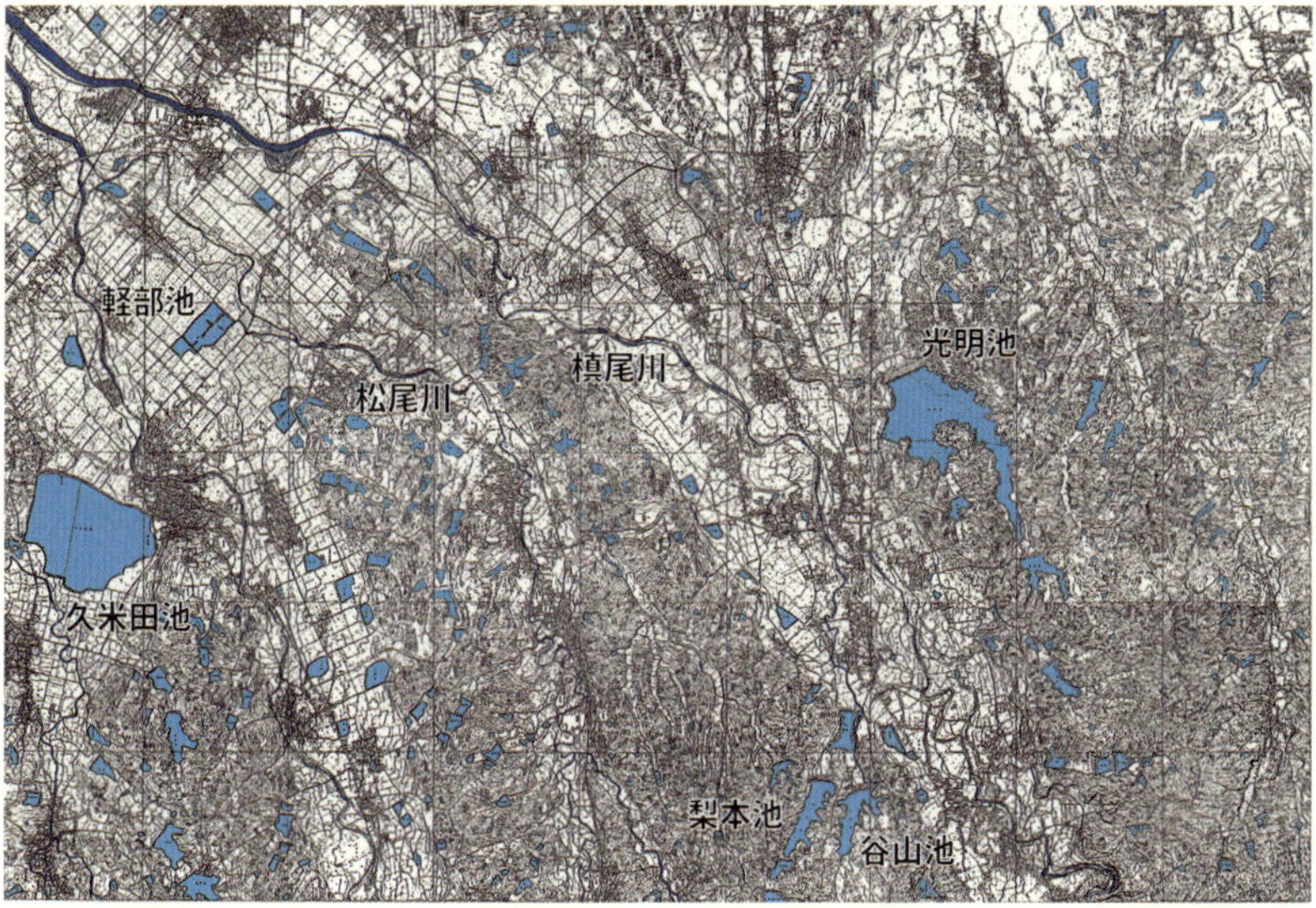

図7　溜池群と二つの川　1961年地形図を加工。明治以降の開発もあるが、凡その様子は窺える。

しまうため、土砂留めを築き、あるいは過度な開発を抑止するなどして、池周辺の環境を守るためにさまざまな努力が積み重ねられてきた。

これに対して、平らな土地に築かれた池は、その姿から「皿《さら》池《いけ》」と呼ばれる。「皿池」は周囲よりも低く、水はけの悪い土地に築造される場合が多いが、降雨・湧水以外に独自の水源を持たないので、「谷池」や河川から水路を引いて導水する必要がある。谷池から下流する水を必要な時期に必要な量利用するためには、耕地の近くに皿池のような貯水池が不可欠であったため、大小さまざまな池が造られた。和泉を鳥瞰《ちょうかん》すると、非常に多くの溜池を目にすることができる。

もう一つ、市域および北接する泉大津市域の水利において重要な役割を果したのが、南から北へ向けて流れる二つの川＝槙尾川と松尾川である。両河川沿いの低位段丘と和泉平野の多くの耕地は、川の上流の堰から取水し、等高線に沿ってなだらかな傾斜をつけた長い水路を設け灌漑していた。*和泉山脈から流れ出し、扇状に広がる横山谷や、松尾谷・池田谷の両側に広がる丘陵地帯の水を集めて流れる両河川は、牛滝川とともに、和泉地域の農業生産を支える源であった（『テーマ編I』・『池田編』）。

＊昭和初期に築造された光明池によって、中位段丘にも槙尾川の水が供給さ

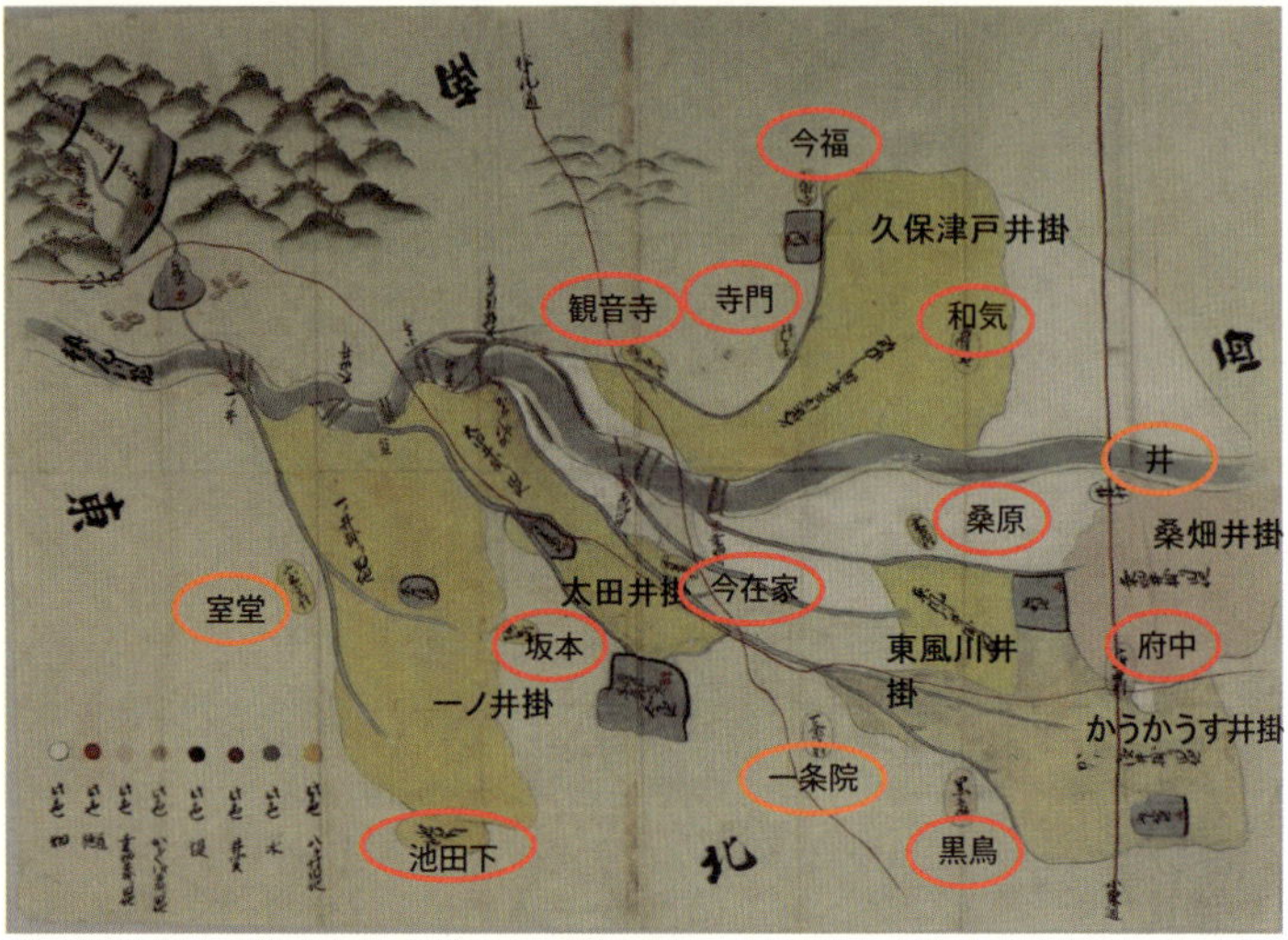

写真５　谷山池郷と灌漑域（前田家文書）

れようになった。

谷山池と槙尾川

以上に紹介した池と川は、相互に深く関わりあっていた。その様子を、谷山池と槙尾川について見よう。

和泉中央丘陵南部に三つ並んで築造された谷山池（上池・中池・下池）で蓄えられた水は、勝江川を下って槙尾川に落とされたのち、槙尾川に井堰を設ける六つの水利組織が利用していた。谷山池は、田植えや出穂の時期、あるいは日照りの時など、槙尾川の水では補いきれない時に活用する重要な池であった。

＊ただし、時代によってその姿は変化していったことにも注意しておく必要がある。たとえば、貯水量を増やすため、一七世紀初頭に谷山池のふもとに上林池《かんばやし》（面積一町余）が築造されたが、明治初期には埋め立てられている。また、谷山中池は一八世紀前期には流れ込む土砂によってその機能を果たさなくなっている。

この谷山池の水を利用する権利をもつ六つの水利組織は、槙尾川に設けた井堰の名称を用いており、上流から、一之井《いちのい》（池田下村）、太田井《おおたい》（坂本村・今在家村）、国府河頭井《こうこうずい》（黒鳥村・府中村）、久保津戸井《くぼつとい》（観音寺村・寺田村・今福村・寺門村・和気村）、東風川井《こちかわい》（桑原村）、桑畑井《くわばたい》（府中村）と続く（写真5）。各井堰から取水する用水を利用するこれらの村むらによって、水路と用水の維持・管理が行われたのである。

これに加えて、明治以降になると、神田《かんだ》水利（納花村・三林村）が加わるほか、谷山池の西隣にある梨本池への水路が設けられ、冬の間に水が供給されるようになった。こうして、梨本池水利（鍛治屋村・浦田村・万町村）も加えた八水利組合が直接的あるいは間接的に谷山池に関わることになる。

右の六つの水利組織を構成する村むら以外にも、谷山池―槇尾川の用水を利用することが見られた。一之井の取水口は城前《しろまえ》橋付近（三林村川中〜和田村付近）にあり、水路は室堂村を抜けて池田下村に至る。このため室堂村の低位段丘の耕地も一之井水利に属していた。このように、水利は土地の起伏と関わるため、組織は村の枠組みと必ずしも一致しない。

また用水路の地域にまで注目すると、その範囲はさらに広がる。伯太村・池上村は谷山池水利に属していないが、黒鳥村（国府河頭井）の余り水を藤心《ふじこころ》池などに貯えて利用することができた。肥子村は、府中村（桑畑井）の余り水を肥子池に貯えて灌漑していた。国府河頭井でさえ、本来の水路とは別に、太田井の余り水を今池（一六世紀末築造）に貯えて利用していた。このような、水利権を有しない水を利用する場合は、権利を持っている水利組合に対して一定の利用料（米銀や水入賃など）を支払う関係が形成されていく。当時の史料でこうした水のことを「買水《かいみず》」と呼び、また権利を持たないが、利用料を払って水を利用する耕地のことを「水出作《みずしゅっさく》」と呼んでいる。

その他の槇尾川水利

谷山池水利のほかにも、槇尾川の水を利用する村むらが多数存在した。槇尾川の上流にあたる横山谷では、たとえば荒井漆原水利（小野田・北田中）は、槇尾川からの取水と漆原池の水を組み合わせて利用していたし、八ヶ坪水利（北田中）は、東槇尾川（南面利川）から取水する水で灌漑していた。横山谷から池田谷に入った所で、槇尾川から取水する伏見水利（国分・黒石）は、槇尾川の右岸の耕地を灌漑していた。

先の六つの水利組織の周辺やその下流でも谷山池の水を利用しない形での槇尾川の水の利用が見られた。たとえば池田下村の左岸には、一之井堰と太田井堰に挟まれた位置に河原井が設けられていた。ここでは槇尾川から取水して和泉中央丘陵側の一部の土地を灌漑するとともに、水車が設けられ油絞りが行われていた。久保津戸井の少し上流には、観音寺村の一部を灌漑する「小井堰」が設けられ、少し下流には、和気村の一部を灌漑する「田辺井」が槇尾川から取水していた。柳田橋傍らから取水する水路は、三十五池へ貯えられ、板原村周辺の土地を灌漑していた。これらの水利は、谷山池の水が槇尾川に落とされる地点より下流で取水するのであるが、同じ槇尾川を流れてくる水を利用していても、谷山池の水を使う権利を持っておらず、谷山池の管理についても関与できなかったのである。

築造される池・拡大する池・不要となる池

池は、必要に応じて新たに築造されていく。しかし、その時期が明確に知れるものはそれほど多くない。一七世紀後半に各村で作成された延宝検地帳の末尾には、その村が利用する池が列記されており、それぞれの築造時期も記されているが、その多くが、「年代知れず」とされる。府中村の検地帳では、四ヶ所のうちの一ヶ所が年代不明であるが、谷山池は俊乗坊（重源）が取り立てたこと、上林池は慶長年中（一七世紀初頭）に、今池は文禄年中（一六世紀末）に築造したと記されている（府中・佐野家文書）。

築造年代を考える手がかりの一つに池の名称がある。今在家村領内には、二つの「今池」があった（第1部）。一つは、太田井の水を貯えて、今在家村の耕地を灌漑する池（今在家地番）、もう一つは、太田井の余水を貯え、一条院・黒鳥・府中村を灌漑する池（府中地番）であり、後者が府中村検地帳にみえる文禄年中築造の今池である。

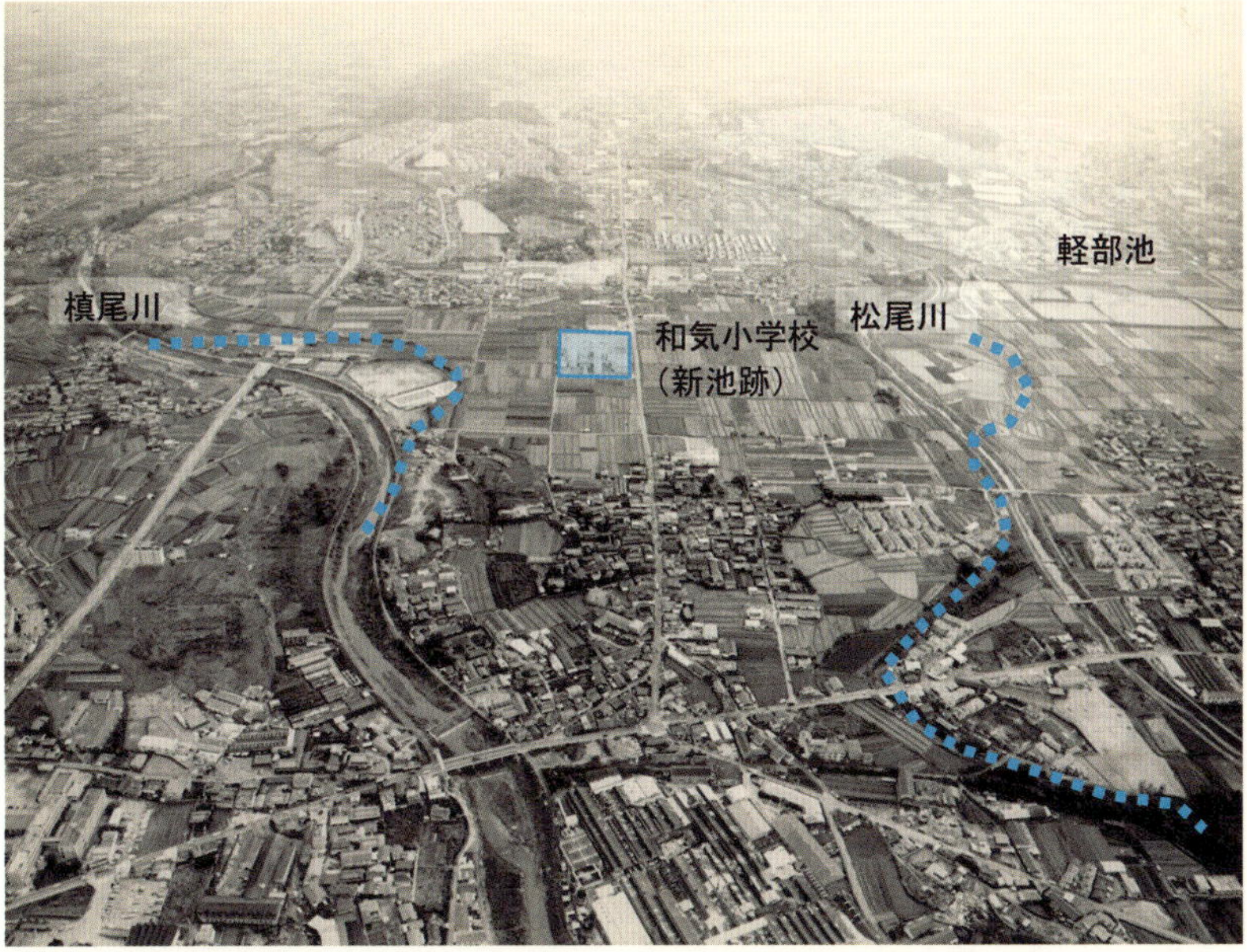

写真６　和気付近航空写真　和気村の新池は、現在和気小学校になっている。

池田下村の延宝検地帳には、慶長一九（一六一四）年築造と明記された小山池と、延宝検地の直前の寛文・延宝期に築かれた三つの池だけに築造年代が記されている。これらの池の名称には、いずれも「新池」という文字が見える（池田下・高橋家文書）。さらに池田下村では、元禄九（一六九六）年までの直前一五年間に三つの池が築造されているが、これもすべて小字（谷）の名前を冠した「新池」という名称が与えられている。また、和気小学校の敷地にあった「新池」は、文政七（一八二四）年に築かれた池で（和気・河合家文書）、久保津戸井の余り水を溜め、和気村の灌漑を補うために設けられた皿池である。

これらの事例が示すように「今池」や「新池」という名称は、池の名前を付ける際の人びとの、「今」「新」という認識に基づくものであり、築造年代がわからない池であっても、「今池」「新池」とあれば、江戸時代になって築造された池である可能性が高い。

既存の池に、より多くの水量を確保するためのさまざまな努力も行われた。たとえば、水を必要としない冬場などに池の水を干し、内部にたまった土砂を浚《さら》う補修が行われた。また、堤防部分を嵩《かさ》増しして貯水量を増大させることも見られた。その工事は大規模な土木工事であり、土台の拡幅もともなっていたから、埋設する樋の延長も一緒に行われ、その分、費用と労働力を必要とした。元禄・享保期に谷山池水利をめぐって争論が起こっているが、それは補修工事の必要性および負担割合をめぐって対立したもので、その解決過程のなかで新たな水利秩序が形成されていった。

機能を失って放置されたり、埋め立てて耕地にされる池もあった。谷山池（上・中・下）のうちの中池は、一八世紀前半には土砂が堆積し、以後復旧計画が何度か提案されるが、結局実現することはなく、大正期に耕地として開発されていく（『池田編』）。また、天保一三（一八四二）年の信太山境内絵図を見ると、大野池の谷にあった片田池はすべて田地や畑地として着色されている。この絵図には、池の上手部分を耕地として描いている様子を多くみつけることができる（『信太編』）。池床の一部が耕地として再開発されることもあったのである。

御普請と自普請

池水や川水を用水として利用するためには、堤防や樋、堰、井路などを維持・管理しなければならない。そのためには、土砂・石や木材などの必要資材（そのための費用）や労働力・技術が必要である。水利組織は、こうした出費・労力を分担する組織であり、またその負担を務めることで水利権を有することができた。その負担と権利は「役田《やくでん》」の面積で表現される（ただし、「役田」は実際の灌漑面積とは必ずしも一致しない）。たとえば谷山池の「役田」は全部で一〇八町あり、井掛ごとに役田が分けられ、一之井一八町、太田井一〇町、久保津戸井二六町、国府河頭井三〇町、東風川井六町、桑畑井一八町であった。さらに、それぞれの井掛のなかでも村単位に役田は分かれており、たとえば一之井掛のうち室堂村は、池田下村の一〇分の一に当たる一町八反であり、残り一六町二反が池田下村の役田であった（『池田編』）。井掛ごとの役田配分は、それぞれの井掛内部で独自に決められた慣習があり、基本的に他の井掛が関与することはなかった。この役田の数値は変化することもあり、谷山池内部での役田配分は、元禄期と享保期に起こった争論を通じて変更が加えられている。とはいえ、対立や問題が生じなければ既定のものとして固定していた。

こうした水利施設の維持・管理に対して、幕藩領主が費用を負担する場合、「御普請《ごふしん》」と呼び、村むらが自らの費用で行う場合、「自普請《じふしん》」といった。「御普請所」の場合、百姓らは修復が必要な箇所について、「御普請所目録」や「樋帳」に基づいて幕府・領主へ普請を願い出て、領主役人の検分および許可を受けたうえで普請に取り掛かった。谷山池の堤や樋をはじめとする水利施設のほとんどは「御普請所」として登録され、修復や維持管理の費用や普請人夫の賃銀・飯米は、幕藩領主が負担した。複数の村による立会池・用水に対して幕藩領主が負担する費用をどのように配分するかについても、「役田」の割合が用いられた。地域で培われた「役田」の秩序を前提として、幕藩権力による水利・勧農政策があった。ただし、実際には村や水利組織が希望する米銀の全額が給付されることは少なく、一定度は村や水利組織側が負担する場合が多かった。

井戸

今一つ重要な水源として湧水および井戸がある。河川が運ぶ土砂によって覆われた和泉平野部では、伏流水が表土に現れやすい場所があちこちに存在し、池水・川水による灌漑を補っていた。たとえば、和泉清水は、府中村の人びとにとっては飲料水や祭祀にかかわる湧水であったが、その下流域に位置する村むらにとっては農業を営むための重要な水源であった。こうした湧水は、水量が過分な場所では「悪水」が

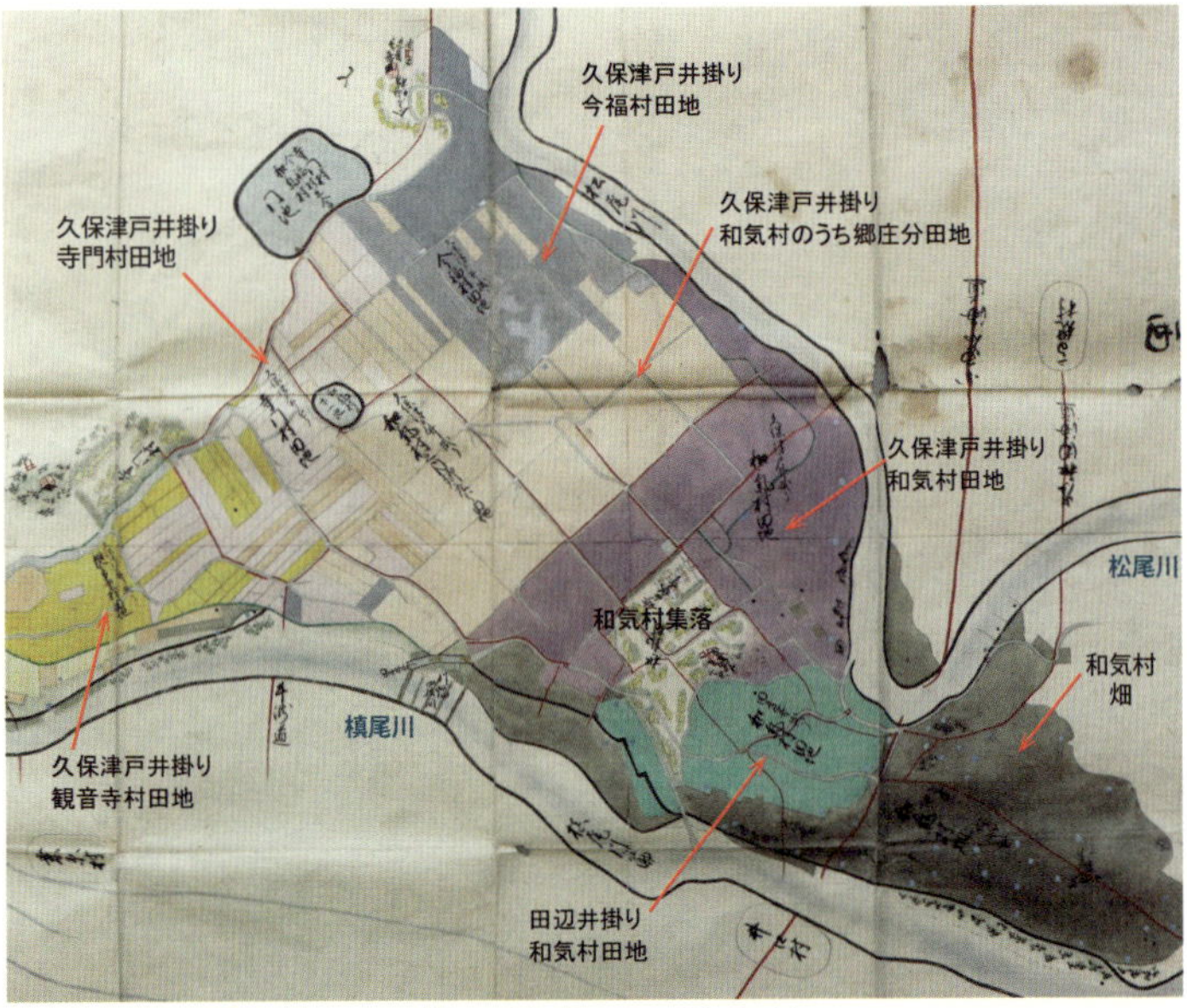

写真７　久保津戸井掛周辺絵図（部分・田所家文書）

出る「フケタ」として排水に苦心することになる。あわせて田畑のそばに掘った井戸も重要な役割を果たしていた。検地帳に書き上げられた「水掻池《みずかきいけ》」は、数間四方の小規模なものが多く、池というよりも井戸に近いものであろう。たとえば府中村の検地帳には、「説教渕」「八ノ坪」「犬子」などの小字が記された「水掻池」四九ヶ所が書き上げられている。跳《は》ね釣瓶《つるべ》を利用した揚水施設が田畑のなかに設けられていたと考えられる。

　平野部の池上村では、享保八（一七二三）年に起こった旱魃《かんばつ》の翌年に、複数の井戸が掘られている。ちょうどこの時期、谷山池の普請をめぐり、谷山池水利に属する国府河頭井と久保津戸井が争っていた。池上村は谷山池水利組織には入っていないが、国府河頭井の余り水が池上村の今池・菱池へ入れられており、国府河頭井の動向によっては、水の確保が困難になりかねなかった。そこで、独自に水の供給を確保するために、井戸を共同で設けることにしたのである。その後、延享四（一七四七）年には池上村のなかで「馬賀井・十野井・河内井」三ヶ所の井戸仲間掟を取り結び、水の利用と井戸の維持管理について「仲間」で申し合わせている。これにより、井戸の水の利用は、一日一夜ずつ順番に井戸水を使うことのできる権利がある田地の所有者だけに限定されることになった。その田畑を購入する際には、井戸仲間に対して披露目料《ひろめ》を支払って仲間に加入しなければならなかった（池上・南清彦家文書）。

このような仲間を作って管理するような大規模な井戸ではなくとも、田畑の側に数多くの井戸が掘られた。井戸の様子が詳細にわかる珍しい絵図がある（写真7）。槙尾川・松尾川に挟まれた土地空間の水利を色分けで示しており、槙尾川に堰を設ける①久保津戸井掛（観音寺・和気村・和気村郷庄・寺門・今福）、②槙尾川から取水する田辺井掛と、川から用水を引かない③和気村畑、④観音寺～寺門にかけての川沿いの低位段丘部分を描き分けている。そのなかで、とくに槙尾川の水を利用できない③④や、井掛の地末に、一〇〇個近くの「井戸」や「渕《ふち》・汲上《くみあげ》」を描いている。久保津戸井の用水を利用できない土地や、利用できてもそれでは不十分な土地は、こうした井戸が掘られ、そこから水を汲み上げることによって、耕作を維持していた。

6　山

紀伊国境から大阪湾ほどちかくまで縦長に広がる市域では、南に和泉山脈が広がり、そこから連続して和泉中央丘陵・信太山丘陵などの丘陵が舌状に北伸している。和泉山脈の一部である槙尾山や中央丘陵の南西麓に位置する松尾の山は、人里はなれた山林修行の場とされ、また信太山丘陵は、「枕草子」に「森は信太の森」とあるように、古代から緑深く自然豊かな土地としてその名を知られ、その神秘性のゆえか、さまざまな伝承が生まれた。

山は人びとから信仰の対象とされてきたが、一方で食料・建材・燃料・肥料・水など、人びとが生活を営むための多様な恵みを供給する場所でもあった。市域の自然豊かな環境が維持され続けたのも、ここで

村名	字名	特徴・規模	請負・用益村名	山年貢	／村全体
槇尾山		雑木柴山（高山場広山）	槇尾山寺僧中		41.500石
小川		中松柴山（高山場広山）	仏並之内小川	4.410石	7.610石
坪井	—	上中松木柴山（高山場廣山）			9.000石
九鬼	—	小松芝山（高山場廣山10×８町）	九鬼・小野田立会	2.080石	2.600石
	槇尾谷東原	柴山（高山）	小野田・九鬼・仏並・大畑立会	0.520石	
岡	岡のおく山	小松芝山（場廣山）	岡・下宮・北田中立会	0.783石	0.900石
	しんじゃく山	芝山（８町28間×平均１町５間）	岡・下宮・北田中立会	0.117石	
福瀬	ふとお山	小松芝山（15町×３町）	福瀬	1.500石	2.650石
	切坂山	小松芝山（１町×３町）	福瀬	1.100石	
	ゑぎと谷	芝野（１町×20間）　牛馬飼場	北田中・福瀬立会	0.050石	
春木川	—	中松柴山（高山場廣山）		3.457石	3.743石
	—	芝山（場廣山）	春木川・久井・若樫・唐国・内田立会	0.286石	
若樫	東山	芝山（13町×３町30間）	立会なし	1.190石	3.415石
		芝山（14町30間×５町）	内、４×１町　若樫・久井・春木立会	1.196石	
	—	芝山（場廣山）	若樫・久井・春木川・内畑・唐国	0.329石	
久井	東山	芝山（９町×１町）	久井	0.638石	2.264石
	西山	芝山（18町×５町）	内、５町×４町30間、久井・春木立会	1.690石	
	—	芝山（場廣山）	久井・内田・唐国・若樫・春木（川）		
松尾寺		中松木芝山（場廣山）			除地
内田	なこ山	芝山（場廣山）	内田・唐国	1.662石	1.890石
	—	芝山	内田・唐国・久井・若樫・春木川立会	0.228石	
唐国	なご山	芝山（場廣山）	唐国・内田	1.187石	1.400石
	—	芝山（場廣山）	内田・唐国・久井・若樫・春木川立会	0.163石	
	牛神山	小松芝山（長１町10間×横平均50間）	唐国	0.050石	
寺田	ひばり山	芝山（２町30間×40間）	寺田		0.050石
国分	宮里山	芝山（52町50間×２町30間） 牛馬草刈場・百姓薪刈場	国分・平井・黒石立会		3.500石
万町	桑畑山	12町×８町　小松・下草	万町・浦田・鍛冶屋	1.241石	
浦田	桑畑山	小松芝山	万町・浦田・鍛冶屋	1.200石	
和田	村之東	小松山（208町８反歩）	和田・三林・室堂		2.070石
池田下	村之東	松山（15町12間×６町40間）　121町６反歩			10石→２石
	村西	松山（14町47間×４町30間）　58町２反３畝歩			

表８　延宝検地段階における山年貢　延宝期の山年貢が判明するもののみ記す。各村の山年貢は表9を参照。

生きる人びとが崇敬の対象とし、また生活を営むために必要不可欠なものとしてたゆまず管理を怠らなかった結果である。ここでは人びとの身近で、その生活と密接に関わった山について概観しておこう。

幕府・領主による山の把握

まず、山が領主によってどのように把握されたのかをみよう。検地において、耕地や屋敷地が土地一筆ごとに計測され、年貢を賦課されたのに対し、山は広域の空間として一括して把握され、小物成である山年貢を課された。そのため、村と村の間で山の境界があいまいなままとなり、一七世紀中ごろ（寛文期ごろ）には、各所で山の境界をめぐる紛争が起こっている。一七世紀後半に実施された延宝検地によって村と村の山の境界も画定されていくが、その場合も村同士の境界であって、幕府・領主側が村内の山の境目を区分することはなかったと見られる（コラムⅡ参照）。

表8は、現存する延宝検地帳やその内容を写した史料などに基づいて作成した山年貢の記載の一覧である。延宝検地では、山の様子について、①山の形状に基づく把握（「高山」「場廣山」）と、②山の用益に対応する把握（「芝山」「柴山」「小松」「中松」「松山」「芝野」）、および③たて（長さ）×よこ（幅）のおよその把握が行われている場合もあった。①山の形状に関して地形図と比べてみると、「場廣山」という表現は、なだらかに山が連なる地形を示していると見られ、「高山」は、より高い山を表現していると考えられ、「高山場廣山」はそれが連なっている様子を表現していると思われる。それぞれの山は、山の名前が記される場合もあるが、久井村や池田下村の場合のように、集落から見た方角で山を示しているだけの場合も多い。また、②の「芝山」は秣《まぐさ》や下草《したくさ》採取のための山、「柴山」は薪《たきぎ》などを採取するための山、とみなせる。しかし実際の山の用益はこれに留まらず、多様であった。

立会山と村山

延宝検地帳に記載された山は、①一ヶ村で管理する村（中）山と、②数ヶ村で管理する立会山の二種類に分けられる。このうち②立会山は、隣り合う村むらが共同して維持・管理・利用する山として幕府に認定されたものである。こうした村むらの関係は、自然地形に拠りながら、前代以来の山をめぐる社会関係を前提とする場合が多いと考えられ、松尾谷における五ヶ村（春木川・若樫・久井・内田・唐国）立会いの芝山、内田・唐国二ヶ村立会いの名古山（『松尾編』）、池田谷左岸における三ヶ村（万町・浦田・鍛冶屋）立会いの桑畑山、池田谷右岸における三ヶ村（三林・和田・室堂）の立会山、宮里三ヶ村（国分・平井・黒石）の立会山（『池田編』）などがこれにあたる。しかし、立会山の実態は複雑である。たとえば、宮里三ヶ村の立会山は、国分村の検地帳に「宮里山」として一括して記されているが、実際には平井・国分村領の複数箇所に点在する山の総体を表現しており、「宮里山」という山があるわけではないのである。

山年貢とその納入方法

検地による山の把握は、個別の村や村むらの立会いとして一括して行われたが、小物成である山年貢もそれらに対して一括して何石というように賦課された。ここでは延宝検地の結果が反映される元禄三（一六九〇）年以降の様子をみることにしよう。

表9は市域とその周辺で確認できる山年貢の一覧である。泉郡では槇尾山施福寺に対する山年貢がとりわけて多い。槇尾山の本堂などの中心伽藍や子院の領域は朱印地とされたが、周囲の広大な山が、除地《じょち》ではなく、すべて山年貢地とされたことによる（第4部第2章）。それに続いて多い村は、一〇石を超える父鬼村・大野村や池田下村である。泉郡の最南端に位置する父鬼村・大野村は、槇尾山に隣接する山深い地にある村であり、村高はそれぞれ一三八石余、一八九石余と少ない。非常に広い村領はほぼ山地であり、槇尾川の上流・支流にあたる父鬼川や側川によって造られる渓谷に沿って集落が点在する。池田下村は、村領が東は信太山丘陵から、西は和泉中央丘陵におよぶ大きな村であり、村の両側に信太山丘陵と和泉中央丘陵を抱えていたために山年貢が多い。ただし、一八世紀初頭（宝永七［一七一〇］年）に信太山丘陵の上野原と呼ばれる高台で伏屋新田が開発されたことにより、山年貢は二石ほどに減らされた。

府中村のような山を持たない平野部の村むらでは、燃料である薪や肥料として用いる下草を、もっぱら

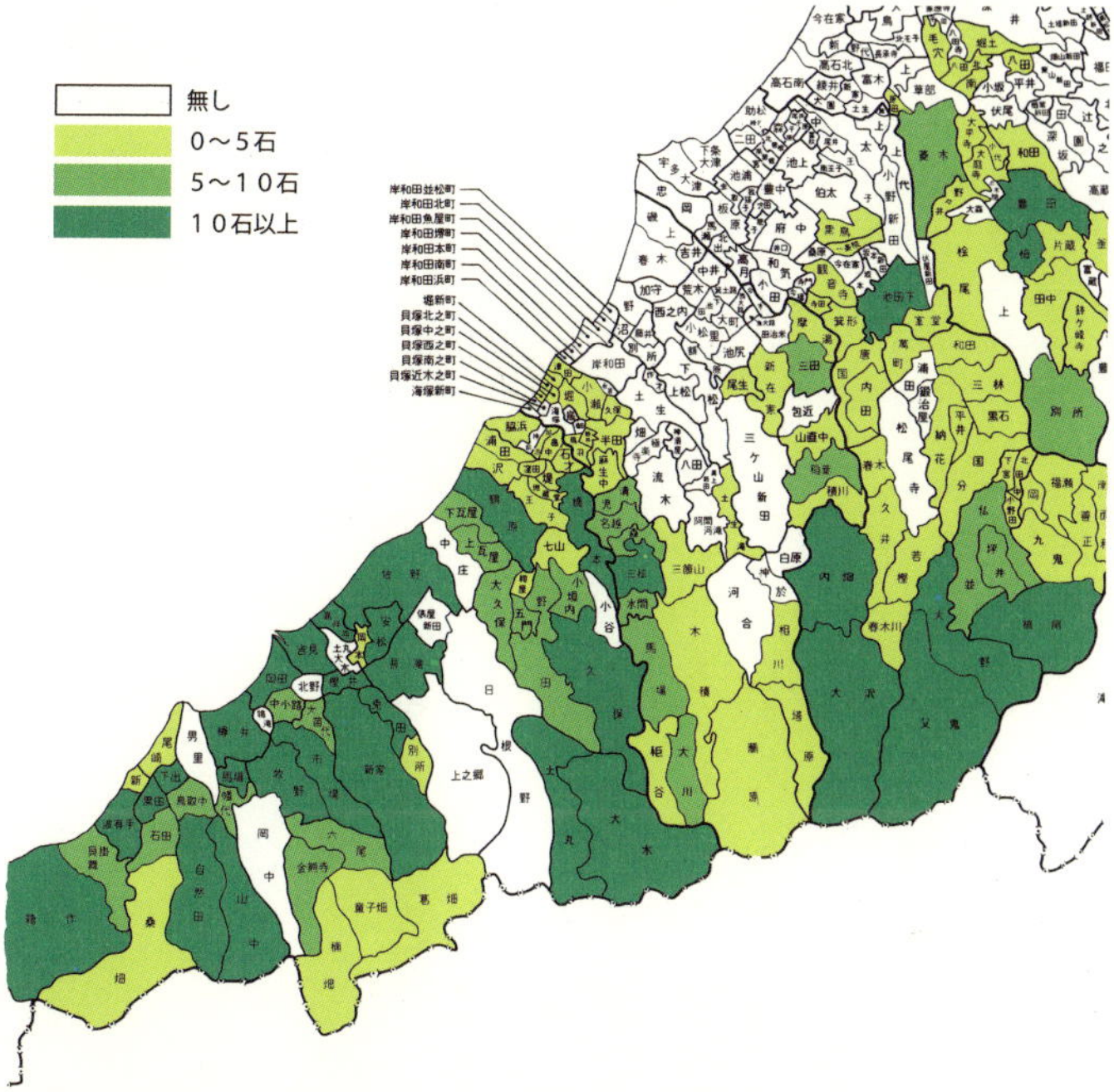

村名	小物成	米（石）
槙尾山		＊41.5000
南面利	山役	3.5300
善正	山役	3.6000
福瀬	山役	2.6500
北田中	山役	1.8298
岡	山役	0.9000
九鬼	山役	2.0000
小野田	山役	2.1800
下宮	山役	1.3000
仏並	山役	7.6100
坪井	山役	9.0000
大野	山役	12.5000
父鬼	山役	17.5000
大沢	—	—
内畑	山役	17.0000
春木川	山役	3.7430
若樫	山役	3.4750
久井	山役	2.2640
春木	山役	1.8360
松尾寺	—	—
内田	山役	1.8900
唐国	山役	1.4000
寺田	山役	0.0500
箕形	山役	1.2500

村名	小物成	米（石）
国分	山役	3.5000
平井	山役	1.8300
黒石	山役	1.7500
納花	山役	0.9130
鍛冶屋	—	—
浦田	＊＊	1.2000
万町	山役	1.2410
三林	山役	1.9170
三林（幕領）	山役	1.9030
和田	山役	2.0700
室堂	山役	4.2580
（池田）下村	山年貢	10.3000
坂本	—	—
今在家	—	—
一条院	山役	0.6000
黒鳥上	山年貢	4.0000
黒鳥坊		
黒鳥下＊＊＊		
桑原	—	—
観音寺	山役	1.1000
寺門	山役	0.3000
今福	—	—

村名	小物成	米（石）
和気郷庄	—	—
和気	—	—
小田	—	—
井口	—	—
肥子出作	—	—
軽部出作	—	—
肥子	—	—
府中	—	—
上泉出作	—	—
伯太	—	—
池上	—	—
池上出作	—	—
池上出作	—	—
冨秋	—	—
中	—	—
尾井	—	—
舞	—	—
上代	—	—
上	—	—
太	—	—
王子	—	—
南王子	—	—
綾井出作	—	—

図8・表9　「泉邦四県石高并寺社旧跡・地侍伝」にみえる山年貢
＊槙尾山は山年貢の記載がないが補った。
＊＊典拠史料に記載がないが、表8より1.2石の小松芝山の山年貢が確認できる。
＊＊＊糀役・糀年貢が別にあり。

山の名称	種別	形態・大きさ	所持者	山年貢（石）	
――	中松柴山	高山場広山	仏並之内小川	4.410	7.610
西萩原山	中松芝山	場広山	仏並	0.434	
槙尾谷東原山	芝山	高山	仏並	0.679	
飯森山	小松柴山	5町30間×2町	仏並	0.217	
西萩原山	中松柴山	場広山	仏並	0.545	
槙尾谷東原山	柴山	高山	仏並	0.853	
飯森山	小松柴山	5町30間×2町	仏並	0.272	
坪井村領槙尾谷西原山切	柴木山	1町3間×57間	仏並村勘兵衛	0.200	

表10　仏並村山年貢の村内割付　池辺家文書による。

横山や槙尾などの山間地域から買い入れていた。和泉中央丘陵に立会山を有する万町村でさえも、薪が足りないために槙尾山から買い入れていた（一橋徳川家文書）。南部の村むらは木材や燃料・肥料を売ることで収入を得ていた。それだけでなく、貞享三（一六八六）年の久井村では、春木川や横山谷で薪を買い取り、岸和田や大津（泉大津）で売り払っていると報告しているように（旧市史・井坂家文書）、仲買や仲仕《なかし》労働によって収入を得る場合もあった。

山年貢納入の実際

山年貢は、各村の年貢に一括して納められることが一般的であったが、特定の村や大庄屋のような存在が、近隣の村の分をまとめて納入する場合もあった。たとえば横山谷では、下宮村小野林家と仏並村池辺家が、横山谷の山年貢をまとめて納入している（『横山編』）。黒鳥村の山年貢は、黒鳥三ヶ村の共有山である黒鳥山に課されたものであり、三ヶ村全体で負担したが、伯太藩領である黒鳥辻村の年貢免状に一括して記載され、黒鳥辻村がまとめて伯太藩へ納入している。

一方、村内での山年貢の賦課方法もそれぞれ固有のあり方が見られた。延宝期以降の仏並村には山年貢七石六斗七升が賦課されていたが、このうち仏並村の内部集落である小川村が半分以上の四石四斗余を負担し、残り三石余は、仏並村内部の山野ごとに割り付けている（表10）。久井村では、山年貢二石二斗六升四合を三分割し、久井村共有の「東山」分に対して三斗三升八合、久井・春木立会の「西山」分に対して一石六斗九升、松尾谷五ヶ村立会山分に対して二斗三升六合が賦課されていた。しかし、元文五（一七四〇）年の記録によれば、村内では、「百姓四十五人持山主」が五斗九升六合を負担し、残りの一石六斗六升八合を「村中家別」に割り当てていた（井坂家文書）。

このように、村むらは幕府から賦課された山年貢を、それぞれの村の事情・実態に応じて納入する体制を構築していった。幕府から賦課される山年貢をどのように村内で分担するかは、村内での山の用益のあり方を反映して決められたのである。

山林・竹藪に対する新たな年貢

幕藩領主は、山や藪の利用が村むら百姓の収益を生んでいると見なした場合、新たに小物成を賦課する場合もあった。第一部で紹介した今在家村の年貢免状に記された「雑木藪」や「小竹藪」もこれに当たる。

若樫村では、享保三（一七一八）年九月に幕領代官古郡によって、新開田畑とともに「岸藪林」も検地が行われた。検地の方法は、一間の長さを六尺一分という基準を定め、二間二分の竿を用いて面積を計測している。また一反あたりの基準（斗代）は二升宛とされ、耕地と比べて著しく低く設定されている。若樫村中で竹藪五二ヶ所、林七ヶ所が検地の対象となり、七反六畝一〇歩の藪・林に対して一斗五升三合の年貢が加えられた。一橋領知の万町村では宝暦一三（一七六三）年に「小竹藪」七反四畝余に小物成年貢が賦課されている（『俗邑録』）。この「小竹藪」は、槙尾川左岸の段丘崖《だんきゅうがい》の竹藪に相当するであろう。関宿藩領の村むらでは山年貢の見直しが行われた村があり、内田村では新たに林年貢が課され、平井村では山年貢のうちから八合分が林年貢として分けられた。また室堂村では芝野年貢が新たに課されている。ただし、山年貢自体は増石分よりも減らされているので、実質的には減石となっている（美木多上・和田家文書）。

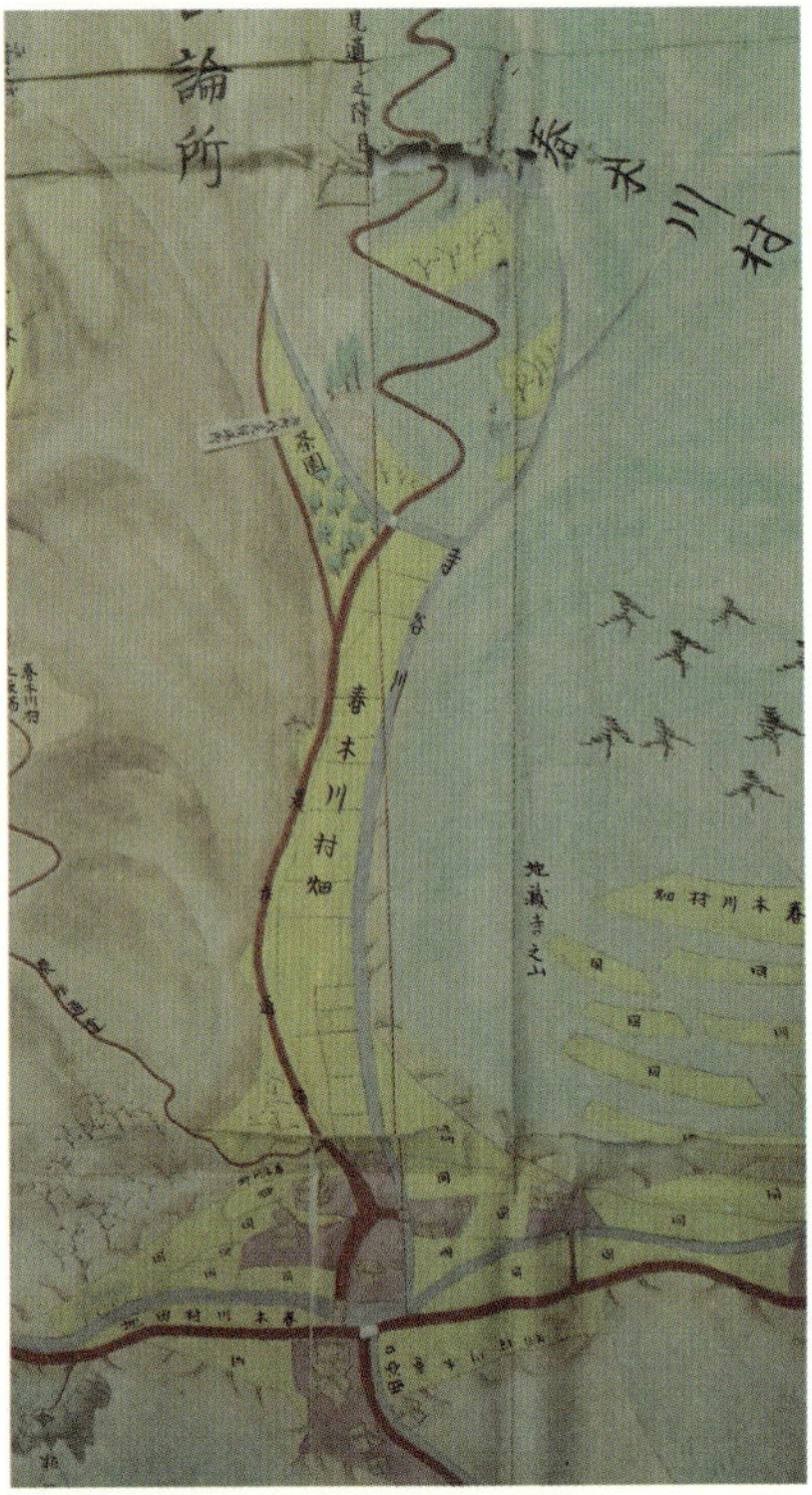

写真８　春木川・久井山論の論所（山本家文書）

このように、幕府や領主は、山林・竹薮の用益に対して新たな年貢を賦課しようとした。とくに河原や段丘崖に植生する竹薮は、これまで年貢が賦課されていない土地であったから、百姓らは新たな負担を強いられることになった。

山での「商品」作物の生産

山間や丘陵部では、百姓の経営に不可欠な薪（燃料）や下草（肥料）などが採取され、立木も建築用材として利用された。また、松茸などのきのこや山菜という山の恵みもあった。父鬼村で生産される横山炭は和泉の特産物として知られた。さらに一八世紀後半から一九世紀に入るころには、山や丘陵部での新たな商品作物の生産が進んでいった（『横山編』・『松尾編』・『池田編』）。

春木川村では、山の中に切り拓いた田畑で「梅・杏」を植え付けていた。文政二～四（一八一九～二一）年に隣村久井村との間で山の境界をめぐる争論が起こったのも、春木川村がそこに茶園畑を開き、また柿・桃・栗を植えるようになったことに起因していた。山での茶の栽培は早くから見られたが、その他の果樹栽培も広く試みられていた。後に市域の代表的農産物となる蜜柑《みかん》の栽培が盛んになるのも、このころだと考えられている。文久二（一八六二）年に久井村百姓半右衛門が田畑などを質入した。そのなかに、三ヶ所の蜜柑山が含まれている。三筆合計一町三反五畝余の山は、久井村の東西両方の山にまたがっており、ここに一二〇〇本（反当たり八〇～一二〇本）の蜜柑の木が植えられていた。また質入の対象となった山の周囲にも蜜柑山が広がっていた。このように一九世紀半ばには、松尾谷・池田谷・横山谷のうち、人びとの生活領域に程近い山中で蜜柑栽培が広がり百姓らの新たな収入源となっていった。また、一八世紀に中国から移入された孟宗竹《もうそうだけ》が、一九世紀には和泉地域にも広がり、春木川村や父鬼村などの山間部で盛んに筍《たけのこ》が生産され、春先の主要産物として堺の市場に持ち込まれていった。

こうして、一九世紀には山間の村むらでも商品作物が生産され、堺など都市部との経済的なつながりが強まっていったのである。

寺社境内山林

先にみたように槙尾山施福寺の周囲に広がる広大な山林は、施福寺が山年貢を負担する土地とされた。同じく松尾寺でも本堂や子院が並ぶ境内は朱印地であったが、周辺の山林は除地とされ、年貢が免除された。両者は、年貢地と除地というように土地の性格は異なるが、山の恵みから得られる収益が寺院財政を支える重要な基盤であった点は共通している（第4部第2章）。この点は、規模の大小はあるものの、近世に存在するほぼすべての寺社においても見出すことができる。

一方、信太明神の周囲に広がる広大な信太山全体は、信太明神の境内地として年貢免除（除地）とされていた。この境内山は信太明神を支える信太郷七ヶ村が管理していた。耕地に開発する場合には、信太郷の了承のもと、信太明神社に対して小作料を神納するための「神畑」という位置づけで認められていた。

五社惣社神社では、貞享元（一六八四）年に神主田所氏と下神主馬場氏の間で、「境内山林」の支配・利用に関する証文が作成されている。「境内山林」は馬場氏の支配とされたが「竹木」の自由な採取は許されず、「風折」の枝木や落葉の採取のみが許されている。ただし、神社が破損した際には境内の「竹木」を売って資金を捻出することが可能であった。実際に、天保四（一八三三）年に屋根の葺き替え工事を行った際には、費用銀六貫三百目余のうち、御舘山《みたちやま》御松林の立木（竹木）を売って、銀約二貫目を捻出している。この御舘山や和泉寺があったとされる一帯も広義には五社惣社神社の境内と同様であり、ここで生育する竹木や落葉・下草から得られる収入は、府中村役人と神主・惣代百姓らが管理していた（泉井上神社文書）。

このように、寺社の境内山林は、寺社の荘厳《しょうごん》を保つとともに、建物の維持管理を行うための財源でもあった。寺院の場合は、寺院自身に認められた境内山林だったのに対し、神社の場合は、氏子村むらの管理の下にあることが一般的だった。

7　寺院

さまざまな寺

和泉のほぼすべての村には、神社と寺院が存在していた。村の神社の祭祀は、そこで暮らす人びとの生活や一生と密接に結び付き、村人が構成する宮座によって運営された。また、近世の村では、寺請制によってすべての百姓とその家族が寺院の檀家として登録された。一七世紀末には、ほとんどの村に一ヶ所以上の寺が存在したことが確認できる。

こうした村の寺とは性格が異なる寺院も存在した。

ひとつには、施福寺や松尾寺に代表されるような、中世以前からの複数の子院の寺僧らが集団的に寺院を形成する一山寺院である。とくに施福寺は寺請制にもとづく檀家をもたず、広域に来訪する参詣者や信者からの喜捨《きしゃ》（寄進）が重要な意味を持っていた。二つ目として宮寺、すなわち神社と一体となった寺院で

地域	村名	宗派	寺・堂・庵	本寺・立会村・その他
横山	南面利	真言	泉福寺	高野山真福院末
	善正	真言	地蔵寺	高野山明福院末
	福瀬	真言	巨（小）堂寺	高野山中蔵院末
		—	薬師堂	
		真言律	観音堂	大鳥郡神鳳寺触下
	北田中	真言	本泉寺	高野山真福院末
		真言	聖堂	北田中村本泉寺触下
	岡	真言	浄福寺	高野山一乗院末 →威蔵院末
	小野田	真言	正福寺	高野山真福院末
		禅	平安寺	京都妙心寺末
		真言	地蔵堂	高野山真福院末
	九鬼	真言	阿弥陀寺	高野山真福院末
		真言	観自在寺	天野山常住院末
	下宮	真言	神宮寺	天野山観蔵院末
		真言	阿弥陀寺	天野山観蔵院末
	坪井	真言	釈迦堂→長福寺 →鳳林寺	仏並村仏並寺下寺 →高野山善宝院末
	仏並	真言	仏並寺	高野山蓮上院末
		真言	成願寺	高野山蓮上院末
	仏並小川	真言	福徳寺	高野山福蔵院末
		真言	地蔵寺	仏並寺末
	大野	真言	地蔵寺	高野山正宝院末
		（真言）	観音堂	大野地蔵寺触下
		—	阿弥陀堂	
	父鬼	真言	観音寺	高野山南蓮上院末
		—	観音堂、地蔵堂	
	槇尾山	天台	施福寺	寛永寺末
松尾	寺田	—	—	—
	箕形	真言	社僧長福寺	高野山宝生院末 →久米田寺明王院末
		—	観音堂	
		真言	大日寺	久米田寺明王院末
	唐国	真言	妙楽寺	高野山地徳院 →高野山善法院末
		真言律	乗意庵	大鳥郡神鳳寺末
	内田	真言律	社僧普照寺	大鳥郡神鳳寺末
		真言	地蔵寺	天野山知足院末
	春木	真言	観福寺	高野山圓徳院末 →高野山正宝院末
		真言	宗福寺	高野山圓徳院末 →高野山正宝院末、久井・春木立合
	久井	真言律	嶋堂松林寺	大鳥郡神鳳寺末
		真言	地蔵寺	高野山圓徳院末 →高野山正宝院末
	若樫	真言	菩提寺	高野山正宝院末
		（真言）	観音堂	若樫村菩提寺触下
	春木川	真言	地蔵寺	高野山実相院谷法雲院末
	松尾寺	天台	松尾寺	寛永寺末

地域	村名	宗派	寺・堂・庵	本寺・立会村・その他
池田	池田下	真言律	万福寺	摂州住吉地蔵院末
		真言	高福寺	高野山蓮花谷成福院末
		真言	神楽寺	池田下明王院末
		真言	蓮花寺	高野山蓮花谷成福院末 →高野山宝光院末
		真言	弘法寺	高野山宝光院末
	池田下中村	真言	池田寺明王院	京都仁和寺末
	池田下泉財	真言	妙法寺	高野山一心院谷正福院末
	池田下久保	真言	東岸寺	高野山蓮花谷成福院末
	池田下願成・山深	真言	願成寺	高野山蓮花谷成福院末
	伏屋新田	—	—	
	坂本新田	禅（黄檗）	受法寺	山城宇治万福寺末、宝永4年池浦村より引寺
	室堂	真言	森光寺	高野山蓮明院末
		真言	極楽寺	高野山蓮明院末
		真言	施音寺	高野山蓮明院末
		真言	安養寺	日根野慈眼院末
	和田	真言	福伝寺	高野山蓮明院末
		真言	尊成寺	高野山蓮明院末
	三林	真言	観音寺	高野山蓮明院末
		真言	春日大明神社社僧	室堂村施音寺触下
	万町	真言	小寺	高野山光明院末
	浦田	真言	法華寺	高野山蓮明院末
		真言律	知海寺	
	鍛冶屋	真言	祐福寺	池田下明王院末
	納花	真言	福寿寺	高野山阿刀院末
	黒石	真言	西福寺	高野山橋爪院末 →高野山成慶院末
	平井	真言	羅漢寺	高野山密蔵院末、平井・黒石・国分立合
		（真言）	弁財天社社僧	高野山密蔵院触下
	国分	真言	中之坊	高野山密蔵院末、平井・黒石・国分立合
		真言	瀧薬師堂	高野山密蔵院末 →護国寺末、平井・黒石・国分立合
		浄土	浄福寺	堺宗泉寺末、平井・黒石・国分立会合
		真言	城山寺	天野山千手院末、平井・黒石・国分立合
		真言	香堂寺	天野山千手院末
		真言	福徳寺	高野山密蔵院末
		浄真	西光寺	京都西本願寺末
郷荘	寺門	浄土	地蔵堂迎接寺	京都知恩院末
		浄真	道場	京都性応寺末
	今福	—	—	
	一条院	真言	大日寺	池田下村明王院末
	観音寺	浄土	観音寺	岸和田光明寺末
	桑原	真言	西福寺	高野山威徳院末
			俊乗坊堂	
	今在家	真言	成福寺	高野山福智院末
	坂本	真言	禅寂寺	高野山観音院末

地域	村名	宗派	寺・堂・庵	本寺・立会村・その他
信太	信太山	真言	信太大明神社 社僧万松院	池田下村明王院触下 →仁和寺直末
		真言律	釈迦堂	万松院触下
		禅（曹洞）	蔭凉寺	濃州加納全久院末
	上代	浄土	観音堂	綾井村専称寺末
	上	禅（曹洞）	社僧不動寺	信太蔭凉寺末、※様子大概書では真言宗
		浄土	地蔵堂	綾井村専称寺末
	太	浄真	光受寺	京都東本願寺末
		浄土	地蔵堂菩提寺	京都知恩院末
	尾井	禅（曹洞）	地蔵堂	信太蔭凉寺末、幕末には本郷の檀那寺
	中	浄真	長徳寺	堺源光寺末
	富秋	—	—	檀那寺は中村の長徳寺・堺の願正寺・綾井村の専称寺
	王子	浄真	常念寺	京都西本願寺末
		禅（黄檗）	観音堂中央寺	山城宇治万福寺末
	舞	真言	社僧大日寺	池田下明王院末
	南王子	浄真	西教寺	京都西本願寺福専寺末
府中	黒鳥辻	真言	長楽寺	高野山一心院谷威徳院末 →千手院谷聖派正覚院
		真言	宮寺安明寺	高野山一心院谷威徳院末 →千手院谷聖派正覚院
		—	墓所三昧堂極楽寺	—
	黒鳥坊	真言 →真言律	長命寺	高野山一心院谷宝珠院 →河州野中村野中寺末
		真言	妙福寺	高野山福智院末
		真言	観音寺	黒鳥長命寺触下
	黒鳥上	真言	西光寺	池田下明王院末
	池上	禅 (→黄檗)	金蓮寺	無本寺 →河州今井村法雲寺末
		浄土	養福寺	春木村西福寺末
		浄真	道場（光楽寺）	京都西本願寺末
		浄土	社僧薬師寺	池上養福寺触下
	伯太	浄真	正念寺	堺源光寺末
		浄真	西光寺	貝塚尊光寺末
		浄真	常光寺	貝塚尊光寺末
		禅	薬師堂龍雲寺	堺大安寺触下
		浄土	府中阿弥陀寺 住持利山持庵	
		—	観音堂、薬師堂	
	府中（小社）	浄土	大泉寺	京都知恩院末
	府中東村	浄土	阿弥陀寺	府中大泉寺末
	府中（馬場）	日蓮	妙源寺	安房誕生寺末
	府中市村	浄土	宝国寺	京都知恩院末
	府中南村	浄土	南泉寺	府中大泉寺末
	府中	浄土	太子堂西泉寺	府中大泉寺末
		浄土	地蔵堂海光寺	府中大泉寺末
		禅	惣社奥之院東泉寺	堺大安寺触下 →天保14年摂州舎利寺触下
		浄土	薬師堂泉福寺	府中大泉寺触下
		浄土	宇多堂	府中宝国寺末
		禅	観音堂圓福寺	堺大安寺触下
		浄土	釈迦堂	府中阿弥陀寺触下
	肥子	浄土	善法寺	春木村西福寺末
	井口	日蓮	妙福寺	京都妙覚寺末
	和気	日蓮	妙泉寺	京都妙覚寺末
	小田	浄土	地福寺	京都黒谷光明寺末
		真言	社僧善福寺	久米田寺多聞院触下
		(真言)	大日堂、地蔵堂	

表11　寺院一覧　典拠は紀要第24集による。郷荘（坂本郷）は、府中周辺と池田谷以南の両方の特徴を呈するため、ひとつの地域区分とした。

ある。これも檀家を持たない場合が多く、氏神のもとに結集する村むらや人びとに対して行う加持《かじ》・祈祷《きとう》などをして、寄進・寄附を受ける。三つ目として、個人の寺・庵である。有力百姓の一部は、自らの子弟や隠居が出家した際の寺・庵を持っていた。また年齢を重ねて隠居したものが庵を構える場合もある。庵のなかには正式に寺号を獲得し、寺として公定されたものが、わずかながら存在する。このほか、路傍の小さな堂舎や祠《ほこら》に祀られる地蔵や道祖神が無数に存在したと思われるが、そのすべてを把握するすべはない。

市域のすべての寺院について語ることは不可能であるが、以下では宗派別に分けて概観していこう。

高野山子院（本寺）	末寺	
威徳院	桑原	西福寺
威徳院→池田下明王院	黒鳥坊	西光寺
威徳院（一心院谷） →正覚院（千住院谷・聖派）	黒鳥辻	長楽寺
	黒鳥辻	宮寺安明寺
宝珠院（一心院谷） →河州野々井村野中寺［真言律］	黒鳥坊	長命寺
福智院	黒鳥坊	妙福寺
	今在家	成福寺
観音院	坂本	禅寂寺
正福院（一心院谷）	池田下泉財	妙法寺
成福院（蓮花院谷）	池田下	高福寺
	池田下久保	東岸寺
	池田下願成	願成寺
成福院→宝光院	池田下	蓮花寺
宝光院	池田下	弘法寺
光明院	万町	小寺
蓮明院	室堂	極楽寺
	室堂	森光寺
	室堂	施音寺
	和田	福伝寺
	和田	尊成寺
	三林	観音寺
	浦田	法華寺
阿刀院	納花	福寿寺
橋爪院→成慶院	黒石	西福寺
密蔵院	平井	弁財天社社僧
	平井	羅漢寺
	国分	福徳寺
	国分	中之坊
密蔵院→護国寺	国分	瀧薬師堂
地徳院→善宝院	唐国	妙楽寺
圓徳院→正宝院	久井	地蔵寺
	春木	観福寺
	春木	宗福寺
正宝院	若樫	菩提寺
	大野	地蔵寺
法雲院（実相院谷）	春木川	地蔵寺
蓮上院	父鬼	観音寺
	仏並	仏並寺
	仏並	成願寺
福蔵院	仏並小川	福徳寺
仏並村仏並寺 →善宝院	坪井	釈迦堂→長福寺 →鳳林寺
一乗院→威蔵院	岡	浄福寺
真福院	小野田	正福寺
	小野田	地蔵堂
	九鬼	阿弥陀寺
	北田中	本泉寺
	南面利	泉福寺
中蔵院	福瀬	巨（小）堂寺
明福院	善正	地蔵寺

表12　高野山の子院との本末関係

寺院の宗派別分布

市域においては、南部に真言宗寺院が広範に展開し、信太や府中周辺の平野部に真言宗以外の寺院が点在している。以下では主として元禄四（一六九一）年に作成された「寺社改帳」の記載に準拠しながら（第3部第4章参照）、宗派、および地域性に注意して寺院の分布をみることにする。

［真言宗］

市域の南部、すなわち横山谷・松尾谷・池田谷、および坂本郷周辺には、真言宗寺院が広くかつ濃密に分布する。ひとくちに真言宗といっても系統がいくつかあるが、地域によってその系統に特徴がみられる。

①高野山系　和泉山脈を越えた先の紀州には、多数の子院からなる巨大一山寺院で、新義真言宗の総本山高野山金剛峰寺が存在する。比較的近い距離にある和泉では、強くこの影響をうけ、真言宗寺院のほとんどが高野山の子院の末寺であった。高野山の子院は数多くあるが、どの寺を本寺とするかは、一定のまとまりがあるようだ。たとえば、池田谷の南部にある寺院の多くが高野山蓮明院の末寺である。これは、天正一五（一五八七）年、「池田谷上村八村」が蓮明院との間に師檀関係を結んで以来のことであろう（『テーマ編Ⅰ』第2部第4章）。このように中世段階での関係性が連続している場合もあるが、それを確証できる事例は少ない。

②天野山系　河内国錦部郡天野山金剛寺は、横山谷から東へ峠を抜けてすぐのところにある一山寺院であり、中世段階から横山など周辺地域に大きな影響を与えていた。延宝検地帳によれば、福瀬に修善院、内田に知足院、九鬼に満蔵院・瀧本坊、北田中に満蔵院、岡に満蔵院の土地が確認できるように、中世末以来の関係を色濃く残す地域も存在した。東横山谷

天野山子院（本寺）	末寺	
常住院末	九鬼	観自在寺
観蔵院末	下宮	神宮寺
	下宮	阿弥陀寺
千手院末	国分	城山寺
	国分	香堂寺
知足院末	内田	地蔵寺

表13　天野山子院との本末関係

の宮座で行われた大般若経会などの僧役も天野山の子院が務めており、長くその関係を持ち続けた（仏並・葛城家文書）。金剛寺の子院を本寺とするのは、横山谷では下宮村神宮寺と阿弥陀寺、九鬼村観自在寺、池田谷では国分村の城山寺・香堂寺、松尾谷では内田村地蔵寺である。

天野山金剛寺の影響力は、北は大鳥や信太郷にも及んでいた。信太明神の社僧には一七世紀中ごろの寛文期まで、金剛寺の子院菩提院が就いていた。菩提院は信太明神に留守居を派遣してその職を務めていたが、信太郷七ヶ村との折り合いが悪く、退任を余儀なくされた。代わって信太明神の社僧として登場するのが、真言宗万松院《ばんしょういん》である。元禄四年まで本寺を持たない独立寺院であったが、本末制度を整備しようとする幕府の法令に従って、池田寺明王院の触下となり、京都仁和寺を本寺とする本末関係のなかに包摂されていく（『信太編』）。

③久米田《くめだ》寺末　行基が建立したとされる久米田寺は、南郡池尻村に所在する。久米田寺自身も高野山末であったが、内部に子院七ヶ寺（五大院・明王院・多聞院・花乗院・花厳院・阿弥陀院・五智院）を抱える一山寺院であった。市域では、箕形の大日寺は明王院を、小田の善福寺は多聞院を本寺としているのみだが、岸和田市域や忠岡町域など松尾川以南に久米田寺子院の末寺が広く展開している。松尾川下流の箕形や小田は久米田寺から比較的近く、その影響を受けた地域と考えられよう。

④仁和寺《にんなじ》末（御室《おむろ》御所）　古代以来の寺院と推定される池田寺は、中世には複数の子院を抱える一山寺院としての様相を呈していたと考えられている（『池田編』）。子院のうち唯一残った明王院は、近世には古義《こぎ》

写真９　久米田池と久米田寺（岸和田市）

真言宗である京都仁和寺を本寺とし、自身も中本寺として末寺を抱える寺であった。元禄四年以降は信太明神社の社僧万松院を触下《ふれした》としており、同神社にあった釈迦堂の堂守はさらにその触下に位置づけられていた。その後万松院は、信太明神の祭式をめぐって神職と対立し、より上位の権威を求めて宝暦八（一七五八）年に明王院の下から離れ、仁和寺の直末寺となった（『信太編』）。

室堂村にある四ヶ寺のうち安養寺の本寺は慈眼院《じげんいん》であった。慈眼院は、泉州日根郡にある大井関《おおいぜき》神社の社僧で、寛文五（一六六五）年に仁和寺門跡から慈眼院の院号が与えられた（『新修泉佐野市史』）。慈眼院と安養寺の間で本末関係が築かれた背景は未詳である。

⑤真言律《りつ》　福瀬（観音堂）・久井（松林寺）・内田（普照寺）・唐国（乗急庵）には、大鳥神社の神宮寺である神鳳寺末寺の寺院が存在する。延宝四（一六七六）年に作成された神鳳寺の末寺帳によれば、国分村の「東之坊（城山寺）」も書き上げられており、池田谷の北に流れる和田川流域にある放光寺をはじめ、畿内や紀州を中心に広く存在する（『堺市史続編』）。神鳳寺は、近世の戒律復興運動の拠点のひとつで、復興に尽力した快円恵空《えくう》のために堺奉行石河土佐守が律院を建立している（『泉州志』）。

［天台宗系］

天台宗の寺院は市域では施福寺と松尾寺のみである。ともに中世には真言と天台を兼修する一山寺院として、横山谷・松尾谷の中核に位置した。いずれも将軍から朱印状を発給される朱印地を持っている。近世初頭に山年貢負担と山の用益に関わって横山谷と激しく争った施福寺は、南光坊天海との関係を深め、寛永寺を本寺とする天台宗寺院として歩んでいく。同じく松尾寺も周辺地域との山をめぐる対立を契機として天海と結びついたと思われる。天海自身も、天台宗を復興するために真言宗寺院の取り込みを図っていた。

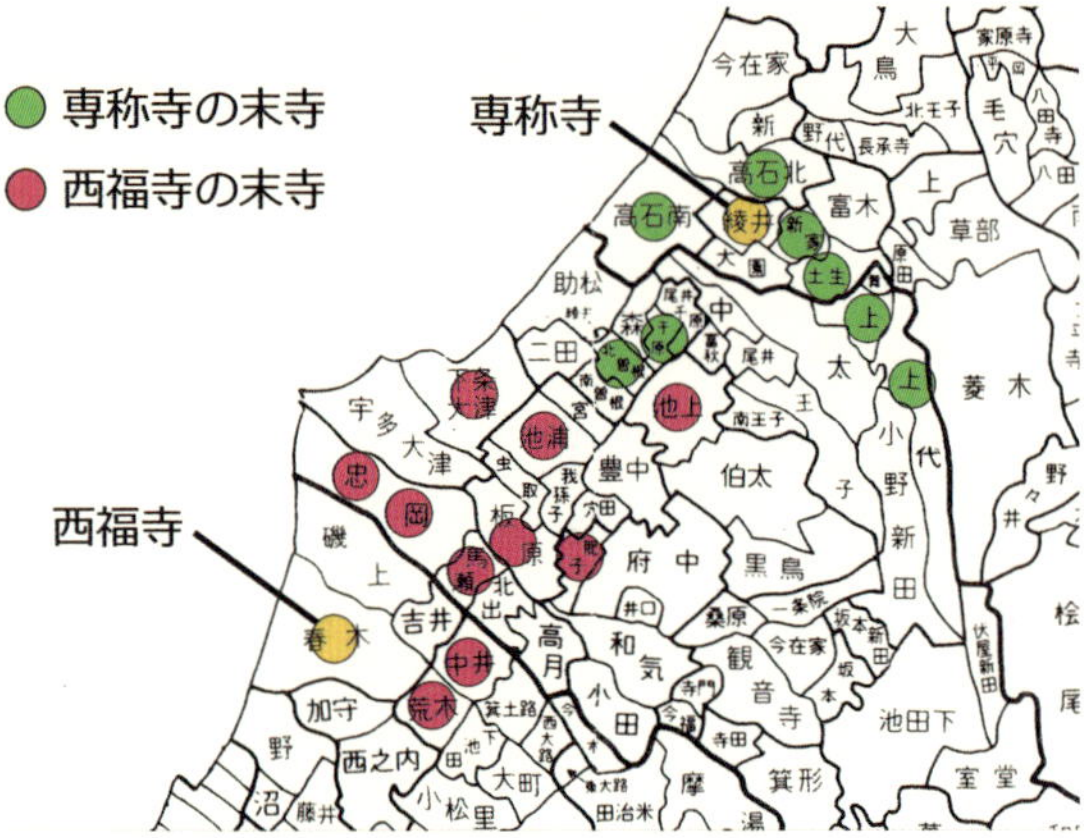

図9　西福寺と専称寺の末寺分布

これら一山寺院には寺の住職は存在せず（ただし、槙尾山には、比叡山に山主がおかれた）、各子院の寺僧らが集団的に運営していた（施福寺七〇子院、松尾寺一三子院）。松尾寺の場合、寺請制に基づく檀家を抱える子院（宝瓶院・明王院）があるが、施福寺の各子院は檀家を持っておらず、各地の信者や子院の旧里《きゅうり》に支えられていた（第4部第2章）。

松尾寺の子院のうち宝光院は、享保一〇（一七二五）年に天台律院となり、比叡山延暦寺安楽院の末寺となっている。これは、比叡山において戒律の重視を訴え一派をなした妙立と霊空の影響によるものと考えられている。霊空は宝永三（一七〇六）年以降、比叡山を降りて畿内各地を廻り組織化を図っている。松尾寺には、霊空の爪髪塔《そうはっとう》が建てられ、宝光院が安楽院末に組み入れられたのも、これと関係していよう（『松尾編』）。

［浄土宗］

市域の浄土宗寺院はすべて京都知恩院（鎮西派）の末寺である。府中村、小田村・肥子村・池上村から信太郷にかけての小栗街道に程近い平野部、および和泉中央丘陵北端の寺門・観音寺に所在する。

府中村には一二もの寺が存在するが、そのうち九ヶ寺が浄土宗寺院である。大泉寺と宝国寺が知恩院の直末寺で、六ヶ寺は両寺いずれかの末寺・触下に属する。元禄四（一六九一）年「寺社改帳」によれば、南泉寺は南村（南町）、宝国寺は市村（市之辺）、阿弥陀寺は東村（東町）の旦那寺とされている。

市域周辺の浄土宗寺院の特徴として、綾井村専称寺末寺院と、春木村西福寺末寺院が多く展開している点を挙げることができる。

信太郷の上代村観音堂（現観音寺）、上村の地蔵堂は綾井村専称寺の末寺である。綾井村は大鳥郡の西端に位置し、信太郷中村に隣接する。専称寺は知恩院の「嫡末寺」であり、千原村や北曽根村や綾井・高石周辺を中心に末寺一二ヶ寺を抱える（延享三［一七四六］年「惣本山嫡末寺塔頭末々寺御改控」）。このうち上代村百姓の宗旨《しゅうし》改めの請判《うけはん》は専称寺が担っていた。

池上の養福寺と肥子の善法寺は南郡春木村の西福寺末であった。西福寺は、一六世紀に和泉国で浄土宗の布教を行った燈誉《とうよ》が中興したとされる寺院で、知恩院の直末寺である。西福寺の末寺は、泉郡や南郡の大津川周辺、忠岡から大津にかけて平野部に集中する。

このように、浄土宗寺院は、府中や信太などの平野部に集中するが、南部山間地域に唯一存在するのが、国分村浄福寺である。国分村を含む宮里三ヶ村や横山谷・松尾谷はほぼ真言宗寺院で占められるなか、浄土宗寺院が当地に登場するのは一七世紀後半のことである。寛文年間に宮里三ヶ村の墓地（平井町）で念仏を営んでいた道心者《どうしんもの》が、国分村庄屋三郎右衛門に招かれ定着し、のちに浄土宗浄福寺となったのである（第3部第4章）。天保五（一八三四）年、浄福寺は「常念仏」として、阿弥陀千部読踊《どくじゅ》（阿弥陀経を一〇〇〇部、一〇〇〇人で読むこと）を三日間開催するための願書を提出している。この願書の中で、浄福寺が四一ヶ村（泉郡三三、大鳥郡五、南郡三）を廻って「仏袋米」を集めて常念仏を勤めてきたこと、また寺の修復を目的とした五千日回向《えこう》（常念仏の利益を人びとに巡らすこと）をしてきたが、寛政七（一七九五）年に一〇回目の五千日回向（五万日回向）を執行したのを最後に断絶していた回向を復活させるために、阿弥陀千部読踊を開催することが記されている。この回向を告知して人びとを呼び集める立札は、国分村の入り口と、大津村（泉大津市）、岸和田村、堺の南橋詰、以上四ヶ所に建てる計画であった（美木多上・和田家文書）。浄福寺は、広域の人びとからの喜捨を募るために常念仏を行う寺としての性格を持つようになっていた。

［浄土真宗］

浄土宗と同じく、市域の浄土真宗寺院のほとんどは信太郷周辺など、平野部に集中する。南の山間部では国分村西光寺一つのみである。伯太村には三つの真宗寺院（西光寺・称念寺・常光寺）が、現在も隣り合うように立ち並んでいる。一村内に複数の浄土真宗寺院がある事例は、市域付近では大津村・忠岡村・助松村でも確認できる。いずれも大阪湾に近い紀州街道沿いの都市的な集落である。これら多くの真宗寺院が門徒らの「道場」としての歴史を持っている（「寺社改帳」）。本願寺から六字名号（南無阿弥陀仏）や、阿弥陀如来像（木仏・絵像）などを下賜《かし》される際に寺号を授けられ、とくに一七世紀後半に認められた事例が多い（南王子村西教寺は寛文一〇［一六七〇］年、王子村常念寺は延宝四［一六七六］年、伯太村西光寺は貞享三［一六八六］年）。

このうち堺源光寺を本寺とする寺院が、中村（葛の葉町）・伯太村・千原村にあった。比較的近くに展開しており、源光寺の影響が強く及んだ地域と想定される。このうち伯太村の称念寺は、元禄四年「寺社改帳」では「正念寺」と記され、本尊掛軸は明応五（一四九六）年七月七日に記したものとされる（池田家文書）。しかし、寛文一一（一六七一）年に本願寺の下間宮内卿から釣鐘が下付された際の宛名は、伯太村の「源光寺通寺」とされている。ようやく正徳二（一七一二）年に伯太村の「称念寺惣門徒中」の働きかけによって、西本願寺門主から「惣道場」という位置づけを与えられている（称念寺文書）。一七世紀以降の称念寺は、本寺源光寺の通い寺という立場から、村の檀家に支えられた寺（惣道場）としての歴史を歩み始めていた。

［日蓮宗］

日蓮宗寺院の数は少なく、小栗街道沿いに隣り合う府中村・井口村・和気村の三ヶ村に集中する。いずれも村の百姓らの旦那寺である。それぞれの本寺は、妙源寺（府中村）が安房国誕生寺、妙福寺（井口村）・妙泉寺（和気村）の二ヶ寺は京都妙覚寺であった。これらの寺院に共通して特記すべきことは、不受不施《ふじゅふせ》派（悲田派など）との関係である。日蓮宗の一派である不受不施派は、信者でない者からの布施・供養を受け取らず、また信者でない者に施してはいけないという立場を取る。幕府は、国主の供養をも受けないとするこの信仰を危険なものとみなし、一七世紀初頭から段階的に禁圧していった。和泉においては元禄四年が大きな転機となったと考えられる。すべての寺院を本末の体制に組み込む「寺社改め」が行われている真っ只なかに、幕府から不受不施禁令が通達された。妙源寺の本寺である誕生寺は、不受不施から受不施へと変更して幕府の法令に従った。これにより誕生寺末の妙源寺も同じく受不施派に変更することになった。

写真10　妙泉寺　法華経曼荼羅裏面

　こうした上からの改宗による矛盾は、長く潜在化していた。しかし、一九世紀に入った天保期に、大坂において密かに活動していた不受不施派が摘発された。そこから泉州へ逃れてきた僧を匿《かくま》ったために、和気村は不受不施派の嫌疑が掛けられることになった。

　元禄四（一六九一）年「寺社改帳」によれば、和気の妙泉寺は、暦応年中（一三三八～四二）に大覚《だいかく》僧正が布教のために妙泉の屋敷を寺として開創されたとしている。また八幡宮社講堂は日蓮上人の御影を本尊とし、毎月一三日の日蓮の命日に（座の人々が）題目講を営んでいた。また、和気村の庄屋を歴任した田所家に伝わる法華経曼荼羅の掛け軸は、不受不施派と関係の深い日習（慶安二［一六四九］年四月一日）と日述（延宝五［一六七七］年八月二一日）のものである。

和気村は、日蓮宗の信仰が篤く、不受不施の内信（隠れ信者）のネットワークにつながっていたとみられ、妙泉寺の過去帳には、大坂・京・堺・岸和田の檀家（信者）を多く見出すことができる。なかでも大坂の者が圧倒的に多く、屋号を持つ商家だけでなく、明和五（一七六八）年に死去した浄瑠璃太夫豊竹筑前の名も見える。このように妙泉寺は、和気村百姓らの寺であるとともに、都市大坂をはじめとする広域から信仰を集めていた。

［禅宗］

①臨済宗黄檗《おうばく》派　黄檗派は、中国福建省の黄檗山萬福寺で得度した隠元《いんげん》が、日本へ招かれて伝えた臨済宗の一派で、のち黄檗宗として知られていく。日本における総本山は、隠元が山城国宇治に建てた萬福寺である。中央寺（王子村）は、「寺社改帳」によれば、隠元の教えを受けた慧極《えごく》和尚の弟子石丈《しゃくじょう》が、天和三（一六八三）年に信太山内にあった観音堂を修復したことに始まるという。寺社改めでは古跡寺院であることを説明する必要があったため、観音堂の話を持ち出したと見られる。事実、石丈は寺地を確保するために、天和三年に信太郷との間で境内の境界に関する証文を取り交わしている（中央寺文書）。なお、元禄四年の寺社改に際して本寺を黄檗山萬福禅寺として届け出ている。寺請制の檀家は本来もっていなかったとみられるが、一八世紀前半、伯太村に譜代大名渡辺家が陣屋を築いたことにより、渡辺家家臣の一部が中央寺の檀家になっていく。

＊なお、渡辺家やその家中の人びとは、それぞれの信仰に基づいて多様な寺院と寺檀関係をもっていった。たとえば、渡辺家は浄土真宗南溟寺（泉大津市）を菩提寺とし、その家臣は太村菩提寺（浄土宗）、伯太村称念寺（浄土真宗）、府中村妙源寺（日蓮宗）などの檀家となっている。

池上村西天神の奥院（社僧）観音堂は、金蓮寺という寺号も名乗るが、当初は本寺を持たない寺院であった。元禄四年の寺社改に際して本寺を定めることが義務付けられ、河内国今井村（堺市美原区）法雲寺との間で本末関係となる手形を取り交わし、黄檗派に改めている。このときの金蓮寺住持宗範（五八歳）は、長門国萩の生まれで、法雲寺慧極和尚の弟子である。師匠の慧極も萩出身で、隠元の教えを乞うために弟子を引き連れて上坂し、寛文一二（一六七二）年に今井村法雲寺を開山する。金蓮寺が本寺を法雲寺とした背景には、慧極と宗範との個人的な師弟関係があったのであろう。金蓮寺に入ったばかりの宗範は、「寺領も旦那も」もないために、「はちをひらき」（托鉢）食をつないでいた（南清彦家文書）。なお、延享五（一七四八）年の宗旨改帳によれば、金蓮寺には中央寺の弟子が看坊職を務めている（南清彦家文書）。同じ慧極和尚の流れを汲む近隣寺院としてのつながりがあったようである。ちなみに一八世紀に和泉三十三番観音霊場が整備され、金蓮寺がその十四番札所として位置づけられたことによって、新たな収入の道が開かれたと見られる。

②曹洞宗　蔭涼寺は信太山の中腹に立地する。美濃国全久院を本寺とする曹洞宗寺院で、「寺社改帳」には寛永元（一六二四）年に鉄心が開山した「蔭涼庵」と記される。寛文六（一六六六）年に信太山の一画を買い取る証文を、信太明神を祀る信太郷七ヶ村との間で取り交わしている（蔭涼寺文書）。鉄心（延宝八［一六八〇］年八八歳で没）は伯耆国出身で、各地の禅席を訪ね、また隠元らとの交流を深めて研鑽を積み、晩年に和泉で蔭涼寺を開いたとされている。したがって、「寺社改帳」で開基を寛永元年としているのは、古

跡寺院であると説明するためで、実際に庵として姿を現すのは土地を確保した寛文年間のことであろう。蔭涼寺には、河村瑞賢や鴻池久円をはじめ大坂や堺の商人らから多額の寄付が寄せられており、歴代住職はそれをもとに周辺の土地を獲得し、寺容を整えた。

蔭涼寺の檀家は、寺に隣接する尾井村原作と、信太山のふもとにある尾井村本村が中心である。原作は「門前」とも呼ばれた。明治九（一八七六）年に行った開山二百年忌の記録では、尾井（本村）・（尾井）原作・中村（葛の葉町）・千原・伯太の「日中」が書き上げられている（蔭涼寺文書）。

以上、宗派別に地域的な分布をみると、おおよそ市域においては、南部に真言宗寺院が展開し、信太山とその周辺の平野部に真言宗以外の寺院が点在していたといえる。もともと和泉では、高野山や天野山などの真言宗系大寺院が比較的近距離に存在し、それらが大きな影響力を及ぼしていた。そこへ、真言宗以外の宗派の布教が、街道に沿うようにして信太山付近から平野部あたりを中心に広まっていった。各寺院の創立の時期は不明なものも多いが、幕府の寺社改めを経て一七世紀末には、おおよそ以上のような寺院の分布状況ができあがったと考えられる。

本山末寺関係の変更

寺は、それぞれの事情で本山末寺関係を結んだ。その大きな画期は元禄期の寺社改めで、幕府は本末関係の整備を促進させていったが、その関係は近世を通じて一定ではなかった。

たとえば、高野山系の一部の真言宗寺院は元禄期に本末関係の再編を余儀なくされた。その要因は高野山内の子院勢力同士の対立であった。一七世紀初頭から高野山内の行人《ぎょうにん》方が勢力を拡大させ、学侶《がくりょ》方と対立を起こした。ついに元禄五（一六九二）年に幕府の裁定によって、行人方の僧侶が追放・遠島に処され、多くの子院が廃寺となっていく。そのため、行人方の子院を本寺としていた複数の寺が本寺を変更せざるを得なくなった。たとえば、一心院谷威徳院の末寺であった、黒鳥辻村長楽寺・安明寺、黒鳥坊村西光寺のうち、西光寺は、池田下村明王院へ、長楽寺と安明寺は、元禄七（一六九四）年三月に高野山千住院谷正覚院へと本寺を変更した。同様に松尾谷の春木村観福寺・宗福寺と久井村地蔵寺は円徳院から正宝院へ、黒石村の西福寺は橋爪院から成慶院へと本寺を変更した（表12）。この他では本末関係の変更はそれほど多くはないが、本寺、末寺それぞれの事情で変わることもあった。

新寺の設立

元禄四（一六九一）年の寺社改め以降、新しく寺を開創することは禁じられたが、寺の移転は認められることがあった。そのため、新たに寺を建てたい場合、内実を失った寺の名義を借りて移築する形をとることが見られた。

延宝五（一六七七）年に開発された坂本新田には、村内に寺がなかった。そのため、坂本新田の開発請負人の一人、池浦村（泉大津市）の寺田氏は、自村にある黄檗山萬福寺末寺の受法寺を坂本新田に移転させようとした。その計画は、宝永期（一八世紀初頭）に府中村の石泉という者が住持となる段取りまで進んでいた。しかし、同時期に池浦村と府中村が水論となったために、寺の移転計画は頓挫してしまう。その後、坂本新田には「受法寺屋敷」という名前の土地区画だけが存在し続けるものの、寺院は建立されることなく、住僧も存在しなかったと見られる。そのため、坂本新田へ入植した百姓らは、出身村の寺との寺檀関係を持続したのであった。

池田下村の弘法寺と蓮花寺は、庄屋高橋家の寺である。このうち弘法寺は寛保元（一七四一）年に取り立てられた寺である。この場合は泉郡長井村（泉大津市）にあった無住の弘法寺を「引寺」する形をとることで、建立が許されている。寛保元年に弘法寺に入ったのは庄屋の弟で、この弟は直前まで同じく高橋家の寺である蓮花寺の住持であった。蓮花寺・弘法寺ともに、この時点では高野山宝光院の末寺である。

元禄四年の寺社改めは、一七世紀を通して形成されてきた寺社のあり方を固定することにつながったが、その後もさまざまな形で新寺の開創や本末関係の変更が行われる場合があった。

8　神社と座・神職者

次に市域の神社をみわたしてみよう。和泉のほぼすべての村に神社があるが、その性格は様ざまである。一つの村が祀る村の氏神もあれば、特定の複数の村むらで祀る神社もある。ここでは、その一端を見ていこう。

村の氏神と座、廻り神主

和泉の場合、村の氏神の神社には、世襲・専従の神職者はほとんどおらず、氏神の祭祀の運営は村人が構成する宮座（座）が担い、座の年長者が神主を務めた。元禄四（一六九一）年に行われた堺奉行による「寺社改帳」は、その時点での神社祭祀の様子を網羅的に把握している。表14は現存する「寺社改帳」を基にして、村単位で祀る神社を一覧にしたものである。

これによると、神社の祭祀の担い手については、①神主の個人名が記載される場合、②「氏子廻り番」「神主氏子一老持」「神主巡番」と記される場合、③「無神主」と記される場合、④全く記載がない場合がある。

以上の四種類に加えて、⑤社僧・宮寺が記載される場合も含めると、大きく五種類に分けることができる。
⑤社僧・宮寺は神社の祭祀を担った寺僧のことであり、和泉の場合は真言宗や真言律宗の寺僧が多い。
①〜④の記載について注意しておきたいのは、元禄期の記載内容が、近世を通じて不変だったわけでは

領地	村名	神社名	管理主体	
松平領	府中	白鳥明神社	—	—
		天神社（市村）	神主氏子廻り番	平兵衛
				御供所　月洲
		天神社（市村）	神主氏子廻り番	新左衛門
		天神社（東村）	神主氏子廻り番	庄三郎・五郎兵衛
		勝手明神社	—	—
		熊野権現社	—	—
		御館大明神社	—	—
	和気	八幡宮社	神主氏子一老持	寿閑
		三光小社		
		聖母社	神主氏子一老持	寿閑
	小田	天神社	神主村中一老持	了空
			社僧真言宗	善福寺当住可暁
		牛頭天王社	神主村中一老持	了空
		稲荷大明神	神主村中一老持	了空
	尾井	白山権現	—	—
		原作明神社	—	—
	一条院	春日社	神主	忠兵衛
	下条大津	若宮八幡社	社僧律宗	野中寺玄道
	宇多大津	牛頭天王社	神主	仁兵衛
		大部天王社	神主	吉兵衛
片桐領	池上村	天満天神社（西之天神）	社僧禅宗	金蓮寺当住宗範
		天満天神社（東之天神）	社僧浄土宗	薬師堂当住正西
	黒鳥（坊）	若宮社	奥院	観音寺儀宣
		八王子社	—	—
	肥子村	天満天神社	—	—
渡辺領	伯太（上堂）	天神社	神主	助左衛門
	伯太（下堂）	天神社	神主	長右衛門
		熊野権現（新宮・本宮・那智）	—	—
	板原	天神社	—	—
	大津	恵美酒社（天照太神・春日大明神）三社相殿	社守	元心
		明神社	—	—
	春木川	牛頭天王社	神主一老持	庄右衛門
牧野領	国分	鎮守　三十番神社	神主巡番	左近右衛門
	平井	春日大明神社	神主	平井村次郎左衛門
		弁財天社	無神主	—
			社僧真言宗	当住玄孝
	黒石	八王子社	神主巡番	源左衛門
	納花	鎮守　八幡社	神主巡番	左次兵衛
	鍛冶屋	鎮守　山王権現宮・若宮八幡宮　弐社	神主巡番	太郎兵衛
	三林	白山権現社	神主巡番	文右衛門
	和田	鎮守　白山権現社	神主巡番	左右衛門
	室堂	鎮守　白山権現社	神主巡番	惣右衛門
	唐国	鎮守　天神社	神主巡番	半右衛門
	内田	春日大明神社	神主巡番	権助
			社僧真言律宗	普照寺住持雲照
	松尾寺	鎮守　熊野権現・白山権現・吉野権現三社	—	—
		同　四所大明神	—	—
		同　地主両大明神	—	—
		同　山王権現	—	—
	久井	鎮守　地主権現	神主巡番	太郎左衛門

表14　神社一覧　府中・黒鳥は、内部にある複数の町・村で祀るため表15へ記した。

ないこと、「寺社改帳」の記載が必ずしも実態を反映しているとは限らないこと、の二点である。とくに二点目についていうと、実態は廻り神主であるにも関わらず、調査時に神主の当番だった人名だけが記されたり、「無神主」と記載される場合もあった。これを勘案すると、和泉の場合、村単位の神社は実質的にはほぼ「廻り神主」だったと考えられる。

廻り神主とは、「一老持」とみえるように、神社（寺）に結集する村人たちが営んだ宮座（座講）の構成員のうちの年長者が順番に神主の役割を担う方式をいう。最長老のものは一老と呼ばれ、以下、順次二老、三老と年齢階梯的な序列があり、多くの場合上位の者が神主の役を務めた。彼らは村の百姓身分であり、特別な教育機関で神道などを修めたわけではない。その村に生まれ、宮座の台帳に登録され、成長するにしたがって宮座の通過儀礼を経ながら、村の構成員として認められ、長老になるに及んで、神主の順番が廻ってくる。このように、「寺社改帳」に記載された「廻り神主」の背後には、それぞれの村における宮座が展開していたことを意味する。

中世の黒鳥村では、人びとが天満宮と安明寺のもとで五つの座に結集していたことが知られている。また、万町村には、慶長・元和期の座の史料が残されており、宮座の形成は中世に遡《さかのぼ》ることは間違いない。近世に入り、一七世紀に各村むらがその姿を変えていくのにともなって、それぞれの宮座のあり方も変化していくものと思われる。こうして一七世紀末の和泉では多くの村むらで宮座が営まれていたのである。

宮座のあり方は村によって多様であった。天明六（一七八六）年に一橋領知の「元惣代」らが作成した史料の中で、宮座について次のような説明がある。

村によっては、「生《お》ひ立《たち》」の家やその分家までを「座家」とする座がある。年齢を重ねた人が一老・二老となって座の上座につき、村の公的な集会の場においても村役人（庄屋・年寄）よりも上座に就くところもあり、村役人らの意見よりも優先されるところもある。さらに、他所から入ってきたものを「座外」と呼び、自分の被官《ひかん》（下人）と同じ様な扱いをする場合もある。他所から座家へ養子にきた人についても、例え村のためになるようなことを主張しても、村役人も座家の人が務めているので、主張が通ることはない（高橋家文書）。

これによれば、村政が座の秩序と深く関わり、村によっては、座の上座に就いた人が村役人よりも優位となる場合もあったという。また、村内に居住していても、座家と座に加われない家の区分がある村もあった。養子などの取扱いについても村ごとに違いがあったのである。

村単位の神社についいては、あまりに多様なので、以上の一般的な指摘にとどめておきたい。

複数の村で祀る神社

次に、複数の村むらで祀る神社について述べよう。横山谷では、東横山谷の牛頭天王社（下宮村）、西横山谷の牛頭天王社（仏並村）、池田谷では、中央部七ヶ村の春日神社（三林村）、松尾谷では、春木荘の枠組みと考えられている松尾谷六ヶ村の春日神社摂社若宮社（春木村）、信太郷では信太明神（王子村／信太郷）がこれに相当する。これらの神社は古代、あるいは中世からその存在が確認できる古い神社であり、複数村で支える祭祀のあり方には、それぞれ歴史的経緯が反映されている。また、和泉の場合、多くは近代の神社合祀の際に、村単位の神社が合祀されることになった神社である。

より小地域で祀る神社も存在した。たとえば、池田谷の南部にある宮里三ヶ村は、牛頭天王社（国分村）をともに祀り、三ヶ村の宮座が存在した。先に松尾谷六ヶ村で祀る神社として紹介した若宮社の本社である春日神社は、春木村・久井村の二ヶ村が祀っていた。池田谷の中央には、和田村・室堂村の二ヶ村で祀る小椋《おぐら》神社があった。

池田下村は内部に五つの集落が存在し、それぞれに寺や神社を持ち、宮座が存在していたが、同時に池田下村の氏神として御霊天神《ごりょうてんじん》社が存在した。黒鳥辻村・上村・坊村の三ヶ村には、各村の氏神とともに全体で祀る天神社があった。近世期の様相は不明であるが、坂本村には三つの内部集落ごとに座があり、一村として牛頭天王社（郷荘神社）を祀っていた。このように、村と内部集落が重層的な関係を有していた場合、神社と座のあり方も重層的な形態をとったのである。

神職者の存在する神社

複数の村むらで祀る神社には、世襲の神主が存在する場合があった。特定の家の当主が代々神主職を継いで務めるが、彼らの多くはそれを専業としていたわけでなく、年貢を納入する百姓でもあった。たとえば、三林村春日神社の神主横田家は、室堂村の百姓であると同時に、干鰯《ほしか》を扱う肥料商も営んでいた。仏並村牛頭天王社神主の沢久太夫は、坪井村の大高持ちであり、山林地主であり、伏屋新田の地主でもあった。村に住み、その村の土地をもつ高持百姓としての性格は近世を通じて変わることはなかった。彼らの内には、全国の神主を配下に編成しようとした京都の公家・白川家（神祇伯）や吉田家（神祇管領長上）から、免許状（神道裁許状）を受けて、神職者の全国組織に入ろうとする者もいた。以下では、こうした神社と世襲神主を、いくつか取り上げて紹介していく。

［五社惣社神社］

泉井上神社と同じ境内にあり、和泉国五社を祀る神社として広く知られていた。氏地は府中村一村だけ

谷・郷・村	神社名	祭祀地域	神主	名前など
府中	五社惣社大明神社	府中村	惣神主	田所主計
			下神主	馬場七兵衛
			社人	4人
			神子	1人
			宮守	1人
			社僧真言宗	御供所　無心
黒鳥	天神社	黒鳥村（上・坊・辻・郷庄）	宮寺真言宗	安明寺看坊真長
信太郷	信太大明神社	王子・尾井・富秋・中・太・上・上代村立会	神主	田辺宮内
			社家	中村治部
			社人	3人
			社僧真言宗	万松院
我孫子郷	穴師明神社	豊中村ほか立会	神主	津守庄司
			社人	10人
			神子	2人
	賀茂明神社		—	—
	春日明神社		—	—
	弁財天社		—	—
	大黒天社		—	—
池田谷	春日大明神社	三林・和田・室堂・池田下・万町・浦田・鍛冶屋村立会	神主	室堂村　庄兵衛
	御供所		社僧真言宗	禅［玄］
和田室堂	小倉　牛頭天王宮・三十番神宮2社	和田・室堂村立会	神主巡番	弥右衛門
宮里	牛頭天王社	平井・国分・黒石村立会	神主巡番	平井村加左衛門
	鎮守　熊野権現社		神主	平井村加左衛門
	山王権現社		神主	平井村加左衛門
松尾谷	春日大明神宮・天神宮	春木・久井村立会	神主巡番	春木村　八左衛門
	若宮社	春木・久井・若樫・春木川・唐国・内田村立会	神主巡番	久井村　弥兵衛
西横山	牛頭天王社	仏並・坪井村立会	神主氏子廻持	与左衛門
東横山	牛頭天王社	下宮村ほか7ヶ村立会	神主	葛城播磨

表15　立会神社と神主　元禄期寺社改めの情報をもとに作成。

であるが、同村は家数・村高ともにとりわけ大きな村であり、その内部には五ヶ町（馬場・小《う》社《ぐす》・市之辺・東・南）が含まれ、そのすべてを氏子としていた。中世以来、田所氏が神主職にあったと考えられる。近世に入り、少なくとも一七世紀末以降、田所家は白川家の門下に属する神職者としての身分を維持し続けたと見られる。また、田所氏のもとで馬場氏が下神主を務め、一九世紀になると、神子《みこ》も確認できるようになる。ただし、田所・

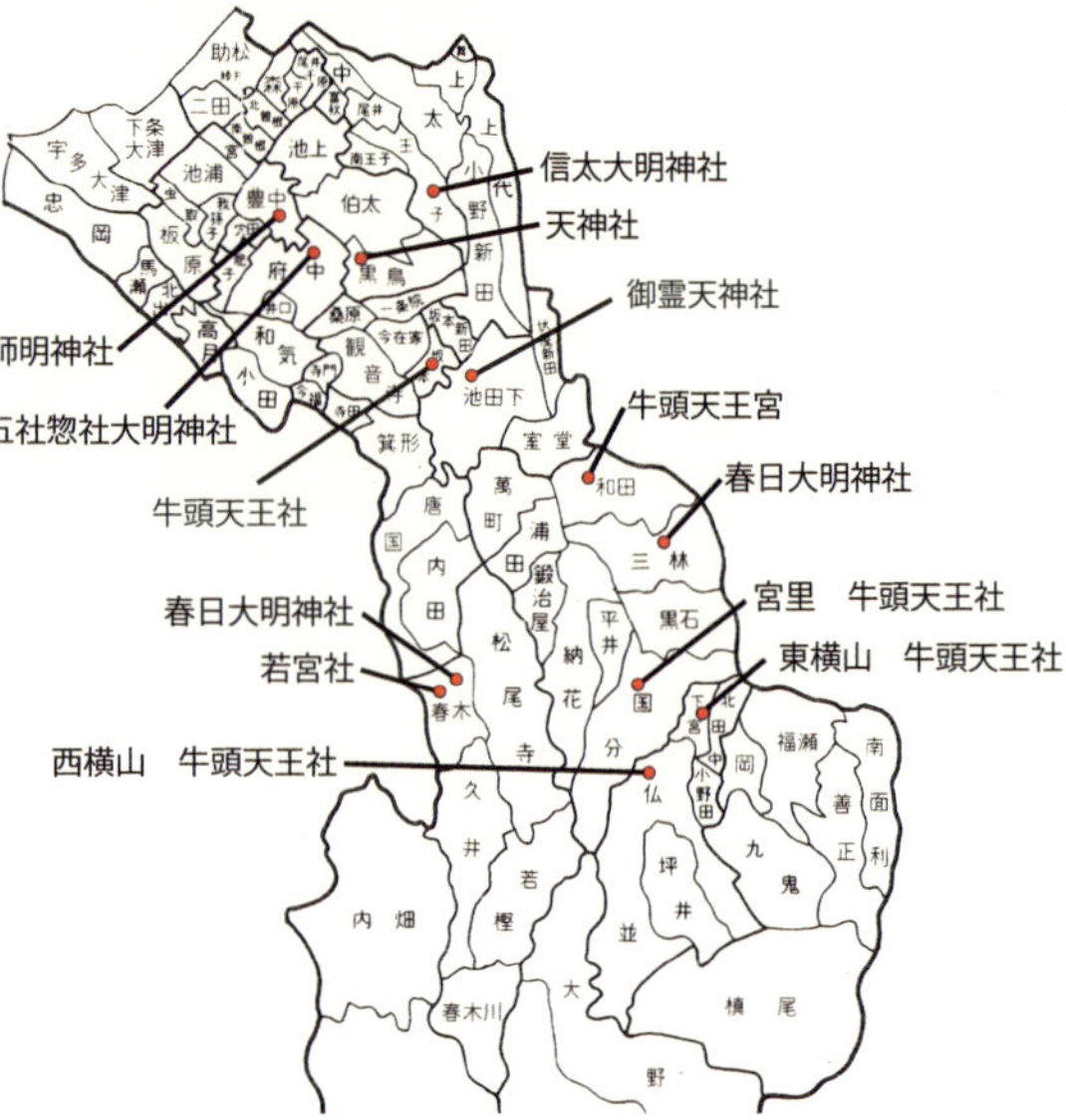

図10　数ヶ村で祀る神社

馬場両家が白川家門人であるのに対し、神子は吉田家配下に属したために、神社内で対立が生じている（泉井上神社文書）。

［牛頭天王社］

仏並町にある現在の男乃宇刀《おのうと》神社は、下宮村と仏並村に一つずつ祀られていた牛頭天王社とその摂社を、戦後に合祀したものである。古く「延喜式」神名帳には二坐が記されていることから、横山谷の東部と西部の二つに分かれて祀っていたと考えられている。確実な史料で存在が確認できるのは近世に入ってからである。それぞれの神社祭祀の基盤には、横山谷の村むらによって形成される座があり、八月二二、二三日に行われる祭礼では、東西が「七つ仮屋《かりや》」（槙尾中学付近）に集まり、神事を行っていた。両神社は京都吉田家の門下に属する神職者を擁していた。それぞれに即してみていこう。

下宮村にあった牛頭天王社は、横山谷の東部の村むらを氏子域とする神社である。氏子村むらは、南座四ヶ村（下宮・岡・小野田・九鬼）と東座三ヶ村（南面利・福瀬・北田中）に分かれており、それぞれの村単位に牛頭天王社の宮座があった。この重層的な構成をとる座は、宮座でのみ用いる特定の姓を名乗る家だけが加入することができるものであった。この牛頭天王社の神主を少なくとも一七世紀末以降葛城氏が世襲した。葛城氏は、一七世紀の和泉市域において本所に神職身分を認められた数少ない者のうちの一人である。

元禄四（一六九一）年「寺社改帳」では神主葛城播磨が見える。これ以前には「半太夫」と書き上げていたらしいが、貞享四（一六八七）年に京都吉田家から官位を受けたという。播磨という名称も認められたのであろう。

牛頭天王社（仏並村）　横山谷西部の村むら（仏並・大畑《おばたけ》・小川《こがわ》・坪井）を氏子とする神社である。これらの村むらは、慶長検地帳などにおいて、それぞれ別個の村として把握されていたが、一七世紀後半まではまとめて一人の庄屋が管轄した一体的な地域であった。このなかから坪井村が独自の庄屋をもつ村として単立していく一方、大畑・小川は仏並村の内部集落としての歴史を歩んでいく。これら四つの村で牛頭天王社を祀る宮座が形成されていた。

この宮座も東横山谷と同じ様に宮座に参加することができるのは、「式田・日原・葛城・平」の四姓をもつ家の当主だけに限定されていた。一七世紀末以降の神主職を世襲したのは、坪井村の沢家であり、宮座においては日原姓を名乗っている。しかし、その神主職をめぐっては享保期・文化期の二度にわたって大きな争論が起きている。これに対し、沢家は京都吉田家から神道裁許状を受けており、それを後ろ盾に、神主職の正当性を主張し続けた（第3部第5章）。

［春日神社（三林村）］

池田谷の池田下村・室堂村・和田村・三林村・万町村・浦田村・鍛治屋村の七ヶ村が祀っている。春日神社では、一七世紀末には固定の神主職が確認でき、元禄四年「寺社改帳」では室堂村の「庄兵衛」が神主と記されている。享保三（一七一八）年には横田石見（藤原吉勝）が吉田家から神道裁許状を受けており、「庄兵衛」は横田家の者と考えられよう（『池田編』）。

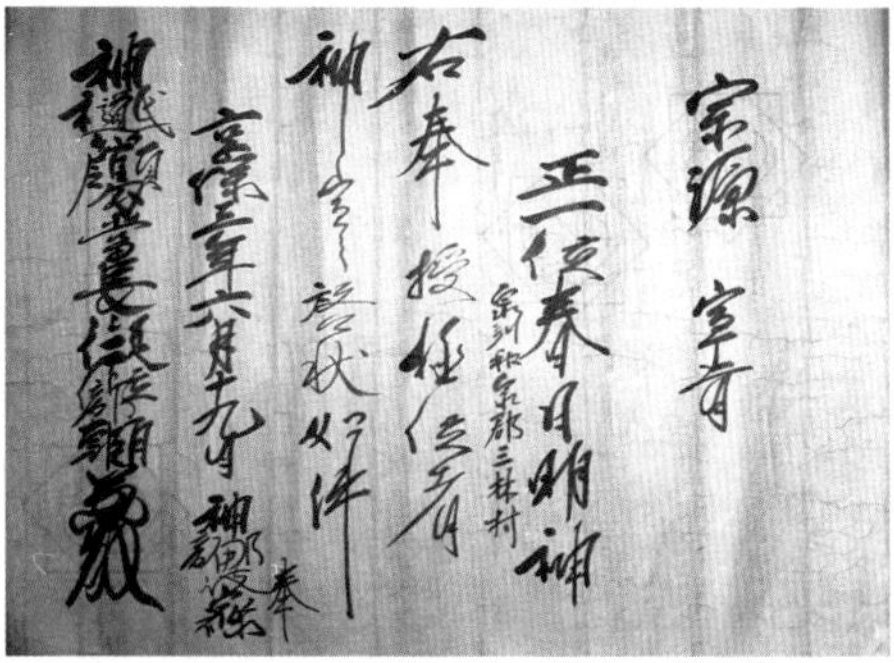

写真11　三林・春日神社「宗源宣旨」　室堂・横田家文書。

［信太明神社（信太山）］

信太山丘陵の北半分を広大な境内山とする神社で、信太郷七ヶ村（上代村・上村・太村・尾井村・中村・富秋村・王子村）によって祀られていた。一七世紀半ばには天野山金剛寺（河内長野市）の影響下にあったと見られ、その子院である菩提院が信太明神の別当職にあった。その後、元禄四年の「寺社改帳」では、神主田辺宮内、社家中村治部ら社人三人のほかには、社僧万松院と釈迦堂が存在し、天野山金剛寺との関係はみえなくなる。神主田辺氏らは、宝暦五（一七五五）年に白川家に入門している。この入門の背景には、当時、信太明神社の祭祀における職掌をめぐる社僧万松院らとの争論を有利に運ぼうとする意図があった。

なお、信太明神社とその境内山（信太山）については、信太郷七ヶ村の権限が強く、七ヶ村によって祀られ、管理されていたが、宮座組織は見られない。これら七ヶ村の庄屋など村役人が、直接村役人としての立場で管理・運営にあたっていたのである（『信太編』）。

神位と本所

近世には、京都の吉田家が村の側からはたらきかけを受けて、地方の神社に神位を授けることがあった。正徳元（一七一一）年八月三日、黒鳥村（三ヶ村）の氏神である天満天神社に対して「正一位」という神位が認められ、「正一位天満宮」と記した額が下付されている。上代村の牛頭天王社も、享保三（一七一八）年六月一九日に「正一位牛頭天王」が認められている。さらに三林村にあった、池田谷七ケ村の春日神社も村むらからの要請で、「正一位春日明神」の額が下付された。これらを認可したのは、いずれも「神祇道《じんぎどう》管領《かんれい》勾当《こうとう》長上《ちょうじょう》従二位《じゅにい》卜部朝臣《うらべのあそん》兼敬《かねたか》」、すなわち京都吉田家の兼敬である。

正徳三（一七一三）年正月二〇日には、池上村から吉田家に対して、稲村社（太政威徳天神）の名称を「稲村大明神」と変えること、および「正一位稲村大明神」と文字を記した額を下付してもらえるよう願い出ている。この出願の結果は不詳であるが、村の氏神に神位を授かるよう、村側から積極的にはたらきかけたことが注目される。

ところで、この池上村の願書には、興味深い記述が見られる。すなわち、池上村の氏神は、「碓」（臼）を嫌うので、村では神慮を恐れ、往古から臼を置くことができなかった、しかしそれでは農業に差支えが出て困る、何とか村に臼を置くことを免許してほしい、というものである。このような慣習は他でも見られ、黒鳥村の氏神天満天神に対して出された「祭文」では、「尊神」の「嫌物」として「唐臼」および「元日雑煮」の「食用」が挙げられている。

当時の村社会において、臼や雑煮などを氏神が嫌うという理由でその使用や食用を禁忌《きんき》とする民俗的慣習が存在したようである。ほかの地域でも特定作物の栽培・食用の禁止、特定動物の使役・食用の禁止などがあり、それを犯すと祟りを被るというような迷信がひろく存在したことが知られている。元禄期〜寛保期に吉田家から発給された「宗源宣旨」（吉田家が出す神道裁許状のこと）は、これらの禁忌から解放してくれるものと期待されたと考えられている。池上村や黒鳥村の神位を求めての出願もこれと無関係ではなかっただろう。

ところが、この正徳〜享保期に集中してみられる吉田家による「神位」の認定に関する史料は、これ以降見られなくなる。これは、寛保三（一七四三）年以降、神社の神位に関しては天皇の直裁を経なければならなくなるためである。

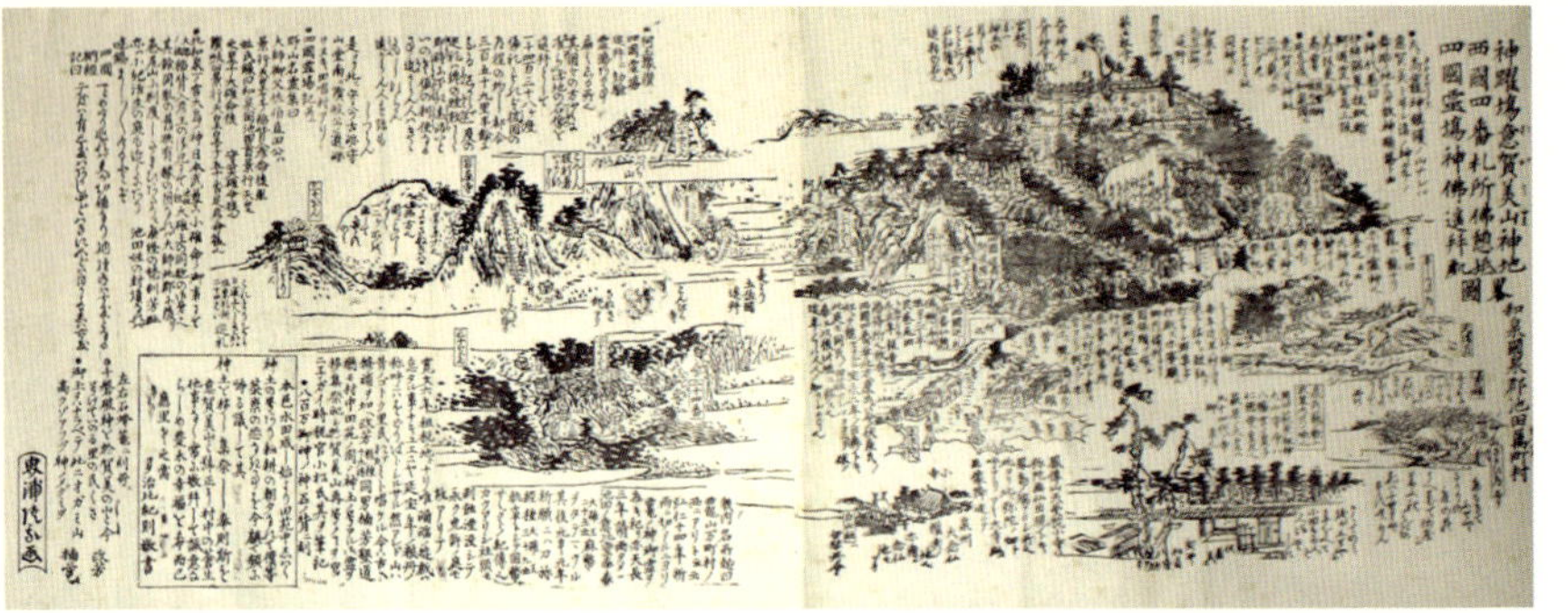

写真12　神躍場意賀美山神地・西国四番札所仏憩抵・四国霊場神仏遥拝処図（小林家蔵）

屋敷神や小祠の叢生と名所化

天保九（一八三八）年八月に和気村の庄屋田所太郎右衛門は、自身の屋敷内に祀る「正一位太郎助稲荷大明神」に対して、「日本稲荷惣本宮愛染寺」の知山から、「本宮奥秘」を授与されている。愛染寺は伏見稲荷（京都）の社僧であり、求めに応じて伏見稲荷の祭神の写しを授けていた。また、慶応三（一八六七）年四月には、京都の白川家用所から稲荷社の勧請が認められている。この稲荷明神は、一八世紀以降のある段階で太郎右衛門家に祀られ、「稲荷」の本所である伏見稲荷の愛染寺から授けられ、ついで神祇伯白川家のもとで認定された「稲荷祠」として祀られたことになる。

信太郷中村の庄屋森田氏の屋敷にあった稲荷祠が大きくなったのが、葛葉稲荷神社である。『和泉名所図会』には、「方二〇間」ほどの「森」があり、草木が繁茂し、そのなかに「白狐祠」や「狐穴」が多くある様子が記されている。手習本「信太葛葉の由来」は、稲荷祠へ参詣者を呼び入れるために作成されたものである。そこには、安部清明と狐の子別れの物語を枕に置きながら、祠がある森田家の「身上《しんじょう》」が衰えていくなかで、白狐が諸人の病を治し、あるいは願い事が叶うという噂が広がり、近在・遠国から参詣者が増加したという話が記されている。近所の百姓もその人出を見越して茶店を出し、饂飩《うどん》・蕎麦切《そばきり》や善哉餅《ぜんざいもち》を供し、商人が集まって市のようになっているという。病気回復や現世利益を願い、また遊興を目的とする参詣者の増加によって、庄屋の屋敷稲荷が賑わっていく様子が描かれている。

このような村や地域の人たちで祀る小規模な祠は数多く存在していた。万町村の庄屋伏屋長左衛門政芳は、『和泉名所図会』にも描かれるようになる二つの名所の創設にかかわっている。一つは目塚《さかんづか》である。伏屋家が坂本新田の開発で田畑を切り開いた際、偶然古墳の石室が掘り起こされた。その地点に、石室の石を用いた石碑を設置し、祠を建立したのが安永五（一七七六）年である。その後、眼病に効能を期待する俗信が広まっていったようである（『池田編』）。

二つ目は、寛政元（一七八九）年の意賀美山《おがみやま》の整備である。万町村の屋敷の端や田畑の畦《あぜ》などに点在して祀っていた「牛神曽波」の祠、道祖神《どうそじん》、九頭神《くずしん》、大将軍《たいしょうぐん》などを、村の西にある石尾墓地に連続する小高い丘陵（字おどり場）に集め、「意賀美山神地《おがみやましんち》」として祀っている。このとき立てられた石碑や牛神はいまも現存している。これとほぼ同時期に、「意賀美山」の南に、四国霊場八十八ヶ所を模した遥拝所も整備し、宝永年間に槇尾山が出開帳した際に立ち寄った「仏憩場」とあわせて版画に刻んでいる（写真12）。このように名所として著名となったものもあるが、ひっそりと生成し消滅していった小祠は各所に存在したものと思われる。

9　墓所

ここでは市域の墓所について概観する。

本題に入る前に、近世以前の墓についてみておこう。市域において墓や墓所の存在が確認できるのは中世以降である。現在の万町石尾墓地付近で中世墓の遺跡が発見されており、一四世紀末に土葬のための墓穴が存在したこと、一五世紀になると墓穴のなかで荼毘《だび》にふす形式の火葬が行われていたことがわかっている。これらの墓穴には、青磁器や硯などの副葬品をともなうものもあった。しかし碑文を記した墓石な

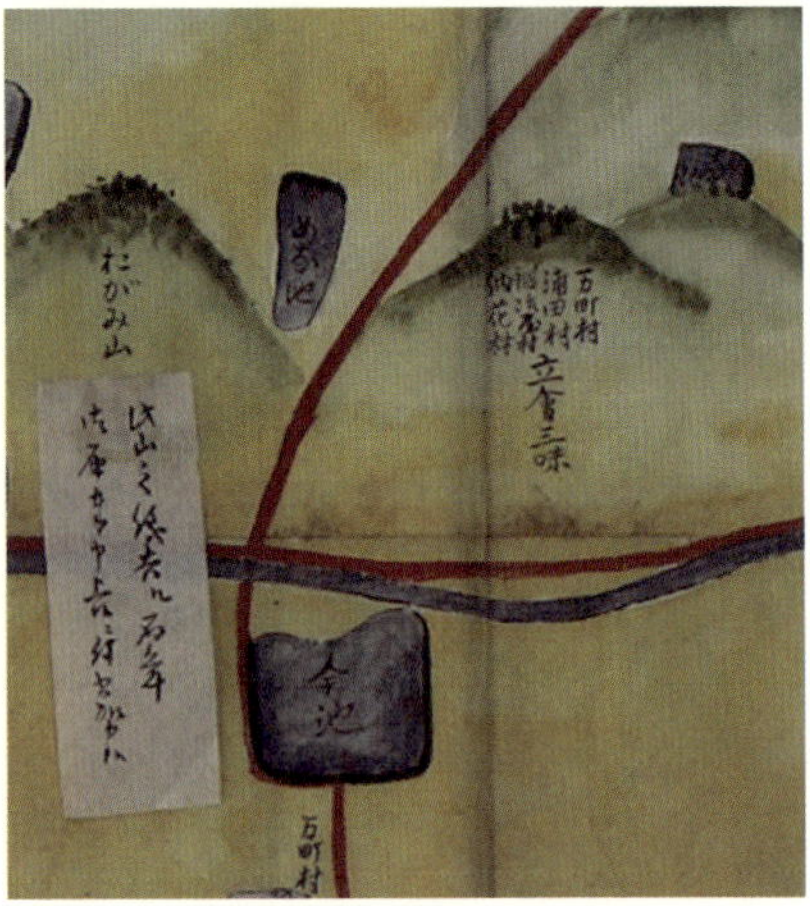

写真13　万町村絵図（部分）

どはみつかっておらず、被葬者について知る材料はほとんど得られない。万町とその付近の浦田・鍛冶屋町一帯は、中世に箕田《みのだ》村という村落が存在していたことから、この中世墓は箕田村の惣墓であったと考えられている。

近世に入ると、墓所は増加・拡大する。人口増加がその主な要因である。墓石は、個人々々に一基ずつ造られた。一七世紀中に人口が急増し、中世の人口から三倍となったといわれるが、（第1部参照）、それは同じ数の死者の増加を意味する。死者と同数基の墓が建設されるわけではないから単純に考えることはできないが、中世の墓所だけでは墓地が不足することは確実である。近世の市域には少なくとも大小合わせて二〇ヶ所の墓所が存在したことが史料や絵図から確認できる。

では、近世の村において墓所はどのように存在していたのか、絵図によって具体的にみてみよう。

写真13は、寛政一〇（一七九八）年作成の万町村の絵図である。今池から画面右上方向に向かって伸びる道と今池の前を水平に伸びる道の間に「万町村・浦田村・鍛冶屋村・納花村立会三昧《さんまい》」がある。この三昧が万町村墓所である。

万町村の墓所は、万町村と、浦田村・鍛冶屋村・納花村との立会であった。万町村の延宝検地帳では、帳末に除地（年貢免除地）分として次のように記される。

一、四反七畝九歩　四拾三間　三拾三間　三昧地立合　万町村　浦田村　鍛冶屋村　納花村

地域	所在村	
横山	下宮	三昧地80間×50間　1町3反3畝10歩　横山谷12ヶ村立会（下宮・北田中・福瀬・善正・南面利・九鬼・小野田・仏並・坪井・小川・大畑・岡）　聖屋敷34間×26間　小家4軒
池田	平井	三昧地82間×68間　除地　平井・国分・黒石立会 隠墓（3名）
	万町	除地墓所43間×33間　　煙亡9人（男5・女4） ＊本文参照
	和田	墓所三昧62間×44間　9反28歩　除地　和田・三林・室堂立会 聖屋敷17間×5間　2畝25歩　おんぼ（1名）　除地
	池田下	除地墓所1町1畝6歩3ヶ所　　＊3反9畝20歩・4反7畝20歩・1反3畝26歩（延宝検地帳より）
	伏屋新田	除地墓所5畝歩
松尾	寺田	墓所30間四方　当村小物成山の内に有り ＊寛政明細帳に「墓二ヶ所」30間×30間2反歩とあり
府中	今在家	除地墓所59間×22間　　煙亡11人（男7・女4） 今在家・一条院・桑原・坂本・坂本新田立会
	観音寺	除地墓所1反　　煙亡5人（男2・女3）
	今福	除地墓所16間×5間　　煙亡21人（男8・女13）
	寺門	墓所　当村小物成山内の内に有り　反別知らず
	小田	除地墓所4畝15歩
	府中	除地墓所20間×12.5間
	黒鳥	墓所黒鳥村地内に有り　三分3ヶ村（辻・坊・上）立会 ＊墓所東40間西46間南32間北44間1634坪　除地　三昧堂極楽寺（元禄4・寺社改帳より）
信太	上	除地墓所4反6畝15歩　信太郷7ヶ村立会　　煙亡10人男5人女5人 ＊煙亡（1名）7人　屋敷地除地1畝15歩（宝暦3・上代村明細帳より）
	南王子	墓所1ヶ所　＊墓所1ヶ所除地12間×6間（天保2・明細帳より）
府中／市域外	下條大津	三昧墓所　虫取・吾孫子・肥子・伯太・板原・池上・曽根・二田・大津9ヶ村立会　境内平地除地4606坪　観音堂　地蔵堂　葬場雨覆1ヶ所
信太／市域外	大鳥郡長承寺	除地墓所4反9畝24歩　煙亡屋敷共　大鳥郡長承寺・北王子・野代・上・富木・草部・泉郡舞村7ヶ村立会　　煙亡39人（男22・女17）

表16　史料で確認できる近世の墓所　一橋領村は天保2年「様子大概書」による。その他の典拠がある場合は欄内に記す。一橋領以外は、下條大津村は宝暦13年「泉州泉郡之内片桐石見守領分寺社改下帳」、和田村は元文5年「前々田畑御改出其外御除地書上帳」、平井村は享保元年「和泉国泉郡池田平井村差出帳」、下宮は『和泉横山谷の民俗Ⅰ』（1975年、大阪府教育委員会）より作成。

この立会四ヶ村のうち万町・浦田・鍛冶屋は、中世は箕田村として一体であったが、近世には、別々の村として存在した。しかしこの墓所の立会利用のように、生活のさまざまな局面でそのまとまりをとどめていたのである。なお、納花村は箕田村三ヶ村より遅れて成立したと考えられており、のちに利用に加わったと思われる。

つぎに、市域各所の墓所を概観しよう。検地帳や明細帳などの史料で確認できる墓所が市域では一五ヶ所ある（表16および図11）。このなかには万町墓所や今在家墓所のように、数ヶ村が共同で使用する立会墓所もあれば、おもに一つの村だけで使用する村内墓所もある。平井・万町・和田・今在家・上にある墓所が前者の立会墓所に分類される。池田下・伏屋新田・寺田・観音寺・今福・寺門・小田・府中・黒鳥・南王子の墓所は村内墓所である。ただし、黒鳥や池田下は内部にいくつかの小村落をかかえる村であるが、黒鳥の場合は一ヶ所にまとまっており、池田下の場合は三ヶ所に分かれていたようである。黒鳥の墓所は小村落の立会墓所ともいえる。

市域北部では、市域外の立会墓所を使用する村もあった。伯太・池上・肥子村は、下条大津村（泉大津市）の墓所を、舞村は大鳥郡長承寺村（堺市）の墓所を使用した。下条大津墓所は下条大津村とその周辺五ヶ村

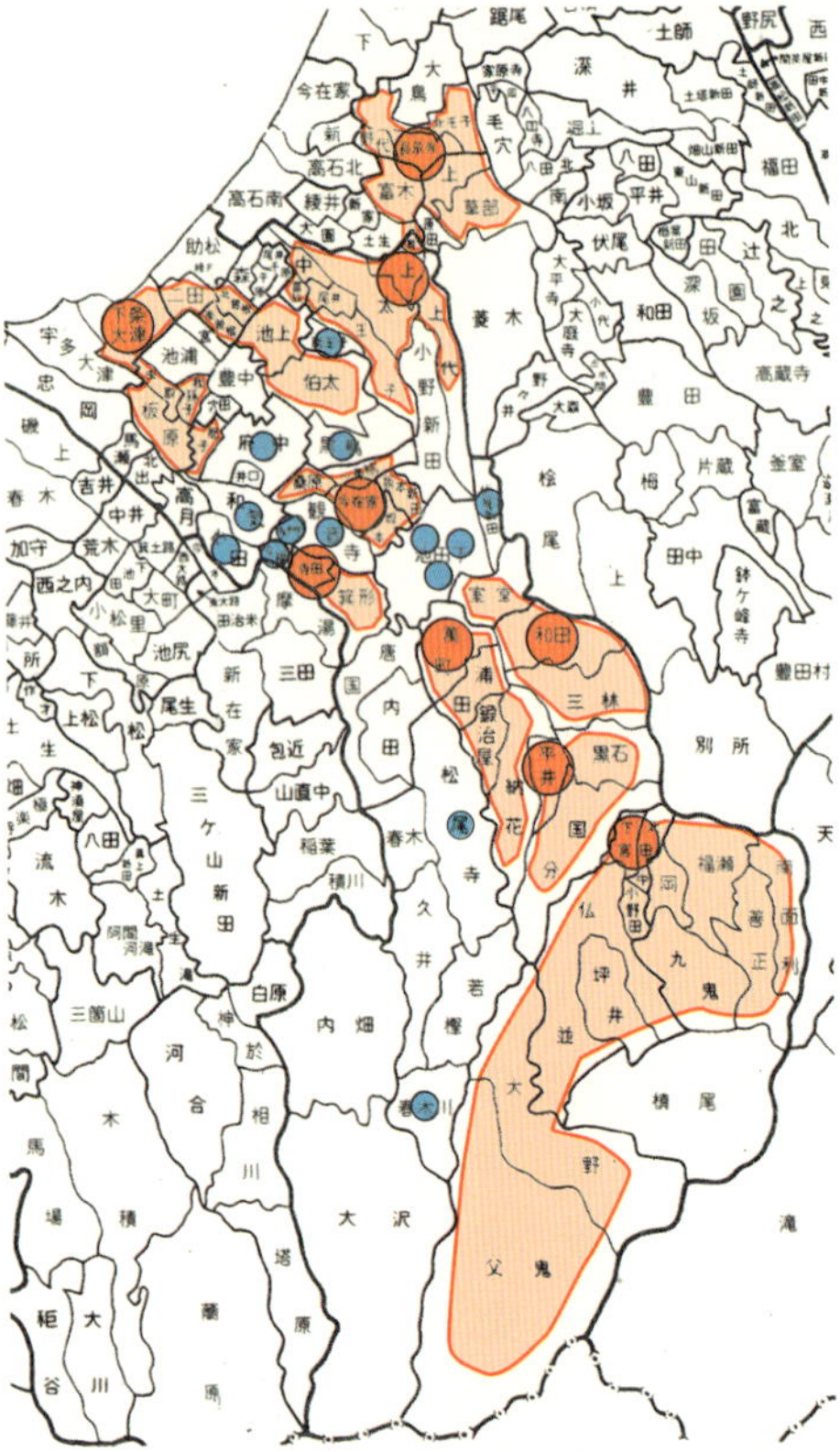

図11　史料に記載される墓所の分布

（いずれも泉大津市）および市域三ヶ村の立会であった。長承寺墓所は、舞村、長承寺のほか五ヶ村との立会である。

おおむね、立会墓所は大規模であり、すべてが除地で、隠亡《おんぼう》（煙亡、墓守り）の存在を確認できる。一方、村内墓所は、村の大小に応じた規模といえる。表中では除地である場合が多いが、寺田や寺門のように年貢地の小物成山内にあることもある。また、隠亡が存在しない墓所もあるが、おそらく近隣の隠亡が世話をしたものと思われる。

立会墓所のまとまりについては、それぞれの歴史的経緯があると考えられるが、池田谷では、墓所の立会の範囲は山の利用や水利のそれと重なることが多い。耕地開発の進展と集落の展開がともにあったことを考えると、墓地の成立もその一部として理解できる。一方、開けた平野にある北部の村むらでは、耕地開発の時期がはやく、集落の展開も複雑で、現在のところ、不明な部分が多い。あるいは、こうした北部地域では生活のレベルごとにさまざまなまとまりがあったのかもしれない。

さて、池田地域や信太・府中地域のほとんどで史料から墓所の存在を確認できる一方、松尾地域の多くについては、現在のところ、史料で確認できない。

たとえば、松尾谷の内田・唐国・若樫村の延宝検地帳には墓所の記載がない。理由ははっきりしないが、墓所が除地扱いでなかったため、検地帳に記載されなかったのであろう。もちろん、これらの村むらに墓所がなかったとは考えられない。山論の際作成された絵図に偶然墓所が描かれている春木川村のような場合もあるし、現在の各町の墓地で近世の年号をもつ墓石が多数確認できる。以上から考えて、近世の松尾地域では、各村ごとの村内墓所があったと思われる。

池田地域や市域北部でも、史料に記載される墓所のみではなく、実際は、小規模な墓所が複数あったと考えてよい。

コラムⅠ　天保度巡見使

幕府は大名と旗本・御家人を監督し統制するため、大目付や目付を設置し、大名には領地と江戸を往復する参勤交代を命じた。これに加えて、全国各地に監査役人を派遣し、私領・幕領における領主支配の監察と民衆の実態把握を行おうとした。これが幕府巡見《じゅんけん》（検）使《し》派遣である。当初、三年に一度諸国の巡見を行う方針であったが、徳川綱吉が将軍に就任した天和元（一六八一）年以降は、将軍代替わりの時に派遣されるようになった。幕領を回る御料《ごりょう》巡見使は一一組に編成されて全国の幕領を分担し、私領を回る諸国巡見使は八組で各地域を分担した。

天保巡見

天保七（一八三六）年、徳川家慶が第一二代将軍に就任した際も巡見使が発遣された。発遣の命令は天保八年になってからで、実際に巡見使が諸国に向けて派遣されたのは翌九年二月以降である。この天保の巡見を最後として、幕末まで巡見使の発遣はなかった。

天保巡見について、当時国分村の庄屋であった三浦吉左衛門が詳細な記録を残している。「御国御巡見・国々御料所御巡見　両御触書之控」と題された天保九年閏《うるう》四月付けの帳面である。天明巡見以来五〇年ぶりであったから、吉左衛門にとっては庄屋として初めての経験であったと思われる。帳面には、回達された触書《ふれがき》はもちろんのこと、村が巡見にどのように対応したのかも詳細に記されている。

まず天保九年二月二四日、巡見使発遣の触が、堺奉行を経由して領主関宿藩の伏尾役所より国分村に達せ

	役　知行	名前	朱印人足	朱印馬	賃人足	休泊
正使	使番 1500石	山本七郎左衛門	8人	15疋（30人に充当）	21人	35人前
副使	小姓　600石	三宅三郎	8人	13疋（26人に充当）		30人前
副使	書院番1000石	市岡内記	8人	10疋（20人に充当）	15人	28人前

表1　畿内担当の諸国巡見使

名前	朱印人足	朱印馬	賃人足	休泊
武嶋八十八	2人	3疋（6人に充当）	1人	7人前
岡田利喜次郎	2人	3疋（6人に充当）	1人	8人前
小川伊兵衛	2人	4疋（4人に充当）	1人	5人前

表2　山城・摂津・河内・和泉・丹後・播磨・近江・大和国担当の御料巡見使

られた。寛文期および正徳期に出された触と同じ文言の再触《さいぶれ》で、内容は、検察事項の確認と、巡見使の宿泊や休憩を受け入れる村むらへの対応の指示、通行道筋村むらの心得についてなどである。それとともに、巡見使一行相手の商売の禁止、あるいは彼らへの過度な饗応《きょうおう》を抑制するなど、実際の巡見現場の状況を反映していてなかなか興味深い。なお、これと同じ触が大坂町奉行所より別ルートで村むらに回達されている。

諸国巡見使八組のうち、畿内の私領巡見を担当することになったのは山本七郎左衛門組であった。正使は使番《つかいばん》の山本、副使に小姓《こしょう》三宅三郎と書院番《しょいんばん》市岡内記が任命されている。堺御用達紀伊国屋勝之助がもたらした先触によると、一行が江戸を発ったのは天保九年三月七日であった。幕府から山本・三宅・市岡それぞれに巡見御用の朱印状が発給され、道中の人馬継ぎたての先触を出すよう命じられた。これによって巡見使が通過する村むらに対して人馬の負担と、雇い人足《にんそく》・休泊の用意が求められることとなった。負担の数は表1のとおりである。なお、昼休賃は一人前銭七二文、宿泊賃は一人前一四八文の見積りで一汁一菜で賄《まかな》うようにとされている。

一方の御料巡見使は、武嶋八十八・岡田利喜次郎・小川伊兵衛の三人が山城・摂津・河内・和泉・丹後・播磨・近江・大和の各国幕領巡見を担当することとなった。三月付けで朱印状が発給されており、人馬の差出しと雇い人足、渡舟川越え、休泊の準備を通り筋の村むらに求めている。一行の規模は諸国巡見使に比べて小さく、負担も軽かった（表2参照）。

以下、国分村庄屋の記録から分かる限り、両巡見使について、和泉国を中心に巡見の道筋を追い、各村がどのように対応したかについて見よう。

御料巡見使のルート

一行は二月二六日に江戸を出立し、四月八日に京都に到着、その後丹波・摂津・播磨を巡回した後、閏四月六日摂津国住吉（大阪市）に到着した。翌七日は河内国丹南郡平尾村（堺市）で宿泊し、翌八日、平尾村を出発して竹ノ内街道を西へ向かった。途中和泉国へ入ってすぐの大鳥郡福田村（同）で休憩をとった後、そのまま西進して大鳥郡舳松《へのまつ》村（同）に到着、宿泊している。翌日は紀州街道を南に下ったとみられ、泉郡宇多大津村（泉大津市）で休憩後、日根郡鶴原村（泉佐野市）泊。一〇日はさらに紀州街道を南下して尾崎村（阪南市）で休憩後、引き返して五門《ごもん》村（熊取町）で宿泊。翌一一日はおそらく日根郡南部を通過してもう一度泉郡へ入ったと考えられ、内畑村（岸和田市）で休憩している。その夜は河内国錦部郡三日市村（河内長野市）泊となっており、四日間で泉州を南北に縦断したかっこうであった。このうち市域を通過したのは、一一日、内畑村から河内国三日市村へ向かう途中で、関宿藩領の久井・国分・下宮

月日	休／泊	国郡名	村名
閏4月6日	泊	摂津住吉	住吉
7日	休	河内丹南	川辺
	泊		平尾
8日	休	和泉大鳥	福田
	泊		舳松
9日	休	和泉泉	宇多大津
	泊	和泉日根	鶴原
10日	休		尾崎
	泊		五門
11日	休	和泉泉	内畑
			久井
			国分
			下宮
	泊	河内錦部	三日市
12日	休	河内石川	新堂
	泊	大和草部	立野
以下略			

表3　御料巡見使のルート

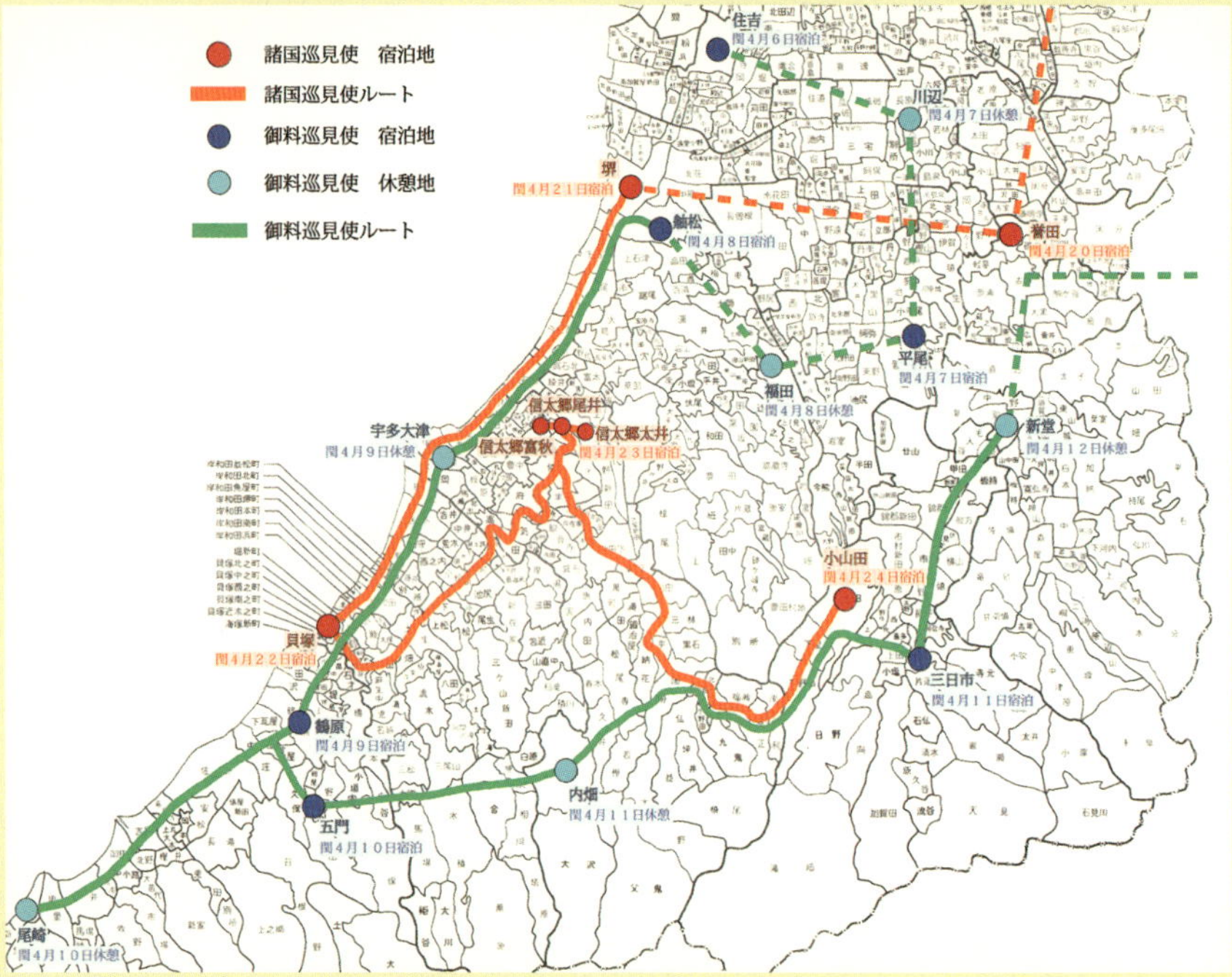

図1　巡見使のルート

村や横山谷の清水領村むらを通過している。

諸国巡見使のルート

つぎに、諸国巡見使である。閏四月一九日、京都から北河内方面へ入り、茨田《まった》・讃良《ささら》・古《ふる》市《いち》郡を巡って、二一日堺で宿泊している。二二日は紀州街道を貝塚まで下った後、翌二三日小栗街道を引き返して信太郷へ到着した。二四日は信太郷を出発して池田谷、横山谷を抜け、河内国小山田村へ向かっている（図1）。和泉国は私領・幕領が錯綜しているため、わずか四日間の泉州滞在であるが、ルート上には幕領・御三卿領知のほか、伯太藩・関宿藩・淀藩・小泉藩・岸和田藩などの領村がまたがっている（表4）。市域でいうと、二三日に小田（一橋領）、和気・井口（淀藩領）、桑原・府中（一橋領）、伯太（伯太藩領）、南王子（一橋領）を巡ったのち信太郷尾井村（一橋領ほか）で泊まり、翌二四日は信太郷の一橋領村むらから伯太、黒鳥

月日	休泊	国・郡名	村名	領主
閏4月19日	休	河内·茨田	枚方	
	泊	河内·讃良	北條	
20日	泊	河内·古市	誉田	
21日	泊	和泉·大鳥	堺	
			湊	幕領代官石原清左衛門
			下石津	清水家
			船尾	田安家
			東下	
			山田下	
			西下村	
			今在家	
			高石北	清水家
			高石南	
		和泉・泉	助松	
			下條大津	伯太藩・小泉藩
			忠岡	一橋家・淀藩
		和泉・南	磯上	代官石原清左衛門
			春木	岸和田藩
			野	
			岸和田	
			津田町	
			新町	
22日	泊		貝塚	
			福田	
			鳥羽	
			新	
			半田	
			作才	
			土生	
			下松	
			植松	
			原	
			小松里	代官石原清左衛門
			大町	岸和田藩
			箕土路	
		和泉・南	東大路	代官石原清左衛門
			西大路	
		和泉・泉	高月	淀藩・小泉藩
			小田	一橋家
			和気	淀藩
			井ノ口	
			桑原	一橋家
			府中	
			伯太	伯太藩
			南王子	一橋家
			王子	
23日	泊		信太郷尾井	
23日	泊		信太郷太井	
23日	泊		信太郷富秋	
			王子	
			南王子	
			伯太	伯太藩
			黒鳥	伯太藩・小泉藩
			一条院	清水家
			坂本	一橋家
			(池田)下	
			室堂	関宿藩
			和田	
			三林	
			納花	
			平井	
			国分	
			下宮	
			北田中	清水家
			岡	
			福瀬	
			善正	
			南面利	
		河内	天野山	
24日	泊	河内·錦部	小山田	膳所藩

表4　諸国巡見使のルート　記載は史料に従った。

辻・坊（伯太藩・小泉藩相給）、一条院（清水領）、坂本・池田下（一橋領）ときて、関宿藩領七ヶ村をめぐり、横山の清水領の村むらを最後に市域をあとにしている。その後河内国へ入り、天野山金剛寺を通過して小山田村へ至るというものであった。

関宿藩の対応

関宿藩伏尾《ふせお》役所は、諸国巡見使の監察に備えて、通行筋の領内七ヶ村に細かな指示を出している。掃除のための人員を集め、道橋の周辺の美化を行うこと、村に三人ずつ案内の者を用意すること、駕篭《かご》二丁を和田村に用意し、各村から人足を出して納花、国分、下宮へ遣わすこと、伏尾役所から出張する役人の宿は室堂村と久井村が用意すること等である。また、巡見使に今年の作物の作柄や米値段について問われた際の返答の内容が定められ、村むらで差異がないよう統一が図られている。例えば、麦は平均三分の出来、菜種は平均二分で、ただし七ヶ村で相談することとの指示がある。米値段については、昨年春は一石当たり銀一七〇目、六月中旬は大いに高値で二七〇目くらい、秋以降は八七匁くらい、もしこのほかに問われれば調べたうえで宿泊先へ届けると答えよ、との念入りな指示である。これは、天保七、八年の凶作に対する領主の対応を糺されることを予想したからであろう。凶作の影響による困窮死人が出たかどうか問われた際は、村中で助け合い、地頭（領主）からも救米が出たため死人はなかったと答えるように、とも指示している。

巡見使通過当日は、各村の庄屋たちが巡見使に挨拶を述べるため、前日の宿泊先である信太郷王子村嘉右衛門宅へ赴いた。その際、美濃紙に村名と村高、年貢高を記し持参している。通過後は庄屋惣代として和田村庄屋と三林村年寄の二人が、その日の巡見使宿泊先である河内小山田村まで礼を述べに行っている。伏尾役所から村内の案内役を三人出すよう指示されていたため、国分村をはじめ各村とも常勤の庄屋・年寄一人ずつに加え、臨時に年寄を一人増やして対応している。

関宿藩領を直接検分をしない御料巡見使に対しても、伏尾役所は対応を怠っていない。御料巡見使一行が内畑村の清左衛門宅（一橋領大庄屋大植家）にて半飯（昼食）をとった際、伏尾役所繕役《つくろいやく》代官神坂六右衛門と、舌代《ぜつだい》として小澤重太の二人が挨拶に赴いている。ほかにも、下宮村では繕役代官田口惣六、北田中村では繕役手代須田善七郎がそれぞれ挨拶に伺っている。

人馬の負担方法

以上のように、領主、村とも緊張感をもって巡見使対応を準備しているが、とくに賃料を取れない朱印人馬の負担は通行筋の村むらにとって大きな問題となった。国分村の記録で見る限り、人馬の負担方法について六通の証文が領主ごとの惣代庄屋五人の間で取り交わされた。ここで取り決められたのは①御料巡見使通行ルートのうち和泉国内畑村から河内国三日市村までの閏四月一一日分の負担と、②諸国巡見使通行ルートのうち和泉国信太郷から河内国小山田村までの閏四月二三日分の負担についてである。このうち、①は通行筋の和泉国の村むらが、村内を通る道の距離に応じて銀を負担するという取り決めで、二通の証文が作成され、一方は清水領・関宿藩・伯太藩の各領惣代庄屋一人ずつが一橋領惣代庄屋二人にあてて出したもの、もう一方は逆に一橋領の惣代庄屋二人が清水・関宿藩・伯太藩の惣代庄屋三人にあてて出したものである。②の場合は①よりも少し複雑である。まず全負担額は河内国と和泉国とで折半され、両国惣代庄屋の間で証文が取り交わされた。和泉国内の負担の割り当ての方法については、①と同様で、距離に応じた割掛け銀を各村が負担する内容の証文が、清水領・関宿藩・伯太藩の惣代庄屋三人と一橋領惣代庄屋二人との間で取り交わされている。

右でみたような割掛けの負担方法は、一部の通行筋村むら独自のものではなく、和泉国中の幕領・私領の惣代庄屋が相談のうえ取決めたことであった。巡見使通行のための人馬負担が命じられたのをうけて、四月二三日、泉州幕領・私領の惣代庄屋たちが岸和田本町の塩谷平兵衛宅に参会した。その場で御料巡見使・諸国巡見使の人馬賃および休泊宿引受について村むらが相対で負担することを確認し合い、通行筋の村むらに対して距離に応じて割掛け、通行が済み次第出銀すべきであることを証文に約束している。この場に参会したのは、清水領宇多大津村庄屋、一橋領尾井村庄屋、関宿藩領和田村庄屋、岸和田藩領木積《こつみ》村庄屋・長滝村庄屋、岸和田藩預所嘉祥寺《かしょうじ》村庄屋、伯太藩領伯太村庄屋、淀藩領忠岡村庄屋、と田安領、幕領の石原清左衛門代官所領・小堀主税代官所領の惣代庄屋である。この証文は先例の通り宇多大津村庄屋と木積村庄屋にそれぞれ預り置くということであった。

以上のように、領主の別をこえて和泉国一円の村役人が集まって相談し、巡見使の対応にあたったことがわかる。各村の庄屋は、詳細な記録を残すことで次の機会に備えたのではないだろうか。

（永堅　啓子）

第3部

地域を掘り下げる／ひろげる

元禄９（1696）年　和泉国分間絵図（美木多・和田家文書）部分

これまで、『和泉市の歴史』地域叙述編では、市域を横山谷、松尾谷、池田谷、信太山とその周辺、府中周辺という五つの地域に分けて、その特徴を浮き彫りにすることを課題として四冊を刊行してきた。第3部では、その成果を踏まえながら、市域の近世を理解する上で重要ないくつかの問題に絞って掘り下げて論じたり、五つの地域区分に収まらないような諸問題を論ずることにしたい。なお、第3部は、これまでの和泉地域に関する研究の蓄積を踏まえて、テーマを設定しており、網羅的なテーマ設定を意図しているわけではないことをあらかじめ断っておきたい。

初めに、市域の領主支配に関する三つの章を置いている。第1章では、市域の領主所領の配置を、大坂城とその周辺である摂津・河内・和泉の全体的な領主所領配置の動向との関係で位置づける。第2章では、市域唯一の藩である伯太藩の成立と家中の形成過程を明らかにするとともに、領内村むらの支配のあり方を見る。第3章では、近世後半期に市域に広い領知を持った一橋家の支配の特質（その脆弱性）を見出し、それでも支配が成り立ったメカニズムを見ていく。

続いて、寺院と神社について二つの章を置いている。第4章では、一七世紀の村の形成過程と村社会への寺院定着の過程を見、その際に元禄四（一六九一）年の寺社改めが大きな意味を持ったことを論じる。第5章では、回り神主が大半の市域の神社の中で、複数の村を氏子とする神社では京都の吉田家の許状を受けた神主が見られるようになるが、その背景には地域の矛盾があったことを論じている。

次の二つの章は村を越えた組織を形成した存在を対象とする。第6章では、京都の大工頭・中井家の下に編成された大工職の組合の実態や、郡単位の組から徐々に細分化される状況を明らかにし、第7章では、堺長吏の下に属しながら、村むらの番人を勤めた非人番の存在形態とそれがはらむ矛盾を見ていく。

最後に、社会的・経済的・文化的に市域を越えたネットワークに着目する。市域でも発展した絞油業は幕府仕法の下で、大坂への出荷、そして堺への出荷が義務付けられるが、第8章では、その出荷を担った荷次や堺の油問屋の側から、その動向を位置づける。第9章では、和泉・日根郡から発展した四国巡礼の接待講が市域にも広がってくる様子を紹介し、市域辺りまで広がることで、講の組織が二重構造化していくことを見通している。

第1章　幕藩領主の所領配置

熊谷光子

ここでは、一七世紀半ばから一八世紀にかけての和泉国の所領《しょりょう》配置とその変化を、国ごとに作られた郷《ごう》帳《ちょう》や村高帳《むらだかちょう》類を手掛かりに、概観していくことにする。

その際留意したのは、和泉一国の所領配置の特質である。摂河泉（摂津・河内・和泉）三ヶ国は、大坂城のひざ元にあり、しばしばどの国も同様の配置にあったものと思われている。しかし、地理的条件も歴史的条件も異なり、必ずしも同じ配置で同様に変化したわけではない。以下、必要な範囲内で摂河泉三ヶ国を視野に入れ、それぞれの特質を意識しつつ、和泉の所領編成の動向をうかがうことにしたい。

1　正保期の摂河泉の所領配置

一七世紀中期の畿内の支配体制

所領配置をみる前に、まず一七世紀半ばの畿内の支配体制を簡単に紹介しておこう。

大坂の陣の記憶がまだ新しい一七世紀半ばごろ、畿内は、江戸からは相対的に独立した独自の合議体制によって支配が行われていた。京都所司代《きょうとしょしだい》を筆頭に八名からなる組織で、これを「八人衆」体制と呼んでいる。

八人衆	役職	在職期間	年数	正保2年知行地・高	後任者
板倉重宗	京都所司代	元和5.3　～承応3.12.6辞職	35	城摂江常武5万石	牧野親成　寛文8.5.16
永井尚政	淀城主	寛永10.3.25　～寛文8.9.11死亡	35	城河10万石	
永井直清	勝竜寺城主	寛永10.3.25　～寛文11.1.9死亡	38	城摂2万石	
久貝正俊	大坂町奉行	元和5.　～慶安1.2.2死亡	29	河5000石＊	松平重次　寛文3.4.11辞職
曽我古祐	大坂町奉行	寛永11.7.29　～万治1.3.19辞職	24	河3000石＊＊	息近祐つぐ　寛文1.9.13死亡
石河勝政	堺奉行	寛永10.1.12　～承応1.4.26辞職	19	河総2700石	息利政つぐ　寛文4.9.27
小堀政一		元和1.　～正保4.2.6死亡	32	泉和近1万2460石	水野忠貞　寛文9.4.20
五味豊直		元和1.　～万治3.8.9死亡	45	城武総1070石	小出尹貞　寛文5.6.25死亡

表1「八人衆」とその後任者一覧　朱の太字は藩本拠地。知行高は『寛政重修諸家譜』に拠る。
城：山城、摂：摂津、江：近江、常：常陸、武：武蔵、河：河内、総：下総、泉：和泉、和：大和
＊正保郷帳では河州に13000石。＊＊7000石。誤差は与力・同心料と考えられる。

注意しておきたいのは、この「八人衆」体制が、単なる民政組織として成立したわけではなく、元和五（一六一九）年に始まる畿内の軍事体制と密接に関連して成立した体制であった点である。畿内の軍事体制とは、徳川幕府による西国《さいごく》支配の強化・浸透を目的に、畿内・西国の軍事拠点をそれまでの伏見城から大坂城に移し、その周辺に親《しん》藩《ぱん》・一門・譜代を配した体制をいう。「八人衆」体制は、この大坂城を中心とする軍事体制が整備される過程で、合議を重ねながら、並行して成立した組織であった。双方の体制を念頭に、以下畿内の支配体制をみていくことにする。

「八人衆」体制

まずは、「八人衆」がどのような人物によって構成されていたかをみておこう。

表1は、初期「八人衆」とその後任の一覧である。「八人衆」とは、京都所司代をトップとし、第三代将軍徳川家光の側近であった永井尚政・直清兄弟が、寛永一〇（一六三三）年、京・西国のおさえとして淀川をはさんだ淀城と勝竜寺城《しょうりゅうじじょう》に入ったことで完成した体制であった。永井兄弟は、特定の役職にはなかったものの、京都所司代や次に述べる大坂城代《じょうだい》を補佐し、それぞれと協議するなかで最終的な政策や軍事行動を決定したという点で、極めて重要な存在であった。それ以外では、大坂町奉行久貝《くがい》正俊・曽我《そが》古祐《ひさすけ》、堺奉行石河《いしこ》勝政、郡代《ぐんだい》であった小堀《こぼり》政一と五味《ごみ》豊直が初期メンバーとして名を連ねている。

このうち、譜代大名である京都所司代板倉氏と永井兄弟の三名は山城を本拠地とし、

さらに摂津や河内にも所領を持っていた。一方、久貝氏ら大坂町奉行以下の役職のうち、小堀政一は和泉・大和・近江の上方三ヶ国に一万二四六〇石の所領をもつ小大名であったが、それ以外は摂河泉三ヶ国内、もしくは山城国内に、数百から数千石ずつの知行所をもつ旗本であった。そのうち大坂町奉行・堺奉行には、任期中与力《よりき》・同心《どうしん》料が与えられた。彼らの在任期間は、短い者で一九年、ほとんどが三〇年前後という長きにわたっている。以後、これほど長期間在任するケースはなく、この時期特有のあり方であった。なお、この「八人衆」体制は、それぞれの機能を継承した後任者の死没・辞職と、それにともなう体制再編によって、寛文四(一六六四)、五年には終了する。

畿内の軍事組織

畿内の民政組織のトップが京都所司代であったのに対し、軍事組織のトップは大坂城代であった。この時期の城代は、永井兄弟や京都所司代あるいは後述する大坂定番《じょうばん》との合議で、江戸の判断を待たず一定の独立した軍事指揮権を西国に対し発動することができた。大坂の陣後、大坂城主となった松平忠明《ただあきら》が元和五(一六一九)年に大和国郡山《こおりやま》に転封《てんぽう》となり、大坂は江戸幕府の直轄都市とされる。その時設置された大坂城代の初代には、伏見城代であった内藤信正が着任するが、寛永三(一六二六)年、在任期間わずか七年で没している。かわって就任したのが阿部正次で、正次は正保四(一六四七)年に死去するまで、二一年間城代を務めた。

この大坂城代のもとに、城の警衛を任務とする番方役《ばんかたやく》も設けられた。大坂定番(玉造口《たまつくりぐち》・京橋口《きょうばしぐち》の二人)、大番頭《おおばんがしら》(二人)・大番組(二組)、加番《かばん》(四人)である。そのうち大番・加番は、一年交代で江戸から派遣される役であったのに対し、定番だけは一~二万石レベルの譜代大名が、複数年もしくは数代にわたり在任した。そのため、定番就任にあわせてその所領が摂河泉三ヶ国内に替えられたり、あるいはその都度役料として畿内に数千石の村むらが与えられた。

初代定番には、元和九（一六二三）年、高木正次（京橋口）と稲垣重綱（玉造口）が任命されている。高木正次は、関東と近江に所領を持つ大番頭であったが、定番任命時に河内国丹南《たんなん》郡内にあらたに一万石が与えられた（丹南藩）。寛永七（一六三〇）年に没し、在任期間は七年と短かったが、丹南藩自体は幕末まで存続する。一方稲垣重綱は、越後に二万三〇〇〇石を領していたが、定番任命の際、九〇〇〇石分が河内四郡に移されたと考えられる（離任後は幕府に収公され幕領）。寛永七年に高木正次が没してから慶安元（一六四八）年までの定番は重綱一人が務めており、その在任期間は実に二五年を超えた。

正保四（一六四七）年、長く大坂城代の任にあった阿部正次が他界する。後任人事は難航したようで、翌慶安元（一六四八）年、あらたな定番に保科正貞・内藤信弘の二人が任命され、稲垣氏を加えた三人によって、城代の代わりを年番で務める体制がとられた。ようやく正式な城代に青山宗俊が任命されたのは、一四年を経たのちの寛文二（一六六二）年のことである。

さて、以上からも推察されるように、軍事組織にしろ、民政組織にしろ、一七世紀半ばまでの畿内の主だった役職は、職務内容が確定し、組織として定着するまでの期間は、実力ある個人の手に委ねられていた。両方ともに組織が固まり、幕府の出先機関化していくのは、大坂城代・定番の顔ぶれが変わる慶安以後、あらたな支配体制へと転換するのは、城代青山氏が就任し、「八人衆」が解体する寛文四（一六六四）、五年以降であった。一七世紀中期という時期は、統一政権の確立に向けた時期の緊迫感こそ薄れたとはいえ、いまだ西国有事に備えた支配体制が継続し、畿内の独自性が認められていた時代ということができよう。

ただし、畿内の軍事体制を語る場合、役職に就いていない他の譜代藩の存在も考慮する必要がある。とりわけ、三ヶ国内で最大規模の摂津尼崎藩（五万石）と和泉岸和田藩（六万石）は重要である。両藩は、大阪湾を挟んで大坂城の両翼に位置し、近世を通して大坂城守衛の任務を担った。畿内支配は、これら役職領主や譜代藩が統合する形で行われたのである。

摂河の所領配置

以上の支配体制を念頭に、次に三ヶ国の所領配置をみることにしたい。手がかりにしたのは、「八人衆」体制が本格化した正保期（一六四四～四八）に、国ごとに作られた郷帳《ごうちょう》である。まずは、郷帳から明らかになる摂津と河内の所領配置について概要を述べておこう。

摂津国は、総石高が三七万石余であり、三ヶ国のうちでも最も大きい国である。そのうち幕領は全体の三分の一を占め、大坂城周辺の東成・西成・住吉郡に集中していた。一方、摂津に拠点をおく大名領には、譜代尼崎藩五万石のほかに、譜代高槻藩三万六〇〇〇石、また外様三田《さんだ》藩三万石、同麻田藩七五〇〇石の四藩があり、これもまた全体の三分の一を占めた。残る所領は、旗本知行所や寺社・公家領もあるが、主には他国に本拠地のある大名領、すなわち飛び地領であった。注目すべきは、その大半が「八人衆」や大坂城代領であったことである。京都所司代板倉重宗も永井直清も、隣国の山城を本拠地とする大名であったが、摂津にもそれぞれ、三万五四〇〇石、一万二五〇〇石の所領をもち、また岩槻《いわつき》藩主（武蔵国）である城代阿部氏にも役知領として三万石が与えられた。摂津に本拠を持つ地元の大名領に匹敵する規模の飛び地である。これら地元譜代大名領あるいは役職領主領は、山城国境から南へ淀川・西国街道にそった島上《しまかみ》・島下《しましも》・豊島《てしま》・川辺《かわべ》各郡に集中して配置され、大阪湾岸に沿ってその西続きを譜代尼崎藩が押さえるという位置関係にあった。

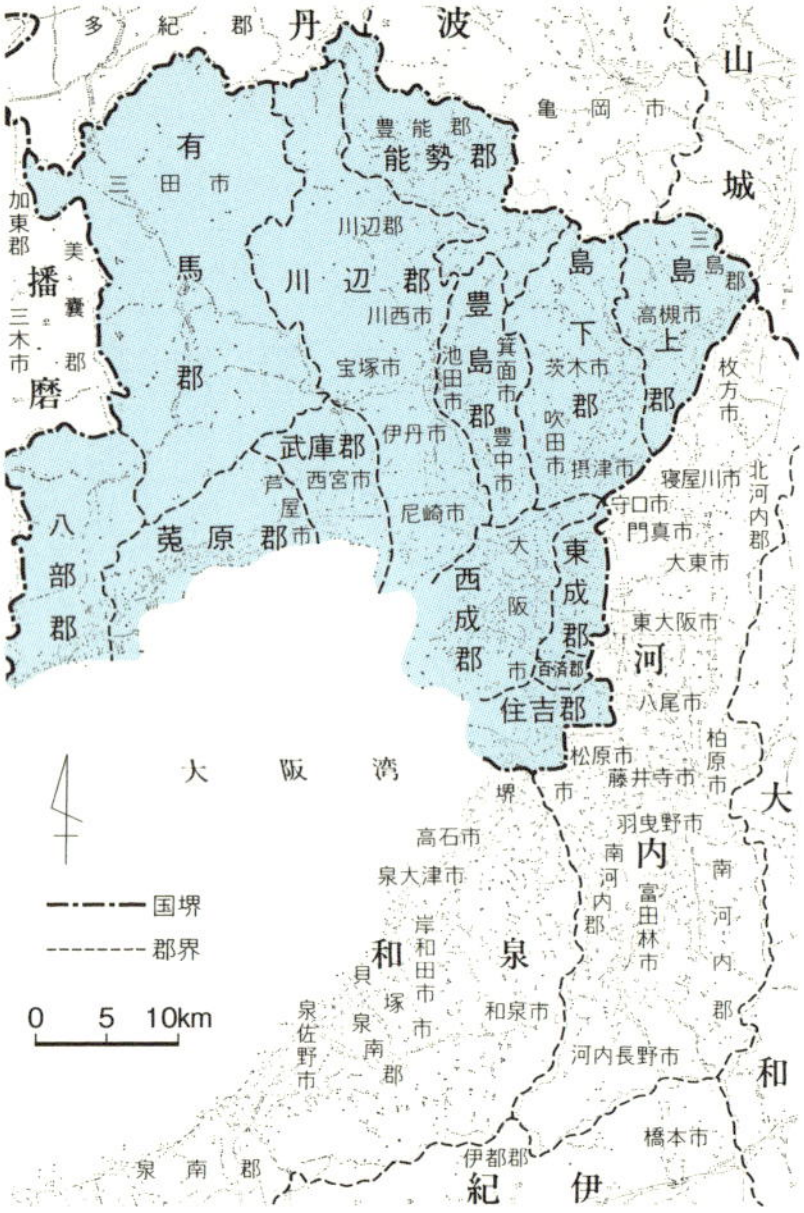

図１　摂津国郡区分図　『大阪府史』第五巻より。

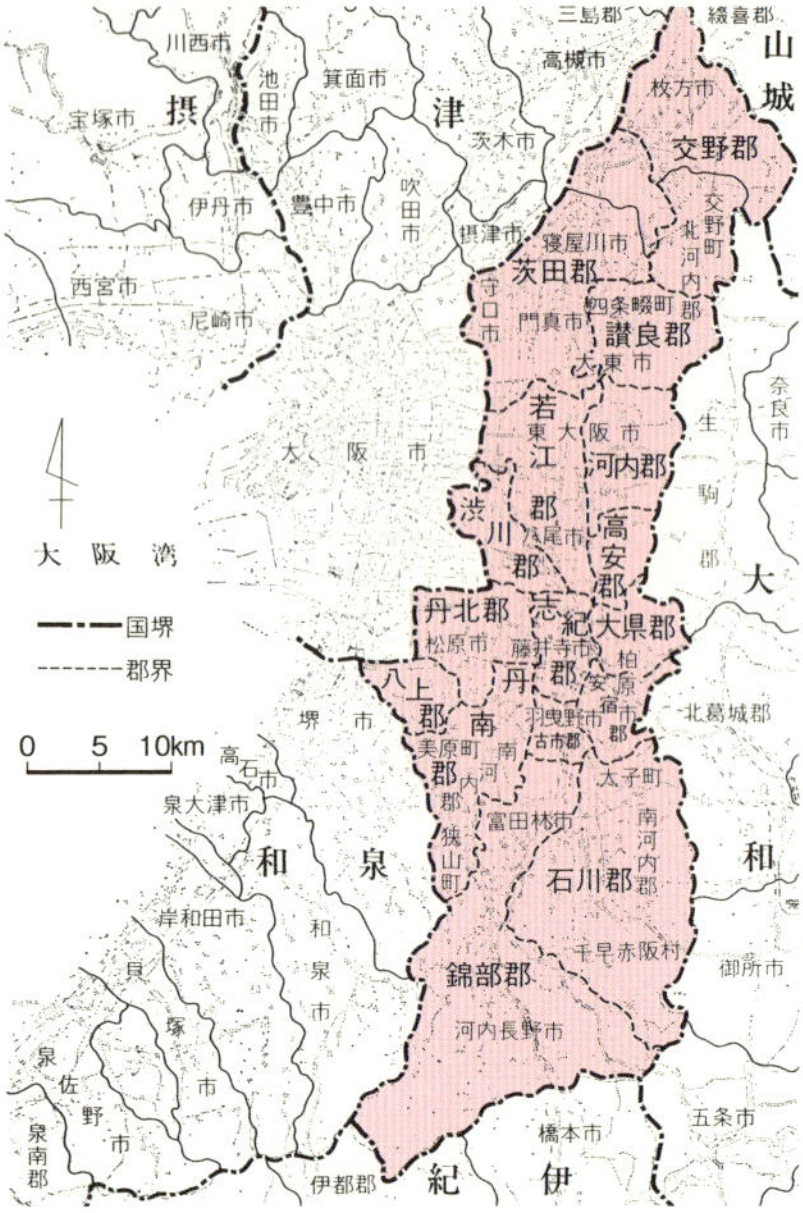

図２　河内国郡区分図　『大阪府史』第五巻より。

それに対し、二六万五〇〇〇石の河内国の特徴は、幕領の多さにあった。幕領は、大坂城に最も近い渋川《しぶかわ》・若江《わかえ》・志《し》紀《き》郡といった中河内一帯と、そこから南に延びる丹北《たんぼく》・八上《やかみ》郡、あるいは古市《ふるいち》・石川《いしかわ》郡に広がり、全体の六割にのぼった。幕領からは、大坂城を支えるための詰米《つめまい》や城の修復材料等が供給された。

一方私領は、摂津同様、役職領主領が私領全体の三分の二を占めた。河内において最大の三万石を有したのは、「八人衆」の中心メンバーの一人、淀《よど》藩主永井尚政であった。その所領は、本拠地である山城に接した北河内に集中している。また河内南部の丹南郡には、初代大坂定番高木氏領（地元丹南藩）一万石が、中東部の安宿《あすかべ》・大県《おおがた》・高安《たかやす》郡には、同じく定番の稲垣氏の飛び地九〇〇〇石があった。旗本に目を転じても、やはり突出した知行高なのが、一万三〇〇〇石、七〇〇〇石を領有する大坂町奉行久貝正俊・曽我古祐（与力・同心料を含む）、それに一〇〇〇石の堺奉行石河勝政を加えた「八人衆」のメンバーであった。彼ら三名の知行高は、旗本全体の六割を超え、その知行所もまた、北河内に集中している。そのほかに、河内南部には狭山《さやま》藩北条氏一万石、近江膳《ぜ》

	領主・代官	大鳥郡		泉郡	南郡	日根郡	計
		堺付	大鳥郡				
幕府領	石河土佐守（勝政）	8940.278	10197.106	2446.218	9623.475		31207.077
	中坊長兵衛（時祐）		13465.200	7717.219			21182.419
	今井彦左衛門（兼続）		6477.593				6477.593
	山田五郎兵衛（小右衛門）			13585.866			13585.866
	松村吉左衛門（時直）			1398.046		8784.300	10182.346
	彦坂平九郎（吉政）			2213.651		8064.890	10278.541
	幕府領計	8940.278	30139.899	27361.000	9623.475	16849.190	92913.842
	総計に対する比率	100.00%	88.10%	96.04%	29.05%	31.00%	58.39%
大名領	小出与平次（有棟・陶器藩）		2960.000				2960.000
	片桐石見守（貞昌・小泉藩）			1127.630			1127.630
	岡部美濃守（宣勝・岸和田藩）				23498.627	36501.373	60000.000
	小堀遠江守（政一・小室藩）					1005.005	1005.005
	大名領計		2960.000	1127.630	23498.627	37506.378	65092.635
	総計に対する比率		8.65%	3.96%	70.95%	69.00%	40.91%
その他	寺院領計		1111.250				1111.250
	総計に対する比率		3.25%				0.70%
	総計	8940.278	34211.149	28488.630	33122.102	54355.568	159117.727

表2　正保期和泉国領主別高集計　単位：石　岸和田市史史料3輯『和泉国正保村高帳』より作成。

所《ぜ》藩の飛び地一万石等が配置され、幕末まで存続した。

このように、河内には、大坂城を支え維持する役割を担った幕領が、大坂城に最も近い中部から南部にかけて広範囲に展開した。他方、核になるような大名領はなく、河内の国の外周を取り囲むような形で、北河内には淀藩および他の「八人衆」の所領・役知領が、東部と南部には、定番領や膳所藩飛び地が配置されている。こうした所領配置はやはり、大坂城が存在したことに規定されたものであろう。

和泉の所領配置

では、和泉はどうであったろうか。

表2は、正保の郷帳から作成した和泉国の所領構成である。和泉の場合、北部の大鳥・泉郡と南部の南・日根《ひね》郡で内容が異なるものの、摂河に比べ、はるかに単純な所領配置になっている。

まず大坂城に近い方から和泉北部の大鳥・泉の二郡があるが、その大部分が幕領であった。私領は、わずかに大鳥郡に二九六〇石を有する小出氏和泉陶器《とうき》藩、泉郡に一一

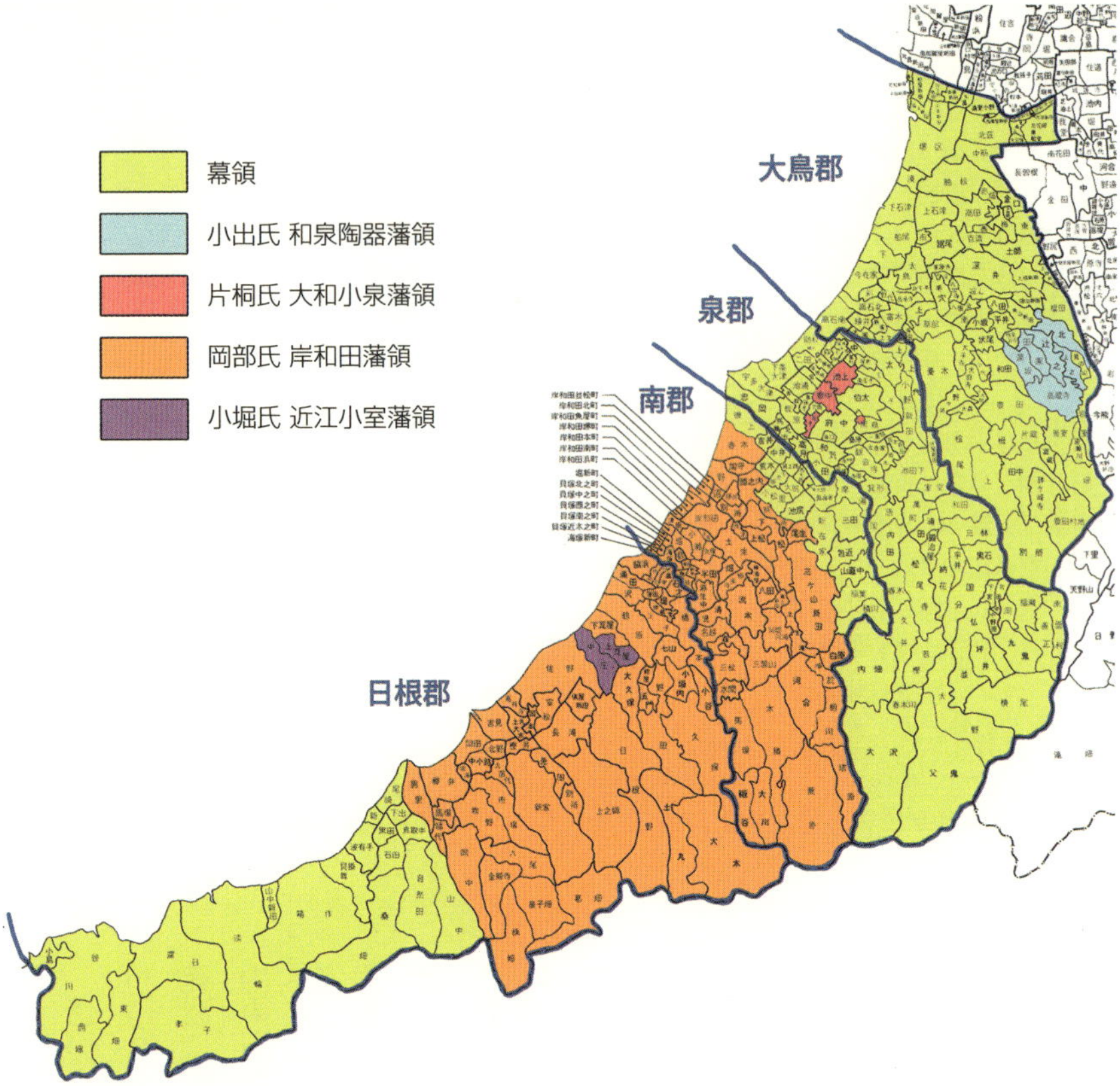

図3　正保期和泉国所領分布図　『大阪府史』第五巻附図を加工。

二七石を有する片桐氏大和小泉《こいずみ》藩の領地があるだけである。両藩とも豊臣氏以来の由緒をもち、河内・摂津にも飛び地を持った。

一方の南・日根郡は、その七割を岡部氏が領する譜代岸和田藩六万石が占め、そこに小堀氏小室藩領が日根郡に一〇〇〇石、岸和田藩を挟んで南北に幕領が三割程度所在するという構成であった。和泉国が一五万九〇〇〇石と摂津の半分の石高しかなく、そこに六万石の岸和田藩が配置されたことによって、比較的単純な所領編成になったと考えられる。それ以外の特徴としては、役職領主の所領が、「八人衆」の一人である小堀氏の一〇〇〇石以外存在せず、旗本知行所もまた皆無である点があげられる。

三ヶ国の所領配置

以上のことを踏まえて、正保期の三ヶ国の所領配置について、所領が給付された時期にも注意しながらまとめておこう。その際、摂津および北河内の一帯、中河内から和泉の一帯という二つの地域にわけて述べていく。

まず摂津では、大坂の陣の直後、東西に配された高槻藩・尼崎藩に有力譜代大名が配置され、あわせて高槻城・尼崎城の修築・築城も命じられている。元和五（一六一九）年、初代の大坂城代となった内藤信正領もまた、東摂津にあったと考えられる。それが寛永期に入ると、摂津には京都所司代板倉氏や大坂城代阿部氏、勝竜寺藩永井直清の所領が、北河内には淀藩永井尚政をはじめ大坂町奉行久貝・曽我氏といった役職領主領が、地元大名領と同じ規模で矢継ぎ早に配置されていく（久貝氏のみ元和五年給付、その後順次加増）。これにより、淀川両岸・西国街道から大阪湾にいたる京と西国を結ぶ大動脈は、徳川譜代（役職領主を含む）によって完全に掌握されたことになる。明らかに、西国を意識した西の固めとしての所領配置といえよう。

一方、河内では、狭山藩等がある丹南・錦織《にしこり》郡を除く中河内以南の各郡、和泉では大鳥・泉郡が、ほぼ幕府直轄領（幕領）として確保された。和泉には岸和田藩を挟んで、さらに南にも広がっている。見方を変えれば、大名領はわずかに小出氏岸和田藩（当時五万石）と北条氏狭山藩があるだけで、それ以外の中河内から和泉にいたる全域は、ほぼ徳川幕府の直轄地であった。この状態は、元和五年の大坂城直轄化にともなう畿内再編後もしばらく変わらず、元和九（一六二三）年になってようやく、大坂城から離れた東河内や南河内に大坂定番領各一万石が、寛永一一（一六三四）年に膳所《ぜぜ》藩飛び地一万石が置かれるなどの変化が見られ始める。しかし、和泉については、元和五年の岸和田藩主の交替（小出氏から譜代松平氏へ）以外、まったく変化はない。譜代大名や役職領主でさえ、この地域へのあらたな所領配置が控えられていたことは明らかで、それはおそらく、西国有事の際、兵糧米《ひょうろうまい》を提供する後方兵站《へいたん》地としてこの周辺が構想されていたためであろう。その背景には、流通や海上交通の一大拠点であった堺の存在があったと考えられる。そのため和泉の幕領は最後まで温存されたのである。

また摂河泉三ヶ国の所領配置を考える場合、豊臣氏の時代から所領を持つ一万石程度の小大名や旗本の存在にも触れておく必要がある。和泉陶器藩小出氏や大和小泉藩片桐氏をはじめ、近江小室藩小堀氏・河内狭山藩北条氏、あるいは摂河に散在する旗本の大半が、豊臣旧臣という系譜をもっていた。実は、関ケ原合戦ののちでも、摂河泉三ヶ国は全体の六割から七割が豊臣氏蔵入地《くらいりち》であり、上方の私領も大半が関ケ原合戦後に創出された豊臣系外様大名で占められていた。そのうち三万石以上のものについては、大坂の陣直後から相次いで除封・転封され、譜代大名に取って代わられたが、一万石レベルの小大名や旗本については存続が許され、旧領か、もしくはゆかりのある土地がそのまま安堵《あんど》された。慶長一〇年代、畿内をはじめとする一一ヶ国に「国務を沙汰する」任務を負う国奉行《くにぶぎょう》が置かれたが、その国奉行に登用されたのも、まさに豊臣系小大名である片桐氏や小堀氏であった。彼らを取り立てその力を利用することが、安定的な在地支配のためにはいまだ必要な地域であり、時期であったと理解できよう。

以上、摂河泉三ヶ国の所領配置を概観してきた。豊臣旧臣の存在にも見られるように、この時期の畿内は豊臣期以来の影が色濃く残り、それらへの対応がいまだ現実的課題であった。三ヶ国では、大坂城を拠点とする軍事体制を強固なものにするために、まずは東西交通の大動脈周辺に譜代大名領や城代領等を配し、その一方で、蔵米《くらまい》や軍役《ぐんやく》等を供給する幕領が中南部を中心に広く確保された。また「八人衆」の役知領も、有力譜代大名と肩を並べ、のちの役知をはるかに超える規模で与えられた。民政機構の整備も、自身の所領経営と同時進行の形で、時間をかけて慎重に進めざるをえなかったというのが実情であった。

2　一七世紀の和泉の幕領支配

ここまで見てきたように、摂河泉三ヶ国のうち、大坂城周辺から中河内以南一帯は長く幕府直轄領の時期が続き、蔵詰米や大坂城の修復材料の調達、あるいは軍役においても、大坂城を支える重要な役割を担っていた。三ヶ国だけでも、幕領は三六万石余にのぼり、和泉でも合計高は九万三〇〇〇石に及んだ。その幕領の支配は、数人から十数人の代官によって、おおよそ一万石から三万石の規模の代官所に分割されて行われた。市域も大半が幕領で占められており、さまざまなタイプの幕領代官の存在が確認される。とくに一七世紀中期ごろまでの和泉の幕領支配には独自の特徴もみられることから、以下、幕領代官に注目して述べていくことにする。

一七世紀中期までの和泉国の代官は、大きくみて次の三種類に分かれる。

畿内型代官

一つは、畿内型代官と呼ぶべきタイプである。この畿内型代官は、京都・堺などの畿内各都市の豪商、あるいは在方・在郷町の豪農に出自を持ち、豊臣政権期以来、在地（農村地域）に隠然とした影響力をもったことで登用された代官である。和泉とかかわりの深いものでは、まず堺周辺の村むらを支配した豪商今井氏をあげることができる。今井氏は、秀吉に仕えた宗薫以来、四代にわたって摂津・和泉村むらの代官を務めた。大坂の陣後から数えても、五代目好澄が退役する元禄七（一六九四）年まで、実に六八年に及んだ。また日根郡熊取谷の土豪《どごう》中《なか》氏に出自をもつ根来《ねごろ》盛重・盛正父子は、元和四（一六一八）年までは日根郡の村むらを支配し、元和五（一六一九）年から寛永一八（一六四一）年までの二三年間は、大鳥・泉・南三郡、計二万一〇〇〇石の幕領支配にあたっている。摂津平野郷の豪商であった末吉氏も、四代にわたって河内代官を務めたが、天和元（一六八一）年から貞享二（一六八五）年までの四年間は、大鳥・泉両郡の代官でもあった。ほかにも、正保二（一六四五）年当時、大和国出身者である松村時直が、泉郡の和気《わけ》・今福《いまふく》・寺田・寺《てら》門《かど》・観音寺・一条院の各村を支配したことがわかっている。

なお、こうした地元の伝統的勢力として、幕領代官の事例ではないが、豊臣恩顧の小出氏についても触れておこう。小出氏は、岸和田藩三万石（慶長一八年には五万石）を、天正一三（一五八五）年から松平康重が入城する元和五年まで治めていた。同年出石《いずし》に転封されたが、その分家は、慶長八（一六〇三）年以来大鳥郡陶器谷に陣屋を置く陶器藩一万石として、元禄九（一六九六）年に跡継ぎがなく絶家になるまで、大鳥郡をはじめ河内錦織郡、摂津西成郡に所領を有した。

大坂の陣の直後から始まった徳川氏による和泉支配は、すぐさま徳川氏に直結する代官に取って代わられたわけではない。一部は以上のように、小出氏や根来氏、今井氏など在地に影響力をもつ伝統的勢力の手に委ねられ、時間をかけて徐々に幕府による支配を浸透させるという方法がとられた。ただこれら伝統的勢力も、絶家あるいは年貢米滞納による辞職等で、貞享期から元禄期にかけて、おおむね姿を消していく。

関東代官

もう一つは、関東から派遣されたタイプの代官である。断片的ではあるが、明らかなところを述べておこう。

まず横山谷をみておくと、須田広庄は、「摂河郡代」として畿内に派遣された関東武士であるが、元和二（一六一六）年から同六（一六二〇）年まで、横山谷の代官も務めた。横山谷の支配は、翌元和七（一六二一）年には、元北条氏家臣で堺奉行となった喜多見《きたみ》勝忠が行い、元和八（一六二二）年から少なくとも正保二（一六四五）年までは、同じく元北条氏家来山田直時が支配を受け継いでいる。また同じ時期、虫取村を元今川氏家臣伊丹之信《これのぶ》が支配していたことも知られる。伊丹氏は、寛永一九（一六四二）年、不正により処刑されたため、その後は同じ関東出身の彦坂吉成に引き継がれる。彦坂氏は、寛永一九年から寛文元（一六六一）年まで一九年間和泉の支配にあたっており、正保二年当時は、泉郡の池浦・宮・穴田・永井・辻・虫取・桑原・今在家・坂本村の計二二一三石余と日根郡の村むら八〇〇〇石余を預かっていた。彦坂氏の代官としての支配地は、寛文二（一六六二）年にまとめて大坂城代の役知領となったが、その後、天和二（一六八二）年に、彦坂氏は年貢滞り問題で流罪となっている。

これ以外に関東出身の代官には、豊島勝直・勝正父子（元禄二年年貢滞りのため免職ののち流罪）、小野貞久・宗清父子等が確認できる。

奉行兼任代官

そのほかにも、和泉にはこの時期に特徴的な代官が存在した。堺奉行が、奉行である一方で代官機能を併せもち、彼らによって幕領支配が行われていたのである。この支配方式は、和泉では豊臣期の小西立佐父子・石田正澄以来、石河勝政・利政父子が務めた寛文三（一六六三）年まで、歴代の堺奉行によって受け継がれていた。その理由については、堺の九州・朝鮮への出兵の際の後方兵站基地や大坂城を維持する役割、あるいは流通を掌握するために、背後地農村の蔵米を堺に結び付ける必要性から生まれたと考えられている。

また奉行兼任代官の事例は、大和においても確認できる。奈良奉行は、大和一国を管轄する奉行であったが、大和や近江の代官を代々兼任していた。しかもこれら奉行兼任代官の支配管轄は、それぞれの支配国内に限定されず、互いに入り交じりながら河内にまで及んでいた。

わかる範囲内で述べておくと、まず元和四（一六一八）年に堺奉行に就任した喜多見勝忠の場合、少なくとも元和七（一六二一）年に横山谷を支配し、また元和七年から亡くなる寛永四（一六二七）年までの期間、府中村や森村（泉大津市）の角左衛門方の代官を務めている。その後、勝忠の支配所を受け継いだのは、のちに奈良奉行となる中坊《なかぼう》時祐であった。

一方、寛永一〇（一六三三）年に堺奉行に就任した石河勝政の場合、寛永一九（一六四二）年に根来盛重・盛正父子が担当した支配所の大半をそのまま引き継いだこともあって、正保二（一六四五）年段階で、堺付きの村むらを含め大鳥郡一万九一一七石余、泉郡二四四六石余、南郡九六二三石余と、和泉の幕領の三分の一に及ぶ三万二二〇七石の代官所を管轄した。当時、中坊氏が和泉で二万一〇〇〇石、それ以外の幕領代官がすべて一万石前後を担当していたことを考えると、その管轄規模は群を抜いている。なお慶安四（一六五一）年には、石河氏は「泉州・河州」の村むら「三万九百七拾石余」を支配するようになっている。このうち「河州」に相当するのは、河内国八上郡長曽根・金田・野遠村、同丹北郡松原・若林村の五ヶ村で、いずれも、大鳥郡に近い南河内の村むらである。正保郷帳が作成された正保二年から慶安四年の間に、石河氏の泉州代官所の一部が支配替えとなり、右の河州五ヶ村が加えられたものと思われる。

ただ以上のような奉行による代官所支配も、寛文期に終わりを告げる。まず中坊時祐は、寛永一五（一六三八）年に奈良奉行就任後も引き続き、河内・和泉・大和・近江において代官を兼任し、和泉においては三五年の長きにわたって代官を務めた。ところが寛文三（一六六三）年、何らかの事情ですべての役を退いている。その支配所（少なくとも和泉の）を引き継いだのが、大和支配を通じて中坊氏と懇意の関係にあった近江代官小野氏であった。小野氏もまた、和泉では、元禄六（一六九三）年まで二代にわたり、合計二九年間代官を務めた。

一方、堺奉行は、寛文四（一六六四）年に、石河勝政・利政父子から水野元重に交替するが、その際、石河氏の支配所の一部（大鳥郡八《はっ》田《た》庄《しょう》）は、水野氏の役知領として宛てがわれたものの（離任する天和元年まで）、堺奉行支配の村むらは堺付きの三ヶ村に限定される。残りはすべて、京都町奉行のもとに統率されることになった幕領代官の手に委ねられることになり、この時点で、堺奉行から代官としての任務は完全に切り離される。幕領支配の転換期であり、堺の都市機能の転換期ともいえよう。

和泉の幕領代官と代官所

以上のように、一七世紀前期の和泉国の幕領は、かつての豪商・豪農に出自をもち、在地に対し影響力を保持し続けていた者から、関東代官、あるいは代々の堺奉行・奈良奉行まで、さまざまな系譜をもつ代官によって支配されていた。彼らの在任期間は、いずれのタイプであってもおおむね二〇年以上の長期、もしくは数代にわたるものであった。これは、先にみた「八人衆」や大坂城代・定番らのあり方と完全に一致する。幕領支配も、従来からの伝統的な関係や習慣が残る中、実力ある個人に依存しながら、徐々に江戸の影響力が強められていったといえる。また代官の交替が少なかったということは、代官所の枠組みも、比較的固定していたことを予想させる。代官の短期での支配地替えや支配所の組み替え、代官の交替や辞職といった変化が表れてくるのは、寛文期に入ってからであり、それは畿内の支配体制に変化が表れた時期とも重なる。しかし寛文段階でもなお小野氏のように一〇年程度在任するケースもあった。代官の交替が進み、一、二年ごとの支配替えが全面的に行われるようになるのは、第五代将軍徳川綱吉が政権を握った天和期以降のことになる。

また幕領支配においても、和泉と河内、あるいは大和との関係の強さが指摘できる。中河内《なかがわち》以南の地域は、国ごとの枠組みというより、むしろ一体の地域としてとらえられたようにもみえ、それは大和まで及ぶことがあった。そこにはやはり、堺という都市の存在が大きく影響したと考えられる。

3　その後の和泉の所領の変化

最後に、一八世紀半ばまでの和泉の所領配置の変化をみていこう。

表3は、御三卿領が成立する直前、延享四（一七四七）年の和泉一国の村高帳をもとに所領の比率を表にしたものである。まず幕領に注目すると、正保二（一六四五）年段階で五八パーセントを占めていた幕領は、三二パーセントとほぼ半減しており、とくに大鳥・泉郡に顕著である。逆に大名領は所領数・所領高ともに四一パーセントから六四パーセントへと増加し、また分家や新知によりあらたに旗本も出現している。本節では、かつて幕領であった村むらが、どのように変貌を遂げていったのかを、三期に分けてみていくことにしたい。

1期　寛文期　役職領主領の増加

最初の所領変化は、寛文期に現れる。

この時期、国内的にも対外的にも情勢が安定したことから、幕府による統制が進み、畿内支配の独自性は急速に失われていく。具体的には、畿内の支配体制が定着したことにともない、各役職の官僚化が進み、

	領主・代官	大鳥郡	泉郡	南郡	日根郡	合計
幕府領	石原清左衛門（正顕）	14489.8297	12776.4493	6346.4260	12437.0376	46049.7426
	久下藤十郎（式秀）	8336.9180				8336.9180
	幕府領計	22826.7477	12776.4493	6346.4260	12437.0376	54386.6606
	総計に対する比率	48.32%	41.40%	17.49%	22.22%	31.92%
大名領	岡部美濃守（長著・岸和田藩）			26304.1200	32855.8380	59159.9580
	土屋左門（篤直・土浦藩）	10217.9701	7926.0743	3636.9445	8241.8750	30022.8639
	久世隠岐守（暉之・関宿藩）	4684.3164	5748.3006			10432.6170
	渡辺越中守（登綱・伯太藩）	4171.3126	2491.6326			6662.9452
	片桐石見守（貞音・小泉藩）		1133.1450			1133.1450
	小堀備中守（政峯・小室藩）				1058.2600	1058.2600
	大名領計	19073.5991	17299.1525	29941.0645	42155.9730	108469.7891
	総計に対する比率	40.37%	56.06%	82.51%	75.30%	63.67%
旗本知行所	小出伝八（有相）	4230.1330				4230.1330
	岡部靫負（勝盈）				1387.3470	1387.3470
	稲垣淡路守（種信）		489.8770			489.8770
	林大学頭（信充）		160.4480			160.4480
	長岡帯刀		21.3700			21.3700
	旗本知行所計	4230.1330	671.6950		1387.3470	6289.1750
	総計に対する比率	8.95%	2.18%		2.48%	3.69%
その他	寺院領計	1112.3700	112.3790			1224.7490
	総計に対する比率	2.36%	0.36%			0.72%
	総計	47242.8498	30859.6758	36287.4905	55980.3576	170370.3737

表3　延享4年和泉国領主別高集計　単位：石　延享4年「泉州四郡村々高付帳」（『奥田家文書』七巻900）より作成。

役職就任者が頻繁に交替するようになる。それは摂河泉三ヶ国の幕領村むらにとっては、あらたな役職領主の所領が広がることを意味した。

まずは寛文元（一六六一）年、武蔵国比企《ひき》郡に陣屋をもつ三五〇〇石の旗本渡辺氏が大坂定番（玉造口）に任命され、その時点で、河内・和泉両国に一万石（和泉は六六〇〇石余）が加増された。関東から近江への知行所替え、大庭《おば》寺《でら》への陣屋移転を経て、享保期には和泉・河内・近江に一万三五〇〇石を持つ和泉伯太《はかた》藩として定着する（第2章参照）。次いで寛文二（一六六二）年、阿部氏以来の正式な大坂城代として青山宗俊が任命され、摂河泉三ヶ国および遠江・相模・武蔵に五万石の所領が与えられた。和泉の所領は、大鳥・泉・日根の三郡一万四〇〇〇石であった。この城代領は、青山氏から太田資次・土屋政直へと、三代連続で大坂城代に受け継がれていく。

また寛文四（一六六四）年には、堺奉行が石河氏から水野元重に交替し、それにあわせて大鳥郡の元石河代官所の一部一七〇〇石が水野氏の知行所になっている。天和元（一六八一）年にも、同じく堺奉行になった稲垣重氏《しげうじ》に、役知として泉郡観音寺村・寺田村五〇〇石が宛てがわれた。

こうした役職領主への所領宛てがいは、摂津・河内でも行われた。むしろ、和泉が以上の四例のみであるのに対し、摂河両国での大坂城代領や定番領の給付例は多い。その場合、城代青山氏のように、任期中のみ領有し離任時に収公されるケースや、定番渡辺氏や後述する常陸土浦藩土屋氏のように、離任後も領有し続け、地元藩もしくは飛び地領として定着するケースがある。ただ享保期を境に、役職交替にともなう所領給付は減少した。

2期　貞享～元禄期　側用人領および幕閣要人領の増加

2期の変化は、第五代将軍である徳川綱吉の政権が本格化する貞享期から元禄期のころにみられる。あらたに領主となったのは、側用人《そばようにん》および老中や若年寄《わかどしより》といった幕閣要人であった。

側用人への加増地

まず役職領主以外で、初めて和泉に加増地＝飛び地を得たのは、側用人松平忠周《ただちか》である。貞享二（一六八五）年、綱吉の側用人となった忠周は、翌三（一六八六）年、丹波亀山藩から武蔵岩槻藩に転封された際、和泉を含む一万石を加増された（岩槻藩四万八〇〇〇石）。とはいえ、わずか四年で側用人を退き、元禄一〇（一六九七）年には但馬出石《いずし》藩に転封されている。そのあと老中小笠原長重が岩槻藩に封《ほう》じられたが、彼は致仕《ちし》した翌年の正徳元（一七一一）年に遠江掛川に転封された。その際、和泉の所領は収公され、幕領となっている。

ついで和泉に所領を与えられたのが、側用人牧野成貞であった。成貞は、松平忠周より前の天和元（一六八二）年に取り立てられ（当時一万三〇〇〇石）、前期綱吉政権をもっとも身近で支えた側用人である。天和二（一六八二）年、三年には立て続けに加増を受け、下総関宿《せきやど》藩に封じられる（五万三〇〇〇石）。和泉が与えられたのは、元禄元（一六八八）年の二万石加増時で、その支配は、元禄八（一六九五）年に側用人を退いたのちも一〇年ほど続いた。宝永二（一七〇五）年、三河吉田城に転封される際、関宿藩は当時若年寄であった久世《くぜ》重之にそのまま引き継がれ、幕末まで存続する。

二〇三〇石取の旗本であった柳沢吉保《よしやす》が側用人に取り立てられたのは、その牧野成貞が最後に加増を受けた元禄元年であった。吉保は、側用人登用と同時にまず一万石、元禄三（一六九〇）年にも二万石、同五（一六九二）年にも三万石が加増される。同七（一六九四）年に一万石加増されると同時に領地を武蔵川越藩にあらためられ、同一〇年にもさらに二万石の加増を受けている。いずれの加増にも和泉が含まれており、元禄五年・七年には摂河の村むらも加えられた。とくに和泉の場合、加増ごとに近接地が次々と与えられたため、徐々にまとまりのある所領が形成された。最終的に吉保は宝永元（一七〇四）年、一五万石余の大名となり、甲府へ異例の転封を果たす。その時点で畿内の所領は収公されるが、一部の和泉の村むらは、宝永四（一七〇七）年から享保二（一七一七）年までの間、第六代・第七代将軍である家宣・家継の側用人を務めた間部詮房《まなべあきふさ》に与えられている。

以上のように、綱吉が政権を握った貞享期から元禄期にかけて、和泉幕領を中心に次々と側用人に加増地が与えられた。与えられた所領は、隣りあう村むらばかりではなく、二、三ヶ所に離れた場所であったり、一村を複数の領主が分け合う場合もあった。ところが側用人への加増も、柳沢氏の甲府への転封を機に急速に収束する。宝永六（一七〇九）年にはすべての加増地が、幕領もしくは小笠原氏や久世氏などの幕閣要人の所領になっている。側用人への加増はきわめて期間の限定された施策であった。

加増月日	対象者	加増高	加増地	その後の動静
1／7	側用人 柳沢吉保	1万石	武蔵川越藩に転封。 武蔵、和泉大鳥郡、河内渋川郡、摂津川辺・豊島・住吉郡	宝永元年甲府へ転封
4／21	老中 土屋政直	1万石	和泉大鳥・泉・南郡	延享3年大鳥郡・泉郡収公天明8年南郡収公
4／21	老中 戸田忠昌	1万石	河内志紀・若江・丹北郡	宝永7年収公
4／21	老中 阿部正武	1万石	摂津武庫・川辺・豊島・島下郡	幕末まで
4／21	老中 大久保忠朝	1万石	河内交野・茨田・讃良郡	幕末まで
8／27	側用人 松平輝貞	1万石	摂津住吉郡、河内若江郡ほか	元禄8年収公・上野高崎藩へ転封。元禄14年＋河内1万石、宝永元年＋1万石（含摂）。宝永6年側用人辞職・収公
12／10	若年寄 秋元喬知	7000石	河内八上郡	元禄12年老中、同13年＋1万石（含河）、宝永元年＋1万石（含河）・武蔵川越藩へ転封、正徳元年＋1万石（含河）、以後幕末まで

表4　元禄7年加増一覧

幕閣要人の所領へ　側用人への加増に刺激される形で、老中や若年寄といった幕閣要人たちへの畿内を対象にした加増も進んだ。すでに紹介したように、老中小笠原氏は、元禄一〇（一六九七）年に側用人松平忠周のあとの岩槻藩に入っており、宝永二（一七〇五）年には、若年寄久世氏が牧野成貞のあとの関宿藩に入っている。

またそれ以前の貞享期に和泉に領地を得たのが、老中土屋氏であった。そもそも土屋氏は、貞享元（一六八四）年大坂城代に任命され、青山氏以来の城代領摂河泉二万石を引き継いだ人物である。翌二（一六八五）年、同氏は京都所司代に転任、同四（一六八七）年には老中となり、同時にかつての所領である土浦藩に転封になっている。その際、城代領として与えられていた上方三万石のうち、摂河の所領は引き上げられたものの、和泉と近江の所領はそのまま残された。以後、和泉の城代領は土浦藩領となり、元禄七年にはさらに和泉一万石（大鳥・泉・南郡）が加増されている。その後大鳥・泉両郡の村むらは延享三（一七四六）年まで、南郡の村むらは天明八（一七八八）年まで、日根郡の村むらは幕末まで存続する。

では摂河両国はどうか。加増がピークにあった元禄七（一六九四）年の様子を表4で紹介しておこう。

元禄七年正月七日、まず柳沢吉保に対し一万石が加増されたが、同時に武蔵川越城が与えられ、領地もあらためられている。あらたな所領には、すでに領有していた摂河泉三ヶ国村むらに加え、摂津住吉郡の平野郷町等が与えられた。また四月二一日には、土屋氏を含む四名の老中に対し、各一万石が加増された。その際各老中には、摂河泉三ヶ国の村むらが、郡をわけて与えられた。播磨にしか所領を持たなかった大久保氏以外は、すべて自領近くの村むらであった。

さらに八月二七日には、側用人松平輝貞にも摂津住吉郡と河内の村むらが一万石加増され、一二月一〇日には、若年寄の秋元喬知《たかとも》に対しても河内八上郡七〇〇〇石が加増されている。秋元氏は元禄一二（一六九九）年に老中に昇進するが、以後三次にわたり、八上・丹南・丹北郡などの南河内の村むら計二万七〇〇〇石が与えられた。なお、摂津に阿部氏忍藩領、河内に大久保氏小田原藩領や秋元氏川越藩領が幕末まで、和泉に土屋氏土浦藩領が近世中期までまとまって確認されるのは、この時期の加増に由来する。

さて、以上のようにみてくると、老中や若年寄への加増は、側用人への加増を後追いする形で進んでおり、それは収公された側用人領の受け皿になっていることからもうかがえる。主な加増地は和泉幕領で、その後摂河（とくに南河内）に及んでいった。異なるのは、側用人の加増地がすべて上知《あげち》されたのに対し、幕府要人の所領は継続することも多かった点である。ただ土屋氏土浦藩の場合、二度にわたり一部の所領が収公されている。これらの所領は、常に上知の可能性をはらんでいたと考えるべきであろう。

3期　延享四年　御三卿領の成立

和泉における3期の変化は、延享四（一七四七）年に始まる田安家《たやす》（八代将軍吉宗の次男宗武が始祖）・一橋《ひとつばし》家（同四男宗尹《むねただ》が始祖）、そして清水家《しみず》（九代将軍家重の次男重好が始祖）の御三卿領の成立と関連している。

延享四年、まず田安家に対し、和泉を含む六ヶ国のうちに一〇万石が与えられた。和泉では土浦藩の大鳥郡分一万二一七石余、および石原清左衛門代官所の大鳥郡分のうち三五七七石余、合計一万三七九四石余が田安領となった。

一橋家も同年に、六ヶ国に一〇万石を与えられ、和泉では石原清左衛門代官所の泉郡分のうち六七三〇石余と大鳥郡分のうち三八一三石余、それに土浦藩領の泉郡分七九二六石余、合計一万八四七〇石余を家領とした（第3章参照）。また清水家も、宝暦一二（一七六二）年に一〇万石を与えられ、和泉にも領知を有したが、収公・復活を経て、安政二（一八五五）年上知されている。

御三卿領の形成に当たって、和泉ではすでに収公されていた元岩槻藩領・柳沢氏川越藩領、および堺奉行稲垣氏知行所の一部を含む幕領だけでなく、和泉に定着しつつあった土屋氏土浦藩領のうち、大鳥郡・泉郡もまた上知され（南・日根両郡は残される）、組み入れられたのである。

では、摂河泉村むらのこうした御三卿領への転換は、なぜ行われたのであろうか。

1で見てきたように、摂河泉の幕領には、本来、畿内・西国支配のため大坂城を物資面や軍役面で支え、その一方で、畿内役職領主に対し役知領を提供するという役割が与えられていた。しかし一七世紀も末になると、畿内の支配システムは安定し、官僚化をとげた役職領主への役知領の必要性も減っていた。それゆえ、貞享・元禄期は、畿内の幕領編成そのものを見直し、あらたな使い道を模索する段階にあったと考えられる。その結果採用された政策が、将軍綱吉の権力強化のために、側用人、あるいは幕府要人にこれら幕領を分け与えるというものであった。これらの所領が繰り返し収公され、再度役知領や加増地として与えられていった事実は、本来的にはこれらが幕領としてとらえられていたことを示唆するであろう。だからこそ、綱吉と方式は異なるものの、将軍家そのものを支える目的で創設された御三卿に対し、摂河泉の元側用人や幕府要人の所領を、幕領に準ずる領知として給付することに帰結したのではなかろうか。つまり、綱吉政権期に進められた将軍家の主導権強化の流れが、そのまま御三卿領成立に向かったものと理解できるのではないか。

4　綱吉の政治的意図

最後に、徳川綱吉による側用人および幕府要人の所領加増の政治的意図を展望しておきたい。

まず、2期に相当する貞享・元禄期とはいったいどのような時代であったのか、簡単に説明しておこう。延宝八（一六八〇）年、将軍に就任した綱吉は、門閥譜代大名たちの手から幕政の主導権を取り戻すために、譜代大名を中心に改易《かいえき》・減封策を断行した。その一方で、幕府財政は、金銀鉱山収入の激減や相次ぐ寺社の造営などで窮迫《きゅうはく》しており、財政再建が重要課題であった。幕領支配の全面的見直しは必至であり、そのため、老中堀田正俊を農民統治の専管とし、未納年貢の全国調査を行うと同時に、天和二（一六八二）年には勘定《かんじょう》吟味役《ぎんみやく》を創設し、勘定所役人や代官の処分を次々と進めたのである。畿内でも、全代官に滞納分の上納を厳達し、皆済《かいさい》できない代官（とりわけ世襲代官）は処分され、和泉でも、今井・末吉両氏、彦坂氏や豊島氏などの免職・辞職が確認される。以後幕領では、代官が一、二年、長くても数年でつぎつぎと交替し、支配所替えも頻繁に行われるようになった。摂河泉において、側用人や幕府要人への加増が本格化したのは、まさにこうした長期にわたって存在した世襲代官から吏僚《りりょう》型代官への転換期であった。

では、そこにどういう政治的意図が込められていたのだろうか。

第一には、生産力が高く、貢租収入の多い畿内を、将軍自らの側近に優遇策として加増したという点である。しかもこの時期の譜代大名や幕府要人は、短期間のうちの頻繁な役替えや転封により、厳しい財政状況に直面していた。畿内に加増地を得た大名の中には、大坂商人や在郷商人から短期間のうちに夥《おびただ》しい借入を行い、借財を抱えたまま、次の封地に移っていく者も少なくなかった。畿内に所領を持つということは、年貢収量の多さでも、資金調達という点でも、間違いなく所領経営を助けるものであった。

ただ理由はこれだけではない。綱吉の最側近にあり、その政治的意図を知り尽くした柳沢吉保の事例を紹介しておきたい。

柳沢氏の場合、和泉を中心に五度にわたって加増が行われた。その結果、和泉では大鳥郡・泉郡の街道沿いの平野部一帯が所領となり、元禄七（一六九四）年には、摂津住吉郡平野郷や豊島郡池田村、河内渋川郡久宝寺《きゅうほうじ》村といった畿内屈指の在郷町もあらたに所領となった。明らかに経済的に優位な加増にみえる。

ところが、木綿作地域にあり、古くから地域の流通拠点として発展した平野郷でも、貞享期には九〇〇〇石余の未納年貢を抱えるに至っていた。その背景には、大坂町奉行らが主導する流通構造の転換＝大坂への集中化と地方都市の衰退があった。平野郷は、畿内型代官末吉氏が長く支配していた在郷町であったが、幕領経営という点では根本から立て直す必要があり、結局末吉氏から関東代官への交替が断行される。

とはいえ、代官の交替だけでは解決できない、幕領支配、幕領代官の体質的問題もあった。通常、代官が交替するに際して、前任者のやり方を踏襲し、それまでの習慣を変えないことが多かった。そこに個々の代官の判断が入り込むことはまれで、そのため旧慣や古い権利関係はそのまま残り、村むらは、それを自らの権利として主張し続けるのである。

そうした旧慣が見直される大きな契機が、私領への転換であった。

例えば、和泉の平野部には、条里制を枠組みとした「郷」が存在した。その「郷」が太閤検地の実施単位とされたことから、「郷」を越えて展開した村領は屋敷地を含まない「出作《しゅっさく》」村として把握された。この「出作」は単独の村請制の「村」として扱われたが、一七世紀半ばの正保郷帳作成に際して、土地所持の実態に即して、捌《さば》き庄屋の村に包摂されるものと出作元村に切り分けられるものとに分かれていく。しかし、それでも「出作」が年貢収納の単位であることは変わらなかった（『信太編』）。ところが、柳沢氏が上代村を領有した際、それまで別立てで出されていた「出作」村と出作元村の免定《めんじょう》を一通にし、以後幕府も一村として把握するようになる。幕領から柳沢氏領となったことで、少なくとも所領内での「出作」の扱いが転換したのである。

大坂城が直轄領となった元和五（一六一九）年以降、畿内には有力な譜代大名が配置され、江戸からは相対的に独立した「八人衆」体制や軍事組織が次々と整備されていった。だからといって幕府による支配が簡単に畿内村むらに浸透していったわけではない。一部の村むらは、依然として豊臣政権期から在地に影響力を持つ伝統的勢力の手に支配は委《ゆだ》ねられた。和泉国でいえば、小出氏がそうであり、幕領では豊臣政権期以来の豪商や豪農出身の代官も長く在任した。それ以外の関東から派遣された代官や奉行兼任代官でも、在任期間はゆうに二〇年を超え、その間は、支配所の枠組みが大きく変わることはなかった。その場合、和泉に特徴的な谷や郷といった地域の結びつきの強いまとまりは、ほとんど同じ支配所に組み込まれた。一七世紀半ばまでの幕府による畿内支配は、従来からの村むらの地域的結合を崩さないまま、代官や領主を替えずに時間をかけて進められたといえる。

こうした支配のあり方は、「八人衆」体制が解体する寛文期、もしくは綱吉が政権の座に就いた貞享・元禄期に大きく転換する。それまでの幕領代官は大半が辞職に追い込まれ、後任代官もまた次々と交替し、支配所の組み換えも頻繁に行なわれた。それと並行して、幕領は、畿内の役職領主や綱吉の側用人、あるいは幕閣要人に所領や役知領として与えられるようになり、その結果、一つの谷や郷を幾人もの代官や領主が支配したり、一つの村が複数の領主を抱える相給《あいきゅう》村落も生まれることになった。一七世紀後期の和泉では、支配の担当者は実力ある個人から徐々に吏僚代官・幕閣要人へと移行し、村むらの地域的まとまりも、支配という点では一体性を持たないことが多くなった。一八世紀半ばの御三卿領への組み込みは、以上のような形で進められた幕府支配の強化・浸透ののちに行われたのである。

第2章　伯太陣屋と藩領の村むら

齊藤紘子

近世初期泉郡の村むらは、ほぼ幕府領で占められ、個別大名の私領としては平野部の池上《いけがみ》村・黒鳥《くろとり》村・肥子《ひこ》村・豊中《とよなか》村に、豊臣期の代官・片桐且元《かたぎりかつもと》支配地の一部を引き継ぐ大和小泉藩・片桐貞隆《さだたか》家の領地などが点在する程度であった。しかし一七世紀後半になると、幕閣や大坂城代《おおさかじょうだい》、大坂定番《おおさかじょうばん》などの役職に任じられた譜代大名《ふだいだいみょう》領が設定されるようになり、個別大名の私領が成立していく（第2部及び第3部第1章参照）。ここでは、そのような事例の一つとして、伯太《はかた》村に陣屋《じんや》（コラムⅣ）を構えた伯太藩渡辺家と市域村むらの関係について掘り下げてみたい。

伯太藩と藩領の村むら

伯太藩は渡辺家を藩主とする譜代藩で、泉郡で藩領となったのは、伯太村、黒鳥村のうち辻村《つじむら》と郷庄《ごうしょう》、「池上出作《しゅっさく》」*、下条大津《げじょうおおつ》村、板原《いたはら》村、春木川《はるきがわ》村である。伯太藩についてはまとまった藩政史料が残されていないが、家臣の家々に伝わった史料や、黒鳥村・春木川村などの村方文書から、家臣団の特質や地方支配のしくみなどをうかがうことができる。

*池上出作（伯太藩領）は、人の住む集落のない「村請制村」である（詳しくは『信太編』を参照されたい）。片桐家領（小泉藩）に集落のある池上村百姓らの土地が広がり、池上出作に土地を所持する百姓が庄屋を務めた。

近世社会の武士身分は、おおまかにいえば、藩主との主従関係のもとで大名の「家」に所属する集団（こ

写真１　伯太藩の旗（杉浦家文書）

のまとまりのことを「家中《かちゅう》」という）として城下町や陣屋元村《じんやもとむら》の武家地に集住し、「百姓」身分が居住する村むらや「町人」身分その他が居住する町まちなどを支配していた。一方、いずれの「家中」にも属さない武士は「浪人《ろうにん》」とみなされた。伯太藩も領地はわずか一万三五〇〇石の小藩ではあったが、他の大名と同じく陣屋をもち、藩主渡辺家とその「家中」からなる「家」集団として存在した。そして、陣屋での「家中」の生活は、藩領を中心とした村むらとの関係のうえに成り立つものであった。以下ではこうした側面に留意しつつ、伯太陣屋とそれを取り巻く藩領との関係に迫ってみたい。

１　一七世紀の伯太藩

旗本から譜代大名へ

『寛政重修諸家譜《かんせいちょうしゅうしょかふ》』によると、伯太藩の初代藩主となる渡辺吉綱《よしつな》は、渡辺重綱《しげつな》家（尾張藩家老の渡辺半蔵家）の五男として、駿河国府中に生まれ、元和《げんな》九（一六二三）年より徳川秀忠《ひでただ》に仕えたとされている。寛永《かんえい》元（一六二四）〜二年には、兄忠綱《ただつな》の旧知行所《ちぎょうしょ》（領地）である武蔵国比企郡《ひきぐん》のうちに三〇〇〇石を与えられ、同地の新田を併せて三五〇〇石知行の旗本として、江戸城の御書院番《ごしょいんばん》、御小姓組番頭《ごこしょうぐみばんがしら》、御書院番頭などを務めたようである。寛文《かんぶん》元（一六六一）年には、大坂城の玉造口定番《たまつくりぐちじょうばん》を命じられ、このとき畿内《きない》に一万石の領地を加増されて一万三五〇〇石の譜代大名となった。ただし、この時の陣屋建設については、『寛政重修諸家譜』

にも「のち武蔵国比企郡野本《のもと》に居所を営む」とあるのみで詳細は不明である。畿内で加増された一万石の領地は、河内国の志紀《しき》・丹北《たんぼく》・古市《ふるいち》郡、和泉国大鳥《おおとり》・泉郡に所在する村むらで、後述する河州郷《かしゅうごう》・上神谷郷《にわだにごう》・下泉郷《しもいずみごう》の村むらに相当する（図1）。譜代大名となった吉綱は、寛文八年に死去するまで大坂城で定番を務めた。二代方綱《まさつな》は大坂城の雁木坂加番《がんぎざかかばん》や近江国水口城《みなくちじょう》守衛などを務め、延宝《えんぽう》八（一六八〇）年に亡くなった。

三代藩主を継いだのは、尾張藩家臣渡辺長綱《ながつな》家（半蔵家）から末期養子《まつごようし》（嗣子のいない武家において、当主の病気危篤の際、家の断絶を避けるために急に養子を願い出ること）として入った基綱《もとつな》である。基綱の代にはまず所領構成に変化がみられた。元禄《げんろく》一一（一六九八）年には、関東での旗本知行所の創出（「元禄の地方直し《じかたなおし》」と呼ばれる）と連動して、武蔵国の所領が近江国に移され、武蔵国野本村に置かれていた陣屋も和泉国大鳥郡大庭寺《おばでら》村内に移された。

領内ではこの所領変更を機に、所領の村むらが上神谷郷・下泉郷・河州郷・東江州郷《ごうしゅうごう》・西江州郷という五つの「郷」に分けられ、各郷の庄屋から一人ずつが「触頭《ふれがしら》」に任じられた。「触頭」とは、代官と各村庄屋衆との間で地方《じかた》支配の末端を担う大庄屋《おおじょうや》のような役職である。泉河各郷の触頭は、おおむね伯太村に陣屋が移転されるまでの期間に置かれた役職で、上神谷郷では豊田《とよだ》村庄屋の小谷《こたに》家、下泉郷では板原村庄屋の根来《ねごろ》家が世襲し、河州郷でも大井村

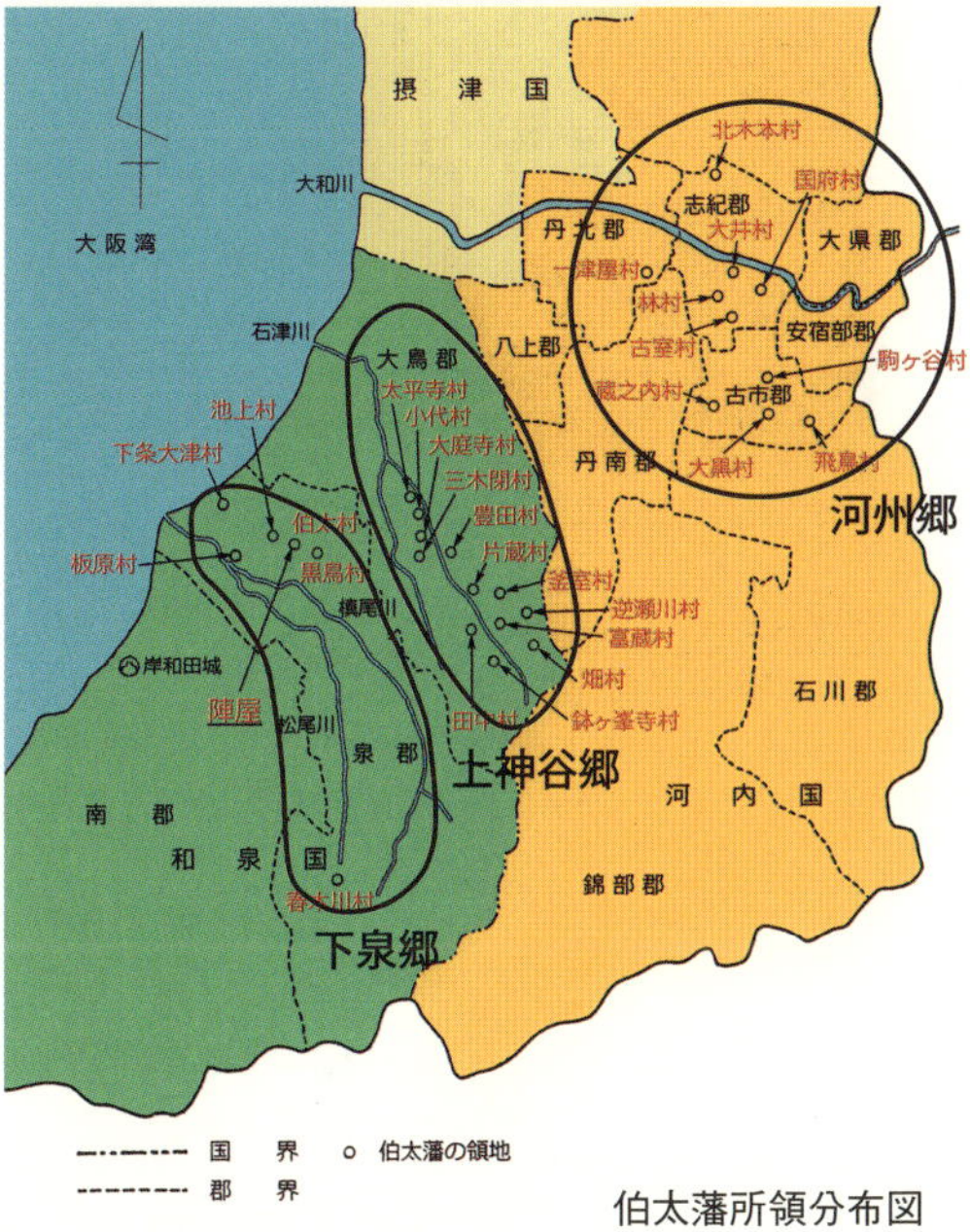

図1　18世紀以降の河内・和泉の伯太藩領　河内国に約3649石、和泉国に約6534石のほか、図には示していないが近江国に約3529石の領知があった。

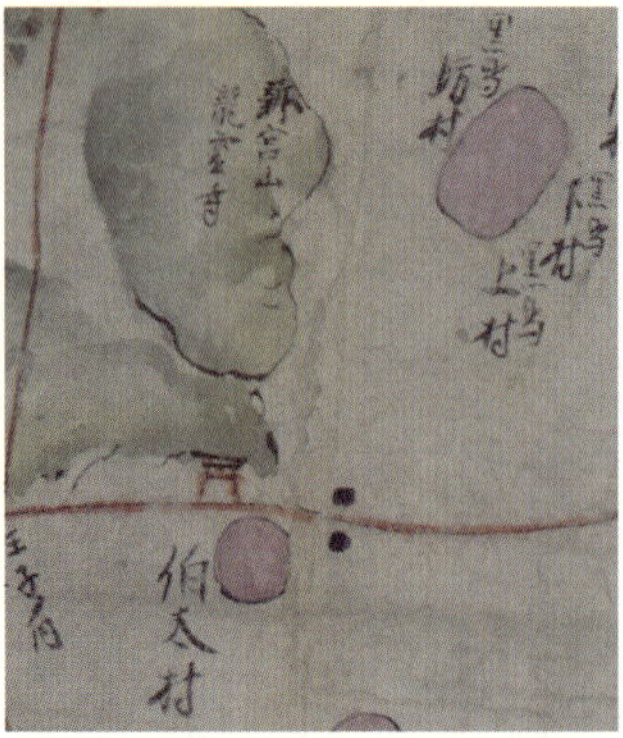

写真3　絵図に描かれた伯太山（元禄9［1696］年）　元禄9（1696）年「和泉国分間絵図」（美木多地域歴史資料調査会）より。この後、新宮山龍雲寺が描かれている周辺に陣屋が移転してくる。

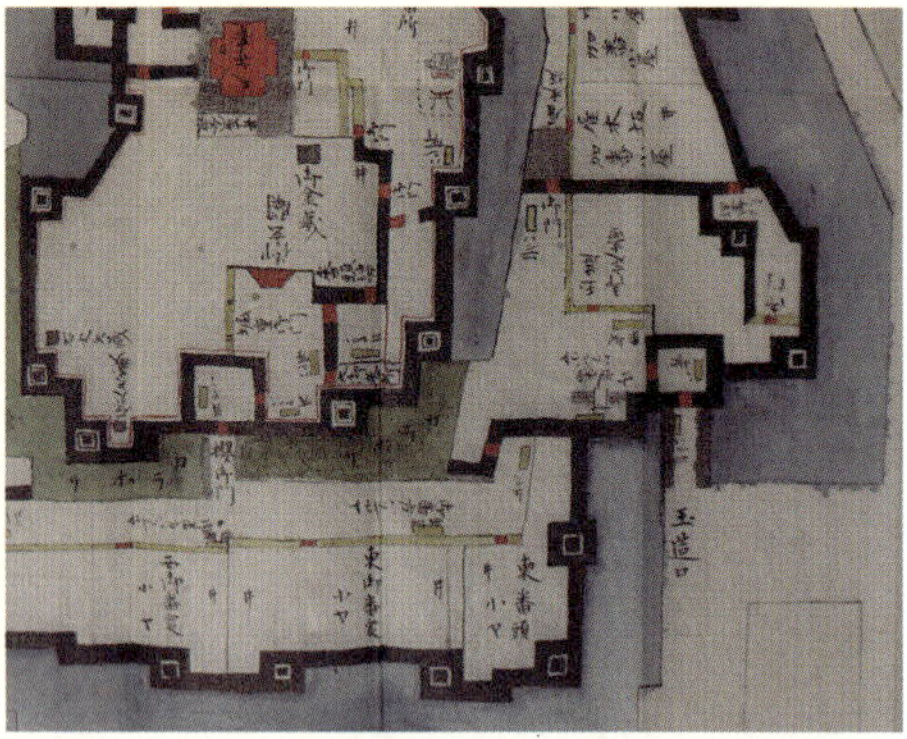

写真2　大坂城玉造口の定番屋敷　大坂城彩色図（杉浦家文書）より。玉造口は、大坂城の東南部入り口にあたる。

の松尾家や児玉家などが務めた。上神谷郷小谷家の文書には、触頭任命時の史料として、元禄一二年八月一二日の「起請文前書《きしょうもんまえがき》」と「触頭勤方覚《ふれがしらつとめかたおぼえ》」が残されている。そこでは、触頭の職務は①「軽き御用」の触（法）伝達、②村むら出《で》入《いり》（争論）の内済《ないさい》、③年貢納入の監督、④村むらで牛馬の買い替えや死牛馬発生の際の処理確認、⑤諸事出願の取次ぎ、⑥雨乞《あまごい》の許可、⑦洪水の際の池川破損や火事などの様子見届けが挙げられ、在地において藩領の支配を担う存在であった。このように元禄一一年の所領替えから翌年秋にかけて、所領村むらを下泉郷・上神谷郷・河州郷・東近江郷・西近江郷に再編し、各郷に触頭を置くという所領支配の枠組みが整えられた。元禄期の所領替えは、地方支配においても一つの画期になったといえよう。

＊市域で藩領となった村むらのうち、春木川村と池上出作（信太郷側の二〇八石分）は、寛文元年の段階ではまだ幕領（代官支配）であり、元禄一五年に伯太藩領に編入された。

伯太陣屋への移転

それから間もない元禄一四（一七〇一）年、藩主基綱は大坂城玉造口定番を命じられ、享保《きょうほう》一三（一七二八）年に亡くなるまでの二八年間にわたって定番を務め続けた（近世の定番として最長期間）。ここで注目されるのは、定番への就任をうけて、大庭寺陣屋で生活していた代官までもが玉造口の定番屋敷（写真2）へ引っ越したことである。その後の大庭寺陣屋はほぼ空き屋敷となり、享保一三年までの間は、地方支配の拠点も大坂城玉造口の定番屋敷に置かれていた。

また、定番退役後の屋敷地に関しては、『寛政重修諸家譜』に「享保一二年四月一八日に大庭寺村から泉郡伯太村（伯太町）に陣屋を移した」と記されている。しかし豊田村（堺市）小谷家に残る御用留《ごようどめ》や達書《たっしがき》をみると、四月一八日は幕府が渡辺家の「□（御）休所替」を許可した日付であり、実際に伯太村での陣屋建設が本格化したのは翌年五月で、七月に藩主が病死した後に、定番屋敷詰の家中が次つぎに大坂から伯太村へ移住している。新陣屋は伯太村内の「伯太山《はかたやま》」（信太山丘陵。写真3）に建設され、丘陵の裾野《すその》を通る小栗街道《おぐりかいどう》に大手門《おおてもん》が設けられた。藩主の居住空間である「御屋敷」は陣屋の最奥に設けられ、大手門から「御屋敷」までの道沿や「御屋敷」の南側は、大坂定番屋敷から移った家中の屋敷地となった（コラムⅣおよび『信太編』写真6参照）。

享保期の陣屋移転以後、伯太藩は大坂城の加番を断続的に七回務めたほか、一九世紀には江戸城の門番役や、泉州沿岸での異国船警衛役《いこくせんけいえいやく》などを命じられたが、陣屋所在地や知行高、所領構成などは全く変化することなく幕末に至った。

2　伯太藩「家中」の形成と大坂

伯太藩上層家臣の来歴

では、このような伯太藩の「家中」は、いつどのように創出されたのだろうか。渡辺家の家来は、さまざまな来歴をもっており、家臣となった時期もさまざまであった。次に、伯太藩の最上層家臣として、家老・

用人《ようにん》などを務めた杉浦《すぎうら》家・小瀬《おぜ》家・向山《むこうやま》家の由緒書《ゆいしょがき》をもとに、各家がいつどのような経緯で渡辺家の家臣となったのかを検討しておこう。

杉浦家は、久右衛門《きゅうえもん》を名乗る場合が多く、伯太藩では家老や郡代《ぐんだい》（地方支配担当）などを務めた有力家中の一軒である。杉浦家には、文化《ぶんか》四（一八〇七）年ごろに整理された家譜《かふ》や系図《けいず》などが残されている。このうち、表紙に「系統記《けいとうき》」（杉浦家文書）と記された系図によると、杉浦家はもともと「犬塚」の姓を名乗って徳川家康に仕えたとされ、「三州一揆合戦」（三河一向一揆）の後に「杉浦」と改姓し、同じころに久右衛門家・五郎左衛門家など五つの家筋に枝分かれしている。このうち杉浦久右衛門家の初代・久右衛門祐玄は、尾張藩の付家老《つけがろう》となる渡辺守綱・重綱親子に仕えたあと、重綱の五男・渡辺吉綱の家老を務め、万治《まんじ》元（一六五八）年に亡くなったと記されている。また、系図に付された文化四年の貼り紙によれば、祐玄は文禄《ぶんろく》元（一五九二）年生まれで、「両度共《りょうどとも》大坂御陣（大坂冬・夏の陣）、重綱公御供《おとも》に随準《ずいじゅん》」ともあり、近世初期より渡辺家の家中であるとされている。つまり杉浦家は、三河以来の家康の家来であり、初代久右衛門祐玄のころから渡辺守綱・重綱家に仕え、重綱から分家した五男吉綱家（伯太藩初代）の家老となって、伯太藩家中に定着したという由緒をもつのである。

幕府与力層からの召し抱え

このように近世初頭から渡辺家の家老であった家がある一方で、伯太藩の家臣には、一七世紀後半になって家中に抱えられた家も存在する。例えば、杉浦家と同じく家老の家筋である小瀬家の例をみてみよう。幕末の小瀬家では、家老となっていた伝左衛門が尊王攘夷《そんのうじょうい》派《は》として伯太藩を離籍し、水戸藩大坂蔵屋敷で詰人《つめにん》となったのちに、伯太藩へ復籍するという動きがあった。その帰籍願いとして出された小瀬家の由緒書「先《せん》祖略記《ぞりゃっき》」（小瀬家文書・写真4）によれば、小瀬家初代又五郎は小出大和守《こいでやまとのかみ》家の家中（家老、一二〇〇石知行）と記され、その次男伝兵衛の子・茂兵衛について、次のような記載がある。

茂兵衛忠美《ただよし》は、甲斐庄《かいしょう》喜左（右）衛門殿長崎《ながさき》御奉行《ごぶぎょう》御勤めの節、知行弐百石下《にひゃくこくくだ》され、与力相勤《よりきあいつと》め罷《まか》り在《あ》り候《そうろう》処《ところ》、御先祖（渡辺）丹後守《たんごのかみ》様御代御側《おそば》より大坂御定番　仰《おお》せを蒙《こうむ》られ候砌《みぎり》、壱万石御加恩御拝領《ごかおんごはいりょう》につき、諸浪人《ろうにん》多く召《め》し抱《かか》えられ、（藩主の）奥様には高木主水正《もんどのかみ》様御息女《ごそくじょ》にて、甲斐庄喜左（右）衛門殿には御由緒に付き、主水正様え御貸し貰い成され候、同組与力吉田清太夫と申す者と祖父茂兵衛也、

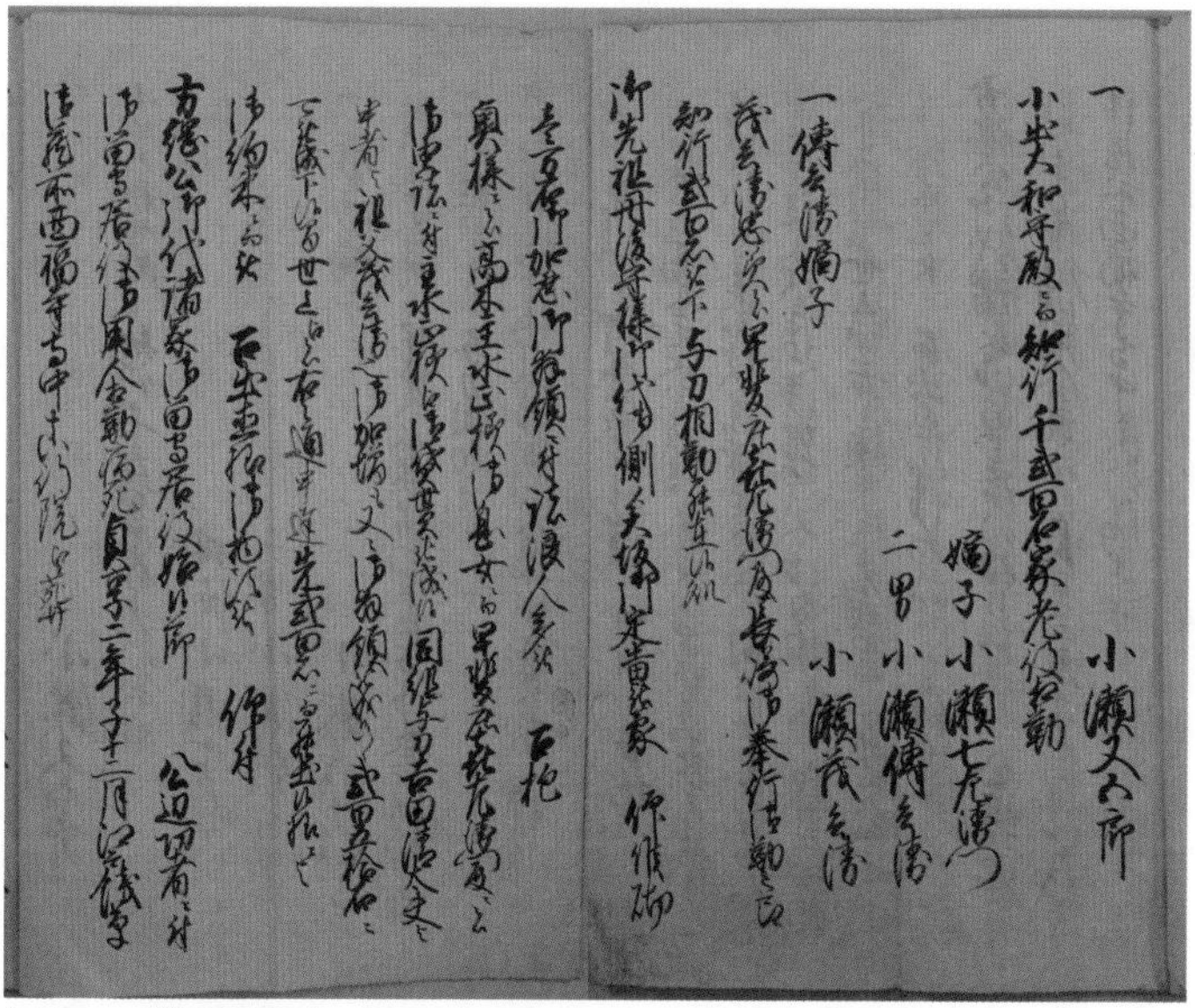
写真4　「先祖略記」　慶応3（1867）年

これによると、小瀬茂兵衛は、幕府の遠国奉行《おんごくぶぎょう》である長崎奉行・甲斐庄喜右衛門の与力（身分は御家人《ごけにん》で、二〇〇石取）から伯太藩家中に移ったという。甲斐庄喜右衛門が長崎奉行を務めたのは、承応《じょうおう》元（一六五二）年一月から万治《まんじ》三（一六六〇）年六月までで、小瀬茂兵衛は当該期の長崎奉行に付けられた与力五騎・同心二〇人の一人であったとみられる。その茂兵衛が与力を辞し渡辺家に入ったのは、甲斐庄が長崎奉行を退任した翌年の寛文元（一六六一）年に、渡辺吉綱が大坂定番となった時であった。つまり、小瀬家が渡辺家に召し抱えられたきっかけは、一万石の拝領にともなって家中を増加する必要が生じたためであり、小瀬家のほかにも多くの「諸浪人」が召し抱えられたのである。小瀬茂兵衛の場合は、もともとは幕府

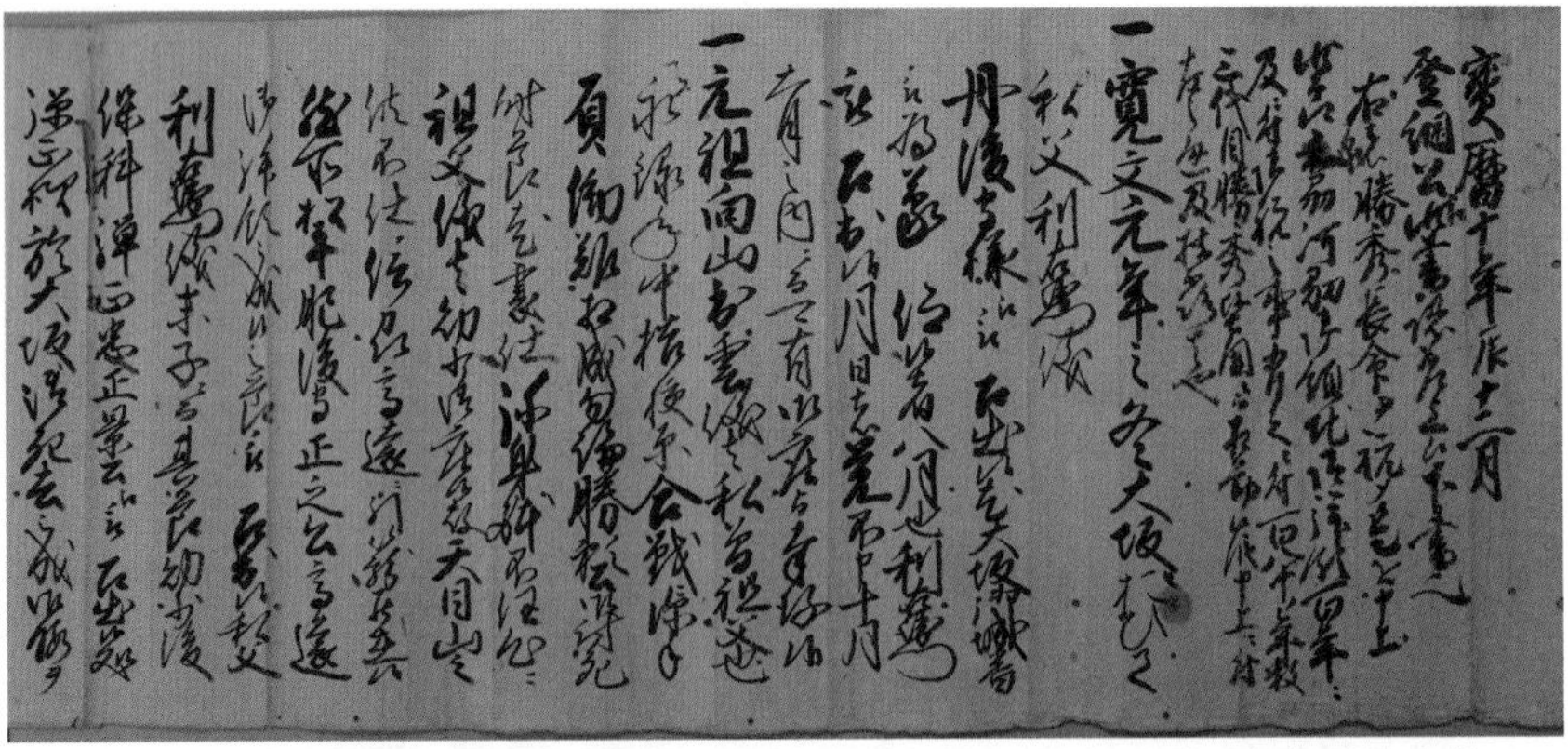

写真５　「向山家先祖書」（向山家文書）　宝暦10（1760）年。渡辺家が河内・和泉に領知を得て100年となった際に、向山家から渡辺家へ提出されたもの。

御家人身分の与力であったが、渡辺吉綱の妻の実家・高木主水正家と関係のある甲斐庄家から高木家へ「御貸し貰」うことによって抱えられたのであった。

さらに、この由緒書にみえる吉田清太夫も、茂兵衛とともに長崎奉行の「同組与力」であり、寛文元年に渡辺家中へ移ったとされている。清太夫の名前は、一七世紀末以降の伯太藩領内の村方文書《むらかたもんじょ》においても年貢免状《ねんぐめんじょう》を発給する上層家臣として確認できる。つまり、小瀬家と吉田家は、長崎奉行与力から「諸浪人」と共に渡辺家へ抱えられた家臣であった。

「浪人」の召し抱え

さらにもう一つ、家老の家筋である向山《むこうやま》家の由緒にも触れておこう。「向山家先祖書」（伯太・向山家文書・写真５）では、向山家は本国が「甲州《こうしゅう》（甲斐国）」で、本貫地《ほんがんち》は「向山」（甲府盆地南東部）とされている。「初代」の向山出雲《いずも》は、武田信玄《しんげん》によって勝頼《かつより》に付けられた家臣の一人とされるが、勝頼が討死した天《てん》目山《もくざん》の戦いには参加せず、信濃国高遠《しなののくにたかとお》に引き籠《こ》もっていたところ、戦後高遠の地を拝領した松平（保科《ほしな》）肥後守《ひごのかみ》家に召し抱えられた。向山家と伯太藩との関係は、出雲の孫にあたる向山利右衛門が、寛文元（一六六一）年冬に大坂定番として着坂した渡辺吉綱に召し出されたことにはじまる。利右衛門は、それ以前の慶安《けいあん》元（一六四八）年に大坂定番となった上総国飯野藩《いいのはん》保科家に召し出されて大坂に移り、保科家の定番退役後、「摂津国《せつつのくに》」で「浪人」となっていたと

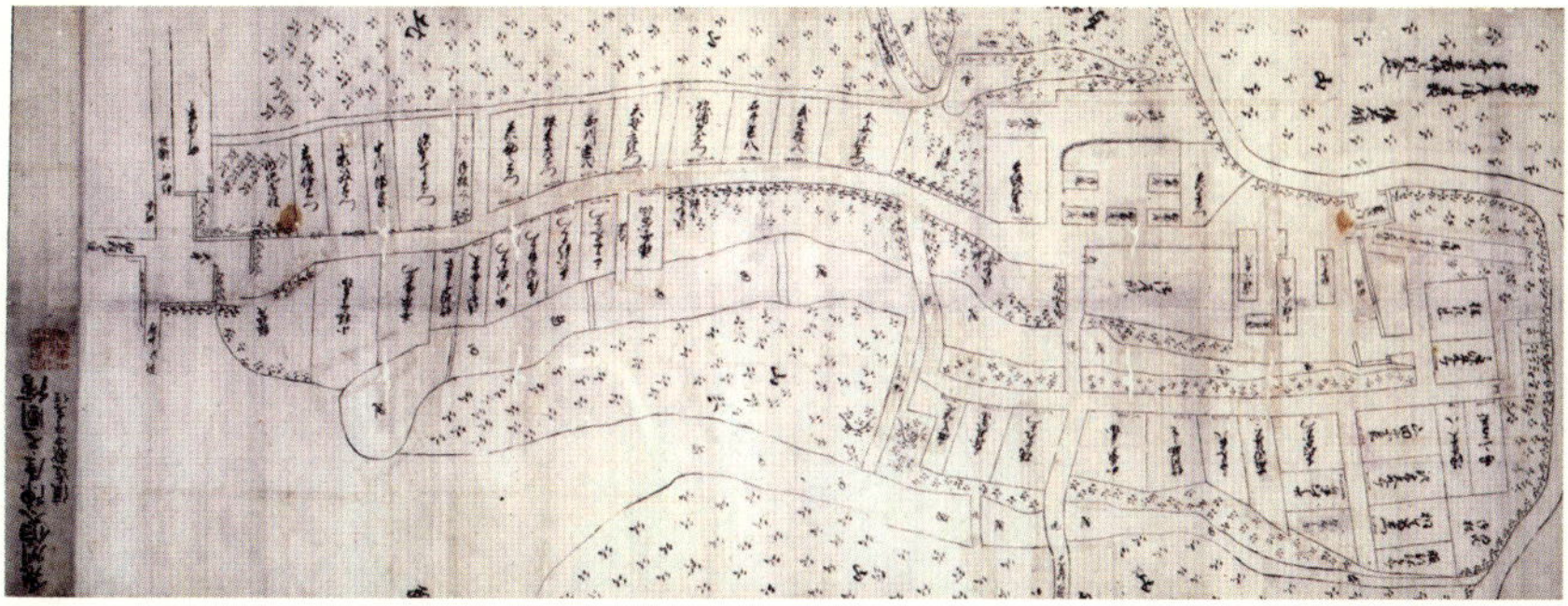

写真6　泉州伯太陣屋之図絵（岸和田高校蔵）　18世紀中ごろ。

ころ、寛文元年に再び定番の渡辺家へ抱えられたという。そして、二代藩主方綱の時期に御用人《ごようにん》や物頭《ものがしら》といった家格を獲得し、渡辺家の家老を務めたとされている。

すなわち向山家は、小瀬家「先祖略記」で言及された「浪人」そのものであった。向山家の場合は、前の主家《しゅけ》・飯野藩保科家も大坂定番であり、大坂近在での短期間の「浪人」期を挟みつつ、定番大名の家中を渡り歩いたことになる。「諸浪人」のなかには、定番交代の際、後任定番に抱えられることを見越して「浪人」となる者も存在したのである。

以上のように、近世初頭には旗本であった渡辺家が譜代大名となった背景には、大坂における定番役への就任が大きな意味をもった。伯太藩の場合、定番を担うための在番体制の構築は、大名としての「家中」を創出する過程でもあった。玉造口定番となった渡辺家が召し抱えたのは、元定番家中であった「浪人」や、長崎奉行与力であった小瀬家・吉田家など、多様な出自をもちながらも、番方・役方を務める大名・旗本のもとで経験を積み、知識を持った武士層であり、いずれも一八世紀を通じて伯太藩に定着し、家老筋の家中となったのである。

3　伯太陣屋の内部構造

伯太藩の家臣団秩序

では家臣団全体は、どのような構成だったのだろうか。近世後期段階の伯太藩「家中」

について、伯太陣屋の空間構造と重ねながら検討しておこう。残念ながら伯太藩の藩政史料はほとんど残されておらず、現在確認できるのは家中の家に残された藩政関係文書のみである。そのため、家臣団の全体像がわかる史料も陣屋絵図や幕末期以降の分限帳《ぶげんちょう》などに限定される。

宝暦《ほうれき》一一（一七六一）年に伯太藩が作成した倹約書「殿様より差上米《さしあげまい》御頼扣《ひかえ》・御倹約書扣《ごけんやくがきひかえ》」がある（国文学研究資料館所蔵小谷家文書）。このうち、家中への給米《きゅうまい》・給銀《きゅうぎん》や屋敷内経費の見積もりの項目をまとめた「御家中渡幷《ごかちゅうわたしならびに》諸御入用」の内訳を表1にまとめた。各支出の内容については、支給人数と銀額のみしか記載されていないが、この時点の伯太・江戸《えど》詰《づめ》の家中や奉公人（足軽・中間《ちゅうげん》以下）の規模をつかむことができる。支給額や奉公人数は倹約の目標値であるとしても、上級家中の人数はほぼ実態に近いと考えてよいだろう。

これによると、物成《ものなり》・扶持米《ふちまい》・給銀に、屋敷などでの必要経費を加えた総計は、伯太（陣屋）分が金一九八七両余、江戸藩邸分が金二三九四両余であり、江戸藩邸の比重が勝っている。しかし人員構成でみると、伯太陣屋には家中八三人と奉公人七九人、江戸藩邸には家中五五人と奉公人八〇人が詰め、半数以上の家中が国許《くにもと》の伯太陣屋に居住していた。一八世紀半ばと推測される伯太陣屋の絵図（写真6）では、陣屋の「御《お》屋形《やかた》」の周囲に四一軒の家中屋敷と、数棟からなる「勤番《きんばん》小屋」「小役人長屋《こやくにんながや》」などが確認でき、大半の家中が陣屋内の屋敷地を拝領している。また、表1が倹約の見積もりである点を踏まえると、家臣団全体で家中一四〇人・奉公人一六〇人という規模は、知行高一万三五〇〇石余の伯太藩が自家財政で維持しうる最大人員と解釈できよう。

続いて家中の内部序列に注目すると、給米や給銀の渡し方では、家中に「物成《ものなり》」「扶持方《ふちかた》」「石給《こくきゅう》」「給金」「賄席《まかないせき》」「徒士《かち》」「大流《だいりゅう》」の七つの階層が確認できる。階層別の人数は、「物成」が三九人で最も分厚く、「給金」が三一人、「石給」「大流」はそれぞれ二〇人ほど、「賄席」「徒士」も各一〇人ほどで、「賄席」は伯太

▼江戸御家中渡幷諸御入用

入用高	内容
米209石88	物成15人
米36石 3	扶持方 6 人
米15石4467	石給 2 人
金105両 銀12匁	給金20人
金 8 両 2 歩	徒士 2 人
金39両	大流給10人
金48両 3 歩 銭 13貫文	足軽13人
金 7 両 2 歩	新組 3 人
金11両 1 歩	足軽14人
金 5 両 1 歩	陸尺 4 人
金31両＊ 銀11匁26	両辻番給
金106両 1 歩	中間46人
金［17ヵ］両	呉服代（御子様・御両人様）
金 5 両	呉服代（御子様・御両人様）
金 1 両	手廻り髪附代（若殿様）
金 4 両	留守居物書 1 人
金 2 両 1 歩	留守居物書扶持 1 人
金 2 両［ ］歩	合羽代
金 7 両	山内小左衛門上下
金 5 両	嶋五郎太夫上下
金 2 両 2 歩	浄心坊
金 1 両	もん
金23両	御子様方女中
金 3 両 2 歩	御乳持 2 人仕着代
金162両 2 歩 銀 4 匁 2	御時服・献上御出入
金30両	御時服滞之内
金58両 1 歩 銀14匁	暮［ ］
金10両	御留守居寄合金
金 2 両 2 歩	［ ］代
金 3 両［ ］歩	膳椀代
金 2 両 1 歩	両替切賃
金 1 両 1 歩	御［ ］分御手掛り代
金10両	［ ］米代
金1200両	御雑用（金100両／月）
金175両 2 歩	切金 4 人分（金14両余／月）
金65両 1 歩	勤番扶持代
金［20］両	上水御用御入用

江戸入用計　金2394両2歩　銀6匁3分4厘

▼伯太御家中渡幷諸御入用

入用高	内容
米240石725	物成24人
米 7 石89	扶持方 4 人
米107石386	石給16人
金62両	給金11人
金49両 1 歩	賄席10人
金29両 3 歩	徒士 7 人
金42両	大流11人
金42両	足軽16人
金17両	［郷］足軽 5 人
金13両 2 歩	足軽14人
金68両	中間44人（手廻り・厩 8 人）
銀430匁	薬種料
米176石	四分一（大蔵渡し）
米37石61	扶持方（月 3 石134）
米179石 7	扶持方賄席迄（月14石975）
米21石 4	大流扶持
米18石 9	徒士（扶持）7 人（月 1 石575）
米38石 7	足軽12人・郷足軽 5 人・足軽14人
米51石028	所々捨扶持・付人扶持
銀 1 貫260匁	中間扶持方
米20石	勤番知行取（増）5 人
米 4 石	勤番石給増 7 人
金 3 歩	勤番給金増 2 人
金 1 歩 2 朱	勤番賄席増 3 人
金 4 両程	勤番足軽 8 人（椀方共）
金 5 両	勤番中間20人（御手廻り共）
金 2 両	同看板買上代
金 2 歩	塩物代
金 1 両	合羽代
銀［］50匁	暮御入用・地方進物
金30両	御召物代（殿様）
金20両	御召物代（若殿様）
米53石247余	地方 1 ヶ年御扶持方
銀 1 貫333匁 5 分	年始用諸式惣入用高
米56石	京都・大津銀主被下米扶持方
銀200目	御多葉粉代（殿様・若殿様・御新造様）
銀 1［］0 匁	殿様・若殿様音物被下、地方音物共
金130両	尾州御返金（卯年分）
金50両	菱屋返金
金250両	臨時
銀900目	破損方入用
金20両	看板物代
銀131匁34	麻看板物代
銀177匁 6 分	単物看板物代
銀 3 貫399匁 8 分	伯太御台所惣入用
金175両 2 歩	御借入3000両之利
銀12匁 5 歩	［ ］山徳兵衛へ被下木綿代

伯太入用計　金1987両　銀4匁7分3厘1毛

表 1　宝暦11（1761）年「御家中渡幷諸御入用」（江戸藩邸・伯太陣屋）　典拠：小谷家文書。数値は史料のまま表記した。

表2　伯太藩分限帳（幕末）　典拠：伯太・片山家文書。赤字の人物は、第2節で取り上げる家々の当主を示す。

知行・扶持	格・席（役職）	名前
一五〇石	御家老	長坂九郎右衛門
	御中老（御政事掛）	佐竹勇三郎
一三〇石	**御物頭格**（大目付御元〆・御破損兼帯）	白鳥清太夫
	御物頭格（大目付御元〆・御破損兼帯）	杉浦久太夫
一二〇石	御家老代	武元二兵衛
一一〇石	**御近習格**（御広間詰）	山田儀平太
一〇〇石	御中老（御政事掛）	中村繁右衛門
	御用役上座（御郡代兼帯）	下村察右衛門
	御用人	小林極馬
	御物頭格（大目付御元〆・御破損兼帯）	加藤直記
	御近習（御納戸助役・御馬役助）	向山雄助
	御近習格（御広間詰）	岩附弥十郎
九〇石	御近習	今井郡平
八〇石	御物頭格（大目付御元〆・御破損兼帯）	赤井央
	大目付格（御元〆助役・大目付破損兼）	天野佐右衛門
七〇石	御近習格（御広間詰）	竹内祐之進
六〇石	御物頭格（御物頭勤）	須賀竹右衛門
	御物頭格（大目付御元〆・御破損兼帯）	西川左十郎
	御給人格（御給人勤）	森理左衛門
五〇石	御物頭	鈴木左盛
	御物頭格（大目付御元〆・御破損兼帯）	野々村倫右衛門
	御物頭格（大目付御元〆・御破損兼帯）	太田六角
	御納戸格（御納戸助役）	宮崎平内
	御納戸格（大目付御元〆助役・御留守居添役）	山内権五郎
	御近習（御納戸助役）	麻生隼人
	御近習格（御広間詰）	林兎毛
一三人扶持	大目付本席（御医師）	岩名昌山
一〇人扶持	御医師本席	西永隆元
	御医師本席	中山専敬
	御医師本席	太田淳庵
七人扶持	御近習格末席	山田謙良
一〇石三人扶持	御納戸格	竹内重兵衛
	御近習格（御中目付）	稲葉静太郎
	大小姓格（表勤）	長坂要人
金九両三人扶持	御近習席（奥様御附・御納戸助役）	杉田彦兵衛
	御近習格（御金奉行・御元〆御破損兼）	水野利助
	御近習格（御銀札方）	武元良助
	御近習格（御銀札方）	田中力右衛門
金八両三人扶持	御近習役	黒崎甚之丞
	御中目付	大高鷹之助
	御中目付格（御納戸助役）	安藤幾右衛門
	御中目付格（御近習助役・御馬役）	菅武秀太郎
金八両三人扶持	御中目付格（大中小姓勤）	井田与市
	大小姓格（御金奉行・御元〆御破損方兼）	深尾善太夫
	大小姓格（御近習御雇・御祐筆）	小林助治
金七両四人扶持（御家老嫡子御給人格）	御給人格（御近習）	武元権八
金七両二分三人扶持	大小姓順席（御中小姓）	小玉官治
金七両三人扶持（知行一〇人扶持嫡子）	御近習役	中村斎宮
	御近習役	下村彦六
	御近習順席（御供頭）	赤井多門
	御近習役	佐竹鐙太郎
	御近習格（表勤）	鈴木衛盛
	御中目付格（御医師）	中山専碩
	御中目付格（御供頭助）	麻生環
	大小姓順席（御医師見習）	岩名有文
	大小姓（御近習御雇）	杉浦小次郎
	大小姓	天野左司馬
	大小姓格（御医師見習）	西永隆甫
金七両三人扶持	御中目付格（御中目付助役）	中里友輔
	御中目付格（御中小姓）	野村喜三太
	大小姓	岡安弥次郎
	大小姓（御近習御雇）	岩附三吉
	大小姓順席（御近習雇）	椛原平三
	大小姓末席	三吉伝四郎
	大小姓末席	小山三平
	大小姓末席（御代官助役・御祐筆助）	山中久米治
	御中小姓	西川繁三郎
金六両二分三人扶持	御中小姓	松井今右衛門
	御中小姓末席（御銀札方助・御祐筆）	河原田廣吾
	御中小姓末席（御金奉行助・御祐筆）	中川隆之助
金六両三人扶持	御中目付格（御近習御雇御供頭・御納戸助役）	佐竹大助
	御中小姓	高橋錤市
	御中小姓	杉田小一
	御中小姓（御近習雇）	中川喜久馬
	御中小姓格（御近習雇）	山中善太
	御中小姓格末席	鴨田平左衛門
	御中小姓格末席（御代官助）	石井新之助
金六両一分二人扶持	**独礼末席**（御賄役幷御春屋・次書役兼）	片山藤内
金六両二人扶持	御中小姓	竹内真平
	御中小姓格（御近習御雇）	井伊弥五郎
	御中小姓格（御近習御雇）	水野恒吉
	御中小姓格（御近習御雇）	田中田中
	独礼末席（御代官助役）	西野東作

知行・扶持	格・席（役職）	名前
金六両二人扶持	独礼末席（御破損下役・中間頭）	吉田惣右衛門
	独礼末席（表勤）	片山兵右衛門
金五両二分三人扶持	大小姓格（表勤・御祐筆）	藤田市郎
金五両一分二人扶持	**御賄上座**（御金奉行助）	浅井三治
金五両二人扶持	御中小姓格末（表勤）	小山鉄太
	御中小姓格末（表勤）	藤田孝太
	御賄上座（御台所詰・御門上番）	桐生為右衛門
	御賄上座（御医師）	和田恭庵
	御賄上座（御徒士目付助・御門上番）	丸谷柳助
	御賄上座（御破損下役・御中間頭）	小関弥兵衛
	御賄上座（御賄御徒目付・御春屋助）	和田波五郎
	御賄格（御祐筆助役）	小林政之進
金五両一人半扶持	御賄上座（御賄・御徒士目付）	安藤治左衛門
	御賄上座（御徒士目付助役・組小頭助）	岸田伴吾
金四両三分二人扶持	御賄役	今井要右衛門
	御賄席（御破損下役・御中間頭）	石塚市兵衛
	御賄席（御下屋敷守）	小野惣助
金四両二分一人扶持	**御徒士格**（下目付・組小頭助）	湯本吉兵衛
	御徒士格（御賄助役・小頭助）	岡本久治
金四両一分一人半扶持	**大流末席**（御仕立方）	須藤長次郎
金四両二人扶持	御賄格（御賄助役）	小山郡八
	御賄格（御賄助役）	浅井多助
	御賄格（御賄助役）	鴨田順助
	―	木寺重内
	大流順席（下目付・御料理方）	河合唯七
	大流順席（大工）	須山与兵衛
金四両一人半扶持	御賄役（次書役・御椀方・御春屋助）	吉田吉三郎
	御賄末席（御徒士見役）	岩附藤吾
	大流上座（下目付）	冨原為助
	大流上座（大坊主）	足立才治
	大流順席（下目付・御料理方）	清水平八
	大流末席（下目付）	島田伝治
	大流末席（下目付）	山村金右衛門
	大流末席（下目付）	番場亀吉
	大流末席	篠原儀八
金三両三分二人扶持	大流順席（郷掛）	山口又八
	大流末席（大工）	山本安治
	大流末席（大工）	坂尾次郎平
金三両三分一人半扶持	御徒士格	山中専吉
	大流順席（組小頭）	沢田岩三郎
	大流順席（下目付）	浅井幸治
	大流席（下目付）	小山伝次郎
	大流末席（御台所御門番）	増山治兵衛

知行・扶持	格・席（役職）	名前
金三両三分一人半扶持	大流末席（御椀方助・大坊主）	坂田一平
	大流末席（大坊主）	沢田新治
	大流末席（東御殿御錠番）	守田長助
	大流末席（郷掛）	木村善兵衛
	大流末席（郷掛）	藤本儀助
	大流末席（下目付）	青木辰之助
	大流末席（下目付）	吉田周吉
	大流末席（下目付）	山中三郎
金三両三分一人半扶持	御譜代（郷掛）	中村仙助
	御譜代（新組）	藤井磯治
	御譜代（新組）	勝原田長八
	御譜代（新組）	杉山友七
	御譜代（新組）	山中清吉
	御譜代（新組）	貫野辰治
	御譜代（新組）	木村為吉
	御譜代（新組）	谷古清右衛門
	御譜代（新組）（御作事詰）	矢倉平七
	御譜代（新組）（御作事詰）	繁吉
金三両三分一人扶持	大流席（下目付）	和田元之進
	大流席（下目付）	安藤金次郎
金三両二分一人扶持（御家老付人）	御足軽御付人（長坂九郎右衛門）	一人
	御足軽御付人（武元二兵衛）	一人
金二両一人扶持（御用人御付人）	御中間御付人（下村察右衛門）	一人
銀二枚二人扶持（御医師嫡子勤学料）	―	太田真治
二五人扶持	―	竹田尚水
一〇人扶持	―	忠綱寺
六人扶持	≪幼年中≫	小瀬真吉
五人半扶持	≪幼年中≫	三浦増吉
五人扶持	御殿様御召仕	―
四人扶持	≪幼年中≫	杉浦鉡之進
	≪幼年中≫	竹内林吉
	≪幼年中≫	三上勇治
三人扶持	―	鈴木左盛
	―	竜雲寺
	―	小林菁我
二人扶持	―	南宗庵

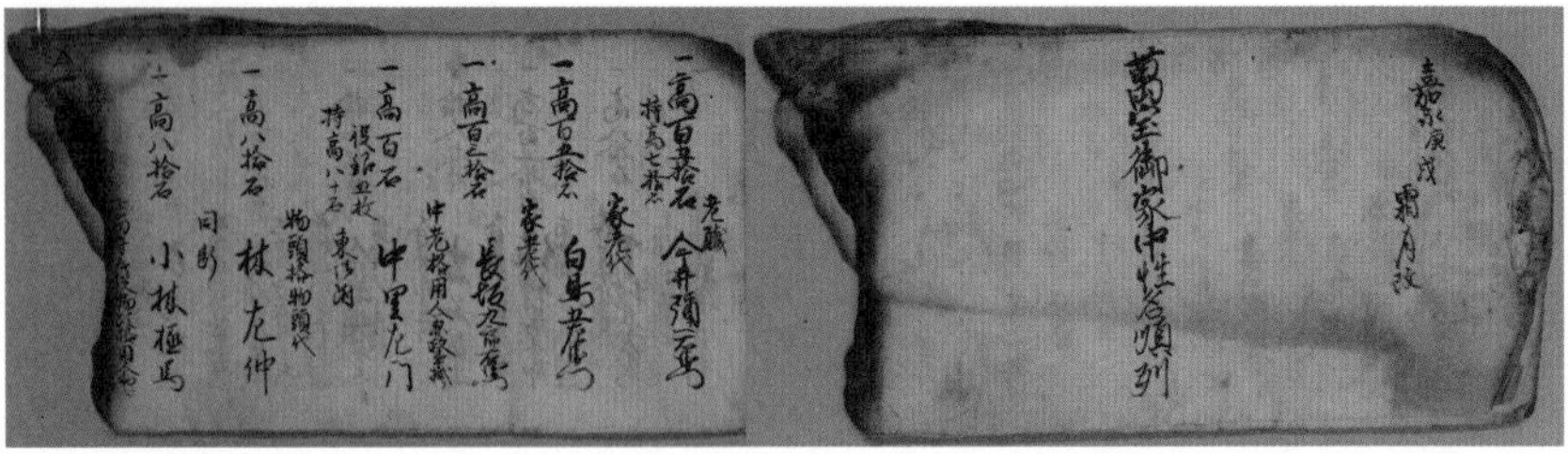

向山家へ引き継がれる。火災による一部欠損があるが、ほぼ家中の全容を知ることができる史料。

陣屋にのみ計上されている。このうち、「石給」までの部分は石高で記載される給米支給、それ以下は金立ての給金支給に区別されていたことが見てとれよう。

分限帳からみた家臣団

さらに具体的な家中内の序列関係について、時期が下るが、慶応期の作成と推定される分限帳（伯太・片山家文書・表2）をみておきたい。この分限帳には、伯太詰・江戸詰の区別はないものの、家中一六二人分の知行高（扶持高）・格付・役職が記載されている。家中の内部は、知行五〇石以上とそれ以下の層に区分できる。このうち五〇石以上が、先にみた表1の「物成」に該当すると考えておきたい。この層には、家老・用人・近習《きんじゅう》・物頭などの職掌が続き、冒頭の長坂から五〇石の林までの二七人は、苗字も全く重ならない。つまり二七家の石高は、家臣個人の知行高を示すだけでなく、上層家中の「家」＝「家督」とも対応関係にある。ここでは、これら二七家の上層家中を、伯太藩の「物成」層の家としてくくっておきたい。一方、表1の「賄席」や「大流」などは、表2の家中下層部分に確認できる。「家」との対応は不明ながら、ひとまず「賄席（格）」「大流席」身分として一括しておこう。

また、表2によれば「物成」層と「賄席」の間には、御近習や目付《めつけ》大中小姓《だいちゅうこしょう》、独礼《どくれい》といった階層の家中が分厚く確認でき、これらは表1の「石給」「給金」に相当する部分と考えられる。表2でみると、「御目付」以下「独礼末席」までの家中には「家老・用人」層と同じ苗字をもつ者もあり、おそらく家老などの若年子弟《じゃくねんしてい》も含まれる。一方、嘉永《かえい》三（一八五〇）年の家臣団名簿「萬宝《まんぽう》御《ご》家中《かちゅう》性名《せいめい》順列《じゅんれつ》」（写真7）や、安政《あんせい》期に改定された家中の衣服規定（浅井家文書）

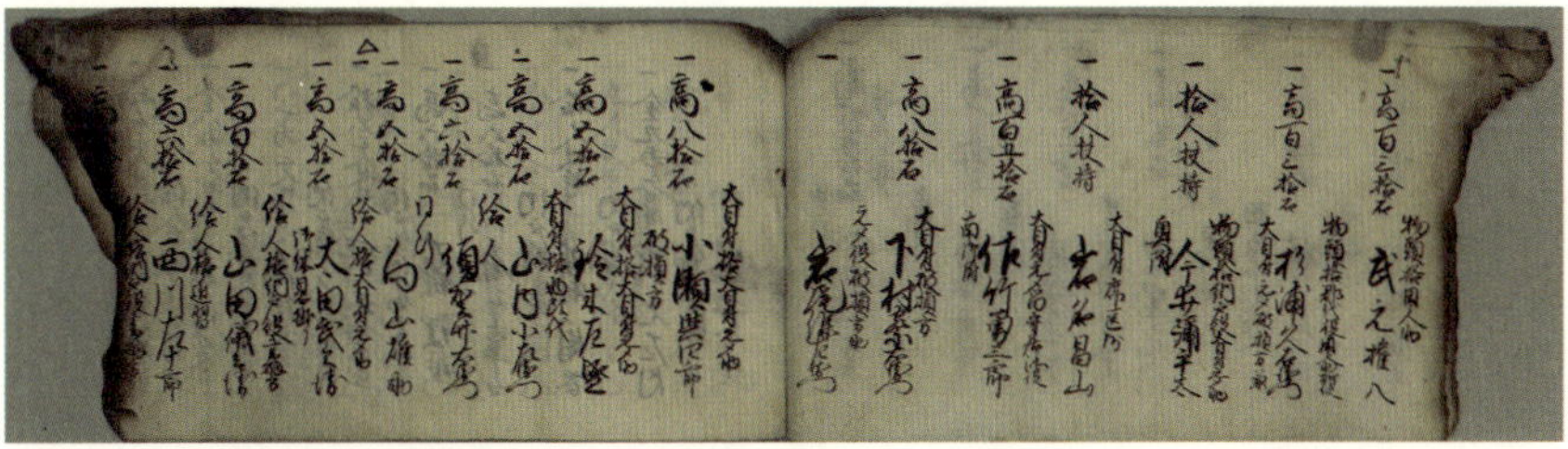

写真７　「萬宝御家中性名順列」（向山家文書）　嘉永３（1850）年。もとは今井家所蔵であったが、

をみると、家老から独礼末席までは「士分《しぶん》」とされ、賄席・大流席などを「士分以下」と規定している。すなわち、独礼末席までの「士分」には、①高五〇石以上の物成給を受け取り、家老や用人、物頭などの要職を順次務めていく上級家臣二七家とその子弟たち、②物成ではなく扶持や石給を受け取り、納戸格《なんどかく》・近習格などまでの職掌を務めていく諸役人の家、という二つの階層が含まれていた。

以上をまとめると、この時期の伯太藩「家中」には、①物成高五〇石以上で、家老や用人などの要職を占める上級家中約二七家、②大目付以下独礼末席までに位置し、藩庁の諸役所で御金奉行《おかねぶぎょう》や銀札方《ぎんさつかた》、祐筆《ゆうひつ》、代官などの職掌を担う家筋、③賄席・大流席などの「士分以下」という三つの階層があった。このうち③の「士分以下」が担う職掌は、主に足軽組小頭《あしがるぐみこがしら》や中間《ちゅうげん》頭《がしら》といった奉公人統括や、陣屋の警衛・門番、厩《うまや》・台所方《だいどころがた》などである。また以上の「家中」のほかに、③の下には少なくとも一六〇人以上の武家奉公人が存在したと考えられる。この武家奉公人は、後述のとおり、領内村むらから「出人《だしにん》」として徴発された百姓が短年季《たんねんき》奉公で勤めるもので、分限帳に把握されない非武士身分であった。

４　一八世紀の伯太藩と黒鳥村黒川武右衛門家

伯太藩の藩財政

伯太藩の藩財政は、まとまった藩政史料を欠くこともあり不明な点が多い。ただし、二度目の大坂定番を務めた元禄末年から享保期にかけて、江戸・大坂両藩邸の雑用金がかさんだためか、財政状況は悪化の一途をたどった。それ以後も一貫して厳しい財政状況が続いていくが、近世中期以降の藩財政は藩領の村むらに依存する部分が大きかった。

大坂定番就任期に作成された享保七（一七二二）年一〇月の「泉《せん》河《か》江《ごう》御《お》物成《ものなり》米《べい》銀《ぎん》払《ばらい》凡《およそ》積《つもり》」（小谷家文書）には、村むらから納入された年貢銀の支出先として「借据分《かりすえぶん》返済」や「借入《かりいれ》」などの記載がみられ、具体的な借り入れ先としては泉州踞尾《つくのお》村の北村六右衛門や堺・大坂町人の名前が確認できる。さらに、上神谷・下泉両郷に残る村方文書をみると、領内では正徳《しょうとく》四（一七一四）年ごろから藩主の江戸参府銀《さんぷぎん》調達などを理由とした御用銀賦課が相次ぎ、触頭や村むらの有力百姓を介した他借《たしゃく》・立て替えが急増した様子がうかがえる（小谷家文書、黒鳥・浅井家文書）。こうした状況のなかで、享保三年ごろから領外商人を「御賄方仕送《おまかないかたしおく》り人」として登用する財政改革が計画されたが、その承諾を求められた泉河三郷（上神谷郷、下泉郷、河州郷）の村役人たちは、他借による上納銀三〇〇貫目が未返済である以上、村むらが承知しても銀主が反対するだろうとの論理で、まずはこれまでの上納銀の完済を要求するなど反発を強めた。

＊近世の「仕送り」とは、一般的に、領主や家中の勝手向き入用を立て替えて調達する役割を指す。伯太藩ではこのあと、藩に「御金筋の儀」を献策するなどして藩外から登用された複数の請負が、所領の年貢（物成米）を「知行」として拝領する（つまり年貢米の受取人となる）ことで、御用銀の用立てを請け負うようになる。しかし村役人らは、銀子調達とひきかえに年貢米を請負人に渡すような「仕送り」には納得できず、いずれの献策も「上々様御ためと申し上げ、自分の立身を貪る謀計」だと糾弾している（小谷家文書）。

結局藩側は享保九年末になり、領外の請負人ではなく、泉河郷村むらによる「仕送り」を承知させ、下泉郷触頭である板原村庄屋の根来新左衛門を屋敷に召喚《しょうかん》して「御勝手《おかって》御賄方《おまかないがた》御勤め」を担当させることにした（小谷家文書）。新左衛門が請け負った勝手賄方の内容は、玉造定番屋敷に詰め、領内からの物成米をすべて預かり、当年の家中賄分を差し引いた残額を「古借之方《こしゃくのかた》」に返済するというものである。新左衛門は藩の意向をうけて仕方なく請負を引き受けたと考えられる。享保期の泉河各郷の触頭は、元禄期の「触頭勤方覚」で定められた郷中支配の枠組みを越えて、藩財政においても御用銀調達や仕送りの請負などに関与することとなったのである。

黒鳥村黒川武右衛門家の台頭

こうした藩の財政状況は、陣屋移転後の享保一〇年代までは続いていた。しかし、「触頭」という役職は、享保年間が終わるとともに確認できなくなってしまう。触頭の存在感が薄くなるのは、陣屋元の下泉郷でも同様であった。一八世紀後半以降の板原村根来家には、「触頭」という呼称も、藩財政や地方支配における特筆すべき活動なども見られない。代わって目立つようになるのが、陣屋元村に隣接する黒鳥村庄屋・黒川武右衛門家と伯太藩との関係である。黒川家は、享保期までに村内で五五石を所持するようになり、黒鳥村の年寄を務め、村に課された多額の御用銀の大部分を立て替えるなどして享保一七（一七三二）年には庄屋となる（第4部第1章・および『信太編』参照）。伯太藩の下泉郷においても、郷の会計ともいうべき郷勘定《ごうかんじょう》を行う郷惣代二人のうち、一人は黒川武右衛門に固定されるようになり、「定惣代《じょうそうだい》」というべき傑出した地位にあった。

ところがこの黒川家も文政期には突如「大借」を理由に退転《たいてん》してしまう。黒川家が急速に台頭《たいとう》し、その後逼塞《ひっそく》した背景にはどのような事情があったのだろうか。退転しつつある黒川家が、文化五（一八〇八）年に藩へ提出した歎願書（室堂・横田家文書）には、一八世紀中の活動が具体的に記されている。

一つは、「銀子《ぎんす》御用達《ごようたし》」としての活動である。祖父武右衛門の代には、「年々」に渡って合計三五〇貫目

写真8　黒川武右衛門が発行した藩札（銀札）部分。

の銀子を上納し、藩の借入証文をすべて返上して債権を放棄したことで、「帯刀格《たいとうかく》」と藩から支給される扶持米を獲得した。また父武右衛門の代にも銀子調達を続け、藩からは、未返済の銀六〇貫目を黒鳥村年貢米の一部を抵当にして二〇年賦で返銀する、との証文が下されたものの、実際には藩からの渡し米は少しずつしかなく、結局「去丑年」（文化二［一八〇五］年）まで三九年をかけてようやく完済された、と述べている。この年数から逆算すると、父武右衛門が銀子調達を始めたのは明和《めいわ》期（一七六四〜七二）より前の、寛延《かんえん》・宝暦年間ごろと推定される。

もう一つは、伯太藩の藩札《はんさつ》に関わる業務である（写真8）。父武右衛門は宝暦四（一七五四）年に代官からの内々の相談で銀札発行を依頼され、翌五年より「札元《ふだもと》」として発行を開始した。黒川家による銀札発行は、この歎願書が書かれた文化期まで五四年にわたって続けられ、「他国」までも通用しているという。しかし、寛政《かんせい》六（一七九四）年ごろに「前代未聞の大凶作」で打撃を受けて以降、凶作の連続や肥料代の高騰などで経営が傾きはじめた。「他借」をしようにも、札元を務めているため、諸方の銀主が黒川家に対する資金の融通を望まず、仕方なく親類などから「内借」を重ねてしのいできた。そこで今回は、銀札二〇貫目を自己資金で刷り立て、それを利息《りそく》減少のうえで拝借したいと歎願している（つまり返済銀を作り出すための藩札＝新札発行）。銀主が銀札発行元への融資を渋るのは、領主の介入による踏み倒しを危ぶむためであろうか。

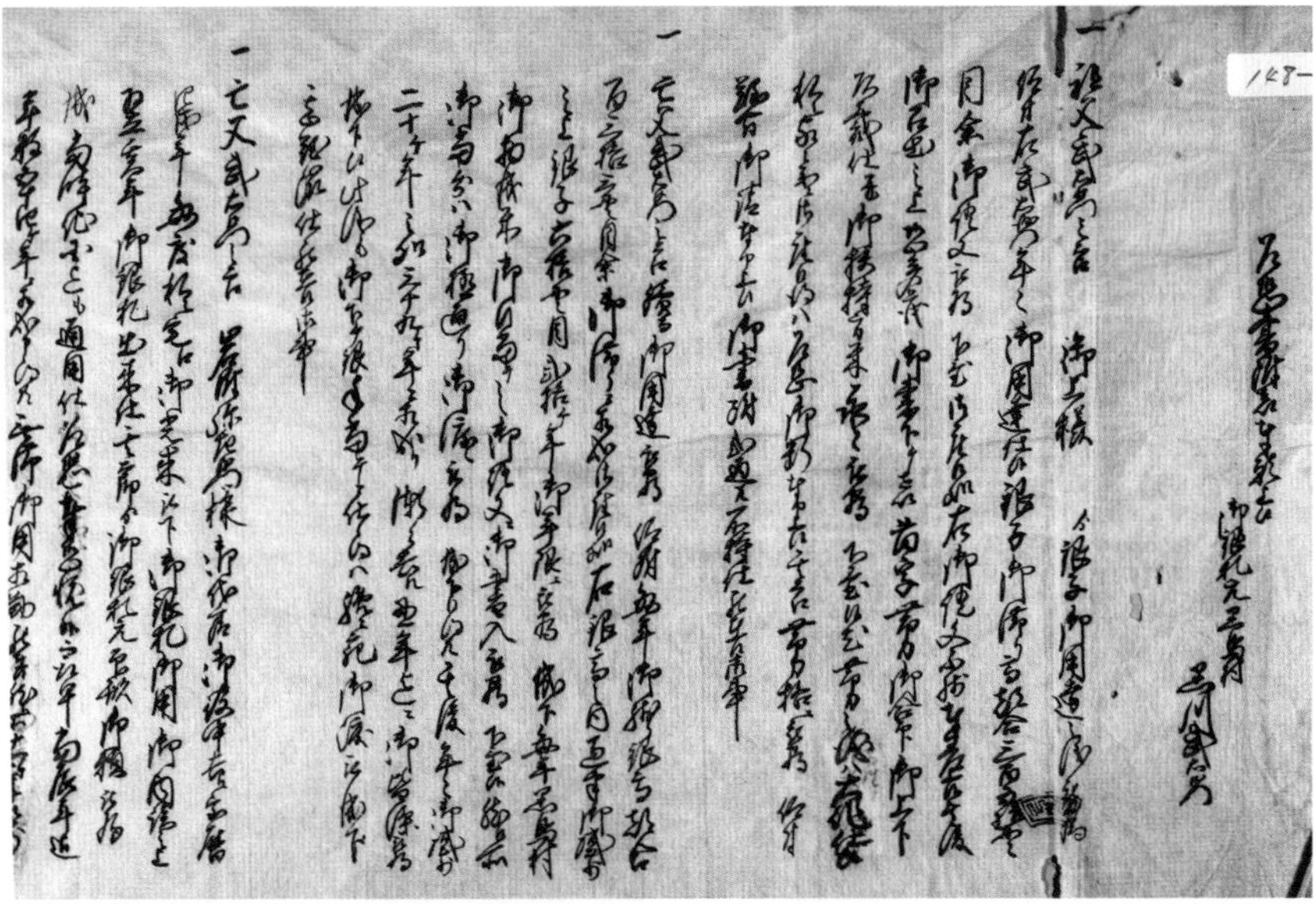
写真9　御銀札元　黒川武右衛門の願書（室堂・横田家文書）

黒川家退転の背景

以上より、一八世紀以降の伯太藩財政と黒鳥村黒川家の関係について、次の二点を指摘しておきたい。第一に、御用銀上納と債権放棄が苗字帯刀格という特権の獲得につながり、それが郷内の庄屋たちとの関係を変化させたと考えられることである。下泉郷では、黒川武右衛門没後の文政七（一八二四）年に庄屋間秩序をめぐる争論が惹起《じゃっき》するが、その内済《ないさい》状には「郷分立会席定《ごうぶんたちあいせきさだ》めは、苗字帯刀□方格別《かくべつ》、その余は古役《ふるやく》より上席《じょうせき》これ有るべきの事」という箇条がみられる（黒鳥・浅井家文書）。黒川家が定物代《じょうそうだい》であった事実からみて、苗字帯刀を上席とする秩序は争論前からのもので、藩への銀子上納は郷内での主導権を獲得する足掛かりになったと推測される。

第二に、こうした「銀子御用達」や銀札発行は、黒川家の経営を悪化させる要因にもなってしまった点が重要であろう。願書によると、経営悪化は寛政六（一七九四）年の凶作にはじまり、一度退転すると、銀札元という立場は他借をするうえで不利な条件となり、経営を再建できない状況に陥った。このあと武右衛門は文政四年に亡くなり、黒川家が抱えた「諸方大借」を返済するために、武右衛門所持田地計四一石を村内の「引負人」一六人が

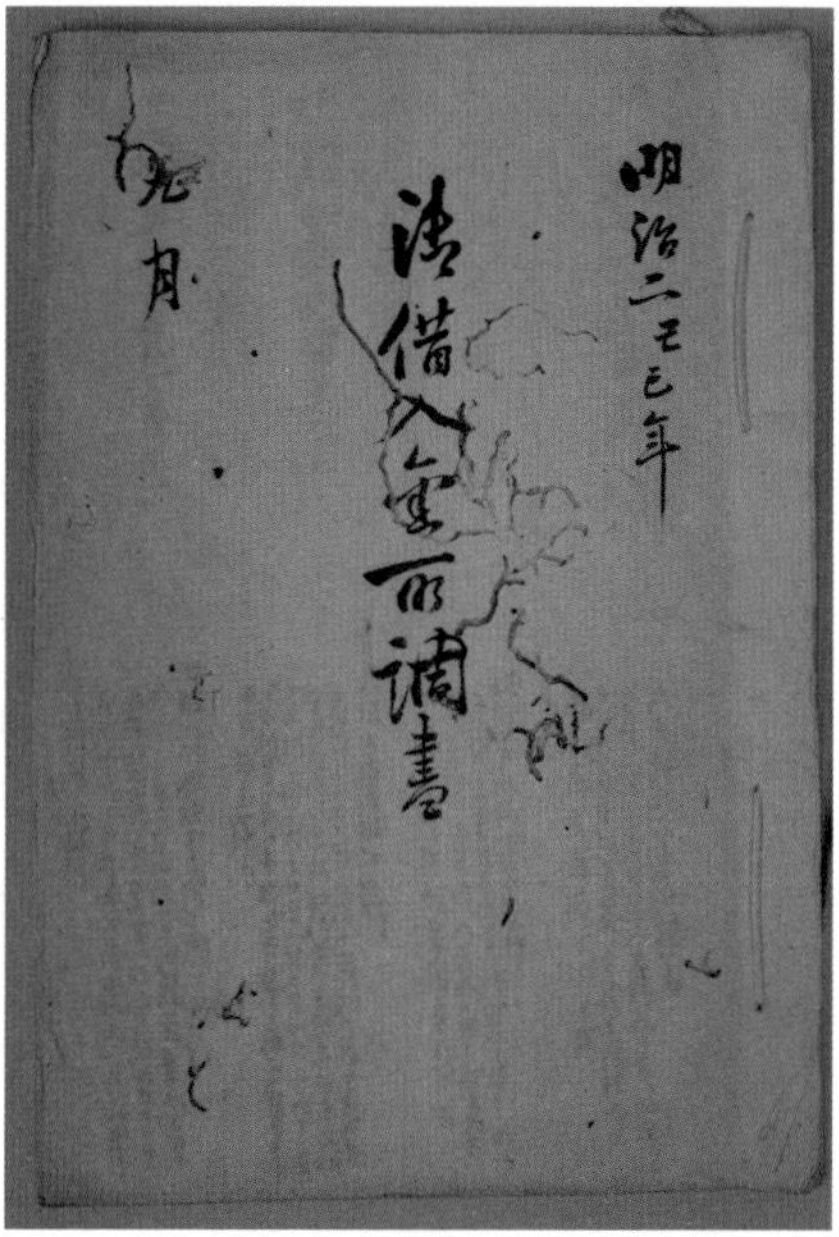

写真10 「御借入金取調書」（杉浦家文書） 明治2（1869）年。近世後期の伯太藩は大坂・堺などの都市商人や、黒鳥村浅井市右衛門や下条大津村岡六郎兵衛などの領内の有力者などから借財を重ねている。

買い受け、その代銀に堺奉行所からの借銀を加えて諸方銀主への返銀を済ませ、ここで借りた堺奉行所への返済については引負人一六人それぞれの引負田地の石高に応じて債務を分割し、一〇年季で返済することとなった。そして黒川家は庄屋役をも手放すのである（第4部第1章参照）。

なお、一八世紀後半の黒川家は、村内外に対して多くの融通や貸付を行っており、その範囲は他領村むらにも及んだ。たとえば、寛保三（一七四三）年から延享元（一七四四）年には、黒川武右衛門の子武三郎が伯太藩領池上出作の庄屋角右衛門を口入《くちいれ》にして、大和小泉藩（片桐家）領の黒鳥坊村・豊中村・肥子村・池上村本郷に御用銀四八貫二〇〇目を用立てている。このとき武右衛門家は、黒鳥辻村内に五四石余の土地を所持し、隣の集落である黒鳥坊村においても「黒鳥村の内主膳正《しゅぜんのかみ》（小泉藩片桐家のこと）殿出作百姓にて、高も多ク所持仕《つかまつ》り罷《まか》り在《あ》り候」とされるほど田地を集積していた（池上・南清彦家文書）。小泉藩領村むらへの銀子調達では、延享元年の返済期限月が過ぎた翌年七月に、武三郎から奉行所へ訴状が出されている。相手方小泉藩の役人が一五年賦での内済案を示すと、武三郎は「内済《ないさい》の儀《ぎ》、年賦と申しては得心《とくしん》致さず候、伯太《はかた》表《おもて》へも大分《だいぶ》銀子出しこれ有《あ》り候間《あいだ》、そのかまいにも相成り候故《ゆえ》」と述べ、伯太藩への銀子調達を理由に年賦返済案を拒絶した。この黒川武三郎は、訴訟時期からみて、文化期の歎願書の「祖父」武右衛門と同一人物であろう。黒川家では、周辺の村むらに対する利貸や御用銀立替えと、伯太藩への銀子の「年々御用達」が併行していたのである。こうしてみると、一八世紀の伯太藩財政は、陣屋に隣接した黒鳥村の有力者・黒川家にかなりの程度依存していたといえる。黒川家は、そうした関係を背景として、伯太藩領を含む周辺地域の社会的権力として成長し、そこに内包された矛盾から、一九世紀前半に退転していくのである。

5　近世後期の伯太陣屋と藩領の村むら

領内村むらの年貢納入

以上のような伯太陣屋および陣屋元周辺地域の状況を踏まえて、市域で藩領となった春木川村・伯太村・黒鳥村・池上出作の各村と陣屋との関係をみておきたい。陣屋と村むらの関係を具体的にみていくと、下泉郷内村むらの構造的な特徴が浮かび上がってくる。以下ではその一端として、陣屋への年貢の納め方と、伯太陣屋の労働力である足軽《あしがる》・中間《ちゅうげん》などの武家奉公人調達について取り上げたい。

伯太藩から春木川村に対して、毎年一一月に年貢納入を命じる「下札《さげふだ》」（免定。第1部参照）が下付されている。山間村落の春木川村に対する下札では、村高から荒れ地・赦免《しゃめん》高を除いたうえで、「畑屋敷」「新開」「山谷」「下台」の四段階で年貢率が示され、それらを三分一銀納《さんぶいちぎんのう》（三分の一を銀で納める）と「米納《べいのう》」に分けて納入するよう通達された。また、春木川村からは、年貢上納の経過報告として、毎年一一月二五日ごろに「中勘定帳《なかかんじょうちょう》」、皆済後の翌年春に「清勘定帳《せいかんじょうちょう》」が提出された。これらの勘定帳によれば、「下札」で「米納」を指示された分も含めて、実際の年貢納入では、すべてが代銀納であった（『松尾編』参照）。春木川村の明細帳には「御田地下台の分は本毛稲作方植付仕《ほんもういなさくかたうえつけつかまつ》り」「畑方にはいも・大豆植付仕り、山ノ谷田地幷《ならび》に畑の儀は鹿猪之類荒《ししのたぐい》し候《そうろう》に付《つき》、作物不出来の処《できざるところ》は梅・杏植付置《うえつけおき》申し候」とあり、山谷田などは主に果樹畑として利用され、堺の青物問屋などへ売り出すことで得た現銀を年貢にもあてたようである（春木川・山本家文書）。

平野部の黒鳥辻村や土地のみの「村」である池上村出作にも村ごとの「下札」が下付されるが、村内の年貢率は一種類のみである点に春木川村との違いがある。また、納入状況を報告した「勘定帳」をみると、三分一銀納のほか、庄屋への扶持米や困窮人に対する御救米などの相殺分を除いた納入分は、現物の米を「御蔵有米」として郷蔵に納めた時点で「皆済」となる。実際には郷蔵から陣屋の米蔵へ米俵で納められたと考えられる。下泉郷では年貢米納入に郷の機構が関与することはなかったが、納入方法に関しても、陣屋周辺に位置し年貢米を陣屋に直納する村むらと、代銀化して納入する村の二類型があった。

＊下条大津村は幕末の状況しかわからないが、大坂の銀主へ津出しされる。

武家奉公人徴発と村むらの対応

こうした年貢納入の時期に、陣屋でさまざまな下働きをする武家奉公人の徴発指示が出される。宝暦期に作成された倹約取締り書によると、伯太陣屋や江戸藩邸には、武士身分のほかに足軽や中間といった武家奉公人が存在した（表1）。こうした武家奉公人は、毎年、各郷に必要人数を割り当て、郷内では村ごとに「出人《だしにん》」を出す村が決められ調達された。村から出す奉公人は「出人」と呼ばれた。その年の徴発人数は、毎年秋に年貢の三分一銀納・石代銀納値段とともに各郷へ通達された。幕末に下泉郷惣代を務めた黒鳥辻村浅井家には、文政八（一八二五）～文久三（一八六三）年のうち一五年分の通達が伝わっている（表3）。徴発されたのは足軽・中間・御附人《おつけにん》の三種類で、中間が大半を占めた。武元・杉浦などの苗字が付される御附人は、家老・用人クラスの上層家中に仕えた奉公人である。奉公人らの勤め先は、藩主との御目見え後に、江戸詰か伯太陣屋詰かを命じられた。

　徴発された奉公人には、藩の給銀と、「与内銀《よないぎん》」と呼ばれる領内村むらからの手当が支給された。表4によって、各種奉公人の給銀と与内銀を見ると、藩の給銀は国勤《くにづとめ》（伯太陣屋詰）・江戸詰ともに足軽三両二歩・中間二両で、江戸詰は初年に増金《ましきん》二歩と出発支度金《したくきん》、二年目は増金のみが下付される。増金と支度金を除けば国勤・江戸詰の給銀は同額であった。

年号	新奉公人			合計
	足軽	中間	御附人	
文政8（1825）		7		7
弘化3（1846）		5		5
弘化4	1	7		8
嘉永1（1848）	1	5	1	7
嘉永3		2		2
嘉永6		6		6
安政1（1854）			2（武元・杉浦）	2
安政2		4	2（武元・下村）	6
安政3		2	1	3
安政4		2	2	4
安政5		8	2	10
安政6		2	2	4
文久1（1861）		10	1	11
文久2		5		5
文久3	1	21		22

表3　下泉郷から徴発された新出奉公人数　典拠：黒鳥・浅井竹氏所蔵史料。括弧内は、奉公人をつけられた家中の名前。

奉公の内容		御給金	増金	三郷補	郷与内	合計	出立支度金
江戸中間	初年	**金2両**	**金2歩**	40目	125匁	300目	**24匁7分7厘**
	2年目	**金2両**	**金2歩**	—	165匁	300目	—
江戸足軽	初年	**金3両2歩**	**金1歩**	60目	90目	350目	**36匁8分8厘**
	2年目	**金3両2歩**	**金1歩**	—	150目	350目	—
御国中間	1年	**金2両（＝120匁）**	—	15匁	86匁	221匁	—
御国足軽	1年	**金3両2歩（＝210匁）**	—	25匁	60匁	295匁	—

表4　武家奉公人への給銀と与内銀の額（文化期の規定）　典拠：池上・南清彦氏所蔵史料。太字部分は藩が支給する経費。郷与内欄は、下泉郷の与内額を示す。

また、村むらが負担する「与内銀」には、泉河の三郷で負担する「三郷補《さんごうおぎない》」と下泉郷の支給する「郷与内《ごうよない》」があった。三郷補は全体的に少額で、江戸詰二年目には給付しない。一方、郷与内は奉公種別による差があるが、年季中の奉公人すべてが支給対象で、特に中間にとっては藩の給銀を補填するものだった。このように、在地側も高額の与内銀を負担した背景には、どのような事情があったのだろうか。

　まず、下泉郷での出人《だしにん》選出の様子を示す史料として、郷惣代黒鳥辻村庄屋黒川武右衛門が春木川村役人に送った一一

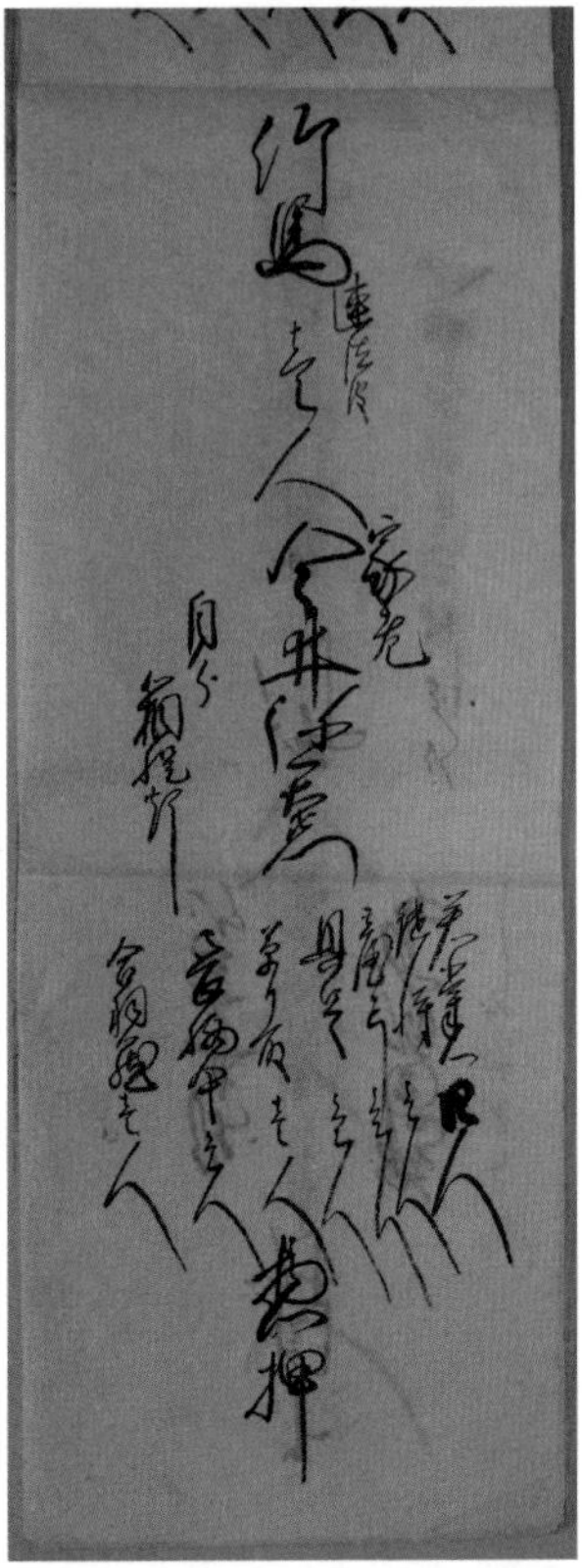

写真11　行列にみえる武家奉公人
「大坂御加番御城入御行列帳」（安政3［1856］年、杉浦家文書）。家老今井は、若党4人に加え、鑓持、台弓、具足、草履取、長柄傘、合羽籠など、武具などを運ぶものも含め10人の武家奉公人を引き連れて大坂城へ入城した。

月二三日付の書状「大急用《だいきゅうよう》書《がき》」をみてみよう。作成時期は、武右衛門の庄屋退任時期や、文中に登場する「当□（村カ）（＝黒鳥郷庄）庄屋伝治」の在任期間（寛政期より文政七年まで）からみて、寛政期から文政期初頭の間と推定できる。書状の用件は、藩が命じた「当番御仲間《ちゅうげん》」一人の供出について、春木川村に出人の有無を尋ねるものである。出人の選出範囲は「当郷」に限定されており、徴発は郷惣代を通じて郷単位に行われた。ただし、郷内全村が徴発対象となったわけではなかった。書状には、「尤《もっと》も伯太村・黒鳥村両村御抱《おかか》え成されず候趣《おもむき》、先達《せんだっ》て仰《おお》せ渡《わた》されこれ有り候に付（中略）、当郷《とうごう》よりは板原・大津［（両村・春カ）］木川村、右四ヶ村より御中間出人《だしにん》出され候義に候えば」と記されている。すなわち藩は伯太村と黒鳥辻村・郷庄を徴発対象から除外し、四ヶ村（板原村・下条大津村上村・同下村・春木川村）に供出させる方針をとったのである。では、四ヶ村はどのように対応したのだろうか。黒川の要請には、「来る廿五日《にじゅうごにち》は御仲間目見《おちゅうげんめみ》え候《そうら》えば（中略）、急々御村方御詮《ごせん》さく成され、有無《うむ》の義《ぎ》御申《もう》しこし下《くだ》さるべく候、是非四ヶ村の掛りに相［　］左様御心得」とあり、選出の難航する様子がうかがえる。

こうした背景には、陣屋に近い伯太村・黒鳥村が出人を調達しやすく、恒常的に出村を務める状況があったとみられる。それに対して藩は、全村が負担すべきものと捉え、四ヶ村での調達を求めたのである。ちなみに、この書面には池上村出作への指示がみえない。池上村出作は陣屋元村に隣接する領地だが、伯太藩領の土地には人家がないため徴発できなかったのであろう。

代人調達と与内銀

郷内での選出手順については、主に二つの経路で出人の有無が確認されている。ひとつは四ヶ村に対するもので、①郷惣代が、徴発対象となる各村宛てに供出人数を伝達し、②村ごとに供出の可否を返答したうえで、③出人の出せる村を選出するという手順である。しかし、書状文末には以上の四ヶ村への要請とは別に、対象外であるはずの黒鳥郷庄の庄屋伝治方にも出人の有無を確認中であると記されている。四ヶ村で出人を出せない事態に備え、黒鳥村も含めて「代人」を探そうとしたのであろう。

さらに春木川村には、板原村役人から出された次のような書状がある（春木川・山本家文書）。

> 手紙をもって御意《ぎょい》を得《え》候《そうろう》、（中略）然《しか》れば旧冬の御仲間《おちゅうげん》、その御村方え差当《さしあた》り候義《そうろうぎ》、私村方より罷《まか》り出《い》で相勤め候処《ところ》、当年御江戸御勤番《ごきんばん》成され候に付き、右御仲間御供《おとも》にて相詰め候様仰《おお》せ付けられ候趣申し出で候、右に付き支度等仕《したくなどつかまつ》るに付き、与内銀少々御頼み呉《く》れ候様申し候間、その御村方出前《だしまえ》の儀に御座候はば、委細《いさい》この者に御聞き下され、与内の処宜敷御頼《よろしくおたの》み申し上げ候、先《ま》ずは右御意を得たく、態々《わざわざ》此の如くに御座候
>
> 五月三日
>
> 尚々《なおなお》、郷分与内の処も宜しく御取計《おとりはから》い下さるべく候哉《や》、御頼み申し上げ候、以上

ここからわかるのは、①前年の中間徴発で出村にあたった春木川村は、自村から出人を出せず、板原村の代人を差し出した、②その後、中間は家臣の江戸勤番に供として付き添うよう命じられ、板原村役人に支度費用の請求を依頼した、③これをうけた板原村役人は出村春木川村に「与内銀」の支払いを要請した、と

奉公人名	請状月日	奉公先	期間	給銀	請人	請状特記事項など
摂州長町８丁目河内屋嘉兵衛借家九兵衛娘はや	宝暦4.11	黒鳥村嘉兵衛	10年	20匁	同所住吉屋嘉兵衛借家佐助	死去しても通知のみ
一条院村源左衛門	宝暦7.12	黒鳥村嘉兵衛	１年※	60匁	同村左兵衛	給銀は年貢銀へ
黒鳥坊村武兵衛	宝暦9.12	黒鳥村嘉兵衛	１年※	52.5匁	文助	給銀は年貢銀へ
大坂長町８丁目河内屋嘉兵衛借屋京屋藤兵衛娘よし	宝暦12.4.26	黒鳥村太左衛門	10年	30目	同所同借屋山田屋九兵衛	死去しても通知のみ
大坂長町７丁目たいしや長兵衛借屋喜兵衛娘さよ	明和3.1	黒鳥村（　　　）	６年	60匁	九兵衛	死去しても通知のみ
黒鳥村治兵衛後家娘かん	明和8.12	桑原村勘兵衛	１年	75匁	黒鳥村嘉兵衛	
【陣】黒鳥村小三郎	天明3.12	伯太藩	１年	135匁	甚太夫	上神谷逆瀬川村出人
【陣】黒鳥村小助	天明5.12	伯太御屋敷	２年	190目	甚太夫	河州一津屋村出人 給銀を午年年貢銀に
黒鳥辻村丑松	天明7.12	黒鳥村庄屋武右衛門	１年	85匁	甚太夫	（下書き）
黒鳥下村（＝辻村）治三郎	卯年	—	１年	65匁	—	
【陣】黒鳥村安左衛門	寛政10	江戸詰	２年	120目～	—	（給銀請取書）

表５　黒鳥村の奉公人請状からみえる奉公人　黒鳥村の年寄嘉兵衛（もしくは息子甚太夫）が請人となったものか、彼の家が抱えていた奉公人に関する請状である。【陣】は伯太陣屋奉公人。※は月あたり15日奉公。給銀はすべて１年分に換算。内田・河野家文書のうち奉公人請状より作成。

いう経過である。つまり、出村の春木川村は、他村出身の代人を立てたうえで、支度金として与内銀を渡していたのである。また尚々書《なおなおがき》では、郷与内の斡旋《あっせん》も依頼しており、村与内とは別途に郷与内を支給したことが確認できる。前述の下泉郷の与内銀規定を踏まえると、所領村むらは三郷・郷・村の三段階で与内銀を負担したことになろう。

　このような代替の慣習は、ほかの郷との間でも行われていた。例えば、天明五（一七八五）年に伯太陣屋の中間となった黒鳥村の小助は、その年の年貢銀未納を理由に、河州郷一津屋村出中間奉公となり、一年分の給金・与内銀を前払いで受け取って年貢の皆済にあてている。また、天明三年に上神谷《にわだに》郷逆瀬川村出奉公人となった黒鳥村小三郎の出村宛て請状にも、給銀一年分一三五匁（少額の与内を含む可能性もある）の受領文言と、江戸詰にも応じる旨が記されている（内田・河野家文書）。寛政四（一七九二）年に豊田村出の中間を伯太村の治兵衛が務めた事例など、伯太村から代人を出す場合もある（小谷家文書）。陣屋奉公の忌避が上神谷や河州郷にも広がるなかで、その代人の供出を担ったのは伯太村・黒鳥村などの陣屋周辺村であった。このような代替《だいたい》奉公が定着した要因には、両村が陣屋に隣接するという地理的な条件があげられる。しかし、未進の年貢を皆済するために奉公する例など、代人側の積極的な動機にも注意したい。

　奉公人の収入（給銀・与内銀）を百姓家での奉公給銀と比較してみよう。表５は同時期の黒鳥村における奉公人請状を整理したものである。表中の奉公人を大別すると、大坂長町《ながまち》（日本橋筋）出身の下女《げじょ》、村内や近隣村からの奉公人、陣屋奉公人の三つに分類できる。大坂長町出身の下女は、一年の給銀が六〇匁以下で年季が比較的長く、請状には「奉公中に死去しても、親元にはその旨を通知するのみ」との文言が付される。こうした都市下層から供給される下女は、黒鳥村の最下層の奉公人である。二つ目の村内や近隣村出身者の事例には、陣屋奉公人と同様に年貢銀未済のため奉公に出た者もあるが、奉公給金は多くても八五匁程度である。それに比べて陣屋奉公の場合、給銀に郷・村の与内銀を上乗せすると、農家への奉公に比べて二倍程度の収入を得ることになり、報酬のみでみれば最良の働き口であった。

代替奉公に応じる背景

このような奉公人層をめぐる状況から想起されるのは、一八世紀黒鳥村の村落構造である。正徳期以降の黒鳥村では黒川家が村内外の御用金上納（立替えも含む）を引き受け、村内でも有力地主となる一方で、小百姓の多くは黒川家などに土地を放出し、村内の階層分解が加速した（『信太編』第2部第3章参照）。表5のように年貢を未進し村役人家へ奉公人を出す家は、以上のような状況のなかで増加したと考えられる。その際、農家奉公より給金が高く、与内銀も取得可能な陣屋奉公は、重要な奉公先の一つだったのではないだろうか。黒鳥村や伯太村の百姓による奉公人の代替は、こうした村落構造の変化や、黒川家などの台頭とも深く関係しつつ進展したのである。

＊代人を出すことには一定のリスクもあった。武家奉公人は、陣屋や江戸藩邸においてしばしば出奔することがあり、その際には替わり人の調達や給銀の弁済などを出村が負うことになった。

与内銀の額は、時代を経るごとに増額され、武家奉公人の側から何かと名目をつけて支給をねだる行為や、奉公人を統括する藩役人や地方支配を担う代官を介した支給依頼も行われるようになる。本来の与内銀は、支度金・旅銀・小遣銭が必要な時など、依頼に応じて個別に与えるものだったと思われるが、奉公人には給銀補填としての意味がより重要であり、郷与内・三郷与内などが定着するにつれて、そうした性格が強まっていった。さらに、藩側も給銀を抑えるため、積極的に与内銀支給に関与した。給付を望む奉公人は、藩の介在を有効なルートとして捉え、代官などを通じて出村に与内銀を求めるようになったのである。近世後期、陣屋への奉公は、右のような与内銀をめぐる利害をはらみつつ、伯太村・黒鳥村小百姓らの現銀収入の機会として捉えられるようになっていた。

廃藩置県後の伯太陣屋

近世後期の伯太藩家臣たちは、陣屋の内外において、以上みてきたような社会構造・社会関係が広がるなかで、陣屋での生活を送っていた。近世が終わると、伯太藩は明治四（一八七一）年七月の廃藩置県により「伯太県《はかたけん》」となり、藩主は地位を失い、上京を命じられ、県知事が派遣された。そして、同年一一月には伯太県も廃止となり、堺県へと合併される。伯太陣屋の武家屋敷は、一八八六（明治一九）年までは大字《おおあざ》「伯太在住《はかたざいじゅう》」という一つの行政単位として維持され、明治八年当時の人口は一〇三戸、四六五人であった（南清彦家文書）。しかし家中のなかには、早期に伯太在住を去り、東京や長野、大阪や他の和泉の村むらといった各地へ移住する家いえも多かった。現在、陣屋が置かれていた一帯を歩いてみると、かつての陣屋の家並みは、数軒の家中子孫の住宅を除いてほぼ失われ、住民の入れ替わりも進展している。陣屋周辺に位置する伯太村・黒鳥村・池上村などで、百姓の小経営を基盤とした近世以来の集落が持続しているのと比べると対照的な光景といえよう。

第3章　泉州一橋領知の支配と地域

三田智子

延享四（一七四七）年、泉州大鳥郡・泉郡の五三ヶ村（約一万八〇〇〇石余、表1）が御三卿一橋《ひとつばし》家の領知となった。これらの村むらは、それまでは幕領（表1の大鳥向寄・信太向寄・府中向寄《もより》）と、譜代大名土浦藩土屋家の領地（表1の浜方向寄・下村向寄・万町向寄）であった。五三ヶ村中二六ヶ村が市域の村であり、これらの村むらは一橋領知のまま幕末に至っている（第2部1村むらの領主および第3部第1章）。

＊原田村の高は寛延四（一七五一）年に原田村二〇八石余と草部村一五四石余に分けられ、これにより一橋領知は五四ヶ村となった。なお草部村（本郷）は田安領知である。

一橋家は天明五（一七八五）年一一月までは府中村に泉州支配の拠点である役所を置き、その後役所を大坂の川口に移転させた。ここでは、一橋家の御三卿としての特質と、それに規定された領知支配のあり方、役所移転が領知支配に与えた影響などをうかがってみよう。

1　御三卿・一橋家の特質

一橋家の概要

一橋家は、八代将軍吉宗の四男・宗尹《むねただ》を初代とする。享保六（一七二一）年に誕生した宗尹が元服の際に賄料《まかないりょう》三〇〇〇両を与えられたことに始まり（享保二〇年）、その後江戸城の一橋門内に屋敷を与えられ、延

向寄（組）	村名	高（石）
大鳥向寄	菱木村	1361.23420
	長承寺村	586.78000
	原田村＊	362.47100
	大園村	269.98800
	南出村	206.34960
	新家村	148.82140
	土生村	140.49000
	冨木村	737.33800
	8ヶ村計	3831.47220
信太向寄	上村	330.16000
	上代村	334.11700
	中村	409.17120
	尾井村（分）	214.08500
	太村	424.21200
	王子村	322.04780
	冨秋村	194.81600
	千原村	185.63710
	綾井村	93.37600
	舞村	31.67500
	宮村	138.71800
	11ヶ村計	2678.01510
浜方向寄（下条）	虫取村	257.68000
	二田村	250.10270
	森村	292.39590
	森村	101.80400
	北曽根村	184.10840
	南曽根村	179.39630
	池浦村	486.60100
	宮村	95.25900
	辻村	125.85800
	長井村	284.60600
浜方向寄（下条）	穴田村	78.37200
	11ヶ村計	2336.18330
府中向寄	黒鳥村	306.15000
	府中村	1323.74760
	軽部出作	94.81180
	府中上泉	52.56700
	忠岡村（分）	1001.23937
	上馬瀬村	107.28500
	下馬瀬村	68.95060
	小田村	714.78240
	南王子村	143.13300
	観音寺村（分）	239.89450
	10ヶ村計	4052.56127
下村向寄（山方）	池田下村	1358.49250
	桑原村	136.22600
	今在家村	314.92830
	坂本村	490.39250
	坂本新田	45.85000
	5ヶ村計	2345.88930
万町向寄（山方）	万町村	615.84100
	浦田村	416.71300
	内畑村	1224.00910
	箕形村	469.58430
	寺田村（分）	210.17930
	今福村	129.64200
	寺門村	111.82300
	伏屋新田	66.21000
	8ヶ村計	3244.00170
合計	**53ヶ村**	**18625.01387**

表1　延享4年の泉州一橋領知　「和泉国村々高覚」（池田下・高橋家文書）より作成。ゴシック体以外の記載は史料にしたがった。（分）は分郷を示す。＊原田村の高は寛延4（1751）年に、原田村208石余と草部村154石余に分けられ、これにより一橋領知は54ヶ村となった。なお、草部村（本郷）は田安領知である。

享三（一七四六）年に賄領知として一〇万石を与えられたことで経済基盤を有する一橋家が成立した。吉宗の次男・宗武を初代とする田安《たやす》家、少し後に成立した九代将軍家重の次男・重好を初代とする清水家と合わせて、御三卿と称した。

御三卿は、将軍の子息から成立したという点では、尾張・紀伊・水戸の御三家や甲府徳川家、館林《たてばやし》徳川家などの親藩《しんぱん》と同じであるが、将軍家の部屋住みであり、独立した大名としては扱われない、という点で大きく異なっていた。江戸城内に屋敷を構えたことからもうかがえるように、あくまでも将軍家の身内であり、独自の「家」や「藩」とは認められていなかったのである。

こうした存在である御三卿の領知は、当主個人に与えられた賄料であり、「家」に与えられた知行ではなかった。また家臣には、付人《つけびと》・付切《つけきり》・抱入《かかえいれ》という三区分があったが、付人は幕臣であり、一時的に一橋家付として就任する存在である。付切と抱入は直接の家臣団だが、付切は幕臣身分であり、終生一橋家付である点が付人とは異なった。御三卿当主が独自に雇い入れた存在が抱入であり、彼らは幕臣身分ではなかった。このように家臣団に幕臣と直接雇用する家臣が併存するという点も、御三卿の特徴である。御三卿には軍役負担がないため、家臣団も一般の大名ほどの規模とはならなかった。また江戸在住のため参勤交代の必要もなかった。これらが、他の大名家と御三卿の大きな違いである。

御三卿はもとより将軍家や親藩などとの関係が深いが、一橋家は一一代将軍家斉《いえなり》（一橋家二代治済の四男）や、一五代将軍慶喜を輩出するなど、とりわけ将軍家との結びつきが深い。とくに二代治済は、将軍の実父として天明期から文政期の幕政に絶大な影響を与えた人物として、広く知られている。

一橋家の財政

延享三（一七四六）年に宗尹に与えられた一〇万石の領知は、播磨・和泉・甲斐・下総・武蔵・下野国にあった。そのほとんどは旧幕領であり、生産力の高い地域が割り当てられたと考えられている。その後一橋家は、より好条件の領知との交換を要求するなどし、幕末の領知は播磨・和泉・下総・武蔵・下野・摂津・備中・越後の八ヶ国、一一万九〇〇〇石余に及んだ。

生産力の高い領知を確保し、軍役や参勤交代がない一橋家は、一見財政状況が良好なように思われるかもしれない。しかし実際には、初代宗尹の代から財政事情は常に厳しかった。その原因は、当初は延享四年の一橋邸全焼と新築にあったようだが、恒常的には二つの要因があったようである。一つは、将軍家や御三家、婚家や幕閣らとの交際費が嵩《かさ》むこと、もう一つは、次第に家臣の数が増加したことである。

一橋家の家臣団は、幕府付人である家老を頂点に、用人《ようにん》・番方《ばんかた》などから構成されており、小さいながらも幕府や藩の職制と近似していた。天保八（一八三七）年ころの家臣団を記した「橋府分限帳」（一橋徳川家文書）には、総勢五六五人が記載されている。この帳面には、近習や医師、奥詰《おくづめ》など当主の近臣が多く雇用されていることや、築地・小石川・浜町・目白台・永代の各屋敷の維持にあたる職も見受けられる。記載された家臣の俸禄《ほうろく》を合計すると二万石程度となり、すべてを一橋家が負担するわけではないが、一橋家の支出においてかなりの比重を占めたものと思われる。加えて、下級家臣は記載されていないと考えられるため、実際にはより多くの俸禄が発生していたと思われる。

このような一橋家の財政状況は、幕府からの拝領金・拝借金に依存することで均衡を保っていた。常に拝借金の返済に苦しんでいたようだが、拝借金は最終的に「貰い切り」として処理される場合もあった。御三卿の維持は幕府財政にとっても大きな負担となっていたようである。

「家」としての継続性を必ずしも志向せず、上級家臣は幕臣の出向であり、幕府財政に依存しながら維持される御三卿のあり方は、熱心に領知支配に取り組む（取り組まざるを得ない）という一般の大名に共通する姿勢を本来的に欠いていた。このことは、次に見る領知支配のあり方に大きな影響を与えたものと考えられる。

2　泉州を支配する一橋家の役所と役人

一橋家の職制改革――府中役所から川口役所へ――

一橋家による泉州領知支配の拠点は、延享四（一七四七）年から天明五（一七八五）年一一月までは泉郡府中村に置かれた府中役所にあった。同年一二月からは、新たに大坂の川口（大阪市西区川口）に川口役所が置かれ、泉州に加え播州の領知を管轄した。川口役所は一橋領知の上方支配の拠点と位置づけられたのである。

従来この移転は、天明二年に泉州一橋領知で起きた千原《ちはら》騒動との関連で理解されてきたが、二代治済が天明四年から実施した一橋家の職制改革の一環に位置づけることが妥当である。治済は、職制整備・家臣抜擢《ばってき》・財政健全化に関わる改革を敢行しようとした。ここでは、泉州領知の支配にあたった府中と川口の両役所の規模や機能を可能な限り解明することを目的に、改革の構想を見ておく。

領知支配に関わる大きな変更は、次の二点である。

①従来は家老の下にいる御勝手掛用人《ごかってがかりようにん》が総括し、その下で財政を管理する勘定所と領知方役所に分かれていた。これを、領知方役所を勘定方に合流させ、御勝手掛用人も勘定所に詰めさせることで、御勝手掛用人・郡奉行《こおりぶぎょう》・勘定奉行が「勘定所一座」として合議や諸伺いへの対応にあたることとし、手続きを簡略化する。

②これまで領知全体に三人置いていた代官を二人とし、うち一人を泉州・播州の代官に任命し、大坂の川口役所で両国を支配させる。

③これまでの地方役のうち、遠国地方役《おんごくじかた》は廃止、地方役は勘定所に組み入れ、内二人だけを関東代官付地方役として残し、領知下役所に詰めさせる。残りの地方役は廃止とする。遠国の代官役所には地方同心《どうしん》のみを置く。現在の代官役所手代を廃止し、残らず抱入としてこれを地方同心に任命する。地方同心は計二〇人となり、上方八人・甲州六人・関東代官付六人とする。

職制において領知方役所（地方役《じかた》）を勘定方と一体化させることで、御勝手掛用人・郡奉行・勘定奉行の三者の合議をスピーディーに行うことがめざされている。そのうえで②は役人の配置について、従来代官が置かれていた泉州と播州の役所を、大坂の川口に統合し、代官を一人置く、としている。加えて、領知方役所の系統にあった地方役を勘定方に統合し、かわって遠国代官所には代官と地方同心を置くことを構想した。

この構想は、おおむね実現したと考えられるが、ここからは移転前の府中役所には、泉州代官一人と遠国地方役・手代が詰めていたが、川口役所には泉州と播州を支配する代官一人と地方同心八人が詰める、という役所の内部構成の変化が読み取れる。

府中役所の構成

次に、府中役所の実態を可能な限り見ておこう。

まず延享四（一七四七）年以降の泉州一橋領知における年貢免定・皆済目録《かいさいもくろく》の作成者に注目したい（表2）。延享四年から宝暦二（一七五二）年ころまでは、免定と皆済目録の作成者が一致しない点が、それ以降とは大きく異なる。この間免定を作成している永田十左衛門と篠田孫左衛門は一橋家の郡奉行である。二人は幕臣で、それぞれ幕領代官と勘定組頭を務めていたが、延享四年正月に一橋家の郡奉行に任命されている。新たな領知を得た一橋家の郡奉行に相応の者として選ばれたのだろう。これに対し、皆済目録の作成者である

免定		皆済目録	
延享4.10～宝暦2.10	永田十左衛門 篠田孫左衛門	延享5.6	永田十左衛門・篠田孫左衛門
		寛延2.3	板野祖右衛門
		寛延2.5～寛延4.4	仁木三郎右衛門
宝暦3.10～宝暦7.10	山下安太夫	宝暦2.3～宝暦6.3	山下安太夫
		宝暦8.3	中川嘉七・渋谷勝右衛門
宝暦8.10～明和5.10	海老原七郎右衛門	明和2.5～明和5.3	海老原七郎右衛門
明和6.3～天明2.10	渋谷勝右衛門	明和6.5～天明3.9	渋谷勝右衛門
天明3.10～天明4.10	津田平次右衛門		
天明5.10～天明6.10	本多藤兵衛	天明6.3	本多藤兵衛
寛政2.10	小松多次兵衛	天明7.9～寛政2.5	小松多次兵衛
寛政3.10	矢口平兵衛	寛政3.4～寛政5.4	矢口平兵衛
寛政6.10	渋谷勝右衛門		
寛政9.10～寛政11.11	渋谷熊太郎	寛政7.正～寛政11.4	渋谷熊太郎
寛政12.10～文化元.10	矢嶋与一右衛門	享和元.4～文化元.4	矢嶋与一右衛門
		文化3.4～文化4.4	佐徳右衛門＊
文化5.10～文化11.10	蔦木良左衛門	文化5.4～文化11.4	蔦木良左衛門
文化12.10～文政4.10	矢嶋与一右衛門	文化12.4～文政5.4	矢嶋与一右衛門
文政5.10～文政7.10	金井新左衛門	文政6.4～文政8.4	金井新左衛門
文政8.10～天保2.10	木下徳太郎	文政9.4～天保3.4	木下徳太郎
天保4.10～天保9.10	百井貞助	天保4.4～天保9.4	百井貞助
天保10.10～天保13.10	佐々木新五郎	天保10.4～天保13.4	佐々木新五郎
天保15.11～弘化3.10	友山勝次	天保14.4～弘化4.4	友山勝次
		嘉永元.4	連右馬之助＊
嘉永2.10～安政2.10	矢口昇三郎	嘉永2.4～安政2.4	矢口昇三郎
安政4.10～文久2.10	杉山伝次郎	安政3.4～文久3.4	杉山伝次郎
文久3.10～慶応元.10	崎玉清兵衛	元治元.4～慶応2.4	崎玉清兵衛
慶応2.10～明治2.10	新川万五郎	慶応3.4～明治3.4	新川万五郎
明治3.10～	堺県庁	明治4.4～	堺県庁

表2　泉州一橋領知における延享四年以降の免定・皆済目録作成者　『奥田家文書』、赤松家文書、赤井家文書、前田家文書の免定・皆済目録より作成。＊「佐徳右衛門」は佐々木徳右衛門、「連右馬之助」は連田右馬之助か。

寛延３年10月	地方役渋谷勝右衛門・田村佐十郎
宝暦元年８月	地方役唐沢次左衛門・田村左十郎　同心山崎新蔵
宝暦２年４月	唐沢次左衛門・田村左十郎
宝暦２年10月	地方役唐沢次左衛門・市川忠蔵　同心某
明和４年２月	平井逸平
天明２年９月	地方宮下円右衛門　同心難波文太郎　手代津守惣助
天明３年10月	宮下円右衛門・嶋四郎次
天明４年９月	宮下円右衛門・難波文太郎
不明	宮下様・嶋田様・加藤様

表3　府中役所詰めと考えられる役人名　『奥田家文書』、忠岡町麻野家文書（『忠岡町史』第２巻）、「府中村絵図」（辻村家蔵）より。

板野祖右衛門・仁木三郎右衛門・山下安太夫は泉州代官であると考えられる。

つまり領知初年となる延享四年度は、免定と皆済目録は江戸にいる郡奉行の名前で作成され、二年目の寛延元（一七四八）年度から皆済目録は泉州代官の名前で作成されるようになったと考えられる。さらに宝暦三（一七五三）年度から免定・皆済目録とも代官が作成するようになり、この形式は幕末まで変わらない。ここから、宝暦三年ころに領知支配のシステムが定立したものと考えられる。

ただし、板野・仁木・山下は泉州代官ではあるが、府中役所に常駐していなかった可能性が高い。この時期検見には代官が出役しているが、検見の前に「代官が府中役所に到着された」旨の廻状が廻っているからである。府中役所に詰めていた役人については、検見に来村した役人の名が判明する程度である（表3）。役職が不明な場合が多いが、天明二（一七八二）年には代官と共に、地方役・宮下円右衛門、同心・難波文太郎、手代・津守惣助が忠岡村で検見を行っている。また南王子村に残る歳暮・八朔の贈答記録には、安永八（一七七九）年ころから川口に移転するまでの時期に、「宮下様・嶋田様・難波様・津守様」等の名前が見られる。これらの情報から、府中役所には、多くとも地方役・同心・手代がそれぞれ一～二人程度詰めるのみであったと思われる。先に想定した規模とほぼ一致するが、一万八〇〇〇石余を治めるには、とても小規模な役所だったと言えよう。

しかし次に見る川口役所に比べると、府中役所に詰めていた地方役がより高位の家臣であったことに注意が必要である。寛延三（一七五〇）年に府中役所地方役であった渋谷勝右衛門が、その後泉州代官に就いている点や、代官が検見《けみ》廻村を行っている点などは、川口役所となってからのあり方とは大きく異なる。この間、延享四年には郡奉行篠田が泉州領知を巡見している。また宝暦期以降には、村むらに諸帳面を提出させて、領内の様子を把握することに努め、代官山下・海老原・渋谷は精力的に新開改《しんかいあらため》や小物成《こものなり》賦課を行っ

	天保12（1841）年 借米・切米の請取		安政5（1858）年分 勘定目録		
代官	佐々木新五郎	25石	私（代官	杉山伝次郎）	20石＋15.93石 9人扶持
勘定	増嶋権六郎	10石	御勘定	森本柳輔	＋3.03石 2人扶持
			御勘定手伝	田中清蔵（9～12月）	＋1.07石 2人扶持
			御徒格添勘定勤方	本多彦九郎	＋1.54石 3人半扶持
同心	柏木平太郎	7石	奥口番格同心筆頭	大前鉄三郎	4石＋5.31石 3人扶持
	本多彦九郎	4石	同心筆頭	南条利太郎	4石＋5.31石 3人扶持
	大野左太郎	4石	同心	臼井柳之助	4石＋5.31石 3人扶持
	松田助右衛門	4石	同心	福田茂一郎	4石＋5.31石 3人扶持
	松浦和助	4石	備中詰同心筆頭格	松田大八郎（春夏当地）	2石＋3.525石 3人扶持
	今野吉太郎	4石	同心	細倉清兵衛	4石＋5.31石 3人扶持
	飯田長七	4石	同心	松浦嘉一郎	4石＋5.31石 3人扶持
			同心見習	細井門吉	＋1.7775石 1人半扶持
			同心見習	松田富太郎	＋0.45石 1人半扶持

表4　役人扶持方一覧　「扶持方請取」「和泉国勘定目録」「摂津国勘定目録」（いずれも一橋徳川家文書）より作成。

ている。当初は六つの「向寄《もより》」に編成されていた領知村むらも、天明二（一七八二）年までに五つの組に編成替えされており、*府中役所は新たな領知を得た領主の支配役所としての基本的な業務や機能は問題なく果たしていたと考えられる。川口へ移転する際の史料からは、府中役所が借地・借家であったことが判明するが、正式な役所として敷地や建物を整える前に移転することになったと考えられる。

*下村向寄と万町向寄を統合して山方組とし、浜方向寄を下条組と改称した。さらに、大鳥・信太・府中の向寄も組としている。また、宮村が信太向寄から府中組へ移動した。

府中役所による地方支配は、各組の代表者や陣屋元村である府中村の諸存在に依拠してはいたが（後述）、川口役所への移転以後に比べれば、積極的な領知支配が試みられていたように思われる。

川口役所の構成

宝暦一三（一七六三）年、田安・一橋両家は、泉州と播州の領知支配のため、大坂に蔵屋敷を拝領することを幕府から認められた。翌年一橋家に大坂川口の元公儀地七〇〇坪余が与えられ、この地に川口役所が置かれたのである（東隣は田安家の拝領地）。蔵屋敷地として拝領したが、川口役所が置かれるまでの二〇年ほどは、「会所」が存在しただけであったようである。安治川《あじ》と木津川に挟まれた当所は、ほかに幕府船蔵《ふなぐら》や船奉行屋敷などが集まる場所であったが、一角にはわずかに戎島町《えびすじま》という町場も存在した。

川口役所に詰めた役人の全体像は、天保一二（一八四二）年と安政五（一八五八）年について判明する（表4）。おおむね代官一人、勘定役一～二人、同心七～八人（うち二～三人が筆頭同心）という構成である。ここから、治済の構想はほぼ実現し、維持されていると考えられる。川口役所は、泉州・播州の領知計二万三六〇〇石余に加え、文政期以降は摂州の一万四七〇〇石余も支配していたが、やはり役人は非常に少ない。

役所の実質的な業務を担ったのは同心で、諸届・願書への対応だけでなく、領知への検見出役や廻村《かいそん》取締出役・検使なども行った。このうち、取締出役《しゅつやく》は文政期以降は毎年正月に定例化したものである。ただし同心の身分は、一橋家の職制において当主御目見《おめみえ》以下で、直接川口役所の勘定役に上がることはなく、代官・勘定役とは明確に区分されていた。これは切米《きりまい》の多寡や、「橋府分限帳」に天保一二年の川口役所同心が記載されていないことからもうかがうことができる。

表4に現れる役人を村むらに残された史料から確認すると、代官も含めて早ければ数年、長くとも一〇年以内には交代しているようである。川口役所は、重要事項は独自に判断せず、すべて江戸の一橋家役所本邸に伺うという姿勢を堅持していた。こうした姿勢は、領知から離れた場所に役所を置き、府中役所時代よりも格が低い役人を配置するという体制に起因するものと思われる。このため地方支配の面では領知の組や惣代庄屋などに大きく依拠せざるを得なかったのである。しかし、こうしたあり方を維持するのはさまざまな面で難しく、寛政六（一七九四）年には延享四年以来となる郡奉行による巡見が実施され、文政期以降には正月の廻村が定例化し、取締役を設置するなど、新しい動きが生じることとなる。

村	南王子村（143.133石）			今在家村（314.9283石）			池田下村（1359.6125石）		
賦課項目	a本途	米102.977石		a本途	209.561石		a本途	米748.858石	
							a見取	米0.219石	
				b1雑木藪小物成	米0.019石		b1山役	米2.000石	
				b1去ル未改小竹藪	米0.002石				
				b2水車運上1輛分	銀5匁		b2水車運上4輛分	銀20匁	
	c口米	米3.089石		c口米	米6.287石		c口米	米22.532石	
	d夫米	米1.079石							
	e六尺給米	米0.001石					e六尺給米	米0.002石	掛り高1.12石
	f伝馬宿入用	米0.086石					f伝馬宿入用	米0.001石	〃
	g蔵前入用	銀21.47匁					g蔵前入用	銀0.17匁	〃
				h口銀	銀0.15匁		h口米	銀0.6匁	
				i三分一銀納欠米	米2.794石		i三分一銀納欠米	米9.988石	
石代銀計算方法	銀納(g)	銀21.47匁		銀納(b2·h)	銀5.15匁		銀納(b2·g·h)	銀20.77匁	
	石代銀納(d·f)	銀122.35匁	銀値段A	石代銀納(aの三分一)	銀4761.46匁	銀値段A	石代銀納(aの三分一)	銀17019.76匁	銀値段A
				石代銀納(i)	銀190.45匁	銀値段A	石代銀納(i)	銀680.81匁	銀値段A
				石代銀納(b1)	銀1.43匁	銀値段A	石代銀納(f)	銀0.07匁	銀値段A
	石代銀納(a·e)	銀6908.49匁	銀値段B	石代銀納(aの三分二)	銀9372.52匁	銀値段B	石代銀納(aの三分二·b1·e)	銀33636.55匁	銀値段B
	石代銀納(c)	銀226匁	銀値段C	石代銀納(c)	銀459.98匁	銀値段C	石代銀納(c)	銀1648.51匁	銀値段C
合計	銀7278.31匁			銀14790.99匁			銀53006.47匁		

表5　明和3年分の年貢負担　『奥田家文書』、前田家文書、高橋家文書より作成。銀値段A：1石につき銀68.163匁（幕領泉州三分一値段）銀値段B：1石につき銀67.087匁（泉州一橋石代値段）銀値段C：1石につき銀73.163匁

3　泉州領知における年貢収納

役所と領知村むらの具体的な関係を見る前に、ここでは泉州一橋領知における年貢収納の特徴について見ておく。

免定と皆済目録

表5は、南王子村・今在家村・池田下村の三ヶ村について明和三（一七六六）年分の皆済目録から年貢・小物成などとその納入のあり方を整理したものである。三村は本途《ほんと》（本年貢）やその他の付加税をすべて代《だい》銀納《ぎんのう》しているが、これが泉州一橋領知の大きな特徴である。幕領は一〇分一大豆銀納、三分一銀納、六分米納という形をとり、毎年銀納分には米との換算値段が設定された。御三卿領は、幕領に準ずるとされるが、一橋領知の年貢納入のあり方は、幕領とは異なっていた。

南王子村は幕領から、今在家村と池田下村は土浦藩領から一橋領知となった村である。一見して分かるように、両者では三分一銀納（i）の有無や石代銀納《こくだいぎんのう》の計算方法が異なる。さらに、南王子村と池田下村には賦課されている高掛三役《たかがかりさんやく》（e・f・g）が今在家村には賦課されていない、夫米《ぶまい》（d）が南王子村にだけ賦課される、など多くの差違がある。

	村名	『大概書』の記載			
		伝馬宿入用	御蔵前入用	六尺給米	夫米
A	長承寺・菱木・原田・草部・冨木・土生・新家・南出・大園・上代・舞・上・太・尾井・中・綾井・千原・冨秋・軽部出作・観音寺	古田・新田惣高へ米0.06石／100石	古田・新田惣高へ銀15匁／100石	古田・新田惣高へ米0.2石／100石	―
B	王子・南王子・府中・小田・下馬瀬・忠岡	古田・新田惣高へ米0.06石／100石	古田・新田惣高へ銀15匁／100石	新田高へ米0.2石／100石	古田高へ米1.2石／100石
C	黒鳥・府中上泉・上馬瀬・宮村儀平方	古田・新田惣高へ米0.06石／100石	古田・新田惣高へ銀15匁／100石	―	古田高へ米1.2石／100石
D	池田下・万町・浦田・箕形・寺門・内畑・坂本新田・坂本	一橋領以後新田高へ米0.06石／100石	一橋領以後新田高へ銀15匁／100石	一橋領以後新田高へ米0.2石／100石	―
E	寺田	―	一橋領以後新田高へ銀15匁／100石	一橋領以後新田高へ米0.2石／100石	―
F	長井	新田高へ米0.06石／100石	新田高へ銀15匁／100石	新田高へ米0.2石／100石	―
G	森村角左衛門方・森村新兵衛方・二田・北曽根・南曽根・伏屋新田・今福・桑原・今在家・穴田・宮村三十郎方・辻・池浦・虫取	―	―	―	―

表6　『和泉国大鳥郡泉郡村々様子大概書』に記される高掛三役と夫米の負担

石代銀納の計算方法は、南王子村は本途《ほんと》と六尺給米《ろくしゃくきゅうまい》を泉州一橋石代値段（銀値段B）で、夫米《ぶまい》と伝馬宿《てんましゅく》入用を幕領泉州三分一値段（銀値段A）で換算し、銀納している。これに対し今在家村と池田下村は、本途・見取の三分二は泉州一橋石代値段で、本途・見取の三分一や欠米《かんまい》を幕領泉州三分一値段で換算し、銀納している。また今在家村と池田下村とでも、小物成《こものなり》（b1）の銀値段が異なる。今在家村は幕領泉州三分一値段、池田下村は泉州一橋石代値段である。この他に、旧幕領の村むらには、本途・見取・六尺給米を泉州一橋石代値段で、小物成・伝馬宿入用を幕領泉州三分一値段で、本途・見取の一〇分一を幕領泉州十分一値段で換算する村もあった。

　高掛三役や夫米に差異がある理由については、天保二（一八三一）年の様子を表した「和泉国大鳥郡泉郡村々様子大概書」の記載が参考となる（表6）。これによれば、高掛三役や夫米の賦課には、七つのパターンが存在した。このうち、AからCは幕領から、DからGは土浦藩土屋家領から一橋領知になった村むらである。

前者のうち、一七世紀後期に武蔵岩槻藩領から幕領となった村むらには夫米が賦課されている（B・C）。夫米は、岩槻藩が領内に賦課したものが幕領にも引き継がれ、一橋家においても採用されたものと考えられる。なお、AからCの村むらにおける「古田」は延宝検地高であり、「新田」は延宝検地以後に改めを受けた見取や新開を指す。そのため、六尺給米は、同じく幕領から一橋領知となった村むらにおいても、AとBでは相当の差が存在した。

DからGの村むらは整理が難しいが、土浦藩領時代には私領であるため高掛三役は賦課されておらず、一橋領知となって以後も村の本高には賦課されず、一橋領知となって以後に新たに改めを受けた高にのみ賦課されたようである。この点は、AからCの村むらとの大きな差異である。高掛三役は、幕領と御三卿領では賦課された、と一般的に言われているが、今在家村は明治三年に堺県支配となるまで一度も賦課されることはなかった。

一橋領知となった際の変化

泉州一橋領知の免定や皆済目録は、幕末まで領内全体で統一されることはなかった。これは、一橋家が幕領や土浦藩領時代の年貢納入方式（皆済目録の記載）を部分的に改変しただけで在地支配を開始したことに起因する。次にこの点を見ておこう。

南王子村の場合、享保二〇（一七三五）年度は、本途に加え、口米（本途の三パーセント）、夫米一・七〇九石、伝馬宿入用〇・〇八六石、蔵前入用二一・四七匁が賦課されている。夫米は、南王子村の延宝検地高一四二・四〇七石に〇・〇一二石を乗じたもので、伝馬宿入用と蔵前入用は表6の計算式と一致する。この年、夫米は銀納、本途・口米・伝馬宿入用はすべて米納されている。幕領期には、年貢納入方法は何度か変更されているが、享保八（一七二三）年度から三分一銀納がなくなり、延享三（一七四六）年まではほぼ米納であったようである。そのため、一橋領知となる直前の南王子村の免定・皆済目録には、「三分一」という記載が存在しなかった。一橋家はこの記載を踏襲したのである。一橋領知となった際の変化は、六尺給米が新たに賦課されるようになったのみである。その値は、元禄一一（一六九八）年に検地を受けた新田〇・七二六石に〇・〇〇二石を乗じたもので、わずかに米一合である。

今在家村の場合、延享二年度は本途に加え、口米（本途の七パーセント）のみを納入している。納入方法は、本途と口米の三分一が銀納、三分二は米納であるが、三分二についても銀換算のうえ、納入している。一橋領知となった際には、口米の税率が本途の三パーセントと減少し、あらたに三分一欠米（三分一米高の四パーセント）が賦課されるようになる、という変化が生じている。三分一はそもそも銀納を前提としたものであり、欠米が設定された事情は不明である。口米の税率を減少せざるを得なかったため、とられた措置であろうか。今在家村では、宝暦期以降水車運上や雑木藪に関わる小物成が増加していく。

両村とも、免定・皆済目録の記載方式は若干変化していくが、結局幕末まで統一されることはなかった。これは、次に見る皆銀納《かいぎんのう》の問題とも関わるのではないかと思われる。

石代銀納の問題

一八世紀後期以降の一橋領知村むらと役所の間で常に争点となったのは、年貢を銀に換算する際の値段（石代《こくだい》値段）である。泉州一橋石代値段は、例えば明和七（一七七〇）年には播州一橋領知の年貢米を一一月中に大坂で売り払った平均値段に銀三匁増し、寛政三（一七九一）年には幕領泉州三分一値段に銀七分増しなどという形で決められていた。泉州一橋石代値段は寛政三年以後、幕領泉州三分一値段を基準に据《す》えるようになり、増銀の値が争点となった。

そもそも幕領泉州三分一値段は、一〇月中の岸和田藩払米値段の平均と、一〇月一五日から二九日の各日の堺相場における西国五ヶ国米（筑前・肥後・中国・広島・肥前）の内の最高額の平均値段の間をとった値に六匁を加えて算出されていた。天保一四（一八四三）年の場合、九〇・五七九匁であり、同年の泉州一橋石代値段は幕領泉州三分一値段より二匁安となっている。泉州の地米相場ではなく、高品質の他所米の値段を基準にし、さらに増銀を加えるという形は、百姓にとっては極めて不利であった。百姓が実際に売却する値段と、石代値段の間には、毎年一二匁から二〇匁程度の差が生じていたとされ、また泉州幕領三分一値段よりも泉州一橋石代値段が安く認められた年には、増石を定免請《じょうめんうけ》で承諾させられることが多く、石代値段が下値になっても、決して一橋家側が譲歩したわけではなかった。

これに対して米納の場合は、回漕賃《かいそう》は領主側の負担となり、村は津出しの湊《みなと》までの運搬費用のみを負担する。泉州清水領知では、寛政六年に米納の場合の百姓負担分を米一石につき一・三二五匁と試算している。つまり、銀納よりも圧倒的に百姓の負担は少ない。

泉州清水領知は、清水家が家としての安定性を欠いたため、二度幕領に戻るという変遷をたどる。清水領知期の助松村においては六分米納分はほぼ米納されている。また播州一橋領知も、安政五（一八五八）年の一橋家勘定目録によれば、八八・七パーセントが米納である。こうした周辺の状況と比較すると、一橋家が泉州領知に銀納を求めたのは、年貢収納のうえで領主側にとって有利な結果が導かれたためである。播州領知は上質な米がとれるが、生産性は泉州よりも劣っていた。そのため、播州領知は米納主体とし、泉州領

一橋家「勘定目録」の記載			備考			
名前	米（石）	扶持	天保10年『大坂袖鑑』			その他
津田久兵衛（休兵衛）	38石94	22人	播州蔵元	立売掘	近江屋	幕府御用金上納 国問屋（紀伊／土佐／日向／大隅／備前／播磨／松前） 材木大問屋（十人材木屋・大問屋組頭）十二人融通方
今堀長兵衛	44石25	25人	泉州蔵元	内平野町	米屋	幕府御用金上納
殿村平右衛門	26石55	15人	摂州蔵元	内平野町	米屋	幕府御用金上納
友金儀兵衛 ・木原忠兵衛	44石25	25人	備中蔵元 備中蔵元	平野町 安土町	銭屋 銭屋	
吉田喜平次	7石08	4人	—	—		摂津兎原郡住吉村在住 大坂安治川一丁目出店
吹田屋六三郎	1石77	1人	—	—		
布屋忠兵衛	8石85	5人	—	—		摂州富田在住

表7　安政5年一橋家扶持方町人　出典:「和泉国勘定目録」「摂津国勘定目録」（一橋徳川家文書）、『大坂袖鑑』（『西区史』第二巻所収）。

知には高額の石代値段で代銀納を求めたのである。泉州一橋領知では、天保六年以降は一部で米納が開始されたが、安政五年の一橋家勘定目録によれば、なお八二・四パーセントが銀納となっており、銀納偏重は続いた。

蔵元の機能と性格

年貢の納入や売り払いの局面は、蔵元《くらもと》が担った。表7は安政五（一八五八）年に一橋家が扶持を与えている町人の一覧である。彼らは「大坂立入《たちいり》町人」、すなわち川口役所に出入りすることが認められた者であるが、なかでも蔵元は代官よりも多額の扶持を受け取っている（表7）。このうち津田休兵衛・今堀長兵衛・殿村平右衛門は、文化三（一八〇六）年に幕府御用金を上納するような大坂の大規模両替商である。なかでも津田は、十二人融通方でありながら、十人材木屋・大問屋組頭を務める有力材木問屋で、一八世紀には松前・紀伊・播磨・土佐などの国問屋《くにどんや》でもあった。また吉田喜平次は、摂津国菟原郡住吉村を本拠とし、大坂の安治川一丁目にも出店をおき、薩摩藩や小倉藩をはじめ、大坂に所在する諸藩の蔵屋敷に出入りしていた。

蔵元の役割は、主として担当する地域によって異なった。津田は米納主体の播州蔵元である。一橋家は播州米を当初は大坂で売却していたが、幕末にはより米値段が高い播州の浦浜四ヶ所で九割以上を売却するようになった。安政五年には播州米のうち大坂払いの局面を津田は担っており、口銭（一石につき銀五分）や、蔵の貸し賃・仲仕《なかし》賃などを受け取っている。播州在払《ざいはら》い米の口銭は、四ヶ所の蔵元が受け取っているが、その代銀を大坂で受け取る際の掛改《かけあらた》め賃（銀一貫目につき三匁）は津田が取得していた。播州払い米が多いことに比例して、津田が年貢払いに関して川口役所から受け取る額のほとんどが、この掛改め賃である。一方、銀納主体の泉州では、村むらは年貢銀を毎年何度かに分けて、組ごとに掛屋《かけや》を通じて大坂の蔵元に納めていた。この際も蔵元は掛改めを行い、この費用は納めた村むらが負担している。このように、蔵元は年貢米の納入や売払いを川口役所から一手に任されていた。蔵元は、このほかに川口・江戸間の御用状飛脚の支払い、年貢銀や拝借金貸付に対する延滞分の貸付、御用金の調達などの機能も果たしていた。

　こうした蔵元は、任命されるに際して多額の御用金を一橋家に上納している（吉田喜平次の場合、金一〇〇〇両）。幕府からの拝借金の返済を抱える一橋家にとって、蔵元任命は払米の委託と引き換えに多額の御用金が得られる絶好の機会であった。一橋家は、蔵元に領内の未開墾地の開発なども期待していたようである。一方の蔵元にとっては、「一橋家出入」という社会的ステイタスを得ることができ、また年貢米売却や年貢銀納入の局面に吸着し利益が得られることを考えれば、御用金の負担は惜しいものではなかったのである。

　一橋家は、領主側に有利な年貢高や納入方法を村むらに強制し、その売却（貨幣化）を、売却や為替方の能力をもつ有力両替商の蔵元に任せることで、上方領知から多額の年貢米と年貢銀を収納できただけでなく、多額の上納金を確保できたのである。こうしたあり方は、一般の大名にも共通するが、川口役所が領知の民政に積極的ではなかったこともあり、より際立って見えるように思われる。

4　泉州領知村むらと領知支配の実態

泉州領知の惣代庄屋と郡中入用のあり方

泉州領知の村むらは、おおよその地域的なまとまりを前提に五つの組に分けられていた（表1）。組内の村むらは、一橋領知以前の領主変遷も同じくする場合が多い。延享四（一七四七）年以来、各組から二人の庄屋が惣代《そうだい》となり、①郡中割立会《ぐんちゅうわりたちあい》、②年貢銀上納（年貢銀の運搬と「通付《かよいつけ》」）、③諸届（作柄届など）、④小入《こにゅう》用《よう》帳と人別帳の下改《したあらた》め（天明期から）、⑤飢饉に備えた囲籾《かこいもみ》の管理・運営（天明期から）、⑥内済《ないさい》、⑦取締（千原騒動取締演説や博奕取締など）、⑧訴願、などを担っていた。

①の郡中割立会は、府中役所時代は役所に関わる諸費用や、役所との折衝にあたって村むらに聞き合わせた経費などからなる郡中入用の内容を、年に二回立ち会って確認し、勘定のうえ、領知村むらに割り付ける額を決定する場である。府中役所廃止後は、川口役所関係費用を播州領知と折半する泉播両国割と、泉州領知のみに関わる郡中割に分かれた。このほかに、組単位での入用割である組合割があり、各村は村高に応じてこれらを負担していた。府中役所時代にも、各村の村入用において平均二～三割を占めており、役所関係入用の削減は百姓らにとって重要な課題であった。府中役所を廃止する際には、一つの役所を二国で支えれば郡中入用の削減に繋がることも期待されていたのである。

⑧の代表的なものに、前述の石代値段決定の問題があげられる。石代値段は郡中単位で役所から惣代に申し付けられ、惣代が各村の庄屋を通じて百姓に申聞かせ・聞合わせを行い、惣代が役所の意向と百姓の要求の間をとる形で上申する、というやり取りを何度か繰り返して、最終的な石代値段が決定されたのである。

この前提となる③や、実際の年貢納入の局面②なども惣代が差配しており、惣代は郡中の行政上の中心的役割を担っていたのである。

惣代庄屋制の変遷

惣代庄屋について考える際にポイントとなるのは、その担い手の変遷である。大きな権限を有する惣代庄屋のあり方をめぐって、郡中では対立が生じていた。その背景には、役所移転にともなう制度変更や、郡中入用の増加などが存在した。ここではまず、担い手に注目しながら、惣代庄屋制の変遷を四期に整理して見ていこう。

第一期（延享四年から寛政六年） この間、惣代庄屋を務めたのは表8の一二家である。各組二人に加え、役所の置かれた府中村には陣屋元村の定式《じょうしき》惣代として二人が置かれた。辻村と河合がこれにあたり、府中役所から郡中全体に出される文書を受け取り、回覧を差配するなどの業務を担っていた。惣代庄屋は、郡中惣代と組の惣代を兼ねる存在であった。

この一二家は、延享四（一七四七）年の郡奉行篠田孫左衛門による泉州領知巡見の際に任命されている。その際、一橋家は新たな人物を設定するのではなく、幕領での触頭や土浦藩領の大庄屋を務めた者からの申し出を追認する形で認めたのである。つまり一二家は、単に長年庄屋を務めていたというような存在ではなく、中世末の土豪の系譜をひく家や、堺に町屋敷を所持するような家を含み、明らかに他の庄屋とは隔絶した立場にいた。こうした存在が一橋領知においても惣

大鳥組	長承寺村	奥山彦左衛門
	大園村	奥野正作
信太組	中村	森田九郎兵衛
	富秋村	奥野武兵衛
下条組	虫取村	寺田六太夫
	池浦村	寺田清蔵
府中組	府中村	西泉寺惣右衛門
	忠岡村	麻野進三郎
	府中村	辻村翁助
	府中村	河合信蔵
山方組	万町村	伏屋長左衛門
	池田下村	高橋重太夫

表8　第1期に惣代庄屋を務めた12人　辻村翁助と河合信蔵は陣屋元の定式惣代である。

代庄屋を独占し、郡中割の局面に他者を立ち会わせず、役人による領内巡見の際には帯刀を黙認されるなど、特権を確保することに成功したのである。

一二人体制とも呼びうる状況に対しては、早くから領知村むらにおいて不満が蓄積されていたようである。天明五（一七八五）年に江戸の勘定役が泉州に出役した際、「定物代《じょうそうだい》」の廃止を命じているが、この背景には反一二人体制派の反発・出訴が存在した。しかし、結局惣代庄屋が「元惣代」を名乗るだけの変化にとどまった。

第二期（寛政六年から文政五年） 寛政六（一七九四）年に一二人体制は廃止され、組ごとに惣代を二人出す体制に変化し、名目も「惣代庄屋」から「泉州惣代」・「郡中惣代」となった。この背景には、寛政五年に領知巡見中の役人熊谷熊太郎に対して反一二人体制派が行った内訴がある。反体制派は、惣代庄屋による取計らいの悪さを、郡中入用や組入用の増加と関連させて申し立てたのである。だが第二期に郡中惣代を務めた家を確認すると、組によってばらつきがあるものの、ほぼ旧惣代庄屋と反惣代庄屋の有力家が務めている。これは、旧惣代庄屋家が個々の家として惣代に就くことは禁止されなかったためである。このため第二期の制度は、組内のすべての庄屋に郡中や組に関わる回路が開かれたが、実質的な機会均等とはならなかった。また組内から選ばれた惣代が郡中・組の政治的動向を方向付けることとなり、第一期に比べて組の重要性が増すこととなった。

第三期（文政五年から天保三年） 文政五（一八二二）年八月、川口役所は、「泉州惣代」を廃止し、以後組限りの惣代のみを置くこと、郡中レベルに関しては、新たに七人の郡中取締役を置くこと、郡中割には取締役のみが、組合割には取締役と各組惣代が立ち会うこと、を命じた。第一期以来の、郡中と組の惣代が一致するあり方が否定されたのである。役所側は、膨張する郡中入用を低減させるために、これまでの惣代を一掃しようとした。惣代の廃止は川口役所への惣代出勤料の減少となり、ひいては郡中入用の削減となる（組惣代の出勤料は組合割となる）、と考えていた。

この時、役所が取締役に選出した人物は、万町村の伏屋長左衛門・府中村の竹田少進・池田下村年寄の弥右衛門・尾井村の年寄弥右衛門・菱木村の年寄九兵衛・府中村の百姓新作・池浦村の百姓（寺田）治兵衛である。伏屋を除けば、庄屋でもない彼らは、実は高額の御用金納入者であった。一橋家は一八世紀後期以降、領知村むらの有力者に対し苗字帯刀御免を匂わせながら、御用金をたびたび納めさせていた。こうした経済力を有しながら、これまで郡中運営に関わってこなかった者を新たに採用したのである。

取締役が設置された直後は、郡中入用も減少し、また郡中入用が領知村むらに開示されるようになるなど、一定の成果を見た。しかし組合レベルの惣代とされた庄屋達の反発は強かったようで、早くも文政七年には取締役らが「自分たちは郡中方の参会などには不慣れなこともあるので、その場に一二名を立ち会わせるようにしたい」との願書を川口役所に提出している。ここで挙げられている一二人は第二期の各組で中心的な役割を果たしており、郡中運営に関して取締役が妥協しなければならない事態が展開していたようである。そうして同年以降、郡中入用は再び増加に転じていく。

第四期（天保三年以降） 天保三（一八三二）年、泉州の一橋領知では郡中が二派に分かれる「郡中五ヶ条一件」という大争論が起きた。これは、郡中非常手当積金・日光社参御用上納金・拝借金貸付・拝借金値違い・蔵元からの郷借り銀の五ヶ条をめぐるもので、郡中の一派が取締役・郡中惣代らを訴えたものである。これを機に取締役は廃止され、郡中惣代が復活する形で決着したようである。

領知支配の実態

以上の経過から、領知支配の要でもある制度変更の契機は、ほぼすべて江戸の一橋役人が泉州村むらを巡見する際であることが注目される。取締役の選定は川口役所が行ったものの、これも江戸の一橋家役所の指示を受けてのことであった。つまり、川口役所詰めの役人は現状の制度を大きく変更するような権限を有さない、あるいは権限を有していても実行することはなかったのである。これは、先に見た川口役所の役人のあり方と深く関わっているものと考えられる。川口役所側は、日常的な郡中運営を物代にほぼ一任しており、大きな問題が生じなければ、積極的な姿勢を見せることもなかったのである。旧物代庄屋家やこれに反発する庄屋たちもそうした役所の特性をよく理解しているからこそ、江戸役人の巡見を唯一の好機と捉え、さまざまな運動を行ったのである。

郡中の中心的役割を担う物代をめぐって、旧物代庄屋や庄屋・有力百姓クラスが対立する一方で、村の小前層は郡中物代や組の運営そのものに反発することもあった。すでによく知られているように、天明二（一七八二）年の千原騒動では、同年の年貢上納をめぐって、役所寄りの立場をとる物代庄屋の押さえつけに反発を強めた領内の小前層が下掛屋を打ち壊している。これまで言及されていないが、文化一一（一八一四）年にも泉州の領知百姓が年貢延納を求めて川口役所に押しかける一件が起きている。この一件は、首謀者を明らかにしない形で文化一三年に吟味詰めとなったようだが、背景には、組単位で年貢高に関する交渉をすれば、組の惣代によって意見が封殺されるので、以後は村単位で交渉したい、という思惑が存在したようである。先に見たように、泉州の一橋領知における年貢収納はとりわけ重いものがあり、小前層には郡中惣代らによる石代値段の交渉も不十分に感じられたのだろう。

この一件を契機とするのかは不明だが、文政期以降、毎年正月に川口役所の同心が泉州領知を廻村することが恒例となった。これを領知支配の積極的な姿勢への転換と見ることも可能であるが、年に一度は出役しておかなければ泉州領知が治まらない状況にあったのではないかと考えられる。逆に言えば、年に一度出役することによって、より大きな問題が生じることを回避しようとしたように思われる。

郡中入用の中身と用達の役割

物代のあり方が問題になる際には、郡中入用の増加が常に問題となった。なぜ郡中入用が増加するのか、郡中入用の具体的な中身は何かを、ここでは考えておこう。

表9は、文政一〇（一八二七）年下半期の郡中入用の明細である。先にみた、物代庄屋制の変遷の区分では、郡中物代が実質的には復活した第三期の後半にあたる。この半年間の郡中入用は銀三貫五八〇匁余であり、その内容は用達《ようたし》・郷宿《ごうやど》への支払い・川口役所買上げ品の納入費用・取締役関連費用・物代出勤料などである。

このうち、取締役関連費用と物代出勤料は、主として彼らが川口役所に出勤する費用である。物代が実質的に復活していることは、彼らが両国割に出勤していることからも明らかである。なお文化五（一八〇八）年下半期の郡中入用は総額が銀五貫八〇〇目余であり、この七割近くを物代出勤料が占める。同年には、惣代出勤料は一人一日につき九匁が支出されており、両国割や作付方の報告のため、惣代が川口に七日から一四日程度出勤した総額は、半年で銀四貫目に及んでいる。つまり、惣代が川口役所に赴き、滞在する費用が郡中入用を増大させていたのである。文化五年に比べると、文政一〇年には惣代出勤料の大幅な減少が郡中入用全体の減少につながっていることが明らかである。

次に、用達・郷宿に注目しておきたい。用達は、役所から出される触書や廻状を村むらに送ったり、村の庄屋などが役所に届書・願書などを提出する際に内容添削や取次を行うなどの役割を果たした。出勤した村人を宿泊・滞在させる機能を果たす者もおり、郷宿と呼ばれることもあった。表9には三人の用達が見られるが、播磨屋重五郎（大坂島町二丁目）は泉州一橋領知の大坂町奉行所用達、茶碗屋市兵衛は同じく堺奉行所の用達、そして木屋太助・多治郎は川口役所の用達である。泉州は堺奉行所の管轄であったが、分野によっては大坂町奉行所の管轄下にあり、そのため両奉行所から触書が出されたり、村むらから願書を提出することもあったのである。大坂と堺の用達に対しては、毎年定額の用達料を郡中が支払っていた。

これに対し、川口役所用達（郷宿）の木屋は、役所に近い戎島町にあり、惣代や取締役が川口役所に出勤する際の滞在・宿泊場所となるだけでなく、領知村むらの者が大坂町奉行所に関係する用件で上坂した際も宿を務めた。取締役の飯代などが計上されているのはこのためである。このほかに、木屋は川口役所の入用帳面を管理するという重要な役割も果たしていた。川口役所では泉播両国割となる入用や、泉州領知の郡中割となる入用については、木屋にも帳面に留めさせておき、この帳面をもとに両国割・郡中割の勘定が行われたのである。木屋は川口役所と泉州領知村むらをつなぐ、不可欠の存在であった。

表9から明らかなように、郡中入用とは三役所との関係費用であり、とりわけ川口役所関連費用が多くを占める。支出項目を見ると、役所が川口に移転したことで、出勤料が増加せざるを得ない、という根本的な問題が明らかである。

さて、府中役所時代と比較すると、ⅰ府中役所時代の郷宿は各組ごとに府中村に「下宿《したやど》」があったが、届書などには関与せず、村役人が役所の手代を通じて提出していた、ⅱ府中役所が領知に出す廻状などは、府中村の定式惣代が受け取り、村むらに送っていた、ⅲ郡中入用の日常的な管理も定式惣代が担っていた。天明三（一七八三）年に泉州代官は手代を廃止し、届書の際には郷宿が同伴するように命じているが、総じて府中役所時代は、郷宿の機能を惣代らが担っていたと言える（ⅱ・ⅲ）。しかし川口に役所が移転すること

項目	銀（匁）	内容	立替人
用達・郷宿への支払い　1702.7匁　　47.5%			
1	107.5	御用達料（7～12月分）	播磨屋重五郎
2	150.0	御用達料（半年分）	茶碗屋市兵衛
4	28.5	飛脚賃（正～11月、6回分）	播磨屋重五郎
49	38.5	取締方中飯代（7月～）	茶碗屋市兵衛
5	25.0	御用状持出し飛脚賃（7～12月分）	木屋多治郎
58	950.0	取締人飯代・諸入用（7月～）	木屋太助
63	50.2	当季割方雑用および筆紙墨代	多葉粉屋林蔵
他に3・6・9・64～66項			
役所への納品費用　21.0匁　　0.6%			
45	6.0	海苔御買上に付き、川口人足賃	宮村
68	15.0	干かれい御買上に付き、持参出勤料	忠岡
取締役関連費用　911.97匁　　25.5%			
67	130.0	御役人様方御交代送迎、大津迄道中造用	取締方
50	150.0	筆工給銀（半季分）	池浦
53	32.5	大前様姉様へ香料（金2歩代）	同村
54	32.5	松元様御筆頭仰付られ候節、恐悦(金2歩)	同村
55	148.2	荷持共日雇賃（7月～出坂114日分）	同村
他に10·11·12·31～34·47·48·51·52·56·57項			
惣代出勤料　722.0匁　　20.2%			
39	72.0	豊之助様恐悦出勤（3日分）	下村・小田・辻村・王子村
59	240.0	当季三ヶ国割出勤（8日分）	箕形・宮村・冨秋・辻村・新家
他に35～37·40～44·46·60～62項			
惣代参会　185.8匁　　5.2%			
21	6.0	郡中参会（2度分）	池田下村
他に13～20·22～30項			
その他　39.45匁　　1.1%			
7	30.0	3人へ心付（半年分）	長吏金兵衛ら
他に8・38項			
合計3583匁33（計算値3582匁92）			

表9　郡中入用の内容　文政10年（1827）12月の場合。『奥田家文書』1263号より作成。

によって、郷宿という郡中にとっては他者性を帯びた存在がこの機能を担うようになり、さらに役所が果たしていた機能の一部も郷宿が果たすようになったのである（i）。

以上のように考えると、府中役所から川口役所への移転は、領知村むらが負担する役所維持費用が減少するという治済の目論見以上に、役所の性格の変化と遠方への移転にともなう郡中入用の増加、それをめぐる郡中における対立など、新たな問題の出発点となったといえよう。

コラムⅡ　延宝検地と山・寺社

延宝検地と検地帳

延宝五〜七（一六七七〜九）年、江戸幕府は山城・大和・摂津・河内・和泉・近江・丹波・播磨・備中などの幕府直轄領（以下、幕領とする）の村むらにおいて検地（土地調査）を実施した。いわゆる延宝検地である。泉州の検地を担当したのは岸和田藩岡部家と伊勢神戸《かんべ》藩石川家であった。この検地は幕領だけを対象としたものであったが、ふたつの理由で、後年まで市域に大きな影響を与えることになった。ひとつには市域の村むらの大半が当時幕領であったため、ふたつには延宝検地以降の検地は新しく開発された耕地（新田）に対してのみ行われ、村全体を対象とした検地はこれが最後であったためである。ここでは、延宝検地が及ぼした影響について山と寺社の側面から考えたい。

最初に、村ごとに作成された延宝七（一六七九）年の検地帳の内容を、泉郡唐国《からくに》村の検地帳（和泉市教育委員会蔵「和泉国泉郡唐国村検地帳」）を事例にみておこう。検地は岡部家が担当し、検地帳は検地惣奉行二人、奉行六人、唐国村庄屋一人、唐国村案内の者六人で作成されている。その内容は、①年貢が賦課される高請地《たかうけち》、②山と池、③除地（年貢免除地）、この三つの部分で構成されている。

①年貢が賦課される高請地

検地帳の冒頭には次のようにある。

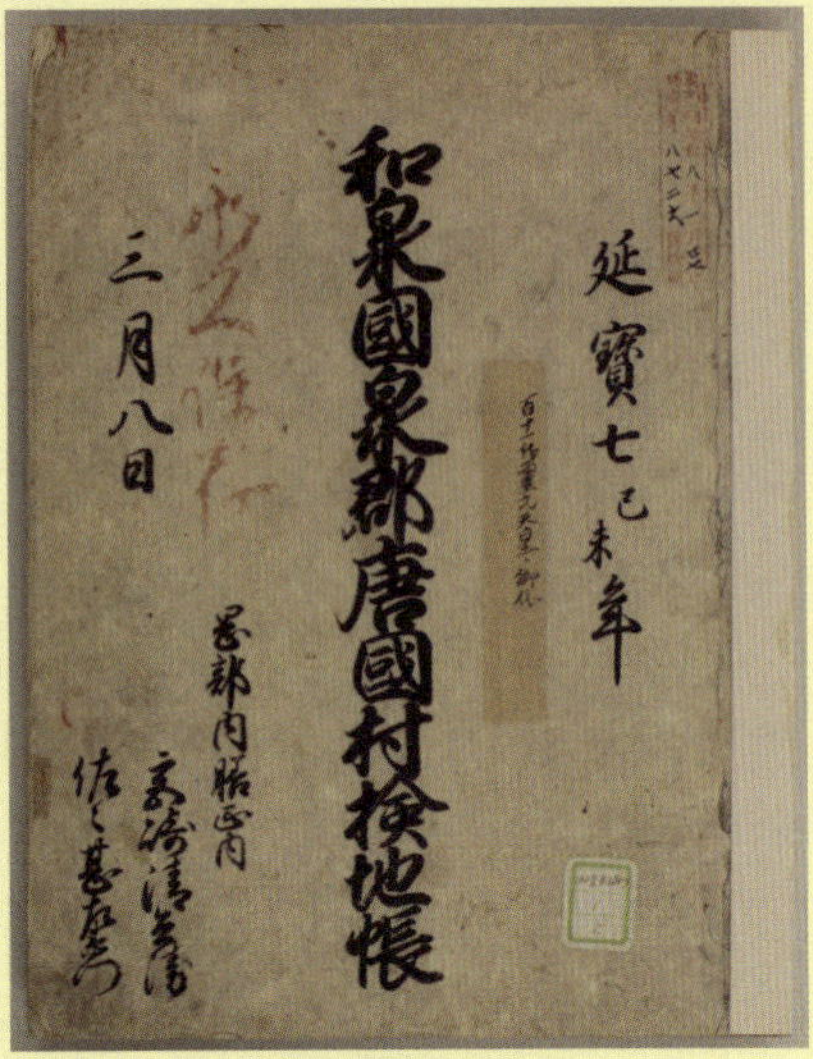

写真１　延宝七年唐国村検地帳

つるへ
古検六畝弐拾壱歩　七右衛門地
一、上々田　拾四間三尺
拾弐間壱尺五寸　五畝弐拾七歩　市右衛門
此の分米九斗四升四合　但、壱石六斗代

ここには市右衛門が所持する田地一筆《いっぴつ》について記されている。「つるへ」は地字《ちあざ》（田地が所在する場所）、「上々田」は地目、「十四間三尺」と「十二間一尺五寸」は田地の竪《たて》と横の長さ、「五畝二十七歩」は地積（土地の面積）、「市右衛門」は名請人《なうけにん》（所持者、年貢納入責任者）、「分米九斗四升四合」はこの田地の石高、「一石六斗代」は斗代《とだい》（一反あたりの分米高）を示している。また、「古検《こけん》六畝二十一歩」は慶長一六（一六一一）年の検地（慶長検地）当時の地積、「七右衛門」はその時の名請人である。こうした記述が以下に八三三筆続く。なお、地目には、上々田、上田、中田、下田、下々田、上畑、中畑、下畑、下々畑、屋敷の一〇種があり、それぞれの斗代は、上々田が一石六斗代、上田が一石五斗代、中田が一石四斗代、下田が一石三斗代、下々田が一石一斗代、上畑が一石三斗代、中畑が一石一斗代、下畑が九斗代、下々畑が七斗代、屋敷が一石三斗代となっている。また、こうした一筆ごとの記載の後ろには、地目ごとの地積と分米高の合計、さらには高請地すべての地積と分米高が書き上げられている。

②山と池

①に続いて山と池の記載があるが、山に関しては次のように記されている。

なご山
一、芝山　但、場広山　立合　唐国村・内田村
　此の山年貢壱石壱斗八升七合
是《これ》ハ立合山にて、御年貢銘々より上納仕《つかまつ》り来たり候、これにより此の所に唐国村分これを記す
一、芝山　但、場広山　立合　唐国村・内田村・久井村・若樫村・春木川村
　此の山年貢壱斗六升三合
　同断

牛神山
一、小松芝山　長壱町拾間
　横平均五拾間　村中
　此の山年貢五升
右三ヶ所山年貢
　〆壱石四斗

一つめの山についていえば、「なご山（名古山）」は山の呼称、「芝山」は山の種別を示している。「場広山」は、三つめの牛神山のように、本来は山の竪と横の間数を記すところであるが、名古山が広大であるため「場広山」と書かれている。「立合　唐国村・内田村」はこの山の用益権をもつ村、「此の山年貢一石一斗八升七合」は唐国村が上納する山年貢高である。こうした山の記載に続けて、三〇以上に及ぶ池が書き上げられている。

③除地（年貢免除地）

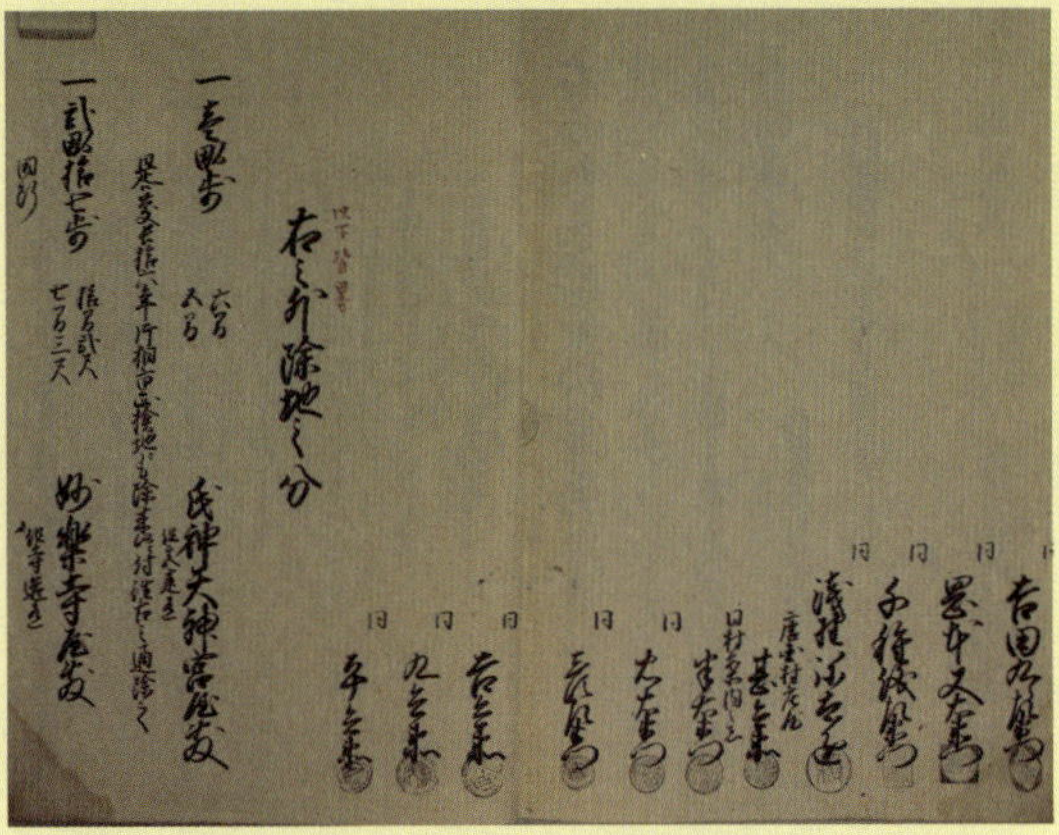
写真２　唐国村延宝検地帳の除地記載部分

①と②の後ろには、延宝検地の測量方法に関する記載に続き、延宝七年三月八日という日付と、検地惣奉行・奉行・唐国村庄屋・唐国村案内の者の署名があり、検地帳の記載はここでいったん閉じられている。除地の記載はその後ろに置かれており、検地帳の中では異質なものであったことを示している。除地のうち前二筆には次のようにある。

一、壱畝歩　　六間　五間　　氏神天神宮屋敷
　　　　　　　　　　　　　　但、宮建有
　是ハ慶長拾六年片桐市正検地ニも除き来たり候ニ付き、往古の
　通りこれを除く
一、弐畝拾七歩　拾間弐尺　七間三尺　妙楽寺屋敷
　　　　　　　　　　　　　　但、寺造有
　同断

ここには、氏神天神宮と妙楽寺の境内地の地積と竪・横の間数が書き上げられている。また、慶長検地の際にも除地とされたことを理由に、この検地でも除地と認めるとある点が注目される。なお、これらの後ろには永荒地《えいあれち》（慶長検地以降に耕作できなくなった土地）などが記されている。

以上が延宝検地帳の内容である。泉州では、すでに文禄三（一五九四）年と慶長一六（一六一一）年にも検地が行われていた。前者がいわゆる太閤検地（文禄検地）であり、後者がすでに触れた慶長検地である。これらの検地帳と延宝検地帳を比べてみると、記載の内容に違いがあることに気がつく。すなわち、文禄検地帳や慶長検地帳には高請地の記載までしかなく、山・池や除地の記載は延宝検地帳で初めてみうけられる

のである。また、先述のとおり、検地帳の記載順からみれば、除地の書き上げは異例のものであった。こうした延宝検地帳の特徴を入口として、以下では山や寺社と延宝検地の関係についてみよう。

＊文禄検地と延宝検地では測量の方法も異なっている。泉州の文禄検地では、長さ六尺三寸を一間とし（一間四方が一歩となる）、二五〇歩で一反とされた村と三〇〇歩で一反とされた村とが混在していたが、延宝検地では、長さ六尺で一間とされ、三〇〇歩で一反に統一されている。

写真3　唐国町妙楽寺と菅原神社

山の検地

池田谷の北部に位置する池田下《いけだしも》村は、谷を南から北へ流れる槇尾川の両岸に村領が広がり、東側の信太山《しのだやま》丘陵と西側の和泉中央丘陵の中に山をもっていた（東山と西山）。一七世紀、これらの山では、小松を育て、下枝や落葉を薪に利用するとともに、下草を牛馬の飼料や田地の肥やしにしていた。この池田下村も幕領であったため、延宝五（一六七七）年一一月から石川家の検地をうけた。翌年二月には山の検地も行われ、七月に信太郷の七ヶ村（中《なか》村・王子《おうじ》村・冨秋《とみあき》村・尾井《おのい》村・太《たい》村・上《かみ》村・上代《うえだい》村）、同じ池田谷の四ヶ村（万町《まんちょう》村・室堂《むろどう》村・和田《わだ》村・三林《みばやし》村）、坂本《さかもと》村、箕形《みがた》村、それから大鳥郡の桧尾《ひのお》村と野々井《ののい》村との間で山の境界について確認しあい、これら村役人連判の手形を検地奉行へ差し出した。池田下村では、文禄検地の際にも山検地が実施され、それ以降、毎年二石七斗五升の山年貢を納めてきていたが、延宝検地ではより徹底した検地が行われ、山の境界が確定させられることになっ

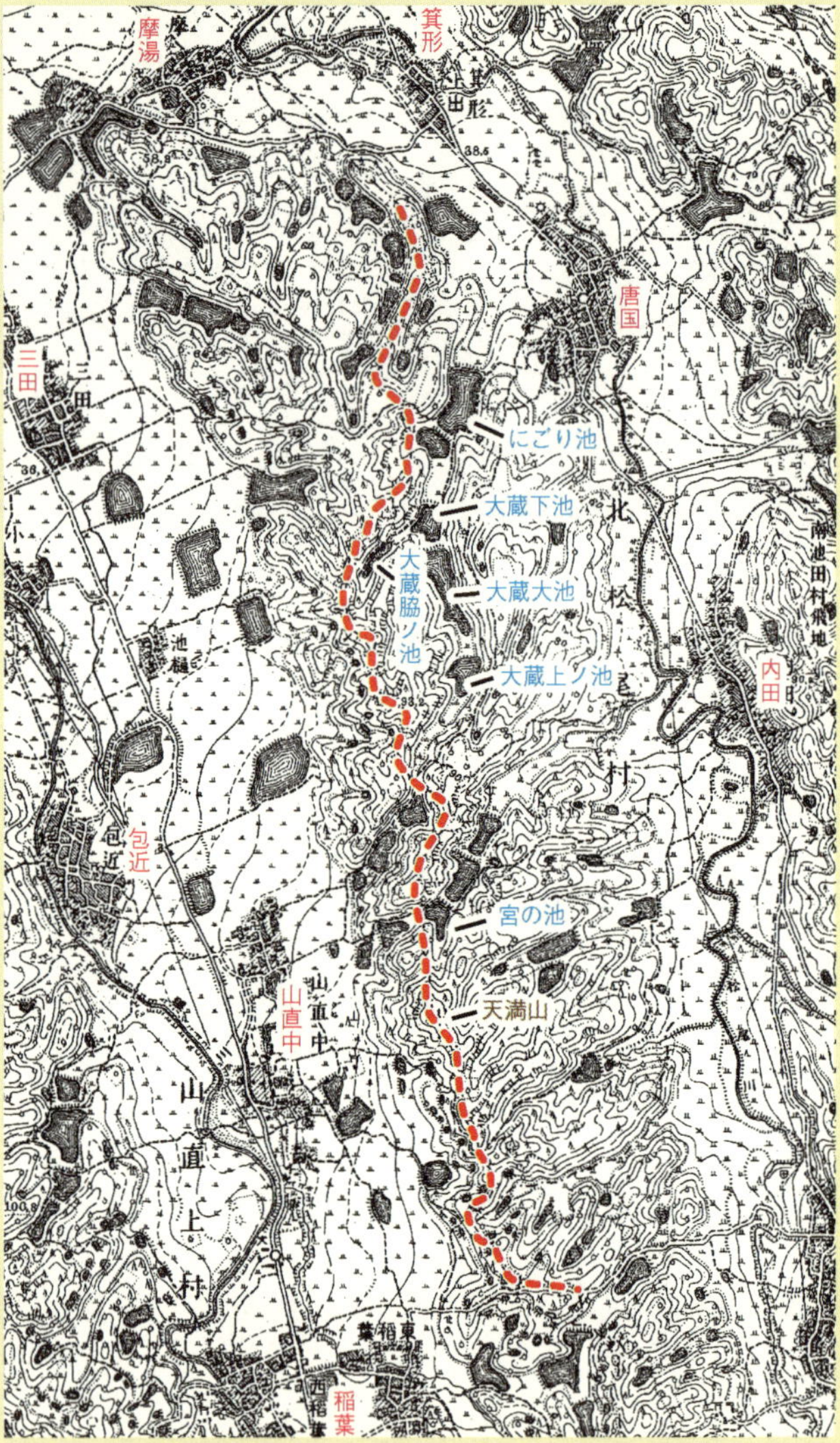

図1　1909年段階の名古山付近　『正式二万分一地図集成』（柏書房2001）「内畑」を加工して作成。中央部南北の太い破線は郡界を示す。この郡界は、泉郡の唐国村・内田村立会山（名古山）と、南郡の摩湯村・三田村・包近村・中村・稲葉村の山との境界でもあり、所々に傍示塚が置かれていた。

たのである。これにともない、山年貢は一〇石に増石された。大鳥郡上神谷《にわだに》の事例を踏まえると、文禄検地では、田地・畑地・屋敷地といった高請地の検地帳とは別に、山検地だけの帳面が作成されていたと思われる。延宝検地では、それらがひとつの検地帳に統合されたのであるが、そうした形式上の変化にとどまらず、厳しい山検地が村むらに対し山の境界の確定を要求することになったといえよう。

延宝検地に際して山の境界が確認されたことは、松尾谷の唐国村とその南の内田《うちだ》村でもうかがえる（図1

参照）。延宝五年一二月、南郡中村（岸和田市山直中町《やまだいなか》）は唐国村と内田村へ手形を差し出した。それは、唐国村・内田村西側の西部丘陵（東山丘陵）内部にある両者の山の境界は、山の背通りに以前から立てられている四つの傍示塚《ほうじづか》であり、その東北は唐国村・内田村の立会山（共同で用益する山）、西南は中村の山であることを確認する内容であった。この唐国村・内田村立会山は、前掲の唐国村検地帳に記載された名古山に該当する。こうした手形が作られた背景には、当時中村の山の用益が傍示塚をこえて名古山へ進入しつつあり、唐国村と内田村から中村の検地奉行へ、傍示塚が山の境界であることの確認を求めたことがあったようである。一方で、名古山は、泉郡の箕形村や南郡の摩湯《まゆ》村（岸和田市）、三田《みた》村（岸和田市）、包近《かねちか》村（岸和田市）、稲葉《いなば》村（岸和田市）の山とも境界を接していたが、これらの村から山の境界を確認する手形を取った形跡はない。傍示塚を山の境界とする共通認識がすでに成立しており、また、中村とは異なり、山の用益が傍示塚をこえて展開するまでには至っていなかったため、わざわざ文書で境界を確認する必要がなかったのだと考えられる（『松尾編』参照）。

一七世紀の山論と延宝検地

こうした延宝検地にともなう山検地は、一七世紀に各所で続発していた山をめぐる争い（山論）を収束させることにもなった。横山谷では、寛文九（一六六九）年に坪井《つぼい》村と仏並《ぶつなみ》村の間で山論が起こった。係争地は、坪井村と仏並村枝郷《えだごう》大畑《おばけ》村の間にある槙尾谷西原と、坪井村と仏並村枝郷小川《こがわ》村の間にある箕輪《みのわ》谷東原であった。この二ヶ所について、坪井村が下草などを刈り取る自村の山だと主張したのに対し、仏並村は両村の立会山だと主張したのである。この争いは一〇年にわたって続くが、延宝六（一六七八）年九月に検地惣奉行らが見分を行ったうえで、坪井村の主張を認める裁許を下し、山の境界が確定することになった（『横山編』参照)。

また、同日には、仏並村内の本郷仏並村と枝郷小川村との山論に関しても、見分を行った検地惣奉行らにより、「飯盛山より馬瀬峠峯切りまで南原・北原共仏並村の山とあい究め候、その外の山は残らず小川村山ニあい究め申し候」との裁許が下され、両村の山の境界が確定した。さらに、同年七月には、横山谷と宮《みや》里《さと》(国分《こくぶ》村・平井《ひらい》村・黒石《くろいし》村)との山論についても、検地奉行の命をうけた府中村六郎兵衛と万町村長左衛門の仲裁により境界が取り決められた。

松尾谷の南部に位置する久井《ひさい》村と春木川《はるきがわ》村の間でも、一七世紀前半の寛永期以来、山論が繰り返された。柴・草・立木を用益する松尾川西岸の西谷山の所属を主な争点としたが、延宝六年九月九日の検地惣奉行らの裁許により、春木川村領であることが決まった(『松尾編』参照)。

もちろん、一七世紀に起こった山論のすべてが延宝検地によって収束を迎えたわけではない。松尾谷を南から北へ流れる東松尾川の周囲の山は、もともとは一山寺院・松尾寺の山であったが、文禄検地の際の山検地によって、松尾寺の山と松尾谷五ヶ村(春木川村・久井村・若樫《わかかし》村・内田村・唐国村)の立会山とに分けられた。しかし、それ以降も村むらの百姓たちが松尾寺の山に入り込み山論となった。具体的には、寛永一八(一六四一)年もしくは一九年に、飢饉の中で松尾寺が百姓たちに山中での葛蕨《くずわらび》の採取を認めたところ、内田村・唐国村の百姓数百人が牛馬を乗り込ませ、松木の根切りまで行ったため争論となったのである。その後、山の境界を争点とするようになり、正保四(一六四七)年の小出伊勢守の裁許によって、おおよそ東松尾川を境界とし、その東側が松尾寺の山、西側が五ヶ村の立会山とされ、山論は終結した。ちなみに、前掲の唐国村検地帳に記載された二つめの山が五ヶ村立会山である(『松尾編』参照)。

また、寛文四(一六六四)年には、刈敷《かりしき》や秣《まぐさ》を供給する信太山丘陵内の境界をめぐって黒鳥《くろとり》村と信太郷七ヶ村との間で山論が起こった。もともとは山の境界が明確にされないままに両者の用益が展開していたのであるが、それが崩れ、争いになったのである。そして、堺奉行や大坂町奉行の取調べを経た後、幕府の裁許によって寛文五年に境界が取り決められた（『信太編』参照）。

このように一七世紀に山論が続発した背景には、小百姓の成長に併行して田地の生産力の増強や新田の開発が進み、それにともなって山の柴・下草・立木などに対する需要が飛躍的に増加したことがあった。そうした山論を最終的に収束させたのが延宝検地だったのである。延宝検地以降の一八世紀には、山の境界をめぐる村落間の大きな争いは確認できない。延宝検地は山の枠組みを確立させる役割を果たしたと評価できよう。

写真４　山直中神社と天満山（岸和田市山直中町）　山直中村は天保４年の争論で、天満山が氏神八王子社の境内であると主張した。

一九世紀の山論と延宝検地

先述のとおり、延宝検地に際し手形によって山の境界を確認した唐国村・内田村と山直中村の間では、一八世紀に争いが生じることはなかったようである。ただし、一八世紀末には、中村の集落のすぐ東側にある天満山において、中村による立木（松木）の伐採が傍示塚をこえて唐国村・内田村立会の名古山（天満山東側）内へ進入していった。一方、唐国村・内田村はこの場所で下草を採取していた。この時期、唐国村と内田村は名古山内での中村の立木伐採をとくに問題視せず黙認していたと考えられ、唐国村・内田村の下草の用益と中村の立木の用益が併存していたのである。ところが、天保期になると中村は、立木を伐採してきた事実と、それに基づいた天満山東側（名古山）に対する所持意識を前提に、傍示塚をこえた畑や池の開発を進めた。その中で傍示塚を破壊したことが直接の契機となり、天保四（一八三三）年に唐国村・内田村と中村の間で山論が生じた（図1参照）。当初は唐国村・内田村が、中村の傍示塚をこえた開発地に対しては越年貢の負担を、中村の立木伐採に対しては他領踏込料の支払いを要求したことが争点となったが、これに反発した中村が名古山（天満山東側）を含む天満山全体を自らの山だと主張したため、山の境界をめぐる争いとなった。そして、周辺村むらの村役人によって調停が行われ、いったんは中村の主張を支持する内済案が提示されるものの、結局は唐国村・内田村の主張に沿って延宝五年の手形を前提とした内済が成立し、傍示塚が境界であることが再確認された。

＊やや煩雑であるが、山直中村の東の山一帯を、中村の山のみならず、唐国村・内田村立会の名古山に属する場所も含めて、天満山と呼んでいたようである。

同じ一九世紀、唐国村と内田村は、山直中村の北にある三田村との間でも山論となった（図1参照）。一八世紀末までに、三田村の下草の採取が、傍示塚をこえて名古山内にある唐国村の五つの大蔵池（大蔵大池・下池・脇ノ池・上ノ池・上ノ山上池）あたりまで進入していた。一方で、唐国村と内田村は、ここに池への土砂流入を防ぐ土砂留を設けるだけで、しばらくはこの土砂留と三田村の下草の用益が併存していた。ところが、唐国村による土砂留の新造あるいは修復が契機となって、文化三～五（一八〇六～八）年に三田村と唐国村の間で、傍示塚から唐国村大蔵池までの場所の所属をめぐり山論となった。そこでは、双方が延宝検地帳への山の記載とその後の山年貢負担を主張の根拠に置いたが、唐国村検地帳でみたように、山の呼称、間数、山年貢などは書かれているものの、境界の位置までは示されていないという延宝検地帳の内容に規定されて、両者とも十分な証拠とすることはできなかった（名古山の場合は「場広山」とあり、間数も記されていなかった）。唐国村・内田村の側からいえば、山直中村の手形のような、傍示塚が境界であることを明示する証拠をもちあわせておらず、そのために自らの主張を明確に証明できなかったのである。その結果、この争論は一応の内済が図られたものの、論所の所属は確定されず、嘉永五（一八五二）年、一八七九（明治一二）年と争論が繰り返されることになった。一八七九年の山論は、地租改正が契機となって再燃したものであるが、ここでも双方の主張の基礎には延宝検地帳があった。この争論は足かけ一五年もの間続いたが、東京の裁判所（大審院か）で唐国村・内田村が勝訴し終結した。

以上の動向を延宝検地との関係から整理すると、次の点が注目される。

第一に、名古山が広大であったためか、延宝検地でいったんは山の境界が確定したにもかかわらず、一八世紀末には、天満山においては山直中村の立木の伐採が、唐国村の大蔵池周辺においては三田村の下草の採取が、傍示塚をこえて進入したことである。そして、前者では唐国村・内田村の下草採取と、後者では唐国村の土砂留と併存することになった。ここからは、延宝検地後も境界を乗り越えて用益が独自に展開していく実態があったことがわかる。しかもそれは一定の期間持続しうるものであった。

第二に、一九世紀になって、一方の用益が深化したり——三田村の下草採取のように——、あるいは新たな開発が始まったりする——山直中村の新畑や新池の開発のように——と、それまでの用益のあり方を維持できなくなり、山論が続発するようになるが、その中で延宝検地の意義が再び浮上してきていることである。唐国村・内田村と山直中村の山論では、唐国村と内田村が延宝五年の手形を根拠に傍示塚が境界だと主張し、最終的にはそれが認められた。実態としては中村の立木の伐採が傍示塚をこえて名古山内へ広範に展開していたにもかかわらず、傍示塚＝境界が再確認されたのである。ここからは、延宝検地で確立した枠組みが強固に生き続けていたことがわかる。一方、唐国村・内田村と三田村の山論に関しては、延宝検地当時には傍示塚＝境界が共通認識だったはずであり、その点からすれば唐国村・内田村の主張の方に妥当性があったが、三田村も延宝検地を根拠にして自らの主張を展開させた。山の境界を確定させた延宝検地の意義を共有しつつ、双方がそれと結び付けることにより自らの主張を正当化し、争ったのである。

ちなみに、延宝検地により山論が収束した松尾谷の久井村と春木川村の間でも、松尾川東岸で柿・桃・栗・梅の植え付けや茶畑の開発といった新たな動向が生まれるなかで、文政二（一八一九）年に山論が再び起こっているが、そこでも延宝六年の裁許により山の境界が確定したという共通認識のうえにたって、双方の主張が組み立てられている。

第三に、唐国村・内田村と山直中村の山論が、延宝五年の手形に従って、即座に内済が図られたのに対し、唐国村・内田村と三田村の山論では、そうした文書がないために、唐国村・内田村が自らの主張を証明できず、山論が繰り返されたことである。延宝検地の中で、山の境界を、検地帳と証文という二重仕立てで確定させた場合と、検地帳だけで確定させた場合との差異といえようが、それが異なる山論の展開を生み出すことになったのである。

寺社と延宝検地

最後に、寺社と延宝検地の関係にも簡単に触れておこう。先述したように、寺社の境内地などの除地は延宝検地で初めて検地帳に書き上げられた。しかも、その記載の位置は、検地惣奉行らの署名の後ろに置かれていたのであり、検地帳の中では異質な位置付けであった。

大和国小泉藩片桐家領であったため、延宝検地を受けなかった池上《いけがみ》村では、元禄四（一六九一）年の堺奉行による寺社改めに際し、村内の四つの寺社（養福寺・道場・西の氏神天満天神社・東の氏神天満天神社）について文禄検地以来の除地であると記しているが、同時に境内地の面積（坪数）を書き上げるための測量を行っている。このことは文禄検地の時には検地の対象ではなかったことを示している。本来、除地は年貢免除地であるとともに（あるいは、年貢免除地であるが故に）、検地免除地だったのである。

村むらにある寺社の境内地の大半は除地であったため、その多くが延宝検地で初めて面積が測られ、検地帳に書き上げられることになった。このことは、その後の寺社の動向に少なからざる影響を与えたと思われる。その一例が国分村の浄福寺と薬師堂である。詳しくは第4章で述べているが、両寺は一七世紀後半に、かつて徳福寺という寺の境内地であった場所に成立した新しい寺であった。延宝検地が行われた時には、寺として未熟な段階であったためか、国分村の検地帳には徳福寺の除地境内として書き上げられた。ところが、元禄四年の寺社改で浄福寺と薬師堂は、寛永八（一六三一）年以前に建立された「古跡」に位置づけられることになった。

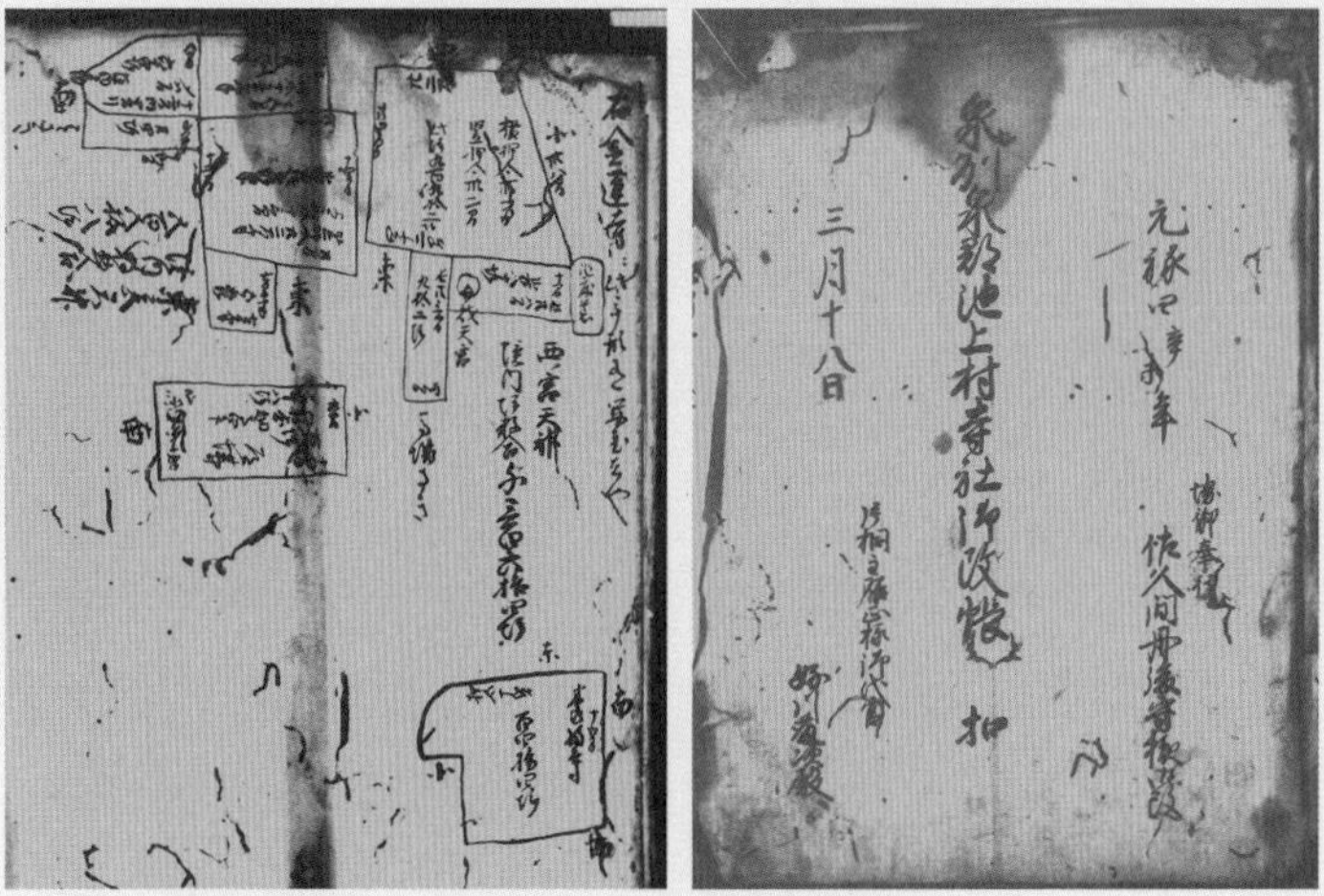

写真５　元禄4年池上村寺社改帳　池上・南清彦家文書。

この両寺の間では、元禄一三（一七〇〇）年から境内地をめぐる争論が起こった。国分村の領主牧野家（関宿藩）と結びついた薬師堂が、浄福寺は新寺であるとして、その境内地の引き渡しを要求したのである。これに対し、浄福寺は、本寺の堺宗泉寺とともに、元禄四年の寺社改めで古跡と認められた点を根拠に強硬に反発した。そのため、途中から薬師堂側は延宝検地帳を持ち出し、徳福寺の後継の寺であると主張するようになった。こうして争論は、どちらが徳福寺の後継かを争点とすることになったのである。そして、最終的には、幕府の寺社奉行所が浄福寺を徳福寺の後継と認め、浄福寺の勝訴とする裁許を下し、この争論は幕を閉じた。このように、延宝検地がその後の浄福寺と薬師堂の動向を大きく左右させることになった。それは、文禄検地帳や慶長検地帳とは異なり、除地までもが延宝検地帳に記載されたことによって導かれたのであった。

（羽田　真也）

第4章　元禄四年の寺社改めと寺院・村

羽田真也

寛文九（一六六九）年閏《うるう》一〇月、堺《さかい》奉行《ぶぎょう》水野《みずの》伊予守《いよのかみ》は、幕府から「泉州の寺社御用、堺番所にて承《うけたまわ》るべし」と命じられた（若狭野・浅野家文書）。これにより、幕領《ばくりょう》や私領《しりょう》が錯綜《さくそう》する泉州の寺社の管轄権を堺奉行が掌握し、独自の寺社政策を展開させていくことになった。幕府は前年の寛文八（一六六八）年、江戸に屋敷改《やしきあらため》という役職を置き、寛永八（一六三一）年までに建立された寺社を「古跡《こせき》」、それ以降の寺社を「新地《しんち》」と峻別《しゅんべつ》し、後者の破却を含めた整理を進めつつあった。堺奉行への管轄権の付与《ふよ》には、こうした幕府の寺社政策が関係していたと思われる。

これ以降、泉州では寺社改《じしゃあらた》め（寺社の取調べ）がくり返し実施されていくことになる。なかでも、とくに大きな意味をもったのが、元禄四（一六九一）年の寺社改めであった。本章では、この元禄四年の寺社改めの性格を明らかにしたうえで、それが一七世紀の寺社や村にどのような影響を与えたのかについて、泉郡国《こく》分《ぶ》村（国分町）の浄福寺と薬師堂を事例に考えたい。

＊堺奉行による寺社改めは、泉州を大きく堺市中・堺廻《さかいまわ》り・在方《ざいがた》（村方）の三つに分けて行われたようであるが、本章では在方に対象を絞る。

1　元禄四年の寺社改めの性格

堺奉行へ寺社の管轄権が与えられた直後の寛文一〇（一六七〇）年ごろに、早速何らかの改めが行われたようであるが、具体的なことはわからない。

元禄四年以前の寺社改め

改めの内容が明らかになるのは、延宝三（一六七五）年の改めからである。これは、寺を対象に、各寺の宗旨《しゅうし》と本末《ほんまつ》関係の取調べを目的とした「寺院本末宗旨改め」であった。そのため、宮寺《みやでら》（社僧《しゃそう》、神社の中にある寺）を除いて神社は対象外であった。また、寺についても、後年の改めのように、住職の名前や開基、境内地、建造物などまでは調べられなかった。とくに開基年代が取り上げられなかった点は興味深い。この段階で古跡と新地を区分しようとする意図を堺奉行がもっていなかったことを示しているからである。なお、後年の寺社改めも同じであるが、堺奉行の改めは、まず所領《しょりょう》（領地）ごとに取調べが行われて改帳《あらためちょう》が作成され、それを堺奉行が集約するという形で行われた。

貞享二（一六八五）年には、天和元（一六八一）年に堺奉行に就任した稲垣淡路守《あわじのかみ》によって改めが実施された。この改めは二つの点で延宝三年の改とは性格を異にしていた。ひとつは、寺のみならず神社も対象となったことである。まさに「寺社改め」として行われたのであった。もうひとつは、寺の開基や神社の勧請《かんじょう》の年代までが取り調べられたことである。この背景には、新地の寺社の整理を進めようとする堺奉行の意図があったとみられる。これに対し、開基や勧請の年代が不明であったり、古跡としての証拠をもたない村むらの寺社の多くが、文禄検地（太閤検地）や慶長検地において除地《じょち》（年貢免除地）とされたことを改帳に書き記し、一六世紀末～一七世紀初頭にはすでに存在していた古跡であると主張したようである。ただし、文禄検地や慶長検地における除地の扱い方には注意がいる。泉州の文禄検地帳や慶長検地帳には除地の記載がないからである（コラムⅡ）。すなわち、これらの検地では、除地は丈量《じょうりょう》（測量）を免除され、検地帳に記されないことによって除地と認められたと理解されるのであり、したがって文禄検地帳と慶長検地帳は、寺社が当時から存在することを証明する証拠としては不十分なものであったといわざるを得ないのである。

元禄元（一六八八）年、堺奉行は佐久間宇右衛門（のち丹後守）に交替し、それにともない再び寺社改めが行われた。ただし、ここで作成された改帳は、貞享二年の改帳の内容をほぼ踏襲したものだったと考えられる。また、これ以降、領地替えのあるたびに新領主は堺奉行へ寺社改帳の提出を求められるようになった。元禄元年に牧野家（関宿《せきやど》藩）領となった村むらでは元禄二（一六八九）年にも、元禄元年と三（一六九〇）年に柳沢家領となった村むらでは元禄二・三年にも再び改帳が作成された。

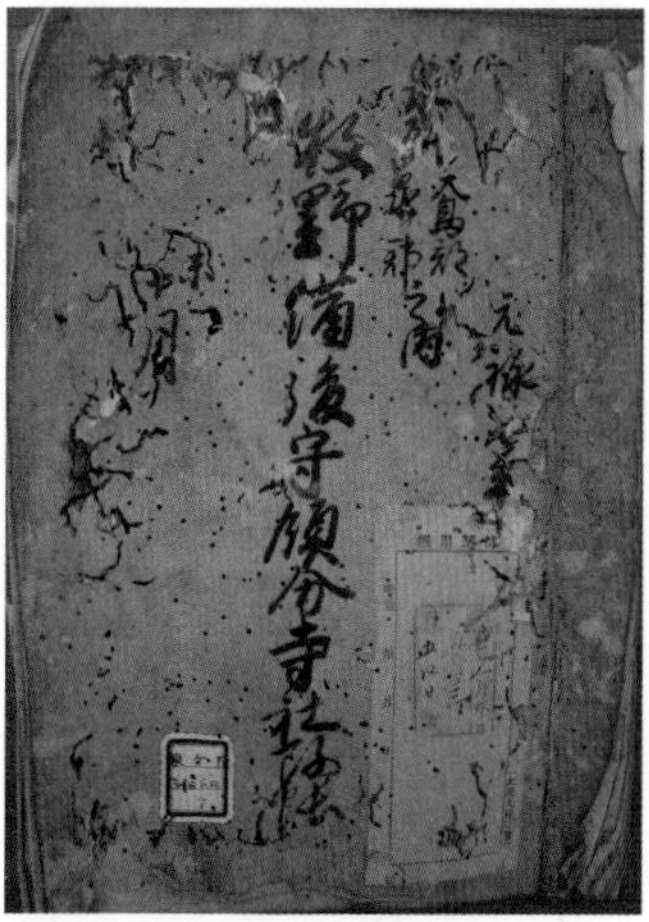
写真1　元禄四年牧野備後守領分寺社改帳（美木多・和田家文書）

元禄四年の寺社改めの特徴

元禄四（一六九一）年、堺奉行佐久間丹後守は、前回の改めから三年しか経っていないにもかかわらず、再び寺社改めを命じた。直接の契機となったのは、延宝三（一六七五）年の本末宗旨改帳と元禄元～三年の寺社改帳の間で内容に齟齬《そご》があったためである。以下では、具体例として牧野家（関宿藩）領の寺社改帳（和田家文書「泉州大鳥郡・泉郡之内牧野備前守領分寺社改帳」）を取り上げながら、元禄四年の寺社改めの特徴

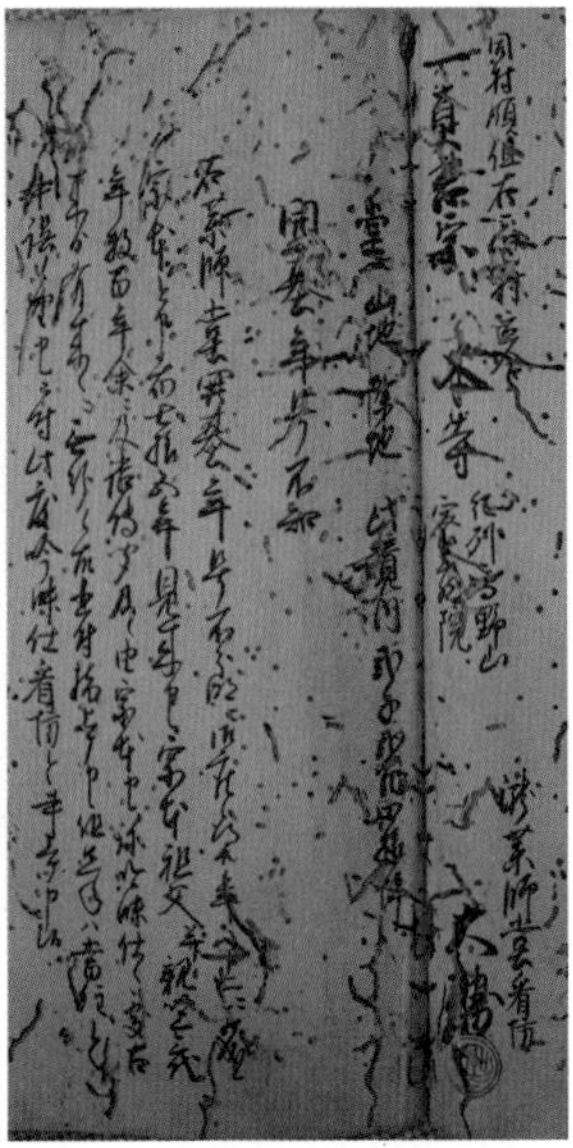

写真２　瀧薬師堂記載部分

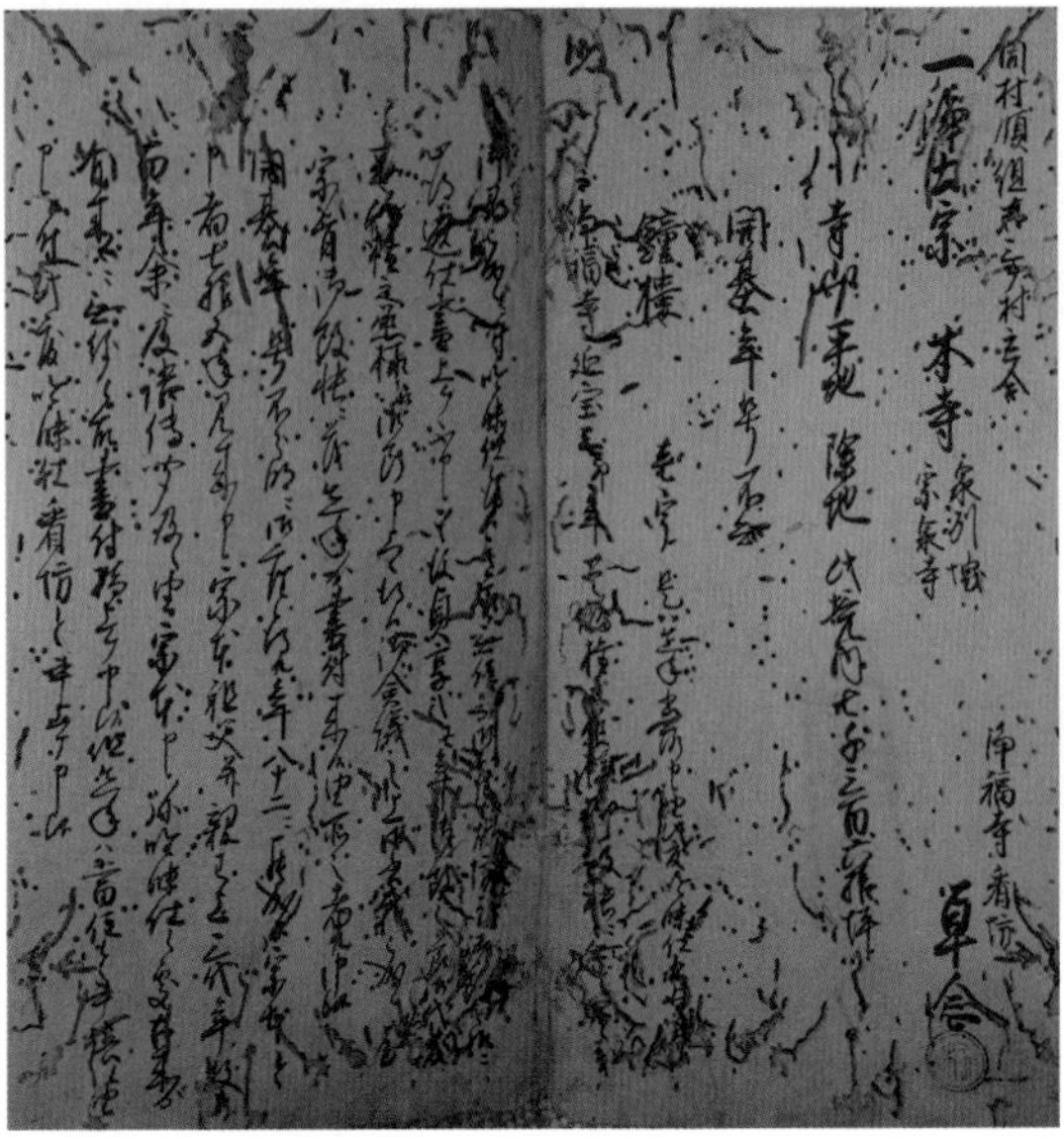

写真３　浄福寺記載部分

をみることにしよう。この関宿藩領の寺社改帳には七三の寺社（四九寺と二四社）が書き上げられているが、次に掲示するのは泉郡国分村にあった薬師堂と浄福寺の記述部分である。

【薬師堂】

同村領　但《ただ》し右三ヶ村（国分村・平井村・黒石村）立合《たちあい》

一、真言宗　本寺　紀州高野山 密蔵院　瀧薬師堂看坊　大勝（印）

堂　山地　除地　此《こ》の境内弐千弐百四拾坪

開基年号知れず

右薬師堂、開基年号不分明《ふぶんめい》ニ御座候《ござそうら》えども、年八十二ニ罷《まか》り成《な》り候宗本と申す者、七拾五年見来《き》たり申《もう》し候、宗本祖父幷《なら》びに親以上三代年数百年余りニ及び語り伝え聞き及び候由《よし》、宗本申し候、弥《いよいよ》吟味《ぎんみ》仕《つかまつ》り候処《ところ》、古来《こらい》より有《あ》り来たり候ニ紛《まぎ》れ無く候故《ゆえ》、書付《かきつけ》指《さ》し上ケ申し候（後略）

【浄福寺】

同村領　但し右三ヶ村（国分村・平井村・黒石村）立合

一、浄土宗　本寺　泉州堺 宗泉寺　浄福寺看坊　単念（印）

寺山　平地　除地　此の境内地七千三百六拾坪

開基年号知れず

鐘楼《しょうろう》　壱宇　是《これ》ハ先年書き落とし申し候由、此の度吟味仕り書き上ケ申し候

右浄福寺、延宝三卯年豊嶋権之丞《とよしまごんのじょう》様御改帳ニ御座無く候義御尋《たず》ね成され候ニ付き、吟味仕り候えバ、其《そ》の節無住《せつむじゅう》ニて御座候故、坊主《ぼうず》御改めの様ニ心得違い仕り書き上ケ申さず候、其の後貞享弐丑年御改めの節御代官豊嶋権之丞様え御断り申し上げ候えバ、御僉儀《せんぎ》の上御書き載《の》せ成され候、尤《もっと》も宗旨御改帳ニも先年より書き付け来たり候由《よし》、所《ところ》の者共《ものども》申し候

開基年号不分明ニ御座候えども、年八十二ニ罷り成り候宗本と申す者、七拾五年見来たり申し候、宗本祖父幷びに親已上《いじょう》三代年数百年余りニ及び語り伝え聞き及び候由、宗本申し候、弥吟味仕り候処、古来より有り来たり候ニ紛れ無く候故、書付指し上ケ申し候（後略）

こうした記述からなる元禄四年の寺社改めには次のような五つの特徴があった。

第一に、先述したように、延宝三年の本末宗旨改帳と（貞享二年の寺社改帳を踏襲した）元禄元～三年の寺社改帳との内容の齟齬が直接の契機となったことである。ただし、延宝三年の改めは寺に対するものであり、宮寺（社僧）を除いて神社は対象外であったため、問題となったのは寺の記載内容であった。こうして記載に違いのあった寺はその説明を求められることになったのである。関宿藩領において問題とされたのは延宝三年の改帳と元禄二年の改帳との違いであった。右の史料で浄福寺が、延宝三年の代官豊嶋権之丞の改帳に記載のない理由を、「坊主御改め」（僧侶の取調べ）だと誤解し、当時は無住だったので書き上げなかったのだと述べているのも、そのためである。このような延宝三年の改帳に寺の記載がなかった場合以外にも、延宝三年の改帳と貞享二年や元禄二年の改帳の記載内容が異なっていた場合、また延宝三年の改帳にも、貞享二年や元禄二年の改帳にも寺の記載がなかった場合についても、その説明が記されることになった。一方で、薬師堂のように、延宝三年の改帳にも、貞享二年や元禄二年の改帳にも記載があり、内容にも齟齬がなかっ

年	堺奉行	契機	特徴
寛文10（1670）年	水野伊予守	幕府から堺奉行へ泉州寺社の管轄権が与えられたことと関わるか	詳細不明
延宝３（1675）年	水野伊予守		寺院のみを対象とした本末関係の改め
貞享２（1685）年	稲垣淡路守		寺院・神社を対象、新地と古跡の区分
元禄元（1688）年～	佐久間宇右衛門（丹後守）	佐久間の就任	貞享２年の改めを踏襲
元禄４（1691）年	佐久間丹後守	水野の寺社改めと元禄元年佐久間の寺社改めとの矛盾	以後、泉州の寺社の基本台帳となる
元禄９（1696）年	堺奉行廃止、泉州の寺社役は大坂町奉行所へ移管		
元禄16（1703）年	天野伝四郎	前年の堺奉行再設置	大坂町奉行所へ移管中の異同調べ、元禄４年の改めを踏襲

表１　堺奉行による寺社改め

た場合は、過去の改めに言及することはなかった。

第二に、この寺社改めの主要な目的が古跡と新地の取調べにあったことである。この点は貞享二年の改めとも共通するが、より重視されることになった。こうして開基や勧請の年代が不明であったり、明確な証拠をもたない寺社を古跡とする場合には、貞享二年の改めのように文禄検地や慶長検地で除地とされたと述べるだけでは認められず、村の古老の証言が求められることになった。薬師堂と浄福寺についても、国分村の八二歳になる宗本が、「自ら七五年間見てきた。祖父の代以来百年以上は存在している」と聞いている」と述べたことが記されている。

第三に、取調べの内容が、右に加えて、寺については宗派、本寺や触頭、住職、境内地（坪数など）、建造物（堂や鐘楼など）、鎮守などまで、神社についても神主、境内地（坪数など）、建造物（鳥居や拝殿など）、社僧などまでと広範に及んだことである。薬師堂や浄福寺の記載からもこの点は確認できる。これ以前の改めでも、所領によってはこうしたことまで書き上げる場合もみられた。しかし、元禄四年の寺社改めではそれらが統一的に把握されることになったのである。

第四に、元禄四年の寺社改めを通して、ほぼすべての寺が本末関係や触頭《ふれがしら》・触下《ふれした》関係の中に包摂されたことである。本末関係についてはすでに延宝三年の改めから取り調べられていたが、これまでは本寺を置かないことも認められていた。ところが、この元禄四年の改めでは、一部の例外を除き、本寺もしくは触頭を置くことが強制されたのである。関宿藩領の寺社改帳にも、いくつかの寺に「以前ハ無本寺《むほんじ》にて御座候えども、此の度《たび》本寺あい極《き》め、此の如《ごと》く書き上ケ申し候」などといった記述がみられる。

第三と第四の点からは、堺奉行がこの寺社改めによって、古跡と新地の区分を主目的としつつも、それにとどまらず、寺社の把握と統制の強化を図っていたことがうかがえよう。

第五に、この元禄四年に作成された寺社改帳が、泉州の寺社の基本台帳として後年まで強い影響を与えていったことである。堺奉行所は元禄九（一六九六）年にいったん廃止、大坂町奉行所に吸収され、寺社改帳も大坂町奉行所へ移された。その後、元禄一五（一七〇二）年に堺奉行所は再設置され、寺社改帳も戻されたが、この間の住職や神主の入退が記録されていなかった。そのため堺奉行天野伝四郎は元禄一六（一七〇三）年に寺社改帳の再提出を命じるが、それは元禄四年の寺社改帳の内容をそのまま踏襲し、住職や神主などの異同のみを書き替えたものであった。また、元文四（一七三九）年、宝暦一三（一七六三）年、寛政三（一七九一）年にも、堺奉行は寺社改めを実施したようであるが、そこで差し出された寺社改帳も、元禄一六年と同じく元禄四年の寺社改帳の内容を受け継いだものであった。

元禄四年の寺社改帳からみえる寺社の実態

以上の五つの特徴のうち、第一の点をさらに掘り下げてみよう。関宿藩領の寺社改帳には四九の寺が書き上げられているが、そのうち七つの寺に延宝三（一六七五）年の改帳と貞享二（一六八五）年や元禄二（一六八九）年の改帳との記載内容の差異に関する説明が記されている。また、浄福寺を含む五つの寺には延宝三年の改帳に寺が記載されていないことの説明が、二つの寺には延宝三年の改帳にも、貞享二年や元禄二年の改帳にも寺が記載されていないことの説明が付けられている。合わせて一四の寺、つまり関宿藩領内の約三割の寺が、元禄四（一六九一）年の寺社改めに際して、延宝三年の本末宗旨改めや貞享二年・元禄二年の寺社改めとの関係の面で何らかの問題を抱え込むことになったのである。そこからは当時の寺の状況を垣間みることができる。

たとえば、大鳥郡小坂《こさか》村の道場は、延宝三年の改帳に「道場」とあったにもかかわらず、貞享二年や元禄二年の改帳では「了源寺」と書き上げた点について、当時の看坊《かんぼう》（村の寺を預かる僧）南嶺が、武州《ぶしゅう》の自庵《あん》へ西本願寺から与えられた了源寺という寺号を、看坊を勤める小坂村道場の寺号として改帳に書き上げたとし、それは誤りであるから道場に戻すと釈明している。ここからは、道場をめぐる南嶺と小坂村との微妙な関係がうかがえる。

また、泉郡春木村・久井村立会の宗福寺《そうふくじ》は、延宝三年に高野山圓徳院《えんとくいん》を本寺と書き上げたにもかかわらず、貞享二年と元禄二年には「無本寺」となっている点について、圓徳院が「貧寺」となり本寺の勤めを果たせなくなったためだと述べている。ただし、元禄四年には再び圓徳院を本寺としている。ここからは、高野山圓徳院と宗福寺の本末関係が不安定なものであったことが知られる。

延宝三年の改帳に記載のなかった五つの寺は、すべて国分村浄福寺と同じく延宝三年の改めを坊主改めと誤解し、当時は無住であったため書き上げなかったと釈明している。しかし、後述するように、浄福寺は延宝三年には寺自体がいまだ存在していなかったのであり、少なくとも浄福寺に関しては右の説明は事実ではない。ほかの四寺は不明である。実際に延宝三年当時は無住だったかもしれないし、浄福寺のように未成立だった可能性もある。

さらに、泉郡下宮《しものみや》村阿弥陀寺は、延宝三年の改帳にも、貞享二年や元禄二年の改帳にも記載がない理由を無住だったためと釈明したうえで、慶長検地や延宝検地で境内地が除地とされていることを付け加えている。このうち慶長検地に関しては、先述のとおり、検地を免除された土地が除地であり、除地は検地帳に記載されなかったと考えられるので、慶長検地の段階で阿弥陀寺が存在したという明確な証拠にはならない。一方、延宝検地では、除地は除地として把握され、検地帳にも除地境内の面積などが記されているので、この検地が始まる延宝五（一六七七）年ころには何らかの形で寺が成立していたことは間違いない。したがって、延宝三年はともかく、貞享二年や元禄二年の改帳に記載されなかったのは、文字どおり無住であった可能性が高い。阿弥陀寺は元禄四年当時も無住であり、遅くとも延宝期頃までに成立してはいたものの、かなり不安定な状況にあったと思われる。

これらの事例からは、一七世紀後半の寺が、住職のあり方、村との関係、本末関係などの側面において不安定で流動的な状況にあったことがうかがえる。しかも、そのいくつかは一七世紀後半になって生み出された新しい寺であったと思われるのである。

＊関宿藩領の寺社改帳に記載された寺のうち、三一の寺については、国分村薬師堂のように、延宝三年の本末宗旨改めや貞享二年・元禄二年の寺社改めへの言及はなく、安定的に存立していたようにみえる。しかし、薬師堂は一七世紀半ば〜後半になってできた寺であったと考えられる（後述）。そうしたことも踏まえると、不安定で流動的な状況は、寺社改帳に表れないだけで、三一の寺にも一定程度共通するものであったと思われる。また、神社についても、延宝三年の改めの対象にならなかったため、この寺社改帳から様子をうかがうことはできないが、おそらく同様の状況にあったのではないだろうか。

古跡としての公認

　こうしたなかで、元禄四（一六九一）年の寺社改めでは同時に、古跡か新地かの取調べが行われたのであるが、関宿藩領では七三の寺社のうち七〇が寛永八（一六三一）年以前から存在する古跡として書き上げられ、堺奉行の公認をうけることになった。新地とされたのは、寛文期に開発された大鳥郡の楢葉《ならは》新田・伏尾《ふせお》新田・東山《ひがしやま》新田の氏神社だけであり、ほぼすべての寺社が古跡とされたのである。この点は、松平家（岩槻藩）領の寺社改帳に書き上げられた七九の寺社すべてが古跡とされているように、泉州の在方《ざいかた》（村方）に共通する動向であったと考えられるが、さらに以下の点が注目される。

　第一に、古跡とされた寺社の大半が古老の証言を証拠としたことである。関宿藩領では、古跡とされた七〇の寺社のうち、古跡であることが明白な泉郡の松尾寺《まつおじ》、同郡平井村の羅漢寺《らかんじ》、大鳥郡上村《かみむら》の放光寺《ほうこうじ》と聖《しょう》福寺《ふくじ》を除く、六六の寺社が古老の証言を証拠に掲げている。同じく岩槻藩領でも、泉郡府中村の五社惣社《ごしゃそうじゃ》大明神社と同郡信太郷七ヶ村立会の信太大明神を除く、七七の寺社が古老の証言を掲げているのである。

　第二に、そうした古老の証言の質についてである。くり返しになるが、国分村の薬師堂や浄福寺の記述では、八二歳の宗本が「自ら七五年間見てきた。祖父の代以来百年以上は存在していると聞いている」と述べたことが記されていた。国分村にはこれ以外に寺が六つ、神社がひとつあったが、これらにも全く同じ内容の宗本の証言が記載されている。また、他村の古老の証言も同じような文章で、古老の年齢に応じて「見来たり」の年数が前後するだけである。古跡だと語らせることのみに目的があるといえ、客観的な証拠は示されていないのである。こうした証言の内容の信憑性《しんぴょうせい》は低いといわざるを得ないだろう。堺奉行の側からいえば、こうした形式的な証拠でも問題はなかったのであり、証言の質は重視されていなかったといえよう。

　第一と第二の点を考えあわせると、この元禄四年の寺社改めにおいて堺奉行佐久間丹後守は、少なくとも泉州の在方に対しては、客観的な証拠に基づいて古跡と新地を区分するのではなく、新地であることが自明なものを除いて、すべての寺社を、古老の証言なるものを利用して古跡に位置づけようとする方針をもっていたと理解できるのではないだろうか。* その結果、浄福寺や薬師堂のような新地の寺社までが古跡とされる事態も生じることになったのである。**

*同じ元禄四年の寺社改めでも、堺市中では証拠不十分として二九の寺が新地とされた。在方と堺市中では堺奉行の方針が大きく異なっていたと思われる。

**松平家（岩槻藩）領の泉郡王子村にあった中央寺（観音堂）も、一七世紀後半になって開かれた新地であるにもかかわらず（『信太編』）、古老の証言により古跡として書き上げられている。

そのうえで第三に注目されるのは、何が古跡とされたかという点である。元禄四年の寺社改めでは、古老の証言とともに、寺に関しては宗派、本寺や触頭、境内地、建造物など、神社に関しては境内地、建造物、社僧なども書き上げられた。これらはあくまで現況を記したものであったが、古跡と位置づけられたことに連動して、それらも古くからのものだと主張しうる余地が生まれることになったと考えられる。

このような性格をもった元禄四年の寺社改めは、現実の寺社のあり方にどのような影響をもたらしたのか、次にその点について国分村浄福寺と薬師堂を事例に考えることにしよう（『池田編』参照）。本章で見てきた寺社改めの特徴や性格を踏まえると、両寺の歴史展開がより詳しく把握でき、それによって、当該地域における寺社改めの役割も深く理解することが可能となるであろう。

2　国分村浄福寺・薬師堂と元禄四年の寺社改め

一九世紀以降に国分村の庄屋を務めた三浦家の文書群（三浦家文書）の中には、一八世紀初頭に起こった浄福寺と薬師堂との境内地をめぐる争論に関する史料（「公事出入《くじでいり》之覚書」「訴訟控」）が残されている。ここに記された浄福寺と薬師堂、あるいは村役人の主張などをつきあわせると、以下のような争論に至る浄福寺と薬師堂の動向がみえてくる。

中世末〜一七世紀半ば――徳福寺の衰退――

後に浄福寺と薬師堂が建つ場所は、もともとは徳福寺《とくふくじ》という寺の境内地であった（図1）。具体的なことは不明であるが、徳福寺は真言宗の寺院で、「瀧山六坊」とも呼ばれるごく小規模な一山寺院を形成し、近世の国分村・平井村・黒石村を範囲とする宮里《みやさと》地域の寺として存在していたと考えられる。しかし、中世末には衰退しており、そのため文禄検地（太閤検地）や慶長検地では朱印地が認められず、境内地は宮里三村立会の除地となった。

一七世紀半ばには、徳福寺やその除地境内と宮里地域との関係が希薄になっていく一方で、境内地には山林が含まれていたため、その用益ともかかわって、地元国分村の庄屋を務め、経済的にも村内で突出した存在であった三郎右衛門家が、この場所を実質的に差配していくようになったと想定される。

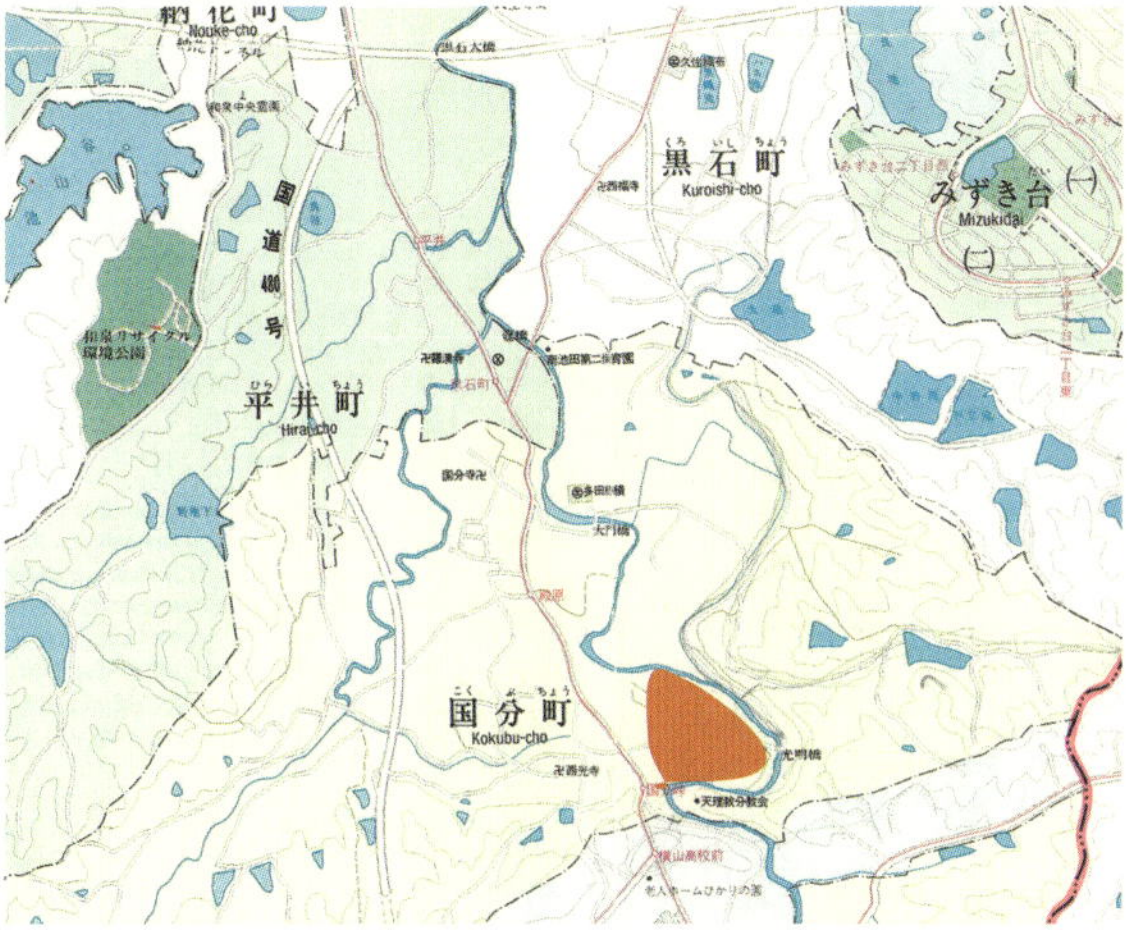

図1　徳福寺境内地想定図　オレンジ色の部分。

延宝～貞享期——三郎右衛門家の寺の登場——

幕府から堺奉行へ寺社の管轄権が与えられた直後の寛文一〇（一六七〇）年ころに行われた改めについては不明である。

続く延宝三（一六七五）年の本末宗旨改めに関しても改帳は残されていないが、無住となり寺としての実質を失っていた徳福寺は書き上げられなかったものと思われる。一方で、元禄四（一六九一）年の寺社改帳の記述（先述）から考えると、薬師堂は高野山密蔵院末の真言宗寺院として記載されたとみて間違いない。この時までに薬師堂という寺が徳福寺の除地境内に生まれていたのである。ここには堂守《どうもり》として大勝という僧がいたと考えられるが、彼は国分村庄屋三郎右衛門の弟であった。他方、浄福寺はいまだ誕生しておらず、もちろん延宝三年の改帳に記されることもなかった。

延宝四（一六七六）年ころ、三郎右衛門は、寛文六（一六六六）年ころから宮里三村（国分村・平井村・黒石村）の墓地にあった堂で念仏を勤めていた道心者《どうしんもの》（勧進《かんじん》宗教者）の単念《たんねん》を呼び寄せ、単念は徳福寺の除地境内に浄土宗の僧として定着するようになった。直後の延宝五～七（一六七七～七九）年に幕領を対象とした検地が実施され、当時幕領であった三村も岸和田藩岡部家による検地をうけた。この延宝検地では、文禄検地や慶長検地と異なり、除地も丈量の対象とされ、その面積などが把握されることになったが、当該地は国分村の検地帳に次のように記載された（三浦家文書）。

一、三町弐反歩　百弐拾間「浄土宗」　国分村

八拾間　　徳福寺境内松山　　立合平井村
黒石村
同断（是ハ慶長十六年片桐市正検地ニも除き来たり候ニ付き、往古の通りこれを除く）
但し、寺造有り
五間・弐間　薬師堂　有
内、
四間・弐間　尼庵

徳福寺が「浄土宗」と記されたのは単念の存在によるのであろう。* また、大勝が堂守を務める薬師堂も同じ境内に書き上げられている。しかしながら、あくまで「徳福寺境内松山」として除地三町二反歩（一二〇間×八〇間（＝九六〇〇坪））が認められているのであり、そのことは文禄検地や慶長検地の名残であると同時に、この当時の単念の寺（後の浄福寺）や大勝の薬師堂が未熟な段階にあったことを示している。

＊三浦家文書に残る延宝検地帳は写しであるが、そこに「浄土宗」という記述はない。しかし、ほかの史料によれば、「浄土宗」と明記されていたことは間違いない。写しとる際に何らかの理由で脱落してしまったようである。

検地の後、単念の寺は三郎右衛門の援助のもとで念仏堂（本堂）や鐘楼堂が建立され、寺としての実質が整えられていったようである。また、単念はそこで時鐘《ときかね》を撞《つ》き、念仏を勧め、これを通して宮里三村との間に仏約《ぶつやく》関係をとり結び、三村の生活の中に少しずつ根付いていった。ただし、天和二（一六八二）年に単念が「一万日念仏興行」を行った際の奉加《ほうか》帳には「徳福寺の寺中単念」とあり、この時期に至るもまだ浄福寺という寺号は手にしていなかった。また、大勝の薬師堂も堂舎の整備などが進められたかもしれないが、具体的なことはわからない。

貞享二（一六八五）年に寺社改めが行われた。この時の改帳も残されていないが、元禄四年の改帳の記述から、浄福寺と薬師堂ともに書き上げられたことが知られる。改帳には少なくともそれぞれの宗旨、本寺、開基年代が記載されたはずである。そしておそらく、開基年代は「開基知れず」などとされたうえで、（延宝検地帳の徳福寺の記述を無視して）文禄検地や慶長検地以来の除地である旨が記されたのではないだろうか。さらに浄福寺については、この改めを契機として浄福寺を名乗り、堺の宗泉寺の末寺となった可能性がある。

こうして貞享期までに浄福寺と薬師堂が出揃《でそろ》うことになったが、この時期の両寺をひと言で表現すれば「三郎右衛門家の寺」ということができよう。浄福寺の単念は、三郎右衛門との関係を築いたことで徳福寺境内に定着し、彼の支援を受けて念仏堂や鐘楼堂を建立して自らの寺の整備を進め、浄福寺住職の地位を獲得していったのであった。また、薬師堂の大勝は三郎右衛門の弟であり、それによって堂守になったことは確実である。薬師堂自体が三郎右衛門家によって生み出された新寺だったと思われる。このように浄福寺と薬師堂は、三郎右衛門家の才覚によって創出された新しい寺であり、その住職・堂守も三郎右衛門の裁量に左右される不安定で流動的な状況にあったといえる。ただし、貞享二年の寺社改めにより両寺は寛永八（一六三一）年以前から存立する古跡として堺奉行に把握されることになった。

写真４　浄福寺阿弥陀如来立像の台座底銘　延宝２年に堺宗泉寺で造立された像であることがわかる。浄福寺へ移動してきた時期は不明であるが、宗泉寺との本末関係を示す。

元禄期――元禄四年の寺社改めと三郎右衛門家からの自立――

元禄元（一六八八）年、さらには宮里三村が牧野家（関宿藩）領になった直後の元禄二（一六八九）年にも寺社改めが行われるが、その改帳には貞享二年と同じ内容が書き上げられたはずである。

画期となったのは元禄四（一六九一）年の堺奉行佐久間丹後守による寺社改めであった。改帳の浄福寺と薬師堂の記述は先述のとおりであるが、この寺社改めは二つの点で両寺にとって大きな意味をもった。ひとつは、ここで初めて浄福寺の境内地と薬師堂の境内地の面積（坪数）が定められたことである。元禄四年に至り、徳福寺の除地境内九六〇〇坪が、浄福寺境内七三六〇坪と薬師堂境内二二四〇坪に分割されることになったのである。ただし、この段階ではあくまで帳面上の分割にとどまっていた。もうひとつは、浄福寺・薬師堂ともに寛永八（一六三一）年以前から存立する古跡とされたことである。もともとは徳福寺があったという《歴史的事実》を無視して両寺を古跡とすることは、すでに貞享二年の寺社改めでも行われていたと思われるが、今回の改めでは、在方の寺社を積極的に古跡に認定しようとする堺奉行の方針のもと、国分村の古老の証言が添えられて補強されることになった。同時に、本寺や境内地とともに記されたことにより、本末関係や境内坪数、とりわけ境内坪数を含めて古跡だと主張しうる余地が生まれることになった。こうして公的には、浄福寺は境内七三六〇坪をもつ古跡、薬師堂も境内二二四〇坪をもつ古跡という由緒（《作られた由緒》）が与えられることになったのである。しかも、このような書き上げは国分村庄屋三郎右衛門が宮里三村の役人の同意を得ながら進めたはずであるが、三郎右衛門家との密接な関係は触れられなかった。

その後、元禄九（一六九六）年に増上寺《ぞうじょうじ》（江戸）と知恩院《ちおんいん》（京都）によって浄土宗末寺院の開基改めが行われたが、単念は浄福寺を「古跡」と報告した。

元禄四年の寺社改めの後、薬師堂の大勝は還俗《げんぞく》してしまう。そして、元禄一二（一六九九）年、江戸護国《ごこく》寺《じ》の弟子僧であった堪泉《たんせん》が、牧野家へ願って薬師堂の住職に就いた。これと同時に、薬師堂は護国寺の末寺となった。江戸の護国寺は徳川綱吉の生母桂昌院《せいぼけいしょういん》を開基として、天和元（一六八一）年に創建された寺である。元禄八（一六九五）年以降は将軍家の祈祷寺院に加えられた。この護国寺の弟子僧が薬師堂の住職になりえた背景には、護国寺と牧野家のつながりがあったと想定される。すなわち、関宿藩の当時の藩主は牧野備前守成春《なりはる》であるが、その父成貞《なりさだ》は綱吉の側用人《そばようにん》を勤めた人物であった。こうした条件のなかで、おそらく将軍徳川綱吉を介して両者の間に関係が形成され、それが堪泉の住職就任と護国寺の末寺化に結びついたと考えられるのである。ただし、堪泉は護国寺に滞在したままであり、薬師堂住職としての実体はなかった。

堪泉の住職就任にともなって、帳面上だけの分割であった境内地が、傍示《ほうじ》が立てられ、実際に分けられることになった。こうして、おおよそ東側に薬師堂（真言宗）境内二二四〇坪、西側に浄福寺（浄土宗）七三六〇坪という形で、両寺が隣接・併存《へいぞん》することになった（図2）。

一方、同じ元禄一二年には、国分村の庄屋が藤四郎（三郎右衛門の息子か）から仁右衛門へ交替したのにともない、村に預けられていた単念の印鑑が浄福寺へ戻された。浄福寺と三郎右衛門家や国分村との関係に距離が生まれつつあったのである。

以上の動向からは、この元禄期に、浄福寺と薬師堂の三郎右衛門（藤四郎）家からの自立が進んでいったことがわかる。公的には、元禄四年の寺社改めにより、浄福寺は境内七三六〇坪をもつ古跡、薬師堂は境内二二四〇坪をもつ古跡という《作られた由緒》が与えられ、さらに元禄一二年には、《社会的実態》の面でも、両寺は三郎右衛門（藤四郎）家との相即不離な関係から脱却していくことになったのである。後者の背景には、三郎右衛門（藤四郎）家の衰退と、それによる国分村の社会秩序の変化があったと思われる。こうして、元禄一二年に独自の境内地をもつ浄福寺と薬師堂が成立することになった。ただし、両寺の向かう方向は対

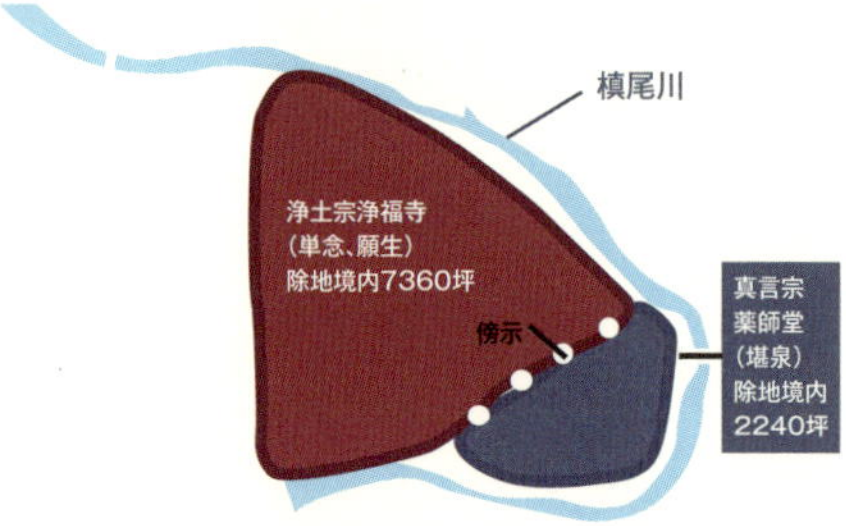

図２　元禄12年以降の浄福寺・薬師堂境内概念図

照的であった。浄福寺がこれ以降も時鐘を撞き、念仏を勤め、仏約関係を通して宮里三村の中にさらに根付いていったと考えられるのに対し、薬師堂は護国寺の寺勢拡大の動きに呑み込まれ、住職堪泉の不在に象徴されるように、国分村や宮里三村から遊離していくことになったのである。

一八世紀初頭――境内地をめぐる争論――

元禄一三（一七〇〇）年、この両寺は境内をめぐって激しく対立する。薬師堂堪泉が、古くから薬師堂の境内地は九六〇〇坪だと主張し、浄福寺は新寺であるとして、浄福寺境内七三六〇坪の引き渡しを求めて関宿藩へ出願したため争論となった。関宿藩（牧野家）は護国寺とのつながりから堪泉の側に立ち、浄福寺に対して境内地を引き渡すよう命じた。これに宮里三村の村役人らも従わざるを得ず、浄福寺へくり返し説得を行ったが、浄福寺は本寺である堺の宗泉寺とともに強硬に反発した。ここで注目されるのは、浄福寺や宗泉寺が境内地の引き渡しを拒否するために持ち出した理屈である。すなわち、浄福寺と宗泉寺は元禄四年の寺社改めに全面的に依拠して、境内地を含めて寺社を管轄しているのは、当時堺奉行を併合していた大坂町奉行であり、藩の思いどおりになるものではないこと、さらに、浄福寺は七三六〇坪の境内地をもつ古跡として堺奉行から公認されていることを主張したのであった。とくに後者は重要である。薬師堂堪泉の出願は、これまでの経緯や元禄四年の寺社改めを無視したものではあったが、浄福寺が新寺であるという点だけは決して間違いではなく《歴史的事実》であった。にもかかわらず、浄福寺は七三六〇坪の境内地をもつ古跡だという公的な位置づけを前面に出し、藩や村役人と真っ向から対峙《たいじ》したのであった。堪泉や関宿藩の強権的な動きに対し、堺奉行から認められた

《作られた由緒》が、浄福寺や宗泉寺にとって大きなよりどころになったのである。

元禄四年の寺社改めに基づく限りでは、浄福寺や宗泉寺の反論は妥当であった。そのため、薬師堂堪泉と関宿藩は、古くから薬師堂の境内地は九六〇〇坪だったという自らの主張を再構成せざるを得なくなった。そこで持ち出されたのが延宝検地帳である。元禄一六（一七〇三）年一一月、関宿藩は浄土宗本山の増上寺や知恩院へ働きかけを行うが、その時の口上書では、先述の延宝検地帳の記述に基づいて、九六〇〇坪が徳福寺の境内地だったことを明らかにしたうえで、退転していた徳福寺を堪泉が継承したとし、九六〇〇坪すべてが堪泉のものだと主張した。これを浄福寺や宗泉寺も等閑《なおざり》にできず、同様に九六〇〇坪が徳福寺の境内地だったことを認めたうえで、延宝検地帳の「浄土宗徳福寺」という記述を根拠に、退転していた徳福寺を単念が再興したのだと反論した。つまり、浄福寺と宗泉寺は、浄福寺自体を古跡だとする、元禄四年の寺社改帳に基づいたそれまでの主張をあっさりと放棄してしまったのである。延宝検地の時には徳福寺の境内地だったという《歴史的事実》を前にして、《作られた由緒》は無力だったのである。

しかしながら、双方とも確固とした主張を組み立てることはできなかった。それは、両寺とも徳福寺を直接引き継いだ寺ではないという《歴史的事実》に規定された当然の結果であった。

宝永《ほうえい》元（一七〇四）年一一月以降、争論は堺奉行所、さらには幕府の寺社奉行所へ持ち込まれることになった。そして宝永三（一七〇六）年八月、寺社奉行所は浄福寺の勝訴とする裁許を下した。その内容は、延宝検地帳の「浄土宗徳福寺」という記述に従って浄福寺を徳福寺の後継の寺と認めるとともに、元禄四年の寺社改めのとおり七三六〇坪を浄福寺境内、二二四〇坪を薬師堂境内とするものであった。これは延宝検地帳と元禄四年の寺社改帳との矛盾、すなわち徳福寺の境内坪数と浄福寺の境内坪数との不一致を無視した裁許であったが、寺社奉行所がそうした問題に目をつぶってまで浄福寺の勝訴とした背景には、浄福寺が仏約関

年	事柄
文禄3（1594）年 慶長16（1611）年	検地が行われる。中世以来存在した徳福寺は衰退していたが、その境内地は除地となった。
延宝3（1675）年	堺奉行による本末宗旨改めが行われる。薬師堂が真言宗高野山密蔵院末として記載されたと考えられる。
延宝7（1679）年	「国分村延宝検地帳」に、浄土宗徳福寺境内松山　除地3町2反　国分・平井・黒石村立合　境内に薬師堂と尼庵あり、と記載。
貞享2（1685）年	堺奉行稲垣による寺社改めが行われる。薬師堂と浄福寺が記載された。
元禄2（1689）年	堺奉行佐久間による寺社改めが行われる。貞享2年の寺社改めとおそらく同内容。
元禄4（1691）年	「牧野備後守領分寺社改帳」に薬師堂と浄福寺が記載。・浄土宗宗泉寺末浄福寺　境内除地7360坪　三ヶ村立合　・真言宗高野山密蔵院末薬師堂　境内除地2240坪　三ヶ村立合。
元禄12（1699）年	薬師堂護国寺末となる。傍示が立てられ、境内地が実際に分割される。
元禄13（1700）年	薬師堂と浄福寺境内地をめぐって争う。
宝永3（1706）年	寺社奉行所の裁許　浄福寺勝訴、徳福寺の後継は浄福寺。ただし境内地は元禄4年寺社改めの内容のままとする。

表2　国分村浄福寺と薬師堂の展開

係を通して宮里三村の中に根付きつつある状況を踏まえ、無用な混乱を避けて現状維持を図ろうとする意図があったと思われる。いわば浄福寺の《社会的実態》が導いた勝訴であったといえよう。こうして浄福寺は、自らの境内地を確保できたにとどまらず、徳福寺の後継という位置づけまで与えられ、古跡という《作られた由緒》をますます確固なものとしたのである。

一八世紀以降――浄福寺の確立と薬師堂の形骸化――

寺社奉行所の裁許により、改めて浄福寺境内七三六〇坪と薬師堂境内二二四〇坪が確定した。この枠組みは明治初年まで続くことになる。その意味では、裁許によって浄福寺と薬師堂の近世的な枠組みが確立したともいえる。しかし、この後、寺の内実は対照的な方向に向かっていく。

争論の後、国分村の史料に浄福寺と薬師堂が登場するのは一九世紀のことである。それによれば、一九世紀初頭には、浄福寺は常念仏を通して国分村と深く結びついている。また、文政二（一八一九）年からは国分村の浄土宗の檀那寺である宗泉寺に代わって宗旨改めを行うようになり、その後正式な檀那寺になったようである。浄福寺は一八世紀を通して国分村一村を基盤とした寺として定着していったのである。

現在の浄福寺には、光明皇后誕生地、智海上人開基という伝説が伝えられている。この伝説は、争論では薬師堂堪泉の方から持ち出され、堺奉行所や寺社奉行所への訴状にも記された。元禄九（一六九六）年「泉邦四縣石高《せんぽうよんけんこくだか》　寺社旧跡《じしゃきゅうせき》幷《ならびに》地侍伝《じさむらいでん》」の国分村の項にも、同様の伝説が薬師堂のものとして記述されており、広く知られていたようである。おそらく、もともとは徳福寺に伝わる伝説だったのではないだろうか。それが浄福寺の伝説となったのは、浄福寺が徳福寺の後継の地位を公認されたことと関わっていよう。

他方、一九世紀の薬師堂は河州天野山千手院末の無住寺院となっている。宮里三村や国分村と実体的な関係をとり結ばなかった（とり結べなかった）薬師堂は、堪泉の後住職が続かず、寺の形骸化が進行したのではないだろうか。

写真5　浄福寺　智海上人像

3　一七世紀の寺社・村と元禄四年の寺社改め

以上にみてきたように、新地であることが自明なものを除き、在方のすべての寺社を、古老の証言なるものを用いて、寛永八（一六三一）年以前から存在する古跡に位置づけようとした元禄四（一六九一）年の寺社改めは、一七世紀半ば以降に誕生した国分村の浄福寺や薬師堂に対しては、《歴史的事実》とは異なる《作られた由緒》を公的に認知するものとなった。こうした《作られた由緒》は、寺社改帳へ記載されるだけにとどまっていれば、浄福寺や薬師堂のあり方にほとんど影響を与えなかったはずである。しかしながら、国分村の庄屋で、経済的にも突出していた三郎右衛門家の寺として創出され、三郎右衛門家の衰退により自立化を遂げた後も境内地をめぐって争いが生じるなど、一七世紀～一八世紀初頭の国分村や両寺が不安定で流動的な状況にある中では、古跡という《作られた由緒》が寺の存立を保証する役割を担うことになった。こうして《歴史的事実》《社会的実態》《作られた由緒》という三者のせめぎ合いのなかで、浄福寺と薬師堂が確立していくことになったのである。

＊さらに付け加えれば、浄福寺が光明皇后誕生地、智海上人開基の伝説をもつことになったように、《作られた由緒》は一八世紀以降の寺の歴史展開も規定していくことになった。

一七世紀の国分村や浄福寺・薬師堂の状況は、多かれ少なかれ他の村や寺社にも共通するものであったと思われる。先述した、道場をめぐる村と看坊の微妙な関係（小坂村）、高野山圓徳院と宗福寺の不安定な本末関係（春木村・久井村）、阿弥陀寺の無住化（下宮村）といった、元禄四年の寺社改帳の記述からうかがえる、一七世紀後半の寺の不安定で流動的な状況は、その一端を示している。こうしたなかで、元禄四年の寺社改めは、その具体的な内容は各寺社や村により異なったであろうが、一七世紀の寺社や村のあり方に一定程度の影響をもたらすことになったと考えられるのである。

第5章　神職者の編成と本所吉田家

山下聡一

吉田家と神主法度

和泉には各集落・各村で祀《まつ》る神社があり、また郷《ごう》などの数ヶ村で祀る神社があった。これらの神社の大部分は、宮座《みやざ》の長老《ちょうろう》が順番に神主《かんぬし》の役を務める「廻《まわ》り神主」であった。しかし世襲神主が存在する神社がなかったわけではなく、五社惣社《ごしゃそうじゃ》（府中）、信太明神《しのだみょうじん》（王子・信太郷七ヶ村）、春日神社（三林・池田谷七ヶ村）、牛頭天王《ごずてんのう》社（下宮・東横山谷七ヶ村）、牛頭天王社（仏並・西横山谷二ヶ村）では、特定の家が神職を世襲するようになる。彼らは基本的には石高《こくだか》を所持する「百姓」身分であったが、少なからざる金銀上納と引き換えに京都の吉田家や白川家から神道裁許状《しんとうさいきょじょう》を受け、本所に認定された「神職」としての身分を獲得する場合もあった（第2部8神社と座・神職者）。

こうした神社・神職者の身分編成を考えるうえで、寛文《かんぶん》五（一六六五）年に幕府が発令した「諸社禰宜《しょしゃねぎ》神主法度《はっと》」（以下「神主法度《かんぬしはっと》」とする）が重要な意味を持っている。この法令の第二条目では、社家の位階に関することについてはこれまでの神社伝奏によること、第三条目では、位階をもたない社人《しゃじん》が白張《しらはり》以外の装束《しょうぞく》を身に着ける場合には、京都吉田家からの許可が必要とされた。「神祇管領長上《じんぎかんれいちょうじょう》」を僭称《せんしょう》した京都吉田神社の神職吉田家にとって、寛文五年「神主法度」は、諸国の神社・神職者の多くを支配下に編成していくときの拠《よ》り所《どころ》となっていく。ただし、和泉の神社を見る限り、寛文五年「神主法度」の影響を確認することは

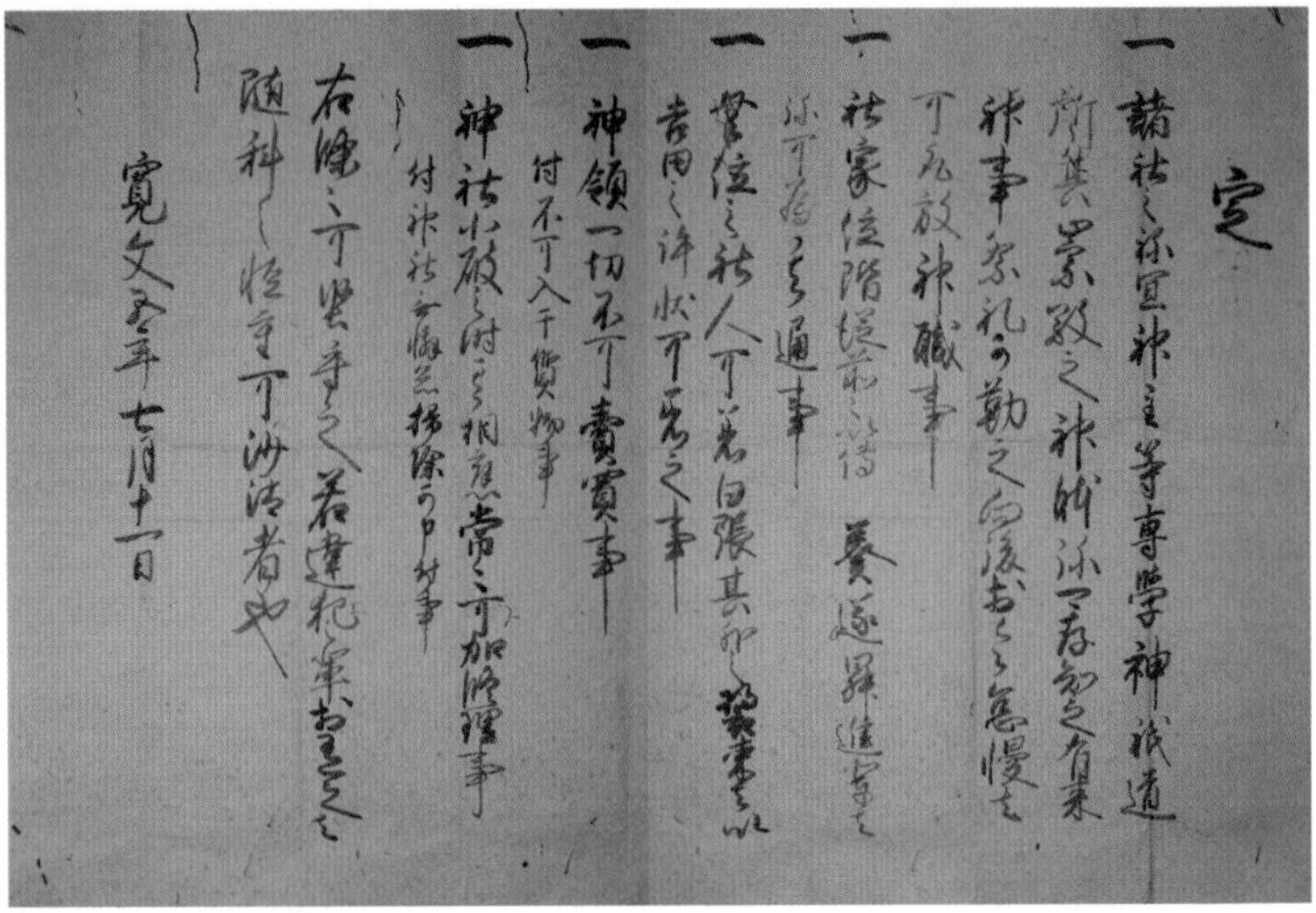

写真1　寛文神主法度（東阪本・赤松家文書）

できない。

一方、吉田家の「神祇管領長上」職の立場について、公家社会内部において考証学的《こうしょうがく》な批判が寄せられ、相対化が進んでいく。そうしたなかで「神祇伯《じんぎはく》」家の白川家が注目されていく。白川家自身も、宝暦《ほうれき》元（一七五一）年に、古代の神祇官にあった八神殿《はちしんでん》を屋敷内に再興し、同七（一七五七）年には畿内諸国で神社伝奏をもたない神社に対して弟子を派遣するなどして、配下拡大を積極的に働きかけていった。信太明神の神主以下神職者が、信太山境内の管理をめぐって社僧万松院《しゃそうばんしょういん》と対決するなかで白川家に入門するのも、そうした本所白川家の活動と関わるものであった（『信太編』参照）。

吉田家は自らの立場をより強固なものとするため、明和《めいわ》元（一七六四）年に幕府に対して、寛文五年「神主法度」の再発令を要求する。幕府は、吉田家配下でない神職らの不都合を考えてこの時は発令しなかったが、天明《てんめい》二（一七八二）年になって神職層の統制と村落祭祀秩序の掌握を目的に、「神主法度」の改訂版を発令する。和泉の地域社会に対して重要な影響を与える可能性を秘めたのは、寛文五年令の主文部分ではなく、天明二年令の書留文言《かきとめもんごん》であった。そこでは、吉田家の許可を受けず、「社例《しゃれい》」などと唱えて、「肥後」や「播磨」などの呼名《よびな》を名乗ったり装束《しょうぞく》を着たりすること、および神職ではないものが、村持ちの社、「村長」、宮座・諸座などと唱えて神事祭礼を営む行為が禁止されていた。和泉の村の神社は、ほとんどが宮座による廻り神主であったから（第2部8）、この文言が地域に徹底されることになれば、宮座の活動の存続が危ぶまれることになったはずである。しかし結論からいえば、ほとんどの宮座は、吉田家や白川家などの本所の許可を受けないまま活動を続けていくのであるが、一部の神社や神職者は吉田家や白川家など本所との関係を求め、その配下に編成されていくことになる。それは、本所側が自らの配下を拡大しようとする働きかけと、地域社会側からの本所への接近という相互作用の結果であった。本章では、牛頭天王社（仏並村）の神主澤家と宮座が、吉田家のもとに組み込まれていく、文化一三（一八一六）～文政元（一八一八）年の経緯を取り上げ、この点を見ていくことにしよう。

図1　横山谷西部の地形図　2001年「和泉市地形図」を加工。

1　一八世紀前半の牛頭天王上之宮座

横山谷の座と神主

横山谷は、一山寺院槙尾山施福寺《まきおさんせふくじ》の荘園、横山荘《よこやまのしょう》としての歴史を有し、その下司荘官《げすしょうかん》として西横山谷に足場を置く池辺《いけべ》氏が在地社会を統合していた。「新撰姓氏録《しんせんしょうじろく》」に記載される「池辺直《いけべのあたえ》」との関係が想定される池辺氏は、覚超《かくちょう》を輩出した家として知られる。覚超は、比叡山で修行したのち、地元横山で修善講《しゅぜんこう》を営み、信仰にもとづきながら地域の統合を進めたと考えられている。また同地は、「延喜式《えんぎしき》」神名帳《しんめいちょう》に登録された

「男乃宇刀《おのうと》」の「二坐」の所在地として想定されている。この「二坐」は、中世には横山の上と下に分かれる地域的枠組みと関わっていると想定され、さらに近世以降は「下之宮《したのみや》」牛頭天王社（下宮村）と「上之宮《うえのみや》」牛頭天王社（仏並村）となっていた。近世には、上之宮社の境内に「男乃社」が、下之宮社に「宇刀社」の兄弟神が祀られており、神名帳の記載が強く意識されていた。なお、「上之宮」牛頭天王社（仏並）の境内に隣接して、仏並村の旦那寺仏並寺（高野山蓮上院《れんじょういん》末）があり、その近くに池辺家があった。伝統的な由緒をもつ在地有力者池辺家と地域の精神的紐帯《ちゅうたい》が、ごく近くに集中・隣接して立地していたことになる。

この牛頭天王社（仏並）の神主を務めていたのが、坪井村の澤家である。坪井村は仏並村とは槙尾川と父鬼《ちちおに》街道を挟んで向かい合う位置にある。一七世紀中ごろまでは、坪井・大畑《おばたけ》・小川《こがわ》はともに仏並村と一体的なまとまりをもって把握されていた。しかし元禄期（一七世紀末）になると、坪井村は独自の庄屋を置き、独自の寺請け寺院を確保するなど、仏並村の枠組みから外れ、単独の村として確立していく。こうした動向の中心に存在したのが澤一族であると見られる。坪井村に庄屋が置かれるようになって以降の庄屋を歴任し、牛頭天王社（仏並）の神主職も澤家五軒が務めていたとされている。ただし、神主職を澤家が独占していたことを示す史料は、争論時に澤家が主張したものしかない。仏並村と坪井村は享保期に牛頭天王社について対立し、その主要な争点の一つが神主職問題であった。「寺社改帳」に神主職を「廻り持（輪番持）」と記したことを根拠に「氏子の廻り持」であると主張する仏並村に対して、坪井村側が「澤氏五軒の廻り持」であると反論する。仲裁を得て、澤家の廻り持ちとすることで和解することになっていくのであるが、この争論のなかで澤家が、一六世紀末以降の神主職とその子孫の名前を書上げている（『横山編』）。

一八世紀の上之宮座

この争論後に取り交わされた証文（写真2）によって、澤家が務める神主が神社を支配するという合意がなされた。氏神の神事や月並式日《つきなみしきじつ》の御供《ごく》は座家《ざけ》の年老《ねんろう》が順番に務めることになり、それを怠った場合は座から排除された。神事の遂行に座家が不可欠な役割を果たすのである。また、牛頭天王社の神輿《みこし》と大般若経《だいはんにゃきょう》六百巻（池辺家蔵）は両村座家が支配するものとされた。神輿は八月二二日・三日の祭礼時に用い、大般若経は六月一一日に牛頭天王社で行う転読《てんどく》法会で用いるものであり、それを座として管理していることに、牛頭天王社と仏並・坪井村における地域社会の関係が表現されている。座家の構成員は、「日原《ひばら》・式田《しきた》・平《たいら》・葛城《かつらぎ》」の四姓を持つ家筋だけに限定され、加入者は座の構成員を記した「座講花米帳《ざこうはなこめちょう》」に登録され、それ以外の人たちは「座外《ざがい》」とされた。座を務める際には澤家は日原姓を、池辺家は式田姓を名乗るように、一族で特定の姓を用いていたが、一九世紀の段階における姓は両村にまたがって存在しており、村と姓は関連していない。構成員らは儀式の際に左座《ひだりざ》と右座《みぎざ》に分かれ、それぞれ年老一〇人を筆頭に、「臈次《ろうじ》」順に坐《ざ》していた。「臈次」は、「座講花米帳」の記載順に基づくものであろう。固定の「頭座《かしらざ》」というものは存在せず、加入順に年老に至る点においては平等性を有していた。しかしながら、「頭座」がない、ということがわざわざ証文に明記されているように、ともすれば「頭座」という地位をめぐって問題が発生しかねなかった。実際に、宝暦《ほうれき》年中に仏並村の座で作成

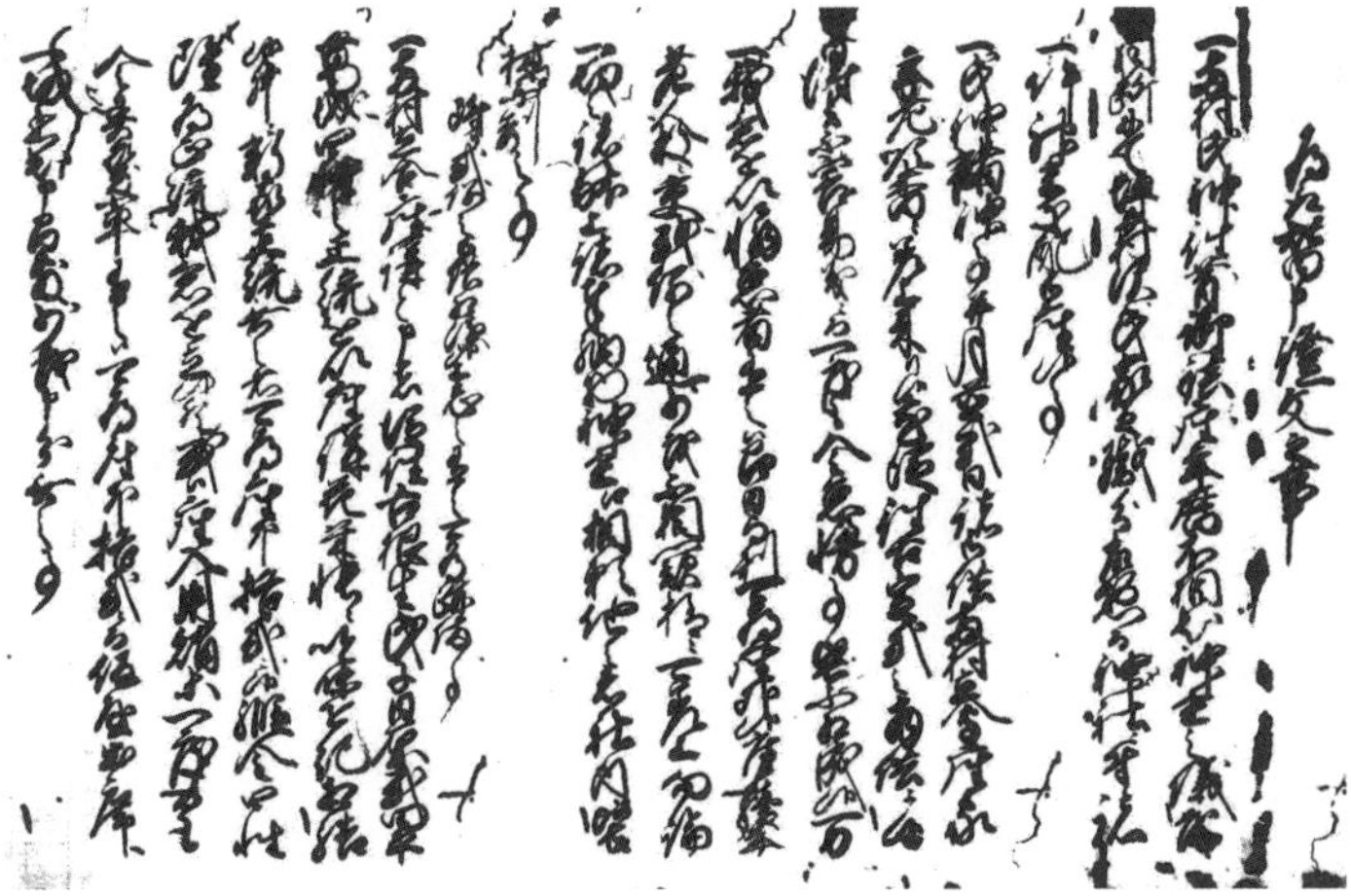

写真2　享保期の座家取替せ書（坪井・澤家文書）

された史料では、池辺本家を「永々長座」とする規定がある。この地域の歴史の中核に存在し続けてきた池辺本家を、座の最上位に位置づけようとする仏並村側の意向は潜在的に存在し続けたとみられる。

なお、この争論の段階では吉田家の関与は見られず、また争論を経た後も、神主澤家と吉田家の関係をうかがわせる史料は見られない。すでに隣の牛頭天王社（下宮）神主葛城家は元禄期に、池田谷の春日神社（三林）神主横田家は享保三（一七一八）年に吉田家との関係を構築しているから、澤家が吉田家の存在を知らなかった可能性は低い。いまだ本所吉田家との関係を必要とする段階ではなかったのであろう。澤家が吉田家と関係を必要とするのは、もう少し後のことである。

2　文化・文政の争論経過

一八世紀前半に起こった争論は和解に至り、証文を取り交わすことで落着する。しかし一九世紀に入ってから、再び両村は衝突することになる。まずは、一件の経過を確認しておこう。

一件の経過

第一段階　発端は、文化一三（一八一六）年の八月祭礼（二一、二二日）の準備中に起きる。祭礼で用いる神輿の飾鉾《かざりほこ》には、この時まで「池辺長者《いけべちょうじゃ》」という銘が刻まれていた。この銘が、当初からあったものか、あるいは後で加工されたものか不明だが、神主澤久太夫（坪井）はこれを問題と考え、細工人《さいくにん》藤蔵（仏並）に命じて削らせてしまう。これを知った仏並村庄屋仁左衛門は反発し、祭礼当日に、改めて銘を刻むように迫り、池辺家一統の一七人がこれに同調している。ひとまず祭礼はそのまま実施されたようだが問題はくすぶ

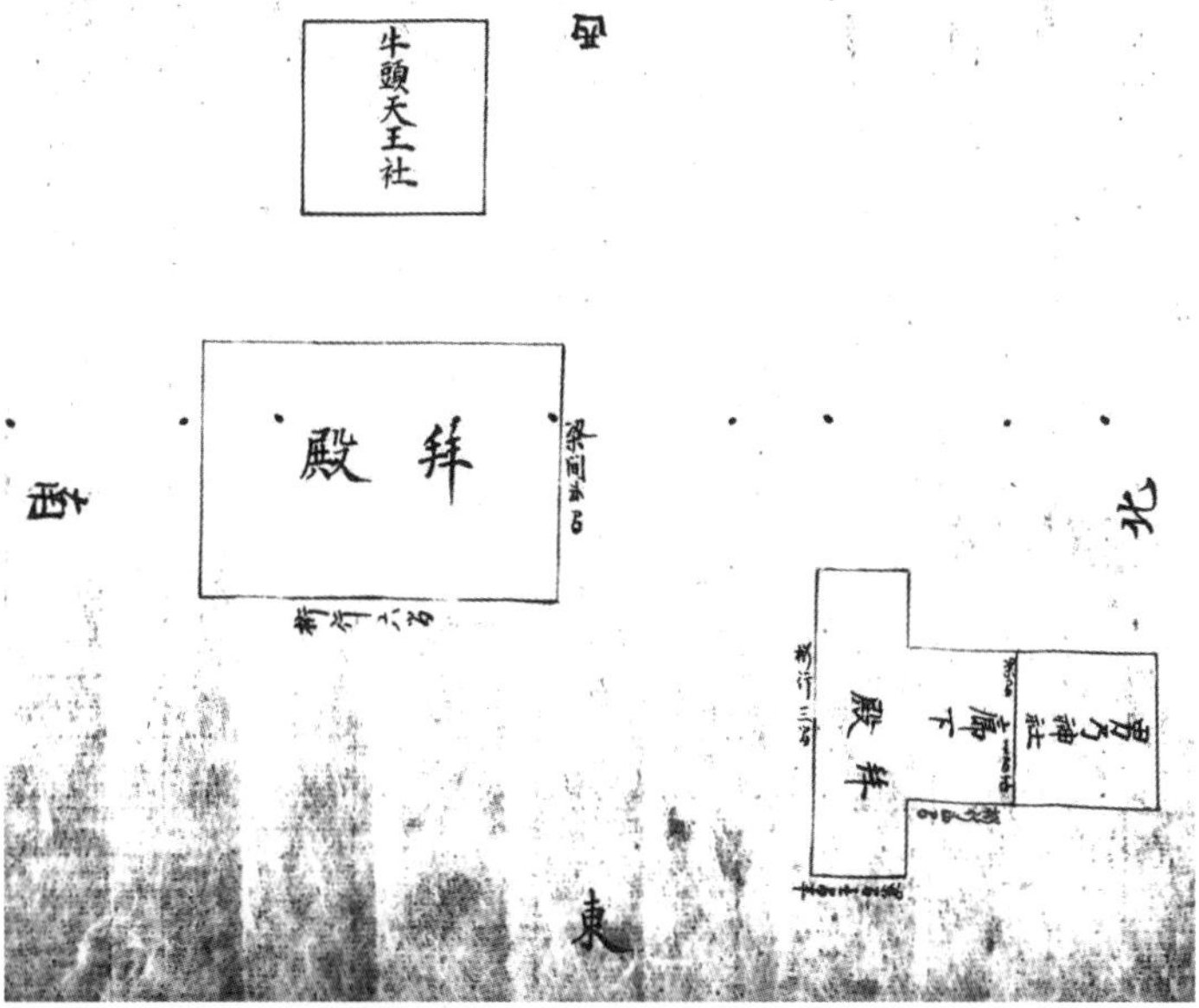

写真３　仏並・牛頭天王社境内図（坪井・澤家文書）

り続け、翌文化一四（一八一七）年の祭礼を直前に控えた七月、坪井村は領主役所（幕府代官小堀氏役所）に出訴するに至る。

小堀役所（京都）での吟味は、祭礼の八日前、八月一三日から始まる。この一件を公事方《くじがた》懸《かか》り手代《てだい》清水郡左衛門によって内済するように命じられ、一八日から交渉が進められた結果、祭礼に間に合わせたかのように、二一日には和解のための証文案が作成されている。その条件は、①銘のある鉾は拝殿に飾っておき、これとは別に新たに両座で鉾を一対造り、祭礼の神輿渡御《とぎょ》の際に用いる、②両村座家が管理する大般若経と本尊については、池辺本家から神主・両村座家に宛てた借用証文を作成して池辺家の持蔵へ預け、転読法会の際に持ち出す、③神主職は澤家が務めることにする、④八月二二日の神輿人足は、両村から出し、神主と座老十人が差配する、という内容であった。

第二段階　これより少しさかのぼる八月五日、先代神主で隠居した澤蔀《しとみ》は神社の内陣に紙で封印をしてしまっていた。神主澤久太夫が小堀役所での取り調べに出向いている間、誰も内陣の神体へ近づけさせないための行為であった。それを見咎《とが》めた仏並村の者たちは、神主に封印の理由を問い糺《ただ》すとともに、小堀代官所へ重ねて訴え出ている。一五日以降仏並村の者たちは拝殿《はいでん》に昼夜立て籠《こも》り、神主や坪井村の座老らが神事や御供のために神殿へ社参しようとすると、争論中であることを理由に立入りを拒否している。地元でのこうした動向は、京都で行われている内済交渉を滞らせ、二一日の和解案は結局反古《ほご》となってしまう。

ここで、牛頭天王社に隣接して建つ仏並寺が新たな動きをみせる。二四日に本寺である高野山へ赴いて高野山年預《ねんよ》の添状を入手したのち、仏並村の代表とともに京都小堀役所へ追訴のために出発する。この願書で仏並寺は、享保期の和解証文を否定し、神主職を「氏子廻り持」とするよう求め、澤家による神主職独占に変更を加えようとしている。その際、氏神が「真言宗両部神道《しんごんしゅうりょうぶしんとう》」であるから、御神体を扱うためには、僧侶のうち「伝法灌頂阿闍梨位等《でんぽうかんじょうあじゃりい》の秘聞《ひぶん》、御本地供等《ごほんじぐ》」修行をした者が取り扱うべきであるとし、たとえ「吉田家へ立入《たちいり》、神道伝授」を受けたとしても、「真言密宗の両部神道」を伝授されていない澤家による関与は誤りである、と主張している。この行動が、争論の方向性を大きく変えていく。願書を受け取った小堀役所は、八月晦日《みそか》に神主澤久太夫と坪井村庄屋徳十郎、仏並村庄屋仁左衛門らを呼び出し、新たな訴状に対する取り調べを開始する。

第三段階　呼び出された神主澤久太夫と庄屋徳十郎は、大坂に一旦立ち寄ったのち、京都に向かっている。九月二日に小堀役所に到着し、この一件を堺奉行所で取り扱うように求めたが、すでに仏並村側から追訴がなされていることに加え、本寺高野山からの添状もあることを理由に、小堀役所での取り調べが進められることになった。小堀役所は双方に願書に対する反論・意見書の提出を命ずるが、坪井村側は、追訴状の内容を事前に知らされていなかったことを理由に、証拠書類を用意するための時間を要求する。しかし仏並村側がそれを受け容れなかったため、結局神主久太夫らはそのまま京都に滞在して、関係各所に相談に出向いたり、国元にいる先代神主澤蔀などと、書状をやり取りして問い合わせを重ねていく。その成果を集約して返答書を作成し、期限間際の九月一二日にようやく提出に扱《こ》ぎ付けている。

第四段階　その後、一〇月六日まで小堀役所でどのような動きがあったのか、具体的に示す史料がほとんどなく、わからない。後の段階からみれば、神主・坪井村側は、本所吉田家との関係を用いて争論を次の段階へ移そうと対策を練っていたものと思われる。

第五段階　一〇月七日になり、本所吉田家の「泉州国掛役」である安田平馬《やすだへいま》が、泉州一国の寺社支配を担う堺奉行所に対して、仏並村の二一人を呼出して一件を吟味するように求める書類を提出している。これを受けた堺奉行所は、事実関係を照会するために小堀役所役人を堺へ呼び出している。一〇日に堺へ到着した小堀役所手代は、京都に戻って詳細を調べたうえで一五日までに改めて返答することを告げ、帰京している。堺奉行の動きに焦ったのか、小堀役所は、坪井・仏並双方を呼び出して争論を内済するように説得を試みるものの、双方ともにこれを受け入れず、ついに小堀役所は自らの裁許を断念し、堺奉行所での吟味に委ねるという判断を下している。

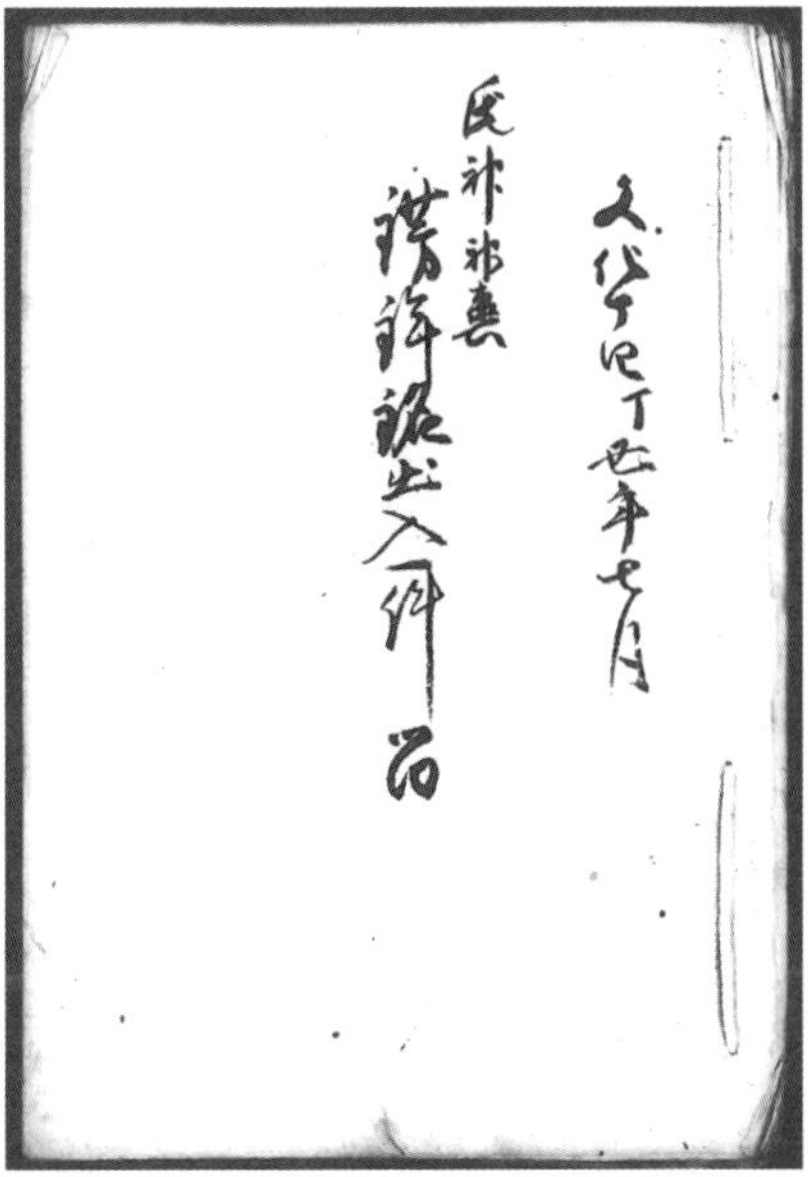

写真4　氏神神輿錺鉾銘出入一件留（坪井・澤家文書）

第六段階　小堀役所で行われた取り調べの際に作成された書類などが、一一月一日に堺奉行所に引き継がれ、翌二日から吟味が開始される。仏並寺や仏並村宮座側は、九月二日に出した願書の内容を改めて提出している。しかし、堺奉行所は寺社法に関わることは関東へ出訴するように命じ、願書の取り下げを申し渡している。

史料では確認できないが、堺奉行所は願書の取り下げとともに、内済するように指示したものと見られる。年末に両村の

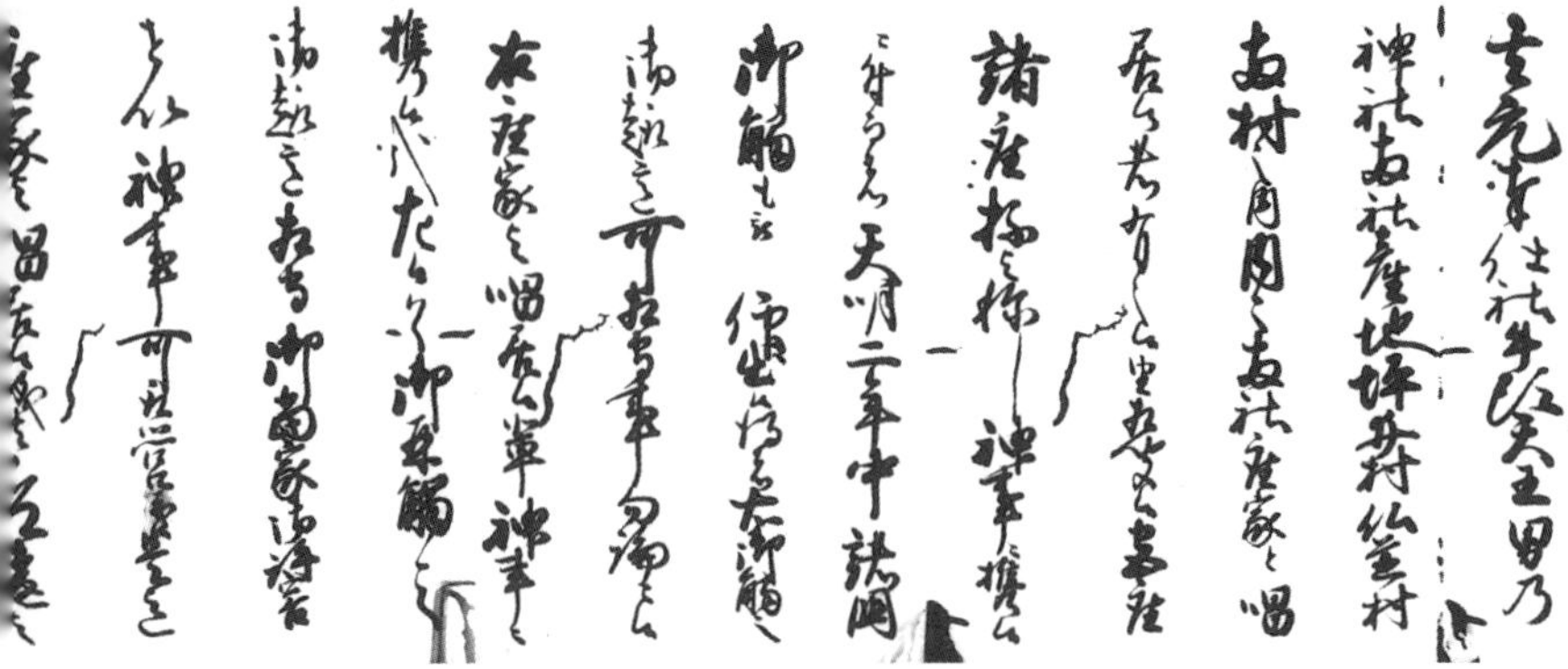

隣村である小野田村の平安寺《へいあんじ》和尚と、槙尾山遍照院《へんじょういん》が仲裁に入って、内済に向けた努力が行われている。年が明けた正月一三日以降は槙尾山観音院《かんのんいん》が、さらに一五日からは、槙尾山遍照院や下宮村平兵衛らも仲裁に入るが、結局この時点では和解できなかった。二月に入って、とうとう仏並寺が関東（江戸・寺社奉行）への出訴を目指し、堺用達紀伊国屋《ようたしきのくにや》十助へ添状を依頼するに至っている。そこで用達紀伊国屋は自身が内済に乗り出していく。右記の人物・寺僧らも仲裁人に加わり、ようやく二月二一日に内済し、証文が取り交わされている。これを受けて、隠居の澤蔀が神前に施していた紙封を開封し、錠前《じょうまえ》を新調して付け替えたのち、関係各所へ内済したことの連絡を入れている。本所吉田家に対しても三月三日に届け出ている。なお、和解内容は、以下の三点である。

①両社（牛頭天王社・男乃社）神主については、享保年中に「氏子廻り」と書上げたことをめぐって争論した際に、「坪井村澤家五軒の廻り持ち」ということで両村が和解しているので、これまでどおり（澤家）が務める。ただし、神主が交代する際には、これまで通り宮座の座老に対して披露目《ひろめ》をすること。

②氏神両社が大破しているので、今回すべて修復するにあたり、修復費用の半分は神主澤久太夫から出し、残り半分を氏子中から出すこと。

③両社の（修築・葺替などにともなう）上下遷宮は、これまでどおりとする。

第七段階　事態はこれで終わらなかった。内済の連絡を受けた神祇管領吉田家側は、座家と称して神事に携わっているのであれば、天明二（一七八二）年の幕府

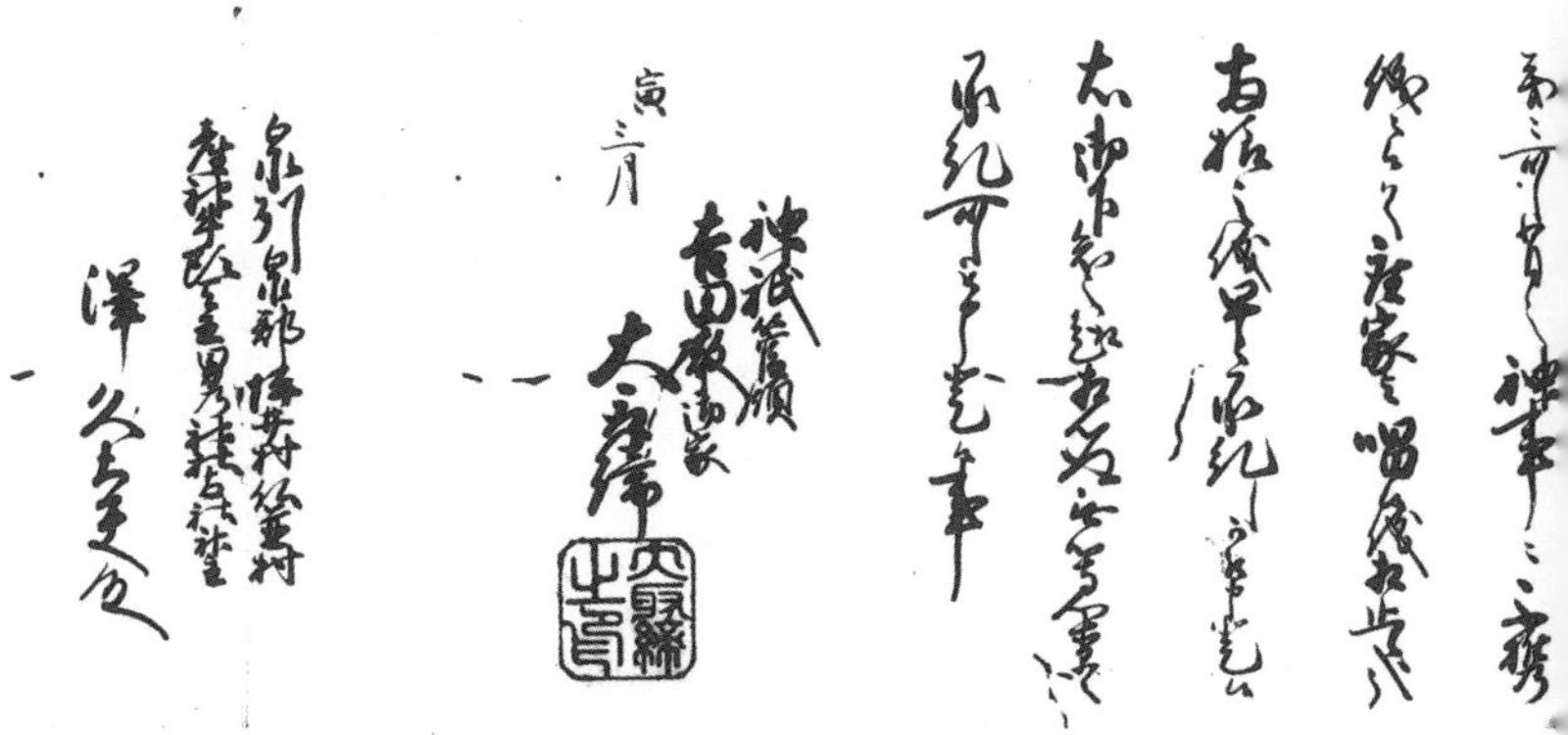

写真5　吉田家からの詰問（澤家文書）

法令に抵触していることを指摘する（写真5）。その後、坪井・仏並においてどのような相談がなされたのか不明であるが、八月三日に両村庄屋が連印した詫び状を吉田家に提出している。「宮座号と内々で唱え、かつ吉田家の許可もなく、神事に携わってきたことは天明二年の触れに背く行為であった」こと、および争論中に座式などを務めることができなかったことを謝罪している。さらに争論内済届出の七ヶ月後にあたる一〇月一五日には、今後も座式などを持続していくために、宮座号の許可と吉田家入門の願書を提出している。あわせて、一老・二老の連名に神主の奥印を添えて、「四組木綿繦《もめんたすき》」と「中臣祓《なかとみのはらえ》・三種太祓《さんしゅおおはらえ》・六根清浄太祓《ろっこんしょうじょうおおはらえ》」の許可も願い出ている。こうして、「上之宮」牛頭天王社（仏並）の宮座は、文政元（一八一八）年になってようやく吉田家のもとに編成されていくことになった。

小括

以上が、文化一三（一八一六）年から文政元（一八一八）年の三年間にわたる、牛頭天王社宮座争論の経緯である。

対立は、鉾に刻まれた銘をめぐる問題から発生した。「池辺長者」という銘は、仏並村と池辺一統にとって重要なアイデンティティに関わる問題であった。争論の内済条件の一つ、池辺本家に座の什物《じゅうもつ》である大般若経を保管することが規定されているのもこの点に関わっている。神主職を坪井村の澤家が世襲・独占している状況に加え、「金銀威勢《いせい》を以《も》って、古来より無き方《かた》の吉田家へ立ち入り、帯刀などの免《ゆるし》

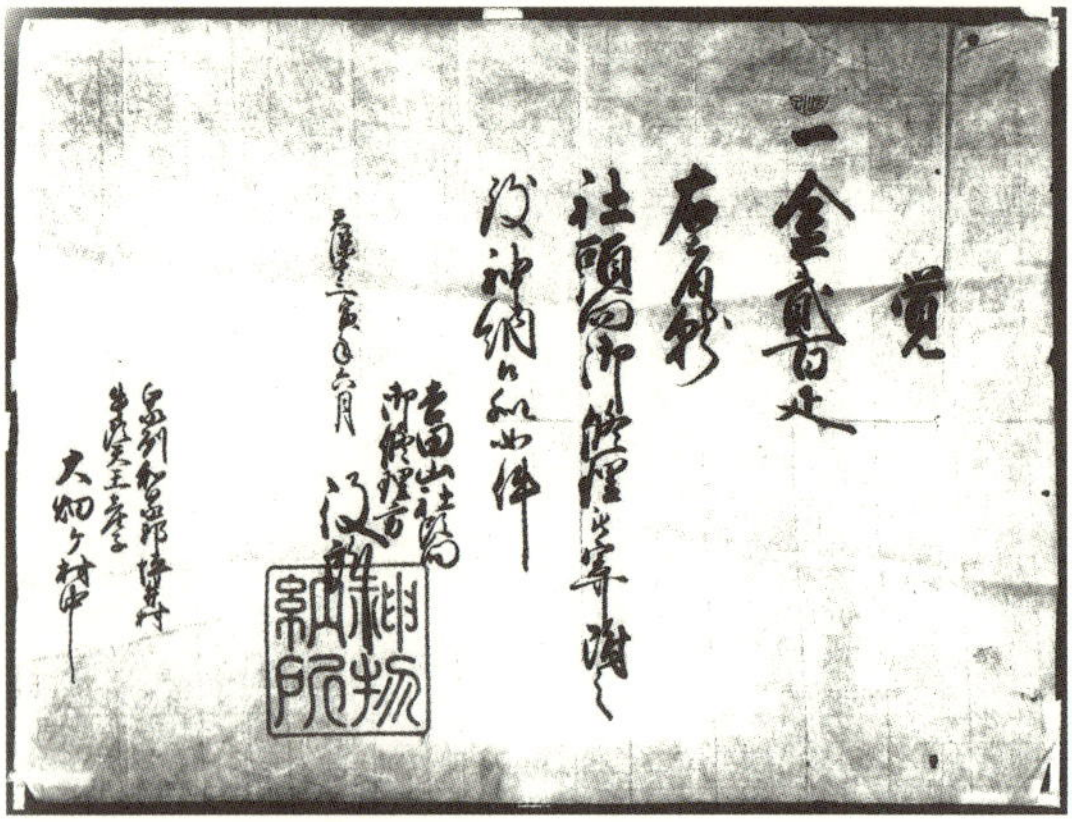

写真６　吉田山社頭向御修理神納受取状（澤家文書）

を受ける」澤家に対抗するためには、鉾に刻まれていた「池辺長者」銘は仏並村側にとっての拠り所であった。争論は、京都の小堀代官所での内済交渉を経て、解決に向かっていくはずであった。

しかし、この交渉の直前に先代神主が神殿に封印をしたことで内済が破綻となり、九月以降は対立が拡大していく。その際に、仏並村側が仏並寺を全面に押し出して訴訟行動を起こした戦略は、神主澤家を大きく動揺させたと思われる。ことは神社の本尊管理の問題であったから、仏並村・仏並寺側は、本山である高野山を後ろ盾として、真言宗両部神道（本地垂迹《ほんじすいじゃく》説）を持ち出し、自らが牛頭天王社の別当職《べっとうしょく》たらんと働きかけていく。それに対し、神主澤家側は、本所吉田家（唯一神道）をバックに付けて理論武装し、訴訟戦略を駆使して対抗する。

吉田神道（唯一神道）と両部神道、本所と本山の対立を呈してきた争論を裁くことができなかったためか、代官役所での判断が遅れるなかで、神職側は吉田家を通じて争論を堺奉行所へ持ち込むように働きかける。しかしこの問題を堺奉行でも裁くことができず、関東の寺社奉行へ廻すか、内済させるしかなかった。幾度かの内済交渉を重ね、堺御用達や一山寺院槙尾山、隣村有力百姓の力を借りてようやく和談に至っていく。和解内容からは、唯一か両部かという神道の問題は一切うかがえない。基本的には享保期の和解内容を確認しながら、本所・本山の教義はひとまず棚上げにしている。これまでの地域で培《つちか》ってきた慣習を踏襲するとともに、仏並村側が譲歩できるように、差し迫った建て替え費用の半分を神主澤家が負うことで、落としどころが設けられた。

しかし、従来の慣行に関する大きな変更は、和解の後に加えられていく。座家と称していることについて、本所吉田家が天明二年令に抵触しているとして問題視したことから、牛頭天王社の宮座は、吉田家による神職者編成のなかに組み込まれていくことになる（写真6）。

近世の神職者統制は、寛文五（一六六五）年「神主法度」と天明二（一七八二）年の再触が重要な法令であることは間違いない。しかし、横山谷をはじめ和泉の地域社会においては、それぞれの法令が宮座や神職者のありように影響を与えることはなかった。第2部でみたように、吉田家から神道裁許状を交付された神主は、春日神社（三林）、牛頭天王社（下宮）、牛頭天王社（仏並）、および五社惣社神社の神子だけであり、白川家の門人も信太明神と五社惣社神社の神職者、父鬼村の宮座に限られている。村や神職者側が時々の必要に迫られるなかで本所の権威にすり寄ったことで、はじめて本所による編成が進んでいった。

次節では、神主澤家が争論を進めていくなかで頼った、吉田家関係者との社会関係を見ていくことにしよう。

3　吉田家の神職者編成と神道「知識」

澤家の主張を支える

文化―文政期の争論のなかで、神主澤久太夫（および隠居蔀）は、多くの神道関係者と連絡を取りながら、「知識」を得、争論を優位に展開しようとしていた。ここでは、とくにこの一件において重要な意味をもった人物二人を取り上げたい。

大坂今宮村伊藤耕右衛門親子　伊藤耕右衛門は、坪井村庄屋で澤家の惣本家である徳十郎と兄弟関係にあり、神主とも親戚関係にある。蔀《しとみ》・久太夫親子は、争論の時期に耕右衛門親子と書状を頻繁に取り交わしている。八月晦日に京都へ向かう途上でも立ち寄って相談しており、さまざまな助言を受けている。たとえば九月五日の書状では、京都に滞在中の澤徳十郎・久太夫に対して、小堀役所の公事懸り役清水郡左衛門と関係が深い人物と懇意関係にあることを梃子《てこ》にして争論を有利にするよう助言し、また清水に対して金銭を渡すことで争論を有利に導くよう助言している。また九月六日書状では、仏並寺が高野山の添状のある願書を出している以上は、こちらも「御本所御力《ごほんじょおちから》」、すなわち吉田家の力がなくては対抗できないから、「生《い》田《た》」氏による助力を検討することを勧めている。翌日の書状によれば、耕右衛門が大坂にいる「生田」氏に対して、京都までの路銀《ろぎん》と「御本所（吉田家）御家老衆」や「典膳《てんぜん》・（安田）平馬」らへ渡す手土産費用を立て替えて払っている。伊藤と「生田」氏は心易い関係にあったらしく、生田に対して、「澤徳十郎が実弟であるから伊藤自身と思って相談に応じて欲しい」と頼んでいる。なお、久太夫は、今宮戎神社神主の津江氏とも争論中に何度か面会している。

大坂岩田町生田静司　本所吉田家の力を借りるために援助を頼んだ人物である。伊藤の表現によれば、「出入《でいり》神職一条」は「生田公」の「家業」であり、「（今回の争論は）生田氏に上京してもらわなければ、埒《らち》が明かない」と言う。とくに、伊藤は、生田が作成した訴状の返答書案文を拝読して感服しており、一〇日付の書状では「神祇道一筋の事であれば、生田氏に手抜かりは決してない」と厚い信頼をよせている。

この生田静司は、寛政一一（一七九九）年八月に、大坂の「吉田家用所《ようしょ》」に任命された人物である。生田の居宅に置かれた「用所」とは、大坂町奉行所と「西国筋《さいごくすじ》（吉田家）配下の神職え社用通路《しゃようつうろ》のため」、すなわち神祇道関連の用向きを円滑に行うことを目的に設置された吉田家の出張事務所である。生田はその事務担当者に就くことになった。同年一二月には、用所が摂津・河内・和泉・播磨を管掌する「神祇道取締役」の事務機能を兼ねることになった際に、生田は「神道方頭取」に任じられている。神祇道取締役は、天明二

（一七八二）年「神主法度」再触を前提に、天明五（一七八五）年頃に、①神職の綱紀粛正《こうきしゅくせい》をはかり、②宮座に免許状を与え、吉田家の配下へ組み込むことを目的に設置された。大坂では平野町神明宮《ひらのちょうしんめいぐう》や生玉神社《いくたまじんじゃ》などの神主が務めている。また「神道方頭取」は、神社を持たない町神職の頭取であり、大坂市中や町続在領の「神道方」門人を管理・統制していた。右で見た文化―文政の争論でも大坂の吉田用所として登場しており、まさに吉田家の神道・用務に通じ、「出入神職一条」を「家業」とする、専門家であった。

神の名前

こうした生田の本領が発揮された局面を、神主澤親子の間で交わされた書状からみておきたい。京都にいる久太夫から坪井村にいる隠居蔀のもとへ、「生田の助言を受けながら作成した返答書を九月一二日に小堀役所へ提出した」との連絡が到着する。蔀は、その連絡を受けて安堵《あんど》しつつも、京都にいる息子の神主久太夫に対して手紙を出して不安を吐露《とろ》している。そこでは、①「神体が仏像で、その前立《まえだち》に鏡や御幣《ごへい》がある神社の場合、別当《べっとう》職でなければ神祭ができないのか、また有髪《うはつ》の神主が務めてよいのかどうか」を、生田に尋ねるように頼んでいる。また、②小社（＝男乃社）の神体は神像に見えるものの古い作なので不明であること、および本社（＝牛頭天王社）の神体は、古代の先祖による作という言い伝えがあるが、姿は少し仏に近く、また「蓮（＝蓮弁か）」があるように

写真７　神社関係の史料を収納する文書箱（澤家文書）

見える。このことの対応も生田に尋ねるように頼んでいる。先代神主は、神社に祀られている神体を実際に目にしており、その姿が神像よりも仏像に近いという認識にあった。八月五日の段階で、神殿に紙で封印をし、他人が神体を見ることができないようにした隠居蔀の行為は、神体が仏像であるという認識があったためであろう。神仏習合の形態をもつ神社は誰が差配すべきなのか、隠居蔀には自らの立場を脅かされかねないという不安があったのであろう。

京都にいる神主久太夫は、父蔀からの手紙を受けて生田氏と相談したはずであるが、詳細は未詳である。これと関わると思われるが、神主久太夫から父蔀へ宛てた九月二二日付の書状によると、神主を務めている久太夫自身が、神社に祀られている神について十全な情報を持っていないという事実を知ることができる（写真8）。久太夫は、牛頭天王社には素戔嗚尊《すさのおのみこと》、男乃社には（彦）五瀬命《いつせのみこと》（神武天皇の兄。ちなみに下宮は神武天皇を祀る「宇刀」社）を祀っているという知識は持っていた。また、本社の三座のうち南の一つだけは神体箱を実際に拝見したことがあったらしく、「神明棚《しんめいだな》社にて扉付《とびらづけ》」であったと述べている。しかし、牛頭天王社には扉が三つ、男乃社には扉が二つあることの理由を知らなかった。それぞれに神体が一つずつあるのかどうか、またその神名が何であるのかについて、父に問い合わせている。神主とはいえ、実際に扉を開けて神体を拝む機会がなかったとみられ、上下遷宮の際に見たであろう父に対して問い合わせたのである。また書状では、父蔀でもわからない場合、ご神体については「生田と相談し、時代に不都合がないようにする」と述べている。

九月二八日の書状では、「両社御神名の儀は、生田と相談の上で別紙の通りに決めた」と述べている。争論ののちに作成された「氏神神輿《みこし》飾鉾銘《かざりほこめい》出入《でいり》一件留《いっけんとめ》」という記録の冒頭には、牛頭天王社の本殿に「素戔嗚《すさのお》尊《みこと》」、その両側の相殿に「天照皇太神《あまてらすこうたいじん》」と「奇稲田姫《くしなだひめ》神」を記し、男乃社には「高産霊尊《たかみむすび》」と「彦五瀬命《ひこいつせのみこと》」（彦

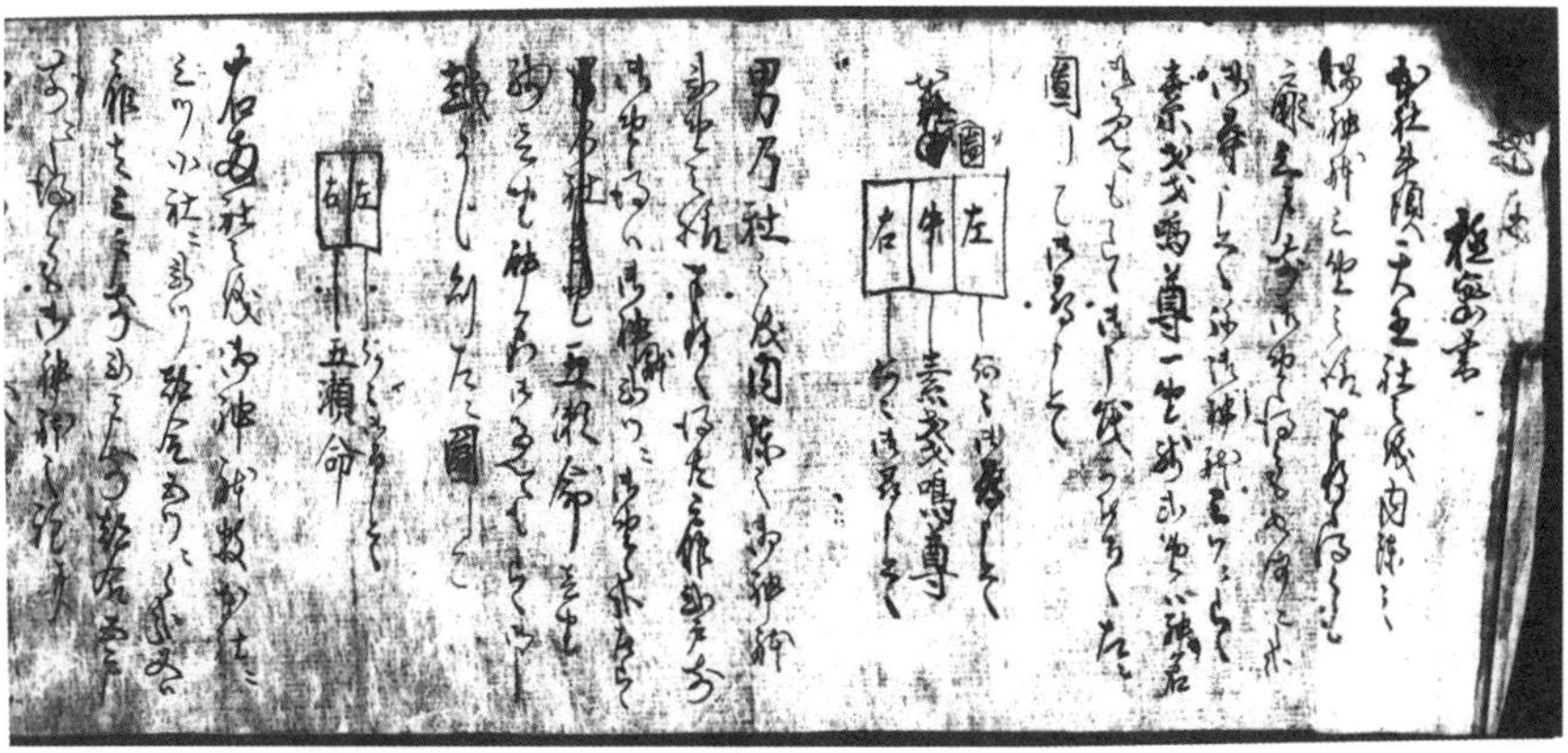

写真８　「極密書」（澤家文書）

は尊称）が並べて記載されている。

　こうして、牛頭天王社と、同境内にある男乃社に祀られている神体の名は、文化一四（一八一七）年九月二二日から二八日の間に京都で行われた、神主澤久太夫と吉田家大坂用所役人生田静司の相談によって、「決定」されたのである。

本所吉田家の「知識」

　牛頭天王社（仏並）宮座争論が始まる直前に、春日神社（三林）においても激しい争論が起こっている。神主横田家と、社僧寺である施音寺《せおんじ》（の本寺である高野山蓮明院）との間で、神社の神体管理や吉田家から享保三（一七一八）年に拝領した宗源宣旨《そうげんせんじ》や御幣などの所在をめぐって対立している。この争論でも、唯一神道と両部神道という神道をめぐる考えを根拠にしながら争論が展開する。その際、神主横田氏を理論的・方法的に支えたのが、京都吉田家の泉州国掛安田平馬であり、安田が和泉へ派遣した生田静司であった。安田は横田氏へ送った書状のなかで、生田のことを「拙者熟意《じゅくい》の仁《じん》」であるから、安心して相談するようにと述べている（室堂・横田家文書）。神職者らが自らの立場が脅かされそうになった際に依拠しようとしたのが、神道に関する「知識」と、神職身分の保証をする本所吉田家であった。

　本所吉田家は、白川家の勢力に対抗して天明二（一七八二）年の「神主法度」の再触を梃子《てこ》として、大坂や堺に用所・取締役・頭取を配置して、自らの支配下の拡大を図っていた。こうした吉田家の働きかけが即座に和泉の地域社会まで浸透することはなかったとみられる。しかし一九世紀前半の段階に、自らの立場が脅かされそうになった神職者らは、本所吉田家へ接近し、吉田家が有する「知識」を活用することで、自らの立場を確保しようとした。その際に、生田静司のような吉田神道の「知識」と訴訟の専門家が、本所と地域の神主との関係を取り結ぶ重要な役割を果たしていた。

4　泉州吉田門下の組織化と泉州掛

堺の用所と神祇道取締役

泉州と京都吉田家および大坂の「用所」との間には、堺がある。吉田家は、泉州における神職者の統制・編成のために、一九世紀初頭に「泉州表一ヶ国神道方頭役」を設け、堺神明宮《しんめいぐう》の神主野口土佐《のぐちとさ》をその職に当たらせていた。野口は、三林村春日神社争論、仏並村牛頭天王社争論の際には「堺用所」（出張所担当者）として登場する。一九世紀に入ってから勧請《かんじょう》される南王子村の牛頭天王社の勧請式を担った大津村（泉大津市）の神主杉谷大和は、「神祇道の礼を妨」げているとして、「京都吉田殿出張所堺神明神主野口土佐」の代理「長尾保」から訴えられている。南王子村はこの指摘を受け、急いで京都吉田家へ赴き、吉田家の千葉安芸守から「御神体」の勧請と「御免許」を受け取っている（『奥田家文書』）。

野口土佐は天保一二（一八四二）年閏《うるう》正月に「万端《ばんたん》不《ふ》行《ゆ》き届《とど》き」として職を解かれ、後任に堺の旭神明宮《あさひしんめいぐう》神主佐々木小平太が就くことになる。佐々木自身が記した記録によれば、彼は紀州海士《あま》（海部）郡《ぐん》加茂谷橘本村の出身という。幼少時に出家し、有田郡《ありだぐん》藤並土生村の禅長寺へ弟子入りした後、一八歳で有田郡湯浅廣山本村の光明寺（浄土宗）へ移り、修行を経た後に、文化九（一八一二）年二七歳で上京して、緋衣綸旨《ひえりんじ》を獲得して藤並村称名寺の律山上人となっている。しかし文化一二（一八一五）年に僧としての人生を止め、檀中の娘を娶《めと》って還俗《げんぞく》し、堺の少林寺町へ転居する。堺ではさまざまな稼ぎをしていたが、人の勧めを受けて「神職」となることを志し、堺少林寺町の稲荷明神などで参籠・水行を重ね、文化一五（一八一八）年にようやく「神職」になれたという。その後文政四（一八二一）年に野口土佐の取次ぎによって「神祇管領当御殿（吉田家）」へ入門し、神道の免許を受けていく。当初は少林寺町で神職をしていたが、天保三（一八三二）年に、堺の沿岸を埋め立てて造成された新地に旭神明社を創建して移っている（「堺市史史料」）。

幼いころから修行を積んで、緋衣綸旨も受けた浄土宗の僧侶（律山上人）が、還俗したのち、堺の少林寺町の住人となって生業を営み、そのなかで選んだ職業が、町神職であった。こうした堺における聖俗入り交じった町神職の一定部分は、吉田家「神道方取締」を担う野口土佐によって掌握され、編成されていったと見られる。野口によって組み入れられた佐々木が、今度は吉田家の堺用所を務めるようになる。これに対して泉州の神職者統制を担ったとみられるのが「神祇道取締役」である。時期によって人物は異なるが、確認できるところでは、大井関大明神（日根神社）神主井原出雲や石田村八幡宮神主木村左京（ほかに金熊寺村矢野大蔵太輔）などが就いていた。

触の伝達と吉田家の神職者

泉州在方における神職者の横断的な組織化・集団化がどのようになされていたのかについては、不詳な部分が多い。神主を務め、吉田家配下に属した家の史料群から、その様相の一端を垣間見ておこう。一つ目は、天保八年以降のものとみられる、松岡左近（吉田家泉州掛・吉田山社頭向御修理方）が牛頭天王社（仏並）

の神主澤久太夫へ宛てた書状である（澤家文書）。①「神祇道取締」のため、堺奉行の承認を得て日根郡金熊寺村矢野大蔵大輔・日根野村井原出雲守（大井関大明神）の両名に教諭役を命じたことを連絡するとともに、彼らが澤家周辺へ教諭に赴いた場合には心添えを依頼している。また②（京都吉田家の）「齊場所太元宮御修理」のため、「御助成御寄附帳」を渡し、「産子信仰の輩」からの寄付を集めるよう要請している。

二つ目は、大井関神社神主井原出雲から、泉州の神職者に対して出された廻状である（横田家文書）。年代は記されていないが、「子」という干支と内容から、天保一一（一八四〇）年のものと見られる。井原が直接それぞれに訪問した際に依頼した「御本所齊場所」に対する寄付銀が、期限の七月中を過ぎても集まっていないことについて督促したものである。「齊場所」とは、吉田家が「神祇管領長上職」であることの根拠として重要な建造物である。それを修理するための費用が吉田配下の神職者に求められた。井原は吉田家の「神祇道取締役」として泉州にいる吉田家配下の神職者の所へ寄付銀の取り集めに廻っている。宛先に見える一〇人が吉田門下に編成されているものということになろう（表1）。

安政七（一八六〇）年正月十三日に江戸城が炎上したために、幕府が全国に募った冥加金令が正月一五日付で吉田家家老と泉州掛松岡右近から吉田家配下の神職者のもとに廻達されている。宛先にみえる七人が、本所吉田家側が把握していた、泉州における吉田家支配下の神職者（の一部）ということになる（表1）。

以上の史料から、幕末期段階の泉州における吉田家配下の神職者に関して注目される点を二点指摘しておこう。

幕府の触れが本所吉田家を通じて廻っているように、一九世紀には本所吉田家によって配下の神職者を統制する回路が存在し、その統制を泉州神祇道取締役が担う体制が整えられつつあった。ただし、二つの廻状には重複しない人物も多い。その理由として考えられるのは、編成される神職者の階層性である。同じ吉

	天保11（1840）年		安政7（1860）年正月15日	
差出	日根郡　（泉佐野市）	大井関　井原出雲	吉田殿家泉州掛り	松岡右近
宛先	**横山谷西部2ヶ村立会 牛頭天王神主**	**坪井村沢久太夫**	**泉郡坪井村 牛頭天王社神主**	**澤三太夫**
	横山谷東部7ヶ村立会 牛頭天王社神主	**下宮村葛城甚太夫**	**泉郡下宮村 牛頭天王社神主**	**葛城定太夫**
	池田谷7ヶ村立会 春日神社神主	**室堂村横田肥後**	**泉郡三林村 正一位春日大明神祠官**	**横田肥後**
	（所属未詳　神子）	浦田村藤原上野	南郡岸和田浜（岸和田市） 恵比須祠官	杉原官太夫
	（五社惣社　神子）	府中村神子河内	日根郡長瀧村（泉佐野市） 蟻通大明神神主	木戸松太夫
	南郡　（現岸和田市）	山直中村畠中太兵衛	日根郡鳥取村（泉南市） 波多乃両社祠官	木村帯刀
	南郡　（岸和田市）	山直中村藤清文右衛門	〃	山本安芸
	南郡　（岸和田市）	山直中村平臣嘉左衛門	—	
	日根郡　（貝塚市）	加治村田中大和	—	
	日根郡　（貝塚市）	脇浜村早崎瑞穂	—	

表1　泉州の吉田配下神職者への通達　典拠：坪井・澤家文書、室堂・横田家文書

田家配下の神職者といっても、和泉五の宮である大井関神社の神主を世襲し、神祇道取締を担う井原のような者から、府中村や浦田村の神子のような者まで多様に存在している。そのため「齊場所」建設にともなう寄付金の要請の廻状は、未納者だけが宛先に記され、すでに納入した者は宛名から除かれた可能性がある。また江戸城火災後の復旧を目的とした冥加金は、比較的大きな神社の神職に対してのみ出された可能性がある。それゆえに、史料によって登場する人物が異なったのかもしれない。詳細は今後の研究に委ねるほかないが、和泉には、神社を構えた世襲の神職者から、町神職や神子などの流動的・不安定な存在まで多様な者が存在し、彼らに加え、百姓である宮座の長老までもが吉田家配下として掌握されていった。

とはいえ、各所の神職者同士で関係を取り結んでいたことが注目される。吉田家へ入門する際に仲介し、争論の際には情報・知識を交換し、協力しあって事にあたっている。また春日神社（三林）の神主横田家に伝わる安政二（一八五五）年の「地鎮祭略式」は、日根神社神主井原出雲から牛頭天王社（下宮）の神主葛城定太夫へ授けられて書き写されたものである。神職者としての立ち位置を安定的に確保し、神道の知識を得る際に、近隣に存在する

吉田家配下の神主や吉田家（泉州掛役人、大坂用所、堺用所、神祇道取締役）の存在は、大きな助けになったはずである。必要に応じて結ばれる人と人との関係を介しながら、それぞれの立場の必要に応じて、本所の支配は地域へ浸透していった。これにより、地域ごとに多様に行われてきた宗教的な民俗行事が、本所から授けられた祭式方法の影響を強く受けていくことになる。

第6章　大工組

町田　哲

近世の人が家を建てるとき　——ある建家願いと許可状

天保五《てんぽう》（一八三四）年三月、小田村《おだむら》の善兵衛《ぜんべえ》は、自宅を新たに建てようと、同じ小田村に居住するなじみの大工又右衛門に家普請《いえふしん》を依頼した。家の大きさは、桁行《けたゆき》七間《けん》・梁間《はりま》三間半（約一三メートル×六メートル）、一間幅の屋根庇《ひさし》がめぐらされた大きな家で、屋根はすべて瓦葺《かわらぶき》と計画されていた。家普請をする際に、近世社会では次のような届け出を大工自身が提出する必要があった（小田・髭家文書）。

恐れながら書き付けをもって願いあげ奉《たてまつ》り候《そうろう》

一橋様《ひとつばしさま》御領知《ごりょうち》

泉州泉郡小田村百姓

持高三拾石余　善兵衛（印）

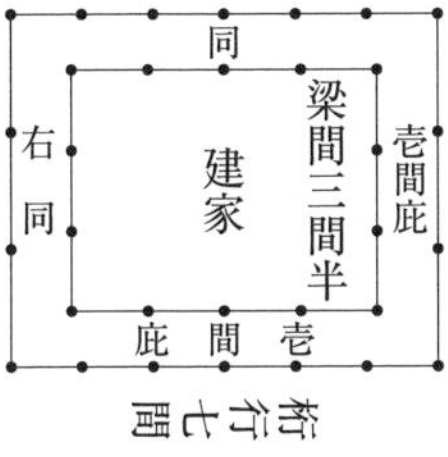

梁行三間半
桁行七間
四方壱間庇
屋根惣瓦葺

右建家《たてや》、絵図の通り屋根瓦葺にて新建仕《しんたてつかまつ》りたく候につき、御地頭様《おじとうさま》え御願申《もう》し上《あ》げ奉り候ところ、御《お》聞届《ききとど》け成《な》し下《くだ》され候につき、作事《さくじ》の儀は私請負《うけおい》仕りたく、恐《おそ》れながら御願い申し上げ奉り候通り、細《さい》

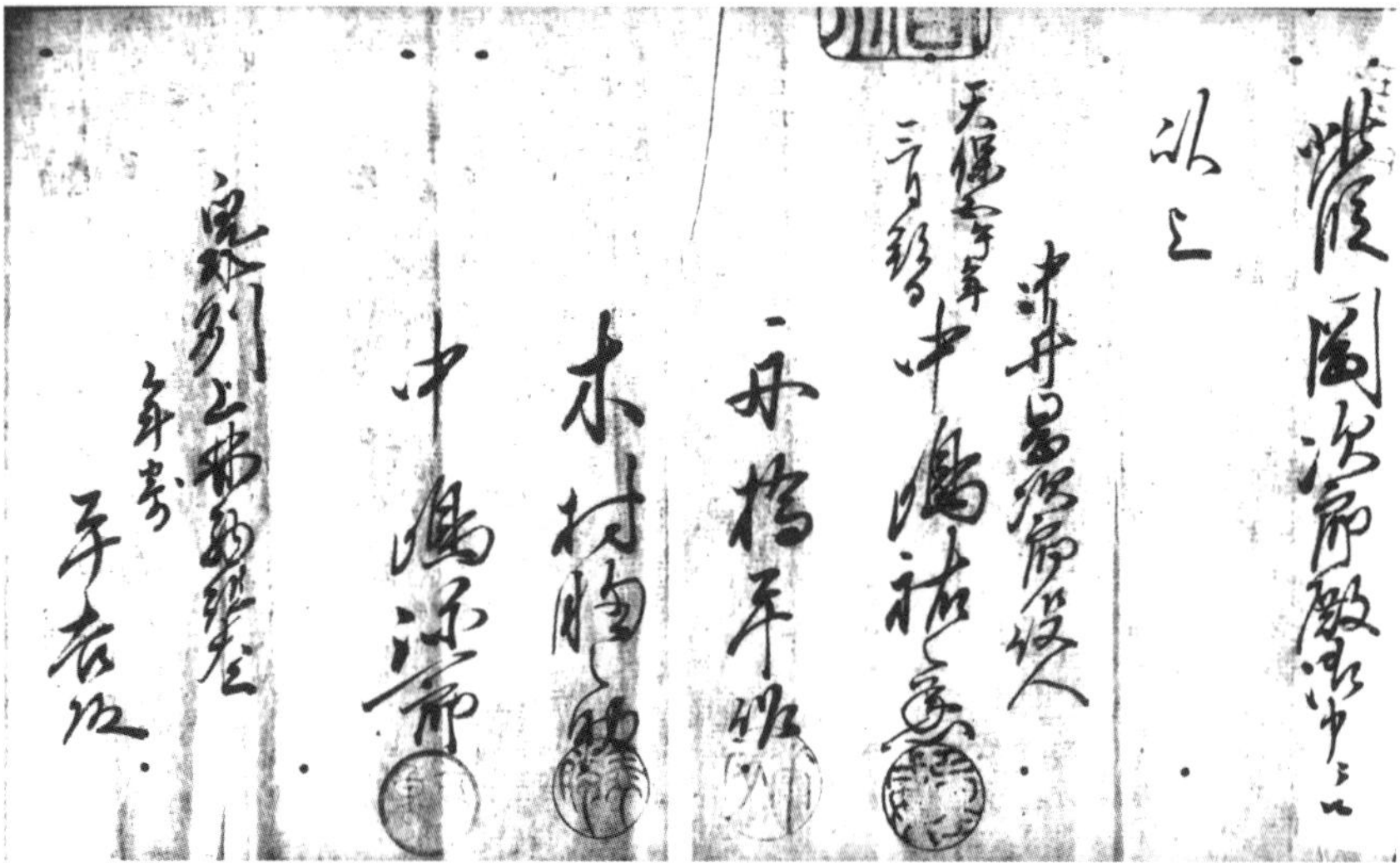

写真1　中井家役人の署名　（小田・髭家文書）

工《く》仰《おお》せ付《つ》けさせられ下され候《そうら》へば、有《あ》り難《がた》き仕合《しあ》わせに存《ぞん》じ奉る
べく候、以上

天保五年午三月　泉州泉郡西組請負大工　小田村又右衛門（印）

同州同郡内畑村年寄　平吉（印）

中井《なかい》岡治郎《おかじろう》様御役所

（継印）

一橋様御領知泉州泉郡小田村持高三拾石余百姓善兵衛家、梁行三間半・桁行七間・四方壱間庇《ひさし》・屋根惣瓦葺普請のこと、村方《むらかた》役人ならびに家主《いえぬし》より御地頭え相願《あい》い、別条《べつじょう》これ無きにおいては、細工致《いた》すべき旨《むね》、請負大工へ申し渡さるべく候、この段、岡次（治）郎殿御《お》申しに候、以上

割印

天保五午年三月朔日

中井岡次郎役人
中嶋祐之丞（印）
舟橋　平作（印）
木村胸之助（印）
中嶋弥一郎（印）

泉州上林西組大工　年寄　平吉殿

前半は、大工又右衛門が、内畑村《うちはたむら》の上林西組大工年寄・平吉と連名で中井岡治郎役所に提出した書類である。小田村の所持高三〇石余の百

姓善兵衛家を、前記のような規模・形態で新築することを、一橋領知役所（大坂川口）に善兵衛から願い出てすでに許可を受けており、ついては「作事」（建築）を請負うことを許可してほしいと、京都にいる大工《だいく》頭《がしら》「中井岡治郎様御役所」に願い出ている。後半は、前半の願書に貼り継いだ文書で、継印《つぎいん》（紙の継目を証明する印）が押されている。「中井岡治郎」の役人四人が、前掲平吉に宛てたもので、建築の許可を「請負大工」つまり又右衛門に申し渡すように指示している。前半の願出が大工頭によって許可されたのである。

＊なお、こうした許可証は、本来、大工組年寄（この場合でいえば平吉）あるいは請負大工（又右衛門）の手元にセットで残されるべきものであった。しかし、後述するようにこの善兵衛家の普請をめぐって、その後、大工組同士の争論が起きている。その結果この文書が証拠書類として必要となり、偶然にも施主である善兵衛家に残されることになったものと考えられる。

では、和泉国の大工が、京都の大工頭の中井家に願い出なければならない理由は何だったのだろうか。また、平吉や又右衛門が所属していた「上林西組《かんばやしにしぐみ》」のような大工組とは、そもそもどのような存在だったのだろうか。さらに善兵衛のような施主側は、大工であれば誰でも依頼できたのだろうか。市域では、大工仲間の家に残された文書（大工仲間文書《だいくなかま》）はいまのところ発見されていないが、旧家の古文書の中には、近世の大工をめぐる文書が断片的ながら残されている。以下では、こうした古文書を読み解きながら、大工の仲間組織である大工組と、施主である百姓との関係を探っていこう。

1　近世前期の大工組と大工頭中井家

大工頭中井家

大工頭中井家とは、もともと法隆寺大工を中核とする大和《やまと》大工を編成する存在であった。しかし、慶長一五（一六一〇）年からの名古屋城建設をはじめとする公儀普請《こうぎふしん》に際し、幕府が中井家を介して、各地の大工を掌握し大量動員しようとしたのをきっかけに、中井家による職人編成が進展した。その理由は、ひとつには大規模な城郭造営《じょうかくぞうえい》のためには、多様な技術編成が必要であったからである。今ひとつの理由は、それまで大工仲間同士に顕在化《けんざいか》したテリトリーの競合や、各領主による恣意的《しいてき》な支配を解消させ、大工を動員体制下に編成する見返りにその職分《しょくぶん》・経営を保障させようという意図があったからである。加えて、寛永《かんえい》一二（一六三五）年の諸役免除によって、諸職人は、役《やく》を務める義務を負う代わりに百姓役《ひゃくしょうやく》・町人役《ちょうにんやく》を免除され、百姓・町人とは異なる独自の身分として認定されることになった。

こうして大工役等の役を務める者が、正式の大工と公認される仕組みが、中井家―大工組という職人集団を介してできあがったのである。中井家は、五畿内《ごきない》（山城・大和・摂津・河内・和泉）・近江の計六ヶ国に簇生《そうせい》していた職人（大工・大鋸《おが》・木挽《こびき》）の組織を、役を梃子《てこ》に組織化し、大工頭として、近世前期に定着した存在であった。寛永期には大工頭中井家のもとに六ヶ国で九三組以上、二千数百〜三千人程度の大工が組織されていた。

大工役と諸役免除

ところで、大工が公儀普請に大工頭中井家―大工組を介して動員・編成される形態は、京都御所の内裏《だいり》造営等、近世を通じて存続する。一方、これら大工役を務めることで免除された諸役とは、労役《ろうえき》である夫役《ぶやく》（千石夫《せんごくふ》・江戸六尺《ろくしゃく》・追立夫《おいたてぶ》）や伝馬役《てんまやく》、国役堤《くにやくつつみ》普請、縄藁《なわわら》入草《いぐさ》等の供出、鷹の餌《えさ》・犬の供出、竹木の持ち出しであった。本来これらは、居住地である村を介し、所持高に応じて賦課される百姓役であり、村に居住する大工ら職人は、職人役を負担するので、これらの諸役は免除されていた。ただし、職人が屋敷や田畑を所持する場合には、年貢は負担しなければならなかった。

　では諸役はどのように免除されていたのだろうか。一七世紀末の池田下村の大工の場合をみてみよう（表1）。当時、池田下村には大工（「役《やく》大工《だいく》」）が三人いたが、「公儀御《ご》赦免《しゃめん》引高《ひきたか》」として六七石五斗一升八合が中井家にも認定されていた。

元禄4（1691）年11月　池田下村の大工役引高			
古検（役引）高（石）			
67.518	内	57.435 10.083	古検高での引高分 府中村の大工役引高からの加算分

正徳2（1712）年10月　京都町奉行による大工高改			
役引高（石）			
67.5180			（元禄4年古検　増加分を含む）
-33.6681 -16.2420			延宝検地にともなう減少分 大工九郎兵衛所持高減少分
17.6079			正徳2年時の大工役高
	内	12.3250 5.2726	太兵衛　（15.7867石　新検地時の減少分） 平九郎　（17.8814石　新検時の減少分）

表1　池田下村の大工役引高　高橋家文書により作成。

役引高とは、本来、大工が所持する田畑の高で、その田畑に賦課される諸役分が免除されたのである。ただしこの六七石余の役引高は、古検地で算定した高五七石四斗三升五合に、元禄四（一六九一）年に「大工頭」の指示で府中村引高からの一〇石八升三合を加えた高であるという。

　また、この池田下村の役引高は、三人の大工によって分割されていた（表1）。正徳二（一七一二）年の京都町奉行による大工《だいく》高改《だかあらため》に際し、池田下村では、役引高から新検地《しんけんち》（延宝検地）にともなう減少分を「新検減《しんけんげん》」として高三三石六斗余を除いて調整し、さらに大工三人のうち九郎兵衛の「持高退転《たいてん》」分の高一六石二斗四升二合を除いている。九郎兵衛は、延宝検地までの間に所持地を失う等で大工引高を失ったのであろう。そして残る高（「有高《ありだか》」）のうち、大工太兵衛が高一二石三斗二升五合、大工平九郎が高五石二斗七升二合六勺として、それぞれの役引高が計上されている。なお、これらの役引高を持つ大工は、親《おや》方層《かたそう》とここでは想定しておきたい。

　本来は、こうした大工個々人の所持高の総和が、当該村の大工役引高であったはずであるが、一七世紀末以降は、役引高六七石五斗一升八合が池田下村における大工の役引高として固定されている。例えば、宝暦七（一七五七）年八月には池田下村の大工二人（儀左衛門・太兵衛）が、大工頭からの大工役引高調査に際し、高六七石五斗一升八合と報告することを領主一橋役所に届け出ている。

このように、役引高は本来、大工が所持する土地に賦課される諸役の免除を示す特権を意味していたが、遅くとも一七世紀末には村ごとに固定されたと考えられる。

和泉国の大工組と大工組頭

一七世紀段階、和泉国では堺市中を除く四郡（大鳥郡・泉郡・南郡・日根郡）それぞれに、大工組頭を中心とする大工組が存在した。郡単位の大工組である。元禄七（一六九四）年七月に作成された和泉国のある大工組の仲間定《なかまさだめ》をみよう。これとほぼ同様の仲間定が元禄五～九（一六九二～九六）年の間に、五畿内・近江の各大工組で制定されている。その内容は基本的に中井家側が制定したものであるが、少なくとも和泉国の場合、大工組頭が中井家に宛てて、「泉州の大工が猥《みだ》りにならないように、他国と同様に『大工中ヶ間支配《しはい》書付《かきつけ》』を制定し、泉州の大工たちにも守らせるようにしたい」と願い出たことで下付されたという経緯がある。仲間定の制定によって、組内を統制しようという大工組頭の動向が存在したのである。

その「仲間定」の内容は次のようなものである（『樽井町誌』所収史料の現代語訳）。

仲間定めのこと

①公儀の作事方法の厳守。寺社はもちろん百姓の家であっても、新たに建築する場合は、組頭の判をそえて中井家に伺いを提出し、許可を得ること。
②京都での御用細工に遅れないこと。
③組中の寄合への不参や、仲間作法に反する者がいれば、必ず報告すること。

④遠方で雇用された場合、施主に支障をきたさないこと。
⑤作料《さくりょう》は施主と相対で、世間並《せけんなみ》の額とすること。
⑥雇われ先で食のえり好みをしないこと。
⑦他国大工と一緒に細工することはもちろん、他国大工を弟子にして細工させることも、決してしないこと。
⑧「無役」大工を組に入れたい者は、必ず組中に相談の上で、従来からの作法のように「組入《くみいれ》」させること。組外の者や他国・他郡の大工を「弟子分」などとして勝手に細工させないこと。もし「組入」もなく勝手に細工した者がいれば、御法度を申し聞かせ、それでも納得しなければ、すぐに中井家に報告し、作業現場を差し押さえること。
⑨先達《せんだっ》て念を入れて命じられたように、他組の大工を「支配所」（組のテリトリー）に入れて細工させる場合には、その組頭に届け出た上で細工させること。もし届出も無く勝手に細工した場合には、中井家に報告し、仲間から除外すること。
⑩仲間入用《いりよう》の公正な負担をはかること。
以上の内容について、組中で相互に守ること。もし我侭勝手な者がいた場合には、京都中井家に報告し、細工禁止とする。以後、お互いによく注意し、仲間内に不平不満がないようにすること。そのため、以上の内容をよく心得て、連判によって定めることとする。

ここでは全体的に、作事法度の遵守・御用作事への勤仕《きんじ》といった大工頭中井家と各大工組との縦の関係の統制と、大工仕事の作法・組仲間運用規定など、大工組内部の問題を処理する横との関係の規定がなされている。第一に、作事方法の厳守（①）、冒頭の事例でみたような新築時の許認可制度（①）、御用の勤仕（②）

などは中井家による支配系統の徹底を意図するものである。第二に、組中寄合の出勤（③）や組内での仲間入用の取扱い（⑩）、あるいは施主側への誠実な対応を求める内容（④⑤⑥）は、組内運用や仲間内の取締りに関する規定である。

そのうえで第三に注目したいのは、⑦⑧⑨の内容である。ここで念頭におかれている事態は、他国大工との協業（⑦）、「無役《むやく》」の加入や協業（⑧）、他組大工との協業（⑨）など、いずれも組構成員以外の大工との協業をいかに取り締まるかという点である。他国は論外とされ、「無役」大工の組入れや他組大工との協業に際しては、必ず事前に組頭や組中全体の了解を得ることが求められ、これを守らない場合には、組として差押さえ（⑧）や仲間からの除外という厳しい処分が下されることが規定されている。和泉国の大工組でこうした事態がどれだけあったのかは一切わからないが、少なくとも、ここでの仲間定では中井家が一方的に大工組を統制したのではなく、組内で惹起《じゃっき》していた問題群、とりわけ組構成員以外の者をいかに排除・統制していくのかという点が課題となっている。前に述べたように、和泉国の場合は、組の組頭が、中井家—組の関係を梃子に、組内部の統制を図ろうとしたのであるが、一方ではこうした組内の課題に対処しようとする組頭の運動方向を、中井家側が吸収しながら、六ヶ国大工のさらなる編成・整備を果たそうとしていたのである。

事実、和泉国にはこの仲間定に納得しない大工が存在した。和泉国の大工組四組のうち三組は、全員この仲間定に納得したが、南郡春木村（岸和田市）の大工組頭太郎左衛門を中心とする「太郎左衛門組」一二〇人のうち、一九人が納得せず、このうち一〇人が中井家に訴訟を起こしたのである。中井家側が定書の内容を彼らに申し含めると、彼らはいったん引き下がったが、帰国するや言《げん》を翻《ひるがえ》し仲間定に判を押すことを拒否している。さらには「組頭が組の大工から多くの費用を徴収している」と主張した。結局、彼らのこうした「我侭《わがまま》の働《はたらき》」が不届《ふとど》きであると判断され、元禄九（一六九六）年七月、首謀者である泉郡高月《たかつき》村宇左衛門・北出《きたいで》村清左衛門・忠岡《ただおか》村庄次郎の三人の大工が、大工職停止・六ヶ国での細工禁止を命じられている（岸和田高校所蔵文書）。彼らはいったい仲間定のどこが不満だったのだろうか。

注目されるのは、大工職停止となった三人が、泉郡でありながら、南郡を中心とする太郎左衛門組に編成されていた点である。彼らの地区（現在の泉北郡《せんぼくぐん》忠岡町の範囲）は、貞享《じょうきょう》五（一六八八）年にも分派活動を展開しており、大工組頭太郎左衛門への不満が潜在化《せんざいか》していたものと考えられる。特に仲間定でいえば、他国・他郡の大工を弟子とすることを禁じる条文⑧がある。同じ組内でも「他郡」の大工である彼らにとって不利な条文といえよう。このように分派を目指す組下大工の動向と、大工頭中井家の編成を利用しながら彼らを抑え、自己の組を秩序づけようとする組頭太郎左衛門の動向とがせめぎ合っていたことが読み取れる。

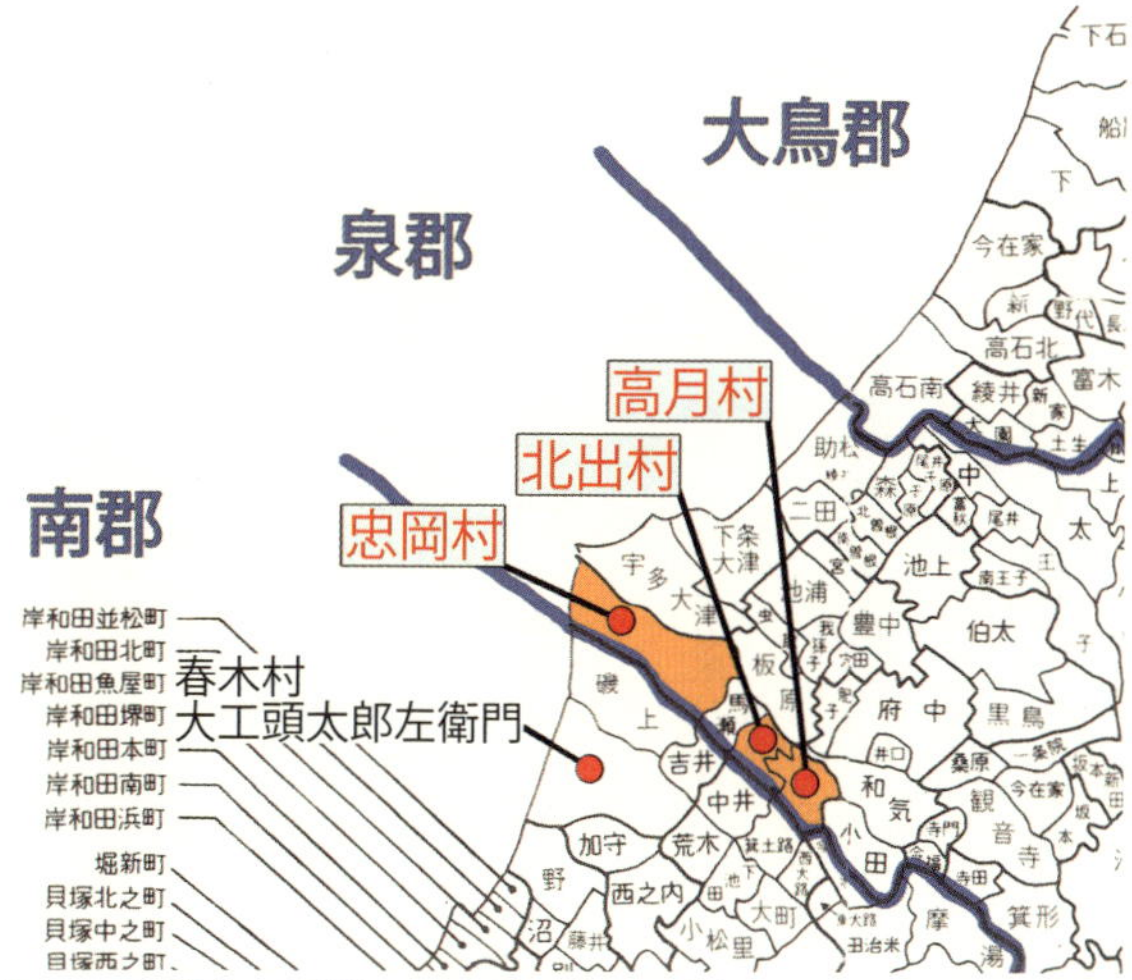

図1　仲間定に反対した泉郡の大工の村むら

大工組の変容

こうした葛藤を抱えながらも、和泉国では一七世紀中は郡単位に大工組が存在したが、一八世紀に入ると大工組の細分化が展開する。例えば泉郡では、当初府中村次郎兵衛ないし重右衛門を大工組頭としていたが、元《げん》文《ぶん》元（一七三六）年には組の内部に四人の年行司が存在するようになる。おそらく組内に地域ブロックが形成されつつあったものと推察される。そして遅くとも宝暦二（一七五二）年以降には、大津組・上林《かんばやし》組といった組名が現れる。事実、安永七（一七七八）年三月の上林組大工組頭太郎兵衛と大津組の箕形村《みがた》大工作左衛門との争論文書において、それまでの府中組が、上林組と大津組とに「三拾ヶ年余已前ニ組分り」となったと記されている（万町・高橋久雄氏所蔵史料）。およそ一七四〇年代に上林組と大津組が分立したのは確実とみてよい。さらに一八世紀末には上林組から上林西組が分立する。こうして、最終的には幕末期に、和泉国四郡で九組の大工組（熊取組・佐野組・岸和田組・川縁組・大津組・上林西組・高石組・高石向寄《もより》・上林組）が存在することになった。

2　大工組のテリトリー

「働場所」絵図

以上のような変遷を遂げる大工組は、「働場所《はたらきばしょ》」と呼ばれるテリトリーを持っていた。図2は、一九世紀初頭の泉郡における働場所の分布を示した絵図である。基本的に泉郡の範囲が描かれているが、西側は牛滝川を境目としているために、例外的に南郡である山直谷の村むら（積川《つがわ》・三田《みた》・今木《いまき》など）を含んでいる。また、南郡を「南泉郡」、高月を「高槻」としたり、泉郡である内畑村を「南泉郡」の範囲とするなどの誤りがあり、注意が必要な部分もあるが、大工の働き場所について知ることのできる貴重な史料である。

働場所の単位となっているのは、村請制《むらうけせい》の村とは限らず、むしろ村請制村内部の集落（生活共同体）ごとになっている。例えば三林村《みばやし》であれば「三林」「川中《かわなか》」「上林《かんばやし》」の三集落によって構成されるが、ここでは各集落が働場所の単位となっている。また仏並村《ぶつなみ》であれば「仏並」「大畑《おばたけ》」「小川《こがわ》」がそれぞれ働場所となっている。

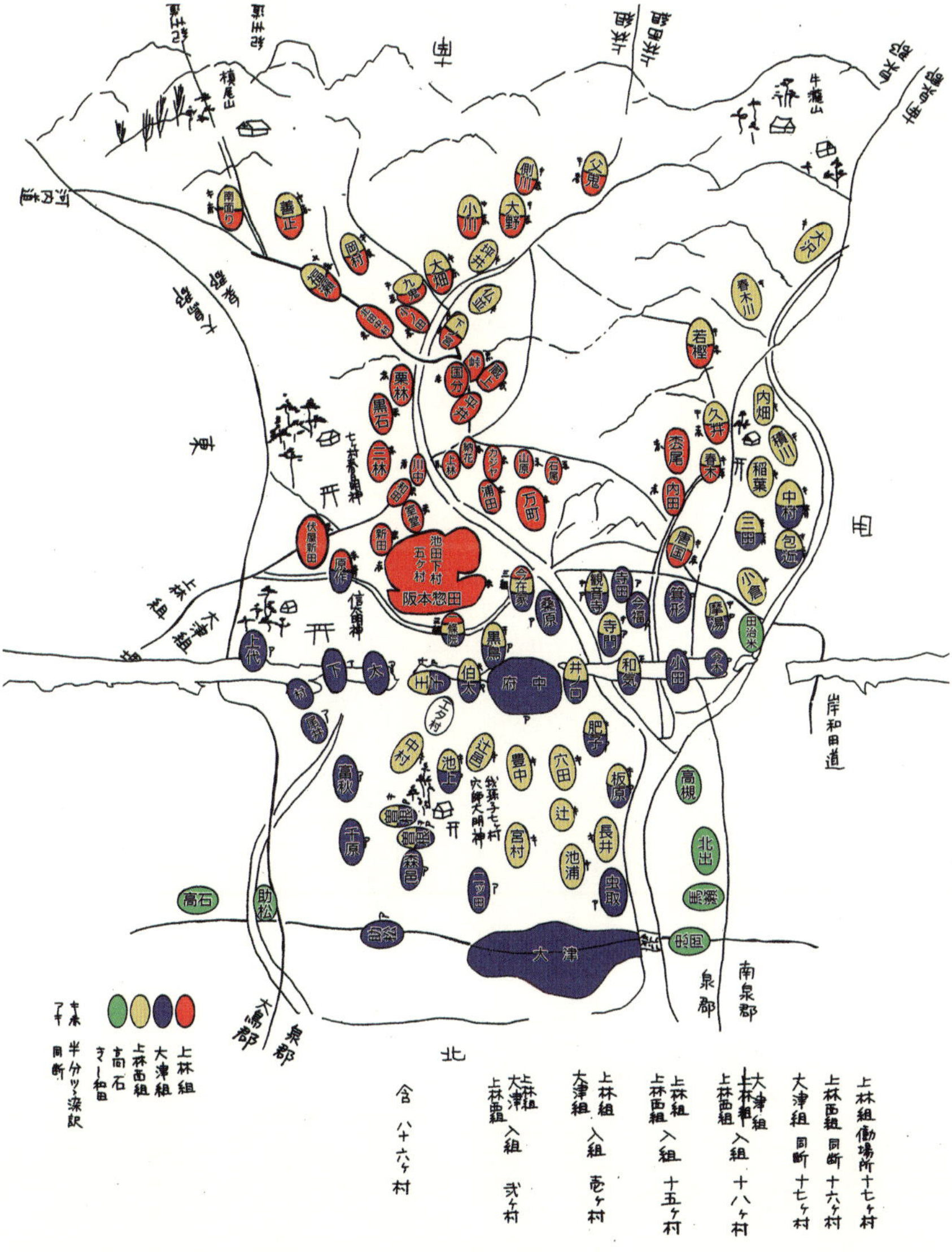

図2　19世紀泉郡の大工働場所　内田・河野家所蔵の絵図をトレース、彩色・加工した。「阪本惣田」は「坂本新田」、「高槻」は「高月」に相当する。

さて、ここで重要なのは、組ごとの働場所の区分である。大津組（青色）・上林組（赤色）・上林西組（黄色）と区分されている。まず上林組と大津組は、それぞれ山側と海側とに大きく区分されている。その境目は伏屋《ふせや》新田《しんでん》付近から西に蛇行《だこう》して延びる「岸和田道《きしわだみち》」であろう。これに対し上林西組

年　代	組　頭（村名／組名）	大工名（村名）	内　容	出典史料
天和2（1682）.3.-		棟梁阿栗喜兵衛（府中）・石井佐次兵衛（府中）	妙源寺（府中）	府中妙源寺所蔵
貞享元（1684）.12.21		安栗喜兵衛（府中）・石井佐次兵衛（府中）	妙源寺（府中）本堂折上格天井	府中妙源寺所蔵
貞享5（1688）.2.9	次郎兵衛（府中）		申渡覚	岸和田高校所蔵
元禄2（1689）.2.-		平兵衛（仏並）	某社改築願	池辺・箱1上2-5
元禄7（1694）.6.-		喜左衛門、仁兵衛、太郎兵衛、次郎左衛門、木右衛門（以上、池田下）	明細帳	高橋・大22-1-4
元禄9（1696）.4.-		役大工3人（池田下）	指出帳	高橋・箪笥2-11-3-8
.11.1	次郎兵（府中）		大工職停止申渡	岸和田高校所蔵
元禄11（1698）.7.-		二郎兵衛（府中）	大将軍社（池田下）葺替願	高橋・大39-269
宝永5（1708）.-.-	二郎兵衛（府中）	太兵衛（池田下）	蓮花寺（池田下）改築願	高橋・大39-120
正徳2（1712）.1.-	次郎兵衛（府中）	利兵衛（府中）	安明寺（黒鳥）造作願	浅井・箪笥1-1-1-8-9
10.-	治郎兵衛（府中）	太兵衛、平九郎（池田下）	大工高改につき届書	高橋・大27-15-9／高橋（市大）7-158
正徳4（1714）.-.-		藤原七兵衛（伯太）	法蔵寺（板原）本堂棟札	泉大津市史⑤
享保10（1725）.4.-	重右衛門（府中）		大工助成泉州村々頼母子興行	松尾寺、池辺・箱1下4-22-8
享保18（1733）.2.20		藤原小右衛門（父鬼）	池辺家（仏並）棟札	池辺・棟札
元文6（1741）.2.-	太兵衛（池田下）、太郎兵衛（上林）、徳左衛門（伯太）、小左衛門（府中）＊		春日大明神（三林）再建願	横田・冊1-2
延享4（1747）.2.-		喜右衛門（坪井）	男乃社牛頭天王（仏並）遷宮棟札	葛城（八阪神社）12
寛延2（1749）.-.-	藤沢太郎兵衛（上林）	治左衛門（岸和田）・庄右衛門、肝煎藤沢久四郎	妙泉寺（和気）棟札	和気・妙泉寺所蔵
寛延4（1751）.2.7		若右衛門（池田下）	妙法寺（池田下）庫裏再建願	高橋・大39-70·71
(元禄～享保)		太兵衛（池田下）	高橋家（池田下）	高橋・た1-8-63
宝暦2（1752）.8.-	太郎兵衛（上林組）		春日明神（三林）玉垣修覆願	横田・2巻-2
宝暦7（1757）.11.-	太郎兵衛（上林組）		春日明神（三林）供所屋根再建	横田・2巻-3
.-.-	太郎兵衛（上林組）		大工百姓役免除証文写	高橋・2次箱1-68-1
.8.13		儀左衛門、太兵衛（池田下）	役引高、組頭へ報告	高橋・た2-5-14-2
宝暦11（1761）.6.-	藤澤太郎兵衛尉治久（上林組）		禅寂寺（坂本）鐘楼釣鐘堂建立	阪本禅寂寺棟札4
明和8（1771）.3.-		太兵衛、儀左衛門、権兵衛（池田下）	役高譲証文	高橋・大23-29
.-.-		儀右衛門（岡）、太郎兵衛（上林）、安兵衛（下宮）	牛頭天王社（下宮）神楽所再建棟札	葛城（八阪神社）12
安永元（1772）12.-	吉兵衛（大津組）		牛頭天王社（上代）拝殿屋根葺替・柱補修	赤井・寺社6
安永7（1778）.3.-	吉兵衛（大津組）、太郎兵衛（上林組）	作左衛門（箕形）・弟子治郎右衛門（万町）・権兵衛（池田下）、吉左衛門（唐国）	万町村百姓家立入場所一件	高橋（万町）・箱3-28
安永8（1779）.2.20		権兵衛（池田下）	明王院（池田下）大日堂再建願	高橋・大22-60
安永9（1780）.2.-	太郎兵衛（上林組）	権兵衛（池田下）	明王院（池田下）再建願	高橋・大39-264
天明元（1781）.8.14	藤原長左衛門穴師家興（下池田村）		妙楽寺（唐国）大日堂棟札	唐国妙楽寺所蔵
天明2（1782）.4.-	吉兵衛（大津組）	利兵衛（森）	専称寺（助松）本堂玄関建替願	田中・T4-008-32
天明6（1786）.5.-		3人（池田下）	明細帳洩記載届	高橋・箪笥2-11-3-18
寛政2（1790）.6.-		2人（府中）	明細帳	泉井上・114
寛政4（1792）.3.-	惣代甚右衛門（内畑／上林西組）		春日明神社（三林）諸所修覆願	高橋・大39-292-8
寛政10（1798）.9.-		兵左衛門・八兵衛（府中）	一橋出張陣屋普請	高橋・大27-18-9
寛政11（1799）.3.-	兵左衛門（府中組）	平六（小田）	成福寺（今在家）屋根葺替	前田・箱1B1-17
享和3（1803）.2.13		新六（稲葉）・新吉（内畑）	地蔵寺（春木川）棟札	春木川・地蔵寺
.9.-		伊八（府中ヵ）	惣社明神（府中）拝殿普請願	泉井上・49
文化5（1808）.-.-		徳兵衛（池田下）、肝煎次兵衛（岸和田）	禅寂寺（坂本）本堂再興棟札	阪本禅寂寺棟札3
文化10（1813）.3.-		棟梁九右衛門・倅小工勝治（坪井）	葛城家（岡）棟札	岡町葛城家棟札
.10.-	年番太助（小田／府中組？）	伊八（府中）	竹田圓俊居宅（府中）普請	竹田・箱1-27-22
文化11（1814）.7.-	惣代太郎兵衛（三林／上林組）	平二郎（上林）	明王院（池田下）本堂再建一件	高橋・箪笥2-5-9-10
文化15（1818）.5.-		九右衛門（坪井）	男乃宇刀社（仏並）造営	澤・4B40-7
文政3（1820）.3.-	太治郎、後見太郎兵衛（上林）		金比羅権現（和田）再建	荒木・箱1-48

年　代	組　頭（村名／組名）	大工名（村名）	内　容	出典史料
文政 4（1821）.8.-	組頭年番安兵衛（上村（東）村）、喜兵衛・徳左衛門・七兵衛		称念寺（伯太）庫裏修復一件	伯太称念寺・たんす 2 - 2 - 33
文政 5（1822）.3.3		藤澤太郎兵衛久□、太治良忠重（上林）、小工 9 人	松尾寺宝珠院坊舎建立棟札	松尾寺
.8.-	太次郎（上林）	貞五郎（万町）	牛頭天王社（坂本新田）修覆	赤松・箱 1 - 6 - 9
文政7.9		1 人（若樫）	明細帳	若樫菩提寺・引出 3 -41
文政 8（1825）.7.-	年寄宇兵衛（上林西組）	利平治（我孫子）	春日社（三林）諸所修覆願	横田・冊 1 -26
天保 2（1831）.-.-	年寄九右衛門（上林西組？）	利平治（我孫子）	春日社（三林）諸所再建願	横田・冊 1 -26
天保 5（1834）.3.-	年寄平吉（内畑／上林西組）	又右衛門（小田）	髭家（小田）建家建築願	髭・W12- 1
天保 7（1836）.3.22	太郎兵衛（上林）	吉次郎（国分）	職働場（国分村寺社）譲渡	三浦・箱 3 -15- 7・8
天保11（1840）.-.-		（徳兵衛）	大工徳兵衛壁崩変死	高橋・大31- 1 -18
天保13（1842）.2.-	年寄伝次	新兵衛（春木）	牛頭天王社（春木川）等修覆願	山本・ 4 -54②
.4.-	惣代幸左衛門（万町／上林組）	吉次郎	浄福寺（国分）本堂庫裏建替	三浦・箱 3 -15- 2 ①
天保14（1844）.-.-		七兵衛（池田下）	願成寺（池田下）再建見積	高橋・大39-93- 4
天保15（1844）.12.13	太郎右衛門（上林組）	七兵衛、徳左衛門（池田下）、喜兵衛・富吉（摩湯）	願成寺（池田下）再建棟札	高橋・大39-278
.-.-	向寄取締幸左衛門（上林組）	太次郎（上林）	牛頭天王社（坂本新田）修覆	赤松・箱 1 - 6 -10
弘化 2（1845）.3.-	向寄取締吉兵衛（大津組）	源兵衛（？）	勝手明神社（府中）屋根葺替	高橋・大31- 1 -32
弘化 3（1846）.9.9		七兵衛（池田下）、九右衛門（坪井）、下大工 6 人	槙尾山鐘楼堂上棟入用	槙尾山・鐘箱 1 -98
弘化 4（1847）.1. 晦	向寄取締吉兵衛（大津／大津組）	庄七（池上）	牛頭天王社（坂本新田）屋根葺替	赤松・箱 1 - 6 - 8
嘉永 2（1849）.5.18		勘七（北田中）、九右衛門、善右衛門（坪井）、甚太夫（仏並）、利右衛門（小野田）、利兵衛（伯太）、七兵衛（池田下）、定右衛門（紀州）	槙尾山本堂再建	槙尾山・鐘箱 1 -396
.8.-	向寄取締勘七（上林）	七兵衛（池田下）	春日社（三林）諸所再建願	横田・冊 1 -42・冊 1 -45- 1
嘉永 3（1850）.-.-	向寄取締勘七（上林）、向寄取締七兵衛（池田下）、取締役新十郎（内畑）、惣代久治郎（包近）	利平治・新蔵（豊中）	春日社（三林）屋根葺替一件	高橋・大22-43- 1・9
安政 2（1855）.1.-	吉右衛門（大津組）、勘七（上林組）、伝次郎（上林西組）		御所造営につき約定申合	高石市史③
安政 4（1857）.2.19		藤原七兵衛、弟子安吉・吉松（池田下）、利兵衛（尾生）・兵左衛門（稲葉）・安兵衛（黒鳥）・多助（唐国）・弥吉（中村）	禅寂寺（坂本）社頭拝所再建	阪本禅寂寺棟札 5
安政 5（1858）.4.26	吉右衛門（大津組）、勘七（上林組）、喜兵衛（上林西組）		役大工家業一件請書	高石市史③
.4.-	吉右衛門（大津組）		天神社（観音寺）屋根葺替願	井阪・C72
文久元（1861）.8.-		1 人（岡）	明細帳	旧和泉市史②
文久 3（1863）.4.-		栄治郎、利兵衛（府中？）	泉井上神社（府中）葺替・繕願	府中泉井上神社・42
慶応元（1865）.6.-		木匠頭申兵衛（南面利）、木匠幸助（忠岡）・重右衛門（仏並）、御社付棟梁勘七（稲葉中）・細工佐兵衛（稲葉岡）	牛頭天王（下宮）神楽所再建棟札	葛城（八阪神社）12
慶応 4（1868）.1.-		吉次郎（国分／上林組）、太郎兵衛（三林／上林組）	喜左衛門居宅（国分）建替願	三浦・箱 3 -103
明治 2（1869）.2.-		角兵衛（中村）	信太明神社滝社屋根葺替札	聖神社報告書、山千代重榮氏所蔵史料
.4.-		角兵衛下寅吉（中村）	信太明神社三社屋根葺替札	聖神社報告書
.10.12		棟梁桜井佐右衛門（忠岡）	妙泉寺（和気）棟札	和気・妙泉寺所蔵

表 2　史料にみえる大工たち　＊肩書は年行事。出典のうち、赤井：上代町赤井家文書、赤松：東阪本町赤松家文書、浅井：黒鳥町浅井家文書、荒木：和田町荒木家文書、池辺：仏並町池辺一二氏所蔵文書、井阪：観音寺町井阪氏所蔵文書、葛城（八阪神社）：仏並町男乃宇刀神社、葛城（岡）：葛城三右衛門家文書、澤：坪井町澤家文書、高橋：池田下町高橋昭雄氏所蔵文書、高橋（市大）：大阪市立大学学術総合情報センター所蔵池田下高橋家文書、高橋（万町）：万町高橋久雄氏所蔵文書、竹田：府中町竹田家文書、田中：泉大津市助松町田中家文書、髭：小田町髭家文書、前田：芦部町前田家文書、三浦：国分町三浦家文書、山本：春木川町山本家文書、横田：室堂町横田家文書。

は、上林組と大津組の両方の領域にまたがって展開している。これは、一八世紀中葉の段階ですでに上林組と大津組とが分立し、それぞれ働場所を区分していたが、その後に上林西組が成立したという歴史的経緯をよく表現している。なお、この絵図に示された区域には、藩領が入り組んでいたが、働場所はこうした支配領域とは無関係で、むしろ大工組独自の論理によって区分されていた。

このように大工組は、働場所を相互に確保していた。そこで問題となるのは、ひとつめとして「働場所」絵図が作成される以前に、大工らがどのように村で雇用されたのかという点である。ふたつめとして、働場所が入組となる村で大工がどのように雇われたのかという点である。次に、これらふたつの点に注目しながら、普請の有り様、あるいは大工と百姓（施主）との関係を探ってみよう。

「働場所」絵図作成以前の大工雇用

「働場所」絵図が作成される以前の安永七（一七七八）年に、万町《まんちょう》村の百姓家の建設をめぐって、上林組大工組頭太郎兵衛（三林村上林）と大津組大工作左衛門（箕形《みがた》村）との間で争論がおこっている。太郎兵衛側は、万町村はすべて上林組太郎兵衛の「立入《たちいり》働場所」であるにもかかわらず、他組の作左衛門が万町村の「無役」治郎右衛門を「助大工《すけだいく》」にして百姓勘兵衛家の普請をしたことを、大工頭中井家に訴えた。これに対し作左衛門および大津組年寄吉左衛門は、三〇年余り前に、府中組から上林組と大津組とに分裂したが、「是迄《これまで》立入場所分は御座《ござ》無《な》く候」つまり働場所分割の事実はなく、それぞれが以前からの得意先《とくいさき》の家と関係を持ち、相互に普請をしてきたこと、また治郎右衛門は無役ではなく、作左衛門の弟子である、と主張し、まっこうから対立したのである。万町村の百姓（年寄・百姓代《ひゃくしょうだい》）も、（最終的には提出されなかった願書下書であるが）万町村では、伯太《はかた》村久兵衛・三林村太郎兵衛・池田下《いけだしも》村権兵衛・箕形村作左衛門・唐国《からくに》村吉左衛門

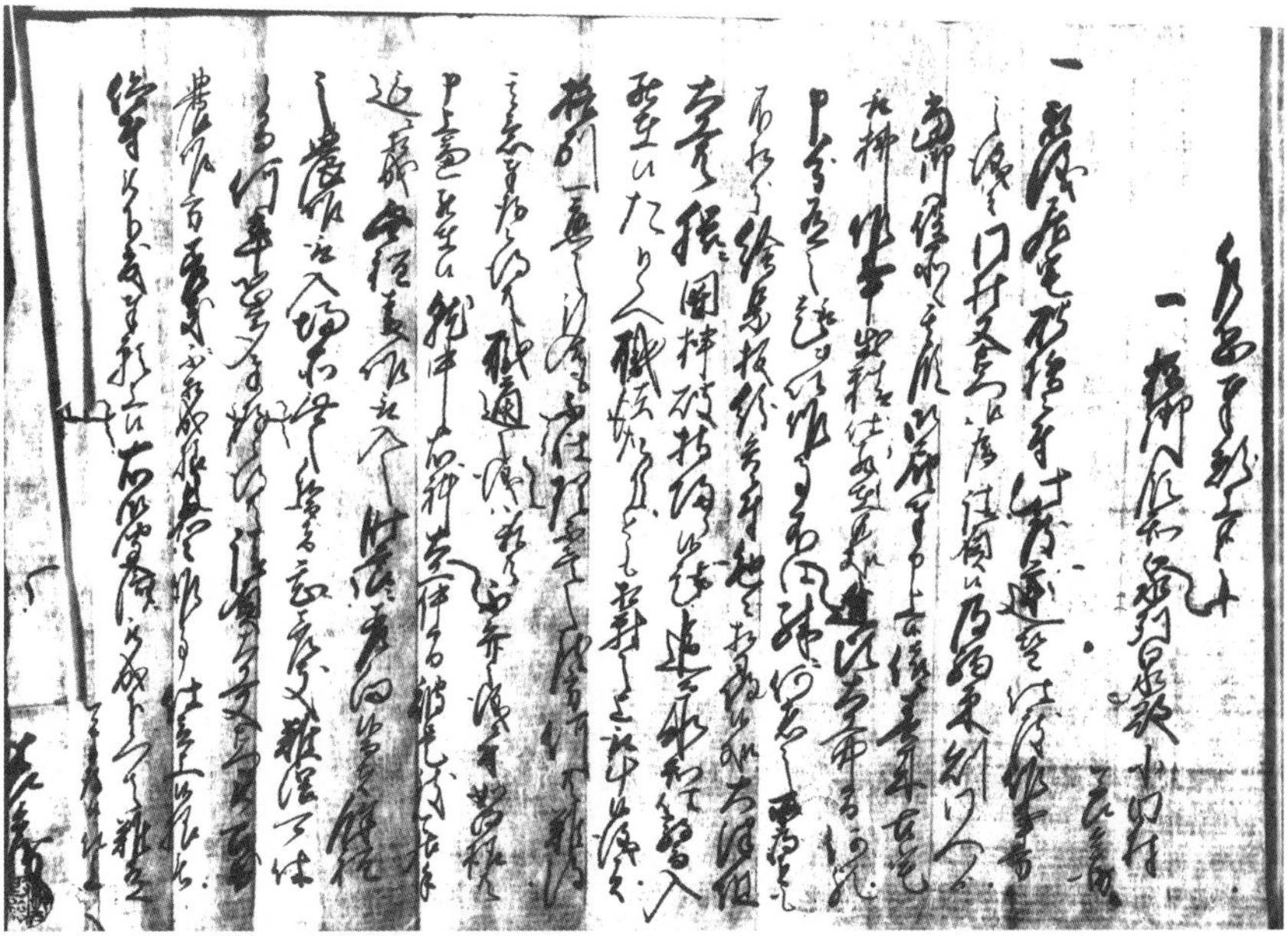

写真２　小田村善兵衛の願書　髭家文書。

といった大工が「入込《いりくみ》」で普請し、普請主（百姓側）も「心《こころ》任《まかせ》」つまり自由に大工に依頼してきたことを主張している。少なくとも大工組分立以前の一八世紀前半までは、複数の大工による百姓家の普請が可能だったのであろう。

この争論の最終的な判断は不明だが、後年の「働場所」絵図では、万町村は上林組のみの働場所となっている。争論途中に作左衛門は、万町村百姓喜三右衛門の隠居家普請に際して、太郎兵衛に断りを入れなかったことを中井家に咎められている。一八世紀後半には組ごとの働場所分割が展開してきていたこと、一方で当該大工組に断りを入れてその了解が得られれば、他組大工でも普請可能であったことがうかがえる。

入組の「働場所」——小田村の事例から——

天保五（一八三四）年、小田村の善兵衛は中井役所にあてて、本章冒頭で紹介した自宅の普請に関して、大津組の大工らの妨害をやめさせるように、という願書を提出した（髭家文書）。

善兵衛家の新築を小田村の大工又右衛門が実施することについては、大工頭中井家からすでに許可を得ていた。又右衛門は上林西組の大工である。これに対し大津組の大工（府中村喜兵衛・太作、助松《すけまつ》村治兵衛・平七）が、普請現場の囲板《かこいいた》を破り、「絵図板」（設計図）を奪い取るという、実力行使に出たのである。これに対し善兵衛側は、あくまで大工仲間の「職法」「職道」について自分たちは知らないが、普請が遅れれば収穫物の管理に支障をきたすという百姓としての論理をもとに、早期の建築再開を命じてくれるように願っているのである。

では、なぜ大津組大工らは実力行使に出たのだろうか。もともと小田村は前掲図2にみるように、大津組の働場所であった。しかし善兵衛によれば、一九世紀に入ったある段階で、上林西組と大津組の「入込場所」になっていた。それは小田村居住の上林西組安右衛門（又右衛門の先代）の御印札（大工免許札）交付の際に、安右衛門と大津組直八とが互いに「書付《かきつけ》」を取り交わしたことに拠《よ》るのだという。また「入込場所」になったことは、大工の二人から村方にも報告があった。こうした経緯があったため、今回、善兵衛は組の分け隔ては関係ないものと捉え、「随意」の大工として又右衛門に依頼したというのである。

この一件は、善兵衛の主張が認められたのか、又右衛門が普請を続行することで落着している。ここで注目されるのは第一に大工組と働場所の関係である。絵図にみる働場所は一見固定的であるが、組相互の関係により変動するものであった。また組同士ではなく、各大工同士で書付を交わしたということが事実であるとするならば、働場所は個々の大工（親方層・棟梁層《とうりょう》）が持つテリトリーとしての意味も併《あわ》せ持っていたということになろう。第二は大工と百姓（施主）側との関係である。二人の大工が村に提出した「書付」は残っていないが、おそらく、施主がどちらの大工に依頼するかは、大津組の直八でも、上林西組の安右衛門でも、どちらでもよいというものであろう。つまり施主側の「随意」により（いずれかの）大工の選択が可能という状態が「入込場所」の実態だったのではなかろうか。一方、小田村を両大工の「入込場所」とするような、働場所の決定は、あくまで大工同士の取り決めであったが、百姓側もこうした大工間の決定事項を、ある程度は尊重せざるをえないという認識であったことが興味深い。

このように、あくまで大工側の事情で働場所が決定されていく方向が存在した場合、大工側の論理に即して言えば、施主である百姓側は特定の大工にしか依頼できないことになる。実際にはその村を働場所とする大工に普請を依頼する場合が多かったものと考えられる。しかし、実際にはそれでは困る場合も少なくなく、百姓側には大工を自由に雇用したいという要求も存在し、働場所を持たない大工に依頼するケースも存在した。大工側の論理と百姓側の論理とは、どのようにぶつかりあったのだろうか。

3　大工組と百姓

働場所分割と百姓側の意向

寛政一三（一八〇一）年二月、泉郡内の一橋領知の村むらは、大工らによる働場所の分割（「場所分け」）について、その中止を願う文書を大工頭中井家に提出しようとした。その内容をみると、施主である百姓側が、大工による働場所の分割を、どのように考えていたのかがよくわかる。願書の要点は、以下の①②である（東阪本・赤松家文書）。

①先年、泉郡内で新たに結成した上林組大工が、今回、大津組大工を相手取り、「郡内の村々を、大工組ごとに働場所として分割したい」と中井役所に願い出た。ついては中井家が確認した上で「場所分けに決まるだろう」という話を、百姓側が出入りの大工らから聞きつけた。そこで百姓側としては、「『職道の儀』は村むらとは関わらないこと」だが、「先年より（上林組・大津組の大工を）入り混ぜて雇って来たのであるから、今さら『場所分け』になっては、大工の雇い方に支障をきたす」、と反対

した。

すでに見たように、泉郡では一七四〇～五〇年頃に従来の郡単位の大工組から上林組が分派し、一方が大津組となっていた。この間、働場所（雇用機会のテリトリー）が分割されることはなかったが、その後、寛政期までの間に上林組から上林西組が分立、泉郡には三つの大工組が存在していた。そこで、大工側は、組の分立にあわせて、自らの働場所も分割しようとした。しかも、その分割はあくまで大工組同士の取り決めであり、施主となる百姓側は一切関与できなかったのである。

②百姓側は、組単位の場所分けに反対する理由として、第一に、一橋領知内の用水池々の樋《とい》道具・筧《かけい》等の普請も大工が行うが、年々その需要は高まっていること、また、領知役人等の通行の橋普請も大工が行っていることをあげ、もし場所分けによって大工の働場所が狭まれば、手回しも遅くなり、用水御普請にも支障をきたすと主張している。そして第二に、家の新築や修理は、従来農閑期《のうかんき》に大工を雇って行って来たが、その場合は、「働第一《はたらきだいいち》」つまり腕が良く、施主の意に叶う大工を雇いたいのに、（働場所が設定されては）施主側が我慢して、たとえ以前から関係する大工であっても心得違いの不精者《ぶしょうもの》の職人を雇うことになり大変困る、泉郡内の三つの大工組や他郡の大工組のどの大工であっても、差《さ》し滞《とどこお》りなく丁寧に働き、施主方の要望通り精を出す大工を自由に雇いたい、と主張した。

百姓側は、「職道」については関与しないと断りつつも、場所分けとなれば大工の「雇入」に困難が生じると、「職道」と「雇入」とを区別する。そのうえで、大工の雇用には、その大工の技量・信用が重要であることを主張し、場所分けとなった場合には、技量をともなわない大工や、施主の意にそぐわない大工を雇用しなくてはならないことになると、これに反対したのである。

＊百姓側の考える「あるべき職人像」とは、その職分を励み、精を出せば、おのずと人びとの信頼も厚くなり繁昌するはずだ、と「職

分と信用」を重視するものであった。それを根拠に、もし場所分けとなれば、大工側も手狭になり、おのずと「職道不鍛錬」になるので、大工雇用に差し支えるのではと危惧している。

本来大工とは、道具をもち、その道具と自らの肉体を一体化させた技術が勝負の職人である。しかしここでは、組の分立にあわせて、自らの働場所（雇用機会のテリトリー）を、小規模にかつ集団で確実に確保しようとする方向性を持っていた。これに対し百姓側は、大工の技量・信用を重視した自由雇用を、郡内一橋領知全体の共通利害として対抗した。つまり、働場所という関係の限定化・固定化という大工組相互の動向と、自由な大工雇用を求める百姓側との対抗が、ここに現れたのである。

最終的に中井家の判断によって、大工間では絵図でみたような「場所分け」が実現する。しかし、同時に中井家は、大工と施主百姓との間の「大工雇用は施主次第」という論理を基本としたようである（後述）。「場所分け」と「施主次第」、この二つの異なる論理は、実際にどのように併存したのであろうか。

池田下村明王院修復一件

三組による場所分けが実現した後の文化一一（一八一四）年六月、池田下村の明王院《みょうおういん》は、堺奉行所から「素人《しろうと》大工の三林村藤左衛門と岸和田北町長兵衛を雇用し普請させたのか」との御尋《おたず》ねをうけ、次のような返答書を提出した（池田下・高橋家文書）。

私の寺の堂社修復については、文化九（一八一二）年九月に願い、許可を得て大工平治郎が普請を開始しました。平治郎は、それ以前に三林村大工太郎兵衛（上林組組頭）と争論になり、中井家の裁定でいったん大工職を退いた時期がありました。しかし寺の大工がいなくては困るので、享和二（一八〇二）年に大工の雇用について、本寺である仁和寺《にんなじ》を介して中井家に問合わせをしました。その後、

写真３　池田下町明王院

中井家の意向をうけた仁和寺からは、「和泉国内であればどの組でも自由に大工を雇用してよい」との回答を得ました。そこで、最近平治郎は大工職に復帰していたので、先年からのよしみで彼に普請を任せたのです。

ところが、太郎兵衛は「上林組では組内でも働場所が分割されており、池田下村は同村大工七兵衛の『持場』として売渡してあるので、明王院を普請するのであれば買戻し銀を平治郎から七兵衛に渡し、さらに銀二五〇目を自分に渡すように」と主張してきました。これをうけ大工平治郎は、その費用の支払いを施主である当寺に依頼してきました。そこで再度、文化一〇（一八一三）年三月に本寺を通して中井役所に願ったところ、中井役所からは「持場極《ぎめ》のある所で他の大工が仕事をする際に、口銭《こうせん》（手数料）を差し出すのはあくまで大工同士の問題であり、大工の雇入については施主次第（施主の意向に任せる）」との判断が伝えられました。これで結着がついたので、すぐに普請に取りかかるように平治郎に依頼したのですが、太郎兵衛からまた妨害があり、再開できません。

もともと私の寺は貧しく、普請を自力ではできないので、檀家中からの助成《じょせい》に依拠しており、無用の支出は抑えなければなりません。しかし庫裏《くり》は大破し雨漏りがひどいので、今年の春には檀家が総出で葺《ふ》き替えをしましたが、庇《ひさし》は（大工にしか）直せません。一方、前の住職が病気で下人《げにん》もいないので、藤左衛門・長兵衛を寺の奉公人として召し抱えました。この二人は、以前大工であったので、手の空いた時に庫裏の庇だけ修理させたのです。（以下略）

〈働場所―持場〉

ここで第一に注目されるのは、働場所が、その内部ではさらに「持場」と称するテリトリーに分割されていた点である。ここでは池田下村という村が持場の一つの単位となっており、その権利をめぐって、施主である明王院が普請を依頼した池田下村の大工平治郎（上林組）と、上林組組頭太郎兵衛との間で、つまり大工組内で問題が発生している。太郎兵衛によれば、持場の権利は売買されるもので、その権利を持つものだけが基本的にそこを普請することが可能であり、たとえ同じ大工組内の大工でも持場の権利をもたない大工は、そこを普請する場合には「買戻し銀」を当該の大工に、かつ組頭にも別途納入する必要があるというのである。〈働場所―持場〉は、組として把握され、その内部で物権化された権利として機能していたことになろう。

＊持場を持っていた七兵衛は、明治四（一八七一）年五月の史料によると、山深集落の住人で、田四反余・畑一反三畝・屋敷地三畝余（所持高八石八斗九升三合二勺）を所持し、農業をする傍ら大工でもあった存在で、池田下村の四軒の大工の中で、唯一の高持大工である。

施主の自由雇用

第二は、施主と大工との関係に対する大工頭中井家の意向である。中井家の側では、施主百姓がどの大工を雇うのかは自由であるとし、大工の自由雇用を基本としていたことがうかがえよう。一方では、大工組の働場所の存在はもちろん、その内部で持場がある場合、その普請をめぐって大工間で口銭を収取することを認めている。ただし口銭のやりとりはあくまで大工間の問題であり、施主百姓には本来関わらないという認識を示している。このように大工頭中井家は、大工間の働場所―持場を尊重しつつ、施主百姓にとっての大工の自由雇用を保障しており、これによって、〈働場所—持場〉と自由雇用という一見相反する論理を併存させていたのである。

今回の一件は、もし平治郎が明王院に持場買得銀の支払いを願わずに、自ら口銭を七兵衛に納めていれば、持場を自分のものとし、大工組内で問題なく処理されていたはずであった。しかし、平治郎が明王院に支払いを依頼したことで、問題が発生することになったのである。

素人大工

第三は、素人大工の存在である。ここで明王院に奉公人として召抱えられた藤左衛門らは、その後叱責《しっせき》されている。彼らは何らかの事情で大工職を退いたが、一度身につけた技量は消えることはない。明王院は、彼らに大工の腕があるのを見込んで奉公人として召し抱え、普請を行わせたというのがその内実であろう。素人大工には元大工以外に、大工職周辺の職人や肉体労働者（「日用」層）などが含まれる場合もあったであろうが、いずれにせよ、こうした技能を持つ奉公人の雇用は、素人大工雇用の一つの抜け道となっていたと考えられる。しかし、大工にとって、こうした素人大工の存在は、大工組大工を脅かす存在である。したがって大工の権益《けんえき》保持を目的とする大工組やその組頭にとって、素人大工は排除すべき対象だったのである。

大工雇用をめぐる大工組と百姓とのせめぎあい

和泉国の大工は、遅くとも寛永期（一六二四〜四四）には大工頭中井家に編成され、一七世紀後半には和泉国四郡で各郡を基本単位とする大工組を結成していた。組には大工組頭が存在し、畿内五ヶ国および近江国の大工を統括する大工頭中井家の支配のもと、大工役として御所内裏造営等を果たす一方で、村に居住していても百姓役は免除される身分として認められていた。しかし、一八世紀半ばには泉郡内の大工組は、大津組と上林組とに分裂し、さらに一八世紀末期までには上林西組が分立、三組となった。最終的に和泉国には九つの大工組が存在したように、大工組が分立していく動向は、泉郡だけでなく、この時期の大工組に共通してみられるものであった。

その背景には、働場所をめぐる大工間の競合があった。各大工組は雇用機会をできるだけ確実に確保しようと、雇用機会のテリトリーである働場所を囲い込もうとした。その動向は、大工組の分立とともに進み、一九世紀初頭には働場所絵図を作成し、大工組相互で認知しあう形にまで展開した。さらに、組内部では各村単位を「持場」として設定し、大工ごとに雇用機会を確保しようとした。

しかし、こうした大工側による〈働場所―持場〉分割確保はあくまで大工間で相互に権益を保持するための取決めである。一方、施主である百姓や寺社にとって、〈働場所―持場〉を持つ特定の大工に依頼先が限定されるということは、大工を選べないということを意味する。施主側は、普請ができればどの大工でもいいわけではない。大工という存在は、道具所有に基づく技量と信用をもとに営む生業というのが本質である。だからこそ施主側は、腕の良い大工を雇うために大工の自由雇用を求めた。その動きは、一八世紀末の一橋領知において村むらによる訴願にまで発展した。さらに大工頭中井家も、基本的に「大工雇用は施主次第」、つまり施主側の自由な大工雇用を認めている。したがって、基本的には働場所―持場以外の大工を雇用することも可能ではあった。ただ、その場合でも、持場の売買や、口銭（手数料）を組に別途納めることが不可欠で、それが施主にかかる場合もみられた。そのため実態としては、不要な経費を避けるためにその村を持場とする大工に普請を依頼せざるを得ないケースも多かったと想定できよう。また、場合によっては大工組の大工を避け、素人大工を雇う場合すらみられた。こうした点に、大工組と施主側との対抗関係が生じる理由が存在したのである。

より細分化して働場所を確保し雇用機会の確保を果たそうとする大工組と、自由な大工雇用を志向する施主側、この両者のせめぎあいによって大工と施主との関係は成り立っていたのである。

第7章　堺長吏・非人番と村

塚田　孝

江戸時代の非人と堺の長吏

今在家村の構成員には非人番《ひにんばん》と呼ばれる人がいた（第1部）。彼らは村の番人であるとともに、堺の四ケ《しか》所長吏《しょちょうり》の支配下にあった。彼らについて、堺奉行の管轄下の要覧ともいうべき「手鑑《てかがみ》（手鏡）」と称する史料が何種類か残されているが、そのうち享保一三（一七二八）年七月の「堺幷泉州《ならびに》」には次のように記されている。

堺の四ケ所非人として七堂浜《しちどうはま》（一〇八人・長吏一人）、悲田寺《ひでんじ》（八六人・長吏一人）、北十万《きたじゅうまん》（四四人・長吏一人）、湊村《みなとむら》（一五五人・長吏二人）を挙げ、①「四ケ所非人長吏幷手下共《てかども》」は、堺町中の「祝儀・不祝儀」の際や年中の（季節ごとの）貰い物、あるいは諸芸で渡世をしている。②以前より、長吏たちは手下を引き連れ、町廻りを行い、祭礼・法事などの人出の多い場所へ出向き、盗賊や悪党者を防いだ。③泉州の村むらの内、「古来よりの格式これ有り候村々」へは手下の者を遣《つかわ》し、村内へ入り込む悪党者を防がせ、また変事があれば長吏に報告し、堺奉行所へ報告してきた（若狭野・浅野家文書）。

一点目からは、堺の四ケ所長吏と手下たちは、本来、一部に芸能をともなう乞食《こつじき》・勧進《かんじん》を生業とする存在であることがうかがえる。二点目からは、彼らは堺奉行所役人の下で警察関係の御用を務めること、そこでは独自の活動も認められていたことがわかる。三点目からは、各村の非人番は長吏から派遣されたものであり、警察機能の一端を担うものと位置づけられていたことがわかる。注意しておきたいのは、非人番が置かれたのは一部の村に限られ、以前からほぼ固定する傾向が見られたことである。

江戸時代の身分制について「士農工商」を基本とし、さらにその下に「えた非人」身分が置かれたと説明されることが多い。しかし、そもそも「士農工商」とは儒者などの理念的な説明であり、身分社会の実態とは乖離《かいり》していた。また、かわた（えた）身分と非人身分は全く異なる位置づけにあった。斃牛馬《へいぎゅうば》の処理や行刑役《ぎょうけいやく》を務めることの多かったかわた身分は、一方で南王子村のように村を形成し、農業や皮革《ひかく》に関わる諸産業を発展させた。それに対して、江戸時代の非人の基本的な性格は、病気や経済的な破たんなどさまざまな理由で生計を維持できず、乞食・勧進によって生活せざるをえない境遇に陥った人びとである。この点は、先の説明の一点目からうかがえるように、堺の長吏支配下の「四ケ所非人」たちにも共通する性格である。

近世初頭に乞食・貧人として江戸や大坂などの都市に流入した者たちは、乞食・勧進の確保を結集軸として組織化を遂げたことは共通していたが、非人と呼ばれた人たちの存在形態は地域によって多様であった。江戸やその周辺地域の非人は、関八州《かんはっしゅう》えた頭弾左衛門《がしらだんざえもん》の支配下に編成され、行刑の下役や囚人送迎や牢屋・溜《ため》（病幼囚の収容施設）関係の御用を務めたが、警察関係の御用は務めなかった。江戸では、警察関係の御用は目明《めあか》し（岡引き・手先）が担った。これは、入牢した犯罪者が同類を訴えて目明しとされたことから定着したものである。これに対して、大坂で乞食・貧人として生み出された者たちは、天王寺・鳶田《とびた》・道頓堀・天満の四ケ所垣外仲間《しかしょかいとなかま》として定着し、長吏や小頭を中心とする組織を形成した。そして彼らは、新たに生み出されてくる無宿《むしゅく》・野非人《のひにん》らの統制と救済をゆだねられ、その延長上に警察関係の御用を務めるようになった。また、摂津や河内の在方《ざいかた》の非人番もその組織に組み込まれていた。

泉州の場合も大坂と同様に、堺の四ケ所に非人が集住し、そのトップに長吏が位置していた。また、彼らは大坂と同様に堺奉行所の下で、警察関係の御用を務め、泉州各地の非人番を組織していたのである。堺の四ヶ所非人も、おそらく無宿・野非人らの統制と救済の延長上に警察関係の御用を務めたものと考えられよう。

泉州の在方の村むらに置かれた非人番も警察御用の末端に位置していたが、非人番は村に抱えられた存在でもあった。実は、この非人番の二つの性格はさまざまな矛盾を引き起こすことにもつながった。以下では、一八世紀半ば以降に焦点を宛てて、その一端を見ていきたい。

1　非人番のあり方

和泉市域の非人番

堺の長吏たちから非人番が派遣される村はある程度の固定性をもっていた。まず、市域の非人番がどれくらいの村に置かれていたかを見ておこう。一橋領知の村むらについて、天保二（一八三一）年に一定の基準で調査された史料「和泉国大鳥郡泉郡村々様子大概書」には、非人番の有無も調査項目に含まれている。そのため、一橋領知については、この時点での非人番の所在する村が網羅的に確認できるのである。それを表1と図1に示した。

和泉国の一橋領知は大鳥郡・泉郡の四九ヶ村（「出作《しゅっさく》」からつながる人別のない村を除く）であったが、そのうち非人番が置かれていた村は、市域の太《たい》村・池田下村・浦田村・箕形《みがた》村・坂本村・今在家《いまざいけ》村を含む一〇ヶ村であった。天保二年の調査時点で、ほぼ二割程度の村に非人番が置かれていたと言えよう。ただし、これ以外の時期に、一橋領知の長承寺村、府中村、小田村、坂本新田、長井村にも非人番が置かれていたこ

郡	村	非人番	男	女
泉郡	太	3	2	1
	池田下	1	1	0
	浦田	6	4	2
	箕形	1	1	0
	坂本	4	1	3
	今在家	3	1	2
	内畑	11	8	3
	下馬瀬	1	1	0
	忠岡	3	2	1
	ほか31ヶ村	0	0	0
大鳥郡	菱木	5	3	2
	ほか８ヶ村	0	0	0
合計人数		38	24	14

表１　一橋領大概書に記載される非人番
「和泉国大鳥郡泉郡村々様子大概書」より作成。

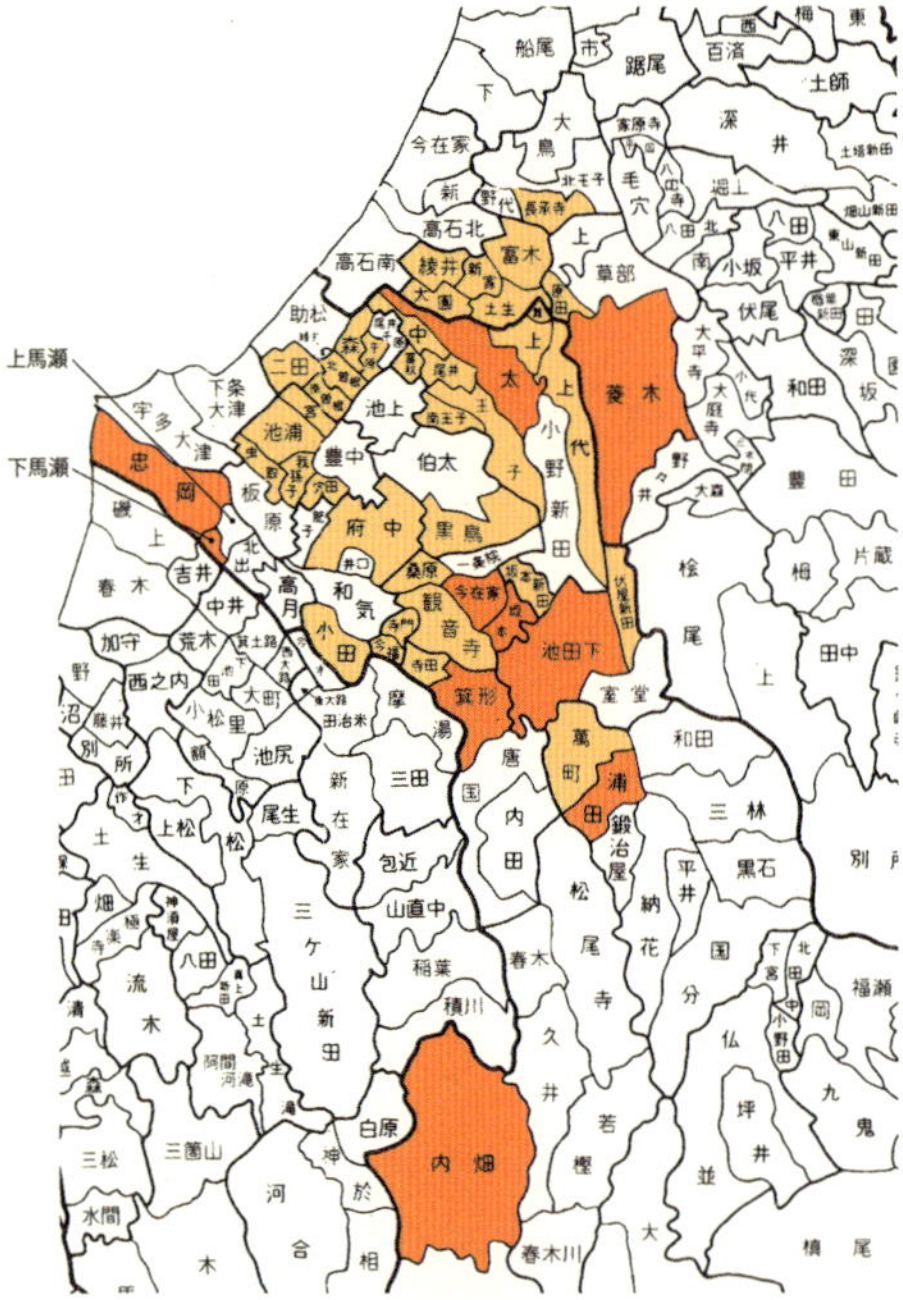

図１　一橋領村むらと非人番のいる同領村　オレンジ：非人番のいる村、黄色：一橋領。『大阪府史』第４巻付図を加工して作成。

とがうかがえる。これを考慮すると三割近い村が非人番を置いていたと想定できるかもしれない。

さらに、複数の村を兼帯する非人番もいた。明細帳から、一橋領知の村の様子を見てみると、宝暦三（一七五三）年五月の上代村の「明細帳」には「信太郷七ヶ村立会《たちあい》の番非人作次郎儀、堺長吏善四郎親請《おやうけ》にて召抱《めしかか》え申し候」とあり、信太郷七ヶ村の共同の「番非人」（非人番）がいたことがわかる。天保二年の大概書には、信太郷七ヶ村の内では太村にしか非人番は見られないが、年代が離れているものの、共同の非人番という性格が引き継がれているかもしれない。

宝暦三年の坂本新田村の「明細書上帳」には、非人番は召し抱えていないとあるものの、後筆で「近村の番人かよいに仕《つかまつ》り、相勤めさせ」ているとある。さらに寛政二（一七九〇）年の「坂本新田差出明細帳」にも同様の記載がある。坂本新田には、一九世紀に一時的に非人番が置かれた時期があったが、基本的には近村の非人番が兼帯で務めていたのである。また、寛政二年の「和泉国泉郡寺田村明細帳」には「御領知箕形村より兼帯に相勤め申し候」とある。こうした近村の非人番を兼帯するケースを考えると、より多くの村に非人番の機能が及んでいたと考えられる。

表1の非人番の人数を見ると、男性一人だけの下馬瀬《まぜ》村、池田下村、箕形村の三ヶ村と、男女を合わせて複数人存在する七ヶ村があったことがわかる。つまり、単身男性が派遣される場合と家族で非人番に抱えられる場合があったのである。前者の場合は、基本的に堺の長吏下の者から派遣されることが想定されるが、後者の場合は、一定の家族としての再生産が可能であり、村に定着していくことが見られた。その場合、後に見るように後任の非人番役を倅が相続したり、家族の一部が他村の非人番として移り住むようなことも見られたのである。

なお、一橋領知以外の村の明細帳で非人番の記載を見ておこう。清水領知では、文政九（一八二六）年の福瀬《ふくぜ》村の明細帳や寛政四（一七九二）年、文政七（一八二四）年の若樫《わかかし》村の明細帳に「非人番壱人御座《ござ》候《そうろう》」とある。伯太藩領の春木川村では、天保一三（一八四二）年と一四年の明細帳に非人番についての記載はない。しかし、春木川村の宗門改めの史料では、文政期から幕末期まで非人番六兵衛の存在が確認される。一橋領知であるが、今在家村の延享四（一七四七）年や宝暦四年の明細帳でも非人番についての記載はない。しかし、第1部で紹介したように、今在家村には宝暦期から明和期にかけて、五人から一〇人ほどの非人番の家族が居住していたことは確実である。非人番がいたとしても、明細帳では、記載基準に入っていなければ、触れられないのである。伯太藩領の村では、黒鳥辻村にも非人番がいた。また、関宿《せきやど》藩領の室堂《むろどう》村や幕領の一条《いちじょう》院《いん》村でも、非人番がいたことが確認できる。

以上、明細帳を中心として、堺の長吏の支配下の非人番の広がりの一端を紹介した。

池田下村の非人番①──召し抱え

池田下村の非人番を例に、具体的な存在形態を見ておこう。まず、非人番が抱えられる際に作成された請状《うけじょう》から村と非人番の関係を考える。池田下村には、天明二（一七八二）年時の仁兵衛、天明四年の仁平、寛政七（一七九五）年の平助、嘉永元（一八四八）年の友七の請状が残されている。天明二年時のものは、兄が請人となっているが、ほかは堺長吏が請人となっている。

天明二年の請状の差出人である仁兵衛の兄は、関宿藩領大鳥郡桧尾《ひのお》村非人番忠七である。非人番同士のつながりは一橋領知や関宿藩領といった領主支配の範囲を越えていた。この請状では、仁兵衛（二三歳）と自分との関係を述べ、仁兵衛を含む家内六人（父忠兵衛・母つね・姉すへ・妹とわ・弟伊八）を番非人としてもらったこと、村法と申し渡しを守り、「御村方大切に」務めさせること、務め中に取逃《とりに》げ・欠落《かけおち》のほかどのような悪事（博奕《ばくち》・喧嘩・口論などが想定される）を行った際にも自分が引き請け、村方には難儀をかけないこと、また村方の気に入らない時は自分の方に引き取ることを受け合っている。

これ以外の請状は、すべて堺長吏が請人のものである。このうち天明四（一七八四）年のものは、天明二年に兄の請状で抱えられた仁兵衛について、堺長吏からも請状が出されたものである可能性がある。つまり、親類などの請状が出された場合にも、堺長吏の請状が必要とされたのではないか。堺長吏の請状無しには済ませられないという意味で、これは非人番を派遣する堺長吏の権限を裏打ちするものと言えよう。これらの堺長吏からの請状では、本人が確かな者であることを受け合い、宗旨手形を別紙で提出のうえで、法度《はっと》に背くようなことを行った場合、長吏たちが解決（「埒《らち》明け」）する、不勤《ふづとめ》の場合は交替させ（「宜《よろ》しき者引き替え」）、また「四ケ所作法」を守らなければ身柄を引き取ることを約束している。

親類などの請状と長吏の請状を比べると、取逃げ・欠落などの際に、前者は請人が引負うのに対し、後者では長吏が解決するとあるのみである。また、前者では村方が気に入らない時は請人が引き取るとするのに対し、後者は不勤の場合は交替させるとし、さらに四ケ所にとって不都合の際も（＝村方に不満がなくても）身柄を引き取るとしている。前者が村方の意向が前面に出ているのに対し、後者では丁寧な表現にもかかわらず四ケ所の立場が全体を貫いていると言えよう。この点は、仁平の後役である平助の召抱えに関わって起こった寛政七年の一件ともつながってくる。

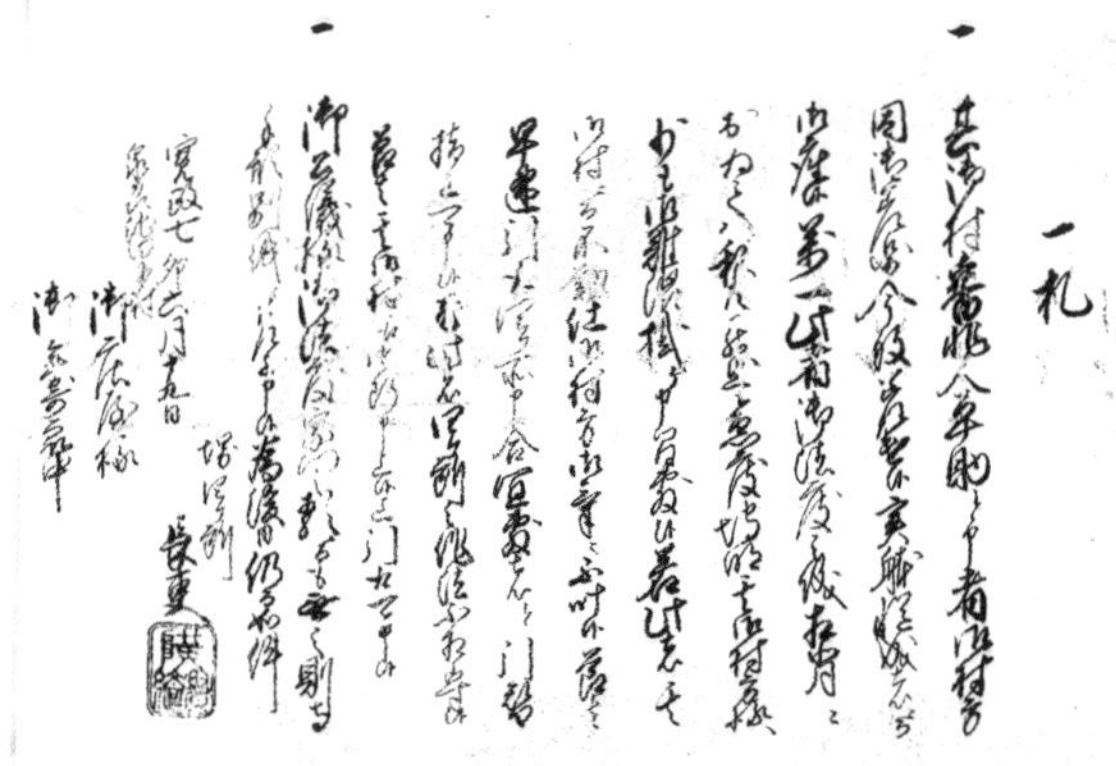

写真１　寛政７年四ヶ所長吏請状（池田下・高橋家文書）

寛政七年六月に非人番組頭の府中村関平は、池田下村に対して、非人番仁平に暇を出し、今在家村の非人番である人物（名前不記）を差し入れたいと頼みに来た。池田下村の村役人たちは、後役には今在家村の人物ではなく、坂本村の番非人万平を希望すると関平に伝えたが、組頭の関平は、万平本人が不承知だとして、「堺四ケ所より差図《さしず》として」箕形村の平助を連れてきてしまった。池田下村は、これを「四ケ所不筋《ふすじ》之《の》取斗《とりはから》ひ《い》」だとして、あくまで万平を後役とするように交渉したが、本人が不承知ということで押し切られ、仕方なく平助を召し抱えた。

この経緯を踏まえて、池田下村では平助の請状について、四ケ所の心得違いを詫《わ》びる文言を含む下書きを作成して、堺四ケ所長吏からの提出を求めた。しかし、長吏らはそれを拒み、組頭の関平をもって詫びたという形にして、通常の堺長吏からの請状に近いものを提出した。村側はこれで落着せざるを得なかった。それでも、その冒頭には「其御村《そのおんむら》番非人平助と申す者、御村方御差図《おさしず》により今般差し遣《つか》わし候、実体慥《じっていたし》か成る者にて御座候」とある。通常の請状では見られない村方の差図で派遣したという文言が入っており、村方に選択権があるという形式上の宣言と言えよう。

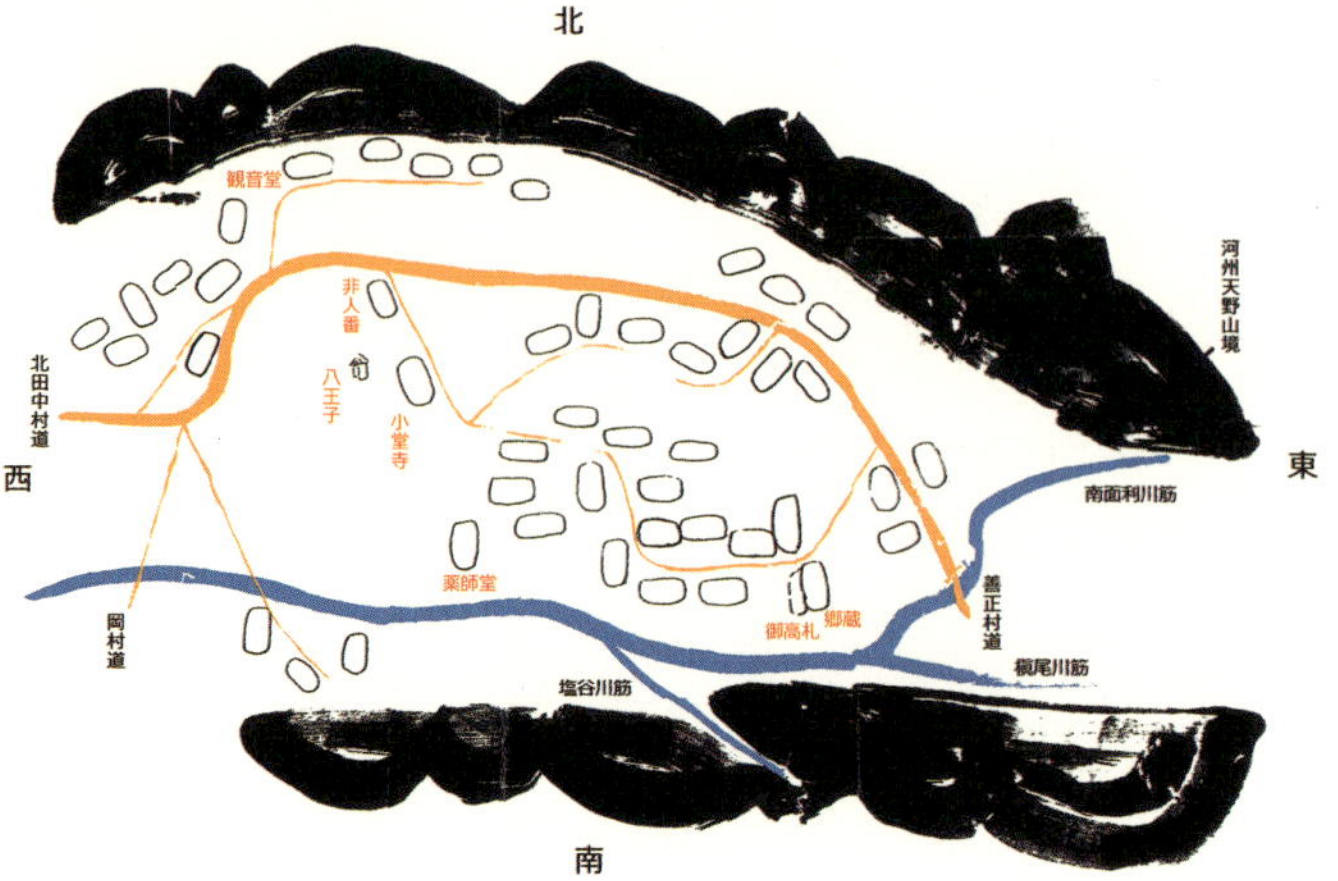

図２　福瀬村家並絵図　福瀬・小川家所蔵の絵図をトレース、加工して作成。

もちろん、これは事実とは全く逆のことではあったが。

こうした非人番を接点とする村と堺長吏集団との関係は、実は矛盾を含んだものであったが、その点はまた後で触れる。

池田下村の非人番の住居（小屋）については未詳だが、福瀬村の家並絵図に百姓家から離れた道沿いに「非人番」の小屋が描かれている（図2）。また、寛政二（一七九〇）年六月の「坂本村明細帳」には、「番非人　小屋壱軒」について、「右の者前々より差置様《さしおきよう》の儀、村方より小屋建て遣わし、居屋敷の儀は地主より村へ小作仕り、小作年貢村弁《むらわきまえ》にて地主へ渡し、給者《たべもの》の儀は家別雑食《ざっしょく》取に廻り、遣わし候」と説明を加えている。坂本村として小屋を建て、その敷地の地主には村として小作料を払っているというのである。個人の敷地に立っているが、負担は村として行うのである。また、食べ物については各家を廻って貰い受けるとある。これは、非人番自身が村からの乞食《こつじき》・勧進《かんじん》を受ける存在であったことを示している。

寛政二年六月の「府中村明細帳」には、番非人について、以前から堺長吏方へ依頼し（「申し遣し」）召し抱え、長吏から請証文を取ってきたことを記した後、「給米の儀は百性壱軒より壱ヶ年に米壱升・麦壱升宛《ずつ》差し遣し申し候」とある。ここでは、各家一軒当たり一年に米一升・麦一升と定量化しているが、季節ごとの勧進としての性格は変わっていない。

池田下村の非人番②—日常的な活動

次に池田下村での非人番の見廻りの様子がうかがえる事例を見て、彼らの役割を確認しておこう。そうした事例として、文化六（一八〇九）年二月の槙尾川での水死人の届け（非人番仁平が発見）、天保八（一八三七）年五月の墓所での非人兄妹の病死の届け（非人番市松が発見）、同年一一月の野井戸での子ども非人の水死の届け（非人番仁平が発見）、年不詳（午）四月の村内の山（字大池坂）の松の木で五〇歳くらいの百姓体《てい》の男の首縊《くびくくり》死《し》の届け（非人番政平が発見）などがある。これらは、いずれも池田下村の非人番が見廻り先で身元不明の遺体を発見したものだが、前三者は、庄屋・年寄ら村役人たちから一橋家川口役所に届け出たものであるのに対し、四つめは、「見付人」である非人番政平の口書《くちがき》に、村役人が奥印する形式である。

また、文化六年の届書では、非人番仁平は普段から実体《じってい》な者であり、「村方地内は野末迄《のずえまで》も日々見廻り」、その見廻り先で発見して村役人に知らせてきたのであり、少しも疑わしいことはないと、あえて記されている。非人番に対する一定の警戒がうかがえることに注意しておきたい。

天保八年五月の事例は、村方における無宿野非人《むしゅくのひにん》のあり方を考えるうえで興味深い。少し事情を見てみよう。五月二四日に非人番市松が村内の見廻り先の字《あざ》井ノ上の小墓《こばか》前で見なれた非人二人が病死していると口上書で村役人に知らせてきた。そこで現場に行ってみると、一一～二歳の男の非人と一〇歳ほどの女の非人が死んでいたが、縄目跡《なわめあと》や傷などはなく、病死に間違いないことを確認している。

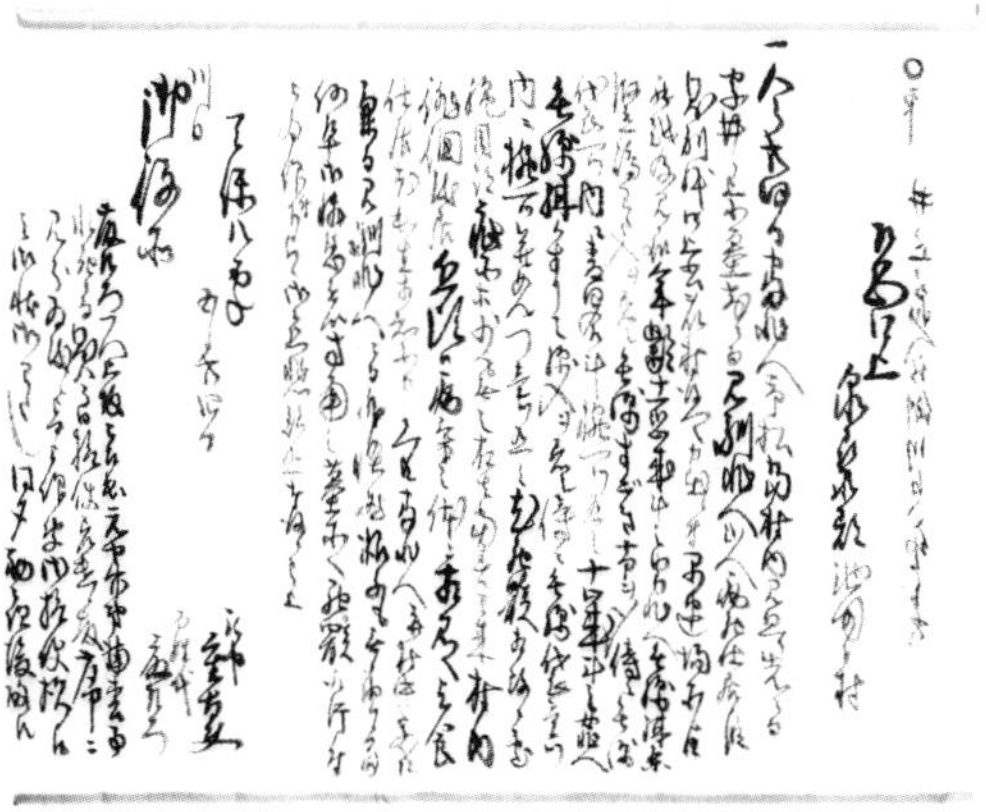

写真2　天保8年　非人兄弟病死届（高橋家文書）

その男非人は木綿の紺茶の縦縞《たてじま》の綿入れを着ており、傍らに麦四合ほどと椀一つが入った木綿の袋があった。女非人は木綿の紺絣《こんがすり》の綿入れを着用し、傍らに椀一つと面桶一つが入った木綿の袋があった。このような衣類と持ち物が非人を外形的に示すものなのである。両人は、当春以来、村内を徘徊し、最近では病気のように見受けられ、乞食をしていたとある。そして、出生はわからないが、「番非人幷《ならびに》村中のもの共」が見なれた非人であり、ほかに怪しい様子もないので、近くの墓所に死骸を埋葬したいと願っている。この件は、別件で派遣された一橋家家来が「序《ついで》に見分」することが指示されており、事件性なしということで落着したのであろう。

いまだ幼年の男女非人がどこに寝起きしていたか不明であるが、こうした野非人が村内で乞食をしながら、生きていくことを許容する村社会が存在していたことがうかがわれる。だからこそ、こうした野非人らの無秩序なねだりや野荒しなどへの対処が非人番の役割として求められたのである。

文政一〇（一八二七）年九月に池田下村の非人番仁平の対応が問題になる一件が持ち上がった。伏屋新田《ふせやしんでん》の平兵衛のところに居候《いそうろう》していた新兵衛が、池田下村の与左衛門に不法行為（暴力行為か）を働いた一件で、領主である一橋家の川口役所から検使《けんし》が出役することになっていた。ところが、そのことを承知しているにもかかわらず、仁平が堺長吏の差図を受けて、新兵衛を堺奉行所へ引き渡してしまったのである。一八日に召し出されて厳しく叱られた仁平は、「新兵衛が無宿者と思って手渡したが、『重々不調法《ぶちょうほう》』であり、一言の申し抜《ひら》きもない」として、「今後きっと慎み、『御用・村用』とも大切に勤めるので赦してもらえるように」と村役人に取り縋《すが》った。これを受けた庄屋重太夫は、「池田下村に連れ帰り、篤《とく》と言い聞かせ、今後御用向きを精勤するよう確認したうえで、改めて御詫びを願い上げたい」と書き上げたが、一橋家役人は、「取り締まりを申し付けるというような問題ではない、三日以内に仁平を村方から追い払うように」と命じたのである。

これによって、非人番仁平は池田下村から追放されたであろう。しかし、仁平の追放は、堺長吏の差図に従って新兵衛を堺に（長吏を通じて堺奉行所に）引き渡したことに起因していた。一橋家役所としては、池田下村も伏屋新田も領知内の村であり、検使を派遣して自ら吟味を行うつもりのところが、堺奉行所によって警察権・裁判権を制約される結果となったのである。しかし、仁平の後任の非人番を抱えようとした際に、堺長吏の意向が働いたことは先に見たとおりである。ここには、堺奉行所を背景とする堺四ケ所長吏の警察権と個別領主の支配権をめぐる矛盾、堺長吏の支配と村の管轄の接点にいる非人番の性格が浮き彫りにされているのである。

2　一八世紀末、非人番をめぐる矛盾の構図

一橋家領知村々の非人番一件

天明三（一七八三）年に「一橋・清水泉州御領知村々非人番一件」が起きた。そこには、ここまで見てきた非人番をめぐる状況が集約されている。一橋領知の村むらでは、非人番に対する堺長吏の支配を排除することを求めて一橋家の府中役所に提出する願書を準備し始めた。

その冒頭には、「もともと和泉国の非人番は百姓の中から務めていたが、四、五〇年前に堺長吏手下の者たちの人数が不足した際に、泉州は堺奉行所の支配国のため、その権限で村方の非人番に牢番などを勤めさせたところから、堺長吏支配下となった」と述べている。冒頭にこうした由緒を置いたのは、最後に非人番を四ケ所長吏の支配から除外することを願う論理的前提とするためであろう。しかし、すでに一七世紀後半

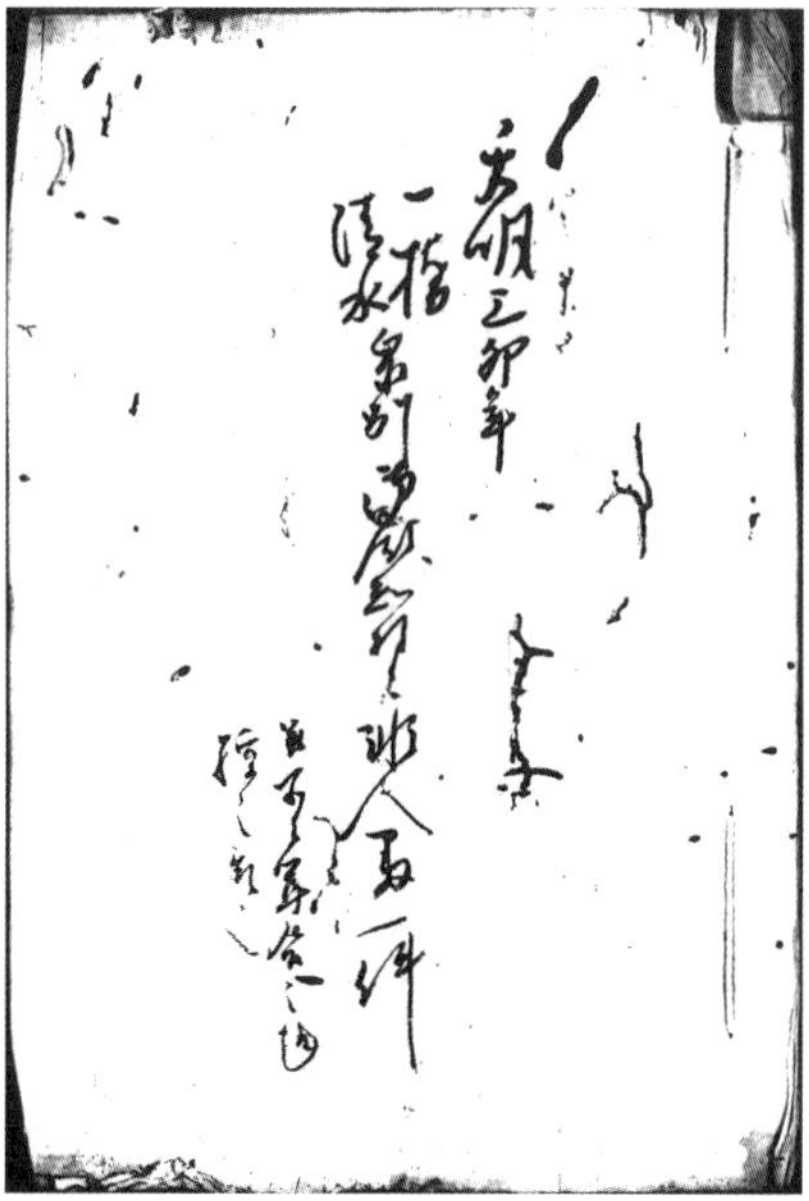

写真３　一橋清水泉州御領知村々非人番一件（福瀬・小川家文書）の表紙

には、村むらの非人番は堺四ケ所長吏の支配下に組織されていたので、この説明は事実ではない。村の百姓から零落したものであっても、乞食・勧進で生きざるを得ない境遇＝非人状況にあった者が村の番人を勤めるようになり、（大坂の事例を参照すると）非人集団の統制と救済を委ねられた堺四ケ所の長吏の支配下に位置づけられることになったのであろう。

ともあれ、これに続いて、堺長吏の支配がもたらす弊害が縷々《るる》述べられている。

現在、四ケ所長吏の意向で非人番を勝手に入れ替えるようになっている。長吏たちが在方の非人番のところにやってきて我侭《わがまま》なことを言い、またいつでも堺に呼び出して過分の出銀を命じることがあるが、支配下にあるので仕方なく、不相応の出銀に応じているとのことである。しかし、貧窮な非人番たちには自分では負担できず、しばしば村方に泣きついてきて困っている。さらに、堺長吏手下の者たちが大勢在方に物貰いにやってきて、非人番のところに泊まって博奕《ばくち》（「手慰《てなぐさ》み」）などを行うので、村の若者たちが見習って不行跡となっている。

堺長吏たちから求められる金銭負担とともに、その手下の者たちが博奕の広がりの起点になっている点を問題にしているのである。この点は、天保五（一八三四）年の博奕に関する大規模な摘発があった際に、今在家村の非人番金助が中心的な存在だったことと符合していて興味深い（第1部参照）。

長吏手下の者の在方への入り込みを抑止するため、一二月の節季候《せきぞろ》料・正月の大黒舞《だいこくまい》料という名目で、非人番たちに金銭を差し出している（そこから長吏に渡されている）が、一向に減らない。特に稲・

綿などの収穫期には大勢入り込んでくるが、男は農作業に出て、家には女ばかりのところへ来て、貰い物（「手の内」）が少ないと不足を言う。そうでなくても取り入れで忙しい時に対応するのは難渋《なんじゅう》である。また近年は、村むらで極窮人《ごくきゅうにん》が多く村内で救済する必要があるので、少しであっても外部者にまで施し物を及ぼすことは迷惑である。

こうした状況説明からは、村むらにとって、堺長吏支配下の者たちが行う乞食・勧進への負担感が強まっていることがうかがえる。

その上で、堺長吏と配下の者たち、さらに番非人たちが堺奉行所の御用向きを笠に着て、我侭な行為に及んでいることを問題にしている。我侭な行為を取り押さえると、逆に悪事の風聞があるとして、「御上意」と称して百姓に縄を掛けて堺へ連れ帰り、吟味の上で「人違いだった」などとして困らせられることがたびあるとしている。このまま番非人を堺長吏の支配のままにしておくと、百姓たちにどのような迷惑が及ぶかわからないので、今後、堺奉行所から一橋領知の百姓に何かの嫌疑がある場合には、（一橋家の）府中役所に連絡が行き、そこから当該村の庄屋へ命じられれば、その百姓を召し連れ、吟味を受けるようにしたいと願っている。一九世紀の大坂でも四ケ所長吏らが町奉行所の警吏御用を笠に着て横暴に及ぶのを戒める町触が繰り返し出されている。堺長吏や配下の者たちの場合も堺奉行所の警察関係の御用を背景にした横暴によって、泉州の村むらとの間に同様の軋轢が生じていたのである。

一橋領知の村むらが準備した願書の一条目では、以上のような三つの側面からの問題状況（①博奕などの温床、②施し物の負担、③警吏としての横暴）を指摘して、一橋家の領主支配に依拠することで、堺長吏による番非人への支配を排除しようとしたのである。

二条目では、岸和田藩領の非人番は堺長吏の支配から相対的に自立していたこと、田沼家（相良藩《さがら》）の和泉国領分もそれにならおうとしているという情報を記している。この説明は、一橋領知も堺長吏の支配から離れることが可能だという点に説得性をもたせるためのものであろう。

最後に、一橋領知の村むらの非人番全員を入れ替えて、堺長吏の支配を離れるように堺奉行所に申し立ててほしいと願っている。そして、これについては清水領知の村むらも一致した考えであると言及している。もちろん、これは下書きとして準備されていたものである。実は、この願書を示して、清水領知の同意を得ようとする動きが取られたのである。

以下で、その様子を見ていこう。

清水領知の村むらの情報収集と対応

一橋領知の惣代庄屋たちから、清水領知の惣代庄屋の福瀬村忠兵衛、一条院村清左衛門、高石南村辻五郎兵衛、高石北村藤右衛門、大鳥村元之助、下石津村与兵衛にこの件で掛け合い、天明三（一七八三）年一一月二四日に（大坂）川口の土徳方（郷宿か）で相談が行われた。それに対し、清水領知の者たちの見解は、「このような四ケ所長吏の支配の排除を願う文面の願書は、（清水家）『御役所』に提出するのに適切なものではない、堺長吏や在方非人番の心得違いや不埒な行為を改めるよう取り計らうことが重要だ」というものであった。二六日に清水領知の惣代庄屋たちは、同家代官の西村長右衛門に一橋領知の願書下書きを示して相談したところ、「（御三卿である）清水家は幕府と一体（「御本丸御同様」）であり、堺奉行所を頼みとして対立するような掛け合いはできない」と言われ、願書の内容を清水領知村むらの百姓たちが難渋しない措置を求めるなどの趣旨に変えるように諭されたのである。

このことを高石南村辻五郎兵衛から一橋領知の惣代庄屋に伝え、相談したうえで、一一月二八日に彼ら

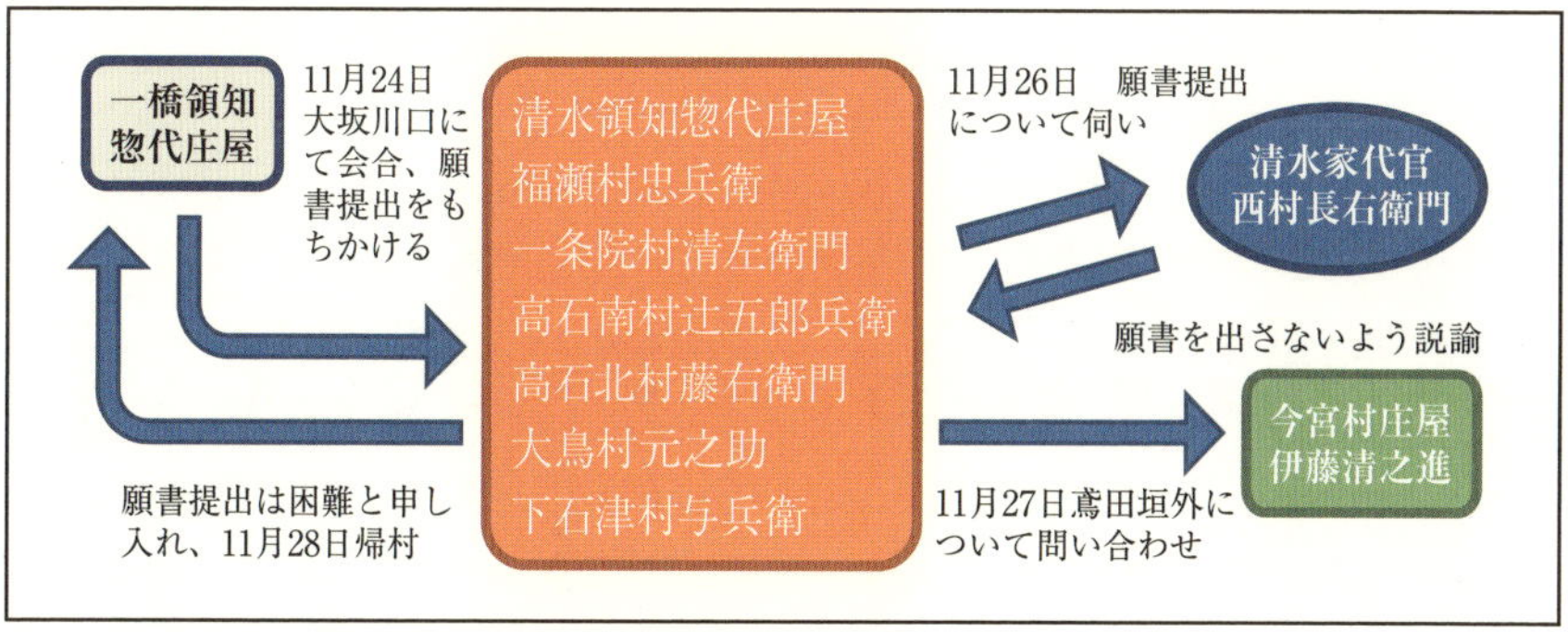

図3　天明三年非人番一件をめぐるうごき

は帰村したのである。この間、清水領知の惣代庄屋たちが大坂に滞在中の二七日に、大坂の南に位置する今宮村の庄屋伊藤清之進に大坂の四ケ所の垣外仲間（非人集団）の実状を聞きに行っている。今宮村には、四ケ所垣外の一つである鳶田垣外が所在しており、事情を承知していると思われたからであろう。

今宮村庄屋伊藤清之進の説明では、「当時の鳶田垣外の『非人番頭』は吉右衛門という」とされており、長吏という言葉を用いていない。今宮村庄屋からの見方は、長吏すなわち非人番（の）頭というものであったことがうかがえる。伊藤は、彼らの由緒として、「往古、四天王寺にあった悲田院《ひでんいん》（乞食の収容）と施薬院《せやくいん》（病者の収容）に起源する」と述べ、さらに「『当代』（江戸時代）になってキリシタンが一心寺《いっしんじ》の住持に帰依《きえ》して転び（転宗し）、その旦那になったが、その後千日《せんにち》（道頓堀南の墓所近く）に竹林寺《ちくりんじ》が取り立てられ、その旦家になった者たちで、もともとの悲田院から四ケ所に分かれたものだ」と説明している。このような由緒は中世以前については歴史的事実ではなく、垣外仲間によって創出された由緒であるが、当時、垣外が所在していた村の庄屋たちに共有されるようになっていたことは興味深い。

そのうえで伊藤は続けて、「当時の摂津・河内両国の村むらの小屋非人たちはすべて四ケ所長吏（「頭」）の支配であり、非人番の設置は村方からの差図を受けて、長吏が引き受けている。また、町奉行所の盗賊方与力・同心らの下で手先を勤め、捕《と》り物《もの》などの役を担っている。ただし、不審者などの召捕りにおいて、『住居不相分《あいわからざる》非人類のもの』（無宿・野非人）は彼らが縄を掛けるが、『在町共《ざいまちとも》居住し（知）れ候もの』（人別のある者）は取り逃がさないよう手当を行い、同心の到着を待ち、同心が縄を掛け、牢屋敷に引き渡し、盗賊方与力の吟味を受けるのだ」と説明している。すなわち、大坂の四ケ所垣外仲間の者たちの権限は無宿・野非人の支配に限定されていることを強調しているのである。さらに、長吏（「頭」）らには苗字も脇差も許されていないと付け加えている。以上のことは、泉州堺の長吏支配下の者たちと非人番の者たちの警吏としての御用の内実が広範にわたっていることを捉え直す意味を持っているであろう。

ともあれ、この後、一橋領知の村むらからの掛け合いもなかったので、これきりになった（「是迄切にて沙汰《さた》無《な》し」）と記されて、この記録は終わっている。結局、幕末まで堺四ヶ所長吏の番非人に対する支配は変わらなかった。しかし、一八世紀末に一橋領知の村むらなどで起こっていた非人番を堺長吏の支配から除外しようとした動きは、一九世紀における泉州の非人番をめぐる矛盾の形成を示すものと言えるであろう。

3　一九世紀の社会状況と非人番

長吏の支配を排除しようとした背景には、①博奕に象徴される社会秩序の動揺の契機となっている状況、②困窮者を抱えた村むらの施し物への負担感、③堺奉行所の警吏御用を背景とする横暴、などがあったが、その支配を取り除こうとした際に、堺奉行所に対抗して村むらが依拠しようとしたのは、一橋家などの個別領主の支配であった。堺長吏の支配下の非人番は、地域ごとに小頭（組頭）が置かれ、その下に組が編成されていた。しかし、その組は領主支配の範囲とは異なるものであった。それにもかかわらず、堺奉行所の御用を背景とする堺長吏の関与に対抗しようとした際に、個別領主の支配に依拠しようとしたのである。

以上の諸関係を念頭に、一九世紀の社会状況の一端を見ておこう。

非人番と博奕

　一九世紀における博奕の広がりや秩序の揺らぎは、社会構造全体の変動に起因するものであり、堺長吏下の者の在方への入り込みや非人番のあり方が根本的な要因だとは言えないが、その一端を構成していることは間違いないであろう。

　今在家村の非人番金助のケースはその典型的な事例である（第1部）。金助は天保元（一八三〇）年に非人番として抱えられ、博奕に手を染めて天保五年に吟味中手鎖《てじょう》で村預けになった。その際の取調べについては詳細な記録が残されている（芦部・前田家文書）。

　同年正月二五日の一橋家廻村役人による吟味の口書《くちがき》（口述書）によると、金助は三八歳で、堺長吏の手先から今在家村に派遣されてきたこと、去年一〇月に村内の（槙尾）川原で今在家村の三右衛門、坂本村の安次・大蔵、清水領知一条院村の長左衛門らと一緒に（手合い）二〇〇文掛の「廻《まわ》り筒賽《づつさい》博奕」に加わり、一一月に観音寺山で坂本新田の惣九郎ほか四人の手合いで銭返しや「長半賽《ちょうはんさい》博奕」を行い、そのほか一二月二五日、正月一一日の四回博奕に携わったことを白状している。

　この時の博奕の取調べは、一橋家の廻村役人が行っているので、一橋領知の村むらの関係者に限られるが、府中村、今在家村、観音寺村、坂本新田、寺門村、今福村、坂本村、万町村、箕形村、寺田村、黒鳥村、大園村、南出村、上村、池田下村、忠岡村、内畑村、南王子村、虫取村、太村、新家村、長承寺村、菱木村という広範囲にわたり、咎人《とがにん》とされた者も三〇〇人余に及んだ。ここからは、こ

名前	年齢	高（石）	当主続柄	ほか家内人数など
惣吉	26	0.04	当主	二人
宇兵衛	26	4.80	当主	三人
重吉事惣兵衛	25	3.20	当主	一人
五郎吉	31	—	惣兵衛兄	
吉松	20	—	忠左衛門倅	
三右衛門	25	—	三五郎同家	
恒吉	24	—	弥兵衛養子	
竹松	21	—	善六下男	鍛冶屋村人別
与左衛門	不明	不明	不明	
非人番金助	38			
成福寺住職行応				

表2　天保五年一橋領の博奕取調べを受けた今在家村の者たち

の時期、博奕が広く蔓延《はびこ》っていたことがわかる。

詳しくわかる今在家村について見ると、非人番金助以外に、百姓家の当主では惣吉（二六歳・高四升、家内二人）、宇兵衛（二六歳・高四石八斗、家内三人）、重吉事《こと》惣兵衛（二五歳・高三石二斗、独身）が関わっていた。また、当主以外では、五郎吉（三一歳・惣兵衛兄）、吉松（二〇歳・忠左衛門倅）、三右衛門（二五歳・三五郎同家）、恒吉（二四歳・弥兵衛養子）、竹松（二一歳・善六下男―鍛冶屋村人別）が加わっていた。このほか、百姓与左衛門が一旦取調べの対象となっているが、彼については詳細は不明である。なお、成福寺の住職行応も「少々不正筋《すじ》」（博奕）に携わったとして取調べの対象になったが、別扱いとされている。

こうした博奕に加わった者たちを見ると、三一歳の五郎吉以外は、二〇歳代半ばまでの者たちである。五郎吉は当主である惣兵衛の兄であるが、ともに独身であり、二五歳である惣兵衛を当主としており、そこには身持ちの悪さなど何らかの理由があったと思われる。惣兵衛のほか当主が三人含まれるが、彼らも含めて、いずれも村の若者層である。これに関わって、先の一橋領知の非人番を長吏支配から除くことを求めた願書下書きで、長吏下の者たちが非人番のところで博奕を行い、それを村の若い者たちが見習って、不行跡《ふぎょうせき》が広がっているという指摘があったことが思い起こされる。非人番金助は三八歳であり、彼らより年齢がかなり上であることも注目される。

今在家村のほとんどの住民が旦那寺としている成福寺の住職行応も関わっているところに、博奕が広く蔓延《はびこ》っている様相がうかがえよう。この時期、行応の年齢などは不詳であるが、おそらく博奕に携わった若者たちと近い若い僧だったのではなかろうか。一九世紀における博奕に象徴される風紀の問題は、奢侈《しゃし》（ぜいたくなくらしをすること）の問題とも表裏であり、村役人たちに地域社会における秩序統制の必要性を自覚させたのである。つまるところ、警察機能の担い手であるはずの非人番がまた、博奕の温床にもなりかねない側面を有していたのである。

堺長吏との軋轢

泉州大鳥郡・泉郡の小堀中務《なかつかさ》代官所の村むらから堺奉行所に宛てた口上書が残されている。清水領知の村むらが一旦寛政七（一七九五）年に幕領に復し、文政七（一八二四）年に再度清水領知となるまでの期間で、代官が小堀「中務」であるのは文化元（一八〇四）～文政五（一八二二）年なので、この史料は一九世紀初頭の状況を表している。

堺奉行所から、泉州の村むらの番非人の「不束《ふつつか》の儀」や人柄の善悪などを長吏方に伝えるべきこと、また長吏たちが村むらに年頭・八朔《はっさく》の礼にやって来ることについての達し書が村むらに出された。

この達しに対して村むらは、まず近年番非人で不束の者がおり、取り締まりを強める趣旨の達し書が出されたことを有り難いとしたうえで、次のように願う。番非人の不束・善悪を長吏に伝える方式は、これまでどおり、長吏を村に呼ぶか、村役人たちが堺の用達のところに出向いたときに伝える形にしたいとしている。これから推察すると、堺奉行所の達し書は、村役人たちから堺長吏のところに伝えに出向くことを求めた内容だったと思われる。つまり、長吏たちの立場を強化するような方式に対して、婉曲に反対しているのであろう。これとあわせて、村方の気に入らない番非人については、長吏に伝えたら、すぐに交替させるようにしてほしいと述べている。村方の交替要求に長吏たちが応えないような状況もあったのであろう。

次に長吏たちの年頭八朔礼（「年八礼」）については、村役人たちも農業に従事しており、双方に手間がかかり、失費も掛かり長吏たちに気の毒なので、「是迄通り」年頭八朔礼に長吏たちがやって来ることは断りたいとしている。長吏たちが年頭八朔礼にやって来る目的は、返礼物（施し物）を得ることにあるのは言うまでもなく、村むらはその負担増を嫌っているのであろう。すなわち、番非人たちの不束・善悪を伝えるためには長吏たちを村方に呼び寄せるが、年頭八朔礼に来ることは断るというのである。しかも、それは両方とも、「是迄通り」なのである。

最後に、番非人のなかで長く勤めている者、また新規の者でも、実体に勤める者を長吏方で他村に繰り替えようとしても断りたいということ、御用で番非人が長吏の下で数日にわたって使役される際は、長吏下の者か近村の番非人から留守番を置くことを求めている。先の言及と合わせると、村方の気に入らない者はすぐに交替させ、一方実体に勤める者は長吏の意向による交替を認めないということである。

堺奉行所の達し書は、堺長吏たちの要望を受けて出されたものと思われる。村むらはこれを正面からは否定せず、婉曲的かつ実質的に反対している。ここには、堺四ケ所長吏たちへの負担増や御用を笠に着た横暴が背後にうかがえるのである。

こうした状況のうえに、天保一二（一八四二）年に堺奉行所から泉州村むらに対して毎月一軒一銭ずつの長吏助成銭を差し出すことが申し渡された。これに対して、清水領知の村むらは、村方の番非人への「月々幷《ならびに》季《き》毎《ごと》渡もの」（番非人への勧進・給物）にも差し支える時期に、この助成銭はとても困るが、他領村むらが応じているのに自分たちだけが出さないわけにはいかないと、しぶしぶ同意する。今後三年に限り、取り集めて長吏たちに渡すが、困窮人からも一律に出させるわけにはいかないとして、毎月額が異なることを条件としている。また、この期間は「長吏手先之もの」を一人も村方へ立ち入らせないようにし、そのほかの物貰いも番非人たちから差し止めさせることにしたいとしている。

清水領知の村むらは、長吏たちへの負担増につながることを容認しつつも、基本的に強制ではないことを長吏に確認させ、あわせて他の乞食・勧進を抑制することを長吏に求めたのである。ここでみた毎月一軒

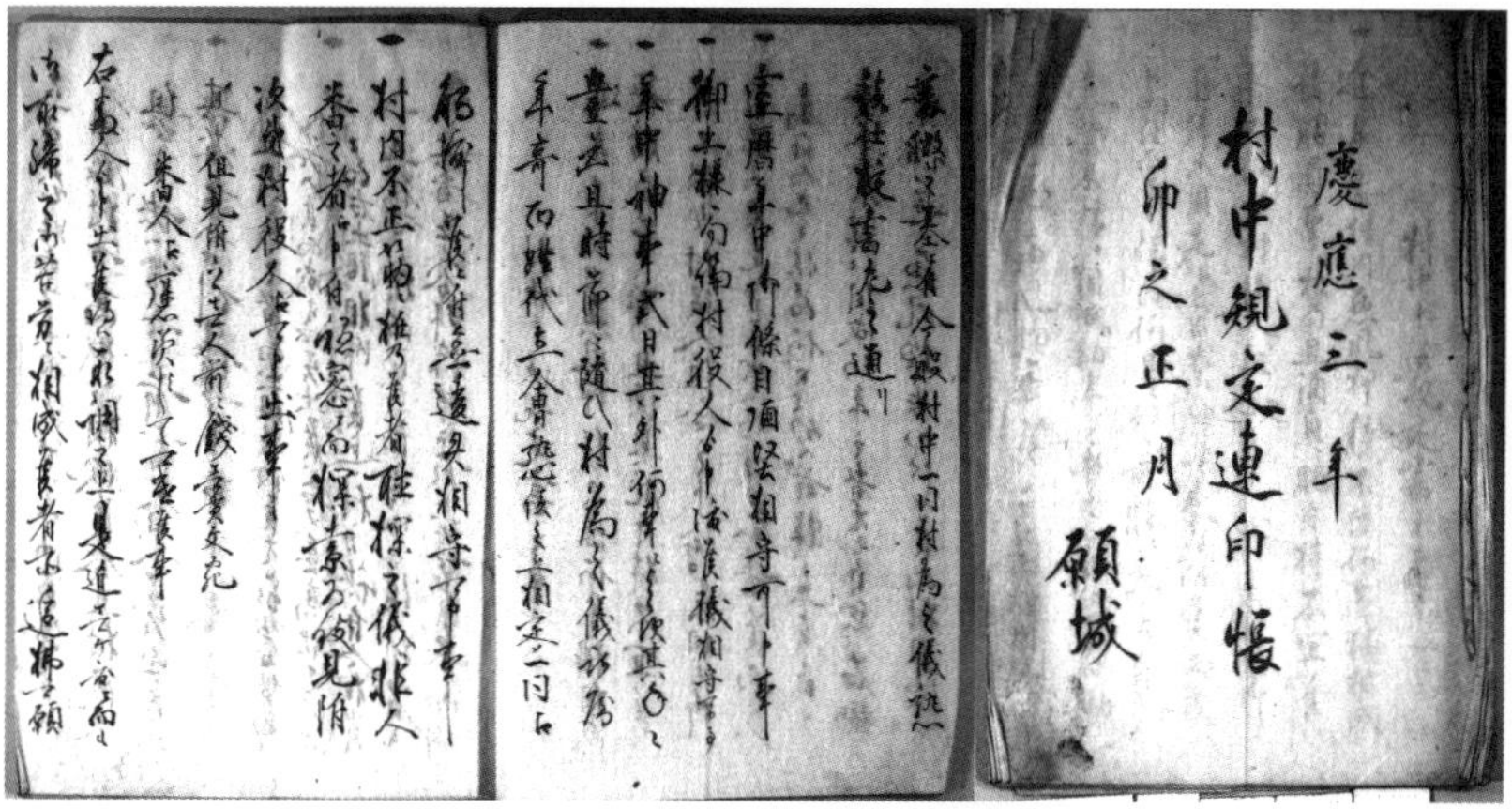

写真4　村中規定連印帳　池田下・門林啓三氏所蔵史料。表紙（右）と条文冒頭部分（左）。

一銭ずつの取り集めというやり方は、江戸において文政五年に四ケ所非人頭たちが市中の表店から毎日一銭ずつの日勧進を願ったことと共通する性格を持っていよう。

幕末の村と非人番

最後に、最幕末の段階での村と非人番のあり方の一端を、池田下村の事例で見ておこう。

翌年には明治維新を迎える慶応三（一八六七）年正月、池田下村では、村中で相談のうえで「規定書」一九ヶ条を取り決めた。これは、近年、村内に悪風が広がり、勝負事が蔓延ったり、酒におぼれて身を持ち崩したり、さらにそれが農業不精につながり、村内衰微のもとになっているとして、村内取締りを計ろうとしたものである。取締りの対象として、「男女若者」あるいは「部屋住の者」や「奉公人」が想定されている。先に一九世紀の村落状況として触れた博奕の広がりや秩序の揺らぎが、この規定書の背景にあることは容易に見て取れる。ここでは、この規定書のうち、非人番についての五条目だけに触れておきたい。

五条目は、村内で不正なことに携わる者について、「非人番の者え申付、隠密にて探索」させ、見つけ次第に村役人に申し出るようにさせるとある。そして、不正なことに携わる者を見つけた場合、非人番は一人当たり銭一貫文を褒美として与えられることが規定されている。先に触れたように、非人番が博奕などに携わることがしばしば見られた一方で、村内取締りを非人番に依存するほかない様相が見てとれよう。ここには村と非人番の関係の矛盾の深まりがうかがえるのである。

一八世紀末には確実に形成されていた泉州地域の村方における堺長吏と非人番をめぐる矛盾の状況は、一九世紀を通じて存在していた。そして、その背後には、堺奉行所の下での警察関係の御用を彼らが担っていたことがひそんでいたのである。

第8章　油の生産と流通

島崎未央

都市商人と和泉

　市域では稲作・木綿作《もめんさく》とともに菜種《なたね》作が盛んに行われ、菜種や綿《わた》の実《み》（種物《たねもの》と呼ばれる）を油に加工する絞油屋《しぼりあぶらや》も多く存在した。和泉の人びとが消費する灯明《とうみょう》油と、肥料（麦まきの際の肌肥など）に用いられた油《あぶら》粕《かす》は、絞油屋が小売したり、菜種・木綿を生産する百姓との間で種物と交換したりされていた。しかし、和泉で生産された油の大半は、荷物衆《にもつしゅう》と呼ばれる人足《にんそく》や牛の背に積んで堺や大津、貝塚などの海沿いの町場まで陸送され、寄屋《よせや》や荷次《につぎ》と呼ばれる商人のもとで船に積み替えられ、大坂市中（以下大坂とする）に送られていた。灯油は生活必需品であったため、江戸をはじめとする全国に安価かつ大量に供給することが幕府の政策上の課題であった。市域を含む畿内の絞油屋は、明和《めいわ》七（一七七〇）年に幕府が全国的な灯油生産・流通統制に関する法令を打ち出して以降、油の一大市場であった大坂に油を供給する生産者として位置づけられた。その結果、法の建前上は、在地で小売する油でさえも、一度大坂に出荷したものをふたたび買い戻してから小売するよう義務付けられていた（幕府の油方仕法については『池田編』参照）。

　池田下村や今在家村をはじめとする槙尾川両岸の村むらでは、水力を動力源とする水車絞油屋が展開していた。たとえば池田下村の上川《かみかわ》橋付近には、槙尾川から水路を設けた絞油屋を佐五平《さごへい》家が営んでいた（『池田編』）。絞油屋を営む家は、その営業に一定の資力が必要であったこともあり、村役人を務めるような有力な家やその親族が目立つ。しかし、その経営は必ずしも安定しなかった。原料である菜種や綿実、加工品である油や油粕の相場によって収益が左右されることもあっただろう。働き人に賃銭を支払ったり、原料を仕入れたり、仕入れを代行する小買商人を雇ったりするための資金を得るために、田畑や家、水車や絞油道具を抵当に入れて借銀をすることもしばしばみられた。絞油屋が安定した経営を維持するためには、油をできるだけ高額で売ること、そしてその代銀を円滑に、極力即銀で手に入れることが重要な課題であった。そこでここでは、油の出荷先のひとつである都市堺との関係に注目したい。というのも、堺は、和泉の村むらで生産した油を大坂に出荷する拠点であったからである。また天保《てんぽう》五（一八三四）年に幕府が灯油統制の方針を部分的に改変した際には、江戸に直接油を送る油問屋《あぶらどんや》が堺に設定された。江戸との新たな取引関係が認められ、構築される過程において、油の出荷や代銀の決済をめぐってどのような問題が起きたのか。その担い手は市域の村むらとどのような関係を取り結ぶ存在だったのか。以上の視点から、地域の商品生産と切っても切り離せない、都市との関係を考えてみたい。

写真１　油絞りに用いられた石臼

１　大坂への油の出荷と荷次

天保期以前の出荷の状況と堺荷次

まず時期をさかのぼり、堺に油問屋が設定される天保五年以前の油の出荷方法をみてみよう。油の出荷方法は、大きく分けて油荷次《あぶらにつぎ》を介する場合と、大坂油問屋に直送《じきおく》りする場合の二通りだった。

油荷次とは、「大坂油問屋に荷を継ぎ立てる」という名目で、天明《てんめい》三（一七八三）年に大坂町奉行から認められた商人で、絞油屋が陸送した荷を受け取り、大坂への船に積み込む世話をすることが職分である。堺に二軒、貝塚（貝塚市）・佐野（泉佐野市）に一軒ずつ存在した（池田下泉財・門林家所蔵史料）。油荷次所は、絞油屋が送ってきた二斗六升入の陸送用樽の油を升《ます》で計量して容量を確認する。同時に、油の品質を吟味し、不純物が混入していれば紙で濾《こ》し、よほど悪質な場合は絞油屋に送り返していた。検査を通過した油を船積み用の四斗樽に詰め替え、筵《むしろ》などで梱包し、船積みにまわしていく。この荷は小型の船（上荷船《うわにぶね》など）で大坂市中の油問屋へ送られ、さらに江戸などへ積み送る分は大坂安治川口《あじがわぐち》の大坂廻船問屋《かいせんどんや》にまわし、菱垣《ひがき》廻船に積み込まれた。

このように、品質の吟味を行う荷次所は、実際にはその名目以上に油の取引に深くかかわり、大坂油相場に基づいた油の値付けと決済も行った。絞油屋は荷次所に仲介を頼むことで、大坂油問屋の決済を待たずに即銀で決済を受けることもできたのである。このとき絞油屋に渡される代銀は次のように算出される。荷次はその時々の大坂油相場に則《のっと》って油の代銀を算出し、そこから「御当地《ごとうち》（大坂）油問屋口銭《こうせん》（手数料）・荷次世話料《せわりょう》・船賃・浜出し・水上《あげ》ケ」といった造用（荷次所から大坂油問屋までの仲介手数料・運賃・人足賃）を見込んだ額を差し引いて絞油屋に渡した。この造用を見込んだ引き分をいくらとするか、という点をめぐって、絞油屋と荷次はしばしば対立した。絞油屋の側は油代から引かれる分を極力抑えたがるが、荷次の側は、堺～大坂の輸出の各過程での運賃や手数料は慣習的に決まっていると主張した。引き分を抑えるということは、その不足分が荷次に転嫁されることを意味したからである。このように、荷次を介した取引は絞油屋の資金繰りにとって重要な意味を持っていたが、造用の負担をめぐり、両者の対立をはらんでいた。

もうひとつの出荷ルートの「直送り」とは、絞油屋と大坂油問屋との直接取引である。池田下村の佐五

	年月日	取引先	品目	石高	石/樽	相場（匁）	代銀（匁）	小廻し（匁）	掛物（匁）	口銭（匁）	貫屋惣兵衛船
1）	天保3.4.19	油屋吉兵衛	水油５樽	1.990	0.398	270	537.30	—	1.70	5.97	
2）	天保3.4.20	森本屋新助	胡麻油２口	0.480 0.240	—	360	259.20	—	0.30	2.16	
3）	天保3.8.2	亀屋太右衛門	水油６樽	1.760	0.293	268	471.68	1.50	2.40	5.28	○
4）	天保3.8.11	油屋吉兵衛	水油５樽	2.000	0.400	269	538.00	—	1.50	6.00	
5）	天保3.8.14	亀屋太右衛門	水油４樽	1.172	0.293	269	315.27	0.93	1.36	3.52	○
6）	天保3.9.17	亀屋太右衛門	水油８樽＊	2.368	0.296	275	651.20	2.50	2.72	7.00	○
7）	（天保３）.11.4	亀屋太右衛門	水油10樽	—	—	288	838.20	—	—	—	○

表１　池田下村佐五平家の油問屋との直取引　荷次所設置を願った尼崎屋の仕法による堺—大坂間の船賃銀0.4匁/四斗入樽は、１斗で換算すると銀0.1匁にあたる。一方３）の小廻しは１斗あたり銀0.08匁となる。したがって小廻しは、出油屋から買い手（江戸口・京都口油問屋の問屋場）への輸送費と推察される。
＊３斗入樽

平は、大津（泉大津市）の船持である貫屋惣兵衛を介して大坂へ油を積み送っていた（表1）。しかし、貫屋は荷の吟味や決済をする職能は持たない輸送業者である。大坂油問屋のもとで決済を受け、代銀を持ち帰るのを待つことになる。文政一二（一八二九）年から天保三（一八三二）年の四年間の総出荷高一六七石のうち一四八石、すなわち約九割が荷次を介した取引であった。

このように、佐五平家のような在方の絞油業経営においては、資金力を備えた堺の荷次の存在が重要であった。しかし、大坂油問屋への「荷次」である以上、油の売り先は大坂油問屋に限定されていた。こうした荷次の存在は、大坂油問屋にとっても、油の品質吟味や、絞油屋に対して出荷を催促するなどの、個々の絞油屋とのやりとり（「山方《やまかた》取締」）を委任できるという利点があった。幕府の流通統制によって強制的に構築された泉州泉郡の村むらと大坂との油取引において、特に堺の荷次が重要な役割を果たしたのである。そして、こうして形成された泉州—堺—大坂の油の取引関係は、天保期の幕府の統制政策の転換により、大きく改編を迫られることになるのである。

天保三年の油方仕法改正

天保三（一八三二）年一一月、油方仕法《あぶらかたしほう》が改正され、全国の油の流通機構が改編された（門林家所蔵史料）。そのねらいの第一は、油の一大市場であった大坂に認められていた従来の油問屋に加え、新たに灘目《なだめ》・播磨《はりま》に油問屋を公認し、そこから江戸に直接油を積み送らせ、競争させて油の値段を引き下げることであった。また、公認の絞油屋に種物を効率的に供給するため堺・兵庫に種物問屋《たねものどんや》を設けた。さらに、各地で消費する油の小売は、絞油屋の「住国限り」での販売が認められた。これは、大坂で集荷された油の過半が畿内や西国各地へ送られているという調査結果にもとづき、諸国での小売をある程度認めなければ、江戸への輸送量が確保できないことを幕府が認識したことによる改正であった。その一方で、大坂への油の集荷量をもれなく把握する方針が打ち出された。具体的には、大坂に油を供給する地域（和泉を含む）においては、絞油屋個々人に油の生産高と廻送量を申告するよう命じられ、具体的には、大坂では内本町橋詰町の油寄所《あぶらよせじょ》に油問屋を出勤させて取引にあたらせ、実際の廻着量と申告高を照合させた。これによっていわゆる「隠れ油」を防止し、集荷油の把握をめざしたのである。この仕法改正による変化を和泉国に即していえば、堺に種物問屋が設定され、堺市中・四郡の絞油屋は大坂油寄所に油を送る以外に、和泉国内での油の小売りが認められることになった。

総じていえば、天保三年の仕法改正は、明和七年令下の非合理性を解消することが目的であった。しかし、その原理原則主義を徹底したことで、実情にそぐわない取引を強いる結果となったのである。

荷次の決済停止

天保四（一八三三）年、油荷次が油樽の詰め替えと代銀決済という問屋同様の業務を行っていることが大坂町奉行の知るところとなると、荷次所には名目通り荷の継ぎ立てのみ行うよう命じ、問屋業務を禁止した（門林家所蔵史料）。これによって困惑したのは、当の荷次所だけでなく絞油屋らであった。近場で油の代銀を受け取ることができず、資金繰りに窮した泉州絞油屋は、①大坂油問屋を荷次所に出張させて油の吟味と決済を受けたい、②油問屋の出張の合間に荷次所に溜まった油は油寄所へ送らずに安治川菱垣廻船へ直送し、

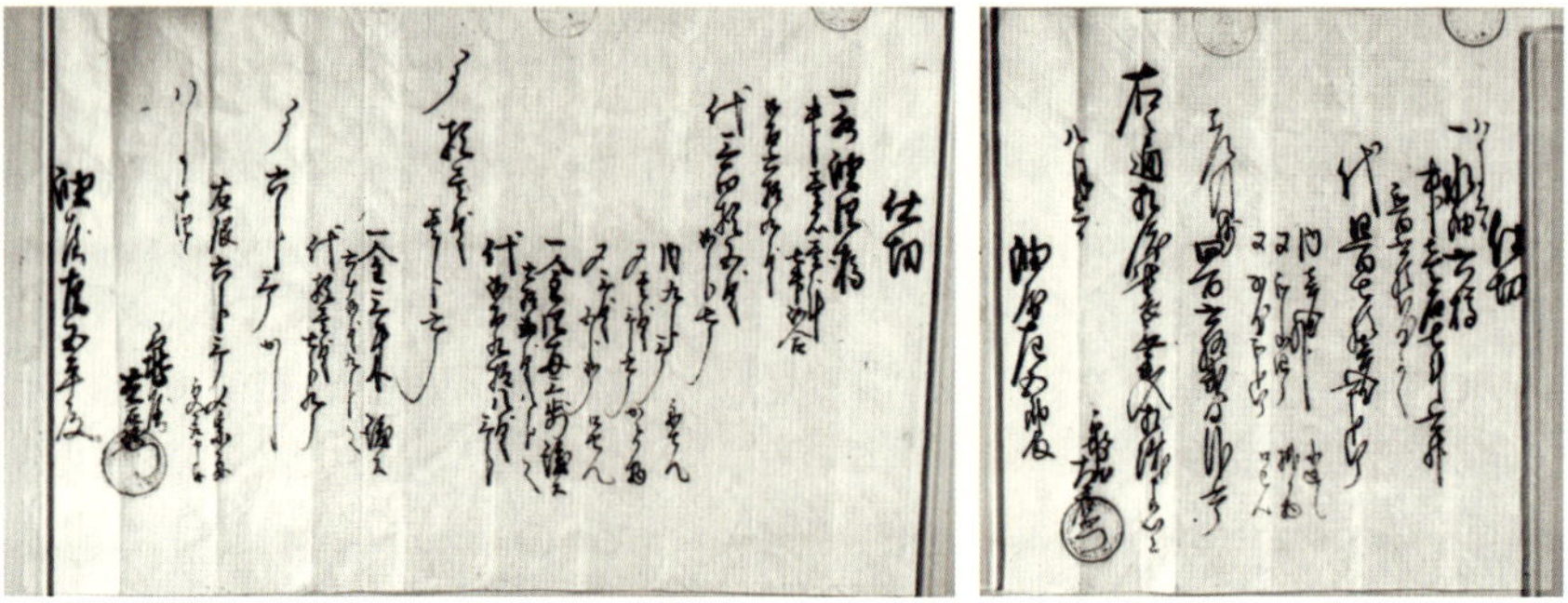

写真２　亀屋太右衛門からの「仕切状」

荷次所―油寄所―安治川口の運賃を節減したい、と大坂町奉行へ願い出ている（門林家所蔵史料）。②は、大坂油問屋の詰所《つめしょ》である油寄所が大坂城に近い上町《うえまち》に位置するため、和泉の荷次所から安治川口へ廻送した荷を大坂市中の川船《かわぶね》で油寄所まで運び込み、油の吟味と決済を受け、再び安治川口に運び出して廻船に積み込むとなると、川口―市中間の運賃がロスになるという考え方からくる提案である。絞油屋としては、油代から引かれる造用（特に船賃や水揚げ料）を節減したいのだろう。しかし、天保三年の仕法改正の眼目は、隠れ油を防止するために油を油寄所に一括集荷して業務にあたらせ、そこで出荷高を把握しようとすることであったから、その趣旨に反する絞油屋の出願は認められなかった。

　結果的に、和泉の絞油屋は、天保三年の改正仕法で一国内（和泉国内）の小売りを容認された点では恩恵を受けたといえようが、大坂への出荷の局面で荷次の決済が禁止され、資金繰りの面で打撃を受けたといえる。そこで、天保三年令で油の江戸積を認められた灘目を先例とし、堺に独自の油問屋を取り立て、江戸に積み送るという構想ができあがっていく。それは、当時の堺奉行である跡部《あとべ》山城守《やましろのかみ》の強い働きかけもあり、実現していくのである。

2　堺奉行による油問屋設置

堺油問屋設置にむけた交渉

天保四（一八三三）年一一月、堺奉行跡部山城守は、江戸の勘定奉行に次のような談判を行った（国立国会図書館蔵・旧幕引継書「水油一件」）。

　堺奉行が管轄する堺市中の油の価格が高騰しているので調査をしたところ、堺・泉州の絞油屋らは大坂油寄所へ油を出荷することで、油一石につき銀一四、五匁、ないしは二〇匁もの損失を被っており、小売価格を釣り上げることで補填していたことが判明した。そこで解決策として、堺に油問屋を設置し、泉州のほか、大坂に出荷するには不便な地域からも集荷させ、堺から直接江戸へ輸送させ、その余りは四国・西国筋へ売り渡してはどうか。あわせて、この機会に泉州一国の油方の行政管轄を堺奉行に移管してほしい。

これに対して幕府の地方行政を担う勘定奉行は、一年前に出された仕法改正の内容と齟齬《そご》が生じること、特に大坂町奉行の管轄権に抵触することに懸念を示し、堺奉行跡部に対して、大坂町奉行と交渉を行ったうえで、大坂城代の承認を得るように求めた。

この指示に従い、堺奉行跡部は、大坂町奉行との交渉、堺油問屋の設置に向けた調査を進めたうえで、天保五年正月に仕法書案を作成し、江戸に上申してよいか、と大坂城代に認可を仰いでいる。この案によると、堺油相場は江戸の油相場（決済の仕切状や注文書）を元に設定すること、問屋口銭、廻船運賃、樽代など諸経費を大坂より下げること、を挙げている。これらには江戸の油相場の引き下げをなにより重視する江戸の担当者らを説得するねらいがあるのだろう。また、泉州の油方支配を堺奉行に移管すれば、絞油屋が役所に出頭する際の旅費などを節減できるとともに、堺市中油小売仲間構成員を油仲買とし、仲買仲間株を株数限定で公認することで油の価格統制を強化できる、とそのメリットを述べている。特に仲買株の公認は、問題の発端となった油小売価格の引き下げを目的としたものである。以上のように、堺奉行は堺に油問屋を設置し、江戸への油の供給地とすることで、出荷の局面で生じる負担や、支配管轄といった問題を解消できると主張したのである。

結局、この堺奉行の上申は聞き入れられたが、天保三年の仕法改正からわずか二年での方針転換であったため、堺油問屋は、江戸に油を潤沢《じゅんたく》かつ安価に供給することを絶対条件として、かつ五年間の年限付きで認められた。

堺油問屋の担い手

それでは、実際に堺油問屋に任命されたのはどのような人物だったのだろうか。天保五（一八三四）年三月に、堺の両替商である具足屋孫兵衛《ぐそくやまごべえ》・半兵衛《はんべえ》が油問屋に関する仕法案を堺奉行に提出している（「水油一件」）。この両名は、堺奉行所の掛屋役《かけややく》（公金出納にあたった商人）も務める豪商だった（後述）。まず両名は、別家に絞油屋がいるので油の取引について熟知していると述べている。一方で注目されるのは、従業員として油の取引をよく知る手代《てだい》を雇うとあり、両名自身が油の取引に従事することは最初から想定していない。堺油問屋は、堺奉行の意向を強く受けた業務でもあるため、油の取引の知識・経験や実績に加えて、信用や資金力も重視した人選が行われたのだろう。

油問屋の拠点となる会所は、戎嶋船町の家屋敷を買い求めて設けるという。戎嶋船町は、堺港にほど近い場所に位置しており、荷の積出しに適した立地を選んだのだろう。その他、堺奉行の提案に沿うように、問屋の手数料のほか、樽の調達・加工・梱包料金や船賃を大坂より引き下げ、油相場の引き下げに努めると約束している。

わずか二年での方針転換

以上みてきたように、天保三（一八三二）年の仕法改正により、油の出荷高を厳密に把握する方針が打ち出された影響で、荷次所での油の決済が禁じられ、絞油屋は上町（大坂）の油寄所への出荷を強要された。堺奉行所の調査では、仕法改正によって絞油屋に甚大な損失が生じたため、彼らは油の小売価格の引き上げによって補填を図ったとされる。しかし実際には、大坂市中での輸送ルートが天保三年以前と変化したことで、先述したような油一石につき銀一四、五匁ないし二〇匁というほど、格段に運賃が嵩んだとは考えにくい。おそらくは、堺油問屋の設置を実現するための方便だったと考えられるが、堺市中の灯油価格が高騰したこととも相まって、堺奉行が介入することになった。そうして、灘目などを先例とする江戸への油の供給市場として堺を位置づけ、油問屋を設ける計画が打ち出されたのである。

写真3　堺の荷次屋帯屋善六と細屋喜八郎

その担い手としては、堺奉行との関係が深く、両替商としての資金力と信用を有する具足屋の両人が選ばれた。しかし、彼らが油取引の実務を担ったとは考えられない。事実、江戸油問屋との取引を開始する前に、具足屋の手代が江戸に出向いて交渉を行った際には、もと荷次所である帯屋善六《おびやぜんろく》が同行している（「水油一件」）。油の取引における諸条件を具体的に詰める場面では、取引の実情を知る者のサポートが必要だったのである。

3　天保五年の油市場の構造と矛盾

堺油市場が開設されて以降、その初発段階において堺油問屋と絞油屋の油取引がどのように行われていたのかを確認してみよう。天保五（一八三四）年七月に、堺奉行からの仰せ渡しという形式で、堺油問屋と堺市中・（和泉国）四郡絞油屋の取引に関する規定が作成されている（堺市史史料「油問屋定書之写」）。その翌月には、油問屋手代が江戸に出向き、江戸油問屋との調整を行い、示談書を作成している（「水油一件」）。以上ふたつの史料から、堺と江戸の間の取引構造を復元してみよう。

出油と小売油

生産された油は「出油《であぶら》」か、小売油という形で売却される。

出油とは油会所《あぶらかいしょ》に持ち込まれてから、江戸へ送られる油のことで、会所では毎日五つ時（午前八時）～七つ時（午後四時）までの出荷分を受け付けた。会所で受け付けた出油は、油問屋が品質の吟味・計量・詰替えを行って封印し、船積みする。江戸では送られてきた油樽を封印したまま売却するため、堺での厳密な計量と品質管理が求められている。実際に、池田下村の絞油屋定治郎が黒油（綿実油の精製前のもの）を送り、堺油問屋が精製を試みたところ、品質が悪かったために、定治郎に取替えを求めている例がある。堺油問屋は、注文主である江戸油問屋に対し、品質管理の責任を負わねばならない立場にあり、この正確さが、堺油問屋および泉州絞油屋の信用にもつながっていた。

一方の小売油は、個々の絞油屋が、堺市中や四郡の村むらといった泉州一国内で小売する分である。法文上は、小売油はあくまで江戸への積送りの「余分」と位置づけられており、事前に申告した見積り高の範囲でしか売ることを許されなかった。また、一度油会所へ送った油を小売りにまわすことも堅く禁じられていた。あくまでも小売油は江戸への積送りを前提とした副次的位置づけであった。江戸への大量かつ安価な油の供給を条件に堺油市場が認められたという経緯を考えれば当然ではあるが、このように小売油が厳密に制限されるというのは、それだけ絞油屋や油問屋が、出油よりも小売油に積極的であったことを示していよう。

堺油相場の設定方法

堺の油相場は、日々江戸から送られてくる「仕切状《しきりじょう》」(ここでは、取引に際し、対象になる商品の銘柄、数量、その代金、発生した手数料・運賃を計算した書状のこと)に記載された江戸の油相場から、樽代(容器代)・運賃・「掛り物」(手数料や世話料、運上など)を引いて算出された。つまり、直近の江戸油相場に連動していた。また、江戸油問屋からの注文で、指定があればその値段で取引することもあり、あくまで江戸本位で相場を設定することが求められた。

日々の油相場がいくらになるかということは、油問屋だけではなく、売り手の絞油屋にとっても最大の関心事だった。そのため、基準となる江戸からの仕切状や注文書の扱いについても入念な取決めがなされた。絞油屋仲間の年行司《ねんぎょうじ》(代表役人)は日々油会所に出勤し、江戸からの書状類の確認を行うことになっていた。その際、書状類はすべて問屋と絞油屋が立ち会って開封し、値段書は会所に掲示して公開していた。このように、問屋と絞油屋の間では、相場設定の際、妥当性・透明性が重要とされたのである。

出油の扱いの選択肢

会所で受け付けられた出油が江戸に売却される際、三つの選択肢があった。以下、それぞれの取引の特徴を確認してみよう。

注文油　江戸油問屋の注文を受けて、堺油問屋が買付けを代行する荷である。堺油問屋が絞油屋に連絡し、その価格を見て希望する絞油屋が出荷する。会所は、注文の数量に合わせて会所の在庫（後述の預け油・問屋荷物）からも補填し、荷数が揃い次第発送する。廻船に積み遅れた荷は、会所へ預けて次の注文を待つか、「即刻」で油問屋へ売り払うか（後述の即刻仕切）、荷主である絞油屋が選ぶ。このような注文油は、堺油問屋が買付けを江戸油問屋から委託される形式をとり、事前に買取り価格が示されるため、その後江戸で油相場が変動したとしても、堺の側にはリスクがない。一方、江戸油問屋は大坂—江戸間での価格差によって利益を得るが、海上輸送中の海難による損害は江戸油問屋が負わなければならなかった。

絞油屋にとってこの取引は、注文時に提示される価格どおりの安定した取引ができるという点において、利点が大きい。堺油問屋は、江戸油問屋と絞油屋の取引を仲介した手数料が収入となる。また、注文数量以上の出油が届くなどが原因で、余剰分が会所の「預け油」とされる場合もあるなど、ストックが生じやすい側面もあった。この場合、会所は預り料にあたる庭銭を絞油屋から得ることになる。余剰分を即刻仕切で堺油問屋が絞油屋から買い取る場合は、相場よりも安価に買い取れるため、売却差額を収益とすることができた。

一方で注文油のデメリットは、絞油屋にとって、江戸の指定した値段でしか売ることができず、安価な注文ばかりだと、出荷できないことが挙げられる。また出荷期限に間に合わなかった場合、次の注文まで会所での蔵敷銀（預け料）を支払い続けるか、あるいは即銀で安価に買い取られるかを選択するしかない。次の注文値が、前回の値段よりも安価になる場合も当然あり、その場合は損失を蒙ることになる。会所にとっては、江戸からの注文値が堺や大坂の市場よりも安価だった場合、絞油屋から荷が集まりにくく、それゆえに委託買取りが行い得ない。そのため、不足分を会所在庫（問屋荷物）から補填して取引を成立させなければならない。

送り油　絞油屋の希望に応じて江戸に送り付ける荷で、その時々の江戸の油相場で値付けされる。絞油屋は江戸相場を読み、売り先を選ぶ判断を要する。個々の絞油屋のもとには、取引関係を持つ都市の油問屋らから、時々の相場情報が寄せられている（『池田編』）。送るタイミングや売り先については、江戸油問屋らと頻繁にやりとりをする堺油問屋が情報を提供すると考えられる。こうした情報やその年々の気候変動や物価動向などを考慮しながら出荷先や時期の判断をしていたと見られる。荷物の所有権は、江戸での売買が成立するまでは和泉の絞油屋らにあったため、江戸の油相場が下落した時のリスクや、海難が起きた時の弁済責任は絞油屋にあった。しかしその反面、江戸油相場が高騰した時の収益は大きい。ただし売却代銀は江戸での取引が完了した後に決済されることになるから、手元に入るまでにはしばらく時間が掛かってしまう。堺油問屋は、取引を世話する手数料を受け取る。

即刻仕切（問屋荷物）　江戸からの注文ではなく、堺油問屋自身が絞油屋らから買い取る。この場合、油問屋が荷物の持ち主となるので「問屋荷物」と呼ばれる。絞油屋にとって、即座に代銀を受け取れるという利点があった。しかし、運賃・諸経費を見込んで堺油相場から油一石につき八匁を差し引かれるため、利益は少なくなる。引き分の内訳が妥当か否かで疑念を抱く絞油屋も多かった。堺油問屋にとっては、自身が荷物の持ち主（荷主）となり、自由に荷を差配できるという利点があった。たとえば、江戸油問屋から注文があったとき、絞油屋からの出油では足りない場合、問屋荷物を注文油の補填にあてることができた。また、溜まった問屋荷物を随時送り荷にして在庫を調整でき、その時に絞油屋からの買値と江戸油問屋への売値に差が生じれば、それが問屋自身の収益になったのである。とりわけ、相場よりも安価に買い取ることができる利点は大きい。しかし、問屋荷物を扱うには、即銀支払いに対応できる資金と、ストックを保管する敷地・建物を持ち合わせていることが必要条件となる。

このように、江戸からの注文の緩急に応じつつ、できるだけ有利に、高く油を売りたい、あるいは即座に代銀を受け取りたいといった絞油屋の様々な思惑に応じて、油の売り方には三つの選択肢があったのである。

堺油市場における江戸直積みの実情

以上から、江戸に油を売る際にもさまざまな選択肢があり、問屋と生産者（絞油屋）の利害と思惑が交錯していたことがみえてくる。絞油屋は、できるだけ高く、有利に油を売りたいと考えたが、好条件の注文に間に合わなかった場合や、直送りを選択するにはリスクが大きいと判断した場合、仕切を急がない場合などは、選択を保留するために、ひとまず「預け油」にすることを好んだ。一方で問屋は、江戸油問屋との取引を仲介し、買付けを委託される立場から、品質管理を徹底し、切れ目なく油を供給せねばならず、自身の収益を得るためにも、即刻仕切を勧める傾向があった。

堺市場の開設からわずか一ヶ月あまりの九月下旬には、会所の預け油が過剰なことが問題になっている（堺市史史料「油問屋書用留」）。そこで、堺油問屋と市中・四郡絞油屋年行司は、毎月一五日と晦日《みそか》に、それまでの預け油を強制的に即刻仕切し、問屋荷物として江戸に送ることを堺奉行所地方役所に願い出た。しかしその翌月には、一五日・晦日の数日前になると絞油屋が出油を控えるため油が円滑に供給されない、と油問屋が訴えており、さらなる防止策として、二六日～翌月一〇日の受付分を一五日に、一一日～二五日の分を晦日に仕切するという方法に切り替えられている。おそらくこれは、絞油屋が即刻仕切を敬遠したためだろう。江戸への円滑な油の供給を期待された堺油市場は、その初発から問題に直面したのであった。

年	月／日	銀額（匁）	宛先	振出人
午	6/23	4,120	田源（久）	木綿屋甚兵衛
午	7/8	2,000	田（治米村）源（右衛門）	毛綿屋甚兵衛
午	7/8	2,000	田源	毛綿屋甚兵衛
午	7/19	1,000	田源	木綿屋甚兵衛
午	9/8	700	室堂村	毛綿屋甚兵衛
午	10/18	1,000	室堂村	木綿屋甚兵衛
午	10/19	650	鍛冶屋村	木綿屋甚兵衛
午	10/22	1,000	浦田村	木綿屋甚兵衛
午	11/3	3,000	浦田村	木綿屋甚兵衛
午	11/4	2,100	浦田村	木綿屋甚兵衛
午	11/11	200	池（田下村）弥（兵衛）	木綿屋甚兵衛
午	11/28	3,000	田源殿	木綿屋甚兵衛
午	12/1	1,160	浦田村	木綿屋甚兵衛
午	12/18	1,500	田源	木綿屋甚兵衛
午	12/20	300	—	木綿屋甚兵衛
午	12/21	300	坂（本新田）徳（次郎）	木綿屋甚兵衛

表2　池田下泉財甚兵衛家の取引関係　典拠：関西大学博物館所蔵「池田下村泉財宇沢甚兵衛家文書」

具足屋半兵衛・孫兵衛

以上、堺を拠点とする油の取引を通して、和泉の生産者（絞油屋）と油問屋との関係をみてきた。堺油問屋に任命された具足屋半兵衛・孫兵衛は、堺奉行との関係が深い豪商であり、その資金力が求められていたことも確認した。以下では、具足屋と和泉の地域との関係を、油以外の局面からみてみよう。

まず、具足屋孫兵衛は下総関宿《せきやど》藩の蔵元《くらもと》を務めていた。関宿藩は和泉に一万四百石余の領地を有し、市域では一六ヶ村が関宿藩領であった（第2部1）。藩は文政一〇（一八二七）年から米札の発行を開始しており、伏尾新田で質屋を営む中辻吉兵衛が札元を務めたが、発行した米札を金銀に引き替える米札下引替所を堺の具足屋孫兵衛・半三郎（半兵衛か）と貝塚の小間《こま》物屋《ものや》孫次郎らが務めた（大阪大学経済学部所蔵史料）。また具足屋孫兵衛は、市域伯太村に陣屋をおく伯太藩に金銀を調達する銀主であったことも確認できる。豪商である具足屋両家は、特に和泉に所領をもつ諸大名家との関係が深い存在だったといえよう。

一方で具足屋両家は、地域で生産され、流通するさまざまな商品の取引に欠かせない存在でもあった。池田下村泉財の甚兵衛家の経営を例にみてみよう。甚兵衛は木綿仲買を営んでおり、文政期以降は水車絞油株を忠岡村から購入して人力絞油屋も営んだ。そのため甚兵衛家には、預金先の具足屋孫兵衛に振出しを依頼し、木綿代銀の決済に用いたとみられる手形のほか、「久上油問屋」(「久上」は具足屋のこと)との油の取引を記録した通帳も残されている。

表2は、池田下村泉財の甚兵衛家に残った手形を一覧にしたものである(関西大学博物館所蔵・池田下村泉財宇沢甚兵衛家文書)。手形が発行された年代は不明だが、振出人はいずれも「木綿屋(毛綿屋)」甚兵衛である。受取人は、池田谷内の室堂村、浦田村、鍛冶屋村といった近隣の村むらが目立つ。近隣での木綿の買付と決済は、村を通じて行ったのだろうか。その他、同じ木綿仲買と考えられる「田源」、「坂徳」、「池弥」の名前がみえる。「田源」は、別の書状から、山直谷に位置する田治米《たじめ》村(岸和田市)の源右衛門という木綿商であったことが判明し(門林家所蔵史料)、ほかの二名も木綿仲買戎講の名前帳で名前が確認できる。以上から、甚兵衛自身は生産者の「機場」からも木綿を買い付けていたのだろうが、木綿仲買間での相互取引も行っていたことがわかる。「即銀決済」もままならず、自己資金を持たない仲買とは、少し位相を異にする存在といえようか(『池田編』)。そして注目されるのは、その決済の局面で具足屋が手形の振出しを依頼されていることである。たとえ近隣の村むらとの間であっても両替商である具足屋の信用が活用されたのであり、貨幣・商品を介した社会関係が深く浸透していた様子がうかがえる。

第9章　泉州接待講

町田　哲

西日本各地に存在した接待講

一九世紀前半、和泉国の人びとが、あるグループを作り、四国八十八ヶ所霊場一九番札所《ふだしょ》立江寺《たつえじ》（徳島県小松島《こまつしま》市）に赴き、そこで四国遍路《しこくへんろ》の人びとに「接待」をし始めた。泉州接待講《せったいこう》の誕生である。ここでいう接待とは、遍路を弘法大師（空海）と共に修行する存在、あるいは弘法大師そのものと見立て、遍路に対して米銭《べいせん》その他の物を与え支援することによって、功徳《くどく》を得ようという行為である。個人の篤志家《とくしか》が遍路道や札所霊場の境内で接待をする場合も多いが、ある一定の広がりを持つ地域の人びとが、講《こう》をつくり、接待をするための米銭等を集め、特定の札所に訪問した場合があった。それが「接待講」である。

関西地方から四国への接待講としては、現在のかつらぎ町域を中心とする紀ノ川流域のメンバーが、二三番薬王寺《やくおうじ》（徳島県美波町《みなみちょう》）に行き摂待をする紀州接待講（一八一九年開始）や、有田郡《ありだぐん》を中心とするメンバーが一番霊山寺《りょうぜんじ》（徳島県鳴門《なると》市）に向かう有田接待講（開始時期不明）や野上《のがみ》接待講（伝一七八九年開始）、そして一九番立江寺に向かう和泉接待講（伝一八〇四年開始）などが知られている。いずれの接待講も一八世紀末から一九世紀前半に開始された点に特徴がある。このうち、和歌山県の有田接待講・野上接待講・紀州接待講の三つの講は、現在も続けられ、毎年春の彼岸の終わりから四月上旬ごろに四国に渡り、札所でみかん・菓子類など多様な接待品を遍路の人びとの手に渡している。また、一番札所霊山寺には、「紀州接待所」の扁額《へんがく》がかかる一九三五（昭和一〇）年建築の接待所が今も使われている（写真2）。これは接待をするための

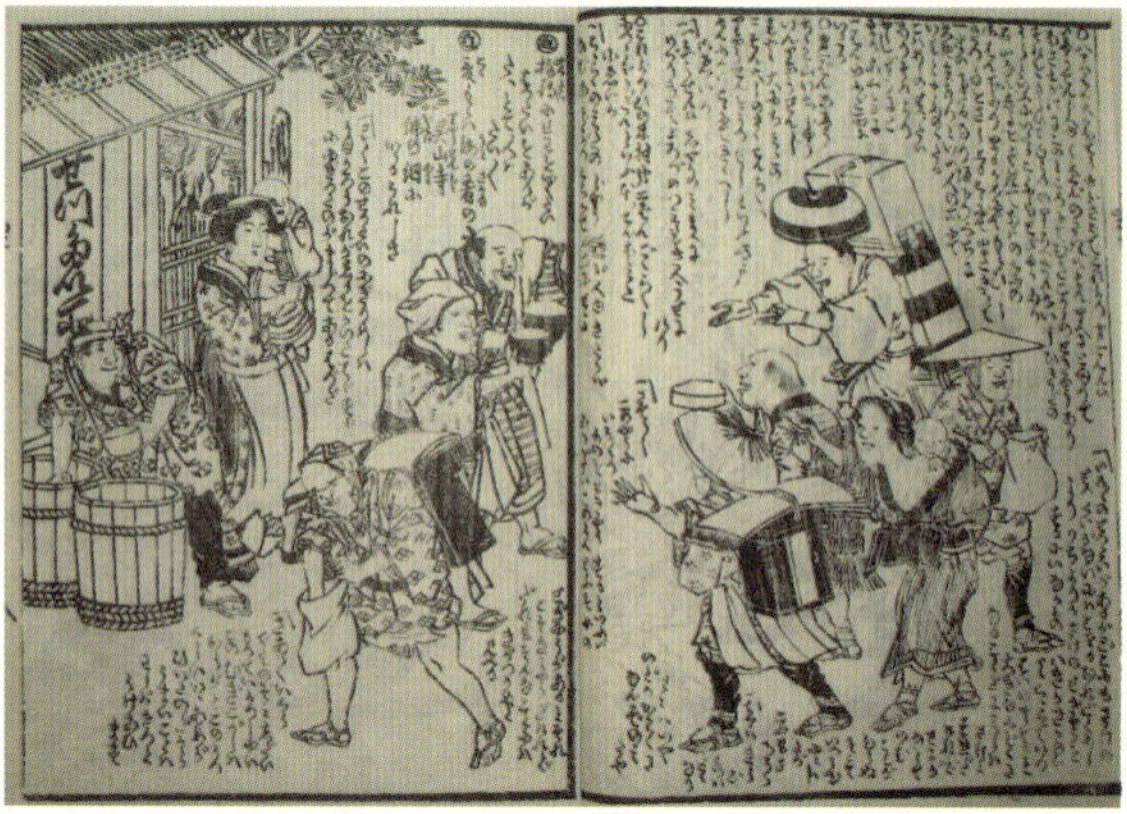

写真１　接待所での接待の様子（十返舎一九著『金の草鞋十四編 四国偏路』（1821年、徳島県立博物館所蔵））

建物である。なお、戦前まで続いていた接待講として、讃岐では七一番弥谷《いやだに》寺《じ》（香川県三豊《みとよ》市）や七七番道隆寺《どうりゅうじ》（香川県仲多度郡多度津《たどつ》町）に対岸の岡山県・広島県から、また伊予の五二番太山寺《たいさんじ》（愛媛県松山市）に大分県北海部《きたあまべ》郡《ぐん》からの人たちが来ていたという。

こうした接待講については、戦後以降に調査がなされ、ある程度の実態がわかっていたが、接待講が成立した一九世紀前半の実態については、不明な点が多かった。そのなかにあって、大阪歴史博物館の「大阪歴史資料コレクション」に含まれる三点の古文書は、設立当時の「泉州接待講」の姿を伝える極めて貴重な歴史史料である。その三点とは、①泉州講中の名が記されている「阿州《あしゅう》立江寺《たつえじ》摂待講《せったいこう》加入帳《かにゅうちょう》」、②天保《てんぽう》四（一八三三）年二月「摂待施《せ》行《ぎょう》荷物《にもつ》控《ひかえ》」、③「摂待物荷出船立江寺諸事録」である。①の裏表紙には「我《あ》孫子《びこ》組《ぐみ》元方《もとかた》」とあるので、もともと泉州接待講の我孫子組の人が作成し、使用していたものと考えられる（写真４）。

以下、この泉州接待講に関する三つの古文書をもとに、近世の和泉と四国の地に広がる民衆の宗教的、もしくは信仰上の生活世界の広がりについてみていこう。なお、接待講について、近世の史料上では大半が「摂待」と記されている。そこで、史料上の表現を引用する場合には「摂待」と括弧内に示し、その他の場合は接待で統一して表現する。

写真２　一番札所霊山寺の紀州接待所　1935年築。

写真３　二三番薬王寺に残る紀州接待講の石灯籠

1　和泉の諸講と接待講

四国遍路と接待

接待講について考える場合、四国遍路の特徴を抜きに考察することはできない。まずは四国遍路とその中での接待講の位置づけを確認しよう。

四国遍路は、古代から中世に長い時間をかけて、ふたつの流れが融合して形成された巡礼と考えられている。ひとつめの流れは、空海の死後、一〇世紀末から一一世紀になって生まれた弘法大師信仰である。これは日本列島に密教を伝えた空海（七七四―八三五）を、人びとを救済するために高野山奥の院で生き続けている存在と見なし（「入定《にゅうじょう》」伝説）、その霊地である高野山に足を踏み入れれば、老いた者も若い者も、尊い者も卑しい者も、必ず仏の世界に行くことができるという、弘法大師に救済を求める信仰である。あわせて空海の出身地で、初期の修行地である四国が重要な土地として注目され始めた。

ふたつめの流れとは、聖《ひじり》と呼ばれる民間宗教者や山伏《やまぶし》らによる「四国辺地《へち》」という修行である。これは古代末期から中世初頭以降に、聖らが人里離れた山や洞窟などで行った山林修行に加えて、四国の海岸沿いを歩む修行である。

以上のふたつの流れが合わさって形成された四国遍路であるが、遅くとも一七世紀には、弘法大師ゆかりの四国の八十八ヶ所の札所を巡る形式が整えられ、一七世紀後半には一周一二〇〇キロメートルとも一四〇〇キロメートルともいわれる道のりを、宗教者のみならず多くの民衆も巡礼するようになる。その目的は多様だったが、民衆の多くは病気平癒の祈願や、亡くなった家族を弔《とむら》う追善《ついぜん》供養のために遍路を実践していた。

本来遍路は、札所を巡拝するだけでなく、地域の家いえを托鉢《たくはつ》しながら廻る乞食行《こつじきぎょう》という一種の修行をともなっていた。これに対し地域の側でも、遍路を「同行二人」、つまり弘法大師と共に修行している存在と見立て、札所や遍路道沿いなどで、遍路に対し金品を授けることで善行を積もうとした。これが接待慣行である。接待慣行は遍路に限られるわけではなく、西国三十三ヶ所観音霊場をはじめ、各種の巡礼にみられたというが、遍路では、弘法大師信仰と一体となって接待が浸透してきた点に特徴がある。四国遍路に対する接待としては、ⅰ個人が銘々に行う接待、ⅱ札所近くに住む村落構成員が集団で行う接待（大師講等）、ⅲ四国以外の人びとが船に接待品を積み込んで札所に乗り込んで行う接待、の三つのタイプがあった。このうちのタイプⅲが、以下述べていく接待講なのである。

和泉の村における講

ところで、和泉の村むらにはさまざまな「講」が存在した。例えば、黒鳥辻村では、伊勢（月参《がっさん》）講・愛宕山《あたごさん》講・大峯山《おおみねさん》講・熊野講・金比羅《こんぴら》講と五つの講を確認することができる（表1）。このうち伊勢講から熊野講までは、いずれも村内構成員が参加して、各神社へ参詣するための独立した組織である。講に銀子を積み立て（講銀）、これを「路用《ろよう》銀」（参拝経費）として、くじで当たった構成員数人が代表して参詣（「代参」）する形式をとっていた。なお、困窮した構成員に一時的に講銀を融通するといった、互助機能を果たす場合もあった。また、このうち伊勢講は、講銀をもとに講田を購入し、そこからの作徳米《さくとくまい》（小作米）を運用することで安定的な運営を実現していた。

講田を基盤とした講運営は、他村でも幅広く見られる。池田下村では元禄一〇（一六九七）年から宝永七（一七一〇）年にかけて、段階的に信太山丘陵に位置する村中山《むらじゅうやま》の新開を進めた。一八世紀中ごろの新開田畑所持者を確認すると、二三七ヶ所のうち三一ヶ所を池田下村内の講が占める（表2）。遅くとも一八世紀には、集落単位に伊勢講・愛宕講などが存在し、それぞれ「講田」を所持し、これを基盤に活動していたのである。

講の名前	確認できる最も古い年代
伊勢（月参）講	宝暦11（1761）年
愛宕山講	寛政11（1799）年
大峯山講	文政11（1828）年
熊野講	天保3（1832）年
金比羅講	文化14（1817）年

表1　黒鳥辻村の講　典拠：浅井家所蔵文書。

中村	泉財	久保	願成	山深	記載なし
伊勢講10	愛宕講2	愛宕講2	愛宕講4	伊勢講1	伊勢講5 住吉講1 地蔵講2 吉野講2 愛宕講1 八幡1

表2　池田下村新開所持者にみる「講」　典拠：池田下・高橋昭雄氏所蔵文書。数字は田畠の数。

金比羅講

一方、表1にみえる金比羅講は、参詣を目的としている点では他の講と共通するものの、村単位の講とは少々趣を異にし、今在家村（芦部町）を中心に、黒鳥村を含む槙尾川周辺一八ヶ村に広がる広域的な組織であった。金比羅講の成立時期は不明だが、遅くとも一八世紀末の寛政年間には今在家《いまざいけ》村で講のメンバー（講中）から掛銀《かけぎん》を徴収して運営していた。しかし、掛銀だけでは運営が困難だったため、寛政八～一〇（一七九六～八）年にこれを拡大・再興し、あらためて掛銀を広く募り、講田（一条院村・坂本村の田畑三反余）を購入したうえで、講田からの作徳米（一年当たり二石二斗）で講の財源を賄《まかな》うことをめざした。その際の掛銀は一人当たり銀二匁で、三年間、三〇〇人規模（当時の今在家村は家数六〇軒弱）が目標とされた。あわせて、大津浜《おおつはま》口（泉大津市）の船屋、船が着岸する丸亀の宿、金比羅の宿と契約をかわし、乗船した構成員の世話や、宿泊先の提供等、安全な参詣を求めている（芦部・古下悦朗氏文書）。

嘉永《かえい》六（一八五三）年四月、泉郡大津浦から金比羅にむかった今在家村・黒鳥村・坂本村・池田下村・一条院村・池上村の参詣人三〇人と船頭・水主《かこ》五人のあわせて三五人を乗せた船が、暴風雨のため播州家島《いえしま》近くの「丹下島」（男鹿《たんが》島か）沖で難破し、うち四人が溺死するという悲劇がおきた（黒鳥・浅井家文書、池田下・高橋家文書）。参詣人のうち一一人は女性で、「女房」である一人を除けばすべて「娘」の肩書きを持つ若い女性であった。亡くなった四人のうち三人が女性である。男性の場合も「倅」との肩書きがあり、全体として若者らによる金比羅参詣であったと見られる。この一行が金比羅講かどうか確証はないが、少なくとも、今在家村とその周辺村の人々が集団で参詣している点が興味深い。また、船は大津浦の魚屋宇八郎の戎子丸《えびすまる》（十反帆百石積《ひゃっこくづみ》）であった。

彼らは四月八日夜に大津浦を出帆《しゅっぱん》、翌朝播州上島《うえしま》あたりで南東からの風波ともに激しくなり、家島近くの「丹下島」沖に流され、高波が船に入り込み、さらに暴風が吹き付けて船が倒れた。一同は皆、船道具や船底板にしがみつき、「万死《ばんし》一生の場合にて神仏を祈念」して漂流していた。幸いたまたま近くを通りかかった堺西湊《にしみなと》忠岡屋清兵衛の大船（五百石積）に助けてもらったものの、その時には溺死した四人の姿はすでに見当たらなくなっていたという。また、清兵衛の大船も大風で着船しがたく、最終的には家島からは二〇里も離れた豊島《てしま》の唐櫃《からと》村の山陰に何とか乗り付けた。唐櫃村で一同は村人から介抱してもらい、「蘇生の心地」と感謝の意を表している。以上の内容は、唐櫃村役人の取り調べに対し、一行が答えた内容である。なお、本来ならば漂流者の国元の村役人・親類が現地に出張すべきところだが、一行の連印によってそれを省略する措置（村方手《て》限《かぎり》内済《ないさい》）がとられたため、この内容が国元村役人に伝えられている。

金比羅講のように一村をこえて展開する広域的な講としては四国講中や、後述する泉州接待講をあげることができる。もちろんこれから述べる泉州接待講の場合は、参詣ではなく、あくまで接待行為を行うための組織であるが、その出発点では四国遍路の経験が存在していたのである。

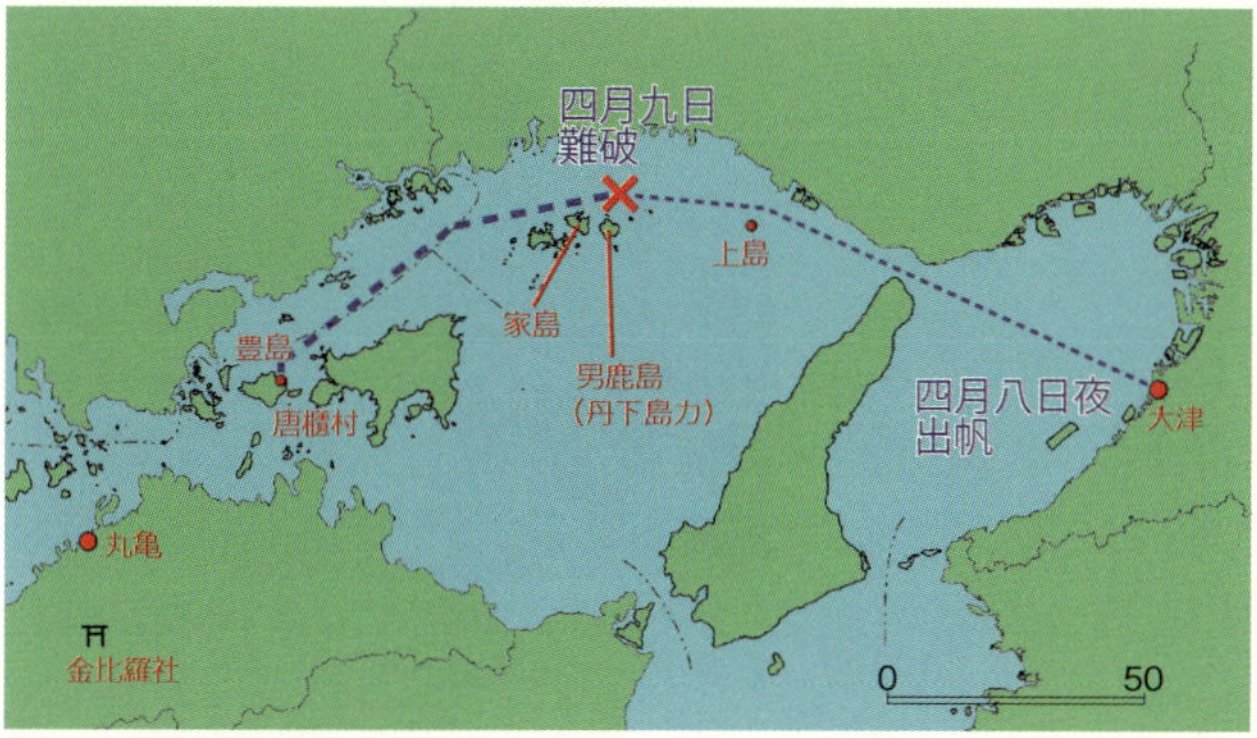

図1　金比羅参詣船の難破

2　泉州接待講の成立と特徴

泉州接待講の成立

さて、「阿州立江寺摂待講加入帳」（以下、「摂待講加入帳」とする）には、泉州接待講の名簿とともに、次のような接待講設立の経緯を述べた文章がみえる。天保六（一八三五）年七月に記されたものである。

そもそもこの接待講の始まりは、和泉国鳥取庄《とっとりしょう》自然田《じねんだ》村文兵衛の妻「すが」という人が、四国遍路を数回巡り、あちこちで接待の「施行」（施し）をうけた。彼女は、そのありがたさに感謝し、和泉国に帰ってから、自分が接待をしようと、接待のありがたさを人びとに話して廻った。しかし、当初、人びとは「それは結構なことだ」というばかりで、一緒に「修行」しようとする者は現れなかった。そこで「すが」は、一人で近在を「修行」するようになった。その「すが」の姿や厚い志をみて、次第に周囲の人も一緒に「修行」する者も増えてきた。

そこで、文政一一（一八二八）年一月八日にはじめての寄合を催し、出席者一同

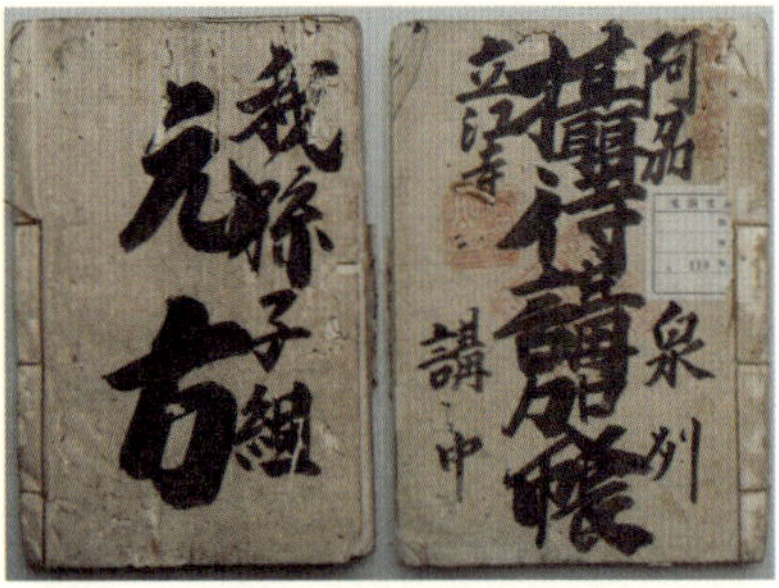

写真4　「阿州立江寺摂待講加入帳」表紙・裏表紙（大阪歴史博物館蔵）

の賛同を得て、一二日より「鉦打《かねうち》」（＝鉦打修行）を開始した。三月初旬までに銭三〇貫文《かんもん》を集め、それを持って三月一〇日に出発、立江寺で三日間の「摂待施行」を実施した。それから講中を拡大させ、丹誠に「修行」したおかげで、翌文政一二（一八二九）年三月には、より多くの施し物を尾崎《おざき》浦から船積みさせ、立江寺で接待できるようになった。さらに天保二（一八三一）年三月に、信達《しんだち》組の者が泉州南郡・泉郡・大鳥郡の村々にまで施行した結果、講中が拡大し、天保三年には長瀧《ながたき》組、中組、葛城《かつらぎ》組、牛瀧《うしたき》組、内田組、檜尾《ひのお》組が次々と結成され、天保六（一八三五）年春には我孫子《あびこ》組が加わり、泉州全体におよぶ接待講に成長した。この間に、発起人である自然田村文兵衛妻「すが」は天保二年八月三日に死去し、「迎室妙接信女」という戒名を与えられた。

ここに見られるように、泉州接待講のはじまりは、自然田村文兵衛妻「すが」が、四国遍路の過程でうけた接待に感激し、今度は自らが接待する側になろうとしたことからであった。こうした遍路経験・接待経験を原動力に、接待のための「修行」を行ったのである。ここでいう「修行」とは、「鉦打修行」とも表現されているように、接待のための金品を集めるために、鉦を打ちながら、道筋や家々を托鉢《たくはつ》して廻る行為で、その行為自体もまた功徳《くどく》を積む行為と見なされていたと考えられる。こうした「すが」から始まった行動が徐々に波及し、まずは文政一一（一八二八）年に自然田村周辺で最初の寄合が実現し、「講」の原型が形成された。それからわずか七年の間に、和泉国一国に講中が拡大したのである。ここではひとまず天保六（一八三五）年を泉州接待講が完成した年と理解しておこう。

＊南清彦氏所蔵文書にも表題欠ながら（端裏書）「此由来書《このゆらいがき》御一覧の上御返シ下さるべき様《よう》御頼み申し上げ候／吾孫子《あびこ》組」と記された覚書が残されている。その大半は四国霊場の由来を記したものであるが、「阿州立江寺ニおゐて永代《えいたい》摂待企《くわだて》由来」と記された泉

州接待講の由来書が末尾に記されている。その内容は、「すが」からはじまった鉦打修行―接待の拡大過程を述べるもので、「摂待講加入帳」のそれと多少の文言の差異はあるが、内容は基本的に同じである。

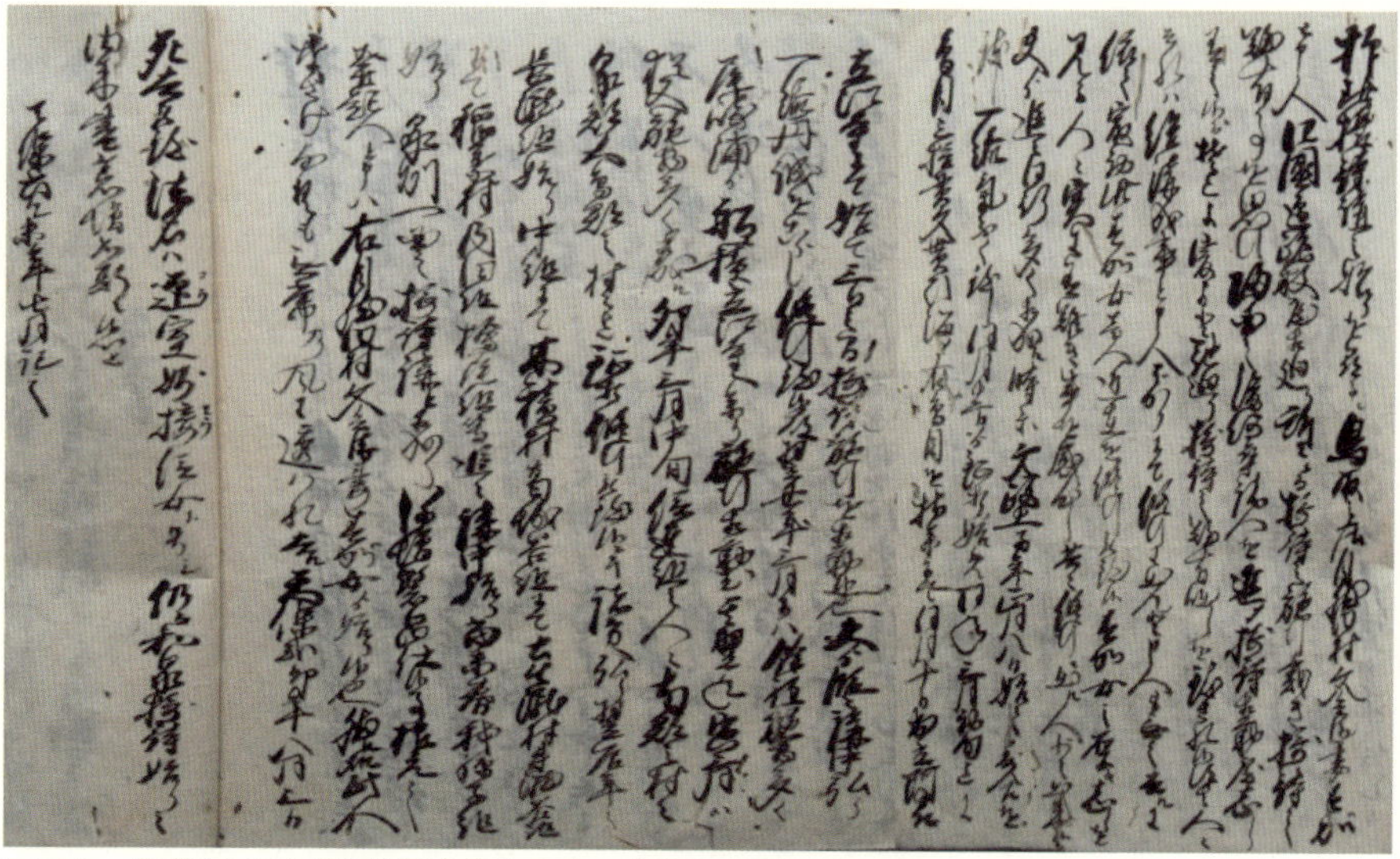

写真5　「阿州立江寺摂待講加入帳」本文　講設立の経緯が記される。

接待講の内部構成

こうしてできあがった泉州接待講には、地域的な組が集合した一国単位の講であるという特徴があった。その分布を、同じく「摂待講加入帳」の記載をまとめた表3から確認しよう。全体はのべ一三一ヶ村・二一一三人に及んでいる。ここでは組を記載順に示している。「すが」のいた自然田村による自然田組にはじまり、信達組・長瀧組・中組・葛城組・牛瀧組・内田組・東組（檜尾組とも）・我孫子組と続いている。ただし一国単位の講といっても、すべての村にくまなく接待講のメンバーが存在したわけではない。

接待講のメンバーがいた村を示したのが図2である。浄土真宗寺院の多い沿岸部の村や、岸和田・貝塚等の泉南の町場や堺の構成員は、極めて少ない。また市域でも、南池田地域の村むらと、内田・春木川を除く松尾地域の村むらが接待講の構成員とはなっていないように、その展開にはかなりの疎密があることがうかがえる。

組の構成も一様ではない。例えば、自然田組や長瀧組・内田組の

組名	所属地名	村・町数	人数
自然田組	(村名なし) 35	1	35
信達組	牧野村31、市場村8、大苗代村4	3	43
長瀧組	(村名なし) 17	1	17
中組	木積村62、中之庄村3、野田村1、久保村5、高田村6、和田村4、大津村1、小谷村22、小垣内村17、五門村3、馬場村13、鳥羽村1、堀村1、貝塚1	14	140
葛城組	神於寺13、河合村24、土生瀧村31、阿間河瀧村30、真上村16、八田村11、神頭屋村14、泉光寺門前16、山下村17、下松村15、八坂村19、土生村27、土生新田4、上松村1、岸和田家中5、野村1、**春木川村**3、**大野村**2、内畑村山口1、紀州平村1、紀州上村1	20+1岸和田家中	252(内、岸和田家中5)
牛瀧組	稲葉村15、橋室村2、積川村3、内畑村24、大沢村19、牛瀧村6、**坪井村**20、**九鬼村**6、**仏並村**7、**大畑村**3、**大野田(小野田)村**3、**小川村**1	12	109
内田組	(村名なし) 26	1	26
東組(大森組・檜尾組とも)	(村名なし) 25、大森村15、野埜井村8、上村7、和田村2、伏尾村2、八田山村2、畑山村2、北村1、辻之村1、田園村2、深坂村2、下別所村3、**上之原村**2、**一条院村**2、**室堂村**1	16	77
我孫子組	(表4参照)	64	972株 1414人 +1組合 +1寺
合計		132+1	1671株 2113人 +1組合 +1寺

表3　泉州接待講の構成　典拠:「阿州立江寺摂待講加入帳」(『大阪歴史資料コレクション』16-8、大阪歴史博物館所蔵)。数字は構成員数、太赤字は市域の村。

場合は、一村で一組となっているのに対して、他の組は複数の村によって構成されている。また自然田組から内田組までは、一定の範囲を単位としているが、それでも横山谷の村むらと春木川村は、郡境を越えた組に所属し、このうち春木川・大野村は葛城組、坪井・仏並ほか4ヶ村は牛瀧組とに分かれている。後発の東組や我孫子組の場合、かなり広範囲に展開している。とりわけ我孫子組は、表4によれば、全体で六四ヶ村、人数も一四三一人(寺・組合を含む)にのぼっており、後発ながらもかなり組織的に広がっていることが注目されよう。

接待講と村むら

では、接待講と各村とはどのような関係にあったのだろうか。これまでの市域における調査では、接待講に関する文書はほとんどみつかっていないために不明な点が多いが、講の構成員のあり方からわかる範囲で確認しよう。

まず、村内のどれくらいの者が講の構成員であったかをみよう。例えば自然田村は、天保八(一八三七)年段階の家数は一五四軒であったが、接待講にはわずか三五人し

村	株数	人数	うち抹消	世話人名
豊中村内宮	17株	22人		
豊中村	47株	62人	3人	
辻村	10株	12人		
宮村	12株	17人		
穴田村	7株	7人		
池浦村	39株	60人	2人	
長井村	13株	15人		
高月村	27株	31人		田辺与左衛門・茂左衛門・忠助・久右衛門
北出村	16株	27人	2人	武兵衛・源右衛門
中井村	13株	23人		又右衛門・喜右衛門・政七・七右衛門
小田村	32株	66人	2人	八左衛門・太郎左衛門・伊左衛門・杢右衛門
肥子村	2株	3人		
観音寺村	30株	42人		善兵衛・常五郎
箕形村	26株	36人		権右衛門・新左衛門・惣兵衛・惣右衛門
桑原村	6株	12人＋惣組合		久太夫
黒鳥村	23株	32人		治右衛門・与左衛門・嘉兵衛
池上村	30株	32人	2株2人	平左衛門・安兵衛・安右衛門
忠岡村	62株	66人		米屋惣兵衛・源兵衛・六兵衛・清右衛門・七右衛門・角右衛門
磯上村	33株	35人		六次郎・幸介・又吉
下條大津村	13株	13人	1株1人	木ノ清兵衛
南曽根村	10株	10人		武兵衛
北曽根村	8株	14人		九郎兵衛・清兵衛
森村	16株	17人		儀右衛門
千原村	23株	34人	1人	藤右衛門・嘉右衛門・長左衛門・四郎左衛門・嘉兵衛・作右衛門
信太土生村	9株	16人		
[　　] 村	5株	8人		
岸和田堀新町	1株	1人		
二田村	8株	12人		
綾井市場村	13株	31人		徳右衛門・嘉兵衛
高石土居辻	17株	35人	1人	政五郎・与右衛門・徳左衛門・彦右衛門
高石大工村	12株	27人		源右衛門・勘右衛門
高石北村	33株	78人	2人	好兵衛・作兵衛・佐兵衛・太郎左衛門・佐次兵衛
馬瀬村	8株	12人		嘉兵衛・源左衛門・惣右衛門
今在家村	6株	6人＋成福寺		
堺天神北門筋	8株	8人		
草部村	7株	15人		金蔵・仙助
下條大津村	20株	20人		上田楠右衛門・八木治兵衛・紀州屋平次郎
宇多大津村	25株	25人		泉屋彦兵衛・堀内甚兵衛
助松村	7株	7人		小左衛門・治兵衛・角兵衛
和州小泉	1株	1人		
黒鳥村郷庄 黒鳥上村	10株 20株	19人 33人		伝右衛門・幸七 吾左衛門・平兵衛
信太上村	6株	12人		(世話庄左衛門)
同郷（信太）太村	1株	1人		
同郷（ママ）土生山	1株	1人		
板原村	39株	68人		治三郎・茂兵衛・与三右衛門・四郎兵衛・吉左衛門
坂本村 （坂本）新田	11株 9株	13人 15人		武右衛門 平次郎・茂兵衛
吉井村	7株	9人	1人	治右衛門・喜兵衛（忠岡村取次）
井之口村	1株	2人		
上代村	1株	1人		
池田山吹（山深）村	14株	25人		九郎右衛門・清兵衛・丈右衛門
池田願成村	12株	28人		
府中村小社丁 馬場丁 南之丁 市之町 東之町	11株 13株 12株 18株 9株	14人 15人 15人 28人 12人	1人	権四郎・甚兵衛 庄右衛門 平兵衛 惣兵衛
虫鳥（取）村	12株	28人		利右衛門・平左衛門
寺門村	1株	1人		
寺田村	7株	8人		小左衛門
河州富田林村	2株	2人		真度屋五郎兵衛
新村	6株	11人		
春木村	35株	50人		
尾井村	7株	13人		
日根郡信達中村	1株	1人		
荒木村	8株	11人		
原田村	6株	6人		
合計	975	1432人＋1組合＋1寺	3株18人	

表4　我孫子組の構成　典拠：「阿州立江寺摂待講加入帳」。太赤字は市域の村。

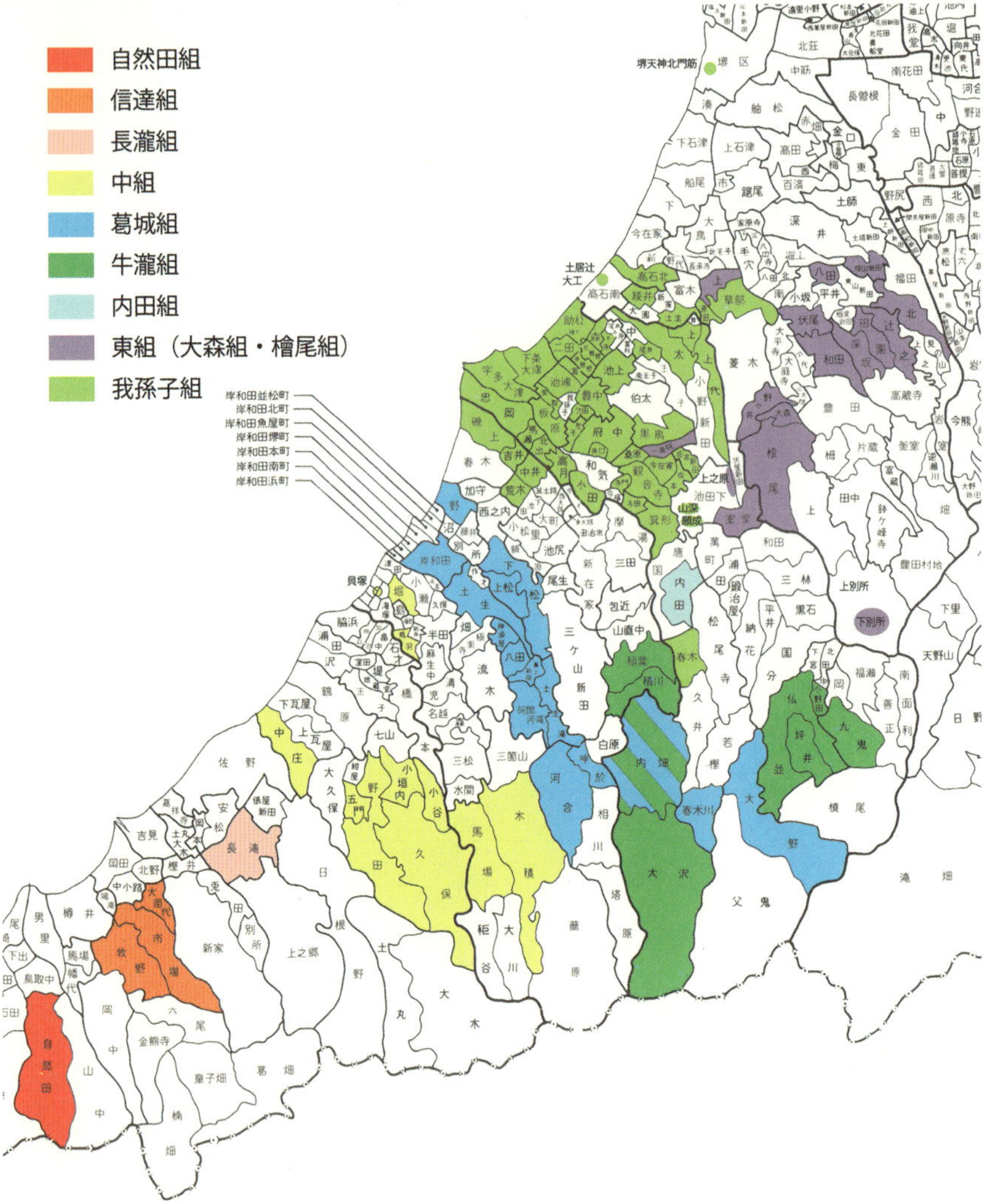

図２　接待講に加入している村むら

か含まれていない。坂本新田ではより詳しいことがわかる。天保一三（一八四二）年段階で二六軒存在したが、接待講に加入していたのは（九株）一五人である。新田請負人でありながら万町《まんちょう》村に住む伏屋《ふせや》家や、同じく新田請負人で浄土真宗の赤松家一統の三人等が含まれないのはもちろんだが、真言宗の家でも四軒が加入していない。一方で浄土宗八軒のうち五軒は加入しており、このうち茂兵衛はこの村の接待講の世話人の一人にもなっている（もう一人は平次郎）。

ちなみに、座家ともすべて一致するわけではない。

このほか、表3をみれば、村で一人だけが講員となっている場合も散見される。多くの村落構成員が講員となる場合もあったかもしれないが、接待講加入の受け止め方は、村ごとに異なっていたものと考えられる。

一方、少ない事例ではあるが、岸和田藩家中《かちゅう》といった武士（葛城組）や、泉州以外の他国の構成員も一部に含まれている（葛城組の紀州平村・上村、我孫子組の和州小泉《こいずみ》・河州富田林《とんだばやし》村）。なぜ彼らが含まれているのか詳細は不明であるが、和州小泉の場合は、泉郡北部に所領をもつ大和小泉藩（第2部1および第3部第1章参照）の陣屋周辺にいたと考えられる角屋治兵衛という者である。このことから、領地である和泉の村むらの側から話が持ちかけられた結果、彼も泉州接待講に加入したものと想定できよう。

このように、接待講の構成員は、国郡の境目をまたぎながら展開するという広がりを持つ一方で、多少はあれ、村落構成員の一部が参加するものであった。これは、接待講があくまで信心と縁故に依拠しながら広がったという、展開過程の特徴がその組織構成に反映したものと想定できよう。

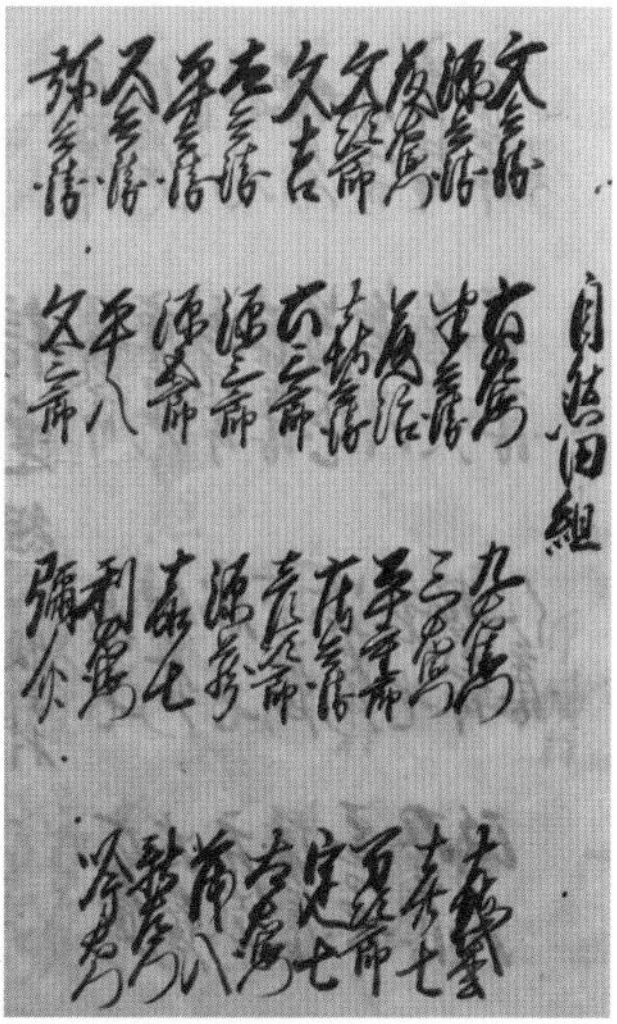

写真6　接待講の名簿　自然田組。冒頭に文兵衛の名がみえる。

＊なお、泉州接待講以前に「四国講中」という別の講も確認できる。文化一四（一八一七）年「四国講中加入帳」［黒石・藤原忠男氏所蔵文書］によれば、「たとえ参詣せずとも四国講中の法縁に加入すれば信心増長の功徳がますます備わり、弘法大師が歓喜して守ってくれる、それが極楽往生につながる」として、講中への加入を広く勧め、あわせて銀二匁を「永代修堂」として納め、四人が代参で参詣することを企図している。四国講中や接待講の存在は、和泉弘法大師信仰が浸透していることを示している。ただし四国講中は、泉州接待講のように特定の寺に参詣したり接待することを目的とはし

講元	鍛冶屋村	弥太右衛門
世話人	浦田村	喜右衛門
	〃	長右衛門
	三林村	庄左衛門
	和田村	善助
	室堂村	菊右衛門
	檜尾村	喜左衛門
	〃	(名前なし)
	和田村	太兵衛
	豊田村	権右衛門
	田園村	武左衛門
	桑原村	六兵衛
	黒鳥村	勘兵衛
	(池田)下村	清太夫
	津(積)川村	武左衛門
	内畑村	新三郎
	万町村	佐次右衛門
	上林村	市治郎
	納花村	武兵衛
	鍛冶屋村	惣兵衛
	〃	惣左衛門
	黒石村	藤右衛門
	松尾寺村	権右衛門
	大久保村	四郎左衛門
	仏並村	喜平治

表5　四国講中の講元と世話人
典拠：「四国講中加入帳」（黒石・藤原忠男氏所蔵文書）。

ておらず、代参講の形式をとっている点が特徴である。なお、講元は鍛冶屋村弥太右衛門で、世話人は表5のとおりである。泉州接待講の講員が展開しない村むらが多いことが注目される。一部は接待講の範囲と重なるが、少なくとも世話人は接待講の講員とは重複しない。また、四国講中は講田を有しており、それは宝暦元（一七五一）年に浦田村喜右衛門ら三人が四国講中に売り渡した土地で、毎年一石二斗の小作米や銀六〇目が、小作人から講中に上納されることになっていたという［藤原忠男氏所蔵文書］。一八世紀の中ごろには、すでに「四国講中」が存在していた点が特筆されよう。

3　接待講の活動　―鉦打修行と接待―

泉州接待講中の定書

では、こうした緩やかな結合をもった泉州接待講は、どのような活動をしていたのだろうか。「摂待講加入帳」の冒頭に記された、「泉州摂待講中世話人」による五ヶ条の定書（写真7）には、次のように記されている。

①「永代摂待」として、阿波国立江寺に毎年二月下旬から三〇日間、怠ることなく接待修行にいくこと。ただし、信心の篤い者が立江寺に施行に行った際には、滞在中の食事代だけは接待の中から支出する。ただし酒・たばこ・小遣《こづかい》銭は各自が支出すること。

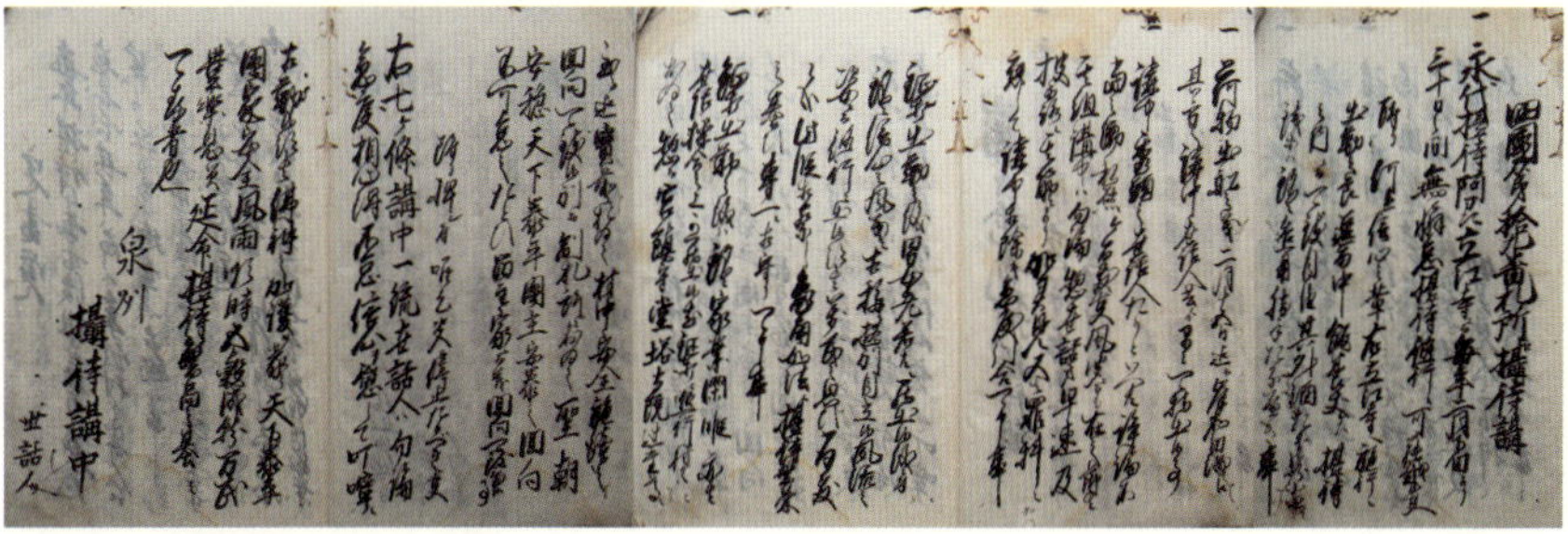

写真7　摂待講中世話人定書

②接待用の荷物を船で運ぶ際には、二月二五日までに岸和田浦にむけ、各組の世話人らから指し出すこと。

③講中の世話人であっても、争論や不当の働き、私欲がましいことが、たとえ噂《うわさ》でもあった場合には、講中はもちろんのこと、「惣世話方《そうせわかた》」に報告し、その内容により叱責《しっせき》が加えられ、場合によっては講中から除名する。

④鉦打の際、老若男女を問わず、目立つ「風流」の服装で修行に出れば、人びとはどのように思うだろうか。この点をよくわきまえて、まじめにすることが、接待講が繁栄する基礎である。これをよく守ること。

⑤鉦打には、それぞれの家業が忙しくない時に、あるいは時間をやりくりして参加すること。ただし鉦打修行の際、当該の村の宮鎮守・堂塔・寺院・辻堂で、村中安全の回向《えこう》（読経・念仏）をし、とくに高札場（「制札所」）では聖朝安穏《せいちょうあんのん》・天下泰平・国家安泰の回向を忘れずにすること。また留守の家に対しても回向をすること。

ただし、押しつけ貰い受け（悪ねだり）は絶対しないこと。

以上の七（五の誤りか）ヶ条について、世話人はもちろんのこと、講中全体でよく心得て、信心を怠ることなく、丁寧に働けば、仏心のご加護を蒙ることができ、天下泰平・国家安全・風雨順時《ふううじゅんじ》・五穀成就《ごこくじょうじゅ》・万民豊楽《ばんみんほうらく》・息災延命《そくさいえんめい》、そして接待繁昌の基礎になるものと考える。

泉州接待講中　世話人

ここでは、第一に接待講の主要な活動とは、毎年二月下旬から一ヶ月間、四国八十八ヶ所霊場の一九番札所である立江寺に行き、そこで四国遍路の人びとに対して接待することにあったことがうかがえる(①)。それだけでなく、接待するための金品を、鉦打修行によって集め、これを二月二五日までに集めることが重視されていた(②④⑤)。第二に、講中には、まず組ごとに世話人が複数いて、我孫子組の「元方」のように、世話人を中心とする運営がなされていた。さらにこうした組によって構成される泉州接待講中全体を統括する「惣世話方」が存在していた。彼らが、泉州接待講中の運営主体であったのである(②③)。

ところで、この五ヶ条の定書には、世話人による私欲がましい行為や、鉦打時の華美な服装や悪ねだり行為を厳しく禁じている(③④⑤)。なぜこうした禁止事項をわざわざ書いておく必要があったのだろうか。以下、鉦打修行と接待のそれぞれの活動をみていこう。

鉦打修行

鉦打修行とは、鉦を打ちながら道を歩き、とくに各家いえを廻って回向(読経や念仏を唱えること)をし、その見返りに接待のための金品を得ることである。紀州の場合ではあるが、「天保年代物貰集」には「四国八十八ヶ所接待」が描かれている。その絵には、「四国八十八ヶ所/せつ/たい/御心ざしハ/ごさりません/かな」と記され、提灯と木箱を持ち先頭を歩く者一人、鉦を打つ者三人、木箱を持つ者一人の合計五人が描かれている。泉州接待講に関する鉦打修行の図像は今のところみつかっていないが、おそらくは紀州の場合と同様、組の中から交代で数人、鉦を打ち、回向をしながら、村むらの家を廻っていたのであろう。

鉦打修行の物理的目的は、接待のための金品を集めることにあったが、村むらで行う回向の前文(「摂待講加入帳」)に目を向けると、鉦打修行の行為を裏付ける説明が確認できる。

第一に、村むらで「喜捨《きしゃ》する施主の銘々」の、現世・来世の二世安楽・家内安全・息災延命、そして先祖代々菩提のために回向をすることが記されている。各家いえが鉦打修行の講員に対し喜捨をするのは、ひとつには接待を実行する接待講に対して喜捨することが善行を積むことにつながるからであるが、もう一つには修行者の回向に対する喜捨という意味があった。

第二に注目されるのは、回向前文に、その目的として「四国摂待」が末永く続くこと、そしてそれを担う「講中一統」の安全・繁昌・息災・延命・先祖菩提のためとされている点である。この鉦打修行と接待という行為を果たすことが、講員自らの安全・息災・菩提につながると考えられていたことになろう。

第三に、鉦打修行の対象は、各家や道みちだけではなかった。各村の鎮守・堂塔・寺院・辻堂などに至るまで、その宝前で村中安全の「回向」を行い、そして高札場（「制札場」）でも回向をすることになっていた。「おそれながら、ここより四国八十八ヶ所のご本尊さまへ、総回向を致します」と述べたうえで、天照大神宮・八幡大菩薩・春日大明神・「日本国中大小の神祇」とりわけ「東照大権現」・「当所の氏神等」・「年内行役流行神」のすべてに対して回向を行った。そのことによって「聖朝安穏・天下泰平・国家安泰・風雨順時・五穀成就・万民豊楽」を願うというのである。ここでは国家や藩（領主）の安泰と、村の平和と豊熟とがあわせて祈念されている。

そして第四に特徴的なのは、以上にあわせて「山川海陸にて死タル者、および三界万霊《さんかいばんれい》・有縁無縁法界《うえんむえんほっかい》菩提の為め」に回向するとされている点である。当然そこには遍路の者も含まれることにはなるだろうが、ここではあえて遍路や縁故者に限ることなく、道みちで亡くなったすべての人の菩提を弔う形をとっている。

以上のように、鉦打修行は、家（講員の家／喜捨する家）・村・国家・八十八ヶ所・行旅人など、それぞれの安寧を重層的に願いながら、接待のためにより多くの喜捨を求めていたのである。そこでは、現世利益と先祖供養、そして無縁仏供養とが一体となっていた。

では、なぜ定書には、鉦打修行時の華美な服装や悪ねだりを禁止する条項が含まれていたのだろうか。直接の理由としては、喜捨を求める側が華美な服装では本末転倒であり、少数とはいえ集団で喜捨を求める行為が行き過ぎて悪ねだりするようでは、村むらから多くの賛同を得ることができないという認識があったからである。今ひとつは、講員の意識の問題である。鉦打修行の、家いえを廻り喜捨を求める行為自体は、乞《こつ》食《じき》行為や芸能者等の托鉢《たくはつ》と近似的である。もちろん、接待講の鉦打修行によって得られた金品は、講員個人の利益に直結するわけではない。また鉦打修行に出るのは家業に余裕がある時など、各自の生活基盤が優先されている。この点で、乞食行為とは本来異なる行為である。それでも、家いえを廻り喜捨を求める行為自体は乞食行為と近似的であるがゆえに、接待講は「乞食」や芸能者とは異なる、あくまで「信心の輩」の集団であるとの自己認識を持つことが求められていたのではなかろうか。

なお、実際はこうした鉦打修行を行うのは講の中心メンバーであると考えられる。特に我孫子組のような一〇〇〇人を超える場合は、講の目的に賛同して自らが喜捨に応じた人たちがほとんどなのであって、修行を行う中心メンバーとの二重構造をとっていたのではないだろうか。そのことは後で見る積立銀と講田購入の方式にうかがえるであろう。

接待にむけて

これだけ大きな組織となった接待講では、どのように接待にむけた準備を進めたのだろうか。

接待講では、毎年交代で当番を行う「年預村」が決められ、各組二人の世話方が集まる「惣寄合」が開催されていた。「惣寄合」(「大寄合」とも)は接待実施の前後に開催されたが、その一ヶ月前に廻章が世話人

組名	米	香物	梅干	茶	麦粉	空豆	醤油	味噌	干大根	竹ノ皮	木柴	わらじ	たんじやく	竹馬	銭
自然田組	8俵	25挺	2挺		12樽		1挺	2挺			2駄	500束			
信達組	2俵	20樽	2挺	20斤			2樽					800			3貫文
中通(中)組		21挺									箱木7駄	3駄		1疋	3貫匁
葛城組	1石2斗	17樽							1駄			300束			6貫文
牛瀧組		5挺											2本		
内田組	2俵	6樽	9挺			4斗				2俵		草履わらじ100束		1疋	
大森組（東組）	4俵	28樽							2000			320束	2本		6貫文

表6　天保4年（1833）の施物　典拠：天保4年（1833）2月「摂待施行荷物控」（大阪歴史博物館所蔵・大阪歴史資料コレクション）。

組名	米	香物	梅干	茶	麦粉	醤油	干大根	木柴	わらじ	たんじやく	金銭
自然田組	白米1石5斗	23挺	2俵		白麦8斗		500本	木2駄	100足		
信達組	1石1斗	25樽	2丁	1本	9挺	5升	2俵	20駄	1000足		
長瀧組	7斗	14樽		1本			2俵	7駄	200束		
中通(中)組	白米9斗	40樽						5駄	60束	3本	5貫文
葛城組	白米6斗						2俵	割木5駄	300		5貫文
牛瀧組	白米6斗	8挺	3斗	1本				割木8駄	1000足		5貫文
内田組	白米1石5斗	50樽						10駄	1000足		金1両
東組											

表7　天保5（1834）年3月の施物　典拠：天保4（1833）年2月「摂待施行荷物控」（大阪歴史博物館所蔵・大阪歴史資料コレクション）。

間で回覧され、「荷〆《にじま》り」（接待物の取りまとめ）の日と、その勘定のための惣寄合の日が伝達されることになっていた。各組の世話人は、大寄合の日は、昼過ぎまでに出席することとされ、その飯代《はんだい》は（たとえ遠距離で宿泊を要する場合でも）一人当たり銀四分までに限定され、料理も一汁一菜に限定され、酒肴《しゅこう》は禁止されるなど節制されていた。それは寄合の費用が、接待講から支出されたからである。ただし、信者から供養として出された馳走については、組の世話人の判断により許されている。

　こうして接待荷物は、各組ごとに集約され、各組の世話人が責任を負いながら集められた。実際に、接待物（「施行荷物」「施物」）としてどのような物が集約されたのかを、表6にみてみよう。まだ我孫子組が成立していない天保四（一八三三）年の事例である。まず二月四日・六日までに内田組・大森組（東組か）・稲葉村（牛瀧組）・木積村（中組）・葛城組の五組で施物が集められ、そこから一部木積村を経由して信達組に運ばれ、一四日までに樽井村にむけ人足のべ六〇〇人をつかって搬出されている。この年はおそらく樽井村から阿波に渡ったものと考えられよう。自然田組と信達組が一つの拠点となっていたからこそ、樽井村から船が出されたのかもしれない。

施物の内容は、米・梅干・香物（漬物）・麦粉・干大根・豆類・醤油・味噌など保存の効く食料品と、木柴（煮炊き用）、草履・わらじ、そして銭などである。翌天保五（一八三四）年の場合（表7）であれば、米だけで六石九斗、香物一二九樽三一挺、わらじ三六六〇足、金一両・銭一五貫文の施物が集められている。

阿波・立江寺にて

泉州接待講は、阿波・一九番立江寺で、毎春多くの物品を一ヶ月間にわたって接待した。立江寺にむけて一度にどれだけの講員が渡ったのかは不明である。各組の世話人は、一ヶ月間、最低一人は詰めておくことが求められていた。もちろん途中交代は可能であったが、組の責任で最後まで接待施行をすることが求められたのである。逗留のための費用は、基本的に接待講が負担することになっていた。

一方、集められた施物の多くは、遍路への接待にあてられたと考えられるが、実は立江寺に対しても、ある程度の上納が必要とされていた。例えば表8にみられるように、天保四（一八三三）年には、白米・香物・梅干・干大根といった施物の一部と、護摩料・菓子料等を立江寺に献上している。この年のものと推定される接待講の金銭のみの収支状況（表9）によれば、支出の四四パーセントにあたる銀一六九匁七分が接待中の費用に、三一パーセントの銀一二〇匁が船賃にあてられたが、二二パーセントにあたる銀八五匁は「立江寺へいろいろ心付《こころづけ》」に使われている。接待を立江寺で行う以上、寺に対してもある程度の金銭が支払われていたのである。接待講は立江寺に対し、翌天保五（一八三四）年には銀一〇〇匁、さらに天保六（一八三五）年には銀一一八匁を支払うに至っている。天保六年の場合の支払い内訳（表10）によれば、その大半は惣札料と護摩料が占めていた。これに対し立江寺側からは、大量の護摩札・御影札・御守を授かっている。表11によれば、その数は、護摩札一〇三〇枚（実際に割り当てられたのは六三〇枚）・御影札一一七〇枚に及び、

【収入】

銭37貫文 銀344匁1分	打寄銭、立江寺行惣講中参会入用
銀 21匁8分	持得
銀 13匁7分5厘	持得
銀 7匁1分	米渡

〆銀387匁7分5厘

【支出】

銀 23匁2分5厘	薪木代
銀120匁 又銭500文	金市舟賃 酒代
銀 85匁	立江寺へいろいろ心付入用
銀 4匁	阿州明石熊右衛門へ心付
銀169匁7分	接待中造用

払〆383匁4分5厘

【指引】

残　4匁1分　過

表9　接待講の金銭収支（天保4年か）　典拠：天保4（1833）年2月「摂待物荷出船立江寺諸事録」（大阪歴史博物館所蔵・大阪歴史資料コレクション）。数値は史料の記載のままとした。

白米4俵
香物5樽
梅干2桶
干大根500本
金150疋（＝金1分2朱）護摩料
金100疋（＝金1分）菓子料
2匁づつ役僧2人へ

表8　天保4年接待講から立江寺への献上品　典拠：天保4（1833）年2月「摂待物荷出船立江寺諸事録」（大阪歴史博物館所蔵・大阪歴史資料コレクション）

銀80匁	惣札料
銀24匁	護摩料
銀 6匁	御膳料
銀 8匁	供物御菓子料

合計　銀118匁

表10　天保6（1835）年2月立江寺への支払

接待講各組に割り当てられている。興味深いのは、六寸御影札の場合、一部を除いて各組の講員数よりも大幅に多く分配されている点である。その理由は今後の課題とせざるを得ないが、講員に分配されるだけでなく、講員以外の、例えば鉦打修行の際に、喜捨してくれる家に渡した可能性もあるのかもしれない。

屋根裏に残された御影札

仏並町小川《こがわ》の阪口家には「阿州立江寺」と記された地蔵菩薩御影札が二枚残っていた。阪口家の天井裏から発見された三つの俵には、近世後期から幕末にかけての守札一一一八点が収納されていたが、そこに立江寺の札が含まれていたのである。その守札の内訳は、地元の槙尾山施福寺・牛瀧山大威徳寺《だいいとく》・福徳寺（小川の檀那寺）や、伊勢大社・八坂神社（京都）・多賀大社（近江）といった畿内周辺の寺社等のものが多くを占めていた。

このうち、地元槙尾山施福寺と小川の関係についていうと、近世を通じて「大般若経転読施主《だいはんにゃきょうてんどくせしゅ》」として

組名	村数	講員数	護摩札 1030枚	六寸御影札 1170枚	御守 160枚
自然田組	1	35	（記載なし）	100枚	30枚
信達組	3	43	（記載なし）	250枚	30枚
長瀧組	1	17	（記載なし）	100枚	−
中組（中通組）	14	140	200枚	200枚	35枚
葛城組	20	247	170枚	200枚	10枚
牛瀧組	12	109	80枚	−	
内田組	1	26	30枚	170枚	25枚
東組（大森組）	16	77	150枚	150枚	30枚

表11　天保6（1835）年における札の分配　典拠：天保4（1833）年2月「摂待物荷出船立江寺諸事録」（大阪歴史博物館所蔵・大阪歴史資料コレクション）。

金銭を納めた小川を含む横山谷一五ヶ村・池田谷一二ヶ村および河州滝畑《たきはた》村に対して、毎年のように大般若経転読札が配られていたし、一八世紀中ごろの宝暦期までは福徳寺の正月修正会《しゅしょうえ》に僧侶がやって来て祈祷を務めるなど、恒常的な関係が存在していた。また小川には金剛講（大師講）・山上講・伊勢講・愛后講があり、参詣資金を積み立てて、それぞれ高野山・吉野金峰《きんぷ》山《せん》・伊勢大社・愛宕山に参詣していたというから、これらの寺社については村内の講を通じて守札が小川にもたらされたものと考えられる。こうした恒常的な関係がある寺社からもたらされた守札が多いのに対し、宗教者からもたらされた守札もある。陰陽師の土御門家や、伊勢神宮・熊野本宮・住吉大社各社の御師による配札などがそれにあたる。

さて、肝心の立江寺の札が、どのようにして阪口家に渡ったのかは、明確にはわからない。小川集落は、享和元（一八〇一）年の段階で少なくとも二七軒が存在したが（坪井町会所有文書）、その中で泉州接待講の構成員となっていたのは、阪口家（長右衛門）とは別の、「庄左衛門」（所持地は高一石八斗三升五合）という人物一人だけである。立江寺で分け与えられた御影札は、接待講の手を介して、講員以外の住民にも配られていた可能性が高いのではなかろうか。

講田の設置

接待講が、接待をするために鉦打修行していたこと、一方で鉦打修行にねだりがましい行為を諌《いさ》める内部規定（講中世話人の定書）を持っていたことは前に述べた。実は泉州接待講では、設立直後から、我孫子組を中心として、鉦打修行以外の方法が模索されていた。次に示すのは、「摂待講加入帳」の末尾に記載された別の「定書」である。

天保三年（一八三二）一一月以来、阿州立江寺において二月下旬から三〇日間の「永代施行」を実施するために、泉州接待講として「信心の輩」を勧誘してきた。今回、「千人講」を目標とし、講員一株あたりから、年に銀三匁（ただし三月・七月・一一月の二一日に、年三回一匁ずつ）の掛金を集め、これを五年間積み立てることにする。その積立銀一五貫目によって田地を購入し、その作徳米で「永代施行」を勤めることを、世話人一統が相談の上で決定した。具体的には、積立銀は各村の世話人が集め預かり、各村で都合の良い田畠を買い整え、世話人がこれを差配し、毎年その田畠からの作徳米で施行を行うようにしたい。五年間の積立銀や作徳米が出せるまでは鉦打修行をし、その集めものによって施行をする。信心のある方は精を出してお励みいただきたい。これが成就すれば和泉国中の繁栄にもつながるものと考える。

ここでは第一に、接待講を千人講とすることを目指し、講員からの積立銀によって講田を購入し、その作徳米をもとに接待費用を工面しようとしている点が確認できる。こうして、組織的に接待費用を工面し、接待講の恒常化を目指しているのである。

そのうえで第二に千人講を目指し始めた時期と方法が問題となる。冒頭の天保三（一八三二）年には、すでに「すが」や自然田組・信達組を中心とする接待講の活動が始まっており、この年に長瀧組・中組・葛城組・牛瀧組・内田組・檜尾組が設立されている。この末尾の「定書」が書かれた時期を確定することはできないが、これは我孫子組が開始された天保六年に限りなく近い時期であると推定できる。その理由は、①「天

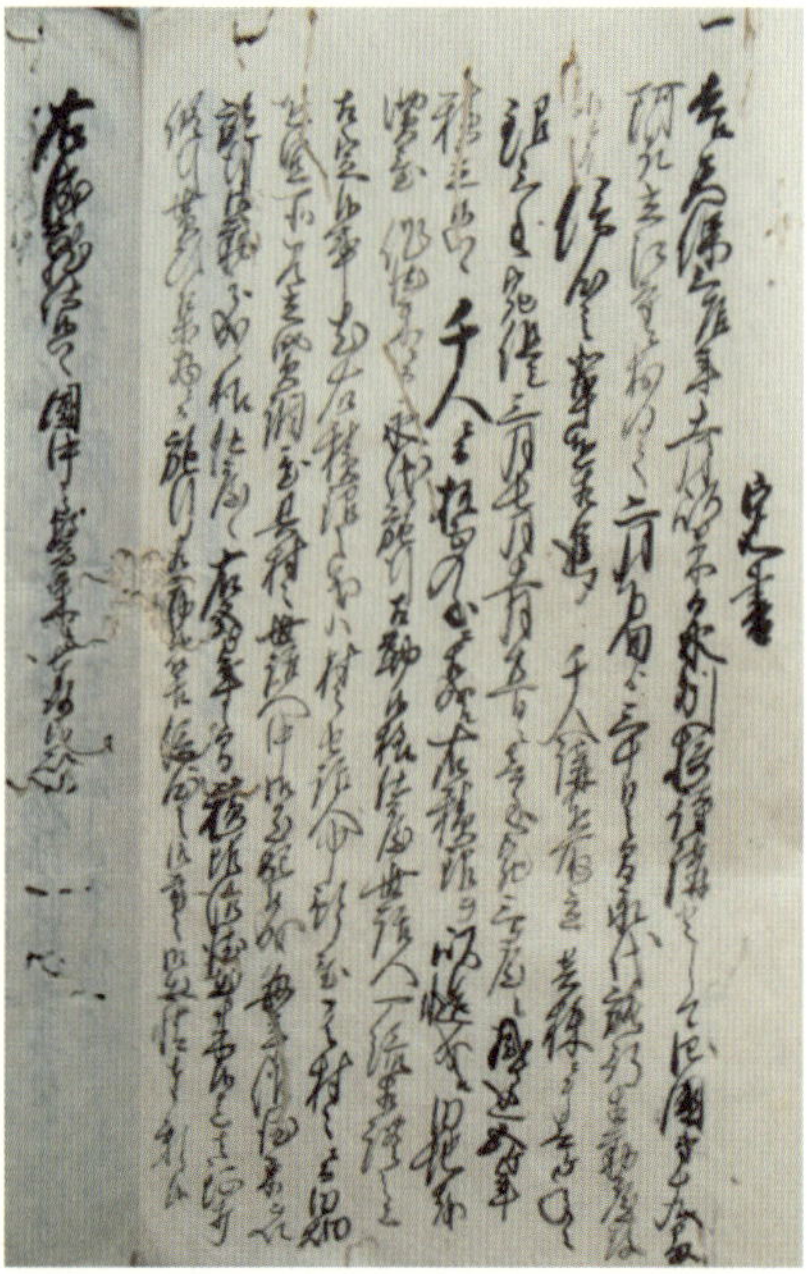

写真８　「摂待講加入帳」末尾の定書

保六乙未年七月記す」と記された接待講成立の経緯（前掲）のあとにこの「定書」が記されていること、また②銀子を積み立てようとする際の単位が、講員「一株」と記されている点である。というのも、我孫子組の場合だけは、設立当初から、多くの村で一株に複数の講員を登録している場合が多く、その結果、我孫子組単独で九七五株・一四三二人に及んでいる。逆に言えば、我孫子組の講員だけが株単位に複数名が登録されるケースが多く、人数が突出していたのは、より多くの講員を要することで負担を少なくするという意味で、鉦打修行よりも千人講による積立を意識した形態であるといえよう。

加えて第三に、早い段階から、〈鉦打修行をもとにした接待〉というあり方から、接待（とそのための参拝）そのものが目的化している点が注目される。講メンバーの二重化が進行し、接待行為に目的をより明確化させていったといえるだろう。ただし、残念ながら、どれだけ積立が進み、講田購入が実現できたのかどうかは、今のところ史料が確認できず、不明とせざるを得ない。

寺側からみた接待講——課題

以上、一九世紀前半に、短期間に一気に成立した泉州接待講のあり方についてみてきた。史料的限界から不明な点が多いが、最後に二つの課題を指摘しておこう。

第一は、泉州接待講に対する阿波立江寺側の動向についてである。黒鳥坊村の庄屋であった遠藤家には、次のような文書が残されている。

覚

　　但し仮請取書かくの如くに致し候間、反古に成し下さるべく候

一、(印) 金弐両也

右は今般当山大師堂再建つき、御寄進受(印) 納致し候、永く宝前において家運長久祈祷せしむべきものなり、よって請取書、件《くだん》のごとし

天保八酉年三月

阿州橋池山　立江寺(印)

遠藤三左衛門殿

立江寺の大師堂再建にともない、金二両を遠藤三左衛門が寄進した際の寺からの仮受領証である。一見、なんの変哲もない寄進請取状であるが、まず遠藤三左衛門は泉州接待講中・我孫子組の講員である。そして天保八(一八三七)年はこの我孫子組が設立されてわずか二年後のことである。立江寺側にとってみれば、泉州接待講とのつながりは、護摩札・御影札の配布を通して宗教的な広がりを獲得するための大切な手段であると同時に、札料・護摩料そして諸堂再建といった寺の運営・経営にとっても大きなプラスと考えられていた可能性が高いのではないか。接待講に対して寺側からどのような働きかけがあったのか、今後検討する必要があろう。

第二は、接待講のその後の展開についてである。前田卓『巡礼の社会学』には次のようにある。

…戦前までは、毎年三十名から五十名の世話人が立江寺にやってきて、三月の末から四月の初めにかけて、約一週間の接待を行った。また、この接待講は世話人以外に泉州からのお遍路さんも同行し、時によっては、百五、六十名もの集団が、立江寺で寝泊まりしたと言う。

この接待講も戦後は再開されず、ただ戦前に世話人であった人びとが、昔をなつかしみ、毎年遍路

写真9　立江寺大師堂　『立江寺絵葉書』（立江寺務所、鳴門教育大学所蔵）より。戦前の様子。

として立江寺を訪れるが、何も接待はしていない。

近代に至り、接待講がどのように存続し、また立江寺側とどのような関係をもったのか、そしてなぜ戦後は再開されなかったのか。今後の解明がまたれる。

第4部

地域を調べる／見えてくる地域

浅井家文書が収納されていた箪笥（黒鳥・浅井竹氏所蔵史料）

市史編さんの事業は、一九九四年の黒鳥村の史料調査から発展する形でスタートした。その際、市史の叙述は史料の調査・研究に基づいて行われるべきこと、その調査は史料の保存・活用に資するものであるべきことを市史編さん大綱でも謳っている。史料の保存を実現するためには、市史の記述に必要な（と考えた）もの、もしくは関心のあるものだけを取り出すようなやり方は有害であって、史料群全体を調査する現状記録方式が不可欠であった。そうした徹底した調査は、地域の歴史を深く掘り下げることにもつながるのである。

そこで、第４部では、これまでに市史の事業として取り組んできた様々な調査を紹介する。その基本的な視点は、地域を総体として調査するというものであり、それゆえ、そこから地域の姿が浮かび上がってくる。

第１章では、市史のきっかけにもなった黒鳥村文書の調査を紹介する。ここからは、近世の村で大量の史料が作成され、残されてきたという事実だけでなく、史料群が作られてくる過程に、村の歴史が如実に反映していることがわかる。

第２章では、地域叙述編のうち、横山編や松尾編の基礎を据えた槙尾山と松尾寺の総合調査の経験を紹介する。あわせて槙尾山と松尾寺を対比して見ることで、両者の特質を浮き彫りにする。

第３章では、市域に残る大般若経の調査を紹介する。大般若経の調査も、注目点だけをピックアップするやり方から、悉皆的な調査に変わってきている。大般若経六百巻は様々な移動を経て、また取り合わせを経て、現在に至っていることが普通だが、そこには地域社会の歴史が刻まれているのである。

第４章では、和泉市教育委員会と大阪市大日本史研究室が毎年、市域の町会と協力して行ってきた合同調査について紹介する。合同調査は、村―大字―町会の総合的な把握を目指すものだが、ここでは座のあり方に注目して、伝統社会の形成・展開・解体についての見通しを示そう。

なお、第４部には、仏像調査と考古学調査を紹介するコラムも収めた。

第1章　村の文書管理と引継

町田　哲

個人の家に残された村の古文書

市域に限らず、列島社会においては、近世の村を単位に豊富な歴史史料（古文書《こもんじょ》・石造物・仏像等）が残されている場合が多い。とりわけ古文書が多いのは、村が近世社会の基礎組織として位置づいていたからである。近世村の運営は庄屋《しょうや》が担っていたことから、庄屋家には、多くの古文書が残されることになった。近代の行政村では行政の役場・役所が家とは別個に公的に存在し、そこで文書が作成・保存されてきた。しかし、近世の村政は、近代や現代の場合とは異なり、庄屋と個人の家とが未分離であったため、個人の家に村の文書が残ることになったのである。

そのため、現在まで地域の各家で残されてきた古文書群には、地域の歴史がうかがえる唯一無二の歴史史料が多く含まれている。*だからこそ、地域の歴史を知るには、こうした古文書群を調査、分析することが不可欠だといえる。ここではまず、市史編さん事業が始まるきっかけの一つともなった黒鳥村《くろとりむら》での古文書調査（一九九三〜一九九七年）を事例に、地域に遺された古文書をどのように調査してきたのかを紹介する。そのうえで、村の古文書が、近世においてどのように保存されてきたのかを考えていきたい。現在の調査から近世の村の姿に迫ると同時に、近世の村の営みから現在まで古文書がどのように残されてきたのか、現在と過去とを往復しながら探っていこう。

*いうまでもなく、座・講、水利組織（水利組合等）、町会、寺社等さまざまな組織に残されてきた記録類も、唯一無二の貴重な歴史史料として、等しく絶対的な価値を持っている。

1　黒鳥村関係文書の調査　―現在から過去へ―

文書群の発見　―河野家文書の場合―

一九七八（昭和五三）年一一月、内田町の河野時治《かわのときはる》氏宅で、土蔵の雨漏りを修理するために内部を整理中、一つの木箱が偶然みつかった。箱の中からは、中世文書三二点と多くの近世文書が出てきた。連絡をうけた市教育委員会（担当灰掛薫《はいかけかおる》氏）は、かつて旧『和泉市史』編さんに尽力された三浦圭一《みうらけいいち》氏（立命館大学教授・当時）と河音能平《かわねよしやす》氏（大阪市立大学助教授・当時）に調査・解読を依頼、両氏を中心に黒鳥村文書研究会が組織され、分析がなされた。その結果、黒鳥では惣村《そうそん》の源流が遅くとも一三世紀中ごろには確認でき、白木谷《しらきだに》池や周辺の山林荒野を管理する権利が存在したこと、その中心は黒鳥村の村人により運営された安明寺《あんみょうじ》の寺座《てらざ》「五座」であり、それらの権利の証拠となる文書が安明寺で保管されていたことなどが、次つぎと明らかとなった。

土蔵から古文書続々
池開発の願書類500点
平安〜江戸期　伝える生活のにおい
和泉市・河野さん方

写真1　河野家旧蔵文書の発見を伝える新聞記事（1979年6月12日付朝日新聞）

*河野家文書の中世文書は、現在、市指定文化財「黒鳥村中世文書（旧安明寺文書）」として和泉市・いずみの国歴史館に収蔵されている。

こうして河野家文書の中世文書については整理と分析が進んでいったが、三浦圭一氏が一九八八年に亡くなったため、近世文書の整理は中断していた。そこで、一九九三（平成五）年第二次黒鳥村文書研究会が組織され、文化庁および大阪府から補助金を得て、近世文書の整理が再開された。その中で、河野家文書の

写真2　浅井家文書を収納する文書箪笥

写真3　文書箪笥に貼られた紙

近世部分は、黒鳥辻村《つじむら》の庄屋家文書であることが判明していく。加えて、立石家《たていしけ》文書（黒鳥上村《かみむら》庄屋）・遠藤家文書（黒鳥坊村《ぼうむら》庄屋）そして浅井家《あさいけ》文書（黒鳥辻村庄屋）といった文書群が調査されていくことになった。

浅井家文書の発見と調査

浅井家文書の調査は、一九九四（平成六）年七月に始まった。浅井家が、近世後期に黒鳥辻村の庄屋であり、近代には大地主であったとの情報を得て、黒鳥村文書研究会研究委員・塚田孝氏（大阪市立大学文学部助教授・当時）と市教育委員会担当者とが浅井氏宅を夏の暑い日の午後に訪問した。今回の調査の趣旨を説明したうえで、古文書があれば調査させていただきたい旨をお願いした。所蔵者の浅井竹《たけ》氏は、最初こそためらわれたようだが、説明に納得された様子で、家の奥の蔵から箪笥《たんす》の引出の一つを一輪車に載せて持ってこられた。そこには、近世後期の帳面類や、こよりで括られた古文書が、ぎっしりと収納されていた。浅井家文書発見の瞬間である。早速これを「箪笥1」として整理番号を与え、調査・整理を開始した。

また、浅井氏によれば、こうした引出が四つほど入る箪笥があるとのことだったので、一一月には再度浅井家を訪問し、史料群の全容を見せていただくことが可能となった。引出五段分の古文書を収納した文書箪笥である（写真2）。文書箪笥は、引出の外側に両開きの観音扉があり、鍵をかけられる仕組みとなっていた。作成年代は不明だが、江戸時代後半のものと推定される。棹通しの金具が側面にあり、持ち運び可能な作りとなっている。ここに棒を挿せば、二人懸かりで移動させることができる構造である。

＊後述する庄屋黒川武右衛門の時期に作製されたのか、浅井市右衛門の時期なのか、不明である。

観音扉の正面には、「御大切書類　黒鳥村」と貼紙がある（写真3）。庄屋と個人の家とが未分離であったからこそ庄屋家に村の「御大切書類」である文書が残され、しかも、村の文書と個人の家の文書とが区別されて残されるという、近世の村の文書保存のひとつの特徴をここから読み取ることができる。浅井氏も、この文書箪笥に収納された古文書は「村の文書」であると認識されていた。「家に残されたものでありながら、家のものではなく村のもの」という意識をもたれていたからこそ、私たちに見せて下さったのである。

調査の結果、この文書箪笥には、合計二四五一点の古文書が収納されていたことがわかった。

池田下・高橋家の文書箪笥

ところで、こうした古文書は、木箱等に収納される場合が多いが、浅井家文書のように文書箪笥に収納されるケースもしばしばある。例えば市域では、池田下村《いけだしもむら》高橋家にも二つの文書箪笥が存在する。高橋家は、近世を通じて池田下村の庄屋であり続けた家である（『池田編』）。一九九七（平成九）年八月の調査では、国重要文化財である母屋《おもや》の北側の「長屋《ながや》」と呼ばれる蔵から、二つの文書箪笥がみつかった。残念ながら箪笥内は空であったり、入れ替えられたりしていた。この箪笥内に本来収納されていた古文書は、一九八〇年代前半の森杉夫《もりすぎお》氏（大阪府立大学教授・当時）の調査によって、別の容器に整理・収納されてしまったからである。しかし興味深いのは、二つの箪笥に墨書《ぼくしょ》があった点である。文書箪笥1には「享保《きょうほう》十八丑年ニ義智致させ」、文書箪笥2の一つの引出には「寛政四子年五月求む／代銀《だいぎん》」とあり、それぞれ享保一八（一七三三）年、寛政《かんせい》四（一七九二）年に文書を整理・保管するために、高橋家が製造依頼ないしは買い求めたものであった

写真5　高橋昭雄氏所蔵史料箪笥2　112.7×111.3×41.0cm、両側面に棹通しあり。

写真4　高橋昭雄氏所蔵史料箪笥1　104.3×136.0×47.4cm、両側面に棹通しあり。

<table>
<tr><td>1
御免定　（剥離）</td><td>7
入退書物</td><td rowspan="2">13　［鍵］
御年貢方</td></tr>
<tr><td>2
〔□□本〕</td><td>8
御普請所方</td></tr>
<tr><td>3
御国役　（剥離）</td><td>9
諸事一札入</td><td rowspan="2">14　［鍵］
勘定帳／地並帳</td></tr>
<tr><td>4
〔書翰〕</td><td>10
（※枠外記載）</td></tr>
<tr><td>5
明細帳</td><td>11
村用書入</td><td rowspan="2">15　［鍵］
検地帳</td></tr>
<tr><td>6
国絵</td><td>12
寺社□</td></tr>
</table>

16	17	18	19
（判読不能）	（判読不能）	（判読不能）	（判読不能）

※欠落／旧離願／諸事加印帳〔会計簿／但納税領収書共／□作帳〕

図1　箪笥1の貼紙記載　赤字は貼紙の上にさらに貼紙を重ねたものの記載内容。〔　〕内赤字はさらにその上の貼紙の内容。

1 （剥離）	7 郷□	13　公事方 谷山書類
2　山崩／流出／地方帳／ 〔慶弔書類〕	8 （※枠外記載）	14 （剥離）
3 郷□	9　扶食御救／ 御囲籾／御囲麦	15 （剥離）
4　三御巡見／泉州四郡願／ 牛口銭／諸方勧化方	10　御□度触／ 御免定拝見／連印帳	16 毛揃帳
5 （剥離）	11 検見／勘定帳	17 検見帳
6　［鍵］ （剥離）	12　［鍵］ （剥離）	18　［鍵］ 二季／諸役帳／邑割帳

※水法反別仕訳書上／御引高仕訳書上／下台大池水法反別

図2　箪笥2の貼紙記載　赤字は貼紙の上にさらに貼紙を重ねたものの記載内容。〔　〕内赤字はさらにその上の貼紙の内容。

ことが判明する。おそらく増え続ける村の文書を保存・整理するために文書箪笥が利用されたのであろう。

＊高橋家系図に「義智」の名は見えないが、おそらくは九八郎（尹愈《ただまさ》）のことと推測される。享保一八年三月、九八郎の父平左衛門（重太夫・盛光）が死去し、一月には長男百太郎（のち治兵衛）が誕生している。九八郎が二四歳にして庄屋役に就任したばかりの時期に相当する。庄屋高橋家を背負うなかで、意欲的に文書整理に取り組んだのだかもしれない。

事実、二つの文書箪笥内の引出には貼紙があり、文書の種類ごとに分類されていた。貼紙が剥《は》がれてしまった引出も多いが、わかるものは、いずれも墨で「検地帳」「勘定帳」「御免定」などの文書名が記されていた（図1、図2、写真4、写真5）。筆跡から考えて三回ほど書き直されているから、何回かにわたって高橋家の中で整理されたものであろう。こうして村政上必要な時に、重要書類がいつでもすぐに見られるように工夫されながら、庄屋の家で文書が保存されてきたのである。

現状記録調査からみた近世の文書管理

話を浅井家文書の調査に戻そう。古文書調査では、所蔵者と調査者との間で、信頼関係を少しずつ作り上げていくことが重要である。浅井家文書の調査の場合も、まずは浅井氏の家で調査を行ったが、徐々に信頼され、市役所にいったん借用させていただけることになった。その後、一九九六年一一月までの間に調査（全点撮影）を終え、返却することができた。その成果は、『旧和泉郡黒鳥村関係古文書調査報告書—現状記録の方法による—』（和泉市教育委員会、一九九五年三月）と『旧泉郡黒鳥村関係古文書調査報告書第二集—現状記録の方法による—』（〈和泉市史紀要第一集〉和泉市教育委員会、一九九七年三月）という二つの報告書で広く公開されている。

この二冊の報告書のサブタイトルにもあるように、浅井家文書の調査や以後の市史編さん事業では、「現状記録の方法」で歴史資料（古文書等）を調査している。この方法は、吉田伸之《よしだのぶゆき》氏（東京大学教授・当時）が提唱した方法である。

その特徴のひとつは、古文書がどのような状態で保存されていたのか、その現状を徹底的に記録する点にある（写真6）。①所蔵者の家のどこ（蔵・物置等）に伝来し、②どのように容器（箱・箪笥などの「史料単位」）に入り、③どのように袋・括《くく》り紐《ひも》によって括られているのか（「史料組織」）を記録し番号を与えたうえで、ようやく④古文書の一枚一枚（史料細胞）にたどりつく。従来の調査は、調査者が自己の利用のために年代順・形態順に並び替えてしまっていた。しかしそれでは、どのような状態で保存されてきたのか、後からは全くわからなくなる。そうではなく、調査者は、古文書群を一点一点にある意味で〝解体〟した時の状況を後世に伝える責任がある。また、古文書には必ずしも年代が記されておらず、月日しか記されていない文書も多いが、これらが例えば近世のある争論関係史料として袋にまとめられていた場合、年代不明の史料であっても収納状況から時期や内容を判別することができる。だからこそ、どのように収納されていたのかを明確に記録することが求められるのである。

写真6　現状記録調査の様子

今ひとつの特徴は、これが集団的なフィールドワーク型の調査に適合する点である。文書館での整理のように専門的な者だけによる調査作業ではなく、調査初心者も調査熟練者の補助として加わることができ、質問し学びながら調査作業を進めていく、協業を重視した方法である。いわば教育的側面も加味された調査方法ともいえよう。またこれを史料が伝来した現場で行うという点は、後の大阪市立大学と市史編さん委員会、そして地元市民の皆さんとの「合同調査」に発展する芽となっていく。

袋書き

こうした現状記録の方法で、浅井家文書の調査を進めていくにつれ、文書箪笥内には袋に収納された古文書があることがわかってきた。その場合、袋《ふくろ》書《が》きといって、袋の中にどのような文書が含まれているのかを、当時の庄屋がインデックスとして袋の表側に記したものがある。袋は、堺の菓子屋の菓子袋《かしぶくろ》、生蝋燭《きろうそく》、白砂糖《しろざとう》の袋を再利用したものや、銀子借用証文《ぎんすしゃくようしょうもん》など不要となった文書を再利用して袋状にしたものが多かった。多くの場合は「黒鳥村浅井市右衛門《あさいいちえもん》」と名が記され、庄屋だった浅井家が整理したものであることがうかがえる（写真7）。

ところがここで問題となるのは、袋書きに、浅井市右衛門の前の庄屋「黒川武右衛門《くろかわぶえもん》」の名が記されているものがいくつかみられる点である。黒川武右衛門は、享保一七（一七三二）年以降、黒鳥村の庄屋を務め続けると同時に、伯太藩《はかたはん》の藩札《はんさつ》発行に携わるなど、伯太藩の財政にも大きく関わってきた豪農《ごうのう》である（第3部第2章）。例えば安永《あんえい》七（一七七八）年一二月の袋には、「堺御番所《さかいごばんしょ》様御貸附《おかしつけ》一件入／泉州泉郡黒鳥村／庄屋黒川武右衛門」、裏にも「当村方引当証文入《とうむらかたひきあてしょうもんいり》／黒鳥村庄屋／黒川武右衛門」とある（写真8）。袋は寛政二（一七九〇）年の奉公人請証文《ほうこうにんうけしょうもん》を再利用しているので、袋の作成はそれ以降と考えられる。おそらくは安永七年の堺番所（堺奉行所）貸付銀の返済に関する証文類が入っていたものであろう。このように黒川武右衛門がまとめたもの（袋入）と確実にわかるのは、ほかに安永五（一七七六）年「糀《こうじ》御《お》引《ひき》当《あ》テ銀貸附証文入」、寛政九（一七九七）年「かうかうす（国府河頭）井堰立会《いぜきたちあい》黒鳥村／観音寺村小井堰《こいぜき》争論一件之書物入《かきものいり》」（写真9）、

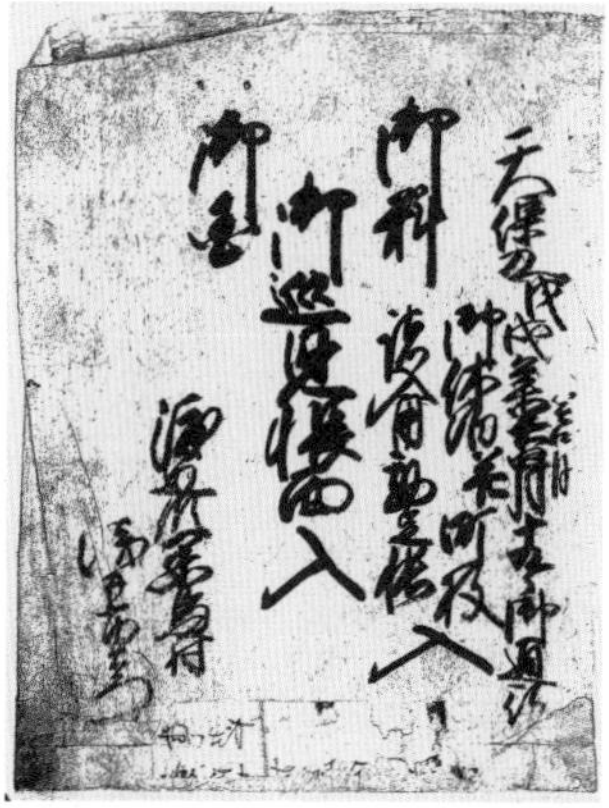

写真7　浅井市右衛門「御料御国御巡見帳面入」袋

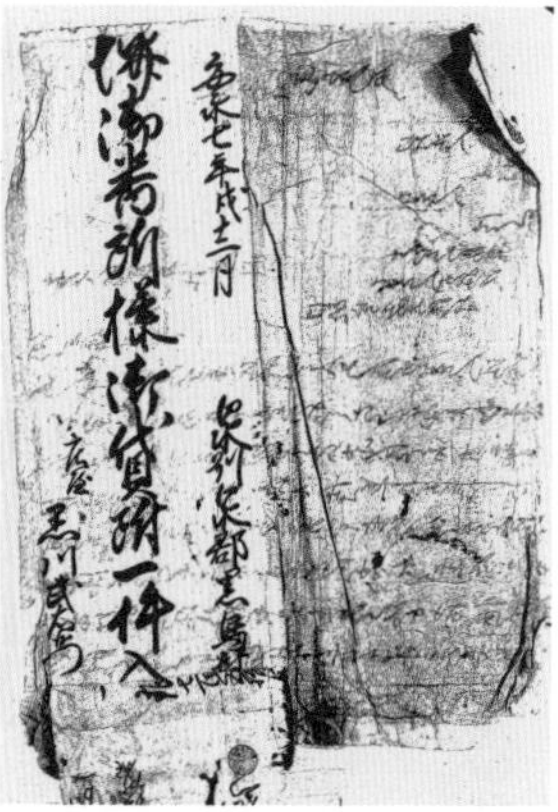

写真8　黒川武右衛門「堺御番所様御貸附一件入」袋

写真9　黒川武右衛門「観音寺村小井堰争論一件之書物入」袋

年不詳（寛政元年拝借銀証文を再利用）「出入筋内済為取替証文入《でいりすじないさいとりかわせしょうもんいり》」がある。これらはいずれも黒川武右衛門が庄屋であった時に整理され、それが浅井家に引き継がれてきたことを意味する。

旧庄屋黒川武右衛門から新庄屋浅井市右衛門へ——庄屋の交代と文書の引継

別の史料によれば、文政《ぶんせい》四（一八二一）年に武右衛門が病死した後あちこちへの多額の借銀が返済不能に陥ったので、武右衛門の所持田地約四一石《こく》分を黒鳥辻村の構成員に割り当て、堺番所貸付銀も田地に応じて一〇年かけて分担返済することになったという。武右衛門家は所持高を大きく減少させながら村に残り続けることになるが、庄屋役は文政五（一八二二）年になって浅井市右衛門家に交代を余儀なくされていく（後掲図3【引継3】）。

庄屋が交代すると、同時に村の文書も引き継がれていく。例えば文政三（一八二〇）年正月に始まる「田・畑・建家・屋敷地質入譲《ゆず》り渡扣帳《わたしひかえちょう》」（写真10）がある。黒鳥村では、村内の土地の譲り渡しや質入証文には、必ず庄屋（当事者に庄屋役が含まれる場合には年寄役）が奥印《おくいん》を押し、その売買を把握していた。この控帳《ひかえちょう》は、庄屋が奥印した証文を書き写し、割り印している帳簿である。見開きから表紙を透かしてみると「庄屋武右衛門」となっているが（写真11）、表紙には「市右衛門」と貼紙がされている。またこの帳簿の中をみると（写真12）、文政四年八月までと同年一一月からとでは、筆跡《ひっせき》は大き

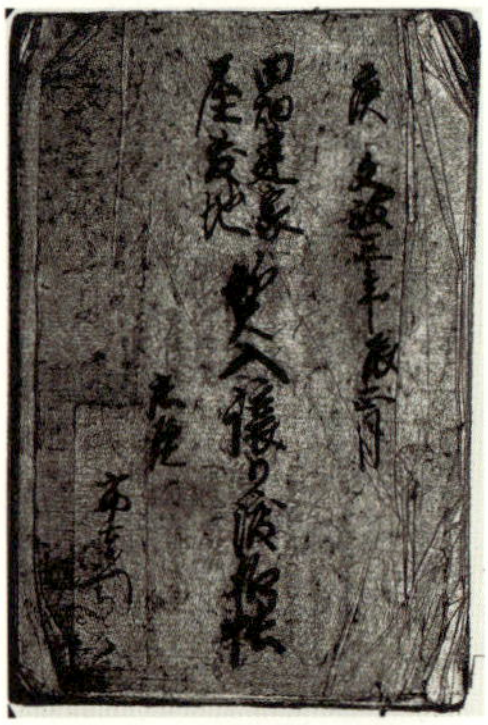
写真10　「田畑建家屋敷地質入譲り渡扣帳」表紙

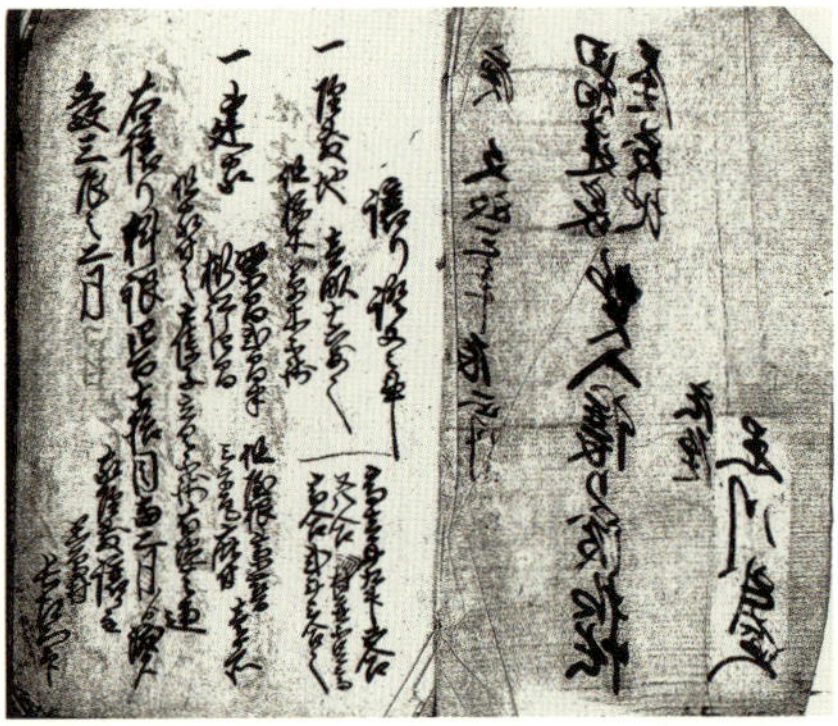
写真11　表紙裏から透けて見える「庄屋黒川武右衛門」

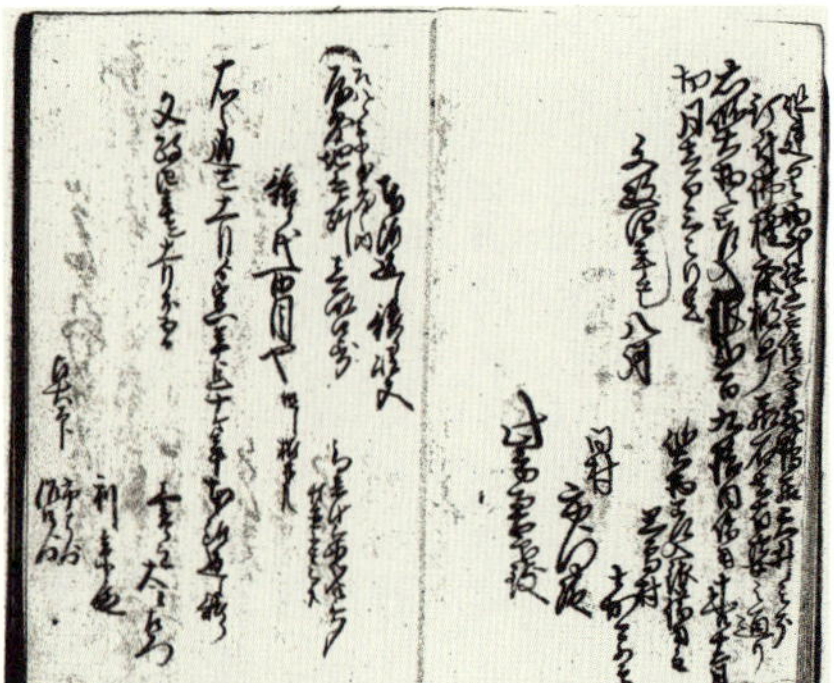
写真12　筆跡の変化

く異なり、割印も扇型《おうぎがた》の武右衛門のものから丸形の印判へと代わっている。このように、この控帳は庄屋役の交代にともなって、黒川武右衛門から浅井市右衛門に引き継がれたものと考えられる。

「池々樋水込堤斗木御改帳」の場合

また、宝永七（一七一〇）年「池々樋水込堤《ひみずこみつつみ》斗木《とぎ》御改帳《おんあらためちょう》」の袋には、浅井市右衛門の筆跡で次のような記載が残されている（写真13）。

文政五（一八二二）年七月二五日に庄屋役を黒川武右衛門から私（浅井市右衛門）が受け取った時には、村側の「古帳面」はすでに失われていて存在しなかった。そこで伯太藩役所にその旨を申し上げたところ、役所に「古帳面」があるのでこれをしっかりと書写するように命じられた。私が用紙を持参して、役所で井之上寅八殿に写してもらった。御礼に文政六（一八二三）年八月一日に銀札《ぎんさつ》三匁を持参した。

これによれば、庄屋が交代した際に、村方の多くの重要書類が新しい庄屋に引き継がれた。しかし、この「池々樋水込堤斗木御改帳」帳面を旧庄屋武右衛門が紛失してしまい、新庄屋浅井市右衛門に渡されなかったというのである。この帳面は、宝永期に黒鳥辻村の用水利用状況を詳細に書き上げたもので、正文《しょうもん》は領主渡辺氏に提出し、控（「古帳面」）を村方で保存していた。この帳面は村内の用水状況を把握するため、あるいは樋普請・修復費などを領主渡辺氏より下付を受ける際の証拠としても重要なものである（『信太編』表18参照）。浅井市右衛門は役所に提出した帳面を書き写してまで、この帳面を確保しようとしたのである。

ちなみに、この袋にはもう一つの記載がある。

古帳面は、武右衛門から渡されなかったので、新帳面（役所の帳面の写）を作成したが、それから二〇年後に、武右衛門家に古帳面が見つかったので、私（浅井市右衛門）の家に取り寄せ、一緒に管理することにした。

古帳面はやはり武右衛門家に存在した。宝永《ほうえい》七（一七一〇）年といえば、武右衛門の前の庄屋甚太夫の時期であるから、その後、庄屋武右衛門の手に引き継がれていたのである。また、新帳面作成から二〇年後の段階で、浅井市右衛門は新帳面（役所の写）を保管していたにもかかわらず、「古帳面」を武右衛門から取り寄せている。事実、浅井家文書には、「古帳面」と新帳面の二冊が残っていた。重要な証拠となる文書は現在の庄屋が保管すべき、との認識が根付いていたことがうかがえよう。

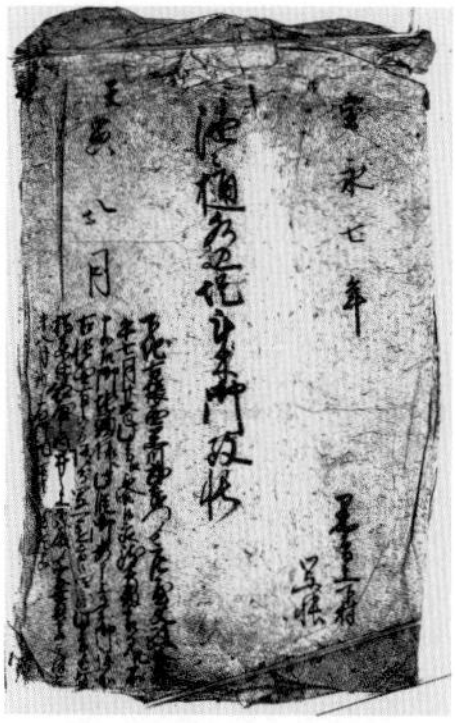

写真13 「池々樋水込堤斗木御改帳」袋

浅井家が引継いだ村方文書

では、このように庄屋浅井家に引き継がれてきた文書は、どれだけあったのだろうか。実際に浅井家文書の文書箪笥に残されていた、浅井家庄屋就任以前からの村方文書を一覧にしたのが表1である。大きく次のように分類できる。

検地帳…村の土地と所持者を把握。

名寄帳《なよせ》…村の構成員ごとに所持地を合計したもの。年貢負担の基準となる。

年貢勘定関係…年貢納入に関する書類。

山論関係…黒鳥山をめぐる黒鳥三ヶ村の争論、および黒鳥山・信太山・坂本山をめぐる周辺村との山境争論関係文書・絵図。

用水関係…かうかうす井と、同じ槙尾川流域の谷山池水系の久保津戸井・小井等との水論関係、および谷山池や村内池水の利用管理に関する帳簿。

糀関係…公儀との関係では黒鳥辻村が、実質的には黒鳥三ヶ村で負担していた、糀役負担〈小物成〉に関する証文類。

一条院村関係…隣村一条院村の村政や用水利用をめぐる証文。

上納銀・拝借銀関係…領主伯太藩や堺奉行所等への上納銀・拝借銀に関する証文。

村方騒動関係…元禄期の村方騒動関係文書、および近世後期の村運営に関する証文。

寺社・人別関係…寺社改帳、黒鳥三ヶ村立合の安明寺・天神社修復関係文書等。

講関係

その他

	年	内容	浅井家史料「箪笥」番号
		検地帳・名寄帳関係	
◇	慶長16（1611）	検地帳	0-6，4-9，5-13
◇◆	正徳3（1713）	名寄帳	5-3
◇	享保6（1721）	田畑屋敷町畝歩帳（袋のみ）	5-43-1
◇◆	享保16（1731）	名寄帳	4-40
	天明（1780）期以降	地並株抜控帳	5-40
	文政3（1820）～	田畑建家屋敷地質入譲渡扣帳	2-60-①
		年貢勘定関係	
◇◆	寛文8（1668）	免定	5-16-4
	文政3（1820）	稲作木綿作株抜見分帳	4-31，4-34
	文政4（1821）	物成勘定帳	4-19-20
	（天明3（1783）～文政期）	稲作木綿作毛仕分	5-24-1
		山論関係	
◇	寛文5（1665）	山絵図	2-32
◇	（寛文5）	（信太郷との山論）	2-44
◇◆	延宝2（1674）	山用益取り交わせ証文	2-17
◇◆	元禄11（1698）	池絵図	5-15-2-①
◇◆	元禄12	信太山論口上	5-15-5
◇	元禄13	新開溝筋争論裁許状	2-51，2-64
◆	享保18（1733）	黒鳥山坂本山山論願書	5-15-4
◆	享保21	黒鳥山坂本山山論済証文	5-15-3
◆	享保21	黒鳥山坂本山山論済御断	5-16-7
◆	寛延4（1751）	山畑年貢免除	2-27
◆	宝暦元（1751）	草刈山新開争論	2-76
◆	宝暦2	草刈山山論	2-28，2-59，2-65-2-3，5-16-3
◆	宝暦2	山年貢糀年貢納方	2-43
	宝暦3	山論支証	2-45，2-65-2-4
	寛政9（1797）	芝山見分一件	2-31，2-70，5-43-3・4・13
		用水関係	
◇	貞享元（1684）	久保津戸井との争論	4-1-12-7・9
◇	元録9（1696）	かうかうす井水掛	2-13
◇	申	かうかうす井水掛	2-14・15
◇◆	元禄15	川尻番水	2-41-3
◇◆	宝永3（1706）	用水争論取替証文	2-41-4
◇	宝永7	池水斗木樋改帳	1-12，2-24-②，5-60
◇	享保5（1720）	かうかうす井争論	2-22
◇	享保10	かうかうす井争論	4-1-12-3

◇	享保10～12	谷山池裁許写	4-1-12-2・4
◇	享保14～15	出入日記	4-1-11-5
	寛政2（1790）	かうかうす井一件	1-26-7
	寛政7	上林池水曳一件	2-36-20
	寛政9	小井争論	1-57-15, 2-1, 2-12
	寛政11	今池違妨に付詫状	2-41-5
◆	享和2（1802）	かうかうす井入用割目録	2-50-2～3
◆	文化8（1811）	かうかうす井入用割目録	4-6-28・32
	享和2～3	谷山池普請	2-36-6・9・16・17
		椛関係	
◇	延宝6（1678）	椛役三ヶ村上納	2-16-3-21-7
◇◆	延宝6、7	椛役三ヶ村上納	2-89, 2-90, 2-91
◇	元禄16（1703）	椛年貢高覚	2-65-2-7
◇◆	宝永元（1704）	訴訟入用割方	2-93
◆	寛延2（1749）～3	山椛年貢上納に付開発願	2-65-2-8・9
	（年欠）	山椛年貢上納に付開発願	2-65-2-5
	宝暦3（1753）	上村椛年貢滞り争論	2-65-2-6
◆	宝暦3	椛役株付帳	1-3
	安永3（1774）	椛役小物成未進に付	2-57, 2-72, 2-85-③, 2-92
	安永4	同上	2-71, 2-86
◆	安永5	椛株拝借銀	2-16-1, 2-16-3-21-5・6, 2-65-2-13
	安永5	同上	5-39-2-2
◆	寛政10（1798）	椛引当銀子拝借証文	2-16-3-21-9～11
◆	（年欠）	椛年貢急度上納	2-65-2-11
		一条院村関係	
◇◆	享保元（1716）	一条院村庄屋拝命	2-7-8
◇	享保元	一条院村庄屋拝命	5-18
◇◆	享保9	売渡申田地之事	5-48
◆	享保17	上代池法制之事	5-16-5・6
◆	天明2（1782）	しんな池出入	2-7-6
		上納銀・拝借銀関係	
◆	享保19（1734）	九拾弐貫目銀借用	5-19
◆	天明5（1785）	拝借銀子	5-20
	寛政2（1790）	拝借銀	1-7
◆	寛政5	拝借銀	5-21, 5-38, 5-46
	寛政10	拝借銀	2-16-2
	寛政10	祠堂銀借用	2-16-3-13, 2-16-3-21-4
◆	文化3（1806）	祠堂銀借用	5-45

村方騒動関係			
◇◆	元禄10（1697）	庄屋罷免願	5-31
◇	元禄17	庄屋年番願	5-37
◆	寛政5（1793）	年貢通皆済目録の一件	2-7-7
寺社・人別関係			
◇	貞享2（1685）	寺社改帳	2-87
◇	元禄4（1691）	寺社改帳	5-53
	元文4（1739）	寺社改帳	2-69
	享和3（1803）	寺社改帳	2-8
	享保18（1733）	宗旨改帳	2-99
	文化7（1810）	寺社再建改帳	2-73
◆	寛政（1789）期～文化期	師匠請け証文	1-26-2・3
◆	延享（1744）期～文化期	人別送一札	1-1-1-10～23, 1-26-1・1-26-4～23, 1-55
◆	寛政期～文化期	非人番身請一札	1-51
◇◆	元禄7（1694）	本寺願（長楽寺・安明寺）	2-7-9-②・④・⑤
◇◆	宝永4（1707）	袈裟寄進状	2-94-1
	正徳2（1712）	安明寺造作	1-1-1-8-9
	享保18（1733）	弘法大師900回忌	2-7-9-③
	延享2（1745）	長楽寺修復	1-1-1-8-7
	宝暦4（1754）	安明寺弘法大師御影堂修復	1-1-1-8-11・12
	宝暦10	天神社屋根修復	1-1-1-8-8
	宝暦14（1764）	巡礼供養に付堂張出作事願	1-1-1-8-6
	明和8（1771）	銅金盗難	1-1-1-8-5
	寛政10（1798）	講尺会所和談	2-9
	享和元（1801）	天満社屋根修復	1-1-1-8-1・2
講関係			
◇	正徳2（1712）	講へ田地譲渡証文	2-94-3
◇	元文3（1738）	講へ田地譲渡証文	2-94-8
◆	宝暦期～文化期	伊勢月参講	5-23-1・2・4～8
	宝暦12（1762）	愛宕月参銀請取	2-16-3-16
◆	寛政11（1799）	愛宕講	5-23-3
その他			
◆	宝暦3（1753）	場所請負約定一札	5-47
◆	寛政4（1792）	仲間奉公奥印願	5-51
◆	寛政10	仲間奉公給銀受取	5-32, 5-49
◆	寛政5	安左衛門密通誤証文	5-34
◆	寛政5	非人番小屋普請引当借用	5-33

表1　浅井家文書箪笥に保管された史料　浅井家が庄屋に就任する文政5（1822）年以前の古文書について整理。◇◆は本文参照

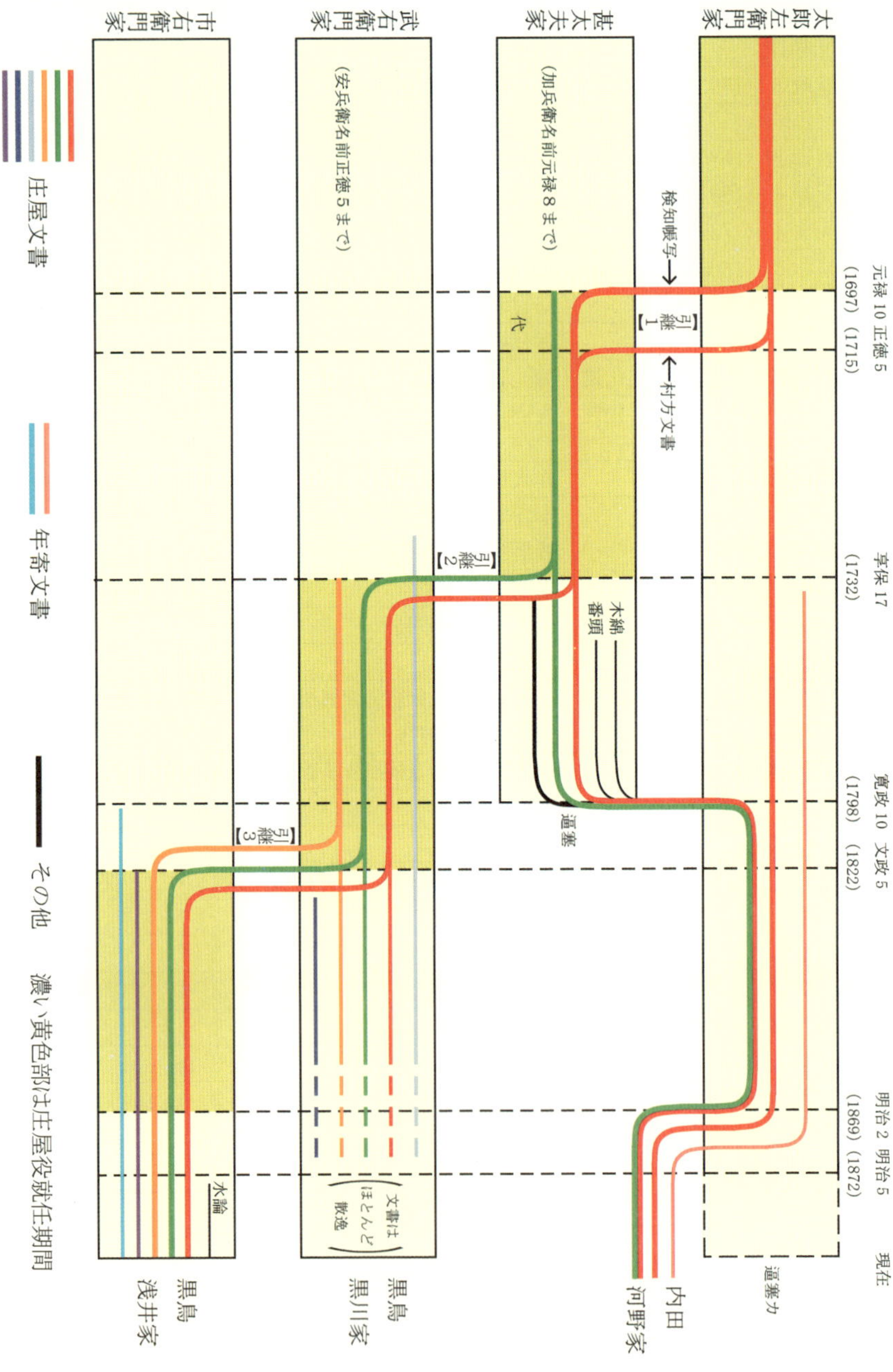

図３　河野家文書・浅井家文書の成立過程

第一に、大変多くの文書が浅井家に引き継がれていることが一目瞭然であろう。あわせて、このうち◇は、浅井家の前の庄屋黒川武右衛門家が庄屋を務めるよりも前の文書である。さらに◆は、印がある正文で、記載年代がそのまま作成年代と確認できる文書である。つまり◇と◆の両方がつく文書は、黒川武右衛門がさらに前の庄屋から引き継いだ可能性が高いことになる。名寄帳《なよせちょう》、山論・水論、糀役《こうじやく》負担関係、そして村方騒動関係などが重視され、何度かにわたる庄屋の交代のたびに引き継がれてきたといえよう。このように黒鳥辻村の場合、ひとつの村に複数の文書群が存在し、庄屋の交代ごとに文書が引き継がれている。これを整理すると図3のようになる。

第二に、何が重要で何を管理（引継・保存）していくかは、各村で独自の判断をしていることが特筆される。つまり、何を残し、何を引き継いでいくのかは、幕府や各藩などが決めるのではない。また、村の内部でも引き継ぐべき文書が固定しているわけではなく、庄屋が交代するごとに引き継がれてきた文書を継承し、経験的に必要な文書を保存していくというやり方は、単なる行政的な文書引継とは異なる側面を持っている。こうした庄屋役を務める「家」がイニシアチブをとって文書を管理するあり方は、その村の歴史や事情、さらには村の社会的諸関係によって異なってくるはずである。では黒鳥辻村の場合は、どのような経緯があったのだろうか。

2　庄屋の交代と文書の引継　―過去から現在へ―

元禄年間の村方騒動

黒鳥辻村では元禄九～一〇（一六九六～九七）年に村方騒動が起きている（『信太編』第2部第3章）。近世

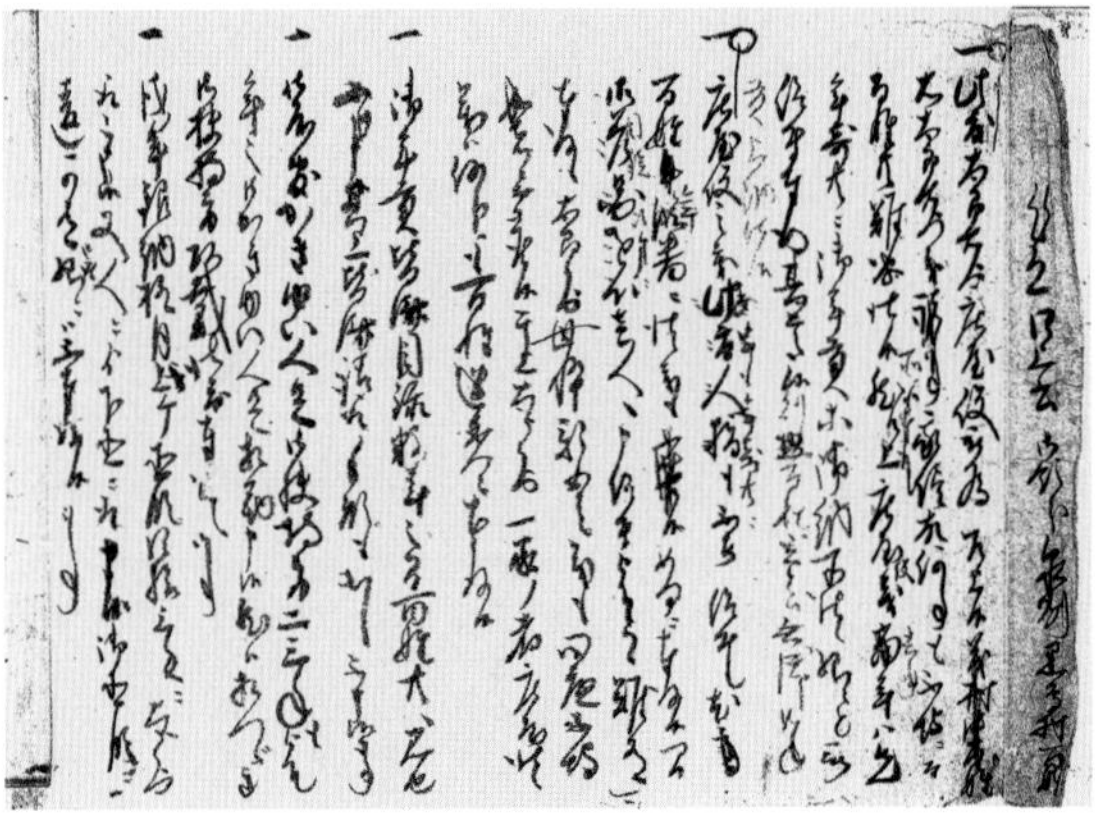

写真14　年寄衆・惣百姓の訴状下書

初頭からの庄屋で、慶長《けいちょう》一六（一六一一）年に高五六石余も所持していた太郎左《たろうざ》衛門《えもん》家と、これを掣肘《せいちゅう》しようとする年寄衆《としよりしゅう》とが対抗しながら、一七世紀後半の村政が展開していた。しかし、ついに元禄九年に庄屋太郎右衛門（太郎左衛門家）が罷免《ひめん》されたのである。

年寄衆一〇人と惣百姓《そうびゃくしょう》四七人が訴えた文書（写真14）によれば、庄屋太郎右衛門の不当な村運営とは次のようなものだった。まず年貢収取《ねんぐしゅうしゅ》の面で、領主から村に渡された「年貢皆済目録《かいさいもくろく》」を庄屋が村落構成員に見せず、また各村落構成員から年貢を徴収する時に請取《うけとり》手形《てがた》も発行していないという。一七世紀後半の段階でも、文書を介した年貢収取とそれを公開することが庄屋の当然の仕事として認識されているのである。年貢関係が文書管理・公開においてまっさきに重視される内容であり、それは村落運営の公平性を担保するものであったといえよう。

このほかの庄屋太郎右衛門の不当な行為として、年貢銀納値段を人により恣《し》意的《いてき》に差をつける、諸負担でも伯太藩下泉郷《しもいずみごう》の郷割《ごうわり》負担を弟の三郎右衛門には免除する、用水管理でも溝を勝手に付け替えて渇水《かっすい》となったこと、公定の分水木《ぶんすいぼく》を使用しないこと、菖蒲池水《しょうぶいけみず》の私的利用などが問題視されている。いずれも庄屋による恣意性・私的運用・身びいきが問題とされ、ここでは村落運営の公平性が求められているのである。

この騒動後、しばらくは年寄衆から甚太夫《じんだゆう》と安兵衛《やすべえ》（のちの黒川武右衛門家）が庄屋の機能を代行し、遅くとも宝永六（一七〇九）年には甚太夫が庄屋になっていく。黒鳥辻村にとってこれがはじめての庄屋家の交代となった（図3【引継1】）。ちなみに、この村方騒動の文書は、最後の庄屋浅井家に残ったものである（前掲表1)。少なくとも代々の庄屋にとって、この文書は、公平性をもった村落運営が不可欠であることを認識させる重要文書として継承されてきたのであろう。

検地帳と郷蔵

さて、騒動後、次の庄屋が甚太夫家に固定されるまでの間、しばらくは不安定な運営体制が続いた。元禄一七(一七〇四)年には再び惣百姓が願い出て、年寄衆から年番《ねんばん》で庄屋を出すか、一人ないし二人に庄屋を固定するか決定するように命じてほしいとしている。*その際、次の点をあわせて願い出ている。ひとつは、村で集めた年貢米を一時的に保管する「郷蔵《ごうぐら》」についてである。従来は庄屋太郎右衛門の屋敷内に郷蔵があったが、彼の庄屋役罷免後、村人が「蔵番」を務めるにも何をするにも個人の屋敷内では不便であるので、屋敷外に郷蔵を早期に建設することの許可を求めている。

*この願書も、浅井家に引き継がれ保存されていた文書である。

今ひとつは、検地帳《けんちちょう》である。検地帳は、村の土地を把握し、かつ土地所持者を確定させ、年貢負担のうえでも必要な、村の文書で最も基本的な帳簿である。にもかかわらず、太郎右衛門は村方に検地帳の写《うつし》しか渡さず、未だに「本帳」を渡さないことが問題視されている。しかも、写の方には不分明な点(「相違《そうい》の儀《ぎ》」)もあるので、太郎右衛門に「本帳」を渡すように惣百姓の側は求めている。

郷蔵の問題も、検地帳の問題も、矛盾なくすんなりと進められるのではなく、元庄屋の太郎左衛門家に再び庄屋役が戻る可能性も残るという、双方の緊張関係のなかで、はじめての庄屋役交代劇が展開している点が注目される。検地帳については、結局、太郎左衛門家からは本帳は見つからず、正徳《しょうとく》三(一七一三)年正月には、庄屋甚太夫・年寄中は太郎右衛門から「本帳はない」旨の誓約書をとっている。そして、写帳面も古く不分明なので、正徳二年に村の総意で新調している。

文書の引継

こうして新庄屋甚太夫を中心とする新体制の村役人らは、旧庄屋太郎左衛門家を牽制《けんせい》しながら、村にとって重要な検地帳を新調し、公平性を保ちながら新たな運営体制を築いていった。そして、懸案《けんあん》であった検地帳の扱いが明確となったうえで初めて可能となったのが、正徳五（一七一五）年九月の元庄屋太郎左衛門家から新庄屋甚太夫家への文書引継である（前掲図3【引継1】）。

覚

一、寺社帳《じしゃちょう》控　壱状　〔箪笥2―87か箪笥5―53〕
一、高野山本寺《ほんじ》手形《てがた》　壱通　〔箪笥2―7―9〕
一、御免定《ごめんじょう》　但シ御殿様分　三拾四通　〔箪笥5―16―4〕
一、御免定　豊嶋十左衛門様分　四通　〔河状5―22～24〕
一、山絵図　但シ書付無し　壱面　〔絵図4〕
一、伯太村山論節済《さんろんせつすみ》目録　壱通
一、糀年貢《こうじねんぐ》証文　三通　〔箪笥2―89・90・91〕
一、三ケ村取替《とりかわ》せ証文　三通　〔箪笥2―17、河状2―2カ〕
一、念仏堂　〔　〕原村と出入節嗳《あつかい》証文　壱通
一、上代《うえだい》田《た》帳　壱状

右の通り、たしかに請け取り申し候、念のためかくのごとくに御座候、以上

正徳五年未九月十九日　　庄屋　甚太夫（印）

太郎左衛門殿

これは、庄屋甚太夫側が太郎左衛門に提出した受取書《うけとりがき》である。ここでは五〇点の文書類がまとめて新体制に引き継がれている。寺社帳、免定（年貢賦課の指示書）、山論絵図・内済文書など、甚太夫側が重要と判断した文書である。この文書だけをみれば、ただ単に文書が引き継がれたことしか見えてこない。しかしこれまでの叙述からわかるように、その背景には旧庄屋と新庄屋との間で村落運営をめぐる厳しいせめぎあいが展開していたのである。

なお、文書名の下には、現存する文書に該当すると考えられる文書の整理番号を付記した。このうち［箪笥〇〇］とあるのは、近世の最後の庄屋浅井家まで引き継がれ、現存した文書である（それ以外の［絵図］［河］とあるのは河野家文書に含まれる）。現在、浅井家に残された文書も、決してあたりまえのように引継ぎが順調に行われた結果とは限らない。いわば試行錯誤の結果であり、そこには積み重ねられた村の歴史が刻印されているのである。

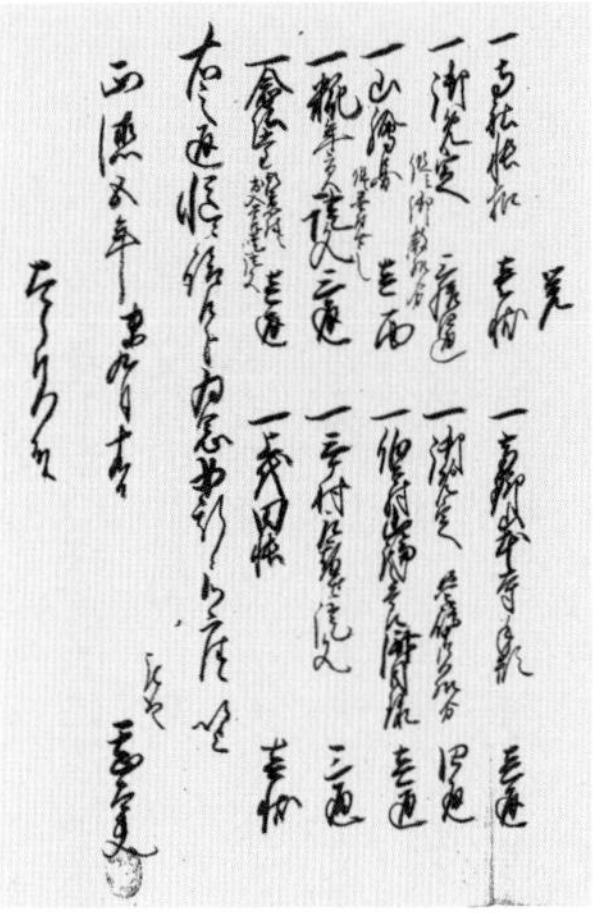

写真15　正徳5年9月の文書請取証文

甚太夫家から武右衛門家へ ―二回目の文書引継

享保一七（一七三二）年、黒鳥辻村の庄屋は甚太夫の息子甚助《じんすけ》から（黒川）武右衛門に交代した。村内の階層分解が進行し、甚太夫家は所持高一五五石余から高四石余に減少する一方で、高五五石余を持つに至った武右衛門や、その縁戚で四四石余を所持した喜右衛門らを含む四家だけで、村高《むらだか》二五六石余の黒鳥辻村のうち六〇パーセントを所持するに至っていた。年寄衆出身でかつ経済的に優位な家である（黒川）武右衛門家が、村内でも支配的な地位を占めてきたことが、庄屋交代の背景だった。

この時も、旧庄屋甚太夫家から新庄屋武右衛門家に村方文書が引き継がれている（前掲図3【引継2】）。ここでは、甚太夫家の文書群を継承する河野家文書に含まれた史料を取り上げよう。

表2は、庄屋役の引継ぎを終えた甚太夫家（当時の当主は嘉兵衛）の側が、享保一九（一七三四）年になって手元に残った村方文書を整理し書き上げたリストである。表2の(7)には「武右衛門庄屋仰《おお》せ付けられの節《せつ》、帳面いろいろ渡し候目録」（武右衛門が庄屋を命じられた際に、いろいろ渡した帳面の目録）とあるから、この時も相当数の文書が引き継がれたことがうかがえよう。

このような「引き継がれなかった村方文書」のリストは珍しい。表紙には、「必要な文書であると考え、種類ごとに仕分けし、札をつけて箱に入れた」と整理した状況を記している。庄屋を辞めた側でも、「入《い》るべき物」（必要なもの）と判断した文書は、保管し続けるのである。

こうして整理された文書には、村中連判《むらじゅうれんぱん》の書物《かきもの》(16)や村座《むらざ》の帳面(19)などさまざまなものが含まれる。このうち表の右欄は、対応する現存文書である。例えば「太郎左衛門（家）より高帳《たかちょう》の証文」(20)とは、前に述べた正徳三（一七一三）年正月に元庄屋太郎左衛門家の太郎右衛門からとった「本帳はない」旨の誓約であろう。

御用銀帳

この中で興味深いのは「九拾《きゅうじゅう》弐《に》貫匁《かんもんめ》割《わり》御《ご》用銀帳《ようぎんちょう》」(22)である。ここには「三分《さんぶ》過《あやまち》いろいろにて銀高隔《へだ》り申し候」とあるように、帳面上いくつかの誤記が含まれているので、武右衛門に渡すときにわざわざ「控置」（書

		河野家文書史料番号
(1)	御代官様よりくだされ候手形ともあり、ならびに御引方畝引きに別紙下され候帳あり	状5-1～25、状8-1・2
(2)	六郎右衛門自筆状とも、目録ともあり	
(3)	弁天寄合目録あり	
(4)	定右衛門勘定合目録あり	状19-1
(5)	府中公事銀受取り、ならびに蛇籠・杭木代受取りともあり	状24-7
(6)	武右衛門自筆書物ともあり、いるべき物	
(7)	武右衛門庄屋仰せつけられの節帳面いろいろ渡し候目録の控えあり	
(8)	紀州より、ちゃう身請・寺請あり	
(9)	かいつかぬしまや目録ともあり	
(10)	弁天頼母子手形あり	
(11)	今津屋目録書物あり	
(12)	坊藤兵衛、池上杢衛門書状ともあり	
(13)	諸事いるべき物の分寄せこれあり候、何にても外にこれなき分、この内にこれあり候	
(14)	太郎左衛門自筆書物ともあり、いるべき物なり	状29-16ほか
(15)	三郷書物ともあり、いるべき物なり	冊138、139、状29-11
(16)	村中連判の書物とも寄せあり、いるべき物あり	状2-4～9、状2-11～13
(17)	堺・河内屋書出し受取りともあり、手前より出分一分これなく候	
(18)	坊村丹右衛門・源左衛門状あり	
(19)	村座の帳面あり	
(20)	太郎左衛門より高帳の証文、御蔵屋敷証文取替えあり	状9-4、状13-1、状22-2・3
(21)	鏡池普請御扶持方、四ヶ村受取りあり	
(22)	92貫匁割御用銀帳、段々に三分過、いろいろにて銀高偏り申し候につき、○武右衛門へ、○その帳渡す時控え致し置き候	冊130
(23)	買田地証文ともあり	状1-25・27ほか
(24)	糀書物ともあり	状2-2、状3-1～4
(25)	親とも書置きともあり、ならびに定め	状6-4・5、状8-14
(26)	浅井伴内かし銀目録ともあり	
(27)	寺田村庄屋・年寄証文あり	
(28)	勘十郎目録ともあり、糀証文あり戻し	
(29)	一条院山新開仕る願書あり	状3-11～15
(30)	御殿様より麦出し村へ借し帳あり	
(31)	いらざる物に候えども、古証文ともあり	
(32)	西光寺書物あり	状3-35・36、状7-1～4・8、状10-1
(33)	大坂甚左衛門銀受取りあり	
(34)	寺とも身受け手形いろいろあり	
(35)	国役手形あり	
(36)	板原、92貫匁割銀利受取りあり	
(37)	武兵衛目録あり	
(38)	かめ荷物目録あり	
(39)	いるべき帳ともかすかすあり	検地帳類写か
(40)	私方庄屋致し候時、村中借用銀印致す控え帳あり	冊135か
(41)	安明寺書物あり	
(42)	信田（信太）上代佐治兵衛状1本あり	
(43)	一条院入り年貢受取りあり、但し府中五郎右衛門庄屋の時	状8-4～12、状8-19～21
(44)	御代官様方郷足軽衆人足通あり	状8-18
(45)	大工持間尺あり	

表2　旧庄屋甚太夫（嘉兵衛）家に残された文書群一覧　典拠：河野家文書　冊94「享保十九年寅ノ正月改、書物共寅ノ正月ニ改、可入物と存、其類々ニ寄置、かふ々々ニ札付ヶ置、此箱ニ入置候書物之分、此帳付置申候」。河野家文書のうち該当する史料の番号を右に記した。

写）したとメモされている。

右の御用銀帳は河野家文書に現存する。しかもその表紙には、「この帳面は、享保一七年六月八日に武右衛門から渡して欲しいと頼まれたので、本帳を渡し、同月に間違いなく写しておいた覚書である」と記されている。この九二貫目御用銀とは、享保一四（一七二九）年に伯太藩が領内の村むらに課したものである。黒鳥辻村では、負担することになった銀二貫六四二匁を上納するために、板原村《いたはらむら》の新十郎に立て替えてもらったが、すぐに大高持《おおたかもち》の年寄武右衛門が新十郎に借銀を返済し、辻村としては武右衛門から借用する形をとっていた。御用銀帳には、その武右衛門への返済に関する記載があるが、それを書いたのが武右衛門なのか、加（嘉）兵衛（甚太夫家当主）なのか、誰の筆跡なのかまで相当気を使って記している。「銀高隔《へだ》り」という帳簿上の齟齬《そご》が、誰の手によるものなのかを示している点が注目されよう。

ここでもまた、文書を引き渡す側と引き継ぐ側との間で緊張関係が生じており、双方のせめぎあいの中で引継が展開しているのである。

甚太夫家のその後と河野家文書

以上のような文書整理を行い、甚太夫家を継いだ嘉兵衛であるが、その後、村の年寄役や、かうかうす井の番頭を務めるなどしている。しかし、寛政一〇（一七九八）年借銀を抱えながら死去し、相続人がいなくなってしまう。実子《じっし》は、かつての庄屋家太郎左衛門家の養子となっており、彼が甚太夫家の家屋敷・田地の売却手続きを担うことになる。これをきっかけに、甚太夫家の文書群は太郎左衛門家に移管されることになったと考えられる。この時点で、太郎左衛門家の文書群と甚太夫家の文書群とが合流したことになる。

しかし、その太郎左衛門家も近世後期には所持高二石以下となり、安政期には浅井市右衛門の借屋住居人となっており、万延元《まんえん》（一八六〇）年には「極窮人《ごくきゅうにん》」となっている。文久元《ぶんきゅう》（一八六一）年には堺九間町《くけんちょう》飛脚屋櫛屋吉兵衛《ひきゃくやくしやきちべえ》の下働きとして一時期現れているが、明治三（一八七〇）年八月には黒鳥村の米仲買《なかがい》の一人となっている。一七世紀には黒鳥辻村の随一の大高持であり庄屋であった太郎左衛門家だが、一九世紀には村落下層の家へと変貌した。しかしこうした困窮した生活においても、太郎左衛門家は文書群《もんしょぐん》（中世文書を含む）を手放すことはなかった。そして明治五（一八七二）年を最後に、史料では確認できなくなる。その後、河野家文書は近代のある時点で、市内内田町の河野家の所蔵となっていったのである。

＊河野家文書は、発見当初から、黒鳥村浅井家の女性が内田村の河野家へ嫁いだ際に、（嫁入道具の一つとして）河野家に持参したものと考えられてきたが、事実と確定できる史料は今のところない。少なくとも河野家文書は、黒鳥辻村の太郎左衛門家と甚太夫家の文書群が合流したものであり、浅井市右衛門家の文書群とは全く別個の存在である。

過去と現在をつなぐ古文書、未来につながる古文書

以上、黒鳥辻村の二つの文書群と、三度にわたる村方文書の引継から、近世の村方文書がいかに村で重視され維持されてきたのかをみてきた。近世の文書管理のあり方のなかに、現在の行政的機能の源流を見出したり、「行政の村請」といった近世の地域運営能力を下支えする村役人層の力量に注目したりする見方がある。しかし、ここで述べてきたことは、そうした見方とは少々異なる。近世の村の文書管理や引継は、決して近代行政のようにシステマチックではない。証拠としての文書の重要性を、村方騒動などの経験のなかで村役人たちが一八～一九世紀にわたる長い時間をかけて学び取り、整理や取捨選択を含め、村ごとに実現していた行為である。村政の平等性を保つためにも、それは必要であった。一方で、文書の重要性を認識しつつあったからこそ、文書引継には、村落運営をめぐる旧庄屋と新庄屋との緊張関係が色濃く反映された。

「近世の村の文書管理は身分社会に相即的」であるという点がここでのポイントである。

地域に遺された古文書のひとつひとつに記された内容は、現在の私たちがその地域の過去の歴史を探るうえで、世界に二つとない大切な遺産である。と同時に、文書がいかなる形で現在に伝わってきたのかを知ることによって、文書というモノそのものに刻み込まれた、文書を伝えた組織（村・家・宮座・町会）の歴史がみえてくる。だからこそ市史編さん事業では、地域に伝わった古文書の残され方をも徹底的に現状記録の方法で調査し、文書の一片一片の存在にこだわりぬいて地域の歴史を解明している。本書でもそうした姿勢が貫かれている。

近世から現在にかけて大切に守られてきた古文書。現在我われが、それを紐解くことができるのは、こうした歴史的経緯と幸運の賜物である。その機会を最大限に活かして、古文書から地域で人びとが実際に生きた歴史世界を理解するということは、地域史や人類史のかけがえのない一コマとして、人びとの生きた痕跡に、普遍的な意義や価値を新たに吹き込むことにつながる。たとえそれが小さな断片的な事実であったとしても、文書を大切に伝えてきた所蔵者はもちろん、歴史に関心を寄せる市民、さらには列島社会や地球に生きるすべての市民にとって大きな意味を持つ。だからこそ私たちには、未来の人びとにも、地域の文書を残し伝えていく責任があるのではなかろうか。

第2章　一山寺院をめぐる地域史と「総合調査」

山下有美
塚田　孝

市域には、奈良時代の「茅渟《ちぬ》の山寺」から現在に連続する槇尾山施福寺があり、また平安時代に「松尾の山寺」と呼ばれた松尾寺がある。このふたつの寺院は、多数の子院の複合体として成り立っている一山寺院であり、寛政八（一七九六）年に刊行された「和泉名所図会《ずえ》」にも描かれた著名な寺院であった。

市史編さん事業は一九九七（平成九）年にスタートしたが、その直後の一九九八～二〇〇一年に松尾寺地域と槇尾山施福寺（以下、槇尾山と略す）の調査が取り組まれた。この調査は、多分野の調査・研究を総合して行う「総合調査」のあり方を手さぐりで追求したもので、その後の和泉市史の取組みを切り拓いていくものとなった。

本章ではこのふたつの寺院をめぐる「総合調査」の経験を振り返り、ふたつを一緒に視野に入れることで見えてきたことの一端を紹介したい。

Ⅰ　「総合調査」の模索――松尾寺地域と槇尾山――

松尾寺の調査は一九九八年一月から、槇尾山の調査は同年六月からそれぞれ始まり、同時並行的に進め

写真1　松尾寺宝物殿で住職の話をうかがう

られた。松尾寺の調査成果と数々の文化財は二〇〇〇年の春に、槙尾山は同年秋に、それぞれ「いずみの国歴史館」の企画・特別展として市民に公開された。ふたつの寺院の調査と研究の時期が、偶然重なっただけなのだが、タイプの異なる寺院社会の地域史として、歴史学の学会でも発表された。

では、このふたつの寺院の調査を振り返り、どのように「総合調査」を模索していったかをたどってみよう。

1　松尾寺から松尾寺地域へ、中世古文書から多様な史料へ

松尾寺文書の史料集が出発点

一九九八（平成一〇）年一月に初めて松尾寺を訪問し、高岡保博住職に市史編さん事業について説明し理解を得た上で、まず中世文書を調査することになった。松尾寺の中世文書は一九五七年に大阪府が調査し（『和泉松尾寺文書』）、中世史研究者の間では広く知られていた。今回は和泉市史として、改めて全点の写真と翻刻を載せた史料集を作る計画のもと調査を行い、『和泉市史紀要第3集　松尾寺所蔵史料調査報告書』として翌九九年三月に刊行した。

高岡住職に話を聞くと、中世文書はほかの古文書・聖教・絵図等とともに、もとは寺の宝物殿に保管されていたという。そのうち重要文化財に指定された経巻二巻・絵画一点と、大阪府の指定文化財となった古文書（中世文書を含む）一七巻が一九九一年に修理され、九三年から和泉市久《く》保《ぼ》惣《そう》記念美術館に寄託されていた。

視野を広げる

修理されなかった史料や絵図はどんなものか、松尾寺には他にも史料があるのではないか。四月に改めて松尾寺を訪問し、宝物殿で見せていただいたのは、若干の近世・近代の文書史料と境内図・村絵図、棟札・祈祷札等であった。中世文書があるということは近世以降の史料はその何倍もあるはずだ、という期待には反したが、そのことがかえって以下のように視野を広げることになったのである。

第一に、古文書以外の史料はもうないだろうか。宝物殿で保管されていた多数の仏画、境内の各堂に安置されている仏像は、当然のことながら松尾寺の歴史を調べるのに欠かせない史料である。これらが一九九三〜九六年に寺の依頼で調査されていたことを知り、さっそく当時の調査者であった久保惣記念美術館の河田昌之氏、大阪市立美術館(当時)の石川知彦氏に協力を求めた。こうして、市史としては初めて古文書以外のものに一歩踏み出すことができた。

写真２　松尾寺町

第二に、松尾寺の子院や村内の旧家に史料はないだろうか。つまり松尾寺だけでなく松尾寺を含む地域全体に目を向けたのである。高岡住職は松尾寺の子院である宝瓶《ほうびょう》院《いん》の住職でもあったので、早速七月に宝瓶院を訪れ、史料の所在を確認した。同時に、前年度からスタートした大阪市立大学との合同調査を松尾寺で行うことも頼んでみた。快諾を得たものの、聞取り調査やフィールドワークをどう行うかが次の課題となった。そこで、八月の調査日程が間近に迫る中、足繁く松尾寺町に通って一軒一軒旧家を訪ね、古文書の調査と聞取り調査の依頼をした。寺から地域への視野の広がり、それはこの地域の調査を合同調査とすることで一層広く、深いものとなったのである。

「地域の歴史的総合調査」とは

実はこの一九九八（平成一〇）年八月の合同調査は、市史編さん事業にとっても重要な画期となった。合同調査の日程中、学生たちは夜、その日に調査したこと、わかったことなどを皆で共有するために報告し合う。その場で、次のようなことが提起された。

「地域の」というのは、地域を対象としてその総体を把握しようという方向性を意味している。それは黒田俊雄氏の言う「地域における生活構築の歴史」に重なるが、そのためには二重の意味の総合性が必要である。一つは、古代・中世・近世・近代と言うような輪切りの思考を越えることである。もう一つは、史料調査・聞き取り・現地踏査など多様な調査を行うことである。…そもそも「歴史学」という学問の性格は、法制史・経済史・教育史・建築史などの分野史とは異なる総合性にあり、歴史を軸として「総合」性を追求しようというのが「歴史的」という形容詞の意味である。総じて言えば、調査の作業をこなすのではなく、この調査を通じて共同で松尾寺と松尾寺地域の歴史像をつかみだして行く目的意識を持つことが重要である。（『和泉市史紀要第5集　松尾寺地域の歴史的総合調査研究』九頁より）

地域の歴史を明らかにするためには、その地域に今あって、歴史を物語る遺物・遺構・風景・人びとの語る言葉・人びとの営みのすべてに目を向けなければならない。これこそが市史編さん事業がすべき調査研究のあり方であると、改めて自覚することができた。

さらなる多角的調査の実現

合同調査を経て、さらに多様な調査が求められることになった。

そのひとつである、石造物の調査は難題であった。参拝者がほとんど気づかないような場所に「霊空《れいくう》和《お》尚爪髪塔《しょうそうはっとう》」という近世の無縫塔《むほう》があり、その周りに大量の一石五輪塔《いっせきごりんとう》が、半ば土中に埋もれるような状態で存在していた。一石五輪塔の中には中世の年号も見える。しかも未調査だという。

そこで、当時石造物の調査を精力的に行っていた大阪狭山市の市史編さん室に教えを請い、一九九九（平成一一）年四月、石造物研究者の三木治子氏と大阪狭山市のスタッフに協力を依頼し、悉皆《しっかい》調査が実現した。全体像を記録した後、一石五輪塔に一基ずつナンバーを付けて、法量《ほうりょう》・石材・文字を記録、読めないものは拓本をとり、最後に写真撮影を行う。約四〇〇基あった。三木氏によれば、ほとんど全てが中世松尾寺の僧侶らの墓石で、天正九（一五八一）年織田信長による松尾寺破却によって所々に放置されていたものを、近世の再興時に霊空爪髪塔の周囲に集めた可能性があるという。この成果により、松尾寺の中世〜近世の断絶と連続の両面に、豊かなイメージが与えられた。

写真３　霊空爪髪塔一石五輪塔群の調査

写真４　松尾寺明神祭の様子

写真５　松尾寺町の水利調査

また、合同調査の時に、松尾寺本堂から現用の史料の存在が確認された。このなかには近世のものも、あるいは中世にさかのぼる古い文献もあった。例えば、一九〇〇（明治三三）年からの場広山《ばびろやま》下戻しの出願に関わる書類が含まれていたが、そこには近世初期から明治初期にかけての豊富な史料が証拠書類として書き写されていた。これは松尾寺の近世〜近代の歴史を考える上で鍵となる史料であった。

また、松尾明神祭《みょうじんさい》関係の史料もいくつかあり、聞けば古来の方法を踏襲した珍しい法会を今でも行っており、多数のお札の版木もあるという。これには民俗学の分野からのアプローチが求められ、専門家の平野淳氏、菅原千華氏に調査と研究を依頼した。旧暦一〇月一五日の未明から始まる法会に参加し、その後も何度も聞取り調査を行い、文献や絵画史料や棟札なども参考にして、平野氏は松尾寺の宗教的特徴にも触れた豊かな成果を出した。

本堂をはじめとする境内の建築物については、一九九九年一〇月のことになるが、大阪府内の寺院建築に詳しい東野良平氏に調査を依頼した。建築調査は「痕跡」の徹底的な観察と記録である。そこから建造の時代や移築の有無、再建時に古材をどれだけ再利用したか、和泉地方の工匠の関わりなどを吟味していった。

共同の調査研究の場

このように、総合調査ではその分野の専門家でなければできない調査・研究が多い。しかしそれをただ寄せ集めるのではなく、相互の連関を考える必要がある。また歴史学においても、時代を超えて成果を共有することは不可欠である。そこで、各自の成果をまとめる過程で、互いの研究内容を検討しあう研究会を一九九九（平成一一）年一一月に二日間にわたり開き、総勢十数名が報告しあった。各自はここで一層内容を深め、それぞれの研究は二〇〇〇年三月に『和泉市史紀要第5集　松尾寺地域の歴史的総合調査研究』としてまとめられた。「生活構築の歴史」を描くという市史の道筋に希望が見えた。

それとともに、すでに調査した史料が改めて輝きを増してくることもある。はじめて宝物殿で見たときには時代も中身もよくわからなかった「松尾寺境内図」がそれである。近世に書かれたであろうこの境内図は、なんと信長の破却前の様子も重層的に表現していた。近世松尾寺村の集落であったところにも、中世には松尾寺の子院が広がっていた。現本堂の裏手に相当する場所には、本堂と同規模の灌頂堂《かんじょうどう》が中世段階では立ち並び、灌頂堂にかけられていた仏画が現在宝物殿に保管されていることが銘文から判明した。

松尾寺地域での経験は、市史編さん事業を進める者に、「広い視野を持て」ということを学ばせてくれた。

写真6　杉木立の中の参道と井上院

2　槇尾山での経験、調査のあるべき姿とは

槇尾山の史料の多さ

さて、槇尾山の総合調査に話を移そう。槇尾山の調査で初めて津守良海《つもりりょうかい》住職を訪ねたのは一九九八（平成一〇）年の六月であった。松尾寺調査のまっ只中のことである。寺と地域の側から市教育委員会に調査の要請があったのである。津守良海住職は高齢のため途中で津守佐理《さり》住職に交代、約四年間にわたる長い調査を両住職があたたかく見守ってくださった。

まずは概要調査を行った。本格的調査に入る前に、調査対象となるものがどれくらいあるか、おおよそを把握し、計画を立てなければならない。八月までに三度槇尾山に登ったが、それですべてを把握できたわけではなかった。本堂裏手の蔵だけでも相当数の文化財が保管されていたが、蔵は他にもいくつかあり、調査すべき史料はかなりの数にのぼった。また本格的調査を進めていく過程で後から史料が見つかり、調査対象は調査が進むほど増えていった。

また、松尾寺における「地域の歴史的総合調査」の経験から、少なくとも仏画・仏具・仏像・建築物・石造物も調査しようと考えていた。しかし、本堂だけでなく山内全域をカバーしなくてはならない。参道からも古そうな五輪塔が草むらに見え隠れしている。丁石《ちょうせき》地蔵も残っている。小さなお堂も多い。荒れ果てた建物もある。しかも古道は山の裏側（東側）にも複数残り、やはり丁石地蔵もある。

槇尾山というケタ違いの規模の大きさに対して、小規模な市史編さん室に調査ができるのだろうか。不安はあったが、出てきたもの、あるものすべてが調査対象なのである。

本格的調査の開始

このような問題を抱えながらも、地元の池辺義教氏・池辺晴登氏・池辺義治氏・小林勤氏の四人の強力なサポートを得て、九月以降、文献史料、絵画工芸、仏像の三チームをつくり本格的調査を開始した。仏像は、松尾寺の調査メンバーに加え、新たに堺市博物館（当時）の吉原忠雄氏に調査を依頼した。仏像調査は大変な作業をともなう。一日に何体も進まないので、何度も何度も山を登った。本堂から離れた場所にある堂や、無人の中之坊に残された仏像も調査した。槇尾山全体で約一〇〇体を数えた。

絵画も文献もとにかく多い。いずれも全点の目録作成と写真撮影は欠かせない。厳冬期を除いて何度も山に登り調査を行う。文献史料は、目録作成のみ山で行い、冬になる前に市史編さん室に借り出して写真撮影を行った。裏手のリフトを使って運んだのである。

春になって山に史料を返すと、新たに鐘楼《しょうろう》からも史料が出てきた。その概数を示せば、絵画一〇〇点、工芸一〇〇点、文献史料は典籍も含めて四千数百点。これらは分析や研究への期待をふくらませた。

やや遅れて、二〇〇〇（平成一二）年からは松尾寺の建築調査を終えた東野氏が槙尾山の調査にとりかかった。建築史専門の植松清志氏と妻木宣嗣氏も加わった。現在使われている建物を含めて、槙尾山には一四棟の伽藍《がらん》建築と五棟の本坊・子院建築がある。このすべてを現地で測量、調査し、写真に撮影する作業を次々と進め、平面図・立面図を作成した。建築や修理に関する近世の文献史料も使って、建築からみた近世槙尾山の歴史的特徴が明らかになっていった。

写真７　護摩堂での仏像調査

写真８　施福寺本堂での仏像調査

寺外で保管されている文化財

同時に、槙尾山が博物館等に寄託している文化財についても市史で把握するため、一九九九（平成一一）年八月から九月にかけて、京都国立博物館・奈良国立博物館・大阪市立美術館・大阪市立博物館（現大阪歴史博物館）・大阪城天守閣へ向かった。重要文化財を含むすばらしい文化財との出会いが待っていた。

槙尾山本堂横の槙尾明神を祀る小高い山の中腹から、一九六二（昭和三七）年に経塚《きょうづか》が発見された

写真９　山門の建築調査

写真10　古文書の現状記録

（『和泉槙尾山経塚発掘調査報告書』）。一〇ヶ所から平安～戦国時代の経筒・水滴・和鏡・青白磁の器などが多数出土している。これらは当時の市教育委員会の調査を経て、現在久保惣記念美術館で保管されている。こうした出土遺物も槙尾山の歴史を知るうえで欠くことはできない。

「総合調査」と現状記録

文献史料は膨大な分量にのぼった。市史編さん室は現状記録という調査方法をとっている（第４部第１章）。これは史料が保管されているその場で、今、何がどのようにあるのかに徹して記録する調査方法である。そこでは、年代順やテーマごとの分類をしたり、調べたいテーマに関連する史料だけを取捨選択するようなことはしない。それよりも歴史的な文化財が今、どのようにして存在しているのかを記録すべきである。これが現状記録の土台となる考えである。

一九八〇年代後半に史料調査の方法として現状記録方式が採り入れられるようになったが、「総合調査」を進めるなかで気づいたのは、現状を観察して記録することは、調査という営為の根幹だということである。仏像しかり、仏画しかり、建築しかり、石造物しかりである。さらに言えば、寺院の調査は、個々の文献史料や仏像といった「もの」を総合的に調査することであるが、もっと大きく捉えれば、寺院そのものの現状をつぶさに観察して、可能な限り歴史の痕跡をまるごと記録するということなのかもしれない。

文化財への基本姿勢

調査を進めるうちに、仏像でも絵画でも経典でも、いわゆる重要文化財に匹敵するという意味での貴重な文化財が、山内からも多数発見された。しかし、この段階で史料に優劣は付けられない。かつて国宝や重要文化財を指定するための調査が、「お宝をみつける」ために文化財を選別してきたことへの批判もあった。だれが調査しても何が出てきても、すべて調査記録として残す。時代の古いもの、手の込んだ優れたものに焦点を当てて調査研究するのはこの次の段階でよい。そして誰もがこれを調査研究できるように、調査データを公開できるようにしておくことが市史編さん室の役目である。このような基本姿勢は槙尾山の調査を通して徐々に鍛えられていった。

子院跡の現状調査の実現

最後まで課題となったのは、子院跡の調査であった。山内を熟知する池辺義教氏の案内により、子院跡が、現在の山門から本堂までのルート沿いのみならず、槙尾山のいたるところに存在することがわかってきた。急な山の斜面に石垣を築き、建物を建て、人が生活していたのである。現在からは想像もできないことだが、槙尾山絵図（仏並・池辺一二氏所蔵史料）に見られるように、かつて山内には、多数の子院が存在していたのである。それは、深い山間に都市的要素が伏在していたとも言えよう。

最も驚いたのは、山門を通って左手に道なき道（かつての道は崩れている）を、倒木をまたいだりくぐったりしながら進んだ先に、広い平坦地が現れたことである。谷に挟まれた北側斜面のせいか、湿気が多く薄暗い場所である。施福寺参詣曼荼羅《まんだら》（施福寺蔵）では吉祥院愛染堂《きっしょういんあいぜんどう》や多宝塔《たほうとう》や子院など一群の建物が確認できる地点である。茶碗の破片が確かに人の生活があったことを訴えていた。こういった子院跡をどのよ

写真11　吉祥院跡

うに調査するかが問題となった。

白石博則氏による概要調査を経て、二〇〇〇（平成一二）年、仏教文化を総合的に調査研究している財団法人元興寺文化財研究所に本格的な測量調査を委託することができた。子院跡の測量調査と、地表に散らばる遺物の採集調査によって、子院の分布状況と時期的な把握について貴重な成果を得ることができた。これによって、近世以降の槇尾山の歴史像を空間的にも把握できるようになった。

二〇〇〇年九～一一月に三回にわたって研究会の場を持ち、古代から近現代に至る各専門分野の成果は、二〇〇一年に『和泉市史紀要第6集　槇尾山施福寺の歴史的総合調査研究』として、さらに二〇〇三年に『和泉市史紀要第8集　槇尾山と横山谷の調査研究』としてまとめられた。これらを共有することによって総合的な歴史像を描くことを目指したのである。

もちろん、墓地や大量の聖教類など、完了できなかった調査もある。それらについては、今後の機会を待つほかない。

市史編さん事業の初期に松尾寺地域と槇尾山、ふたつの寺院調査を経験したことは非常に重要なものであった。松尾寺地域のほうは調査の視野を広げるという意味で、槇尾山のほうは調査の意義を深めるという意味で、貴重な経験であった。これらの調査を通して紡ぎ出された歴史像は、市史の地域叙述編『和泉市の歴史1　横山と槇尾山の歴史』や『和泉市の歴史2　松尾谷の歴史と松尾寺』において詳細に叙述されている。そこでは、一山寺院とそれを取り巻く地域社会を、寺院社会という概念で捉え、横山谷や松尾谷の歴史叙述のひとつの軸としている。これを可能にしたのが、松尾寺と槇尾山の「総合調査」だったのである。

Ⅱ　槇尾山と松尾寺をめぐる地域史の構想

槇尾山と松尾寺をめぐる地域史像の詳細は右に記した二冊の地域叙述編を参照いただくことにして、ここでは、両者を一緒に視野に入れ、比較することで浮かび上がってくる論点について、近世を中心に触れておこう。

1　地理的状況と社会＝空間構造

『旧高旧領取調帳』の記載

松尾寺・槇尾山は、近世には東叡山寛永寺《とうえいざんかんえいじ》末の天台宗の一山寺院で、ともに和泉国泉郡に所在した。明治初年の『旧高旧領取調帳《きゅうだかきゅうりょうとりしらべちょう》』では、松尾寺は、同郡の村むらの記載とならんで松尾寺村が見え、そこに「松尾寺村　久世大和守知行所三一八石六〇三／春日社除地無高七〇坪／松尾寺領一七石三／同除地高五三石三四」のように記載されている。一方、槇尾山は、村むらの記載とは別枠で「槇尾山　代官松永善之助支配施福寺領六石」と記されている。一方が村むらの中に列挙され、他方が村とは別枠で記されていることは興味深い。

まずは、松尾寺・槇尾山の地理的状況と、近世における社会＝空間構造の基本点を振り返っておこう。

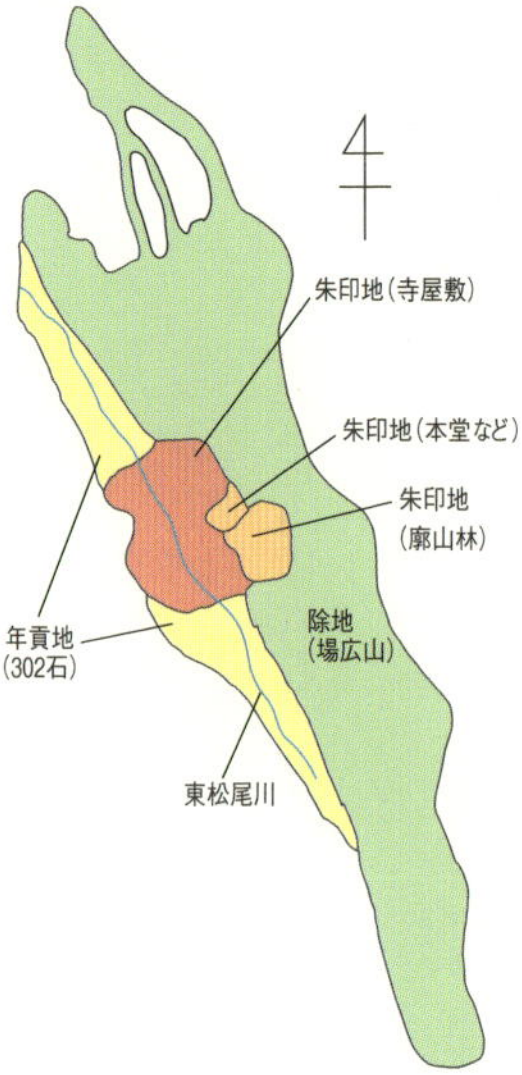

図1　松尾寺村の空間構成

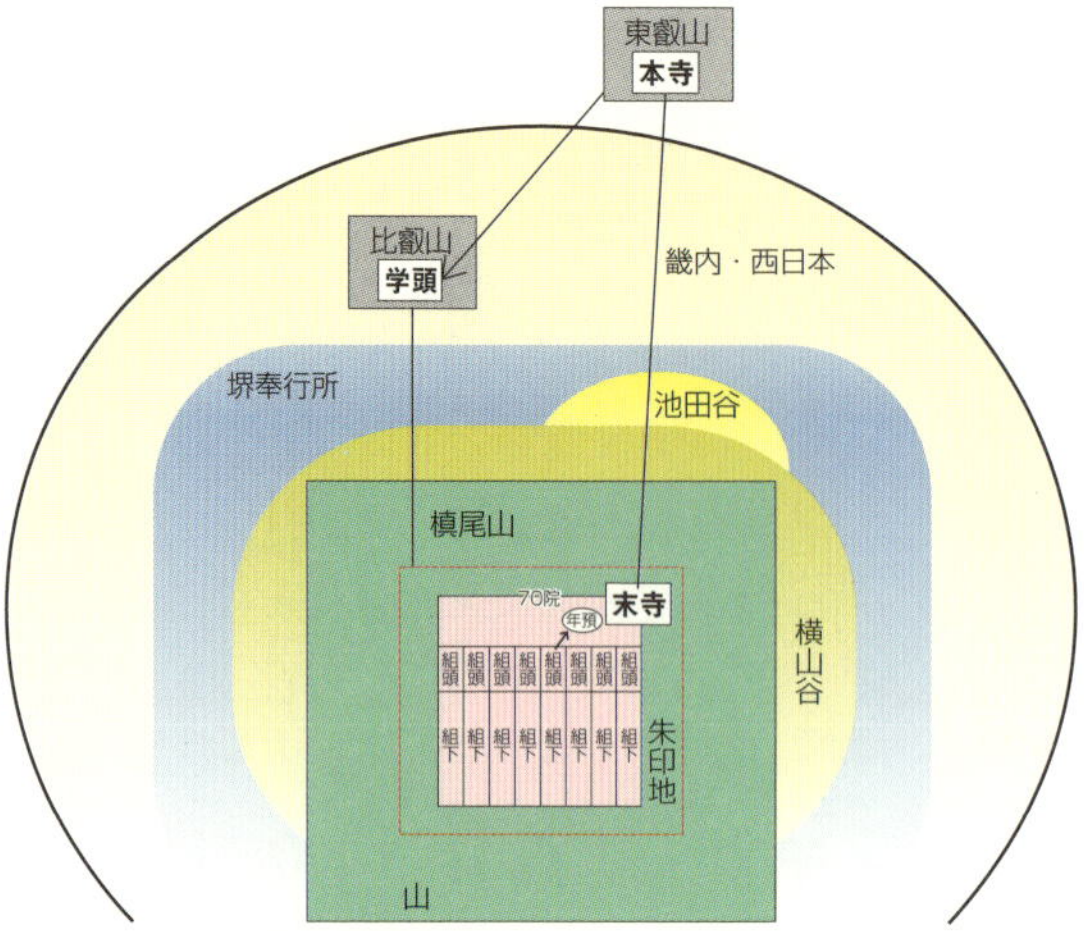

図2　近世槇尾山の構造

松尾寺

松尾川が流れる谷筋が松尾谷であるが、松尾寺は松尾川の支流（東松尾川）の東側に所在した。この支谷にあるのは松尾寺（村）だけだったが、松尾谷には奥（南）の方から春木川村・若樫村・久井村・春木村・内田村・唐国村の六ヶ村があった。

松尾寺村の空間は、松尾寺領の朱印地《しゅいんち》一七石、除地《じょち》（年貢を免除された土地）、三百余石の年貢地の三つの部分からなっていた（図1）。朱印地は「寺屋敷分《てらやしきぶん》」と表現され、中世には坊舎が並んでいた空間（『松尾編』第1部参照）と思われるが、近世では境内地が収縮し、一部は門前《もんぜん》百姓の屋敷地となっていた。年貢地三百余石の田畑・屋敷は、近世初期には幕領であったが、元禄元（一六八八）年から下総国関宿《せきやど》藩牧野家領となり、宝永二（一七〇五）年には関宿藩久世《くぜ》家領となる。除地は朱印地の東側背後に広がる山林であった。除地なので近世では石高に結ばれていないが、先の『旧高旧領取調帳』では五三石余とあり、五〇町歩ほどの空間であった。

松尾寺の中心は本堂であるが、寺院組織の実質は一三の子院であった。寺中の公的秩序を示す「松尾寺掟」（元禄一六［一七〇三］年）では臈次《ろうじ》（出家後の年数）の秩序を原則としていたが、行事役《ぎょうじやく》宝瓶院が実質的に大きな権限を掌握し特権的な立場にあった。松尾寺村の百姓は、関宿藩（初期には幕府代官所）に年貢を納めたが、朱印地ないし除地に持つ家屋敷の年貢は松尾寺が収納した。*一方、子院の寺僧も年貢地を所持していたが、もちろん彼らも幕藩領主に年貢を納めた。

＊ 松尾寺は除地に対して、本来は地主的立場であるが、領主としての権限を認められた朱印地と一体化して振る舞い、朱印地・除地ともに領主として臨んでいたように思われる。

槇尾山

槇尾山は、河内・紀伊と国境を接する山間地域にあった。その麓に流れる槇尾川は父鬼川と東槇尾川を集めて北流する。この三本の川が作る谷が横山谷である。横山谷には一五ヶ村（ただし、村請制村としては仏並村に含まれる大畑村・小川村を別に数える）があり、松尾谷よりはるかに大きく、山も深い。北田中・下宮付近で合流した槇尾川は、両側から山が迫った峡谷を抜けて国分村へと北流していく。そこから北が池田谷である。横山谷はほぼ閉じた空間であるが、池田谷は北に向かって大きく口を開いている。

槇尾山の空間構成は、享保四（一七一九）年「槇尾山絵図」（『横山編』第2部扉写真および図9参照）に示されている。朱線で囲まれ坊舎が描かれている部分が、六石の朱印地である。その周辺に広がる山には、山年貢四〇石（延宝検地で一石五斗増）を課されている。松尾寺は、朱印地（寺屋敷）・除地（山）・年貢地（田畑）の三重構成であったが、槇尾山は朱印地・山年貢地の二重構成であった。つまり、山に即していえば、一方は除地、他方は年貢地であり、槇尾山は年貢地の田畑を欠いていた。

一八世紀以降、槇尾山には七〇の子院が存在した（図2）。これらの子院の中に頭坊《かしらぼう》（組頭）＝年寄が八院あり、頭坊の組下に門中《もんちゅう》と呼ばれる八つの組合を形成した（門中の子院数は不同）。寺中の運営は、年寄の中から出る年預《ねんよ》が中心となり、組下の子院の中から二院が月行事《がつぎょうじ》（月ごとに交替で事務を執行する役）となる。

これが寺中組織の基本であるが、以下の点に注意が必要である。第一は、比叡山に楨尾山学頭《がくとう》が置かれていたことである。これは比叡山の執行代《しぎょうだい》が兼ね、楨尾山の支配権（広範な許認可権、学頭料の徴収など）を握っていた。これは松尾寺には見られない。第二は、法事などにおいては、頭坊か組下かを問わず、また住職か弟子かを問わず、戒臈《かいろう》に従って出仕する臈次《ろうじ》の秩序が存在していたことである。第三に、頭坊＝年寄とは別に、戒臈の一〇番までを老分として処遇していた（これは住職のみ）。第四に、楨尾山内には、松尾寺の門前に見られたような自立した百姓の家が存在していなかったことである。ただし寺の下人《げにん》（奉公人）などはおり、俗人がいなかったというわけではない。

以上、一八世紀以降を念頭に、松尾寺と楨尾山の存在形態の概略を説明した。次に、両寺の歴史展開も念頭に置きながら、両者を比較してみよう。

2　比較の中から見えてくるもの

中世からの展開を踏まえて

松尾寺も楨尾山も、中世では、ともに天台・真言の両側面を持ち、大きな寺領と多くの坊舎を有する有力な地方一山寺院であった。それが天正九（一五八一）年の織田信長による破却により決定的な打撃を被る。文禄三（一五九四）年の太閤検地（文禄検地）により近世的な空間構成ができあがり、山をめぐる争論を契機として、天台宗の有力僧である南光坊天海《なんこうぼうてんかい》と結びつき、天海のために創設された東叡山寛永寺の末寺となるなど、両者は共通する歴史的経緯をたどった。

このように共通する面も大きいが、またその差異・固有性も大きい。

近世では、松尾寺子院は一三坊、槇尾山子院は七〇坊であり、両者の規模の違いは大きかった。また、松尾寺は寺屋敷分一七石の朱印地・除地の山・三〇〇石余の年貢地（田畑）の三重構成、一方、槇尾山は寺屋敷分六石の朱印地と四〇石の山年貢地の二重構成であった。山の広さも、松尾寺が五〇町歩ほどなのに対し、槇尾山は七〇〇町歩を超えていた。こうした違いは、中世におけるあり方・規模の違いとも関連している。総合的に考えると、両者の中世から近世への展開は次のように見通せるだろう。

写真12　紅葉の松尾寺

「寺に統合された村」と「村むらと対峙する寺」

中世の松尾寺は、ほぼ松尾谷に広がると想定される春木庄《はるきのしょう》を基盤として存立していた。庄内には、唐国村など近世には六つの村となっていく小村《しょうそん》が村落共同体として成熟していた。一方、松尾寺境内には多くの子院が存在し、その周辺にも田畑の耕地があったが、自律的な百姓の村落共同体は欠如していた。ここに信長の坊舎破却・寺領没収があり、太閤検地が行われる。それにより、春木庄＝松尾谷の村むらは、近世の村請制村として確立する。松尾寺とそれらの村は春木庄という関係の中にあったのが、完全に分割されたのである。

松尾寺境内とその周辺は、一定のまとまりをなしていたため検地の単位となり、朱印地・除地・年貢地（田畑）という構成が検地によって確認される。ただし、それは松尾寺村ではなく、あくまで松尾寺に統合された単位であった。すなわち、かつて子院があった朱印地部分の一部は、寺の従属百姓や招き据えられた百姓の屋敷地となる。年貢地の耕地は、それらの百姓の所持地となる部分もあったが、年貢地の過半は、信長の破却から残った子院とこの間隙《かんげき》に成立した子院の所持地となった。これが一七世紀

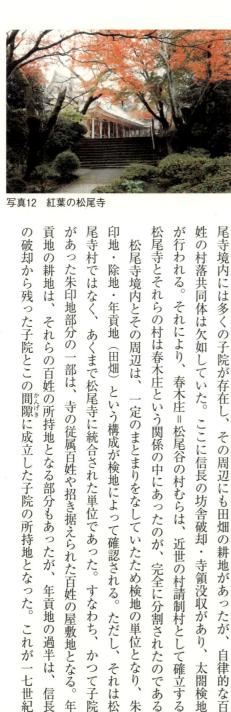

配下に丸ごと包摂していた。

そこに居住する百姓から年貢を収納する領主的立場を持つこととなり、また彼らを門前百姓としてその支

の松尾寺の社会構造であった。こうして朱印地を認められた松尾寺は、（本来、地主的立場である除地も含めて）

そこに居住する百姓から年貢を収納する領主的立場を持つこととなり、また彼らを門前百姓としてその支配下に丸ごと包摂していた。

中世末に村落共同体を成熟させていた松尾谷の村むらは松尾寺から外部化する一方、「松尾寺」には百姓的要素が包摂され、寺に統合された村という固有の構造を持つこととなったのである。

中世の槙尾山は、仁和寺《にんなじ》末の真言宗寺院となることで、横山庄《よこやまのしょう》を寺領として確保していた。横山庄内でも小村が自立しつつあったが、槙尾山とも密接な有力在地領主による統合が見られた。槙尾山中には多数の子院が集まっていた。しかし、信長による寺領没収により、槙尾山は横山庄を失い、太閤検地（文禄検地）によって槙尾山と横山谷は切断されるに至る。横山谷内の村むらの自立は慶長検地を待たねばならないが、これら村むらはこの時点で槙尾山からは外部化している。文禄検地は、横山谷として行われる一方、槙尾山は朱印地・山年貢地として確定される。ここには門前百姓のような百姓的要素は存在しないので槙尾山自身に領主的立場は生じない。

こうして「寺に統合された村」から村の内実を作り上げていった松尾寺（村）は、『旧高旧領取調帳』の村むらの中に列挙され、松尾寺村の中に松尾寺の朱印地と除地が記されたのに対し、槙尾山はどこかの村に含まれることはなく、別枠で記されることになったのである。松尾寺の村としてのあり方は「寺に統合された村」だったが、横山谷（村むら）を外部化した槙尾山は「村むらと対峙《たいじ》する寺」というように対比できるのではなかろうか。以上のような両者の違いは、それがどのような地理的条件にあったか、どのような寺院組織や社会的関係を形成していたかによって生じたものである。両者は同じ信長による破却や太閤検地を受けたが、異なる結果がもたらされたのである。

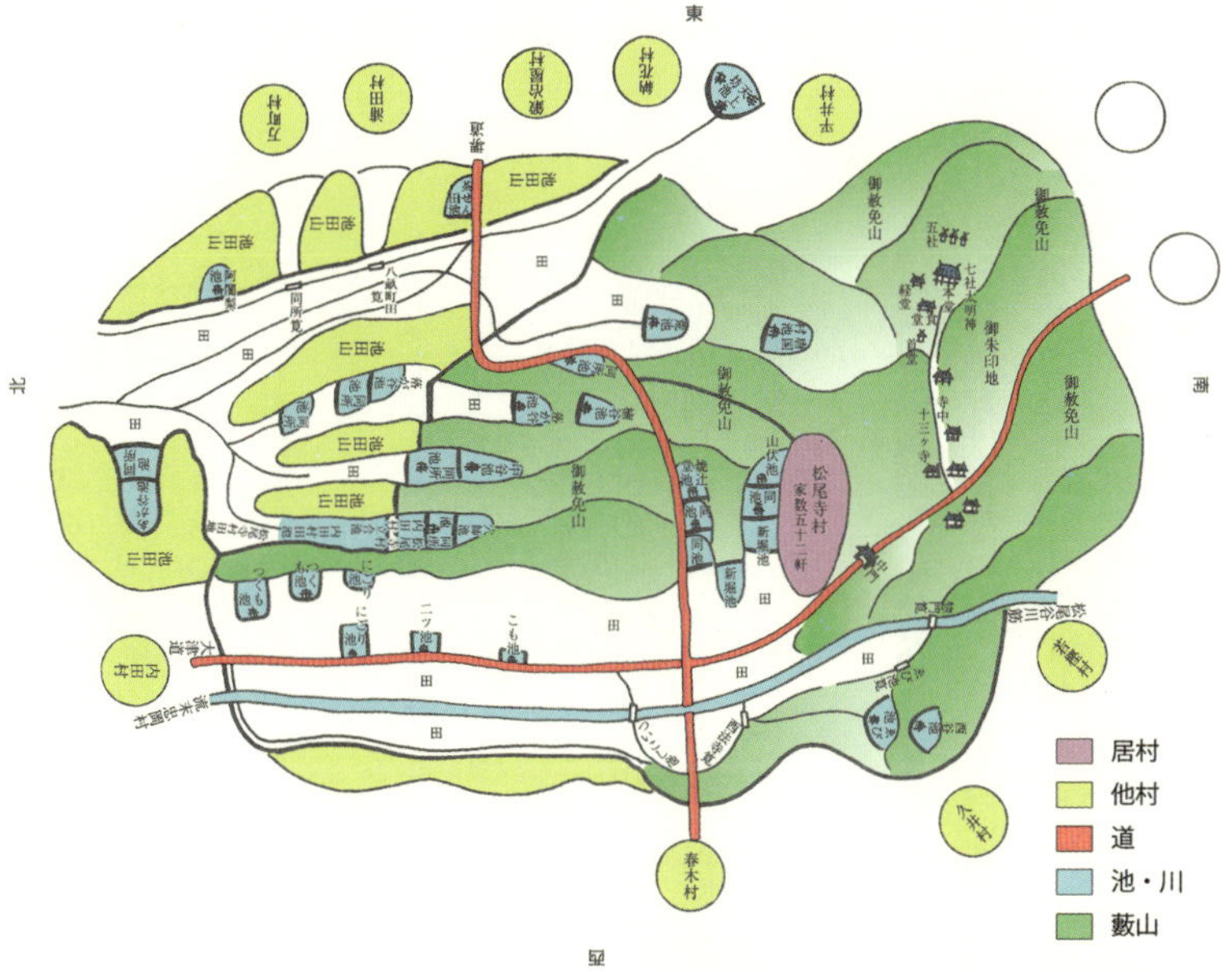

図3　天保8（1837）年「松尾寺村絵図」（松尾寺文書）　絵図をトレース・彩色加工した。

山論／信徒圏

以上のような松尾寺と槙尾山のあり方は、どのような問題とつながるだろうか。

第一には、山を、めぐる争論の共通性と差異性である。松尾寺も槙尾山も、太閤検地で外部化した村むらと山の用益をめぐって争論を起こしている。松尾寺の場合、谷内の村むらとの紛争は谷筋に沿って境界が明確にされることで寛永末～正保期（一七世紀半ば）に収束する。槙尾山も横山谷の村むらと激しく争うが、これも元和末年（一七世紀初期）に境界が明確になり収束する。

それに対し、松尾寺が山を背中合わせで隣接する池田谷の万町村などとは、近世を通じて紛争が続く。槙尾山は背後の山が深く、紀州境、河州境の南・東方面での紛争は起こらなかった。これは立地条件による。

第二には、松尾寺も槙尾山も檀家を持たない一山寺院であったが、両者を支える基盤は大きく違った。松尾寺へ参詣に訪れる者は松尾寺村に限定されなかったと思われるが、恒常的に松尾寺の活動を支えた安定的な信徒は松尾寺村百姓に限られ、外部化した松尾谷の村むらは含まれなかった。一方、槙尾山は、広く順礼者・参詣者を集めたが、安定した信徒圏としてまずは横山谷の村むらがあり、さらに池田谷の村むらがあった。一つの村を抱え込まなかった分、中世の影響圏と重なり、外部化した村むらに及ぶ広い信徒圏を保持していたが、恒常的に支えるという点では松尾寺より弱かったと思われる。

なお、ともに檀家を持たない寺であったが、松尾寺の場合は、その子院である宝瓶院と明王院が松尾寺村のほぼ三分の二の百姓を檀家とした（残りは岸和田市額原《がくはら》の浄土真宗浄行寺の檀家）。それに対し、槙尾山の場合は、子院にも檀家を持つ寺はなく、横山谷の村むらはすべて自村内に真言宗の旦那寺を有していた。ここにも寺と村の関係の相違が見られる。こうした点は、幕末期には無住の子院が増加し、七〇子院のうち一〜二割しか住職がいなくなる槙尾山に対して、松尾寺は一三子院のうち半数以上に住職がいたという差異の背景をなしたかもしれない。

近代への展望―山林払下げを中心に

松尾寺は背後の山、槙尾山は周辺の山が経済的にも大きな意味を持っていた。しかし、松尾寺の山は除地であり、槙尾山の山は年貢地という大きな違いがあった。槙尾山は、近世初頭には自身が山年貢を負担していることを根拠に、横山谷の者の用益を排除しようとした。しかし、その緊張が緩和すると、山年貢の重い負担を免れようと、その免除を繰り返し幕府に対して出願するが、認められなかった。近代になって、松尾寺の山も槙尾山の山も、ともに上地され国有林に編入されたが、近世に山年貢を負担していた槙尾山には、その後二度に分けて七〇〇町歩余（一八七五［明治八］年―五七八町歩余、一八九三［同二六］年―一三四町歩余）の山林が戻されることとなった。一方、松尾寺は一九〇〇（明治三三）年から、国有山林原野下戻法に基づいて五〇町歩余の山林の下戻しの出願を行うが、除地であったため実現しなかった。つまり、槙尾山においては、近世に重い山年貢を負担していたことが、近代において広大な山林の所有の実現に有利に働いたのである。

　この山林下戻し運動をめぐっては、興味深い点がある。それは運動に関わる人の範囲である。松尾寺の場合、申請に名を連ねるのは、子院宝珠院住職兼松尾寺事務預り秦実道《はたじつどう》と信徒総代川西善三郎・山本安太郎・辻林楠治郎で、信徒総代の三名はすべて大字《おおあざ》松尾寺の住民であった。また申請に先立って、申請費用を村負担とする代わりに、獲得できた山林は村民の所有物とすることが申し合わされていた。さらに下戻しが却下された後、一九〇五（明治三八）年に「特売」、すなわち有償による国有林の払い下げを受けたが、その資金は「大字松尾寺人民」が他所から借り入れて調達した。その後、山林を売却し、寺有財産を有価証券に切り替えようとした際にも、大字村民が分割して買い取っている。このように松尾寺の山林下戻しにかかわったのは、大字松尾寺（近世の松尾寺村）の内部に限られていた。

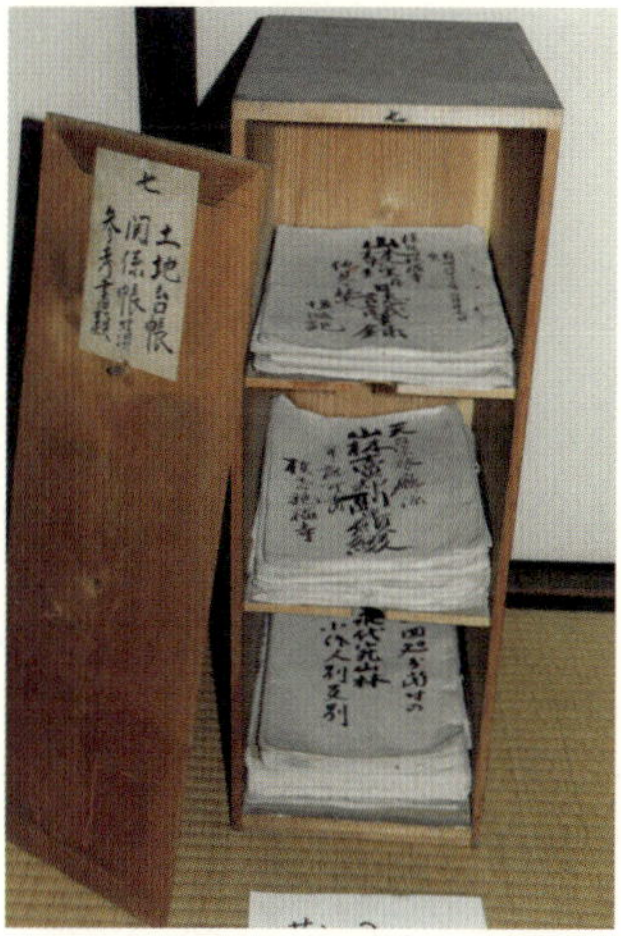
写真13　施福寺の蔵の古文書

　これに対し、槙尾山の場合は、一八七五（明治八）年の払下げに、「壱百余名ノ近隣信徒ヨリ経済上ノ援助ヲ受ケ」たため、彼らに三四〇町歩余の永宛《えいあて》小作《こさく》を認めた。その小作人は、横山谷の村むら（大畑・仏並・福瀬・南面利・善正・岡・北田中・九鬼・下宮・小野田・大野）の者や池田谷三林村の者であった。一八九三（明治二六）年の払下げ請願に私財を投じた者として、岸脇楠太郎（善正）・上杉泰賢（中之坊住職）・毛利三郎（三林）・木下元次郎（包近《かねちか》）・三浦楠五郎（国分）・小川孫市（福瀬）・奥野庄玄（別所）の七人がいた。子院住職である上杉を除き、彼らは有志信徒として特別待遇を与えられた。ここから槙尾山の信徒は横山谷内を中心に、池田谷、さらに山直谷《やまだい》包近村（岸和田市）や和田谷別所村（堺市）にまで及ぶことがわかる。

以上の山林下戻し運動にかかわったのは、松尾寺の場合、松尾寺村内の人びとに限られたが村を挙げて運動が行われたのに対して、槙尾山の場合は、横山谷を中心に池田谷などにも及ぶ広範囲だったものの、個人の行為として行われた。これは近世における両寺を支える信徒のあり方を反映している。

百姓の成長

こうした明治期の松尾寺の状況は、近世以来の山の用益の延長線上にある。近世初期の松尾寺の門前百姓に対する支配は、寺に認められた除地山林（場広山）の用益を百姓に認めることを条件としていた。しかし、近世中期から百姓は、山は寺と百姓との「惣支配」（双方に権利がある）であると主張し、柴や秣《まぐさ》は百姓経営に対する「助成」として自由に苅り取る権利を確保していった。幕末に至ると、除地山林の一部が百姓らへ買い受けられたり、または「永小作」とされていく。先の下戻し申請の過程で、一九〇一（明治三四）年九月の第二回答中書に添付して「民有山林地処分の願原本の写、及び現行地番・字・反別等所有者名取調書」が提出された。そこには、一八八二（明治一五）年に民有地として確定することを大阪府に出願して認められた一〇四筆の土地が、その後の移動とともに記されている。これには、①子院の所有山林が、一七世紀後半から幕末にかけて他の子院や村民に売り渡されたもの（境内周辺）、②弘化三（一八四六）年に松尾寺から子院や村民に売り渡されたもの（字太夫池《あざだいぶ》）、③文久二（一八六二）年に松尾寺から村民や子院に売り渡されたもの（字北山）が含まれている。②③については、売渡し以後も松尾寺は「寺納米」を収納しているので、実際は永小作に近いものだったと思われるが、売買として扱われていた。①はやや性格を異にするものの、①②③は松尾寺が所有する除地の山林の一部が、幕末に至り、村内百姓と子院に売却されるという事態を生じ（つまり共同用益より一歩進めた権利）、地租改正において最終的に民有地として認定されたものである。これらは近世中期以降の門前百姓の成長の帰結と言えるであろう。また、個人の名請《なうけ》地とは異質な除地の中に、個人の私的所有権がどのように生み出されるかという道筋が示唆されている重要な事例と言えよう。

明治期の寺院組織――山法規定から

明治期の寺院組織も松尾寺と槇尾山では違いがある。松尾寺は、一九〇五（明治三八）年に「松尾寺山法《さんぽう》規定」を定め、翌年三月に追加規定を加えた（子院住職三名と信徒総代三名が連印）。その山法規定には、松尾寺住職の規定はなく、「信徒総代ヲ選挙スルニ当リニテ（テハ）住職これヲ推薦ス」との規定はあるが、信徒の規定がない。伝統的に大字（＝村）松尾寺住民が信徒であることが明白だったため、規定の必要を感じなかったものと思われる。住職については追加規定が興味深い。「松尾寺ハ従来一山寺《いっさんじ》ナルヲ以テ無住ハ勿論《もちろん》、依《より》テ各寺住職中ヨリ一年毎《ごと》ニ該《がい》松尾寺ヲ保護シ来ルモ、今般宗務庁《しゅうむちょう》指定ニヨリ兼住職ヲ要スル」ことになり、これを決めたのである。すなわち一山寺院だから、もともと松尾寺の住職というものは存在しないというのである。それが天台宗務庁の指示で置かねばならなくなり、「一、松尾寺兼住職ハ一山中ノ年長者ヲ以テ其任《そのにん》ニ充《あ》ツ、其任期ヲ三ケ年トス／一、兼住職ヲ名誉職トシ、其《その》職務一切ヲ事務取扱人及び会計人ニ全任スベキモノトス」、すなわち子院住職の年長者を兼住職とするが、それはあくまで名誉職だというのである。

槇尾山は、一九〇〇（明治三三）年に「槇尾山施福寺永遠維持定則《えいえんいじじょうそく》」を定めた。ここでは住職について「当山惣号施福寺住職ノ義ハ、本山延暦寺ヘ懇請《こんせい》シ、本山指定ノ住職ヲ以テ此《これ》ヲ山主ト称シ、山内法義《ほうぎ》事務百《ひゃっ》般《ぱん》ヲ惣裁統轄シ、塔中《たっちゅう》各院幷《ならびに》信徒惣代其命令ニ服従スベキモノトス」とある。本山延暦寺が指名する住職を山主と称し、ここにすべての権限を集中させている。これは、松尾寺とは全く異なっており、近世の学頭の存在を抜きには考えられない。一方、子院の住職については、山内住職とその寺院の信徒総代が協議のうえ、山主の許可を得て、教区取締を経由して天台宗務庁へ願い出るとしている。これは、本山指名の山主と異なり、近世の学頭に願い出る方式と共通する。

また、寄付金一〇〇円以上、五〇円以上、一〇円以上を区別して「信者待遇」を規定している。槙尾山には松尾寺のような信徒の自明な範囲がないため、寄付金によって信者の範囲を規定する必要があったのである。さらに興味深いのは、「信徒惣代撰出ハ、寺中《じちゅう》僧侶協議ノ上、東・西横山両村長ノ意見ヲ聞キ、山主異議ナキニ於《おい》テハこれヲ嘱託ス」とあることである。東・西横山村長の意見を聞くという点と、近世の信徒圏が横山谷を基礎としていた点が照応している。なお「槙尾山施福寺永遠維持定則」には、山林払下げに功のあった有志信徒を「有信信徒」として規定しなおしている。

以上、松尾寺と槙尾山の寺院組織を規約の面から見てきたが、明治期における住職のあり方、信徒圏とそのあり方は、近世の寺院構造に規定されていることが明らかであろう。ただし、近世では両寺とも、寺院運営は寺中として自律的に行い、檀家（信徒）がそこに介在することはなかった。そこには、近世と近代で大きな違いもある。また近代には一山寺院にも一律に住職を置かなければならなかったことも、一山寺院のあり方を変容させずにはおかなかったといえよう。

3　本寺東叡山との関係

本寺からの法度

ここまで、松尾寺と槙尾山の固有の社会＝空間構造を、中世からの規定性と近代への規定性との関係で考えてきた。以下では、これを近世における本寺との関係から考えてみよう。

槙尾山には、寛文五（一六六五）年に「泉州槙尾山法度《はっと》」が出され、一方、松尾寺では元禄一六（一七〇三）年に「和泉国阿弥陀山松尾寺掟《おきて》」が出された。その後、槙尾山では、寛延二（一七四九）年に「泉州槙尾山御条目《ごじょうもく》」が出されているが、槙尾山法度を守ることを前提としたものである。正徳元（一七一一）年には松尾寺に「条制《じょうせい》追加」が出されている。

写真14　槙尾山本堂の奉納額　江戸南新堀の伊坂忠兵衛が奉納している。

寛文五年の槙尾山法度の各箇条には、本寺支配の確立・浸透の側面と、槙尾山と槙尾山を取り巻く状況を反映した側面が含まれていた。後者の側面は「寛文印知《かんぶんいんち》」（四代将軍家綱への代替わりにともなう領知朱印状の一斉交付）のため江戸へ出府した槙尾山の寺僧からの願いと要望によって盛り込まれたものである。一方の松尾寺掟は、一見すると内容的には松尾寺の固有の状況を反映しているとは言えず、臈次《ろうじ》の秩序に則った本寺による支配原則が示されているように見える。しかし、それが出されたのは、寺中の争論を契機としていた。さらに条制追加は、行事役宝瓶院の要望通りの内容で出されたのである。槙尾山の場合も、松尾寺の場合も、本寺支配の強化につながったが、それを目的として上から一律に出されたものではない。むしろ個別の事情によって出され、それぞれの固有の状況に対応する内容を持っていたのである。そして在地の寺院の側にとっては、輪王寺宮《りんのうじのみや》（寛永寺住職）の権威により地域での問題を有利に導く意味を持っていた。それは両寺が天海と結び付き、東叡山寛永寺末寺となったことと共通する社会的意味を有していた。このような本寺からの法度の性格は、両寺の場合に限らず、一般的なものであったと考えられる。

槇尾山法度は松尾寺掟と比べると、約四〇年早く出されている。松尾寺も寛文五（一六六五）年には、朱印状交付を受けるため出府していたはずだが、その時は法度は出されていない。それは、本寺の側での末寺への関心の違いによるものだろう。槇尾山は七〇の子院を擁し、広い地域から順礼者・参詣者を受け入れていた。それに対し、松尾寺寺中は一三院で松尾寺村との関係に集約される面が大きかった。こうした違いは、本寺が末寺に寄せる関心の度合いに影響したであろう。それを表しているのが、槇尾山には比叡山の執行代を学頭に据えるという措置である。毎年三回、槇尾山の代表が学頭のところへ出向き、江戸の輪王寺宮と執当《しっとう》への年頭挨拶の伝達を依頼している。学頭の存在は、本寺が末寺を掌握しようとする要求の表現であるとともに、本寺と末寺を結び付けるものでもあった。その分、槇尾山と本寺の関係は松尾寺と本寺との間より近かったと言えよう。

触の回達

最後に、本寺から末寺への触の回達を通して、泉州におけるほかの天台宗寺院とのつながりと、そこから見えてくるものについて考えよう。

天保九（一八三八）年三月七日に東叡山の執当龍王院・功徳院から「和泉国天台宗　槇尾山惣中／松尾寺宝瓶院／神於寺《じんおじ》惣中／岸和田　海岸寺／牛瀧山　天台方／箱作《はこつくり》新田　泉福寺／谷川　興善寺／水間寺《みずまでら》惣中／岸和

田日光寺　宝珠院／感田瓦大明神社僧　宗福寺《そうふくじ》」に宛てて触れが出されている。本寺からの触書の回達はいずれも同様の形式で行われる。この事例は、寺社奉行所から達せられた御触（①前年一一月—寺社朱印改めについて／②同一〇月—寺社領の酒造米高について／③同一二月—吹直銀《ふきなおしぎん》について／④当年二月—国々御料所巡見について）を回達したものであるが、③④については既に堺奉行所からも触れられていた。ここには、堺奉行所の広域行政の一端が見られるとともに、本寺からの触は、公儀（幕府）の寺社行政と宗派内の諸問題に関わる局面で独自の役割があったことが示されている。

触回達の宛先の表記に注目すると、和泉の天台宗寺院には多様なあり方が見られる。槙尾山のような「槙尾山惣中」を形成しているもの、松尾寺のような一山寺院であるが「宝瓶院」が突出した地位にあるもの、牛瀧山のように天台方と真言方とが併存しているもの、宗福寺のような社僧というあり方をとるもの、また（一山寺院でなく）単位寺院、というような様ざまなタイプが存在したのである。こうした固有性をもつ存在が天台宗派内の寺院としてネットワークをもっていたのである。

和泉国を越えた天台宗のつながり、その一部をなす和泉国内のネットワーク、そこでの本寺を中核とする広がりを宗教上の公的レベルと考えれば、その対極に、それぞれの在地における固有の構造をもった寺院社会が内包されていたと言うことができよう（『横山編』三〇一〜三〇二頁）。

市史の取り組みの早い段階で、松尾寺と槙尾山の「総合調査」を行い得たことによって、ふたつの一山寺院に即した寺院社会のあり方が明らかになっていった。しかし、それだけでなく、地域の歴史は時代ごとの輪切りでは理解することはできないということを強く自覚させてくれた。中世から近世へ、近世から近代へ、という時代の展開についても、幕藩制の成立や明治維新のような、政治的あるいは制度的な大変様がどのような姿で現れるかは、地域で形成されてきた社会構造のあり方に左右されるという地域史の捉え方が必要なのである。

第3章　地域に残る大般若経の調査

竹本　晃

現代まで伝えられてきた文化財のなかで、寺院に仏教経典が残されていることは容易に想像できるだろう。しかし意外なことに、経典類は寺院に限らず、神社や町会などに残されていることが多い。とりわけ、これから取り上げる大般若波羅蜜多経《だいはんにゃはらみったきょう》（以下、大般若経と略す）の現存率は高く、大雑把に言うなら、二、三ヶ町のなかに一具は存在するとみてよい。日本における大般若経とは、それほど普遍的なものなのである。本章では、大般若経の調査を紹介し、その具体例から地域を見ていきたい。

1　大般若経調査の意義

大般若経を調査することによって何がわかるのであろうか。従来から注目されているのは、経巻への書き込みである。この書き込みについては、いろいろな呼び方があるが、ここでは書き込みそのものを「識語《しきご》」と呼び、そのなかで経巻の奥（尾題《びだい》のうしろ）に書かれているものを「奥書《おくがき》」、また書き込みに願いが込められているものを「願文《がんもん》」としておく。

さて、経巻の識語には、実にさまざまなことが記されている。もっとも多いのは、発願者《ほつがん》である。加えて、発願の年代や書写した人物、発願の目的、そして誰が費用を負担したかなどが書かれる。目的まで記されているなら、経巻の書写あるいは摺写《しゅうしゃ》（版経の場合）の性格を直接読み取ることができる。このように、識語があれば、経巻の作成に携わった人びとや地域、そして込められた願いまでが見えてくるのである。

一般に経巻というと、仏教と切り離せない宗教的なイメージが持たれる。もちろんそうした側面もあるが、日本の写経の歴史を見ていると、そうとばかりは言えない。なぜなら、経巻作成に携わっている人たちの多くは、僧というより、権力者であり、また民衆であるからである。このような実状に鑑《かんが》みれば、歴史研究の立場からは、経巻に仏教的側面をみるよりも、地域や民衆からの視点をより重視すべきと考える。

写真１　大般若経の保存状況（仏並・池辺家）

事実、大般若経をひとたび作ってしまえば、それを維持していく必要が生じ、地域とは切っても切り離せない関係となる。なおかつ近世以前に作られた大般若経であれば、時代を超えて伝えられるため、その分多くの識語が残される。つまり、作られた時期が古ければ古いほど、現代に至るまでの間にさまざまな識語が書き込まれることになる。このように、地域に伝わる大般若経は、地域の社会状況を継続的に記憶しているたいへん貴重な地域史料と言い得るのである。

大般若経調査の進展

大般若経の識語には、年代や発願者が書かれていることが多いため、識語のあるものだけを抜き出すというのがかつての調査方法であったが、それによるいくつかの弊害も生じている。一つは、大般若経は一具で六〇〇巻からなる大部の経典であるにもかかわらず、古い識語のある巻のみに目がいき、識語のない他の巻や、あっても年代が古くなければ報告されないことがあった。また逆に、一巻のみに書かれていることが、あたかも全体を表しているかのような分析がなされることもあった。

地域に残された大般若経の性格を考える際に、六〇〇巻のうちの一巻のみの識語で全体を把握できることは稀である。前述したように、時代を超えて大般若経は伝えられるものであり、識語もそのつど書き入れられる。つまり、古いものほど何種類もの識語が記載されているはずなのである。それに、識語のないものも、同じように何種類かに分けられるはずであり、すべての巻について報告する必要がある。

このような弊害を克服したのが、一九八〇年代後半から始まった文化庁の指導による悉皆《しっかい》調査である。一巻ごとの計測値をはじめとする詳細な書誌情報を記録することにより、伝来過程や時代ごとの編成状況が判明した。調査は滋賀県と奈良県で行われ、大部の報告書が刊行されている。その後、これに習うかたちで、各自治体の教育委員会や博物館・美術館なども、すべての巻にわたって詳細な記録を留めるようになってきた。

本市史編さん室でも、徐々に悉皆調査を進めており、データの収集を終えているものもある。二〇一八（平成三〇）年時点において、中世以前にさかのぼる大般若経に絞れば、室堂《むろどう》の森光寺《しんこうじ》所蔵、平井の羅漢寺《らかんじ》所蔵、黒鳥の長楽寺《ちょうらくじ》所蔵、仏並《ぶつなみ》の池辺家《いけべけ》所蔵、小野田《おのだ》の小野林《おのばやし》家所蔵のものが知られており、小野田の分を除いて、書誌的な情報はほぼ記録を取り終えている。

計測の意味

博物館のキャプションなどでよくみかける展示物の法量（計測値）は、実物を見に来た人にとってはあまり意味をなさない。そのありがたさがわかるのは、実物の写真がない時、あるいは写真が見られても等倍

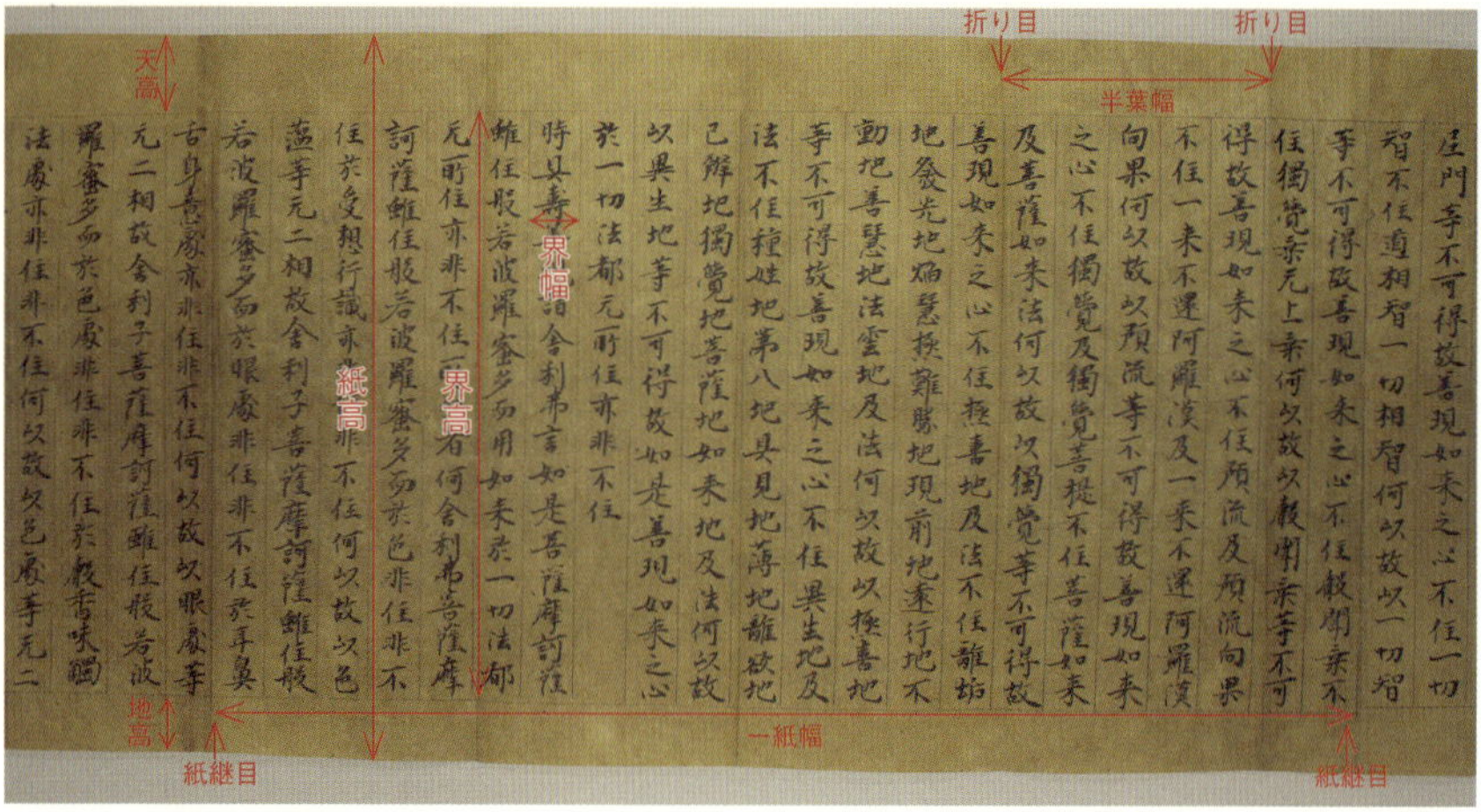

写真２　法量の計測

ではない時である。自分の持つイメージと、書かれている法量とを比較してはじめて、思ったより大きいとか小さいなどと感じるが、それ以上の機能はない。

それに対して、経巻の調査では法量が重要な意味をもつ。経巻にはきわだった形態の違いがない。経巻の仕立て方には、巻子《かんす》あるいは折本《おりほん》などがあり、大般若経の場合は、巻ごとの長短はあるけれども、見た目は同じものが六〇〇巻も作られる。経櫃《きょうびつ》・経帙《きょうちつ》などの入れ物に収納するために、形も揃えなければならない。言い換えれば、後に補填された経巻が混じっていても、見た目だけでは違いがわかりにくいという性格をもっているのである。よって、経巻の場合は、法量において、細かい数値の違いを知ることが重要になってくるのである。

経帙に規制された法量の項目としては、紙高、天高、地高、折本半葉の幅などがある。たいていの経巻は、折本化や修復を受けた際に天地が截《せつ》断《だん》されて、一定の規格に整えられる。言い換えれば、修復のたびに当初の状態を失うということになる。

経帙に規制されない法量の項目としては、界高《かいこう》、界幅《かいふく》、界線《かいせん》の太さ、一紙幅《いっしふく》、全長《ぜんちょう》などがある。界線に関係する項目は、見た目で明らかに他の経巻と区別できる場合もあるが、後に補填された経巻との差がないことが多いため、ほとんど判断の基準になり得ない。全長は、巻ごとに異なるので区別はできない。それに対して、一紙幅は、たとえ一部が破損したとしても、継がれた二〇枚前後のうちのどこかは当初からの状態を保っており、きわめて有効なデータと言える。かつ別に作られた経巻との差も顕著で、同じ一具かどうかを識別する重要な指標となる。

現存する大般若経の実状では、仕立てられた六〇〇巻のまま伝わっていることは稀である。ほとんどの場合は、破損・散逸・売買・譲渡などによって欠巻が生じ、後世の修復などを契機にして、欠巻分を写し直したり、買い求めたり、譲り受けるなどして補っている。このように、一具六〇〇巻のなかには、たいていさまざまな伝来を持つ経巻が混じっている。調査で得た法量のデータを比較することで、これらの時代ごとの取り合わせの状況がはっきりし、その時々の社会状況を垣間見ることができるのである。

では次に、具体的に市域に現存する大般若経の事例をみていこう。

写真３　経櫃と経帙

2　森光寺大般若経

経櫃と経巻のすがた

室堂《むろどう》の森光寺《しんこうじ》には、一具六〇〇巻の大般若経（書写経）が伝わっている。側面に金具の取っ手の付いた直方体の木製の経櫃《きょうびつ》に収納し、一櫃に一〇〇巻を入れたものが六櫃ある。経櫃のなかには、深さ約五センチメートルの長方形の経帙が上下一〇段に重ねられ、一つの経帙につき上下二段に一〇巻分の経巻が並べられている。経櫃の外面には墨書があり、宝永四（一七〇七）年五月に修復したことがわかる。後述するように、経巻は一度全面修復が行われるが、その際に経櫃も新たに新調されたと

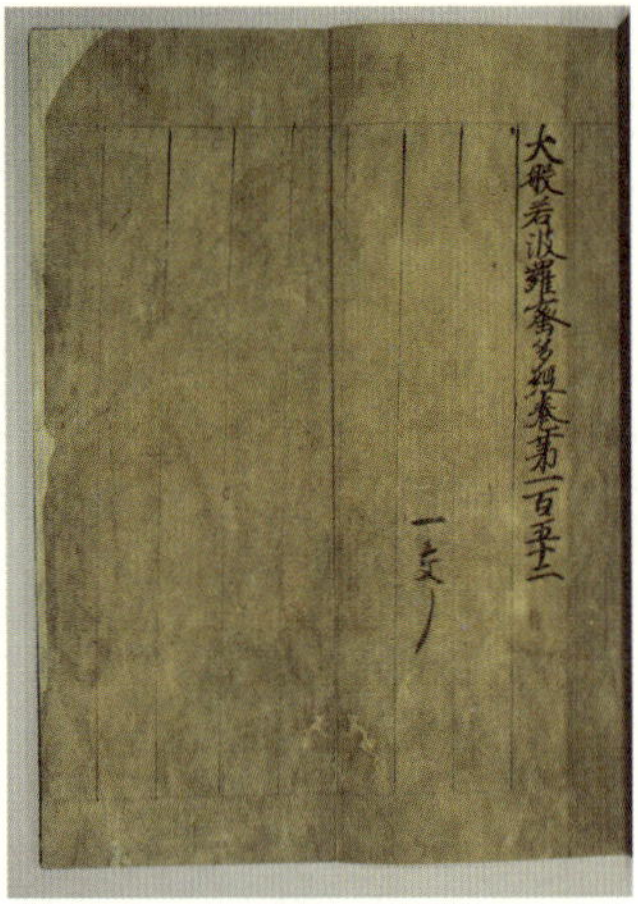

写真４　巻子の軸付痕（巻第152）

みられる。

経巻の形態は、すべて半折《はんせつ》五行の折本《おりほん》装からなる。紙高が約二五センチメートルに整えられた現状の形態は、実は仕立て直された形態であり、元は巻子装であった。巻第一五二の巻尾に残る、軸付けのために角を切り込んだ痕跡がその証拠である（写真４）。

巻子装は、四角形の紙を何枚も貼り継いだ長い経紙の巻首に表紙が付けられ、巻尾には軸が付けられる。軸を付けるときには、巻きやすいように巻尾をおよそ台形状に切り込むのが通例である。よって、巻子装であれば、最も奥の経紙の形は四角形ではない。

一方の折本は、つないだ経紙を蛇腹《じゃばら》状に折りたたんだものを言うが、その巻首と巻尾に半折の大きさに合わせた厚めの表紙と裏表紙を付けて完成する。その表紙・裏表紙と経紙を糊でつなぐ際、たいていは巻首と巻尾をきれいに截断してから接続させる。巻尾に注目すると、長方形の裏表紙を接着するにあたり、経紙の末尾が台形状では糊代部が少なくなってしまう。そのため、巻子から折本に改装するにあたり、裏表紙をしっかりと付けるために経紙の本来の縦の長さが残っている部分まで台形状の部分を切り落とすのである。

経の成り立ち

前述したように、大般若経一具六〇〇巻がすべて当初の状態で残っていることは稀で、ほとんどは時代を超えていろいろなものが混じっている。では、森光寺所蔵大般若経はどうだろうか。

その成り立ちについて、ほとんどの巻の第一紙目の裏に「播州《ばんしゅう》印達《いだて》北条天満宮大般若経也」のように、二行の定型で書かれた識語が手がかりとなる。「播州印達」とは、『和名抄《わみょうしょう》』にみえる播磨《はりま》国飾磨《しかま》郡伊達《いだて》郷にあたる。「北条」は条里制に基づく呼称で、播磨国の飾磨郡には、およそ各郷ごとに北条や南条が存在する。したがって、この大般若経は、もともと播磨国飾磨郡伊達郷内の北条に位置する天満宮に奉納された大般若経であった。ただし、奉納についての年代は記されていない。

天満宮への奉納時期を考えるにあたり、目安になるのは弘安九（一二八六）年の識語（巻第四九八）である。この巻にも「播州印達北条天満宮大般若経也」とあり、弘安九年の識語は後に書き込まれたものとわかる。一紙幅もほかと異ならない。よって、成立年代の下限は弘安九年となる。また、その識語には「補整」（補修）とあるから、この時点で経巻が傷んでいたと考えられる。つまりそれは、作られてからいくぶんか年月が経っていることを示し、ほかの大般若経の修復時期の例から考えて、少なく見積もっても二、三〇年程度はさかのぼると想定しておいたほうがよい。

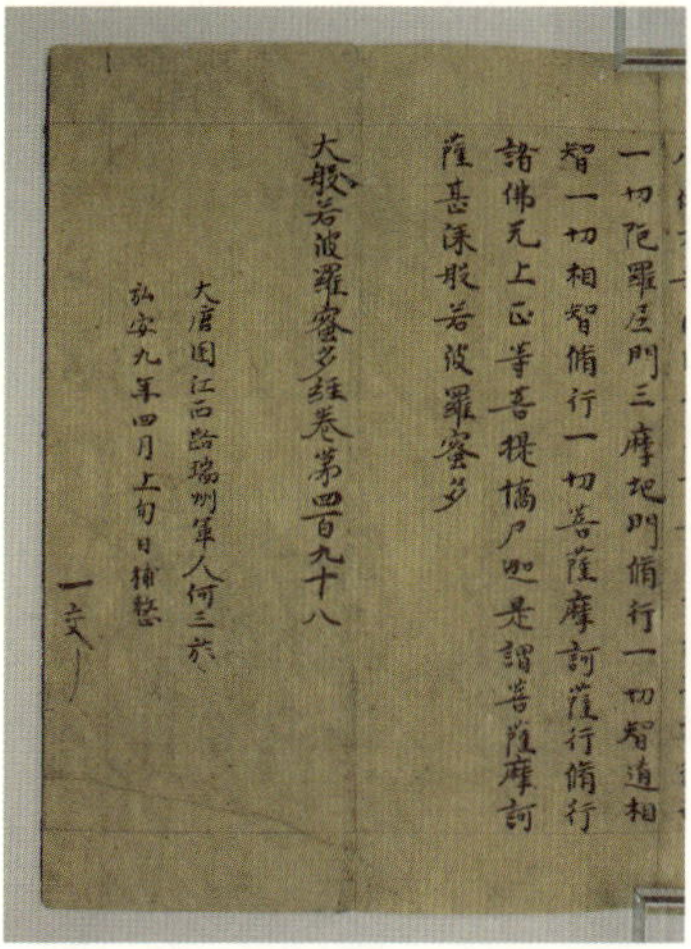
写真５　蒙古襲来に関する識語（巻第498）「大唐国江西路瑞州軍人何三於／弘安九年四月上旬日補整」と記述。蒙古襲来時に南宋軍の一員としてやってきた何三於が後に日本で経の補整を行ったことがわかる。

成立年代の上限については、天満宮という名称が参考になる。日本で初めて建てられた天満宮が京都の北野天満宮（一〇世紀半ば）であるから、印達北条に造られた天満宮は、それ以降ということになる。これらのことから、森光寺所蔵大般若経の成立は、やや幅が広いものの、一〇世紀半ばから一三世紀半ばの間とみている。

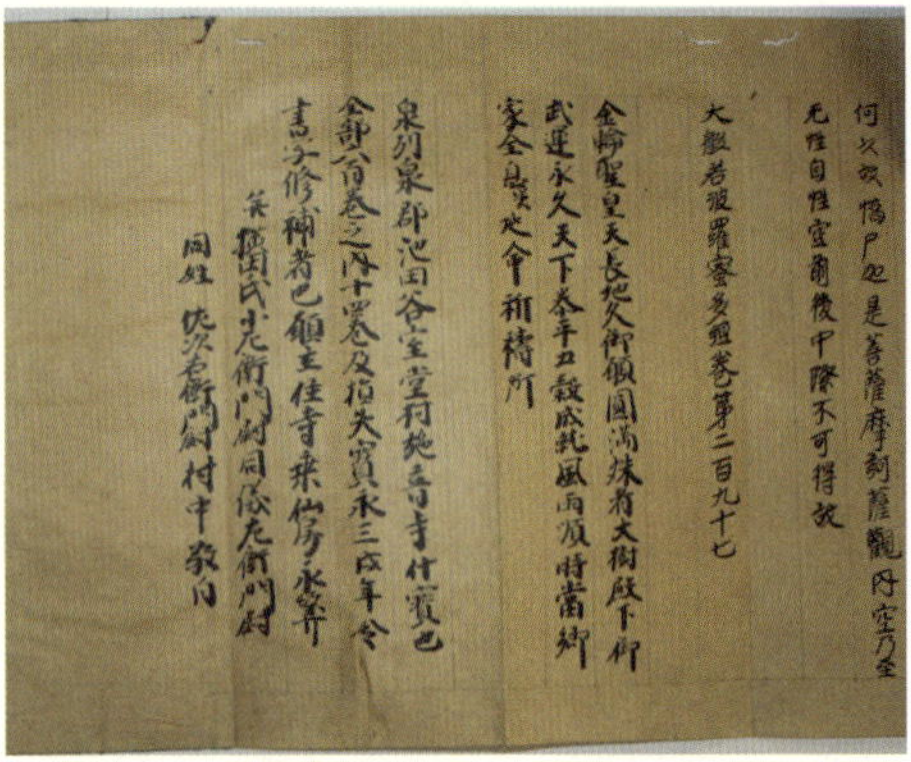

写真6　巻第297の奥書

編成

森光寺所蔵大般若経は、九割以上の巻に天満宮の識語が記されていることから、巻の編成としては、ほぼ当初の状態を保っている。だが、やはり補填は行われている。では、どの巻が後になって補填されたのであろうか。

一紙幅を一覧すると、巻第一三九・二二九・二四〇・二九一～二九三・二九五～三〇〇・五〇六・五二二の一四巻分のみが、ほかと比べて短い。残りの五八六巻の平均が四五・九センチメートルであるのに対し、これら一四巻分の一紙幅は、平均三二・九センチメートルである。偏差も少なく（標準偏差〇・二二）、一括して仕立てられたことがわかる。

しかも、この一四巻の奥書を解釈すると、「全部六百巻の内、十四巻が損失しているため、宝永三年に書写修補させた分である。願主は施音寺《せおんじ》住寺の乗仙房永算である」（巻第二九七）、「全部六百巻とも破損に及んだため、宝永三年に十四巻分を書き足して補った。願主は住侶の永算である」（巻第二九八）とあり、紛れもなく一紙幅の異なる一四巻分が新たに補写されたものとわかる。

この一四巻分は、他の巻と比べて、経紙もやや明るめの紙を用いており、表紙をめくるとその違いが一目瞭然である。筆跡も全く異なる。このように、一紙幅の異なる一四巻分は、宝永三（一七〇六）年の修復に合わせて、欠損分を新たに書写して補ったものであった。

ほかに新たに加えられたものとして、巻第五一一がある。奥書には、大永七（一五二七）年二月七日に、式部公空善が書写し終えたとある。巻第五一一には、天満宮の識語もなく、また一紙幅も明らかに短く異

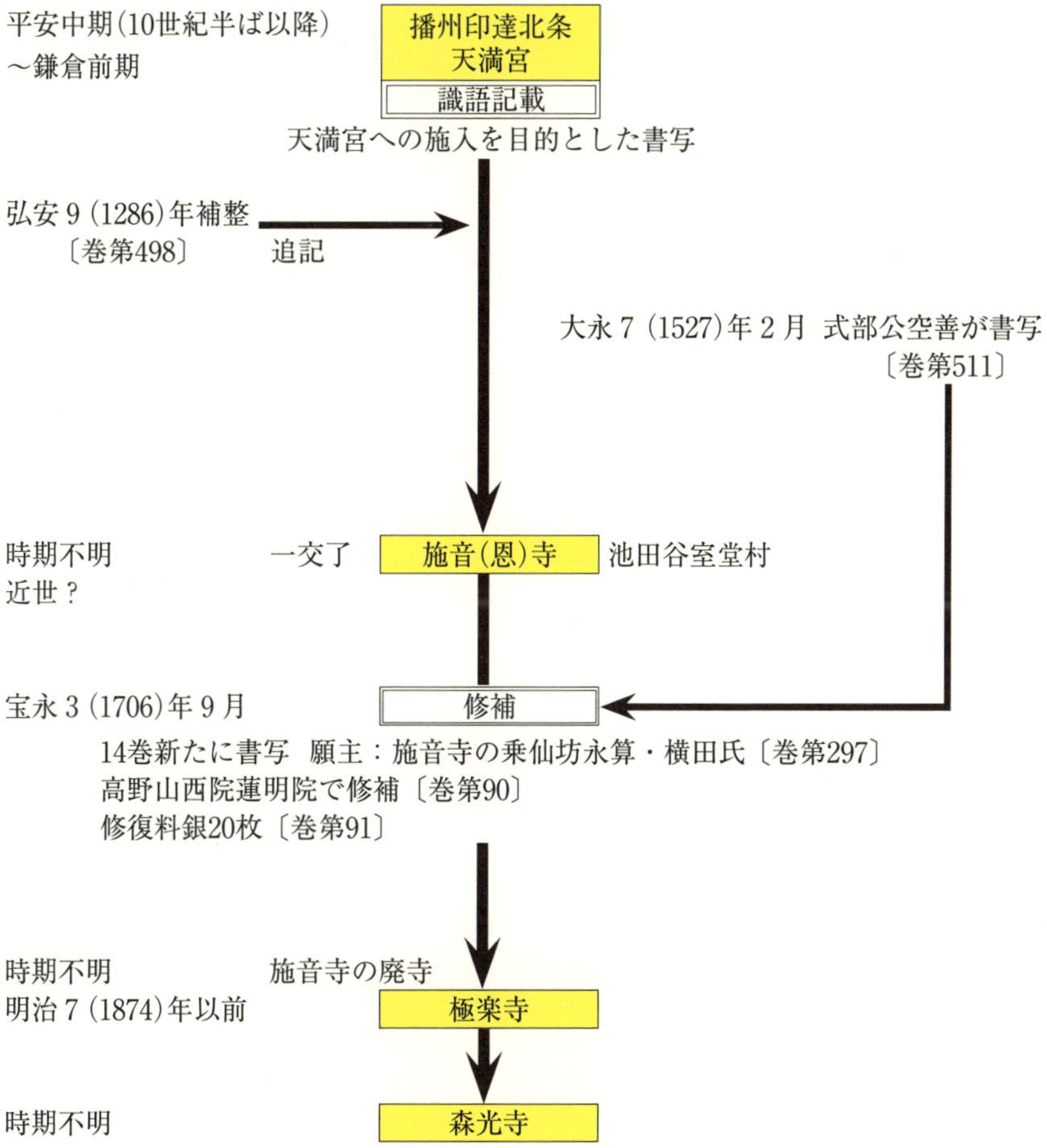

図１　経の移動

質である（三二・一センチメートル）。ただし、大永七年にこの大般若経のために書写したのではなく、もともとあった別の大般若経から、ある時期に抜き取って補填されたものである。ある時期とは、表紙や裏打ちが同じであることから、後述する宝永三（一七〇六）年の修復の時と推測される。

経巻の移動と修復事業

全六〇〇巻のうち、一九巻分に修復を行ったことを示す識語がある。たとえば、巻第一〇二の識語によると、「この般若経は、泉州池田谷室堂村施音寺の什宝《じゅうほう》であり、ことごとく破損していたから、宝永三（一七〇六）年九月朔日に、施音寺の乗仙房永算と横田小左衛門尉が願主となって修補した」とある。部分的ではなく六〇〇巻に及ぶ大事業であったことは、「全部六百巻、悉《ことごと》く破損せしめ」（巻第三三七など）とあることから明白である。

このように修復に関する識語をたどると、森光寺所蔵大般若経六〇〇巻は、はじめから森光寺で保管されたわけではなく、宝永三年当時は、森光寺と同じ室堂村にある施音寺の什物《じゅうもつ》であったことがわかる。では、どのような経緯で森光寺に移動することになったのであろうか。施音寺は幕末に長い間無住が続き、明治初期に廃寺となってしまった。おそらくその過程で、大般若経を含む施音寺の什物は、いったん同じ室堂村の極楽寺へ移されたと考えられる。明治七（一八七四）年五月に作成された「什物明細書上帳」に、極楽寺分として大般若経と十六善神（般若経を護持する神がみを描いた図画）が書き上げられており、この時点までに什物は極楽寺へ移されていた（室堂・横田家文書）。それからしばらくして極楽寺も森光寺に統合されたため、森光寺に大般若経が伝わることとなったのである。いずれにしても、江戸中期ごろまでには和泉の室堂村施音寺に大般若経が入り、そこで大規模な修復が行われたことが大きな転機となった。

その修復事業の中心人物が、施音寺の乗仙房永算と横田小左衛門尉である。「願主」と記載される二人であるが、願主とは発起人かつ事業を取り仕切る人物のことで、この場合は所在する寺院の住職と、村の有力者が名を連ねている。横田小左衛門尉は、巻第一二九・四二四において「肝煎《きもいり》」とも称されている。

ところで、森光寺所蔵大般若経は、修復を行った場所が記されている点で注目される。「高野山西院蓮明院」で修補がなされたという（巻第五〇四など）。大般若経一般の修復については、時代を問わず各地に普及しているわりに、未解明な点が多い。所有者である村人たちや寺の住職が修復に携わることもあるが、技術者に委託している場合も多い。委託するにしても、どこに委託するかなどの基準がよくわかっていない。

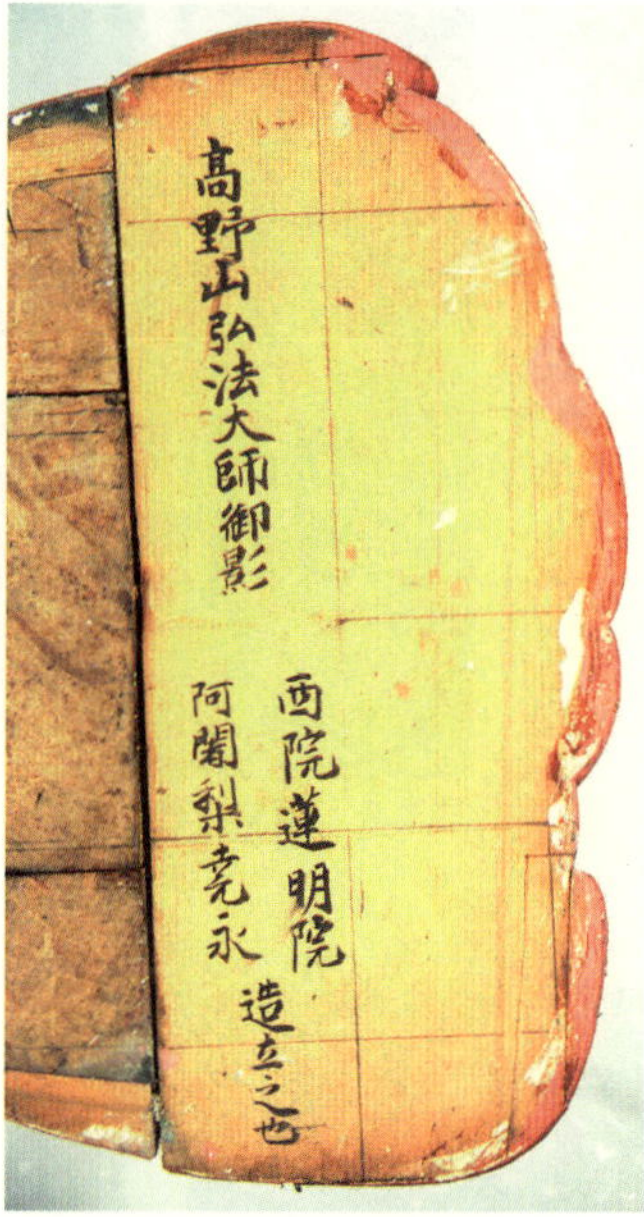

写真7　森光寺弘法大師坐像と像底の墨書銘　施音寺住職永算の師、高野山西院蓮明院尭永が造立した像であることがわかる。森光寺には大般若経のほか、極楽寺・施音寺の仏像が移動してきていると考えられる。

そうしたなか、森光寺所蔵大般若経は、委託先およびその選定理由が記されている非常に珍しい事例である。委託した高野山の蓮明院は、施音寺の本寺にあたり、どうも本末関係をたよりに探していたようである。また、その選定理由として、蓮明院の尭永が施音寺の永算の師であることを挙げている（巻第一八八など）。さらに、実際に経巻の修復に携わった責任者の名も記されている。やはり高野山の関係者で、大経《だいきょう》師《じ》九五郎なる人物である（巻第四三一）。

次に、具体的な修復作業について述べよう。この修復では、とりわけ巻子から折本にすることが大きな変更点であった。順序は明確ではないが、すべてに裏打ちを加え、半折の幅を決めて折り込み、傷んでいたと思われる天地を少し截断し、大きさを均一に整える。巻首と巻尾は、表紙と裏表紙を装着するために、まっすぐ截断して貼り継ぐ。その際見返しに、どこかで截断して切り落とした紙を貼り付ける場合もある。また、経文部分の紙が破損しているものは、裏打ちの後、裏打紙に直接補写しているところもある。最後に、それらの折本の大きさに合わせた経帙と経櫃を仕立て直して、修復は完了する。裏打ちの上から書き込まれた修復関係の識語は、そのつど書き込まれたと考えられる。

また、それらにかかった費用は、銀二〇枚であったという（巻第九一）。この費用のことも、大般若経の修復システムを考えるうえで非常に参考となる。

識語から地域社会を考える

識語を違う観点から見てみよう。経の維持管理と地域社会との関係を識語からさぐる試みである。

経の修復に携わった人びとについての識語は二系統ある。一つは修復の記載と願文で、施音寺の乗仙房永算と肝煎の横田左次右衛門・横田小左衛門が願主となり、巻第一二九・一八八・五二〇などのように、村中における五穀豊年・牛馬息災・家内繁昌を願うものである。また、村中のみならず、横田氏の家内繁昌・五穀成就を祈る願文もある（巻第四六四）。施音寺の永算は、俗姓横田氏であるから（巻第二〇〇および永算の位牌）、願主二人とも室堂村横田氏の血縁者にあたり、私的な願いが込められているともみられる。

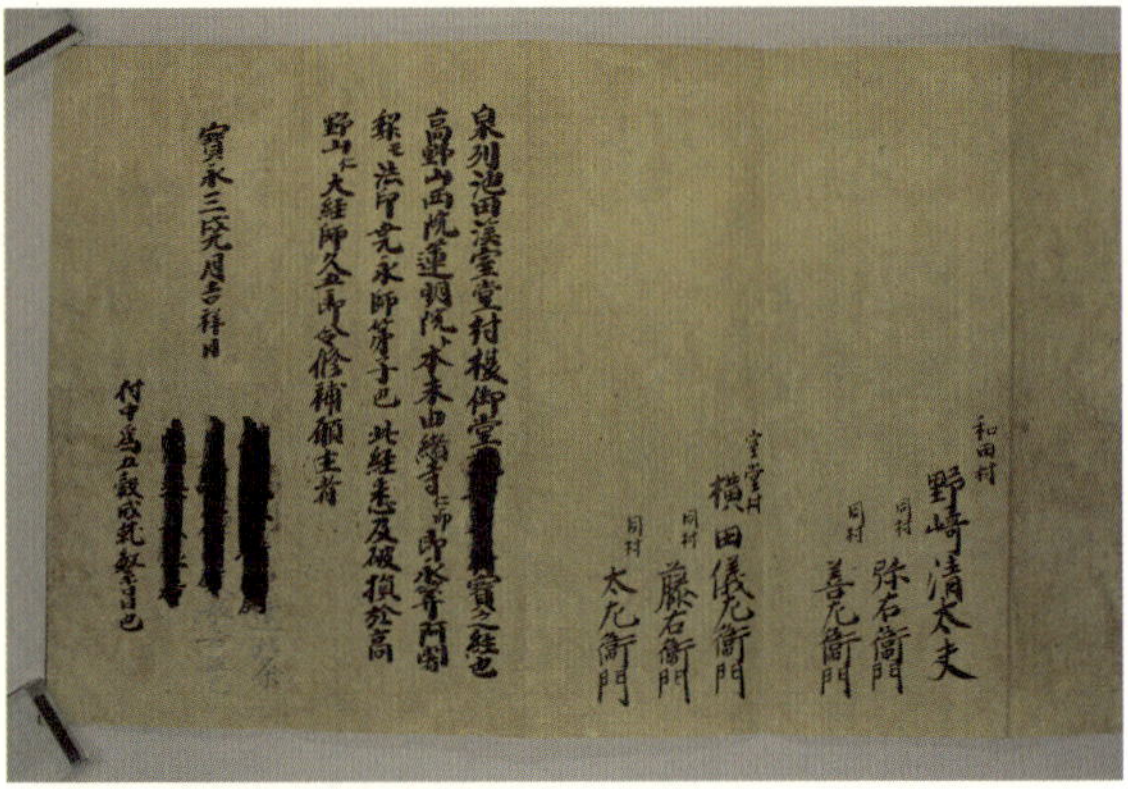

写真８　室堂村と和田村の連名（巻第432）

もう一系統の識語は、修復の識語とは別筆で、室堂村と和田村の連名の記載がみられる。巻第一七三では、「室堂邑　横田儀左衛門　同村藤右衛門　同村太左衛門　和田村　野崎清太夫　同村弥右衛門　同村善左衛門」とみえ、ほかに巻第四三二・五〇九・六〇〇にも同様の記載がある。ここに、願主の横田左次右衛門・横田小左衛門の名はない。では、この連名記載の人たちはどのような人物であるのか。

元禄四（一六九一）年「泉州大鳥郡・泉郡之内牧野備後守領分寺社改帳」（美木多・和田家文書）の領内村むらの庄屋・年寄の連名をみると、「室堂村　庄屋左二右衛門　年寄平右衛門　同藤右衛門」「和田村　庄

	元禄4（1691）年 村役人	宝永3（1706）年 村役人	大般若経 巻129・600	大般若経 巻173・432・509・600
室堂村			願主施音寺乗泉（仙）房永算	
	庄屋左二右衛門	庄屋左二右衛門	肝煎横田佐次右衛門	
			肝煎横田小左衛門	
				横田儀左衛門
	年寄藤右衛門	年寄藤右衛門		藤右衛門
				太左衛門
	年寄平右衛門			
		年寄吉左衛門		
和田村		庄屋清太夫		野崎清太夫
	年寄弥右衛門	年寄弥右衛門		弥右衛門
	年寄善左衛門	年寄善左衛門		善左衛門
	庄屋甚左衛門			

表1　大般若経の修復に関わった人びとと村役人

屋甚左衛門　年寄弥右衛門　同善左衛門」とあり、その一五年後にあたる宝永三（一七〇六）年「和泉国泉郡池田和田村指出シ帳」（和田・荒木家文書）には、八月付で「和田村　庄屋清太夫　年寄善左衛門　同弥右衛門」とある。これら二つの史料と、巻第一七三の宝永三（一七〇六）年九月付の識語の連名とをあわせて考えると、和田村の庄屋・年寄が野崎姓であることや、元禄四年から宝永三年の一五年の間に庄屋が甚左衛門から清太夫に交替したこと、そして、識語の連名が順に庄屋・年寄・年寄であることが判明する。

一方の室堂村の記載では、横田儀左衛門と太左衛門はわからないが、藤右衛門は元禄四年から年寄に就いていることが確かめられる。また、宝永三年当時の室堂村の庄屋は左二右衛門で、年寄は藤右衛門・吉左衛門と考えられることから（室堂・横田家文書）、巻第一七三の連名には村役人でない者も含まれているようである。とはいえ、室堂村のなかで何らかの責任のある立場にあった人物であることは容易に想像できる。

このようにみると、経巻の修復にあたり、村役人や施音寺の住職を輩出する横田氏を中心とした同村の有力者たちが関わったことがわかる。さらには和田村の野崎氏が関わっていることにも注意が必要である。このことは、施音寺の位置づけに関連しているのかもしれない。

施音寺什物の管理

施音寺の什物管理と和田・室堂両村との関係は、いかなるものであったか。この点は、村方文書からは見えてこない観点であった。施音寺は、和田・室堂を含む池田谷七ヶ村の氏神である三林の春日神社の社僧にあたるので、このことが一見関係しているように思えるが、森光寺所蔵大般若経の修復は、あくまでも和田・室堂二ヶ村の関係に限られている。

ただし、七ヶ村のなかで、和田と室堂はとくに関係の深い二ヶ村であったといえる。一般に、地域で複数村の立会が必要なものとして、人々の生活に直結する池からの灌漑用水や山の用益、そして墓地の利用がある。和田・室堂の関係でいえば、今池など四つの池は和田・室堂の立会、山や和田にある墓地の利用は、和田・室堂に三林を加えた三ヶ村立会となっている（荒木家文書）。ほかには、和田村の小倉二社（牛頭天王宮・三十番神宮）も和田・室堂の立会となっていることが挙げられる。

しかし、施音寺が三林春日神社の社僧であるという点を考えると、神社氏子圏七ヶ村のなかで、なぜ和田・室堂の二ヶ村だけが施音寺什物の修復に関わっているのか、しかとした理由はわからない。室堂の横田氏が春日神社の神職を務めていたこと（『池田編』コラムⅣ）、施音寺が修復を行った高野山蓮明院の末寺であったこと、施音寺住職の永算が横田氏出身で、かつ蓮明院尭永の弟子であったことなどと関係があるのかもしれないが、やはり和田村が関わる理由が不明である。

＊池田谷では和田の福伝寺・尊成寺と室堂の極楽寺・施音寺・森光寺のほか、三林の観音寺、浦田の法華寺はいずれも高野山蓮明院の末寺であった。

現在のところ、和田・室堂両村と大般若経との関係はつかめない。寺の什物を複数村で管理する形態は、宮里三ヶ村の什物であった羅漢寺所蔵大般若経などの事例があり、市域に残る大般若経のなかでは決して珍しいことではない。けれども、複数の村による共有関係のあり方が、大般若経の調査を通して明らかになってきたことも事実である。

継続調査

このように、市域に残る大般若経を調査することで、村方文書のみでは見えてこなかった新たな観点が生まれ、地域史研究もますます活性化していくものと思われる。新しい事実も調査を進めるごとに発見されている。それは市域にとどまらず、全国の諸地域に及ぶものである。蒙古襲来における南宋人の捕虜が、後に森光寺所蔵大般若経の修復に関わっていたこと（巻第四九八）などは、まさにグローバルな世界観を示している。これらのことは、地域間交流を考えていくひとつのきっかけにもなり得る。

大般若経は経典であるがゆえに、個々人あるいは集団の切実な願いや思惑、そして村内での人間関係も明瞭に見せてくれる。大般若経を調査する意義は、以上のような点にある。今後も調査を継続し、和泉を中心とした地域史に一石を投じていきたい。

中世以前に成立した大般若経

江戸時代には、市域の各地で大般若経法会が行われ、今でも町会や寺院に大般若経が伝えられている。その中には、成立が中世以前に遡るものもあり、現在、市域では五セットの存在が確認され、そのうち四セットの調査を進めている。ここでは第3章で詳しく述べた森光寺大般若経以外の三セットを紹介しよう。

平井羅漢寺大般若経　成立は平安時代末期まで遡り、久安5（1149）年正月28日から仁平元（1151）年7月12日にかけて書写が行われた。成立当時、四天王寺領であった猪養《いかい》野《の》庄の安養寺が所有していた。50巻ずつ12櫃に収納。

黒鳥長楽寺大般若経　嘉禄3（1227）年大和国多武峰《とうのみね》聖霊院で成立。100巻ずつ6箱に収められている。

仏並池辺家大般若経　建長3（1251）年に書写が完了し、鎌倉の大仏に奉納された経である。100巻ずつ6櫃に収納。

コラムⅢ　仏像調査の意義と仏像移動

市域の仏像調査は、悉皆《しっかい》的調査、すなわちほぼすべての仏像の調査を行っている。仏像を含む地方の美術工芸品調査は、研究者の行うテーマに沿った調査ではなく、悉皆的調査が基本である、と地方行政に携わった経験から確信している。地方には地方独自の歴史があり、美術工芸品はそうした歴史を解明するために重要であると認識したからである。

悉皆的調査

仏像の悉皆的調査の方法は、ほかの美術工芸品分野の調査と同じで仏像の写真撮影と調書作成である。古代から江戸時代末まで、時には現代のものまで調査する。具体的には、まず、住職・檀家の方がたに挨拶し、本尊に合掌する。次に仏像を安置している須弥壇《しゅみだん》から、もしくは檀上の厨子《ずし》の中から仏像を取り出して降ろす。台座・光背《こうはい》も慎重に降ろす。相当の緊張を強いられる作業である。そして柔らかい毛の筆で注意深く埃を払う。撮影場所を決めて撮影のセッティングをし、仏像を置いて正面・斜めなどアングルを変えて次々に撮影をしていく。少なくとも一五カットは撮る。次に調書作成の作業に入る。所定の用紙の調査年月日・場所・調査者・所有者・住所・名称・員数・時代・作者・法量・形状・品質構造・保存状態・銘文・伝来・備考の欄に次々と記入していく。作業が終わったら、元の位置に戻す。一体の仏像の作業が終わると、次の仏像の作業にかかる。この連続である。一日の作業を終えると、事故の無かったことを本尊に感謝し、住職・檀家の方がたに礼を述べて、寺を後にする。

限られた時間内に、多くのアングルから隈《くま》なくわかるような記録写真を撮り、文字データをできるだけ多く書き留め、最大限成果をあげることを目標にして行動する。このごろは手振れ補正付きのデジタルカメラで枚数に制限がないほど撮れるのでありがたい。フィルムカメラの時代に比べると、写真のカット数でも保存の面でも大変恵まれた時代になっている。

調査の意義①―実利的―

このようにして行っている仏像の悉皆的調査の意義を考えてみよう。

実利的な意義をまず挙げたい。ひとつ目は、盗難にあった場合、対応できることである。万が一、仏像が盗難にあった場合、調査した仏像の写真とデータがあると、警察にそれらを提供することによって捜索してもらえる。大抵の寺院の関係者は、本尊を拝みはするものの本尊の顔を明確に覚えているわけではない。ましてや写真を撮っている場合はきわめて少ない。本尊ならいざ知らずその他の仏像はなおさらであろう。そうした場合、悉皆的調査の威力が発揮される。ちなみに、二〇一一(平成二三)年に盗難にあった、大阪府内北部のある寺院の重要文化財の大日如来坐像《だいにちにょらいざぞう》が、その後京都の美術市場で発見された。写真と調書が揃っていたので、一旦表に出るとこのように解決に至ったのである。

ふたつ目は、寺院にとっては宗教法人としての財産目録の整理が行えることである。これからの宗教活動を進めるうえで、これらを活用することができる。また、仏像の現状把握ができて、修理などの対応が可能になる。

みっつ目は、文化財行政にとっては、文化財として把握することによって、市史編さん、博物館施設での展示、広報事業などに活用し、地域の方、市民の方に文化財を通じて地域の歴史を理解してもらい、アイデンティティーを持ってもらえることである。

調査の意義②―学術的―

学術的な意義としては、ひとつ目は、仏像がもつ歴史的な意味である。調査によって仏像に記された銘文が発見される場合があるが、その銘文により、寺院や地域の歴史を知る手がかりを得ることができる。ことに、江戸時代は寺請制度が設けられたため、旦那寺となる寺院が必要となり、造寺造仏が激増した。しかも時代が現代に近いためもあって残存数は多く、寺院の仏像のほとんどは江戸時代のものである。このような状況に加えて、仏教信仰が広く深く人びとに浸透しており、造仏の際、あるいは修理時に仏に結縁《けちえん》を望む人たちが記銘した。このため銘文が記された作品が他の時代に比して多い。地域に残された古文書などの史料で寺院の歴史を辿ることができない場合、仏像の銘文が重要な歴史的資料となる。銘文の発見によって、寺院の創建、変遷などが点、そして線になって辿《たど》れるようになったこともある。

例えば、府中町阿弥陀《あみだ》寺の本尊阿弥陀如来立像《あみだにょらいりゅうぞう》は平安後期の作であるが、この像の光背《こうはい》には寺の創建の由来と経緯が陰刻されていた。それによると、この像は大津浦に「出現」して、泉大津市の地蔵堂、後の上品寺にまつられていたが、慶長一一（一六〇六）年に当寺檀那《だんな》辻村喜右衛門により阿弥陀寺に安置され、寛永一九（一六四二）年、辻村弥右衛門が台座・光背を寄付した。当寺へ移安して百余年後の正徳四（一七一四）年に再興（修理のことであろう）された、というものである。このように、仏像の光背銘は、この寺院の創建か

写真１　府中阿弥陀寺阿弥陀如来立像光背裏面銘文

写真2　府中阿弥陀寺の仏像調査のようす（2016年）

らの経緯と檀家である地域の有力者との関係（現在も続いている）を物語る貴重な歴史資料となっている。

そして、仏像の寄進銘により、寄進者と寄進先寺院との関係、また信仰圏の広がりを知ることができる場合がある。たとえば、施福寺《せふくじ》の千手観音立像《せんじゅかんのんりゅうぞう》の守護神二十八部衆立像《にじゅうはちぶしゅうりゅうぞう》のうち、毘沙門天王立像《びしゃもんてんのうりゅうぞう》の台座内に墨書があり、元文四（一七三九）年に「泉郡黒鳥下村（辻村）の黒川武右衛門重吉」が二八躯《たい》の仏像を施入したことがわかる。これも施福寺と遠く離れた黒鳥村の有力者との関係や、施福寺の信仰圏を知る手掛かりになる。

ふたつ目に、これらの仏像の美術史的な意義について述べよう。古代・中世の仏像は残存数が少ないこともあって、美術史的な研究も進んでいるため評価は比較的しやすいといえるだろう。二〇一七年までの悉皆的調査で見出された仏像のうち、美術史的価値が認められたことによる、大阪府指定文化財の指定は一件、市指定文化財の指定は八件になっている。しかし、近世の仏像は数が膨大であり、また研究もあまり進んでいない。江戸時代は平安時代以降の様式の折衷表現が多く、また江戸時代独自の表現もあり、評価が大変むずかしい。江戸時代の仏像の評価は、将来に委ねなければならないが、その材料を提供できる。

以上に述べてきたように、悉皆的調査の写真、調書資料は、現在だけでなく将来の美術・民俗・歴史などの研究に必ず役立つであろう。そしてこれらの研究成果により、地域の歴史の復元とそれからの歴史学の構築が可能になるであろう。

移動する仏像―近世まで

ところで、仏像調査を実施している過程で、調査寺院本来の仏像ではない多くの客仏《きゃくぶつ》に出会った。これらの仏像は、もともとどの寺院に安置されていたのであろうか。どのような理由で移動したのであろうか。それを知ることは、それ以前にその仏像が存在していた時代や時期を知ることになる、ひいてはその地域の歴史を知ることになるのではないか。

そこで、和泉市に関係する仏像で、古代から近代まで仏像の移動の事例を挙げてその意味を考えてみることにしよう。古い時代ほど記録が乏しいのでわかりにくいが、二つの例を挙げよう。

『日本書紀』欽明《きんめい》天皇一四（五五三）年条で、茅渟海《ちぬのうみ》（泉州沖）に梵音を鳴らし光を発する樟木《くすのき》が浮かび、それを天皇が溝（池《いけ》）辺直《べのあたい》に海から引き揚げさせて画工に二躯の仏像を造らせ、そのうちの一躯を吉野寺に安置したという記述がある。これは、天皇が和泉から吉野へ仏像を移動させた例である。

槇尾山施福寺の「槇尾山大縁起《まきおさんだいえんぎ》」（南北朝時代）によると、後白河《ごしらかわ》法皇の娘宣陽門院《せんようもんいん》が、法皇の遺品を、正嘉《しょうか》年中（一二五七～一二五九）に仁和寺菩提院行遍に命じて槇尾寺に納めさせたという。現在「蝉口不《せみくちふ》動《どう》」として伝わる檀像不動明王立像《ふどうみょうおうりゅうぞう》は極めて優れた作風であり、この時の後白河法皇の遺品の可能性がある。この場合には、法皇からその娘、そして僧侶から寺へと仏像の移動が行われている。最高権力者の遺産の寺院への寄付である。

以上の二例は、天皇の私物である仏像が、その意志のまま目的の寺院に移動されるというものであるが、その仏像が現存しているものであるかどうかについては、確かめる手立てがなく、不明である。

近世以降になると、具体的な仏像の移動が確認できる。その例をふたつ挙げよう。ひとつは、現河内長野市の天野山《あまのさん》金剛寺から市域の国分《こくぶ》村香堂寺《こうどうじ》への千手観音立像《せんじゅかんのんりゅうぞう》の移動である。この千手観音像は元の所在地

写真3　国分寺千手観音立像（右）と光背銘文（左）

は不明であるが、一〇世紀後半の制作である。それが金剛寺の塔頭《たっちゅう》千手院の創建直後、鎌倉時代の文保元（一三一七）年に千手院の本尊にされたことが、光背裏面の墨書などによって確認された。そして金剛寺文書や諸検地帳、寺社覚などを検討した結果、千手院の廃院により、桃山時代〜江戸前期ころに国分村香堂寺へ移動したと推定される。国分村は、和泉国と河内国を結ぶ街道沿いに位置し、金剛寺とは距離的に近い。移動の際は金剛寺の三綱《さんごう》を中心にした全山的な会議で千手院の廃院と本尊の千手観音の移動先の論議があったであろう。それが香堂寺の創建に関係しているのかもしれない。受け入れる国分村でも何らかの事情があったであろうが、不明である。その後、延宝三（一六七五）年時点で、香堂寺は再興した千手院の末寺となっている（美木多・和田家文書）。そして、一八七三（明治六）年に香堂寺は廃寺になり、同じ真言宗であった近くの国分寺に移された。以上が国分寺千手観音立像の移動の経緯である。

　この例では、仏像は塔頭寺院の廃院にともない、比較的近距離の寺院に移され、さらに廃寺で同村内の寺院に移されている。前者の場合は高位の寺院から地域すなわち一般の村の寺院への移動である。これに対し、後者の場合は村の寺どうしの移動で、同じ宗派内、同じ村内で行われている。千手観音像は密教尊像であるため、他宗派への移動よりも容易な選択であった。

他宗派でもこれと同じ事例が見られる。既に述べた府中町の浄土宗知恩院末阿弥陀寺の阿弥陀如来立像は、泉大津市知恩院末地蔵堂から慶長一一（一六〇六）年に移動してきたものである。これも近くの同じ浄土宗という宗派内における移動である。宗派の本山あるいは本寺の意向がどの程度あったかはわからないが、同じ宗派内で近距離に存在する寺院どうしで仏像が移動されている。

神仏分離令による廃寺にともなう移動―近代以降

近代の仏像の移動は、明治初めの神仏分離令後の廃仏毀釈《はいぶつきしゃく》によるのが一般的である。寺院、ことに神宮寺が廃寺になり、全国では廃仏毀釈時の仏像の被害が甚大な地域もあったが、市域での被害は他府県・他市町村と比べると少なかったように思える。

本市最古、奈良時代の弥勒菩薩坐像《みろくぼさつざぞう》は、現在春木町観福寺が所蔵しているが、もとは合向かいの春木春日神社の神宮寺、冬堂宗福寺に所在していた。宗福寺が神仏分離令により廃寺になり、観福寺に移動して来たものである。冬堂宗福寺と観福寺は天保一四（一八四三）年の「泉州泉郡寺社覚」（大阪歴史博物館（大阪歴史コレクション））によると、どちらも紀州高野山正宝院末寺である。近世において、冬堂の管理は春木・久井両村の人びとが構成する「冬堂座」によって行われていた。弥勒菩薩坐像などの仏像をはじめとする什物の管理も座が行っていた。明治の廃寺の際、座は冬堂の什物を観福寺に移すことを取り決めている（『松尾編』）。近辺の同じ宗派の寺院に仏像が移動した例である。

写真４　黒鳥長楽寺の仏像調査（2012年）

同じ例は室堂町《むろどう》森光寺《しんこうじ》にもある。幕末から明治にかけて同じ室堂内の施音《せおん》寺《じ》や極楽寺《ごくらくじ》があいついで無住、廃寺となり、大般若経や仏像などの什物が森光寺に移動してきている（第4部第3章参照）。さらに、室堂の真言宗安養《あんよう》寺《じ》と隣村の和田の真言宗福伝寺《ふくでんじ》が廃寺になり、それぞれ千手観音立像と地蔵菩薩像が森光寺に移されている。

黒鳥安明寺《あんみょうじ》は、一三世紀から一六世紀にかけて、中世黒鳥村の結束の中核としてこの地域で大きな役割を担った古寺である。黒鳥村の鎮守天満宮の神宮寺であり、「天満天神薬師仏《てんまてんじんやくしぶつ》」を本尊としたが、後に廃絶した（『テーマ編Ⅰ』）。しかし、近世になって、黒鳥天満宮の氏子が元禄一五（一七〇二）年に安明寺の梵鐘と鐘音堂を造営したこと、またその鐘の銘文が記録として残されている。すなわち、安明寺は少なくとも一旦廃寺となった後、一八世紀初頭には再興されていたようである。正徳二（一七一二）年に勧進を行って、翌年、新安明寺の金堂が落慶、弘法大師自刻と伝える薬師如来像が安置された。このとき、日光《にっこう》・月光《がっこう》菩薩像と十二神像が寄進され、長命寺玄道が開眼供養を行った（『和泉町史料』第1集所収、「芝山文集」巻二）。このように由緒の明らかな古寺安明寺であるが、明治になり、神宮寺であったため廃寺となっている。

廃安明寺の仏像の行方については、詳細は不明であったが、二〇一二（平成二四）年に行われた仏像調査で、これが確かめられることとなった。調査の内容については『信太編』コラムⅢ「信太山地域の仏像」を参照していただきたいが、結論として安明寺の弘法大師像は黒鳥の長楽寺に、日光・月光菩薩立像と十二神将立像は黒鳥の妙福寺に移動していることが判明したのである。また、地誌『和泉伯太郷土史事典』（伯太小学校PTA、一九五二年）のなかで、安明寺本尊の薬師如来像は長楽寺に移動したと述べられているが、調査により、長楽寺の薬師如来坐像が安明寺伝来の像である可能性が高まる結果となった。長楽寺と安明寺は、本寺を同じ高野山千手院谷正覚院としているため、同じ宗派内で近辺の寺院に本尊の移動が行われたとしても不思議ではない。

仏像調査で明らかになったのは、移動先ばかりではない。黒鳥辻村の庄屋黒川武右衛門が日光・月光菩薩像、十二神将像を寄進したこと、黒鳥下村の次左衛門が弘法大師像を宝永四（一七〇七）年に修理し、安明寺に寄進したことが、それぞれの仏像の銘文に記されていた。史料ではわからなかった施主の名前が銘文によって判明し、近世安明寺と地域社会との関係をさぐるための材料となったのである。仏像調査が寺院の歴史を知る手がかりを与えた例といえよう。

市域における仏像移動の特徴

以上をまとめると、古代・中世における市域の仏像の移動は、天皇の私有物である仏像を、天皇やその近親者が、寺院に寄贈する形式のものであった。近世以降は市内の真言宗・浄土真宗の仏像の移動は、同一宗派内での移動のようであるが、それ以外の宗派は寺院数が少なく実態は不明である。一方、他宗派からの仏像の移動への対応は、宗派により異なっていることは大阪府内の寺院調査で実見してきたところである。例えば、浄土真宗寺院や日蓮宗寺院では他宗派の仏像は受け入れない場合が一般的であるが、浄土宗・禅宗や融通念仏宗では、別堂や本堂内に安置していた。真言宗・天台宗についてはその実態を知らないが、浄土真宗は阿弥陀一尊の厳格な一向専宗であり、禅宗は仏像よりも祖師を重んじて、本尊は釈迦以外の例がよく見られ、融通念仏宗はその名の通り、こだわりが少ないようである。

特に近代における仏像の移動に関して特徴的なことは、神仏分離令により、ほかの県では仏像を毀損することも多かったなかで、ここで取り上げた春木の冬堂座は、什物つまり財産である仏像を精神的な拠り所として守り通した例である。新政府の命令に従うばかりでないしたたかな対応である。殊に泉州は狭い村むらで切磋琢磨して共存してきたので、そのような知恵に長けていたのだろう。神仏分離令の影響で廃寺になり、移動した仏像は市内に多い。そのうちの大部分は近くの寺院や辻堂、集会所などに避難して今日に至っているのではないだろうか。

（吉原　忠雄）

コラムⅣ　伯太陣屋の発掘

伯太陣屋とは

江戸時代に信太山丘陵の西斜面で営まれた伯太藩の陣屋《じんや》は、もともと武蔵国《むさしのくに》に所領を持つ渡辺家によって開かれた。寛文《かんぶん》元（一六六一）年、渡辺吉綱《よしつな》が大坂定番《じょうばん》に任命され、加増をうけて大名に列し、初代藩主となった。元禄一一（一六九八）年、三代基綱《もとつな》は大庭寺村《おばでら》（堺市）に陣屋を構えたと言われているが、内実がともなっていたかについては疑問もある。その後、享保一二（一七二七）年、三代基綱《もとつな》のときに伯太村に陣屋を移転する。明治四（一八七一）年七月、基綱から数えて九代目の章綱《あきつな》のとき、廃藩置県《はいはんちけん》により伯太県となり、同年一一月には堺県に編入された。こうして伯太陣屋は一五〇年近い歴史に幕を降ろした。

市史編さん事業が始まった一九九六（平成八）年当時でも、伯太陣屋の遺構である古い屋敷はごく少数になっていたが、近年の変貌《へんぼう》は加速度的に進行し、今は屋敷地の地割りすら確認できない状況となっている。今に残る伯太陣屋の遺構は、早くに小谷家（堺市）に移設された表門のみといってもいいだろう。

文献史料も少なく、その実態を明らかにしがたい伯太陣屋だが、幸いにして三枚の絵図が伝えられており、それにより往時の姿がある程度推察できる。「泉州伯太陣屋之図絵」（絵図①。第3部第2章写真6）は、三代基綱による移転直後の一八世紀前半ころの陣屋の様子を伝えたものである。「和泉国泉北郡伯太御陣屋跡」（絵図②。図1）は明治時代の初め、廃藩置県前後の陣屋の様子を描いたものである。藩主屋形《やかた》の範囲は南北に二分され、北半部には建物等が密集して描かれているのに「表御殿《おもてごてん》跡」となっているのは、この絵図が描かれた段階で、藩主渡辺家が既に東京に移っていたためだろう。もう一つの絵図は、伯太藩の家老職を務めた向

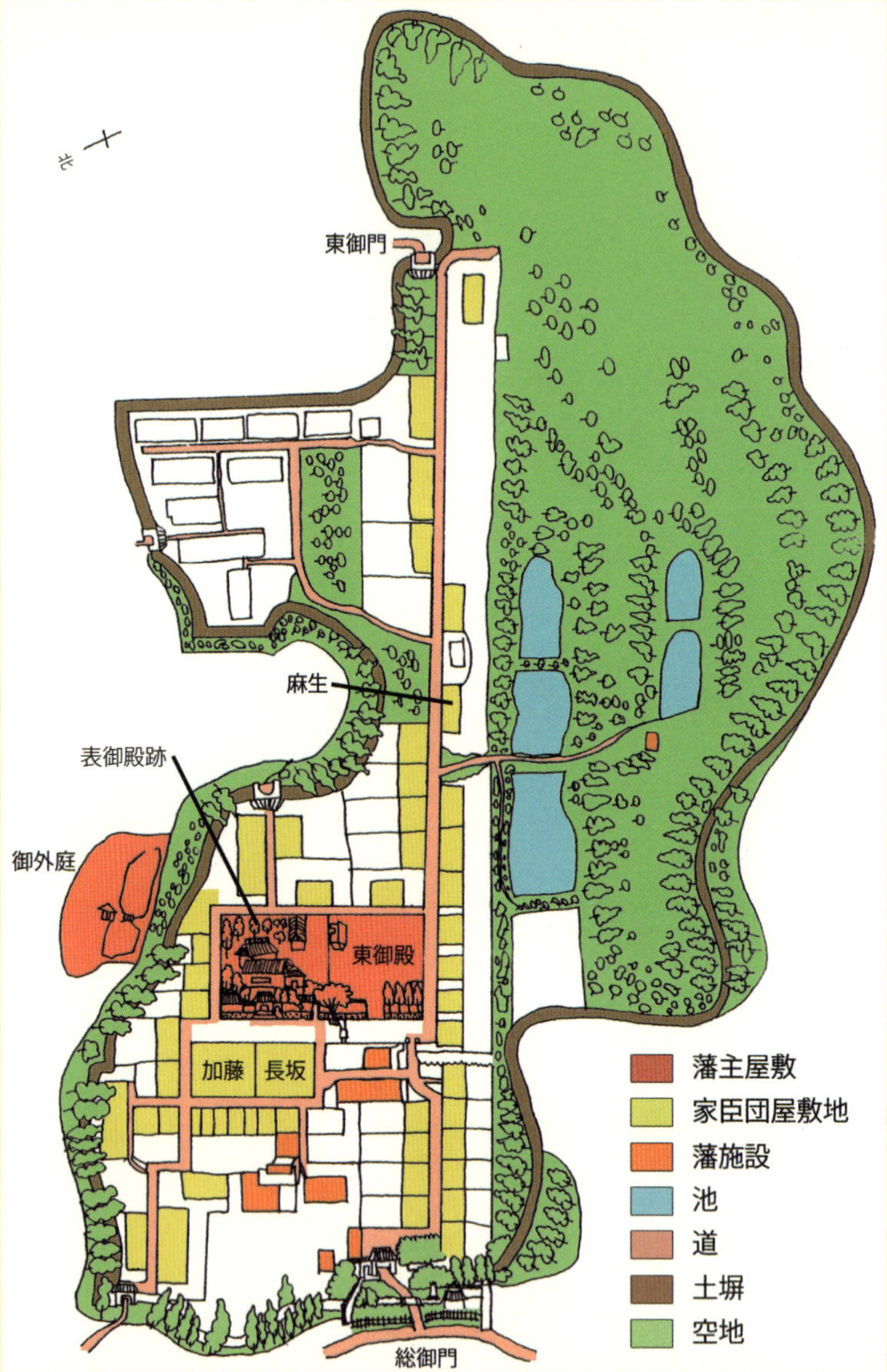

図１　和泉国泉北郡伯太御陣屋跡トレース図　大阪歴史博物館・大阪歴史コレクションの同絵図による。

山家に残されたものであるが、絵図②の内容を簡素にしたものである。

絵図①に描かれたものを前期陣屋、絵図②に描かれたものを後期陣屋と呼んでおく。絵図の上から前期陣屋と後期陣屋を比べると、藩主や家臣の屋敷地に大きな変更が見られる。この大きな変化は、明和七（一七七〇）年、四代信綱《のぶつな》の陣屋の改修によるものである。

このように絵図が残されているとはいえ、現地との比定もままならない状況下において、伯太陣屋の姿を復元するもっとも有効な手段は発掘調査である。小稿では近年の発掘調査の成果を紹介し、絵図との対比を含めて伯太陣屋の姿を探ってみたい。なお、近世では政務空間のある藩主の居住空間が陣屋と呼ばれることが多いが、混乱を避けるため、小稿では藩主の居宅、家臣の屋敷地、およびそれらにともなう堀、塀、道路などの構成要素の総称として「陣屋」を用い、藩主の居住空間を含む一画を「藩主屋形」と呼ぶことにする。

伯太陣屋跡を掘る

伯太陣屋跡（遺跡名称）は昭和四〇年代の遺跡分布図にも記載され、比較的早い段階から遺跡として認識されていた。しかし、その当時は一〇〇年前まで現存していたものを考古学で扱う土壌が十分に形成されておらず、実際に発掘調査事例が増えるのは一九九〇年代以降である。江戸市中や堺旧市街の発掘調査によって、近世考古学に対する注目が集まったことがその背景にある。現在、伯太陣屋跡は、近世遺跡として発掘調査の対象となっている市内唯一の遺跡である。

和泉市教育委員会の調査に、一九九〇（平成二）年に実施した天理教教会の建て替えにともなう調査がある。屋敷地と考えられる部分から、水琴窟《すいきんくつ》として使われた埋甕《うめがめ》がみつかった。当該地は、絵図②の後期陣屋中の上級家臣である「加藤」「長坂」両家の敷地に当ると考えられる。屋敷の構造復元はできなかったが、

写真１　土塁　土塁上部には赤い土が被せられていた。赤壁と呼ばれた由縁である。

写真２　前期陣屋の藩主屋形の柱穴列　写真左側に前期陣屋の藩主屋形が造営されていたが、削平され、ほぼ消滅している。大手道沿いにわずかに当時の遺構が遺存していた。貴重な前期陣屋の遺構である。

当時の武家屋敷の一端を垣間見せてくれた。水琴窟はその後の調査でも、後期陣屋の藩主屋形や上級家臣の屋敷地を中心に一〇基以上みつかっている。各屋敷に広く取り入れられていたのだろう。また、同年の別の調査では鍔《つば》なども出土し、風雅な水琴窟と武具である鍔の取り合わせはいかにも江戸時代を表しているようだ。

一九九二（平成四）年には、自衛隊官舎の建て替えにともない周知の信太千塚74号墳を調査したが、その際墳丘《ふんきゅう》を被覆《ひふく》する土塁状の高まりを確認した。これが絵図②に示された陣屋外周の土塁を、考古学的に調査した初例となった。

土塁の本格的調査は、二〇〇四（平成一六）年に実施した青少年野外活動センター（青少年の家）に隣接する道路の拡幅にともなうものである。調査区のほぼ全域で確認した土塁は、基底部幅が最大で推定六メートル、高さは推定で三メートルを測《はか》るものであった（写真1）。信太山丘陵のベースとなっている、洪積世《こうせきせい》に形成された信太山層群に含まれる小礫《これき》交じりの褐色土《かっしょくど》で基部を造り、上部に赤褐色を呈する土を被《かぶ》せていた。構築された当初は全体に赤く見えただろう。伯太藩の土塁は「伯太の赤壁」と呼ばれていたようだが、この構築手法に由来しているのだろう。土塁は旧陸軍時代にも一部改修され、使い続けられていたことも判明した。

二〇〇七（平成一九）年には宅地開発に先立ち、大手道沿いの家臣屋敷の溝、土坑などを調査した。絵図①ではこの場所に建物が描かれていないことから、絵図②に記された「麻生」家の一部に当たるのだろう。

二〇〇八（平成二〇）年には、青少年野外活動センター敷地内で確認調査を実施した。小規模な調査であったが、広大な敷地の各所にトレンチを入れた結果、前期陣屋の藩主屋形の敷地の大半は削平《さくへい》されてしまっているものの、青少年の家の敷地内には比較的良好な状態で遺構が残っていることが判明した。失われた前期陣屋の藩主屋形を現況から復元すると、短辺五〇メートル、長辺一〇〇メートルの矩形を呈し、一五〇〇坪の面積を有していたようだ。二〇一〇（平成二二）年には「大手道」部分の拡幅に伴う調査でピット列を検出したが、これは僅かに残された前期陣屋の藩主屋形の貴重な遺構であった（写真2）。

二〇一三～一四（平成二五～二六）年には府道池上下宮《いけがみしものみや》線の延伸にともない、大阪府埋蔵文化財センターによる大掛かりな発掘調査が実施された。補充調査とあわせ、調査面積五四〇〇平方メートルという伯太陣屋における最大規模の発掘調査となった。調査範囲は後期陣屋の藩主屋形の北端部から丸笠山古墳の西側に至り、絵図②に描かれた陣屋範囲の北端部をかすめるように実施されたものである。後期陣屋中心地の発掘とはならなかったが、藩主屋形では縄張りの一部が確認され、陣屋解明に成果を挙げた。

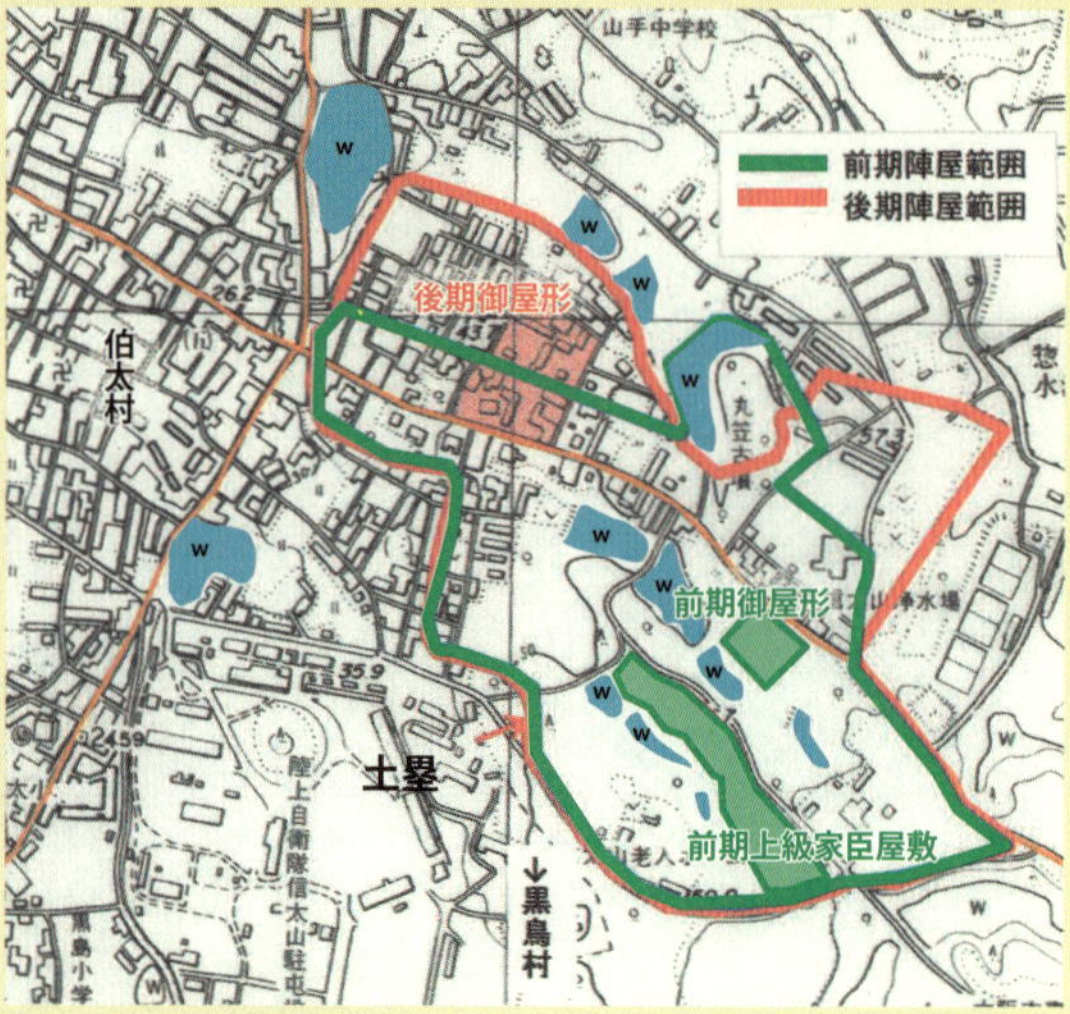

図２　伯太陣屋の範囲

絵図との対比による伯太陣屋の復元

本市が実施した一連の発掘調査は、絵図①の前期陣屋の藩主屋形（絵図では御屋形と表記）周辺の実態解明に糸口を与えるものであった。残念ながら藩主屋形は大きく削平を受け、ほとんどの遺構が消滅していることが明らかになったが、小役人長屋《こやくにんなが や》や的場《まとば》などの付属施設が建てられていた一帯の遺構は遺存《いそん》しているようだ。出土遺物には一七世紀のものが含まれ、後期陣屋の出土遺物より若干古い様相が看取できる。

また、本市調査で特筆されるものは、伯太陣屋の外郭を巡る土塁の調査である。この土塁は絵図①には描かれておらず、絵図②でその存在が確認できることから、後期陣屋にともなうものと言われていた。しかし、実態は前期陣屋の藩主屋形南側の上級家臣の屋敷地を囲繞《いにょう》するように築かれており、後述する前期陣屋の構造から考えて、前期陣屋にともなうものと捉えたい。絵図①に記載されていないのは、絵図の目的によるものか、あるいは画幅の関係で割愛されたのだろう。土塁は古墳墳丘を覆うように構築されており、信太千塚の古墳墳丘を目印、あるいは起点として、それらを結ぶように構築された可能性がある。

絵図①から前期陣屋の配置を見ると、熊野街道（小栗街道）に面した位置に大手門を配し、大手門前面には枡形虎口《ますがたこぐち》を設けている。ここから両側に家臣屋敷を配した大手道が直線的に丘陵上に向かって延び、藩主屋形に至る。大手門から藩主屋形までは直線距離で七〇〇メートルだが、標高差は二四メートルあり、藩

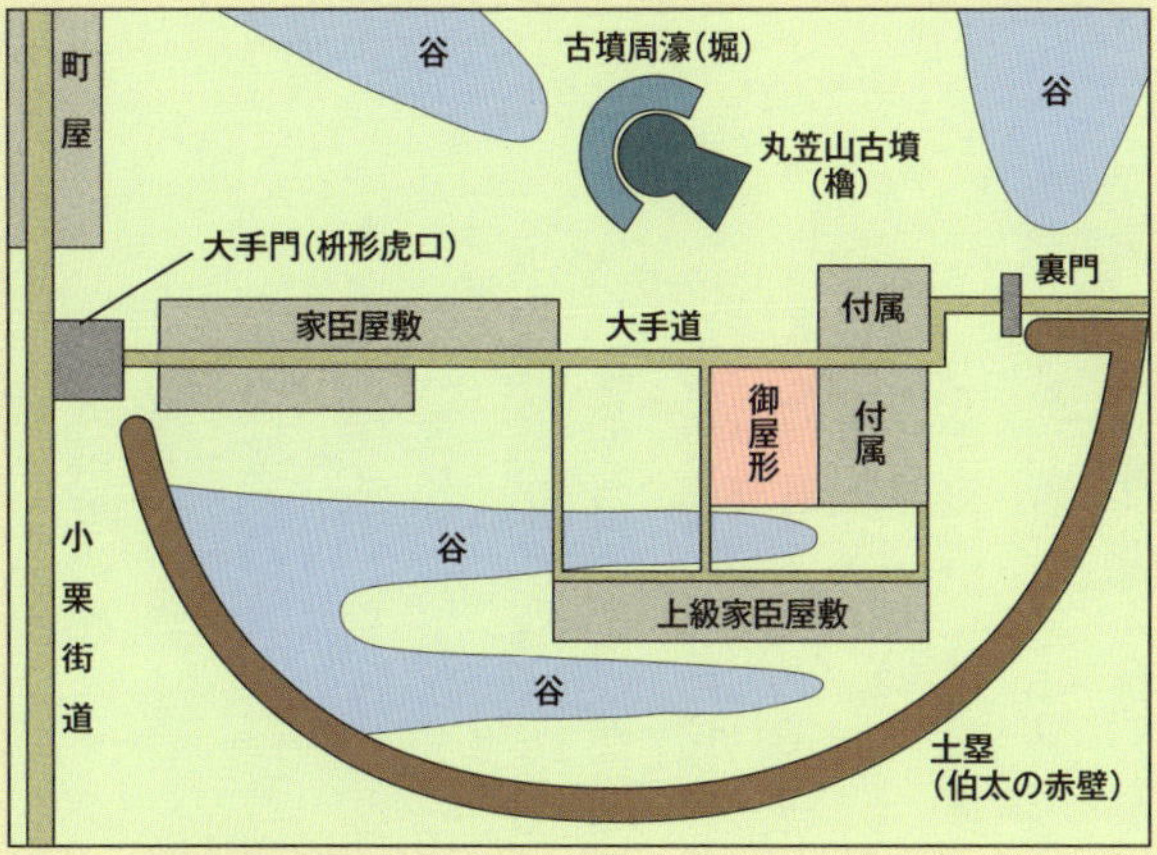

図3　前期陣屋の模式図

主屋形は丘陵の最高所に営まれている。藩主屋形の北側や東側には付属施設を配し、南側は谷に面し、谷の向こうの尾根上に上級家臣の屋敷地を配す。谷を堀に見立て、南側の屋敷地は防御を考えて配置された「郭《くるわ》」と言えるものである。土塁はこの「郭」を囲むように築かれていたのである。藩主屋形の東側も谷で画され、北側の周濠に囲まれた丸笠山古墳は、平野部を望む「櫓《やぐら》」として位置づけられるのだろう。丸笠山古墳を起点として南北に展開する谷は、陣屋をのせる丘陵部を大きく画していた。このような占地、および諸施設の配置（縄張り）は、まさしく戦国時代の山城の構えそのものと言えるものであり、戦乱も絶えて久しい時代背景を考えた場合、違和感が拭えないものである。

この山城的な構造をもつ前期陣屋は、構築から五〇年も経たず、改修という名の下に面目を一新させる。絵図②によると、藩主屋形を丘陵裾部の熊野街道に近い位置に移し、周辺に家臣の屋敷地を集合させている。藩主屋形は南北一五〇メートル、東西一〇〇メートル、五〇〇〇坪の規模を有すことになり、前期陣屋の藩主屋形の三倍の敷地となった。藩主の居宅だけではなく、行政機関をその邸内に取り入れ、一体化させた結果であろう。家臣の屋敷地もすべて変更されており、前期陣屋に付随していた南側の屋敷地はこの時点で廃止されたと考えられる。この段階で、ようやく一般的な構造の陣屋が成立したのである。

この前期陣屋から後期陣屋への変更は、改修というレベルではなく、陣屋の新造とも言えるほどの大掛かりなものであり、藩財政を傾けかねない大事業であったと想像できる。

伯太陣屋の謎

直接的な文献史料がほとんど確認されていないなかで、発掘調査成果と絵図を用いて伯太陣屋を復元することはきわめて有効な手段である。しかし、今回この作業を通じて、大きな疑問点が浮上した。前期陣屋が形成された一八世紀前半、つまり江戸時代も中期になってから、なぜ山城のような構造をもつ陣屋を造成する必要があったのか。さらに、それがわずか半世紀も経たないうちに、改修という名目で全面的に造替する必要性がどこにあったのか、ということである。

後期陣屋の構造が陣屋の典型的なあり方を示しているとすれば、城郭的な色彩を帯びた前期陣屋の構造こそが異質である。前期陣屋を造営する段階で、一時的にしろ、何か防御的色彩を陣屋に付加しなければならないほどの緊張が存在したのだろうか。また、前期陣屋から後期陣屋への変更は、経済活動の進展により、藩主屋形を交通の要所である小栗街道に面した位置に動かし、藩政や経済活動に対処したからとも言われるが、伯太藩の財政事情を考えると、果たしてこのような大事業を実施する必要性があったのだろうか。前期陣屋の造営から後期陣屋への変更に至る間には、何か特別な事情があったことも想像されるところであるが、この疑問に答える有効な史料は、今はない。

近年の考古学的調査と絵図の検討は、従来の研究にはなかった視点を提供した。謎は謎として残ったままで、それを紐解く糸口さえ見えてこないが、考古学的成果を加味して研究が進むことによって、いつかはこの大きな謎の答えがみつかる可能性は高い。伯太陣屋の構造研究は始まったばかりである。これからの研究の深化に大いに期待がもてるところである。

（乾　哲也）

第4章　合同調査と市域の座

塚田　孝

和泉市では、一九六〇年代に一度市史の編纂《へんさん》に取り組み、戦国期までを対象とした『和泉市史』第一巻（一九六五年）、江戸時代を対象とした『和泉市史』第二巻（一九六八年）を刊行している。これは、三浦圭一氏が中心となって、市にかかわる歴史史料を市内外にわたって広範に調査し、また市内の聞取り調査なども行い、多くの新しい発見を盛り込んだ画期的なものであった。しかし、市創立一〇周年に向けた事業として急いで編纂が行われたこともあり、明治以降には及んでおらず、また当時の日本史の通史的な理解にしたがって叙述されている点も否めなかった。さらに、刊行後、市内の開発にともなう考古学の発掘成果が積み重ねられ、新たな調査も進んだため、それらを含めた、新しい『和泉市の歴史』の編纂が企画され、一九九六年に市史編さん委員会が発足した。

『和泉市の歴史』の取り組みのなかで重要な位置を占めているのが、一九九七年から始まった合同調査である。当初、市教育委員会（文化財振興課・市史編さん事務局）と大阪市立大学日本史学教室（日本史研究室）の「合同」の調査として出発したが、二〇一七年度までに二一回を重ねるなかで、それは同時に「地域住民との合同の調査である」という認識が形成されていった。それとともに、『和泉市の歴史』の構想を考えるうえでも大きな意味を持った。

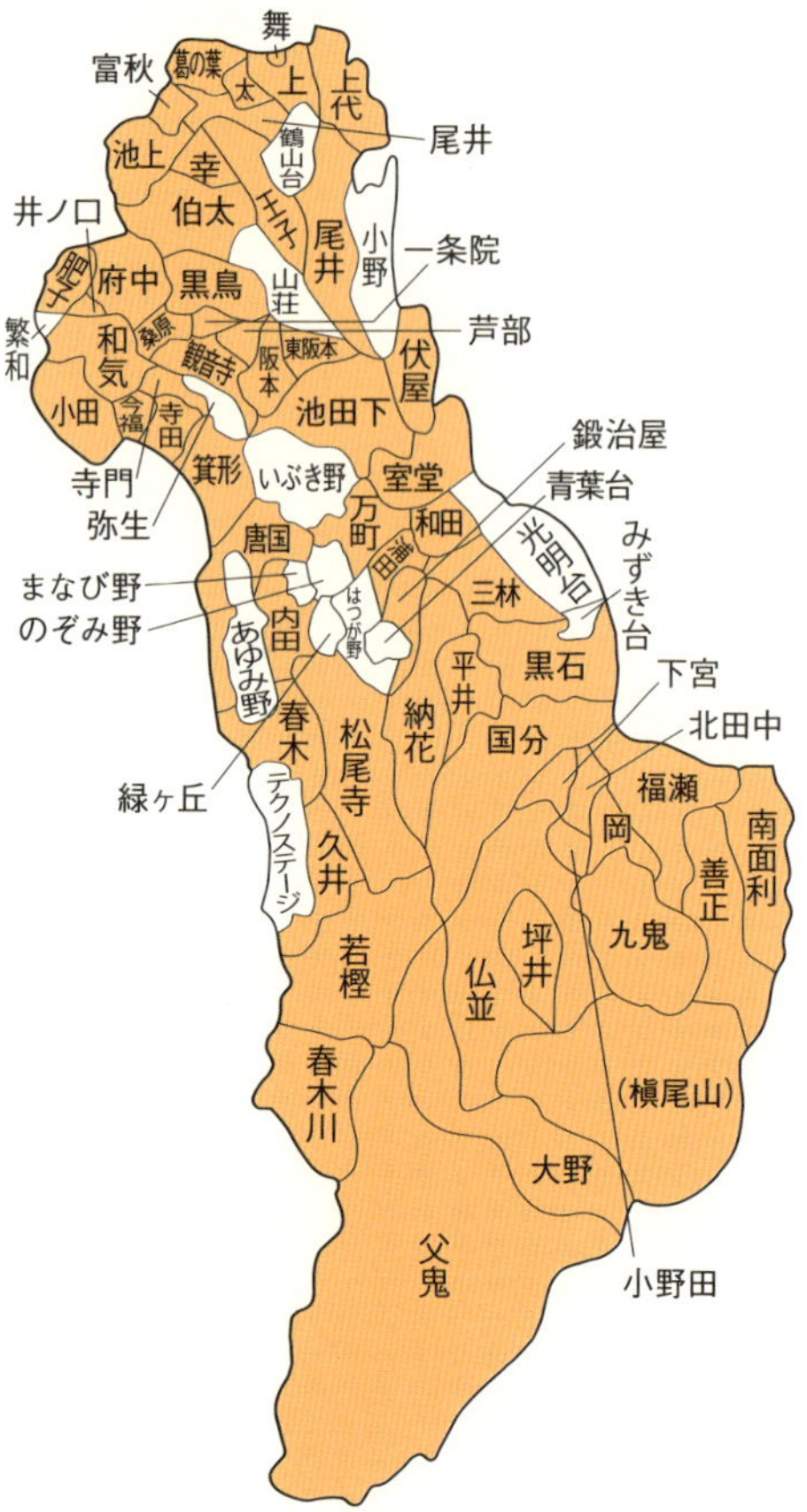

図1　市域の町会・自治会　オレンジは近世村からつながる町会。このほか、小規模な自治会を含め、200団体が存在（2018年現在）。

1　合同調査とは

『和泉市の歴史』編さんのきっかけになったのは、河野《かわの》家文書・浅井家文書をはじめとする「黒鳥村文書」の発見・調査があったが（第4部第1章）、その調査への関わりの経緯から、大阪市立大学の日本史教員が多く編さん委員として参加することとなった。こうした編さん委員会の特徴を活かすべく、一九九七年から市教育委員会と大阪市大日本史学教室の合同調査が始まる。編さん委員である教員が専門とする時代や分野を超えて、また、学生・院生・卒業生らが世代を超えて、現場で一緒に調査に取り組むこととなったのである。

市史編さん大綱《たいこう》では、編さんの理念を示した前文の後に四点の具体的な方針を掲げており、そのうちでも基本をなす一・二点目には次のようにある。

一、和泉市の地域の生活構築の歴史を、歴史学を中心としつつ隣接諸分野の成果も取り入れて、総体的に明らかにする。

二、資料調査を重視し、それにもとづいた科学的な歴史叙述をするとともに、資料の調査を通じて文化財の保存に努める。
すなわち、「地域住民」の「生活構築の歴史」を目標にして、史料の調査としっかりした研究を基礎に叙述を行うこと、その史料調査は史料保存・文化財保存に資するものでなければならない、ということである。こうした理念と方針を具体化するものとして、松尾寺・槙尾山の「総合調査」（第4部第2章）と並んで、この合同調査が重要な位置を占めている。

写真1　小田（1997年）

写真2　松尾寺（1998年）

写真3　福瀬（1999年）

写真4　小川（2000年）

写真5　東阪本（2001年）

写真6　黒石（2002年）

合同調査は基本的に一つの町会を対象に実施してきた。町会を単位に合同調査を行うのには理由がある。

市域では、近世には六〇余りの村があったが（第2部参照）、明治維新を経て、近代の新しい地方行政制度の市政《しせい》・町村制《ちょうそんせい》（一八八八（明治二一）年公布、翌年から施行）が実施されるなかで、新たな行政村が作られていく。しかし、江戸時代の村は、行政村の下での大字《おおあざ》として残り、戦後の町会につながる場合が多い。もちろん、住宅開発の進展や家数の増大にともない、複数の町会に分かれたり、新たな町会・自治会が生まれたりしていて、一様ではない。しかし、江戸時代には社会の基礎単位として「村」があり（第1部参照）、それ

写真７　春木川（2003年）

写真８　国分（2004年）

写真９　池上（2005年）

写真10　上代（2006年）

写真11　泉財（2007年）

写真12　中村（2008年）

写真13　久保出（2008年）

写真14　願成（2008年）

写真15　山深（2008年）

が近代の大字、そして現在の町会につながるということは、長い歴史的視野から、また社会の基礎から地域を見ていくうえで重要だと考えたのである。

　毎回の合同調査では、以上のことを意識して、主として一つの町会を対象として「地域における歴史的総合調査」を目標に取り組むことにした。具体的には、当該町会の協力のもと、個人の家文書だけでなく、町会の史料、座や講の関係史料、寺社の史料、各種団体の史料など幅広い史料を調査対象とし、町会や水利組合、婦人会や、年配の人たち、女性の目からの生活史などの聞取りも行うなど、近世の村からつながる町会単位での多面的な調査を行ってきた。史料調査・聞取り調査と連動しながら、水利や墓地調査、石造物の調査なども行った。当然ながら、調査対象地域のあり方は多様であり、調査の内容と方法も一律にはできない。その年の対象地域の条件によってさまざまな試みを実施し、たとえば山間の小集落で二十数戸の仏並町《ぶつなみ》小川《こがわ》（二〇〇〇年度実施）では全戸聞き取りを試みたこともある。

写真16　納花（2009年）

写真17　富秋（2010年）

写真18　尾井（2011年）

写真19　和気（2012年）

写真20　伯太（2013年）

写真21　芦部（2014年）

写真22　北田中（2015年）

写真23　肥子（2016年）

写真24　万町（2017年）

こうした取り組みのなかで、史料調査、聞取り、現地を歩くフィールドワークが調査の中核として定着するとともに、対象地域の特徴に応じた工夫を重ねていくことになったのである。

　合同調査の特徴のひとつは、町会に依拠した調査だという点にある。そのことによって、個人の家文書の史料調査では見えてこない局面、町会や座、あるいは水利組合の史料など、近世の村からつながる地域の多面的な史料を視野に入れることが可能になったのである。その際、史料調査と聞取りを一緒に行うことも重要である。聞取りは、話者が経験したことと現状について聞くことを基本としているが、町会・水利組合・座などの各種団体の史料がどういう位置づけのものかを把握するのに有益な場合も多い。一方、聞取りの内容は、記憶違いや忘れられたことも多いという制約がある。史料によって、現地の人の記憶違いが明らかになったり、新たにわかったりしたことが数多くある。史料調査と聞取りが相互に補い合う関係にあるのである。

もうひとつは、近世、近代で分断することなく、地域で構築されてきた人びとの生活の軌跡を、連続的に（変化も含めて）見ていくという視点である。この点については、多くの地域で見られた座がとりわけ注目される。近世から書き継がれた座の帳面が残されたところも多くあり、現在まで座の行事が続いているところもある。こうした座のあり方は、それ自体が近世から現在までの連続と変化を考えることを私たちに要請しているのである。また、翻って考えると、町会に即して多面的な調査を行うことで、こうした座への視座が拓かれたのであり、第一の点と第二の点は表裏の関係にあると言えよう。

合同調査の意義を考えるために、そこから見えてきた市域における座の一端を紹介してみよう。

2　合同調査と座

毎回の合同調査については、大阪市大の市大日本史学会で毎年刊行する学術雑誌『市大日本史』に調査報告書が掲載されている。まず、『市大日本史』に掲載された調査報告書において言及されている座のあり方を簡潔に振り返っておこう。なお、以下に挙げていない年度の報告書では、座への言及がなかったのであるが、そのことがかつてその村に座が存在しなかったことを意味するわけではない。また、伊勢講や愛宕《あた》講《ご》など、村内でさまざまな形で行われていた講については、ここでは触れない。

第一回：小田町（一九九七年調査）

調査当時、隠居中《いんきょちゅう》（二五人衆）が半月交替で善福寺《ぜんぷくじ》大日堂の「御膳前当番」を務め、「春事」（四月）・「秋事」（九月）の座儀が行われていた。一老が交替すると、「たいあき（鯛焼き）」と呼ばれる行事が行われていた。

写真25　小田・御膳前当番

写真26　東阪本・六人衆所有文書

小田座所有文書（一老と蔵（会計）に伝えられた史料群）には、一九世紀初めから、明治維新を挟んで、明治末期ころまでの「座儀《ざぎ》規定」が何点も残されており、繰り返し経費節約・倹約を掲げて「座儀」（座の行事）の改訂が行われていることがわかる。

第二回：松尾寺町（一九九八年調査）

町内の寺院松尾寺の境内奥に位置する春日大社の座に「十人衆」がいた（近世は不明）。一番年輩の者が神主のような役割を務める。一九六九（昭和四四）年に活動を休止した。

第三回：福瀬町（一九九九年調査）

福瀬村の座の史料として「八王子座記録」（大正三〜昭和四八、昭和四八〜平成一〇、八王子座所有文書）がある。座員は特定の家に限定され、一九一四（大正三）年は一四人、最大一九人まで増員するものの、一九九八（平成一〇）年（調査当時）は一四人と減少する。聞き取りによれば、八王子座とは別の福神座に三七軒が所属し、年長者一〇人を十人衆と言ったが、一九六〇（昭和三五）年ころ消滅した。小川忠二氏所蔵史料に、一九三三（昭和八）年の「福神座勘定帳」がある。また、下宮町にあった八坂神社（現在は仏並町の男《お》乃宇刀《のうと》神社へ合祀）の東座に位置づいていた。

＊八坂神社（牛頭天王社《ごずてんのうしゃ》）は、横山谷東部の七ヶ村（南面利・福瀬・岡・九鬼・小野田・北田中・下宮）による座が祀っていた。

第五回：東阪本町（二〇〇一年調査）

一七世紀後半に赤松氏ら新田請負人《うけおい》によって開発された新田村落のため、住人全員が入植者であるが、一八世紀中ごろには座を形成している。調査当時まで、六人衆が存在しており、東阪本六人衆所有文書が残されている。そこには宝暦九（一七五九）年の「氏神弁財天神明名前帳《うじがみべんざいてんしんめいなまえちょう》」などをはじめ、近世中期から当時までの座入順名簿・勘定帳・貸付帳などがある。聞き取りによれば、一三歳になると座入りするが、その後は六人衆になるまで座とはほとんど無関係とのことである。また、調査当時、六人衆は続いているが、座入りの儀式は途切れた状態とのことである。

一七世紀中ごろに開発された新田であるためか、史料では座儀はかなりシンプルなものではないかと思われ、座という空間を共有すること自体が重視された組織であるように思われる。新田請負人も座においてはほかの住民と同じ位置づけであった。

第六回：黒石町（二〇〇二年調査）

町内にあった八王子社など三つの神社を祀るため、村単位で組織された十人衆がある。十人衆は、結婚した時期を基準に順番を付け、空きができたら入る。調査当時は、若い人が入れるよう一老は半年で交替している。十人衆で修正会《しゅしょうえ》を開き、大般若経《だいはんにゃきょう》を読むが、今（調査当時）はテープで流している。

第七回：春木川町（二〇〇三年調査）

春木川町には、八雲《やくも》・厳島《いつくしま》神社と地蔵寺が所在する。座株《ざかぶ》会所有史料二八点が残され、一九一三（大正二）年の座株会設立時の規則や、それ以降、調査当時までの入退が記された「座籍簿」などが含まれる。

春木川村の庄屋を務めた山本家に伝わる古文書には、元文二（一七三七）年の春木川村の本座と小座からなる座儀の規定が残っており、一八世紀前半には両座の五人衆が一緒になって毎月地蔵講を行っていたことがわかる。これが、明治期の「上十人」によって営まれる地蔵講につながる。さらに、村の共有財産に関わる「座株」の権利を本位とする座株会に改編される。地蔵講の人数は一〇人から一八人へ、さらに調査当時は三〇人へと増やされ、以前は座入り順であったが、年齢順に加入するように改められた。地蔵講は毎月二四日に行われるが、最大の行事は春秋の彼岸の祭りで、「えびすさん」の祭りにも参加する。

座株会の設立によって、座株の権利を持つ女性当主の家もメンバーシップを認められることになったが、座は座株を有する家の男子を単位に構成されたままであった。座と座株会には微妙な違いがあった。一九七六（昭和五二）年に「座株会々則補」が決められ、貯蓄金利子の分配・地蔵講員の特別待遇・一〇年ごとの会則改定に関する条文が休止されている。この段階で、共有財産に関する権利を契機とする座株会の実質は形骸化したと思われる。

第一〇回：上代町（二〇〇六年調査）

上代町《うえだい》には、昔は「十人衆」と呼ばれるものがあったとだけ言及されているが、詳細はわからなくなっている。

なお、座式規定を改定した天保二（一八三一）年九月「取締規定書」（和泉市役所蔵）が伝わっている。村内百姓家を地域ごとに一〇軒前後一組で、五組に編成し、相互の取り締まりを規定している。この座は氏神（上代村牛頭天王社）で二月・八月の二七日に祭りを行っている。「住人（拾人衆）」や一老・二老、年順当番などが確認できる。

写真27　春木川・座株会所有史料

写真28　天保２（1831）年上代村「取締規定書」

第一一回：池田下町泉財《せんざい》（二〇〇七年調査）

池田下村では、近世の座は水利秩序・同族に基づく門中《もんちゅう》などの秩序が絡み合って存在していた（『池田編』）。聞取りによれば泉財座は一九五六（昭和三一）年ころまで存続していた。各家の第一子だけが座入りすることができ、一歳となった正月に、妙法寺境内にある泉財神社で、入座の儀式が行われていた。

また、願成寺《がんじょうじ》座に所属する人もあり、大正二（一九一三）年から当時までの「願成寺座所蔵文書」が残されている。「願成寺の寺座」ではなく、願成寺で行事が行われたための名前と理解されている。その構成員には池田下町のうち願成・山深《やまぶけ》・泉財・久保《くぼ》出《で》の四集落の人がいる。泉財には同じ姓を持つ家を基本とする門中という家結合があり、願成寺座に加入できるのは森内・前田・富尾の三門中に限られる。原則としてその家の長男が六歳になると入座する。「カケシ勘定」と「修正会」が当時も行われている。

第一二回：池田下町四町会（中村・久保出・願成・山深）（二〇〇八年調査）

中村にある中村八幡宮の宮座は、以前は林（＝上）と庄出《しょうで》（＝下）の二座に分かれ、「午前の座」と「午後の座」として別々に催した。各座に一～四老と神主がおり、両方を合わせて「十人」と呼んだ。「十人」に加わることを「座入り」と呼び、座の年寄に鯛を添えた本膳《ほんぜん》を振舞った。一九五九（昭和三四）年以降座の改革が行われ、現在（調査当時）に至る。当時もさまざまな行事を担当している。満六歳以上の男子に入座

写真29　泉財座

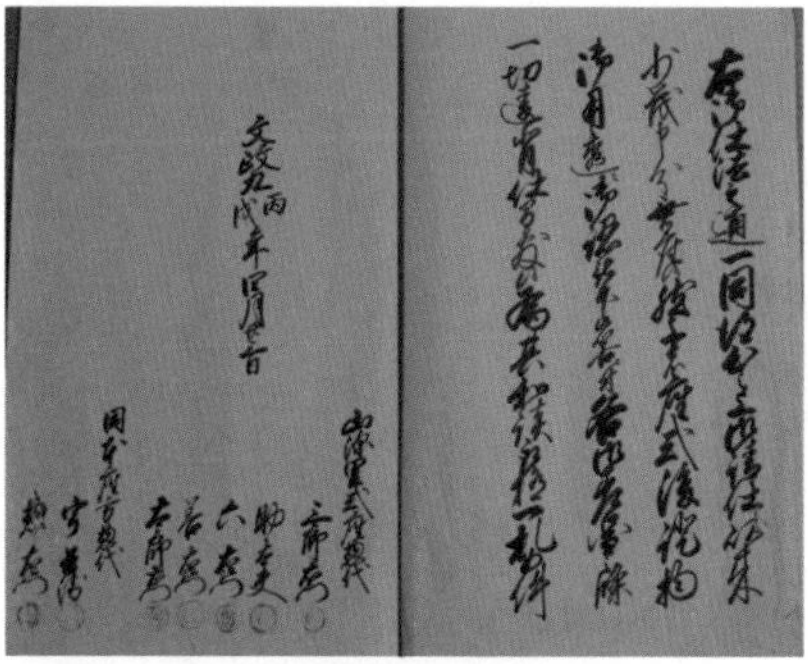
写真30　山深・天神座の史料

資格があり、小学一年生を神主が勧誘する。入座者の減少が悩みの種だという。
久保出の旦那寺は東岸寺《とうがんじ》であったが、今は町会館として活用され、仏像も安置されている。同じ敷地には久保出で祀っていた大将軍《たいしょうぐん》社の堂も残されている。東岸寺座は久保出の男性が入る。小学一年生になった時に「氏子」に入るか判断するが、今まで入らなかった人はいない。左右二座に分かれ、各五人の年寄を「十人衆」という。明《みょう》王院《おういん》（池田下町）住職を呼んで行う一月九日の祭礼（法事）が主な行事で、十人衆に加えて、左右それぞれの当屋《とうや》が準備を担う。当屋は二〇歳前後で回ってくる。座の共有田を墓地委員会に売却した代金が財源になっている。明治期から当時までの東岸寺座関係史料が残り、また座年寄六人と神主・庄屋・年寄名の記された安永七（一七七八）年の大将軍社遷宮の棟札《むなふだ》も残されている。
願成では、願成寺座に関して聞き取ることができた（池田下町の四集落から加入）。願成寺座の構成員は左右に分かれ、それぞれ一老から六老までの年寄がいる。年寄に任期はない。願成と山深は全員左座である。左右両座はそれぞれ互いに干渉しない。主な行事は、一二月二〇日の会席と正月二日に願成寺で行われる明王院住職の読経である。ただし、座についての価値観が変わったのか、調査当時の願成ではここ一〇年ほど新規座入りはないという。
山深にあった高福寺の仏像は町会館に移され、寺の建物は同じ境内にあった天神社とともに今は存在しない。山深には天神座があり、一九九〇（平成二）年頃まで存続していた。明和六（一七六九）年の墨書がある木箱に、明治期以降の史料が収納されて、

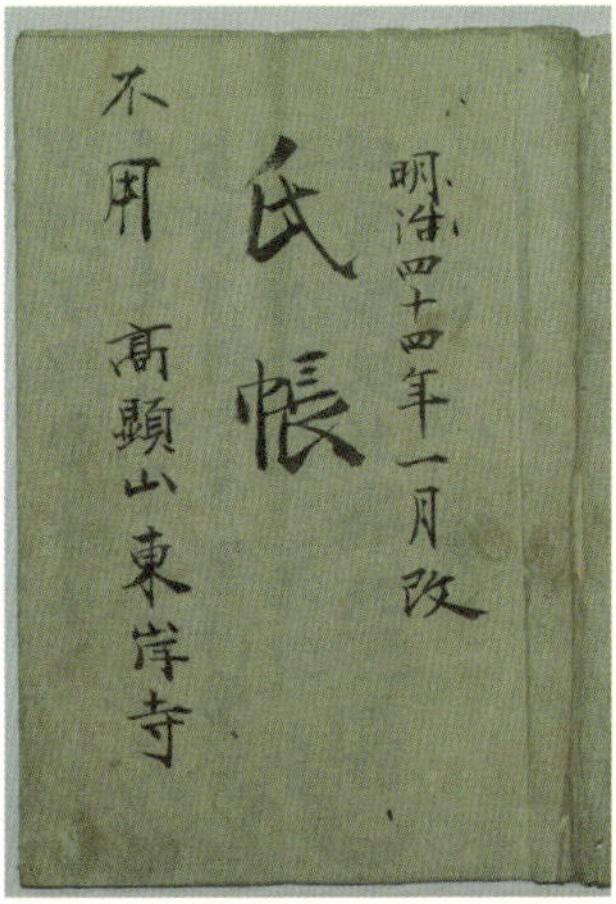

写真31　久保出・東岸寺座関係史料

個人宅で保管されている。

なお、これとは別に近世の座関係史料も残っており、明和三（一七六六）年までは、本座・脇座・側座の区別があったが、それが本座と座外に再編され、文政九（一八二六）年にともに修正会を行う本座と弐座となった経緯がわかっている。

このように池田下町の五町会では、座の組織が再編されながら強固に存続していた。ただし調査当時は入座が減少するなど、共通する問題に直面していた。もっとも、東岸寺座（久保出）では、入座が継続しているが、これは座の共有財産の存在や他からの転入が少ないことと関連しているのかもしれない。

第一五回：尾井町（二〇一一年調査）

町域には小栗街道（熊野街道）沿いに展開する集落（上尾井・下尾井）と、信太山丘陵の内部に位置する山ノ谷という集落があり、町会は二つに分かれている。小栗街道近くに、延喜式神名帳（一〇世紀成立）にも記載された旧府《ふるふ》神社（元牛頭天王社）がある。旧府神社の座関係史料一二〇点余が三つの箱に収められ、持ち回りで管理されている。そこには明治から昭和期を中心に、座の会計に関する史料や座田の小作に関する書類が含まれている。また、寒川靖弘氏所蔵史料にも旧府神社の座に関わる史料が含まれる。

この座は、もとは十人衆だったが、一九六四（昭和三九）年から二十人衆とした。尾井の住民の男子（長男以外も）が加入でき、昭和三〇年頃までは正月座で前年に生まれた男子を加入させ、登録していた。二十人衆は、毎月輪番で一と六の付く日に旧府神社の掃除をしたり供物を供える。かつて座田二ヶ所を所有し、小作させていたが、調査当時は市所有となっており、座田からの収入はない。

山ノ谷（原作《はらさく》）では、延享期（一八世紀半ば）から大正期に及ぶ行者講《ぎょうじゃこう》関係史料が町会館に残されている。これは、行者「講」ではあるが、町会に残されていることを考えると、他の地区の座と同様の位置を占めていた可能性があるかもしれない。

第一六回：和気町（二〇一二年調査）

和気には、大覚《だいかく》僧正を開基とする日蓮宗妙泉寺があるように、日蓮宗との関わりが深い。六人衆所蔵史料には、一八世紀後期から昭和二〇年代の座の行事や名簿が記された「恒例之祭祀古例法式目録」ほか数十点の史料や「法華曼荼羅《ほっけまんだら》」（日像《にちぞう》筆、暦応《りゃくおう》三［一三四〇］年）などの軸二点が含まれ、持ち回りで管理されている。六人衆には座入りの名簿順に加わる。かつて一老は終身であったが、昭和初年に四年、昭和三〇年代に三年、（調査時の）八年前から二年、四年前から一年の任期とした。昔は六老になる前に年行事（二人）を務めることになっていた。毎年正月六日と九月六日に六日《むいか》座が行われる。六人衆が一老の家に集まり、曼荼羅を掛け、読経した後、町内二ヶ所の「のがみ（野神）さん」にお参りした後、会食する。正月の六日座が終わると一老が交替する。六人衆は、交替で和気神社（元八幡宮社）にお参りし、榊《さかき》・水・洗米《あらいごめ》を取り換える。

調査当時、座に加入している家は八二軒で、六人衆が手分けして各家から「一老米」（年間一〇〇〇円）を集める。昭和四〇年頃に座入りを停止したため、まだ六人衆になっていない人は二〇人ほどになってしまい、今後どうするかが課題であるという。

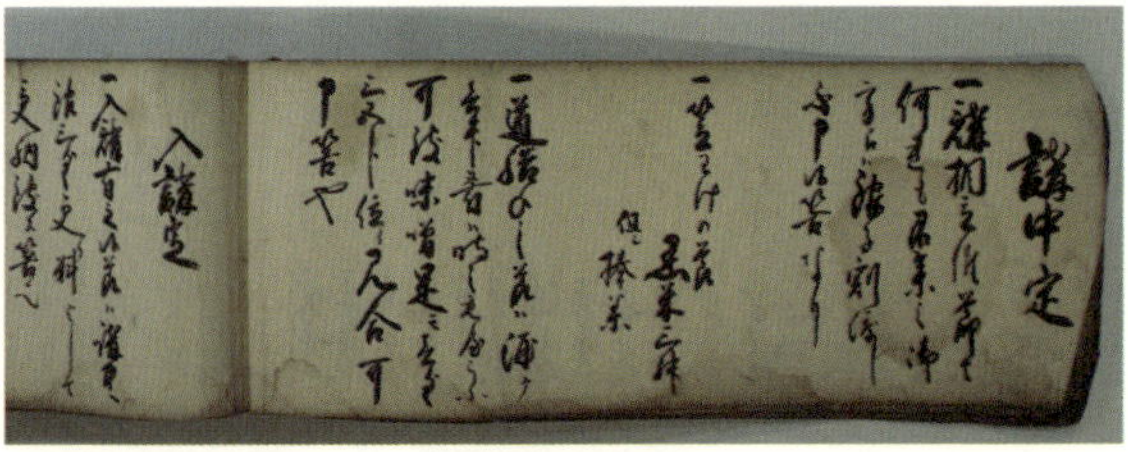

写真32　尾井山ノ谷・行者講関係史料

写真33　尾井・旧府神社座関係史料

写真34　和気・六人衆所蔵史料

写真35　伯太・天神団所蔵史料

第一七回：伯太町（二〇一三年調査）

伯太下ノ宮天神団は、一九一六（大正五）年に菅原神社（天神社＝下ノ宮）が伯太神社に合祀された際に、それまでの（天神）座構成員によって設立された組織である。菅原神社の元境内地にある倉庫に大量の史料が残されている。天神団としての土地を持ち、小作料や家賃を「年貢」として集め、運営資金に当てている。役員は、理事二名、総代一名、会計一名、監査二名で二年ごとに選挙が行われる。現用の名簿には六一軒が登録されているが、町外に移住した人も多く、実数はもっと少ない。天神団所蔵史料には、一九世紀前期からの座儀を記した帳面や文政八～昭和四〇（一八二五～一九六五）年の「盛講名前帳」が含まれ、天神団が天神座から引き継がれてた事情を明らかにできるであろう。

第一八回：芦部町（二〇一四年調査）

芦部町は、近世には今在家村という名称であった（第1部参照）。芦部座所有史料には、中世末の年記を持つ若宮《わかみや》八幡宮の棟札や近世前期から現在に至る史料が持ち回りで残されている（現用のものを含む）。その

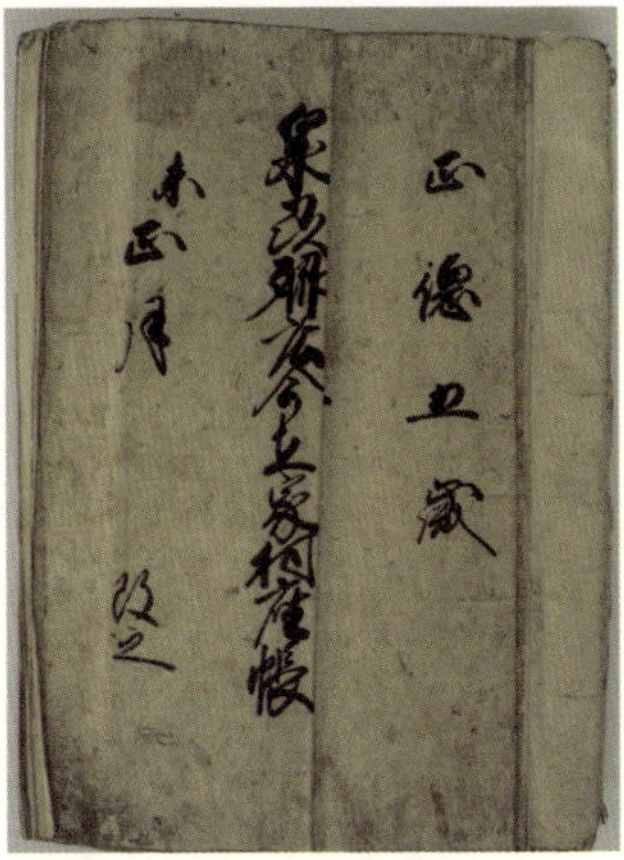

写真36　芦部・座所有史料

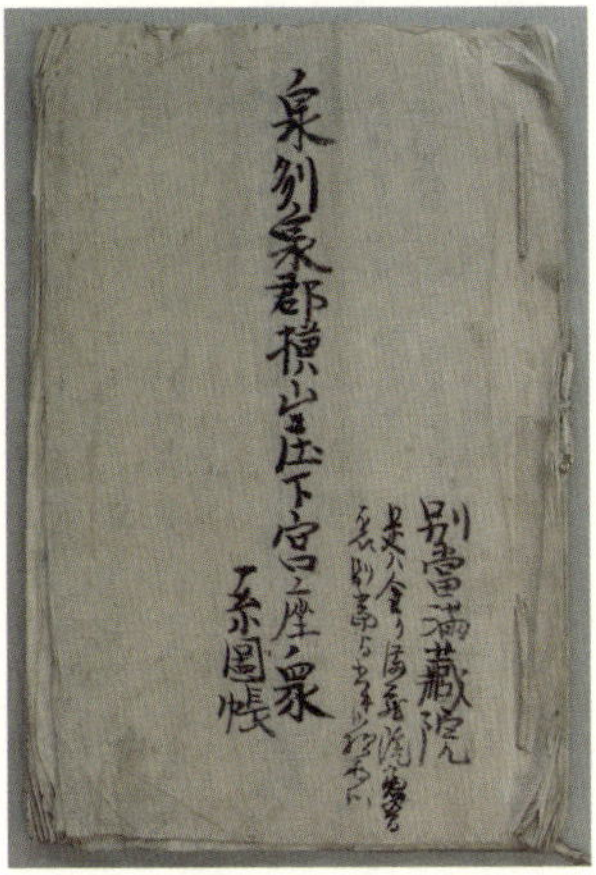

写真37　北田中・壺井氏所蔵座関係史料

写真38　肥子・菅原神社座講関係史料

なかには、正徳五（一七一五）年から一九二五（大正一四）年までの座入り者が記録された「泉州郷庄《ごうしょう》今在家村座帳」など重要史料を含んでいる。十人衆（人数は一一人）の中の上位三名は一老・二老・神主である。昭和四〇年頃から一老は二年任期となり、平成に入って一年交代となった。十人衆になる前には、三座の当屋を務める必要があった。三座とは、一月十日座（えびす座）、一月十七日座（観音座）、十月（旧九月）十日座（松茸座）である。一月十日座と十月十日座では草履《ぞうり》と注連縄《しめなわ》、供物のにぎりめしと煮干しを持って野神《のがみ》（四方神《しほうしん》）を回る。供物を供えて般若心経を唱えた後、宴会となる。一月十七日座では、十人衆が参加して、成福寺《じょうふくじ》で家内安全の祈願が行われる。自宅で三座を行う当屋は負担が重く、一〇年前から三座の行事は町会館で行うようになった。座の所有する宮田からの収益は運営資金となる。

第一九回：北田中町（二〇一五年調査）

一九六〇年代に『和泉市史』が編纂された際の筆耕史料に座関係史料が含まれているが、座の活動は停止してから久しく経っており、史料の行方も確認できなくなっている。当時の座の様子は伝聞でしか残っておらず、記憶からも消えつつある。これとは別に壺井勤氏所蔵史料のなかに近世の下之宮《しものみや》座関係史料が含まれる。前述の下宮牛頭天王社（八坂神社）の宮座であり、村の特定の姓を持つ家だけが加入することができた。

第二〇回：肥子町（二〇一六年調査）

多数の菅原神社座講の関係史料が持ち回りで管理されている。主として、古い時期のものは「座講」という貼紙がされた木箱に、昭和五〇年代以降の新しいものは段ボールの文書箱に収納されていた。前者には、座儀を記した天保三（一八三二）年のものと思われる「座式帳」や明治四（一八七一）年から一九二二（大正一一）年まで連年の「修正月会《しゅしょうがつえ》人名之事」や「生子座入《せいしざいり》」を記録した帳面などがある。後者には、一九七八（昭和五三）年・一九九五（平成七）年の「肥子菅原神社座講規約」や座講所有地の売却や管理に関する史料、会計関係の史料などが中心である。座講の所有地の意味は大きく、一九八〇（昭和五五）年の肥子会館の建て替え費用二〇〇〇万円の八割を負担し、所有地にあるモータープールの使用料が大きな収入源である。

現在（調査当時）、出生時に三〇〇〇円納めると「三銅《さんどう》」、結婚して祝言《しゅうげん》料五〇〇〇円を納めると「六銅《ろくどう》」と位置づけられ、六銅の人が六五歳になると自動的に年寄衆になる。年寄衆のうち年齢順に上から一〇人を十人衆と呼ぶ。座講の運営は役員（総代一人・副総代二人・会計一人・監査二人）と十人衆で理事会（年六回）を構成する。一二月二〇日頃に年寄衆総会を行い、菅原天神に参拝し、六銅以上の講員に五合餅を配る。また、隔年で研修旅行を行っている。日常的には、「祭祀衆」（六銅の以上の特定の二〇軒の家）が半月交替で、会館前の祠に毎日洗米と塩・水をお供えしている。

第二一回：万町（二〇一七年調査）

座は一九七〇年ごろに活動を停止している。座の史料に関しては、寛政一二（一八〇〇）年に座の文書箱（座箱《くらばこ》）がいっぱいになり、二つ目の座箱を作った記録（『俗邑録《ぞくゆうろく》』）がある。その座箱二つが、かつて町の集会所として利用されていた天受院《てんじゅいん》（小寺《こでら》）で保管されていた。また、個人宅から三つ目の座箱が発見された。

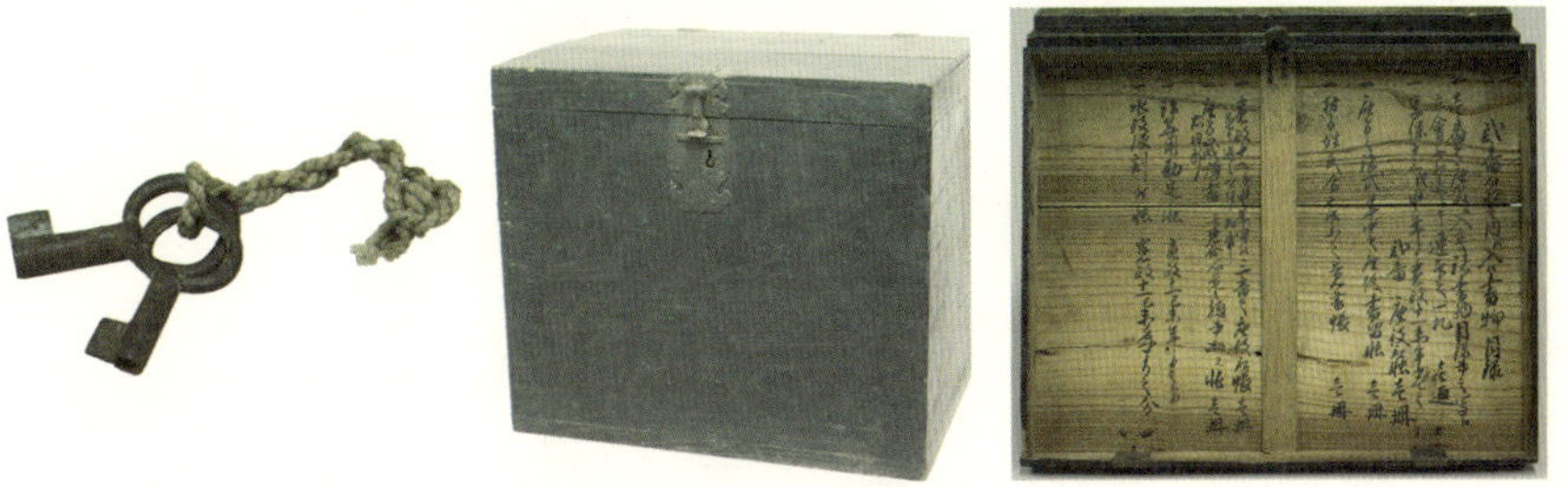
写真39　万町・座関係史料

天保一四（一八四三）年三月に作成された木箱で、近代以降を中心とする座の史料が収納されている。

一七世紀前半には本座と南座に分かれていたが、貞享三（一六八六）年に「一所」にしている。この時、座の年寄（後には順人衆と呼ばれる）が連印するとともに、「長者《ちょうじゃ》家」たる伏《ふせ》屋《や》家を「惣座上《そうざかみ》」とし、伏屋家の別家《べっけ》もそれに準ずるとしている。なお、一九五二（昭和二七）年に一老の任期を三年とし、座の序列を実年齢によることにするなどの変更が行われた。さらに、一九八九（平成元）年に座の「順人衆」を解散し、神社を祀るのは老人会が行うことになったという。

以上は、『市大日本史』に掲載された各回の合同調査のまとめから摘記したものであり、内容の再確認が必要な点もあるかと思われる。先にも触れたように、合同調査時に聞けなかったり、見出せなかっただけで、実際には座が存在していたこともあるかもしれない。*また、早い時期に調査した町会では、その後に変化しているものもあるだろう。しかし、市域の村むらに広く座が存在していたことは確実である。

＊合同調査後の調査によって、国分村、池上村にも近世の座が確認されている。

3　座から見る地域社会

ここまで、合同調査においてうかがい得た座の一端を振り返ってきた。市域の村落生活における座の重要性は『和泉市史』第二巻の段階でも理解されており、当時の史料調査と聞き取りをもとにいくつかの村の座について記述されている。今回の編さん事業においても、合同調査やそれ以外の史料調査で見出された座関係史料の分析も進められ、論文としても発表されている。また、すでに地域叙述編（『松尾編』・『池田編』）で春木川町、万町村、池田下村、坂本新田などの座の特徴が紹介されている。以下では、それらの成果も念頭に、いくつかの特徴と思われる点に触れておこう。

市域の座の特徴

言うまでもないことだが、第一には、市域の村むらで広く座が営まれていたことである。同時に、先の紹介でみたように、例えば、年寄衆の人数一つとっても、そのありようは一様ではなかった。

第二には、江戸時代の座は、村の神社の宮座の性格を持つことが一般的であり、年寄衆の中で神主の役を務めることが広く見られた。しかし、座儀の内容は複合的であり、修正会や大般若経転読など村寺の寺僧が関わることも広く見られた。春木川村のように、地蔵寺で年寄衆が地蔵講を営むこともあった。明治政府が強制した神仏分離以前は、神仏習合が当たり前だったのである。七月に子どもを主体とする牛神祭りが行われる村も多く、多様な座儀の担い手が複合的に座内組織を形成していた。その中で年寄衆（年寄中）と並んで、重要な位置を占めるのが若衆《わかしゅう》（若者中《わかものちゅう》）であった。

第三には、村政の組織と座の組織が不可分の関係にあることも多く見られたことである。万町村の長者家として「座長上」の地位を認められた伏屋家は同村の庄屋であった。一八世紀後半になると、「村儀」に関わる諸参会・諸振舞において、順人衆と組頭のどちらの座席を上にするかが問題になっている。これは村役人としての立場と年齢階梯的な座の秩序が絡まっている一例である。また、村請制村《むらうけせいそん》としての池田下村は、内部に中村・泉財・久保出・願成・山深の五つの集落が含まれていたが、村役人は庄屋と五～六人の年寄であった。年寄は一村全体の村役人であると同時に、各集落から一人（中村からは二人）が出ていた（各集落の代表）。明王院と隣接する御霊天神社《ごりょうてんじんじゃ》が一村全体の惣氏神であるとともに、集落ごとに旦那寺と神社があり、そこで座が営まれていた。そのうち泉財では、集落内部に門中（同族団）が形成されており、その門中ごとに村の「役儀《やくぎ》相勤め来《きた》り候本座筋目《ほんざすじめ》」などという位置づけが与えられていた。それぞれに形は違うが、村政の秩序が座の秩序と絡まっていることも多かったのである。

第四には、一七世紀中頃に開発された坂本新田でも、一八世紀半ばには座が作られていた点である。古くからの習俗に基づく宮座がない新田であっても、この地域のあり方に倣《なら》って座を形成したものと思われる。ただし、そこでは多様で複合的な座儀などはうかがえず、シンプルで座を構成すること自体が重視されたようであるが、それも新たに入植した百姓たちによる新田集落の特質を反映していると言えよう。また、新田の開発請負人で庄屋である赤松家も、座ではほかの住民と同じ位置づけであったことも注目されるところである。

市域の座の全般的趨勢

次に、それぞれに固有の形を持つ座であるが、その全般的な趨勢《すうせい》について考えておこう。

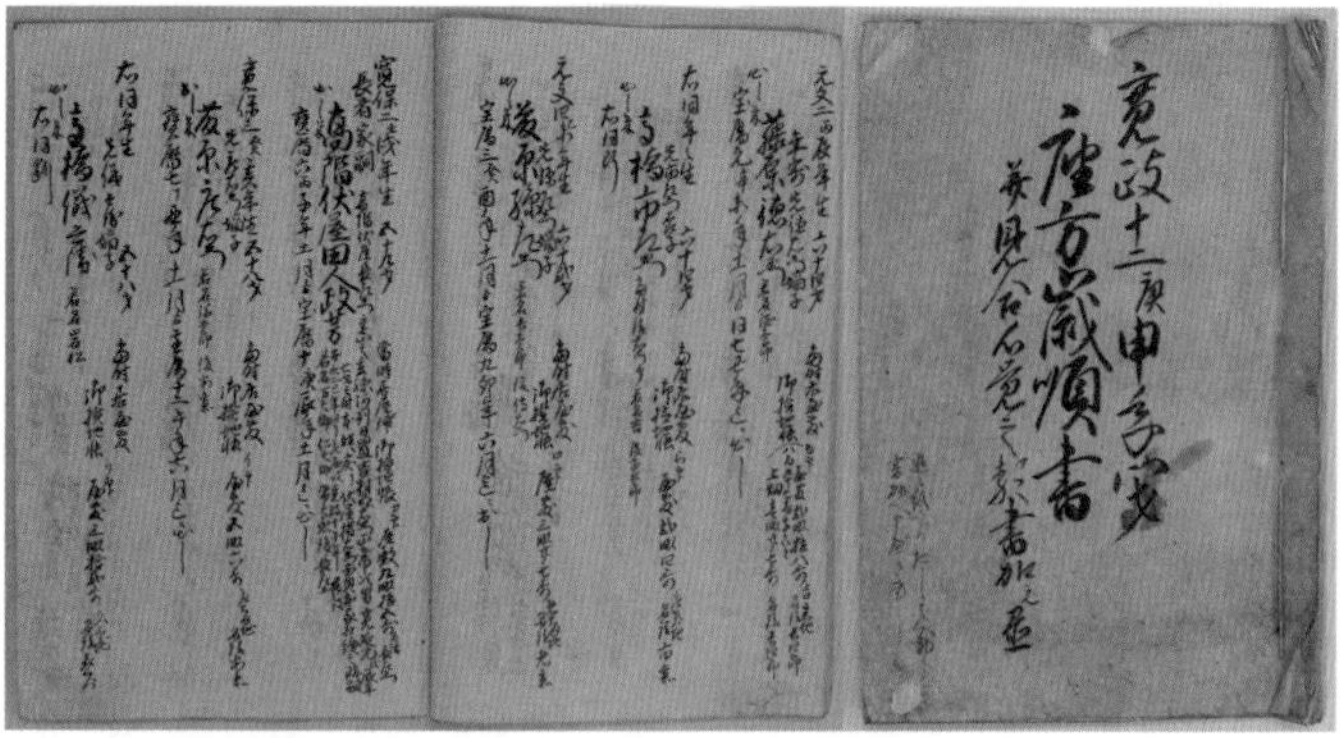

写真40　寛政12年「座方歳順書」（万町・座関係史料）

それぞれの村の座は、おそらく何らかの形で中世以前からのつながりが見られるものが多いであろう。黒鳥村は、一四世紀には安明寺《あんみょうじ》を結集核とする五つの座（僧座・本座・南座・新座・弥座《みざ》）を構成していた。ただし、これが近世の黒鳥村とその内部の辻村・上村《かみ》・坊村《ぼう》の三ヶ村という二重構成の村落構造（『信太編』参照）にどうつながっていくかは不明である。万町村でも戦国末期に座が存在していたことは間違いないが、一七世紀後半に本座と南座が「一所」になり、近世の座の形ができあがるのである。万町村の村落構造自体が一七世紀を通じて形成されていったことの一環をなしていたものと思われる。

唐国《からくに》村でも、元禄四（一六九一）年に座衆（「講中」）と座外衆（「講外」）との対立があったが、それ以後に両者は本座と南座に編成されていく。おそらく村の草分け百姓が座を構成し、それ以外の家は座に加われない形が普通だったのが、そのうち座外の位置にあった家が「南座」という形で加わることが見られたのであろう。春木川村では、一八世紀前半の元文二（一七三七）年の段階には本座と小座から構成されていたが、これもその一例と考えられよう。ただし、池田下村の山深集落では、明和三（一七六六）年までは、本座・脇座・側座があり、本座と座外への再編を経て、一九世紀に入った文政九（一八二六）年に本座と弐座となっており、時期的に遅れる村もあったであろう。

総じて、一七世紀には各村の村落構造が形成されていき、座の秩序もそれとともに形作られていったと思われる。そして一八世紀末から一九世紀にかけて村落秩序の動揺が見られるようになるが、その反映が倹約を標榜した村中申合せの形成であった（第1部参照）。その際、村内の若者層の取締まりが一つの焦点

写真41　天和３年「本座・南座田入日記」（万町・座関係史料）

になった。座の儀礼的な中心には年寄衆が位置していたが、若者層は祭礼や盆踊りなどの中心的な担い手であった。また、彼らは往々にして、博奕に加わったり、他村の若者と喧嘩をしたりすることが見られたため、村にとっては統制の対象でもあった。一九世紀には座儀の規定が多く残されているが、それにはこうしたことも背景にあったのではなかろうか。

第一回の合同調査で出会った小田村の「座儀規定」においては、一九世紀初めから明治末期ころまで、繰り返し経費節約・倹約を標榜した「座儀」の改訂が行われていた。＊とはいえ、大きな政治的変動である明治維新を挟んでいるにもかかわらず、また、繰り返しの改訂が行われても、基本的な座儀の枠組みはほとんど変わってない。このことは、地域社会、とりわけ「村」を総体として捉えるためには、全国的な政治変動には解消されない、地域の生活世界レベルの持続性を見据えたうえで、両者を統一的に把握する視点が不可欠なことを示していると言えよう。

＊一八七二（明治五）年の「座儀倹約規定書」の冒頭の箇条には「当村座儀、古来よりその度ごと振舞それぞれあい勤め来たりそうらえども、今般御改政に付き、よんどころなく発（廃）止せられ、再度取り締まり、ことごとく左に記す」とある。「倹約」が標榜され、明治維新が意識されているが、本文に記したように、座儀の大枠は変わっていない。

同様のことは、近世から書き継がれた座衆の名前帳が、明治維新を挟んでも変わることなく書き継がれている多くの事例にも見てとれる。正徳五（一七一五）年から一九二五（大正一四）年までの座入り者が記録された「泉州郷庄今在家村座帳」はその一例である。また、肥子町に弘化三（一八四六）年から一九一六（大正五）年まで書き継がれた「生子座入扣《ひかえ》」と一九一七（大正六）年から一九六四（昭和三九）年までの「生子座入帳」が残されているのも、その例である。

肥子町に残る一八七一（明治四）年から連年の「修正月会人名之事」も、明治維新以前からの連続が想定される。

しかし、二〇世紀初頭の大正期になると状況が変化してくる。その前提には社会の大きな変化があるが、より直接的には、明治政府が大字ごとに存在していた神社を、ほぼ行政村に一つの村社に合祀していく政策を取ったことがあった。これにより、近世以来の宮座によって運営されていた神社がなくなってしまったのである。伯太村の天神団は、一九一六年に菅原神社（天神社＝下ノ宮）が伯太神社に合祀されたことにともなって再編されたものであった。春木川村で座株会が組織されたのもこの頃である。

さらに近年、座が存続の危機にあることがうかがわれた。近世から現在まで続いている座もあれば、三〜四〇年前ころから実質を失い、あるいは取り止めたものなど、やはり一様ではない。そうした危機の起点となるのが、一九六〇年代の高度成長期である。多くの座において、高度成長による日本社会の根底からの生活様式の変化の影響を受けざるを得なかったことが明瞭に見て取れると言えよう。各町会の座の現状を見る時、座の共有財産を残しているところが持続性を強く持っていることも注目される（例えば、肥子町の座講）。同様に、管理すべき神社や仏寺があったり、また野神を祀るなどの行事がある場合にも、座の継続性が強いように思われる。

日本列島の地域社会の歴史展開は、戦国末に成立した家と村に基盤を置く日本の伝統社会が高度成長期に解体するという大きな展望（伝統社会論）で把握することができる。座のあり方はまさにそれと平仄《ひょうそく》を合わせるものと言えよう。そのなかで、明治維新という政治的な大きな変動にもかかわらず、一八世紀の末から二〇世紀の初頭頃まで続くいわゆる「長い十九世紀」の波動が存在していたように思われる。時代輪切りの歴史把握の克服をめざした合同調査は、こうした大きな歴史的な展望をもたらしてくれたのである。

関連年表

西暦	和暦	事柄
一三世紀中頃		市域で、中世の惣村が成立し始める
一五八一	天正　九	織田信長により松尾寺と槙尾山が破却される
一五八五	天正一三	豊臣秀吉が関白になる
一五八六	天正一四	片桐且元が和泉国上条郷において、一〇七〇石を支配する
一五八七	天正一五	池田谷上村八ヶ村が高野山蓮明院と師檀関係を結ぶ
一五九四	文禄　三	和泉国で太閤検地（文禄検地）が行われる
一六〇三	慶長　八	徳川家康が征夷大将軍になる。江戸幕府創立
一六一一	慶長一六	和泉国で、片桐且元による検地が行われる
一六一五	元和　元	大坂夏の陣。豊臣氏滅ぶ 片桐且元が死去し、弟の大和小泉藩主貞隆が領地を引き継ぐ。市域三ヶ村が同藩領となる
一六一六～二〇	元和二～六	摂河郡代須田広庄が横山谷の代官を務める
一六二一	元和　七	堺奉行喜多見勝忠が横山谷の代官を務める
一六二二	元和　八	山田直時（元北條氏家臣）が横山谷の代官を務める
一六二三	元和　九	槙尾山と横山谷の村むらとの山の用益をめぐる争論が境界の確定にともない収束する
一六三三	寛永一〇	京都所司代を筆頭とした「八人衆」体制（畿内の支配体制）が完成する
		石河勝政が堺奉行に就任する
一六三五	寛永一二	五畿内・近江の建築に携わる諸職人の諸役が免除される
一六四二～六一	寛永一九～寛文元	彦坂吉成が和泉国の代官を務める
一六二四～四四	寛永年間	五畿内・近江の大工が大工頭中井家のもとに編成される
	寛永末～正保	松尾寺と松尾谷の村むらとの山の用益をめぐる争論が、境界の確定にともない収束する
一六四五	正保　二	石河勝政が堺奉行と代官を兼任し、和泉国内の幕領三万一二〇七石を支配する。
一六四四～四八	正保年間	国ごとに正保郷帳を作成する

西暦	和暦	事柄
一六六一〜七三	寛文年間	このころ、山の境界をめぐって、村むらの争いが激しくなる
一六六一	寛文 元	旗本渡辺吉綱が大坂城玉造口定番に命じられ、和泉・河内国に一万石を加増される。市域三ヶ村が同氏領となる
一六六二	寛文 二	大坂城代に青山宗俊が就任し、摂河泉を含む六ヶ国に五万石の所領が与えられる。市域三ヶ村が同氏領となる
		彦坂氏の代官領が大坂城代の役知領になる
一六六三	寛文 三	中坊時祐が和泉の代官職を含むすべての役を退く。近江代官小野氏が後任を務める
一六六四	寛文 四	水野元重が堺奉行に就任。石河勝政・利政父子の支配所の一部を受け継ぐ（残りは幕府代官領となる）
一六六四〜六五	寛文四〜五	畿内「八人衆」体制の終了
一六六五	寛文 五	幕府が「諸社禰宜神主法度」「諸宗寺院法度」を発令する
		槙尾山に「泉州槙尾山法度」が出される
一六六六	寛文 六	蔭凉庵が信太山の一画を買い取る一札を信太郷七ヶ村と取り交わす
一六六八	寛文 八	渡辺吉綱が死去、大坂定番を解かれる。河内・和泉の所領は維持される
一六六九	寛文 九	堺奉行水野が泉州の寺社の管轄を命じられる
一六七〇	寛文一〇	南王子村西教寺が本願寺から寺号を授けられる
一六七五	延宝 三	大坂城代青山氏領の今在家村で、新田検地が行われる
		堺奉行水野により、各寺院の宗旨と本末関係の取調べ（「寺院本末宗旨改」）が行われる
一六七六	延宝 四	王子村常念寺が本願寺から寺号を授けられる
一六七七	延宝 五	坂本村の一部が切り拓かれて、坂本新田が成立する。大坂城代青山氏領となる
一六七七〜七九	延宝五〜七	幕領を対象に延宝検地が実施される
一六七八	延宝 六	太田資次が大坂城代に就任する。青山氏領が太田氏に引き継がれる
		谷山池郷の村むらと納花村との間で、山の帰属と境界について取り決めた一札が取り交わされる
一六八〇	延宝 八	徳川綱吉が将軍に就任する
一六八一	延宝 九	稲垣重氏が堺奉行に就任。観音寺村と寺田村が同氏領となる
一六八四	貞享 元	大坂城代太田資次が死去、寺社奉行水野忠春の城代兼任を経て、駿河国田中藩主土屋政直が城代に就任し、和泉国を含む二万石が加増される。太田氏領は土屋氏領に引き継がれる

西暦	和暦	事柄
一六八五	貞享　二	土屋政直が城代を退任し、京都所司代に着任、和泉の所領はそのまま土屋氏領として残される
		堺奉行稲垣による寺社改めが行われる
一六八六	貞享　三	伯太村西光寺が本願寺から寺号を授けられる
		将軍綱吉の側用人松平忠周が丹波亀山から武蔵岩槻藩に転封され、和泉国内にも所領を与えられる。市域九ヶ村が岩槻藩領となる
一六八七	貞享　四	万町村で本座と南座に分かれていた座が、座儀を一緒に行うようになる
		下宮牛頭天王社の神主葛城家が、京都吉田家から官位を許可される
		土屋政直が老中に就任し、駿河国田中藩から常陸国土浦藩に転封となる。和泉国の土屋氏領は同氏が支配を続ける
一六八八	元禄　元	側用人牧野成貞、和泉国を含む二万石を加増される。市域一六ヶ村が関宿藩領となる
一六九一	元禄　四	堺奉行佐久間宇右衛門による寺社改めが行われる
一六九二～九六	元禄五～九	唐国村において座衆（「講中」）と座外衆（「講外」）との対立が起こる
一六九二	元禄　五	五畿内・近江の各大工組で仲間定が定められる
		高野山で学侶派と対立する行人派が流罪となる。それにともない、行人派の高野山子院の末寺であった市域の寺院が本寺を変更する
一六九四	元禄　七	将軍綱吉の側用人柳沢吉保が領地を武蔵川越藩に改められ、この前後に和泉を含む計九万石を加増される。市域七ヶ村が柳沢氏領となる
一六九六	元禄　九	土屋氏土浦藩、和泉国（大鳥・泉・南郡）に一万石加増される。市域七ヶ村が同氏領に加入される
		堺奉行廃止、業務は大坂町奉行所に移管される
		和泉国全体を描いた「和泉国分間絵図」が作成される
		「泉邦四縣石高寺社旧跡幷地侍伝」が作成される
一六九六～九七	元禄九～一〇	黒鳥辻村にて村方騒動。庄屋太郎右衛門が罷免される
一六九七	元禄一〇	岩槻藩主が、側用人松平忠周から老中小笠原長重に交替し、市域の領地が引き継がれる
一六九七～一七一〇	元禄一〇～宝永七	池田下村において、信太山丘陵の村中山の新開が進められる
一六九八	元禄一一	渡辺基綱が、本拠地を武蔵国比企郡野本村から和泉国大鳥郡大庭寺村に移す

西暦	和暦	事柄
一六九九	元禄一二	国分村薬師堂が江戸護国寺の末寺になる
一七世紀後半		王子村のかわたの人びとが居を移して、南王子村の集落が形成される このころ和泉国四郡の各郡を単位とする大工組が結成される
一七〇〇	元禄一三	国分村浄福寺と薬師堂との間で、境内地をめぐって争論が起きる
一七〇一	元禄一四	渡辺基綱が大坂定番に就任し、和泉国内に所領を加増される。市域二ヶ村が同氏領に加入される
一七〇二	元禄一五	土屋氏土浦藩領今在家村で新田検地が行われる。この後たびたび新田検地が行われる（宝永五年、享保七年）
一七〇三	元禄一六	堺奉行再設置 松尾寺で「和泉国阿弥陀山松尾寺掟」が作成される
一七〇四	宝永　元	柳沢吉保が甲斐国甲府藩へ転封となり、畿内の所領は幕領となる
一七〇五	宝永　二	下総関宿藩主、牧野成貞から若年寄久世重之に交替する
一七〇六	宝永　三	国分村浄福寺と薬師堂の争論について、寺社奉行所からの浄福寺勝訴の裁許が出される 室堂村施音寺の乗仙房永算・横田小左衛門尉の発願により、施音寺の大般若経が修復される
一七〇七	宝永　四	柳沢吉保領地の一部が徳川家宣側用人の間部詮房に与えられ、市域四ヶ村が間部氏領となる 黒鳥下村の次左衛門が弘法大師像を修理し、黒鳥安明寺へ寄進する
一七一〇	宝永　七	領主土屋氏の主導により、池田下村の一部が切り拓かれて伏屋新田が成立する 和泉国内の岩槻藩領が収公される
一七一一	正徳　元	土屋氏土浦藩、和泉国内に一万石加増される 黒鳥村三ヶ村の氏神天満天神社に対し、「正一位」の神位が認められる 岩槻藩小笠原長重が遠江国掛川藩に転封、和泉にあった同藩領は幕領になる 松尾寺に「条制追加」が出される
一七一四	正徳　四	このころから渡辺氏（のち伯太藩）領で御用銀の賦課が相次ぐ
一七一七	享保　二	和泉国における間部詮房の所領がすべて幕領となる
一七一八	享保　三	池田谷春日神社の神主横田家が京都吉田家との関係を結ぶ
一七一九	享保　四	「槙尾山絵図」が作成される
一七二七	享保一二	渡辺氏が拠点を伯太村へ移し、陣屋の建設が開始される（伯太藩となる）

西暦	和暦	事柄
一七二七	享保一二	牛頭天王社（仏並）神主の後継をめぐって、坪井村と仏並村で争論がおきる
一七二九	享保一四	伯太藩が領内の村むらに九二貫目の御用銀を課す
一七三二	享保一七	黒鳥辻村庄屋役、甚助から黒川武右衛門に交代
一七三三	享保一八	薩摩芋の作付け状況の調査が幕府によって行われる
一七一六～三六	享保年間	坪井村長福寺が寺号を鳳林寺と改める
一七三六	元文元	このころより泉郡大工組の細分化が始まる
一七三七	元文二	春木川村の座において座儀が規定される
一七三九	元文四	泉郡黒鳥下村（辻村）の黒川武右衛門重吉が施福寺に二八躯の仏像を施入する
		このころ、府中大工組が上林組と大津組に分立する
一七四七	延享四	田安・一橋家が設置され、賄料として一〇万石が与えられる。市域二七ヶ村が一橋領知となる
		一橋家の役所が府中に設置される。一橋家の泉州領知巡見が行われる。惣代庄屋に一二家が任命される
一七四九	寛延二	槙尾山で「泉州槙尾山御条目」が出される
一八世紀中頃		このころより和泉で薩摩芋栽培が普及し始める
		坂本新田において座が結成される
一七五五	宝暦五	信太明神社神主田辺氏らが白川家に入門する
		黒鳥辻村の黒川武右衛門が伯太藩の藩札発行を開始する
一七五八	宝暦八	今在家村にて「村中掟連判」が作成される
一七六一	宝暦一一	伯太藩の倹約書「殿様より差上米御頼み扣・御倹約書扣」が作成される
一七六二	宝暦一二	清水家が和泉国内に賄料として一〇万石を与えられる。市域一二ヶ村が清水領知となる
一七六六	明和三	山深の天神座が再編される
一七七〇	明和七	幕府が全国的な灯油統制令を打ち出す
		大坂町奉行所が摂河泉州の人力水車の絞油株を公認
		伯太藩四代藩主渡辺信綱により、伯太陣屋の改修が行われる
一七七六	安永五	万町村庄屋伏屋長左衛門政芳により、目塚の碑が建立される
一七七八	安永七	上林組の大工頭と大津組の大工との間で働場所をめぐる争論が起きる
一七八二	天明二	幕府が「諸社禰宜神主法度」を改定し、再発令する

西暦	和暦	事柄
		泉州一橋領知で千原騒動が起きる
一七八三	天明　三	一橋領知の惣代庄屋が、堺長吏による非人番支配の排除を求める願書を提出しようとする
		大坂町奉行所が油荷次を行う商人を公認する
一七八四	天明　四	一橋治済が一橋家の職制改革を行う
一七八五	天明　五	宝永七年に幕領となった旧岩槻藩領の一部が山城国淀藩稲葉氏領となる。和気・井口村が同藩領となる
		一橋家の府中役所が大坂川口に移転する
一七八九	寛政　元	万町村内に意賀美山が整備され、祀られる
一七九四	寛政　六	一橋家郡奉行による巡見が実施される
		一橋家領知の惣代庄屋一二人体制が廃止され、組ごとに惣代を二人出す体制に改正される。泉州惣代とよばれる
一七九五	寛政　七	清水家領知が収公される
一七九六	寛政　八	今在家村を中心とする金比羅講が拡大・再興される
一七九六〜九八	寛政八〜一〇	『和泉名所図会』が刊行される
一八世紀末		大工組のうち、上林組より上林西組が分立する
一八〇一	寛政一三	泉郡内一橋領知の村むらが大工組の働場所の分割について中止を願う運動を起こす
一八一二	文化　九	池田下村明王院の修復工事が行われ、素人大工を雇用する。これが後に問題化する
一八一六	文化一三	上之宮牛頭天王社（仏並村）の神主澤家と仏並村の宮座との争論が起きる
一八一七	文化一四	万町・浦田・鍛冶屋三ヶ村の管理する「桑畑山」の利用方法を中心とする証文が作成される
一八一八	文政　元	上之宮牛頭天王社（仏並村）の宮座が京都吉田家のもとに編成される
一八一九	文政　二	国分村の浄土宗檀家の宗旨改めを堺の宗泉寺にかわり、村内の浄福寺が行うようになる
		春木川村と久井村との間で、山の境界をめぐる争論が起きる
一八二二	文政　五	一橋領知において、泉州惣代が廃止され、組限りの惣代を置き、新たに郡中取締役が設置される
		黒鳥辻村庄屋が、黒川武右衛門から浅井市右衛門に交替する
一八二四	文政　七	清水家へ領知の再配分がなされる
		伯太藩領内下泉郷で庄屋間秩序をめぐる争論が起きる
一八二六	文政　九	大坂立売堀四丁目津田休兵衛常興が、和気村妙泉寺に四天王像両脇の燈明を寄進する

西暦	和暦	事柄
一八二七	文政一〇	山深の天神座が、ともに修正会を行う本座・弐座に再編される
		伏屋新田村において、宿屋二軒の営業が堺奉行から公認される
		関宿藩が和泉領内で米札の発行を開始する
一八二八	文政一一	日根郡自然田村周辺で、泉州接待講が初めて寄合を開催し、鉦打修行を開始する
一八一八〜三〇	文政年間	市域で甘蔗の栽培が広まりはじめる
一八三一	天保　二	一橋家が「和泉国大鳥郡泉郡村々様子大概書」を作成する
		泉州接待講信達組の施行により、講中が拡大する
		上代村の座式規定が改定される
一八三二	天保　三	泉州一橋領知で、郡中が二派に分かれて対立する。郡中取締役が廃止され、郡中惣代が復活する
		油方仕法の改正で、全国の油の流通機構が改編される
		泉州接待講に長滝組・中組・葛城組・牛滝組・内田組・檜尾組が結成される
一八三四	天保　五	和泉国内の一橋領知・清水領知において、大規模な博奕の摘発が行われる
		大工組上林西組と大津組に属する大工の間で、働場所をめぐる争論が起きる
		幕府が灯油統制の方針を部分的に改変
		堺奉行が堺油問屋を設置。堺市中・四郡絞油屋の取引に関する規定を定める
一八三五	天保　六	国分村浄福寺が、阿弥陀千部読誦を開催するための願書を堺奉行に提出する
		泉州接待講に我孫子組が加わり、泉州接待講は和泉国全体におよぶ組織となる
一八三七	天保　八	今在家村絵図が作成される
		徳川家慶の将軍就任により、翌年に御料巡見・諸国巡見が行われる
一八四一	天保一二	堺奉行所が泉州の村むらに対し、毎月一軒一銭ずつの長吏助成金の差出しを命じる
一八三〇〜四四	天保年間	大坂市中の不受不施派が摘発され、逃れてきた僧を匿ったとして、和気村に不受不施派の嫌疑がかけられる
一八四九	嘉永　二	今在家村墓所周辺の山の用益について、墓所を共用する村むらの間で争論が起きる
		一橋領知において、甘蔗栽培の実態調査が行われる
一八五三	嘉永　六	今在家と周辺村むらから金比羅社へ参詣しようとした金比羅講の船が播磨国家島付近で難破、死者を出す

西暦	和暦	事柄
一八五五	安政　二	和泉国の清水領知が再び収公される
一八六〇	万延　元	岡・北田中・三林村が関宿藩預りとなる（のちに収公される）
一八六一	文久　元	旧清水領知村むらのうち一部が関宿藩預り、残りが近江国三上藩遠藤氏領となる
		和気村庄屋田所太郎右衛門が京都白川家要所から稲荷社の勧請を認められる
一八六七	慶応　三	池田下村で村内取締りのための規定一九ヶ条が取り決められる
		大政奉還
一八七一	明治　四	廃藩置県
		七月、伯太藩廃止、伯太県設置、一一月、伯太県廃止、堺県に合併
一八八八	明治二一	市制・町村制が公布される
一九〇四	明治三七	日露戦争
一九〇七～	明治四〇年～	神社合祀が行われる
		市域村むらの氏神が行政村の郷社に合祀される
一九四五	昭和二〇	アジア太平洋戦争終結
		これ以降市域の宮座が次つぎに姿を消す
一九五六	昭和三一	和泉市成立
一九六一	昭和三六	信太村・八坂町が和泉市と合併する
一九六五	昭和四〇	『和泉市史』第一巻刊行される
一九九六	平成　八	市史編さん事業始まる
一九九七	平成　九	第一回合同調査が小田町で行われる
一九九八	平成一〇	松尾寺・槙尾山で総合調査が開始される

主要参考文献

▼全体を通じて

『和泉市史』第一巻・第二巻　一九六五・一九六八
『和泉市の歴史1　横山と槇尾山の歴史』二〇〇五
『和泉市の歴史2　松尾谷の歴史と松尾寺』二〇〇八
『和泉市の歴史3　池田谷の歴史と開発』二〇一一
『和泉市の歴史4　信太山地域の歴史と生活』二〇一五
『和泉市の歴史6　和泉市の考古・古代・中世』二〇一三
和泉市教育委員会『旧和泉郡黒鳥村関係古文書調査報告書』一九九五
『和泉市史紀要第1集　旧泉郡黒鳥村関係古文書調査報告書第2集』一九九七
『和泉市史紀要第2集　小田町関係史料調査報告書』一九九八
『和泉市史紀要第3集　松尾寺所蔵史料調査報告書』一九九九
『和泉市史紀要第4集　近世黒鳥村の地域社会構造』一九九九
『和泉市史紀要第5集　松尾寺地域の歴史的総合調査研究』二〇〇〇
『和泉市史紀要第6集　槇尾山施福寺の歴史的総合調査研究』二〇〇一
『和泉市史紀要第7集　近世福瀬村の歴史』二〇〇二
『和泉市史紀要第8集　槇尾山と横山谷の調査研究』二〇〇三
『和泉市史紀要第9集　高橋家と池田下村の調査研究』二〇〇四
『和泉市史紀要第10集　松尾谷南部の調査研究』二〇〇五
『和泉市史紀要第13集　松尾谷史料群の調査研究』二〇〇七
『和泉市史紀要第14集　伯太藩関係史料目録』二〇〇七
『和泉市史紀要第15集　泉郡万町村旧記「俗邑録」』二〇〇八
『和泉市史紀要第16集　和泉中央丘陵における村の歴史』二〇〇九
『和泉市史紀要第17集　池田谷地域の開発と生活』二〇一〇
『和泉市史紀要第20集　和泉の村の明細帳Ⅰ』二〇一四
『和泉市史紀要第21集　和泉市歴史的建造物調査報告書Ⅰ』二〇一四
『和泉市史紀要第23集　地域の全体史と現代』二〇一六
『和泉市史紀要第24集　和泉の寺社改帳Ⅰ』二〇一六
『和泉市史紀要第26集　「市史だより」一〇〇選』二〇一七
『和泉市史紀要第27集　近世和泉の村と支配』二〇一七
町田　哲『近世和泉の地域社会構造』山川出版社　二〇〇四

▼序

塚田　孝「地域史研究と現代—和泉市松尾地域を素材に—」『人民の歴史学』一七七　二〇〇八

塚田　孝「日本の近世社会の特質と史料—和泉市における合同調査の経験を中心に—」『市大日本史』二一　二〇一八

▼第一部

朝尾直弘「幕藩体制成立の基礎構造」『日本史研究』五九　一九六二　のち『朝尾直弘著作集』第一巻　岩波書店　二〇〇三再録

鬼頭　宏『人口から読む日本の歴史』講談社学術文庫　二〇〇〇

高岡裕之「『生存』をめぐる国家と社会—二〇世紀日本を中心として—」『日本史研究』五九四　二〇一二

▼第二部

『泉大津市史』第2巻　一九八三

『泉大津市史』第3巻　一九八六

『泉大津市史』第5巻　一九九五

和泉清司『近世前期郷村高と領主の基礎的研究—正保郷帳・国絵図の分析を中心に—』岩田書院　二〇〇八

井上智勝『近世の神社と朝廷権威』吉川弘文館　二〇〇七

大越勝秋「和泉市における宮座①②」『阪南論集』一〇—六、一一—一　一九七五

大越勝秋「和泉市宮座史料集（1）〜（8）」『阪南論集』九—四〜一〇—五　一九七四〜七五

大阪府教育委員会『歴史の道調査報告書　第一集　熊野・紀州街道—報告編—』一九八七

大阪府教育委員会『歴史の道調査報告書　第一集　熊野・紀州街道—論考編—』一九八七

『大阪府史』五　一九八五

『奥田家文書』（全十五巻）奥田家文書研究会　大阪府立中之島図書館　一九六九〜七六

川村博忠『江戸幕府撰慶長国絵図集成　付江戸初期日本総図』柏書房　二〇〇〇

『岸和田市史』第3巻　二〇〇〇

国立公文書館デジタルアーカイブ

国立国会図書館デジタルコレクション

『堺市史続編』第1巻　一九七一

『堺市史続編』第4巻　一九七三

『堺市史続編』第5巻　一九七四
『新修　泉佐野市史』第6巻　二〇〇五
『新修　泉佐野市史』第13巻　一九九九
『高石市史』第3巻　一九八四
『忠岡町史』第3巻　一九八五
辻　善之助『日本仏教史』第八巻近世篇之二　岩波書店　一九五三
福島雅蔵「泉邦四縣石高寺社舊跡幷地侍伝」について『大阪経大論集』四二　一九九二

▼第三部

朝尾直弘『近世封建社会の基礎構造』御茶の水書房　一九六七、のち『朝尾直弘著作集』一巻　岩波書店　二〇〇三に再録
朝尾直弘「元禄二年堺大絵図を読む」同『都市と近世社会を考える』朝日新聞社　一九九五、のち『朝尾直弘著作集』第6巻　岩波書店　二〇〇四に再録
朝尾直弘「幕末における領主と農民―彦坂領河内国河内郡四条村を中心に―」『日本史研究』二九　一九五六、のち『朝尾直弘著作集』二巻　岩波書店　二〇〇四に再録
浅川泰宏『巡礼の文化人類学的研究―四国遍路の接待文化―』古今書院　二〇〇八
井上智勝『近世の神社と朝廷権威』吉川弘文館　二〇〇七
井上智勝「吉田家大坂用所の設置と神祇道取締役・神道方頭役」『大阪の歴史』五五号　二〇〇〇
岩城卓二『近世畿内・近国支配の構造』柏書房　二〇〇六
大石雅章「記念講演　四国遍路と弘法大師信仰」『四国遍路と世界の巡礼』一　二〇一六
大越勝秋「泉州伯太陣屋村の研究」『地理学評論』三五―九　一九六二
『大阪府史』五　一九八五
大宮守友「『奈良奉行所記録』解説にかえて―付論　近世前期の奈良奉行―」『奈良奉行所記録』清文堂出版　一九九五
『奥田家文書』（全一五巻）奥田家文書研究会　大阪府立中之島図書館　一九六九〜七六
金行信輔「江戸寺社地の空間と社会」『年報都市史研究8　都市社会の分節構造』山川出版社　二〇〇〇
熊谷光子「一七世紀から一八世紀の和泉の所領配置」『和泉市史紀要第27集』二〇一七
『堺市史続編』第1巻　一九七一
齊藤紘子「和泉国伯太藩の家中形成と大坂定番―「家老」家々

の来歴から」『和泉市史紀要27集』二〇一七
齊藤紘子「和泉国伯太藩の陣屋奉公人と在地社会」『史学雑誌』一一九編一一号　二〇一〇
齊藤紘子『畿内譜代藩の陣屋と藩領社会』清文堂出版　二〇一八刊行予定
齊藤紘子「伯太陣屋の成立過程と陣屋元村の特質」『和泉市埋蔵文化財調査報告第7集　伯太藩陣屋跡発掘調査報告書』和泉市教育委員会　二〇一二
坂口由紀「和泉国在方非人番について」『部落問題研究』一六五　二〇〇三
菅原千華「近世小川の宗教生活―阪口家所蔵の守札を中心に―」『和泉市史紀要第8集』二〇〇三
高木昭作『日本近世国家史の研究』岩波書店　一九九〇
高埜利彦『近世日本の国家権力と宗教』東京大学出版会　一九八九
谷　直樹『中井家大工支配の研究』思文閣出版　一九九二
『樽井町誌』一九五五
塚田　孝『都市大坂と非人』山川出版社　二〇〇一
辻　善之助『日本仏教史』第八巻近世篇之二　岩波書店　一九五三
辻　達也『江戸幕府政治史研究』続群書類従完成会　一九九六
辻　達也『享保改革の研究』創文社　一九六三
辻　達也「徳川御三卿の生活―『一橋徳川家文書』に拠る―」『専修人文論集』五三　一九九四
長谷川賢二「弘法大師信仰・巡り・霊場ネットワーク―四国遍路の歴史をめぐって―」徳島県立博物館編『四国へんろ展［徳島編］』四国へんろ展徳島実行委員会　二〇一四
羽田真也「元禄四年の寺社改と村の寺」『和泉市史紀要第27集』二〇一七
羽田真也「一七世紀・泉州泉郡宮里地域における寺の成立と村」『和泉市史紀要第17集』二〇一〇
深井雅海『日本近世の歴史3　綱吉と吉宗』吉川弘文館　二〇一二
福留真紀『将軍側近柳沢吉保　いかにして悪名は作られたか』新潮新書　二〇一一
藤本清二郎『城下町世界の生活史―没落と再生の視点から―』清文堂出版　二〇一四
星野英紀「四国遍路における接待の意味―有田接待講の場合―」『宗教研究』四七（二）一九七四
星野英紀『四国遍路の宗教学的研究―その構造と近現代の展開

を中心にして―』法藏館　二〇〇〇
前田　卓『巡礼の社会学』ミネルヴァ書房　一九七一
町田　哲「近世和泉の大工組と『働場所』」『市大日本史』九　二〇〇六
町田　哲「泉州一橋領知における惣代庄屋について」『ヒストリア』一七八　二〇〇二
町田　哲「一橋領知上方支配と川口役所」塚田孝編『大阪における都市の発展と構造』山川出版社　二〇〇四
三田智子『近世身分社会の村落構造―泉州南王子村を中心に―』部落問題研究所　二〇一八
宮本裕次「大坂定番制の成立と展開」『大阪城天守閣紀要』三〇　二〇〇二
村田路人『近世広域支配の研究』大阪大学出版会　一九九五
森　杉夫「延宝検地」『高石郷土史研究紀要』第三号　高石市郷土史研究委員会・高石市教育委員会　一九七〇
森　杉夫『近世徴租法と農民生活』柏書房　一九九三
森　杉夫「泉州高石組大工」『大阪経済大学教養部紀要』五　一九八七
森　杉夫「泉州一橋領知の下掛屋」『社会科学論集』四・五　一九七三
森　杉夫「代官所機構の改革をめぐって」『大阪府立大学紀要人文・社会科学』一三　一九六五
森　杉夫「幕末期泉州一橋領知米納心得方」『部落問題論集』五　一九八一
森下　徹『近世都市の労働社会』吉川弘文館　二〇一四
森下　徹『武士という身分―城下町萩の大名家臣団』吉川弘文館　二〇一二
八木哲浩「大坂周辺の所領配置について」『日本歴史』二三一　一九六七
ヤニック・バルディ『近世和泉国における神社と地域社会』（大阪市立大学大学院提出修士論文）二〇一一
山口之夫「十九世紀の泉州幕府領・御三卿領知の貢租―石代値段と江戸廻米―」『大阪経大論集』四二―六　一九九二
山下聡一「近世横山谷の座と村落―仏並・坪井両村立会牛頭天王社と地域社会―」『和泉市史紀要第8集』二〇〇三
山下聡一「泉州の『寺社改帳』」『和泉市史紀要第24集』二〇一六
山本　薫「泉州の堺『四ケ所』長吏と郡中非人番」『部落問題研究』一五九　二〇〇二
横田冬彦「幕藩制的職人編成の成立―幕府大工頭中井家の工匠

編成をめぐって―」『日本史研究』二二七　一九八一
横田冬彦「『非領国』における譜代大名」『地域史研究　尼崎市史研究紀要』二九―二　二〇〇〇
吉田伸之「城下町の構造と展開」『都市社会史（新体系日本史6）』山川出版社　二〇〇一
吉田ゆり子「兵農分離と地域社会の変容―和泉国大鳥郡上神谷を中心として―」『兵農分離と地域社会』校倉書房　二〇〇〇
渡辺尚志『畿内の村の近世史』清文堂出版　二〇一〇

▼**第四部**

『泉大津市史』第5巻　一九九五
和泉市いずみの国歴史館『和泉槇尾山の至宝展』（図録）二〇〇〇
和泉市いずみの国歴史館『和泉国松尾寺展』（図録）二〇〇〇
和泉市教育委員会『和泉市埋蔵文化財調査報告第7集　伯太藩陣屋跡発掘調査報告書』二〇一二
『和泉槇尾山経塚発掘調査報告書』和泉市久保物記念美術館　一九八三
『和泉松尾寺文書』大阪府文化財調査報告書　第6輯　大阪府教育委員会　一九五七
大越勝秋「泉州伯太陣屋村の研究」『地理学評論』三五―九　一九六二
大阪市立大学日本史学会『市大日本史』第一号～二一号　一九九八～二〇一八
大阪府文化財センター『和泉市　伯太藩陣屋跡・信太千塚古墳群』二〇一五
『河内長野市史』第5巻　一九七五
河音能平『世界史のなかの日本中世文書』文理閣　一九九六
久留島浩「百姓と村の変質」『岩波講座日本通史15』近世5　一九九五
黒田俊雄「あたらしい地域史のために―地域史の現状と課題」『日本史研究』一八三　一九七七、のち『黒田俊雄著作集　第8巻　歴史学の思想と方法』法藏館　一九九五
黒鳥村文書研究会「河野家所蔵文書」『日本史研究』二〇七　一九七九
島田克彦「近世・近代の松尾寺地域における山林所有」『和泉市史紀要第5集』二〇〇〇
島田克彦「近代における施福寺の経営と山林所有」『和泉市史紀要第6集』二〇〇一
竹本　晃「経巻調査の意義―既多寺大智度論の事例―」『市大

日本史』一一　二〇〇八
竹本　晃「市史だよりvol.218 平成28年度市史指定文化財 森光寺所蔵大般若経」『広報いずみ7月号』二〇一七
竹本　晃「市史だよりvol.219 平成28年度市史指定文化財 森光寺所蔵大般若経（2）」『広報いずみ8月号』二〇一七
田中ひとみ「永遠維持定則からみる施福寺の組織構造」『和泉市史紀要第6集』二〇〇一
塚田　孝「近世・寺院社会の地域史」『歴史評論』六二三　二〇〇二
塚田　孝「近世槇尾山の成立と構造」『和泉市史紀要第6集』二〇〇一
塚田　孝「地域史の固有性と普遍性をめぐって」『地域史の固有性と普遍性』〈第三回地域史惣寄合・第五回地域学シンポジウム報告書〉佐賀大学地域学歴史文化研究センター　二〇一三
塚田　孝「槇尾山の歴史と地域—近世を中心に—」『和泉市史紀要第6集』二〇〇一
塚田　孝「松尾寺の近世」『和泉市史紀要第5集』二〇〇〇
塚田　孝『身分論から歴史学を考える』校倉書房　二〇〇〇
冨善一敏『近世村方文書の管理と筆耕—民間文書社会の担い手』校倉書房　二〇一七
永堅啓子「近代における松尾寺子院の変遷について」『和泉市史紀要第5集』二〇〇〇
町田　哲『近世黒鳥村の地域社会構造』和泉市史紀要第4集　一九九九
三浦圭一「和泉市新発見の大般若経について」『史林』四五—二　一九六二
三浦圭一『日本中世の地域と社会』思文閣出版　一九九三
山下有美「古代中世の寺院社会と地域—和泉松尾寺・槇尾山と在地社会—」『歴史評論』六二三号　二〇〇二
吉井敏幸「和泉国黒鳥村文書の伝来と村座・村寺」河音能平編『中世文書論の視座』東京堂出版　一九九六
吉田伸之『地域史の方法と実践』校倉書房　二〇一五

▼本書で使用した主な史料群

赤松清和氏所蔵史料（東阪本）　浅井市次氏所蔵史料（黒鳥）　浅井竹氏所蔵史料（黒鳥）　荒木吉之助氏所蔵史料（和田）　池辺一二氏所蔵史料（仏並）　池辺和雄氏所蔵史料（九鬼）　池辺義教氏所蔵史料（仏並）　井坂三武良氏所蔵史料（久井・旧市史）　泉井上神社所蔵史料（府中）　蔭凉寺所蔵史料（尾井）　宇澤甚兵衛家文書（関西大学博物館）　遠藤健治郎氏所蔵史料（黒鳥）

大阪府立岸和田高等学校所蔵史料　大阪歴史博物館・大阪歴史コレクション　小川忠二氏所蔵史料（福瀬）奥田家文書（幸）小瀬家所蔵史料（伯太・太）春日神社所蔵史料（春木）片山浩氏所蔵史料（伯太）葛城渉氏所蔵史料（仏並）門林啓三氏所蔵史料（池田下）門林智子氏所蔵史料（池田下）河野輝雄氏所蔵史料（内田）河野時治氏所蔵史料（黒鳥・内田）河合計規氏所蔵史料（和気）九鬼町会所蔵史料（九鬼）小谷家文書（堺市南区・国文学研究資料館）讃岐礼司氏所蔵史料（鍛冶屋・三林）佐野逸郎氏所蔵史料（府中）澤久太夫氏所蔵史料（坪井）下伯太天神団所蔵史料（伯太）称念寺所蔵史料（伯太）白鳥隆興氏所蔵史料（伯太・守口）森光寺所蔵史料（室堂）杉浦家文書（伯太）高岡昌博氏所蔵史料（松尾寺）高橋昭雄氏所蔵史料（池田下）高橋家文書（池田下・大阪市立大学）高橋久雄氏所蔵史料（万町）竹田博司氏所蔵史料（府中）立石康二氏所蔵史料（黒鳥）田所英次氏所蔵史料（和気）辻村家文書（府中）坪井町会所蔵史料（坪井）壺井勤氏所蔵史料（北田中）髭家文書（小田）久井町会所蔵史料（久井）一橋徳川家文書（茨城県立博物館）藤原忠男氏所蔵史料（黒石）菩提寺所蔵史料（若樫）前田幸子氏所蔵史料（芦部）槙尾山施福寺所蔵史料（槙尾山）松尾寺所蔵史料（松尾寺）万町座所有史料（万町）三浦家文書（国分）美木多地域歴史資料調査会・和田家文書（堺市）南清彦氏所蔵史料（池上）妙泉寺所蔵史料（和気）向山健氏所蔵史料（伯太）山本彦左衛門家所蔵史料（春木川）横田滋氏所蔵史料（室堂）羅漢寺所蔵史料（平井）若狭野・浅野家文書（龍野市歴史文化博物館）和気六人衆所蔵史料（和気）

史料所蔵者・協力者（敬称略）

機関

天野山金剛寺　和泉市久保惣記念美術館
和泉市立図書館　茨城県立歴史館
永青文庫　延暦寺叡山文庫
大阪大谷大学文学部歴史文化学科苫名悠研究室
大阪市立大学学術情報総合センター
大阪市立大学生活科学部谷・中嶋研究室
大阪市立大学文学研究科・文学部日本史研究室
大阪府立岸和田高等学校　大阪府立大学図書館
大阪歴史博物館　関西大学博物館
熊本大学附属図書館　小谷城郷土館
忠岡町立図書館　たつの市立龍野歴史文化資料館
人間文化研究機構国文学研究資料館
松原市文化情報振興事業団
美木多地域歴史資料調査会　八代市立博物館

寺院・檀家総代

阿弥陀寺（大野）　阿弥陀寺（府中）　蔭凉寺（尾井）
円福寺（府中）　観音寺（上代）　観音寺（父鬼）
観音寺（福瀬）　観福寺（春木）　弘法寺（万町）
光楽寺（池上）　国分寺（国分）　小堂寺（福瀬）
西教寺（幸）　西光寺（国分）　西光寺（伯太）
西福寺（黒石）　西福寺（桑原）　常光寺（伯太）
成福寺（芦部）　浄福寺（国分）　常念寺（王子）
地蔵寺（春木川）　地蔵寺（久井）　地福寺（小田）
称念寺（伯太）　森光寺（室堂）　施福寺（槙尾山）
禅寂寺（阪本）　善法寺（肥子）　太子堂（上）
大泉寺（府中）　大日寺（箕形）　中央寺（王子）
長徳寺（葛の葉）　長楽寺（黒鳥）　天受院（万町）
宝国寺（府中）　宝瓶院（松尾寺）　鳳林寺（坪井）
菩提寺（太）　菩提寺（若樫）　法華寺（浦田）
本泉寺（北田中）　松尾寺（松尾寺）　明王院（池田下）
妙源寺（府中）　妙泉寺（和気）　妙福寺（井ノ口）
妙福寺（黒鳥）　妙楽寺（唐国）　養福寺（池上）
羅漢寺（平井）　龍雲寺（伯太）

神社・氏子総代

泉井上神社（府中）　男乃宇刀神社（仏並）
春日神社（春木）　葛葉稲荷神社（葛の葉）
郷荘神社（阪本）　菅原神社（黒鳥）

団体

芦部座（芦部）　愛宕講（黒石）　荒井漆原水利（北田中）　伊勢講（万町）　小田座（小田）　小田地蔵講（小田）　小田水利組合（小田）　大畑北所講（仏並大畑）　願成寺座（池田下）　九鬼町会　黒鳥第一町会　高野講・行者講（尾井山ノ谷）　座株会（春木川）　山上講（上代）　山上講（小川）　山上講（国分）　山上講（万町）　山上講（三林）　下垣外庚申講（福瀬）　下宮天神団（伯太）　菅原天神座講（肥子）　大師講（東阪本）　辻小路座（黒鳥）　坪井町会　東岸寺座（池田下）　東阪本六人衆（東阪本）　久井町会　久井本座（久井）
伏屋右座（伏屋）　八王子座（福瀬）　和気六人衆座（和気）

個人

赤井基純　浅井市次　浅井和夫　浅井　竹
浅井睦夫　朝岡三治　赤松清和　赤松益子
荒木吉之助　荒木良彦　安栗正明　飯阪　保
飯阪有実子　飯田年茂　池辺和雄　池辺一二
池辺貞雄　池辺　覚　池辺義教　井阪武範
石川順一　井上博文　今井克子　岩本義則
内垣内雅子　遠藤健治郎　大谷久雄　岡　紘一
小川幸一　小川忠二　奥野智恵子　奥村　博
小瀬衛士　尾谷雅彦　小野昭雄　片桐昌美
片山　浩　葛城平左衛門　葛城　渉　門林啓三
門林智子　門林真由美　河合計規　川西　進
河野輝夫　河野時治　紀之定藤与茂　久保義人
古下悦朗　小西教夫　阪口永一　讃岐喜代美
讃岐恚子　讃岐容春　佐野逸郎　沢　一男
澤　久太夫　庄司　清　白鳥隆興　杉本弘文
関戸茂彰　高岡潤徳　高橋昭雄　高橋久雄
高橋良彰　高橋良雄　竹内ひとみ　竹田明郎
竹田博司　田坪賢人　立石康二　田所貞俊
田所英次　田中健一　田中ツヤ子　田中俊夫
田中ひとみ　田中光男　辻井半治郎　辻川宗次
辻　重太良　辻　武　辻野保夫　辻林喜一郎
辻林俊雄　辻林俊彦　辻村一男　辻村桂二

壺井　勤　寺田成彰　中西　寛　永野良太郎
成田雅彦　西川由紀子　西口宗続　西本永憲
藤坂仁孝　藤原武久　藤原忠男　藤原良正
伏屋秀晃　細田慈人　前田幸子　松阪　茂
松葉セイ　三井良一　光安秀樹　南　和夫
南　清彦　南　邦子　南　繁行　南　兆子
向山　健　森医院　森内　優　森口竝昌
森澤祐樹　八木　滋　山千代重榮　山本博和
山本喜昭　横田　滋　横田好広　吉元加奈美
米田桂二　渡辺恒一　渡辺ヨシ子　和田千秋
和田裕弘　室山恭子

二〇〇七年　池田下町泉財
二〇〇八年　願成・久保出・中村・山深
二〇〇九年　納花町　二〇一〇年　富秋町
二〇一一年　尾井町・山ノ谷　二〇一二年　和気町
二〇一三年　伯太町　二〇一四年　芦部町
二〇一五年　北田中町　二〇一六年　肥子町
二〇一七年　万町

大阪市立大学合同調査

（各町の町会、聞き取り・史料調査協力者のみなさん）

一九九七年　小田町　一九九八年　松尾寺町
一九九九年　福瀬町　二〇〇〇年　仏並町小川
二〇〇一年　東阪本町　二〇〇二年　黒石町
二〇〇三年　春木川町　二〇〇四年　国分町
二〇〇五年　池上町　二〇〇六年　上代町

執筆者一覧（執筆順）

塚田　孝　和泉市史編さん委員（大阪市立大学大学院教授）
永堅啓子　和泉市教育委員会
山下聡一　和泉市教育委員会
熊谷光子　和泉市史編さん調査執筆委員
齊藤紘子　和泉市史編さん調査執筆委員（京都精華大学専任講師）
三田智子　和泉市史編さん調査執筆委員（就実大学講師）
羽田真也　和泉市史編さん調査執筆委員（飯田市歴史研究所研究員）
町田　哲　和泉市史編さん専門委員（鳴門教育大学准教授）
島﨑未央　元和泉市史編さん調査員（日本学術振興会特別研究員）
山下有美　和泉市史編さん専門委員
竹本　晃　和泉市史編さん調査執筆委員（大阪大谷大学専任講師）
吉原忠雄　和泉市史編さん調査執筆委員（大阪大谷大学非常勤講師）
乾　哲也　和泉市教育委員会

▼執筆分担

序	塚田　孝
第1部	塚田　孝
第2部	塚田　孝・永堅啓子 町田　哲・山下聡一
コラムⅠ	永堅啓子
第3部第1章	熊谷光子
第2章	齊藤紘子
第3章	三田智子
コラムⅡ	羽田真也
第4章	羽田真也
第5章	山下聡一
第6章	町田　哲
第7章	塚田　孝
第8章	島﨑未央
第9章	町田　哲
第4部第1章	町田　哲
第2章	山下有美・塚田　孝
第3章	竹本　晃
コラムⅢ	吉原忠雄
コラムⅣ	乾　哲也
第4章	塚田　孝
あとがき	広川禎秀

監修　塚田　孝・町田　哲
編集　和泉市史編さん委員会

あとがき

本書は、『和泉市の歴史』7　テーマ叙述編Ⅱ『和泉市の近世』であり、既刊のテーマ叙述編Ⅰ『和泉市の考古・古代・中世』に続くものである。『和泉市の歴史』は、地域叙述編五巻（既刊四巻）とテーマ叙述編三巻と通史編一巻というユニークな構成で計画されている。

『和泉市の歴史』の編さんは、史料の調査と地域史の研究を進め、人びとの生活構築の歴史を叙述すること、調査・研究は史料・文化財の保存と活用に資するものであることを基本スタンスとして事業を進めてきた。テーマ叙述編Ⅰの「あとがき」にも記したように、当初の漠然としたイメージでは、テーマ叙述編は「地域叙述編に収まらないような、市域全体あるいは市域を越えるような諸問題について」扱うというものであった。地域叙述編四巻を刊行し、調査・研究と、それを地域史として叙述する営みを続けながら、テーマ叙述編の近世をどのように構成するかを考えてきた。

そうした積み重ねのなかで、日本近世という時代は、地域において豊富な史料を産み出し、現在にまで残してきたという当たり前な事実を改めて自覚させられた。このことは世界史的にも稀有なことであり、日本近世社会の構造的特質と不可分の問題だという認識を深めてきた。

こうした認識のもと、当初の「地域叙述編に収まらないような、市域全体あるいは市域を越えるような諸問題」を基本としながら、史料調査から見えてくる地域の歴史をテーマ化とするとともに、史料を読み解く形で市域の近世を身近に感じ取ってもらうことをねらいとする構想が生まれてきた。この構想の芽生えは、日本各地で取り組まれている地域史の蓄積に拠っているところも大きく、それらが交流する場〈地域史惣寄合〉を和泉市で開催したことも弾みとなった（『和泉市史紀要第23集　地域の全体史と現代』参照）。

一方で、市域全体を見渡すことは独自の課題であると考え、市域の村の明細帳を集成した『和泉市史紀要第20集　和泉の村の明細帳Ｉ』を刊行し、続いて市域の寺社に関する寺社改め帳を集成した『和泉市史紀要第24集　和泉の寺社改帳Ｉ』を刊行するなど、テーマ叙述編の編集を見据えた準備を蓄積してきた。

こうして、四部からなるテーマ建てのイメージが見通せた段階で、執筆予定者による具体的な内容検討の編集会議を実施し、数度に及ぶ研究会を開催した。

以上のような成果の上に立って本書は編まれている。本書は、近世の和泉市域の村むら、人びとの具体的な歴史と生活について諸側面を具体的に示すものであると同時に、日本近世社会の特質を浮き彫りにするものとなっていると自負している。

なお、本書は編さん委員の塚田孝と専門委員の町田哲が監修した。

最後になったが、本書の刊行は、史料所蔵者をはじめ、合同調査などで協力いただいた方々、多くの市民のみなさんの理解と協力があってはじめて実現したものである。それらの方がたに心からお礼を申し上げたい。

和泉市史編さん委員会　委員長　広　川　禎　秀

ら　行

わ　行

や　行

ま　行

な　行

は　行

た　行

さ　行

【か　行】

索　引

あ　行

和泉市の歴史７　テーマ叙述編Ⅱ

和泉市の近世

2018（平成30）年９月

編　集　　和泉市史編さん委員会
監　修　　塚田　孝・町田　哲
発　行　　和　泉　市
大阪府和泉市府中町２-７-５（〒594-8501）
電話（0725）41-1551
発　売　　株式会社　ぎょうせい
東京都江東区新木場1-18-11（〒136-8575）
電話（03）6892-6666

＊乱丁、落丁はおとりかえします。印刷　ぎょうせいデジタル㈱
ISBN978-4-324-80090-4　
(5300280-00-000)
〔略号：和泉市の歴史第７巻〕